EDUCATION
20

MUSÉE PÉDAGOGIQUE
ET
BIBLIOTHÈQUE CENTRALE DE L'ENSEIGNEMENT PRIMAIRE.

MÉMOIRES
ET
DOCUMENTS SCOLAIRES
PUBLIÉS PAR LE MUSÉE PÉDAGOGIQUE.

Fascicule n° 3.

RÉPERTOIRE
DES
OUVRAGES PÉDAGOGIQUES
DU XVIᵉ SIÈCLE.
(BIBLIOTHÈQUES DE PARIS ET DES DÉPARTEMENTS.)

PARIS.

HACHETTE ET Cⁱᵉ,	CH. DELAGRAVE,
ÉDITEURS,	ÉDITEUR,
Boulevard Saint-Germain, 79.	Rue Soufflot, 15.

ALPHONSE PICARD,
Rue Bonaparte, 82.

MÉMOIRES
ET
DOCUMENTS SCOLAIRES
PUBLIÉS PAR LE MUSÉE PÉDAGOGIQUE.

Fascicule n° 1.

Le projet de loi sur l'organisation de l'enseignement primaire (1882-1884), recueil de documents parlementaires relatifs à la discussion de cette loi à la Chambre des députés. Un fort volume in-8° de xii-832 pages. Prix. . . . . 6 fr.

Fascicule n° 2.

Une acquisition de la bibliothèque du Musée pédagogique : *Dialogus Jacobi Fabri Stapulensis in phisicam introductionem. Introductio in phisicam Aristotelis;* in-4°, imprimé en 1510 chez Jean Haller, à Cracovie. Étude bibliographique et pédagogique, par L. Massebieau. (Extrait de la *Revue pédagogique*, n° du 15 mai 1885.) Une brochure in-8°. Prix. . . . . 50 cent.

Fascicule n° 3.

Répertoire des ouvrages pédagogiques du XVI° siècle (*Bibliothèques de Paris et des départements*). Un volume in-8° de xvi-733 pages, imprimé à l'Imprimerie nationale. Prix. 6 fr.

Fascicule n° 4.

Les sciences expérimentales dans l'enseignement primaire, par René Leblanc. (Extrait de la *Revue pédagogique*, n°˚ du 15 février et du 15 mai 1883, et du 15 août 1885.) Une brochure in-8°. Prix. . 80 cent.

Fascicule n° 5.

Compte rendu officiel du Congrès international d'instituteurs et d'institutrices, tenu au Havre du 6 au 10 septembre 1885. Un volume in-8°. Prix. . . . . 2 fr.

(*Voir la suite à la page 3.*)

RÉPERTOIRE

DES

OUVRAGES PÉDAGOGIQUES

DU XVIᵉ SIÈCLE.

(BIBLIOTHÈQUES DE PARIS ET DES DÉPARTEMENTS.)

RÉPERTOIRE

DES

OUVRAGES PÉDAGOGIQUES

DU XVIᵉ SIÈCLE.

(BIBLIOTHÈQUES DE PARIS ET DES DÉPARTEMENTS.)

PARIS.
IMPRIMERIE NATIONALE.

—

M DCCC LXXXVI.

RAPPORT

À M. LE MINISTRE DE L'INSTRUCTION PUBLIQUE,

DES BEAUX-ARTS ET DES CULTES.

Monsieur le Ministre,

Le volume que j'ai l'honneur de vous présenter n'est pas un livre, ce n'est même pas un catalogue, c'est un recueil de renseignements bibliographiques formé par des envois de tous les points de la France, et dont l'histoire mérite peut-être de vous être racontée.

Dans son numéro du 15 juin 1884, la *Revue pédagogique* publiait une note ainsi conçue :

> La bibliothèque du Musée pédagogique possède un certain nombre d'ouvrages qui ont trait à l'enseignement dans les écoles et les collèges du xvie siècle. On recherche les moyens, soit de compléter cette collection par voie d'achat et d'échange, soit au moins de fournir au public spécial que ces études intéressent un ensemble de renseignements bibliographiques aussi complets que possible.
>
> L'administration serait reconnaissante aux érudits qui voudraient bien prendre la peine de signaler, parmi les ouvrages relatifs à cette période et à cet ordre de questions, ceux dont il existe, à leur connaissance, des exemplaires qui pourraient être consultés dans des bibliothèques publiques ou particulières.

Suivait, à titre de spécimen, l'indication d'une vingtaine d'ouvrages à rechercher.

Cet appel fut entendu. En quelques semaines les réponses affluèrent; des informations inattendues parvinrent au Musée, et de bons juges dans la matière, ayant jeté les yeux sur cette enquête, n'hésitèrent pas à déclarer qu'il serait d'un réel intérêt de la compléter et, si la suite répondait au début, d'en publier les résultats.

Cette entreprise ne pouvait être tentée qu'avec le concours de l'administration; mon collègue, M. Charmes, après examen de ce premier travail, voulut bien se joindre à moi pour en proposer l'achèvement à M. le Ministre; et il recommanda lui-même la demande du Musée pédagogique à la bienveillante attention de MM. les bibliothécaires des départements. C'est par ses soins qu'une première épreuve leur fut adressée[1], avec prière à ceux d'entre eux qui en trouveraient le loisir d'enrichir ce commencement de bibliographie spéciale.

Quel accueil a été fait à ces ouvertures, avec quel empressement MM. les bibliothécaires ont accepté ce surcroît de travail, quelle patience ils ont dépensée dans ces recherches où ils n'avaient d'autre guide que leur propre érudition, c'est ce que vous diront, Monsieur le Ministre, mieux qu'aucun témoignage administratif, ces sept cents pages de titres et de dates, dont la plupart exigeaient la vérification directe sur le livre même.

Parmi tant de collaborateurs bénévoles, il ne m'appartient de vous signaler aucun nom : un coup d'œil sur le volume vous en fera remarquer plusieurs qui reviennent sans cesse; et il ne vous échappera pas que quelques-unes

[1] Circulaire du 18 février 1885.

des indications les plus précieuses sont fournies par des bibliothèques de petites villes, ignorées du grand public et qui se trouvent posséder des ouvrages ou des éditions rarissimes.

Pour les bibliothèques de Paris, le travail de dépouillement offrait des difficultés proportionnées à la richesse de leurs collections. A la Bibliothèque nationale, M. Léopold Delisle nous a gracieusement ouvert l'accès des catalogues manuscrits et des réserves; mais nous nous y serions perdus si nous n'avions trouvé un secours dont il faut avoir usé pour en savoir tout le prix; le conservateur des imprimés de la Bibliothèque, M. Olgar Thierry-Poux, a bien voulu prendre auprès de lui et guider jour par jour dans ce minutieux travail le jeune licencié ès lettres M. Albert Wissemans, que l'administration du Musée pédagogique avait chargé de constituer le manuscrit du *Répertoire* et d'en suivre l'impression.

Avec une égale bienveillance, M. Loredan Larchey a pris la peine de porter lui-même sur notre épreuve les ouvrages que possède la bibliothèque de l'Arsenal, et de nous remettre en outre plus de six cents fiches nouvelles écrites de sa main. A la bibliothèque Mazarine nous avons trouvé, avec le précieux appui de M. Alfred Franklin, le concours amical d'un de nos anciens collaborateurs du ministère, M. d'Artois, qui a bien voulu dépouiller les catalogues et nous livrer, tout prêts pour l'impression, les résultats de ses investigations. A la bibliothèque Sainte-Geneviève, M. Henri Lavoix et M. Molinier n'ont pas été moins obligeants. La bibliothèque de l'Université, la bibliothèque Victor Cousin, la bibliothèque de la Société de l'histoire du protestantisme français, ont mis à la disposition du Musée pédagogique leurs catalogues et le savoir de leurs bibliothécaires. En province, l'intervention personnelle de M. Perroud, recteur de l'Académie de Toulouse, nous a valu nombre de renseignements sur des bibliothèques particulières.

Un moment nous avions pensé à enrichir notre *Répertoire* d'informations recueillies à l'étranger; on jugera par deux ou trois articles, pour lesquels ce travail avait été commencé, de l'extension qu'il aurait prise. Nous avons dû y renoncer. On a cru pouvoir conserver toutefois, à titre d'indication pour un petit nombre d'articles spéciaux : — d'abord les renseignements que deux de nos jeunes professeurs d'école normale[1] ont pu rassembler en parcourant ces admirables catalogues du British Museum dont le public a la libre disposition; — ensuite ceux qui nous ont été spontanément offerts par quelques bibliothécaires et par quelques érudits, entre lesquels nous devons citer : M. Sieber, l'aimable et savant directeur de la bibliothèque de Bâle; ses collègues de Berne et de Genève, M. le docteur Blösch et M. Théoph. Dufour; M. le professeur Dziatzko, bibliothécaire de l'université de Breslau; un érudit belge, M. le professeur Victor Chauvin, de Liège, avec l'aide de qui nous aurions pu, si notre cadre l'eût permis, faire de l'article *Nicolas Clénard* une savante monographie.

A tant d'hommes dont le temps est précieux et qui l'ont donné sans compter dès qu'ils ont vu un service à rendre, l'administration n'avait qu'un moyen de témoigner sa gratitude : c'était de ne pas laisser perdre pour le public studieux le fruit de tant de recherches. Aussi n'avez-vous pas hésité, Monsieur le Ministre, à faire terminer le travail que vous avez trouvé en cours d'exécution; et le Musée péda-

---

[1] MM. Martin et Mouchet, boursiers du Ministère, en séjour à Londres.

gogique a pu faire de ce relevé de nos plus anciens livres d'école un des premiers fascicules de son intéressante collection de *Mémoires et Documents scolaires*.

La présente publication est avant tout destinée à provoquer les études originales sur certaines parties de l'histoire de l'instruction publique qui attendent encore un explorateur. Ce recueil, qui n'est point un livre, est fait pour susciter des livres. Il s'adresse à nos professeurs de lycée, de collège, d'école normale, aux correspondants du Ministère, aux membres des sociétés savantes : il pique leur curiosité en leur posant le problème, et il les encourage à l'aborder en leur désignant, souvent, contre toute attente, dans la bibliothèque voisine, un moyen de l'élucider. Tous ceux qui ont entrepris le moindre travail d'histoire, en province surtout, apprécieront ce service. Combien de fois ne se sont-ils pas arrêtés devant la difficulté de trouver le document : il existe, on le sait ; mais au fond de quelle bibliothèque le hasard a-t-il pu le faire échouer ? S'agit-il de livres d'école, cette difficulté devient une impossibilité : alphabets, livrets de classe, *tabellæ elementariæ*, grammaires et rudiments, tous ces ouvrages faits pour l'enfance, et que l'enfance a toujours excellé à détruire, sont aujourd'hui au rang des raretés bibliographiques, qui s'achètent à grand prix. Il faut donc venir en aide aux chercheurs, si l'on veut voir se multiplier les monographies et plus tard paraître un travail d'ensemble sur nos origines scolaires.

En attendant les publications qu'il fera naître, nous l'espérons, ce *Répertoire*, tout aride qu'il est, apporte déjà une démonstration dont plus d'un lecteur sera surpris. Il fait revivre une page glorieuse, et trop oubliée, de notre passé national.

Beaucoup de personnes, même instruites, ne savent pas bien ce qu'a été, dès les premières heures de la Renaissance dans notre pays, le mouvement scolaire, contre-coup immédiat du mouvement littéraire. Il ne faudra pas moins que cette longue nomenclature, qui est pourtant loin d'être complète, pour les amener à voir qu'il y a eu, dans la première moitié du xvie siècle, toute une littérature à l'intention de la jeunesse et à l'adresse des écoles naissantes. Nos humanistes n'ont pas été des délicats égoïstes et dédaigneux; ils n'avaient pas retrouvé pour eux seuls l'antiquité, ni pour eux seuls rouvert les sources du beau. Leur premier mouvement, au contraire, est d'appeler à la lumière les jeunes générations. Chacun d'eux, tour à tour, tout ensemble, est étudiant et professeur, également ardent, également enthousiaste dans l'un et l'autre rôle. Tous brûlent d'apprendre, et tous d'enseigner. La renaissance des lettres est, du même coup, celle des écoles. Il n'y a pas dans l'histoire de plus beau spectacle; jamais l'esprit humain ne mit plus de candeur et n'éprouva plus de joie à faire la découverte de son bon droit, à se sentir capable de connaître le vrai, d'admirer le beau, de vouloir le bien; jamais il ne crut plus facile, plus simple, plus naturel de transmettre par l'enseignement la vertu, la science, l'art, tout le patrimoine de l'humanité.

Ce merveilleux essor de l'instruction, nous sommes habitués à le rattacher à deux grands noms, qui, en effet, éclipsent tous les autres : Érasme et Mélanchthon. Mais ce qu'on ne sait ou ce qu'on ne dit pas assez, c'est qu'il y eut en France à la même époque un souffle aussi véhément, un aussi généreux élan vers la réforme des études. S'instruire et instruire les autres devint la grande affaire de la vie, si bien que le bon Josse Bade, cet illustre ancêtre de l'imprimerie et de l'érudition française, sentant le besoin de compléter pour les temps nouveaux le petit manuel scolaire de la civilité en usage au xve siècle, après y avoir ajouté quelques touchants distiques sur les devoirs de l'enfant, n'hésite pas à les terminer par ce précepte caractéristique :

> Tandem, ubi doctus eris, reliquum est bene vivere cures,
> Ignarisque tibi cognita præcipias.

Aussi quelle ferveur, quel zèle ! quelle impétuosité et quelle audace à remanier tout l'enseignement ! Nulle part on ne s'est plus vite mis en devoir de créer, avec des écoles nouvelles, de nouvelles méthodes. Il se produit en France, à Lyon en particulier, dans les belles années de François Ier, un mouvement de librairie scolaire dont on ne peut donner une idée qu'en le comparant à celui dont nous avons été nous-mêmes témoins dans ces dix ou douze dernières années. Aucun pays, aucun temps, n'a mis au jour dans ce genre spécial un plus grand nombre d'essais originaux, de projets de réforme, de traités pour les maîtres, de livres et de livrets pour les élèves, d'éditions scolaires, d'éditions populaires, de traductions, de recueils de morceaux choisis, de manuels ingénieusement diversifiés non pas seulement pour l'étude des trois langues alors classiques, l'hébreu, le grec et le latin, mais, comme on peut le voir en feuilletant ce catalogue, pour toutes les disciplines littéraires et scientifiques, sans oublier l'étude de la langue maternelle, dont ces novateurs ont, bien plus tôt qu'on ne le croit communément, affirmé la « précellence » et annoncé « l'illustration ».

Aussi comprend-on sans peine le souvenir éblouissant qu'avait laissé aux contemporains ce moment unique, et ce mélancolique jugement d'Étienne Pasquier disant de l'Université, même après sa restauration par Henri IV : « Je vois bien quelque flammèche, mais non cette splendeur d'études qui reluisait pendant ma jeunesse. »

Je n'essaierai pas, Monsieur le Ministre, d'entreprendre ici ni l'étude ni l'appréciation de cette riche littérature scolaire. Le présent volume se borne à en dresser un premier et rapide inventaire. Il pourrait se passer de préface. Mais s'il lui en faut une, elle est toute faite dans un de ces vieux livres de classe que nous essayons de rassembler : c'est une simple page de dictionnaire écrite à Lyon en 1536, non sans quelque amplification oratoire, suivant le goût du temps, mais touchante de grandeur et de naïveté.

Étienne Dolet achevait le premier volume de ses *Commentaires sur la langue latine*, vaste *thesaurus*, qui pouvait servir, comme celui d'Henri Estienne, de manifeste à la nouvelle pédagogie. Arrivé au mot *Literæ*, il s'arrête, ne pouvant s'empêcher, dit-il, de saluer les lettres renaissantes et de féliciter son siècle de ce grand événement. Alors, il retrace en un pittoresque tableau ce qui se passe dans le monde depuis près d'un siècle. C'est une immense bataille qui touche à sa fin. La Barbarie, dit-il, régnait partout en Europe. Tout à coup Laurent Valla, assisté de quelques vaillants compagnons d'armes, l'attaque de front. A peine y prit-elle garde, tant la brèche était petite dans ses rangs épais. Mais voici venir à la rescousse Ange Politien, Pic de la Mirandole, Philelphe, Marsile Ficin « et toute cette illustre génération » qui, bardée d'éloquence, engage la bataille et commence sur un point la déroute de l'ennemi. Bientôt le bruit s'en répand, et de chaque pays accourent les renforts à l'armée des Lettres. L'Italie envoie Bembo et Sadolet, Vida et Sannazar, Alciat, et combien d'autres; l'Allemagne, Agricola, Érasme, Mélanchthon, Ulrich de Hutten; l'Angleterre, Thomas Morus et Thomas Linacre; l'Espagne, Louis Vivès. « Quels hommes, et de quel cœur ils combattent pour la cause de la liberté ! »

Et Dolet continue de passer en revue comme dans une vision épique cette grande armée de la Renaissance, notant au passage les chefs les plus illustres : « Je ne nomme que les grands capitaines, dit-il, mais combien de soldats obscurs dont les noms brilleront un jour d'un vif éclat ! » Il arrive enfin à la France et fait le dénombrement de ses troupes : « elles ont pour général en chef Guillaume Budé, ce maître sans égal dans les deux langues grecque et latine. A ses côtés paraît Lefèvre d'Étaples, défendu par le bouclier de la philosophie. » Suit la rapide énumération des humanistes français contemporains et émules de Dolet : elle commence par ses anciens maîtres, Christophe Longueil et Nicolas Bérauld; elle se termine par Michel de l'Hôpital et François Rabelais. Les autres noms qui remplissent cette longue liste sont pour la plupart ceux-là mêmes qu'on va retrouver dans notre volume, ceux des principaux promoteurs du réveil des études en France. Voici maintenant en quels termes Étienne Dolet clôt sa brillante et chaleureuse digression :

Cette armée des lettrés, levée de tous les coins de l'Europe, fait de tels assauts au camp ennemi qu'enfin la barbarie n'a plus de refuge. Elle a depuis longtemps disparu d'Italie, elle est sortie d'Allemagne, elle s'est sauvée d'Angleterre, elle a fui hors d'Espagne, elle est bannie de France. Il n'y a plus une ville en Europe qui donne asile au monstre. Les lettres sont en honneur plus qu'elles ne l'ont jamais été. L'étude de tous les arts est florissante. Par les lettres, les hommes sont ramenés à l'étude si longtemps négligée du bien et du vrai. Maintenant l'homme apprend à se connaître; maintenant il marche à la lumière du grand jour, au lieu de tâtonner misérablement à travers les ténèbres; maintenant l'homme s'élève vraiment au-dessus de l'animal, par son âme qu'il sait cultiver et par son langage qu'il perfectionne.

N'avais-je pas raison de rendre hommage aux lettres et à leur triomphe? Elles ont repris leur lustre antique, et en même temps leur véritable mission, qui est de faire le bonheur de l'homme, de remplir sa vie de tous les biens. Ah! si l'on parvenait seulement à éteindre l'envie que portent encore aux lettres et aux lettrés quelques hommes restés barbares, si l'on pouvait se débarrasser de cette peste, que manquerait-il à la félicité de notre âge?

Mais courage! Avec le temps le crédit de ces hommes ira déclinant. Et puis, elle grandira, cette jeunesse qui en ce moment reçoit une bonne et libérale instruction, et avec elle croîtra l'estime publique pour les lettres : elle fera descendre de leurs sièges les ennemis du savoir, elle occupera les emplois publics, elle entrera dans les conseils des rois, elle administrera les affaires de l'État et elle y apportera la sagesse. Son premier acte sera d'instituer partout ces bonnes études qui apprennent à fuir le vice, qui engendrent l'amour de la vertu, qui ordonnent aux rois de s'entourer d'hommes intègres, de fuir comme le poison les flatteurs et ces complaisants du vice dont les cours sont pleines.

Quand nous en serons là, Platon lui-même aurait-il désiré plus pour le bonheur de sa République? Le temps sera venu enfin où, suivant son vœu, la République sera gouvernée par des sages ou par des princes amis des sages. Et voilà ce qu'aura fait le culte des lettres, voilà ce que produiront ces enseignements qui à l'heure présente se répandent de toutes parts au sein de la jeunesse, aux applaudissements universels.[1]

[1] *Commentariorum linguæ latinæ tomus I, Stephano Doleto Gallo Aurelio autore.* Lugduni, apud Seb. Gryphium, 1536, in-folio. — Col. 1155-1156.

Qui eût osé dire à celui qui poussait un tel cri de délivrance que la barbarie n'était pas vaincue, qu'elle aurait de prochains et terribles retours, et que lui-même expierait dix ans après, sur un bûcher de la place Maubert, le crime d'avoir trop tôt proclamé le triomphe de la pensée libre?

Et pourtant le martyr de la Renaissance avait raison, et par-dessus les bûchers il avait bien vu l'avenir : il ne se trompait qu'en le croyant tout proche. Mais c'est cette illusion même qui nous rend si présents et si attachants ces hommes du xvie siècle. Un pied encore dans le moyen âge, ils ont déjà l'esprit moderne, déjà ils sont des nôtres : ils ont aimé ce que nous aimons et haï ce que nous haïssons.

En aucun domaine la parenté entre eux et nous n'apparaît plus profonde que dans celui de l'éducation. C'est un devoir de piété autant qu'un acte de justice historique de relever la trace presque effacée de la voie qu'ils avaient frayée et que la Révolution seule a pu rouvrir. Ils ont tenté prématurément d'introduire en France cette grande nouveauté, une éducation qui tirât tout de son propre fonds, c'est-à-dire de la nature humaine. Cette éducation nouvelle, ils n'ont pas cru impossible de l'alimenter directement aux sources pures de l'antiquité classique et de l'antiquité chrétienne; ils prétendaient même le faire sans offenser ni Rome, ni Wittemberg, ni plus tard Genève. Quelques-uns des plus grands parmi nos humanistes n'ont pas dédaigné d'écrire d'humbles et charmants ouvrages d'enseignement pour tous ces collèges laïques qui, dans la première moitié du siècle, naissaient et prospéraient en des villes même où l'on n'avait jamais vu d'écoles qu'aux mains des religieux. Plusieurs de ces établissements avaient des principaux et des régents un peu improvisés sans doute et *autodidactes*, mais leur pédagogie spontanée, pour n'en être qu'aux tâtonnements, pour se débattre encore péniblement contre la scolastique, révélait pourtant je ne sais quoi de neuf, de jeune et de confiant; elle était déjà française d'esprit et d'âme, même quand elle écrivait en latin.

Il est vrai qu'elle n'a pas duré; il est vrai que l'œuvre hardiment ébauchée par ces ouvriers de la première heure ne leur a guère survécu : l'Inquisition et les Jésuites en ont eu promptement raison; trente ans après François Ier, collèges laïques et livres laïques avaient disparu ou allaient disparaître. Les guerres religieuses achevèrent d'anéantir toutes les espérances des Dolet et des Estienne, des Ramus et des Sturm, des Claude Baduel et des Mathurin Cordier. On ne comprit même plus l'idée inspiratrice de la Renaissance à son début, cette idée d'un développement tout humain, naturel et normal, par la raison et par la liberté. Le beau plan d'éducation libérale conçu d'instinct, et qui avait failli se réaliser de même dans la jeunesse de François Ier, devait être, avant la fin du siècle, emporté comme une chimère par la réaction triomphante. Et de cette réaction tous étaient complices : les uns par ardeur, les autres par lassitude. Les ardents avaient besoin d'un enseignement qui armât l'homme pour cette vie de lutte à outrance, qui fît ici des catholiques militants, là de militants calvinistes, des hommes de parti, prêts à être, suivant le temps et le lieu, soldats ou martyrs de leur religion : il leur fallait des collèges non seulement confessionnels, mais tout pénétrés de l'esprit de leur église et dans la main du clergé. Les autres, qui devinrent bientôt le grand nombre en France, las du bruit des guerres, assagis par la fatigue et sceptiques à force de déceptions, n'ayant plus qu'un désir, celui du repos, qu'une passion, l'ordre, qu'un idéal, l'unité, haïssant trop le fanatisme pour le servir, mais le craignant trop pour le combattre, s'engagèrent, à la suite de Montaigne, dans la voie facile de l'indifférence et abandonnèrent les grandes visées réformatrices et aventureuses de la génération précédente.

On en vint très vite à méconnaître un des aspects originaux de la Renaissance française : on oublia qu'elle avait été autant le réveil de l'esprit que celui de la langue, qu'elle avait voulu faire non des rhéteurs et des poètes, mais des hommes; on n'en retint que la partie légère, élégante et littéraire au sens étroit du mot. Bientôt il fut entendu que ces premiers maîtres de la France nouvelle n'avaient été que de beaux esprits éperdument épris de l'antiquité, d'aimables et inoffensifs lettrés dont le cicéronianisme faisait sourire, dont la muse parlait grec et latin pour ne rien dire, au fond incapables de rien fonder, surtout en éducation. Par bonheur, certaines congrégations se trouvaient là toutes prêtes à remplacer ces rêveurs, et l'on se félicita de n'avoir qu'à s'en remettre à elles pour rétablir dans les collèges la règle, la forte discipline et le bon esprit des vieilles études.

Puissent les pages qui suivent, dans leur forme de sèche nomenclature, inspirer au moins à quelques-uns de nos jeunes universitaires la curiosité de reviser ces opinions reçues, de voir s'il n'y avait rien de plus que des ambitions littéraires dans la Renaissance et de retrouver l'histoire vraie sous la légende [1]!

[1] L'Université n'a pas attendu jusqu'à ce jour pour revenir sur cette légende. On trouve quelquefois dans les bibliothèques, on peut voir, par exemple, dans celle du Musée pédagogique, des livres donnés en prix au

RAPPORT À M. LE MINISTRE

Il ne me reste, Monsieur le Ministre, qu'un devoir à remplir. L'ouvrage que vous avez sous les yeux a été fait en entier par le personnel attaché au Musée pédagogique : ce travail accessoire a dû être mené de front avec les soins à donner à la bibliothèque et avec la rédaction du catalogue général que j'espère vous présenter prochainement.

Ni l'inspecteur général préposé à cet établissement depuis sa fondation, M. Berger, ni le bibliothécaire du Musée, M. le professeur Bonet-Maury, ne se sont décidés sans quelque peine à laisser paraître ce recueil dans l'état où il se trouve. Il est nécessairement incomplet, et il est inégal. Le cadre n'a pu être ni tracé, ni rempli avec une parfaite rigueur : certains ouvrages qui y figurent n'appartiennent pas absolument à la pédagogie, d'autres y manquent qu'on y cherchera peut-être, sans compter Montaigne et Rabelais, pédagogues de génie, mais pédagogues par accident. Au cours même de l'impression sont survenus des dons et des acquisitions qui ont obligé à ajouter un Supplément, annexe incommode, mais preuve heureuse, pour le dire en passant, des accroissements de la bibliothèque : le Musée pédagogique est, dès à présent, au nombre des établissements les mieux pourvus pour offrir aux travailleurs des documents sur l'histoire de l'instruction publique. Enfin, dans ce *Répertoire*, certaines indications pèchent par excès de brièveté. Les notices très sommaires, hâtivement rédigées et dues pour la plupart à M. Bonet-Maury, ne sont

xviiie siècle dans les collèges de Paris, portant encore la reliure aux armes du collège, le sceau et la signature du principal, avec la longue formule latine désignant les titres du lauréat; ces livres ne sont autre chose que de magnifiques éditions originales des Estienne, *Anthologies*, *Thesaurus* et autres ouvrages dus à la fécondité pédagogique de la Renaissance française.

qu'une première information à l'adresse du commun des lecteurs, et comme une pierre d'attente pour une véritable bibliographie méthodique.

Malgré toutes ces causes d'hésitation, j'ai pris sur moi, Monsieur le Ministre, de vous remettre l'ouvrage tel qu'il est, sans attendre qu'il fût de tout point corrigé, coordonné et complété. Il ne peut l'être, en effet, que de la même manière dont il a été commencé, c'est-à-dire par un concours prolongé de bonnes volontés persévérantes autant que désintéressées.

Quelques bibliothèques publiques, et non des moins importantes, manquent encore à ce catalogue. C'est une lacune qui laissera trop de regrets pour qu'il ne se trouve pas quelques bibliographes disposés à la combler. Il y a, en outre, des bibliothèques privées, d'heureux possesseurs d'ouvrages à peine connus, qui tiendront sûrement à honneur d'apporter, au moins en quelques lignes, leur contribution à ce *Répertoire*, dès qu'ils en sauront la publication et qu'ils auront pu en constater l'importance. Des erreurs, des omissions inévitables, seront signalées, et l'on peut compter sur l'administration du Musée pédagogique pour en prendre scrupuleusement note.

Qui sait si la richesse des envois nouveaux, l'intérêt des additions et des corrections réclamées, ne nous obligeront pas à faire une édition définitive de ce *Répertoire*? Ce ne serait assurément pas sans une satisfaction particulière que l'Imprimerie nationale, qui a prêté tous ses soins à ce travail sous sa forme provisoire, se verrait appelée à en publier une édition vraiment digne de la bibliographie française, destinée aux vitrines de notre future Exposition scolaire au centenaire de 89.

Et peut-être ne sera-t-il pas sans intérêt de montrer, à cette occasion, que, même dans l'humble domaine de la pédagogie, la France de 1789 a des ancêtres, qu'elle sait retrouver dans le passé ses titres de noblesse, et qu'au moment de rendre un éclatant hommage aux hommes de la Révolution, elle a un souvenir pour leurs obscurs précurseurs.

Veuillez agréer, Monsieur le Ministre, l'hommage de mon respectueux dévouement.

L'Inspecteur général,
Directeur de l'enseignement primaire,
F. BUISSON.

Paris, 30 mai 1886.

RÉPERTOIRE

DES

OUVRAGES PÉDAGOGIQUES

DU XVIᵉ SIÈCLE.

(BIBLIOTHÈQUES DE PARIS ET DES DÉPARTEMENTS.)

ABÉCÉDAIRES ET ALPHABETS.

Abécédaire.

Plaquette non datée (probablement antérieure à 1540) de 8 feuillets in-8° non paginés. — Marque typographique de Robert Estienne.

N. B. — Les feuillets 2, 3 et 4 recto contiennent l'Alphabet et une série de syllabes pour chacune des lettres, le tout en caractères romains.
Les feuillets 4 verso, 5 et 6 recto, renferment dans les mêmes caractères : *Oratio Domini, Salutatio angeli, Symbolum apostolicum et Decem præcepta Dei.*
Au feuillet 6 verso : l'Alphabet gothique en lettres minuscules et majuscules ; puis, dans les mêmes caractères, l'Oraison de Nostre S. J. C.
Aux feuillets 7 et 8 recto : la Salutation angélique, le Symbole des apôtres et les dix commandements de Dieu.

(Collection de M. Gaiffe.)

Alphabet ou instruction chrestienne, pour les petis enfans, nouvellement revue et augmentée de plusieurs choses.

On lit au-dessous :

«Laissez les petits enfants venir à moy, et ne les empeschez, car à telz est le royaume de Dieu.» (Matth., x.)

«Pères, nourrissez vos enfans en la discipline et correction de Nostre Seigneur.» (Ephes., vi.)

Lyon, Pierre Estiard ; 1558, in-16.

(Bibliothèque Nationale.)

N. B. — Ce petit ouvrage contient : un Almanach pour xvii ans, un Alphabet, l'Oraison dominicale, les dix commandements de la Loi, le Symbole des apôtres, d'abord en prose, puis en vers (par Clément Marot) ; enfin des Oraisons pour les différentes heures du jour, par exemple les *Grâces pour un enfant*, dont voici le texte :

Nous te remercions, nostre Père céleste,
Du repas qu'avons pris, aussi de tout le reste,

ABECÉDAIRES ET ALPHABETS.

> Soit des biens, soit des maux. Messieurs, bon prou vous fasse.
> Priez Dieu qui me doint de bien croistre la grace,
> A la gloire de luy, au proufit de mon proche
> Tant que sur mes parens il n'en tombe reproche.

N. B. — On trouve reliés à la suite plusieurs petits ouvrages de piété catholiques et protestants.

Alphabet (Instruction chrestienne pour la jeunesse de France en forme d') propre pour apprendre les enfans tant à lire, escripre et dire ses lettres que cognoistre Dieu et le prier.

Lyon, Rob. Granjon; 1562, in-8°.

(Collection de M. Gaiffe.)

Alphabeta hebraica, græca et latina.

N. B. — Pour les alphabets grecs et hébreux que possède la Bibliothèque Nationale, voir la monographie de M. H. Omont : *Alphabets grecs et hébreux publiés à Paris au XVIe siècle.* (Extrait du *Bulletin de la Société de l'histoire de Paris et de l'Île-de-France,* novembre-décembre 1884.)

Alphabetum linguæ sanctæ.

Parisiis, Gourmontius; 1532, in-12.

(Bibliothèque de Troyes.)

Alphabetum hebraicum.

Parisiis; 1533, in-8°.

(Bibliothèque Mazarine.)

Parisiis, Rob. Stephanus; 1544, in-8°.

(Bibliothèque d'Abbeville.)

Lutetiæ, Rob. Stephanus; 1550, in-8°.

(Bibliothèques : de Carcassonne; — de Chartres.)

Parisiis, Wechelus; 1543, in-8°.

(Bibliothèque Mazarine.)

Lutetiæ, Rob. Stephanus; 1563, in-8°.

(Bibliothèque d'Auxerre.)

Parisiis, Rob. Stephanus; 1566, in-8°.

(Bibliothèque de l'Arsenal.)

Lugduni, Tornæsius; 1574, in-8°.

(Bibliothèque Mazarine.)

Parisiis, Petrus Vidovæus; s. d., in-8°, 14 pages.

(Bibliothèque de Coutances.)

ABÉCÉDAIRES ET ALPHABETS.

Introductio perbrevis ad hebraicam linguam.

Aldus; s. d.; in-8°.
(Bibliothèque de Chartres.)

Alphabetum hebraicum; — Alphabetum græcum.

Parisiis, Rob. Stephanus; 1539, in-8°, 47 pages.
(Bibliothèque de Coutances.)

Alphabetum hebraicum ex recognitione Ant. Cevallerii.

Oliva, Henr. Stephani; 1566, in-12.
(Bibliothèque d'Avignon [musée Calvet].)

Alphabetum græcum, regiis trium generum caracteribus postremo excusum.

Lutetiæ, Rob. Stephanus; 1550; in-8°.
(Bibliothèques : de Carcassonne; — de Chaumont; — de Nancy.)

Alphabetum græco-latinum.

Parisiis, Morelius; 1560, in-4°.
(Bibliothèque Mazarine.)

Alphabetum græcum, una cum multis aliis...

Parisiis; 1532, in-12.
(Bibliothèque de l'Université.)

Alphabetum græcum.

Parisiis, Th. Richardus; 1547, in-8°.
(Bibliothèque de Nancy.)

Lutetiæ, Rob. Stephanus; 1568, in-8°.
(Bibliothèques : Sainte-Geneviève; — de Laon.)

Lutetiæ, Rob. Stephanus; 1580, in-8°.
(Bibliothèque Sainte-Geneviève.)

Elementale introductorium in Ideoma græcicanum (Albertanus).

Alphabetum græcum et ejus lectura; — *De divisione litterarum græcarum;* — *De diphtongis græcis propriis et impropriis;* — *De potestate litterarum græcarum;* — *De potestate diphtongorum propriarum et impropriarum;* — *Quemadmodum diphtongi græcæ et litteræ græcæ in latinis litteris transferuntur;* — *Quonammodo diphtongi græcæ ad Latinos venere;* — *Abbreviaturæ frequentariæ græcanicarum litterarum.*

Plaquette in-4° de 8 feuillets non numérotés.

On lit à la fin :

Expressum Erphordiæ per Lupambulum, alias Schenken, anno Christi M.CCCCC ad XXV calendas octobres (1500).]

(Bibliothèque Nationale.)

Alphabetum græcum in quo hæc habentur : De litteris græcis. ... De potestate litterarum græcarum... Item quare Christus Jesus sic scribimus XPS.IHS. — *Cur in alphabeto ypsilon a quibus fio dicitur.* — *Oratio dominica et duplex salutatio...* — *Symbolum apostolorum.* — *Evangelium D. Joannis... Decem præcepta Domini...*, etc., etc.

Parisiis, Mich. Vascosanus; 1536, in-8°, 60 pages.

(Bibliothèque de Carcassonne.)

Alphabetum græcum. — *De potestate litterarum ac divisione earumdem.* — *Abbreviationes quibus Græci frequentissime utuntur.* — *Oratio dominica cum aliis quibusdam precatiunculis, etc...*

Lugduni, Joan. Frellonius; 1542 à 1547, in-8°.

(Bibliothèque de Carcassonne.)

Lugduni, Seb. Gryphius; 1551, in-8°.

(Bibliothèque de Carcassonne.)

Alphabetum græcum, litterarum græcarum appellationes et pronuntiationes; de earumdem divisione, etc.

Parisiis, Guil. Morelius; 1550, in-8°, 63 pages.
(Bibliothèque de Carcassonne.)

Alphabetum græcum. De singularum appellatione et significatione. — De litterarum nexu et syllabarum compendiis. — Ignacii et Gregorii Theologi alphabeticæ sententiæ versibus iambicis, sacræ preces.

Parisiis, Guil. Morelius; 1554, in-8°.
(Bibliothèque de Carcassonne.)
Parisiis, Guil. Morelius; 1560, in-4°.
(Bibliothèque Mazarine.)

Alphabetum latinum, cum plerisque aliis ad christianam juventutem pie sancteque instituendam apprime utilibus.

Lugduni, Steph. Doletus; 1540, in-8°.
(Bibliothèque de Chartres.)

Nova alphabeti effictio historiis ad singulas litteras correspondantibus, etc.

S. l.; 1595, in-folio.
(Bibliothèque de l'Arsenal.)

ABSTEMIUS (LAURENTIUS)
[BEVILACQUA],

Professeur de belles-lettres italien et bibliothécaire du duc d'Urbin, Guid' Ubaldo, né à Macerata vers la fin du xv° siècle. — Voir Mazzuchelli : *Gli Scrittori d'Italia* (1753), et l'article de Mohnicke dans l'*Encyclopédie d'Ersch et Gruber*, Leipsick, 1818 et suiv.

Hecatomythium, sive centum fabulæ ex græco in latinum versæ.

Venetiis; 1495, in-4°. (N. B. A la suite de cet ouvrage étaient imprimées trente fables d'Ésope, traduites en latin par Laurent Valla.)
(?)

ABSTEMIUS (LAURENTIUS).

Hecatomythium secundum [1].

Venetiis; 1499, in-4°.

(?)

Hecatomythium primum et secundum.

Venetiis; 1519, in-4°. (Bibliothèque Mazarine.)

Venetiis; 1520, in-12. (Bibliothèque Mazarine.)

Fabulæ elegantissimæ.

Argentorati; 1523, in-8°. (Bibliothèque Mazarine.)

Parisiis, Rob. Stephanus; 1529, in-8°, 54 pages.
(Bibliothèque de Besançon.)

Parisiis, Rob. Stephanus; 1534, in-8°. (Bibliothèque Mazarine.)

Parisiis, Jean Masse; 1535, in-8°, 47 pages.
(Bibliothèque du Havre.)

Parisiis, Ant. Bonnemère; 1536, in-8°. (Bibliothèque Nationale.)

Parisiis, Rob. Stephanus; 1537, in-8°, 47 pages.
(Bibliothèque du Havre.)

Lugduni; 1539, in-8°, 95 pages. (Bibliothèque de Besançon.)

Parisiis, J. L. Tiletanus; 1544, in-8°. (Bibliothèque Nationale.)

Parisiis, Rob. Stephanus; 1545, in-8°, 40 pages.
(Bibliothèque de Besançon.)

Parisiis, Rob. Stephanus; 1546, in-8°.
(Bibliothèques : Mazarine; — de Troyes.)

Parisiis, Ambr. Girault; 1546, in-8°. (Bibliothèque de Reims.)

---

[1] La Bibliothèque nationale possède une traduction de cet ouvrage sous le titre : *Fables d'Aphtone et d'Abstemius*, traduites par Pillot. Paris, Vauquelin, 1814, in-8°.

ÆLIUS (ANTONIUS).

Lugduni, Joan. Frellonius; 1548, in-12, 128 pages.
(Bibliothèque de Besançon.)

Lugduni, Seb. Gryphius; 1551, in-12, 255 pages.
(Bibliothèque de Bayeux.)

Parisiis, Hier. de Marnef; 1564, in-12, 120 pages.
(Bibliothèque de Besançon.)

Libellus de compluribus verbis communibus, quæ nunc male appellantur deponentia.

Venetiis, Joan. Tacuinus de Tridino; 1519, in-4°.
(Bibliothèque Nationale.)

Fabulæ. — Æsopus moralisatus cum bono commento et glosa interliniari (sic).

S. d., in-4° du xv° siècle.
(Bibliothèque de l'Arsenal.)

ADRIANUS.

Voir HADRIANUS.

ÆLIUS (ANTONIUS) NEBRISSENSIS
[ANTOINE DE LEBRIXA],

Grammairien espagnol, né à Lebrixa en 1444, mort en 1522. — Voir Fr. J. Berdoy de Alustante : *Nebrija redivivo*, Madrid, 1831, in-8°, et l'article d'Eugène Baret sur *Les écoles espagnoles au* xv° *siècle*, dans la *Revue des Sociétés savantes*, 1862.

Introductiones in latinam grammaticam, per eumdem recognitæ atque exactissime correctæ, glossematis ejusdem cum antiquo exemplari collatis.

Lugduni, Joan. de Platea; 1511, in-4°.
(Bibliothèque Mazarine.)

ÆLIUS (ANTONIUS).

Lugduni, Ant. du Ry; 1518, in-4°, 410 pages.
(Bibliothèques : Mazarine; — de Carcassonne.)

S. d., in-4° gothique, 136 pages.
(Bibliothèque de Carcassonne.)

Lugduni, Ant. du Ry; 1528, in-folio.
(Bibliothèque d'Avignon [musée Calvet].)

Toulouse, Jacques Colomiès; 1541, in-4°, 207 pages.
(Bibliothèque d'Auch.)

Grammatica.

S. l., Christ. de Cremona; 1491, in-4°.
(Bibliothèque Nationale.)

Ælii Antonii Nebricensis grammatica et Joh. Despauterii syntaxis.

Lugduni; 1511, in-4°.
(Bibliothèque de Troyes.)

Toulouse, Jacques Colomiès; 1538, in-4°.
(Bibliothèque d'Albi.)

S. l. s. n.; 1547, in-8°.
(Bibliothèque de Bourg.)

Antuerpiæ, Jo. Steelsius; 1550, in-8°.
(Bibliothèque de Besançon.)

Grammaticæ opus absolutissimum divisum in quinque libros.

Venetiis, Gryphius (Griffio); 1555, in-8°.
(Bibliothèque Mazarine.)

Grammatica cum commento.

Lugduni, Bened. Bounyn; 1527, in-4°, 350 pages.
(Bibliothèque de Mende.)

Antequera; 1595, in-12.
(Bibliothèque de l'Université.)

Lexicon latinum et gallicum.

Lugduni, Phil. Guarin; 1517, in-8°.
(Bibliothèque de Besançon.)

ÆLIUS (ANTONIUS).

Dictionarium ex hispanensi in latinum sermonem.

Lugduni; 1541, in-8°.
(Bibliothèque de Carcassonne.)

Antuerpiæ, Steelsius; 1553, in-4°.
(Bibliothèques : de l'Université; — de Troyes.)

Antuerpiæ, Joan. Steelsius; 1554, in-4°.
(Bibliothèque Nationale.)

Antuerpiæ, vidua et heredes Jo. Steelsii; 1570, in-4°.
(Bibliothèque Nationale.)

Dictionarium : imo quadruplex ejusdem antiqui dictionarii supplementum nunc de novo nepotis sui diligentia excussum et correctum : accedit ejusdem dictionarium propriorum nominum ex græcis et latinis authoribus concinnatum.

Antiquariæ, in authoris ædibus; 1574, in-4°.
(Bibliothèque Nationale.)

Vocabularius.

Parisiis, s. n.; 1535, in-8°.
(Bibliothèque d'Abbeville.)

Parisiis, Joh. Macé; 1538, in-8°, 364 f.
(Bibliothèque de Cambrai.)

In cosmographiæ libros introductorium.

Parisiis; 1533, in-8°.
(Bibliothèques : Nationale; — Mazarine.)

De accentu carmen.

Parisiis; 1542, in-8°.
(Bibliothèque Mazarine.)

Dictionarium latino-hispanicum et hispanico-latinum.

Compluti; 1532, in-folio.
(Bibliothèque Mazarine.)

Antuerpiæ; 1560, in-4°.
(Bibliothèques : Mazarine; — de Nancy.)

AGRICOLA (RODOLPHUS).

Barcinone; 1587, in-folio.   (Bibliothèque Mazarine.)

Granatæ; 1589, in-folio.   (Bibliothèque Mazarine.)

ÆNEAS SYLVIUS.
Voir Piccolomini.

AGRICOLA (RODOLPHUS)
[ROELOF HUYSMANN],

Humaniste et philosophe néerlandais, né à Bafllo, près Groningue, en 1443. Élève de Thomas a Kempis et de Théodore Gaza, enseigna la philosophie à Heidelberg, où il mourut en 1485. — Voir A. Bossert : *De Rodolpho Agricola Frisio, litterarum in Germania restitutore*, Paris, 1865.

De inventione dialectica libri tres.

Coloniæ, Henr. Novesiensis; 1520, in-4°.
(Bibliothèque de Carcassonne.)

Dialectica.

Coloniæ; 1527, in-8°.   (Bibliothèque d'Albi.)

Lutetiæ, Chr. Wechelus, 1529, in-8°, 345 f.
(Bibliothèque de Cambrai.)

De inventione dialectica libri tres, cum scholiis Johannis Matthæi Phrissemii.

Lovanii; 1515, in-4°.   (Bibliothèque V. Cousin.)

Parisiis, Sim. Colinæus; 1529, in-4°.
(Bibliothèque Nationale.)

Parisiis, M. Vascosanus; 1533, petit in-8°, 176 pages.
(Bibliothèques : de Carcassonne; — de Gray.)

AGRICOLA (RODOLPHUS).

Parisiis, Sim. Colinæus; 1534, in-4°, 505 pages.
(Bibliothèques : d'Avignon [musée Calvet]; — de Carpentras; — de Dijon; — de Salins.)

Parisiis, Fr. Gryphius; 1538, in-4°.
(Bibliothèque Nationale.)

Parisiis, Chevalonius; 1538, in-4°.
(Bibliothèques : Mazarine; — de l'Université; — de Troyes.)

Parisiis, Sim. Colinæus; 1538, in-4°, 445 pages et un index de 13 pages.
(Bibliothèques : de Chartres; — du Puy.)

Parisiis, Sim. Calvarinus; 1538, in-4°.
(Bibliothèque Nationale.)

Lugduni, heredes Vincentii; 1539, in-8°.
(Bibliothèque d'Avignon [musée Calvet].)

Coloniæ, J. Gymnicus; 1539, in-4°.
(Bibliothèque Mazarine.)

Parisiis, Gryphius; 1539, in-4°.
(Bibliothèque de l'Université.)

Parisiis, Rob. Stephanus; 1540, in-8°.
(Bibliothèque de Troyes.)

Parisiis, A. Colinæus; 1542, in-8°.
(Bibliothèques : Mazarine; — de Sens.)

Parisiis, P. Vidovæus; 1543, in-4°, 182 f.
(Bibliothèque de Cambrai.)

Parisiis, vidua Maur. a Porta; 1554, in-4°.
(Bibliothèque Mazarine.)

Parisiis, Simo Calvarinus; 1558, in-4°, 388 pages.
(Bibliothèques : Nationale; — d'Abbeville; — de Vesoul.)

Venetiis, Phasanius; 1559, in-8°.
(Bibliothèque Mazarine.)

Lugduni, heredes Simonis Vincentii; 1589, in-12.
(Bibliothèque de Meaux.)

De inventione dialectica liber primus (et secundus).

Parisiis, Wechelus; 1535, in-8°.
(Bibliothèque Nationale.)

Epitome commentariorum dialecticæ inventionis Rodolphi Agricolæ per Bartholomæum Latomum Arlunensem.

S. l., Fr. Gryphius; 1535, in-8°.
(Bibliothèque de Verdun.)

Parisiis, Joh. Lod. Tiletanus; 1541, in-8°.
(Bibliothèque de Saint-Mihiel.)

S. l., ap. Gryphium; 1534.
(Bibliothèque Nationale.)

Paris, Nic. Buffet; 1542, in-8°.
(Bibliothèques : Mazarine; — de l'Université.)

Parisiis, Prig. Calvarinus; 1542, in-8°.
(Bibliothèque de Chaumont.)

Compendiosa librorum de inventione dialectica epitome, per J. Visorium Cænomanum.

Parisiis, Sim. Colinæus; 1534, in-8°.
(Bibliothèque Mazarine.)

De miseriis pædagogorum oratio.

Parisiis, Rob. Stephanus; 1534, in-18.
(Bibliothèque de Cherbourg.)

Parisiis, Rob. Stephanus; 1537, in-8°.
(Bibliothèque de Reims.)

Aphtonii sophistæ progymnasmata rhetorica, Rodolpho Agricola Phrisio interprete.

Parisiis, Vascosanus; 1548, in-4°.
(Musée pédagogique.)

Aphtonii sophistæ progymnasmata, partim a Rodolpho Agricola, partim a Joanne Maria Cataneo latinitate donata, cum luculentis scholiis Rheinhardi Lorichii Hadamarii.

Parisiis, Vascosanus; 1540, in-4°.
(Bibliothèque de Chaumont.)

Tiguri, Froschoverus; 1548, in-8°.
(Bibliothèque Mazarine.)

AGRICOLA (RODOLPHUS).

Coloniæ, hered. Birkmanni; 1562, in-8°.
(Bibliothèque Mazarine.)

Parisiis, Mich. Sonnius; 1564, in-12, 231 pages.
(Bibliothèques : de Cambrai; — de Montbéliard.)

Parisiis, Gourbinus; 1578, in-8°.
(Bibliothèque Mazarine.)

Lugduni, A. de Harsy; 1581, in-16.
(Bibliothèque de Sens.)

S. l., J. Arbilius; 1581, in-12.
(Bibliothèque Nationale.)

Lugduni, A. de Harsy; 1598, in-8°, 501 pages et l'index.
(Bibliothèque du Havre.)

Lugduni, Ant. Chard.; 1627, in-18.
(Bibliothèque Nationale.)

De formando studio epistola.

Parisiis, Rob. Stephanus; 1527, in-8°, 34 pages.
(Bibliothèques : Nationale; — de la Société de l'histoire du protestantisme.)

Parisiis, Rob. Stephanus; 1534, in-8°.
(Bibliothèque de Cherbourg.)

Parisiis, Rob. Stephanus; 1537, in-8°, 14 pages.
(Bibliothèques : Mazarine; — de Neufchâteau.)

Parisiis; 1551, in-8°.
(Bibliothèque Mazarine.)

Basileæ, Oporinus; 1556, in-12.
(Bibliothèque de l'Université.)

Parisiis; 1572, in-8°.
(Bibliothèque Mazarine.)

De formando studio, Rod. Agricolæ, Erasmi et Melanchtonis rationes.

Antuerpiæ, Mart. Cæsar; 1532, in-8°.
(Bibliothèque Nationale.)

Voir aussi l'article VERGERIUS (Petr. Paulus).

ALBERTANUS.

Commentarius in Boetii consolationem philosophiæ.

Coloniæ; 1535, in-8°. (Bibliothèque Mazarine.)

Basileæ, Henricpetrus; 1570, in-folio. (Bibliothèque Mazarine.)

Oratio in laudem philosophiæ dicta a Rodolpho Agricola Phrysio in presentia Herculis Estensis, Ferrariensis ducis.

Coloniæ, prope divum lupum; 1533, in-12. (Bibliothèque de Neufchâteau.)

Lucubrationes aliquot.

Coloniæ; 1471, in-4°. (Bibliothèque de l'Arsenal.)

Nonnulla opuscula.

Antuerpiæ; 1511, in-4°. (Bibliothèque de l'Arsenal.)

ALBERTANUS
[ALBERTANO DE BRESCIA],

Podestat de Gavardo, vivait au XIIIe siècle, sous l'empereur Frédéric II.
Voir Gamba : *Testi Italici*, 1828 ; Tiraboschi : *Storia della letteratura Italiana*, 1806, IV.

De loquendi et tacendi modo.

A la fin : *Explicit liber de doctrina loquendi et tacendi ab Albertano causidico Brixiensi ad instructionem suorum filiorum compositus.*

Antuerpiæ, Gherardus; 1487, in-4°. (Bibliothèque Nationale.)

S. l.; 1507, in-4° gothique. (Bibliothèque de Rodez.)

Weyssemburger; 1514, in-4°. (Bibliothèque Mazarine.)

S. d., in-4° gothique. (Bibliothèques : Nationale ; — Mazarine.)

ALBERTUS (JOHANNES MICHAEL).

Tractatus de arte loquendi et tacendi.

Plaquette in-4° gothique de 8 feuillets non numérotés, à deux colonnes.

On lit à la fin :

Impressus ac finitus Memmingi per Albertum Kunne de Duderstat, anno Domini 1489.

(Bibliothèque Nationale.)

Tractatus de arte loquendi et tacendi.

Plaquette in-4° gothique de 6 feuillets non numérotés.

On lit à la fin :

Impressus ac finitus Coloniæ anno Domini M.CCCC LXXXIX in profesto Pasche (1489).

(Bibliothèque Nationale.)

Compendiosus tractatus de arte loquendi et tacendi multum utilis.

Plaquette in-4° gothique de 10 feuillets non numérotés (texte), à deux colonnes.

On lit à la fin :

Impressus Daventriæ per me Jacobum de Breda anno Domini M.CCCCXC. (1490).

(Bibliothèque Nationale.)

ALBERTUS (JOHANNES MICHAEL)
[CARRARIENSIS],

Savant médecin italien, mort à Bergame en 1490. — Voir Fabricius : *Bibliotheca latina medii ævi*, à l'article MICHAEL. Édition de Florence, 1858, 3 vol. in-8°.

Liber arithmeticæ secundum methodum facillimam numerandi tam per calculos quam calamo, non tantum in numeris integris, sed etiam in fractis.

Wittebergæ; 1586, in-8°.

(Bibliothèque Nationale.)

ALCIAT (ANDRÉ).

De omnibus ingeniis augendæ memoriæ libellus.

Bononiæ, Plato; 1491, petit in-4°, 12 pages.
(Bibliothèques : Nationale; — Mazarine; — du Musée pédagogique; — de Besançon.)

ALCIAT (ANDRÉ),

Savant jurisconsulte et littérateur italien, né à Alzano en 1492, mort en 1550. — Voir B. Podesta : *Andrea Alciati, lettore nello studio di Bologna* (1537-1541). Bologne, 1874.

Emblematum libellus, cum figuris ligno incisis.

Parisiis, Chr. Wechelus; 1535, in-8°.
(Bibliothèques : Nationale; — Sainte-Geneviève.)

Parisiis, Chr. Wechelus; 1544, in-8°.
(Bibliothèque Nationale.)

Emblemata locorum communium ordine novisque posteriorum ciconibus aucta.

Lugduni, Guil. Rovillius; 1548, in-16.
(Bibliothèque Nationale.)

Emblematum libri duo.

Lugduni, Joan. Tornæsius; 1549, in-16.
(Bibliothèque Nationale.)

Emblemata denuo ab ipso autore recognita ac quæ desiderabantur imaginibus locupletata.

Lugduni, Gulielm. Rovillius; 1550, in-8°, 228 pages.
(Musée pédagogique.)

Lugduni; 1551, in-8°.
(Bibliothèques : de l'Université; — de Troyes.)

Antuerpiæ, Chr. Plantinus; 1565, in-16.
(Bibliothèque Nationale.)

Antuerpiæ, Chr. Plantinus; 1567, in-16.
(Bibliothèque Nationale.)

Francofurti, Sigism. Feyrabendt; 1567, in-8°.
(Bibliothèque Nationale.)

ALCIAT (ANDRÉ).

Emblemata latino-gallica.

Parisiis, Joan. Richerius; 1584, in-12.
(Bibliothèques : Mazarine; — Sainte-Geneviève.)

Parisiis, Joan. Richerius; 1587, in-12.
(Bibliothèque Sainte-Geneviève.)

Adr. Alciati omnia emblemata.

Paris; 1571, in-4°.
(Bibliothèque de Bourg.)

Éditions latines des Emblèmes.

Lugduni; 1551, 1573, 1580. — Parisiis; 1583, 1587 et autres postérieures.
(Bibliothèque de l'Arsenal.)

Adr. Alciati omnia emblemata, avec des Commentaires de Claudius Minos.

Parisiis, Wechelus; 1534, in-8°.
(Bibliothèque Nationale.)

Parisiis, D. a Prato; 1571, in-4°.
(Bibliothèques : Nationale; — Mazarine.)

Antuerpiæ, Chr. Plantinus; 1573, in-16.
(Bibliothèques : de Nancy; — de Troyes.)

Antuerpiæ, Chr. Plantinus; 1574, in-16.
(Bibliothèques : Nationale; — de Montauban [Faculté de théologie protestante].)

Antuerpiæ, Chr. Plantinus; 1577, in-8°.
(Bibliothèques : de l'Université; — de Carpentras; — de Montauban [Faculté de théologie protestante].)

Antuerpiæ, Chr. Plantinus, 1581, in-8°.
(Bibliothèque de Montauban [Faculté de théologie protestante].)

Parisiis, G. de Marnef; 1583, in-8°, 718 pages.
(Bibliothèques : Mazarine; — de l'Université; — de Coutances; — de Mende.)

Parisiis, J. Richerius; 1589, in-8°.
(Bibliothèque Mazarine.)

Ex officina Raphelengii; 1599, in-18.
(Bibliothèque Nationale.)

Parisiis, J. Richerius; 1602, in-12.
(Musée pédagogique.)

ALCIAT (ANDRÉ).

Les Emblèmes mis en rimes françoises (gothique).

Paris, Chr. Wechel; 1531, in-12.

(Bibliothèque Nationale.)

Livret des Emblèmes d'André Alciat, mis en ryme françoyse par J. le Fèvre, secrétaire de M. le cardinal de Givry.

Paris, Chr. Wechel; 1536, in-8°.
(Bibliothèques : Nationale; — Sainte-Geneviève; — de Carcassonne.)

Paris, Chr. Wechel; 1542, in-8°.
(Bibliothèque de l'Arsenal.)

S. l.; circa 1550, in-8°.
(Bibliothèque Nationale.)

S. d., gothique.
(Bibliothèque de l'Arsenal.)

Emblèmes d'André Alciat, translatés en françois vers pour vers, jouxte les latins, ordonnez en lieu communs, avec briefves expositions, par Bartolemy Aneau.

Paris; 1540, in-12.
(Bibliothèque Mazarine.)

Paris, Wechel; 1542, in-12.
(Bibliothèque de Troyes.)

Lyon, Guil. Roville; 1549, in-8°.
(Bibliothèques : Nationale; — Musée pédagogique; — de Nimes; — de Troyes.)

Lyon, Macé Bonhomme; 1549, in-8°.
(Bibliothèque de Besançon.)

Paris, Hier. de Marnef; 1561, in-16.
(Bibliothèques : Nationale; — Mazarine; — Sainte-Geneviève, — de Besançon.)

Les Emblèmes en françois, traduits par Claude Mignault.

Paris, Richer; 1583, in-12.
(Bibliothèque Nationale.)

ALDUS (MANUTIUS).

Éditions françaises des Emblèmes.

Paris; 1542. — Lyon; 1549, 1558. — Paris; 1561, 1573, 1574.
(Bibliothèque de l'Arsenal.)

De verborum significatione libri quatuor.

Lugduni, Seb. Gryphius; 1530, in-4°, 268 pages.
(Bibliothèques : de l'Université; — de Carpentras; — du Puy.)

Lugduni, Seb. Gryphius; 1535, in-folio, 276 pages.
(Bibliothèque de Périgueux.)

Lugduni, V. de Portonariis; 1536, in-8°.
(Bibliothèque Nationale.)

Lyon; 1548, in-8°.
(Bibliothèques : Mazarine; — de Rodez [de M. Soulié].)

ALDUS (MANUTIUS)
[SENIOR],

Fondateur de l'imprimerie d'où sortirent les premières éditions italiennes des classiques grecs et latins, né à Sermonetta, près Velletri, dans le Bassiano, en 1449, mort à Venise en 1515. — Voir Aug. Raynouard : *Annales de l'imprimerie des Alde ou Histoire des trois Manuce.* Paris, 1834, in-8° (3° édit.). — Ambr.-Firmin Didot : *Alde Manuce et l'hellénisme à Venise.* Paris, 1875.

Institutionum grammaticarum libri quatuor.

N. B. — Cet ouvrage est une réimpression de la grammaire latine publiée en 1501 sous le titre de : *Rudimenta grammatices linguæ latinæ; De litteris græcis et diphtongis.*

Parisiis; 1507, in-folio.
(Bibliothèque de l'Université.)

Venetiis, Aldus; 1508, in-4°.
(Bibliothèques : Nationale; — de Chartres.)

Florentiæ, Junta; 1516, in-8°, 184 pages.
(Bibliothèque Nationale; — Musée pédagogique.)

Parisiis, Badius; 1517, in-4°.
(Bibliothèque de Troyes.)

Florentiæ, hered. Juntæ; 1519, in-4°.
(Bibliothèque Nationale.)

Venetiis, Aldus Manutius; 1523, in-8°.
(Bibliothèques : Nationale; — de l'Université; — du Musée pédagogique; — de Besançon.)

Lugduni, Joan. Crespinus; 1528, in-8°.
(Bibliothèque de Beaune.)

Parisiis, Petrus Vidovæus; 1529, in-8°, 175 f.
(Bibliothèques : Mazarine; — de Meaux.)

Parisiis, Rob. Stephanus; 1531, in-4°, 350 pages.
(Bibliothèques : Mazarine; — de Beaune; — de Mende; — de Rodez.)

Venetiis, Bindonus; 1538, in-8°.
(Bibliothèque Nationale.)

Venetiis, P. M. Aldus filius; 1558, in-8°, 218 f.
(Bibliothèques : Mazarine; — de Cambrai.)

Venetiis, Paulus Manutius; 1559, in-8°.
(Bibliothèque de Chalon-sur-Saône.)

Venetiis, Paulus Manutius; 1561, in-8°.
(Bibliothèque Nationale.)

Venetiis, Aldus; 1563, in-8°.
(Bibliothèque Nationale.)

S. l., Gandoul; s. d., in-8°.
(Bibliothèque de Chaumont.)

Venetiis; 1564, in-8°.
(Bibliothèque Sainte-Geneviève.)

Grammaticæ institutiones græcæ.

Venetiis; 1515, in-4°.
(Bibliothèques : Nationale; — Mazarine.)

De litteris græcis ac diphtongis abbreviationes. Carmina aurea Pythagoræ. Phocylidis poema ad bene beateque vivendum, cum interpretatione latina. Introductio perbrevis ad hebraicam linguam.

S. l. n. d. Venetiis, Aldus; 1508, in-4°.
(Bibliothèque Nationale.)

S. l. n. d. Florentiæ, hered. Juntæ, 1519, in-4°
(Bibliothèque Nationale.)

ALDUS (MANUTIUS).

De litteris græcis et diphtongis et quemadmodum ad nos veniant.

Aldus Manutius; s. d., in-8°.
(Bibliothèque de Chartres.)

ALDUS (MANUTIUS)
[JUNIOR],

Humaniste et imprimeur italien, né en 1547, mort en 1597 à Venise. Petit-fils du précédent. — Voir Aug. Raynouard : *Annales de l'imprimerie des Alde*, et Ambr.-Firmin Didot : ouvrage cité à l'article précédent.

Elegantes et copiosæ latinæ linguæ phrases.

Venetiis, Aldus Manutius; 1558, in-8°.
(Bibliothèque d'Avignon [musée Calvet].)

Coloniæ, Joan. Gymnicus; 1571, in-12.
(Bibliothèque de Troyes.)

Coloniæ, Joan. Gymnicus; 1574, in-8°.
(Bibliothèques : Nationale; — de l'Université.)

Parisiis; 1577, in-16.
(Bibliothèque de Rodez.)

Venezia, Griffio; 1579, in-8°.
(Bibliothèque d'Avignon [musée Calvet].)

Lugduni, Alex. Marsilius; 1580, in-12, 358 pages.
(Bibliothèque de Montbéliard.)

Paris, Hub. Hunot; 1600, in-12.
(Bibliothèque de Besançon.)

Rothomagi, Rich. Lallemand; in-18, 631 pages.
(Bibliothèque Mazarine.)

Elegantiarum flores, novum in ordinem collecti, in gratiam collegiorum imprimis Societatis Jesu.

Rothomagi, G. Malassis; 1566, in-8°.
(Bibliothèque Nationale.)

ALDUS (MANUTIUS).

Elegantes et copiosæ latinæ linguæ phrases a J. Burdino gallicæ factæ atque ordine alphabetico dispositæ. Latine gallice.

Parisiis; 1574, in-12.
(Bibliothèque Mazarine.)

Elegantiæ Aldi Manutii a J. Gaulterio, Societatis Jesu, auctæ, gallicæ factæ et in capita accommodatoria distributæ.

Lugduni, Joan. Pillehotte; 1591 et 1595, in-8°.
(Bibliothèques : Nationale; — de Gray.)

Ortographiæ ratio.

Venetiis, Aldus Manutius; 1561, in-8°.
(Bibliothèques : Nationale; — Mazarine; — de l'Université; — de Chaumont; — de Troyes.)

Lugduni; 1580, in-16.
(Bibliothèque Sainte-Geneviève.)

Antuerpiæ, Chr. Plantinus; 1564, in-16.
(Bibliothèque Nationale.)

Venetiis, Aldus Manutius; 1566, in-8°.
(Bibliothèques : Nationale; — Mazarine; — Sainte-Geneviève; — de Chartres; — de Besançon.)

Antuerpiæ, Christ. Plantinus; 1574, in-16.
(Bibliothèque Nationale.)

Antuerpiæ, Christ. Plantinus; 1579, in-8°.
(Bibliothèque de Beaune.)

Lugduni; 1580, in-8°.
(Bibliothèque de Vendôme.)

Lugduni; 1584, in-24.
(Bibliothèque de Bourg.)

Venetiis, Aldus Manutius; 1591, petit in-8°.
(Bibliothèques : Nationale; — Mazarine; — Sainte-Geneviève; — de l'Université; — du Musée pédagogique; — de Carpentras.)

Epitome ortographiæ.

Venetiis, Aldus; 1575, in-8°.
(Bibliothèques : Nationale; — de l'Université.)

Antuerpiæ, Chr. Plantinus; 1579, in-8°.
(Bibliothèques : Nationale; — d'Avignon [musée Calvet].)

Lugduni, Alex. Marsilius; 1580, in-8°.
(Bibliothèque Nationale.)

Orthographiæ compendiolum.

Lugduni, Marsilius Lucensis; 1580, in-8°.
(Bibliothèques : Nationale; — de l'Université; — de Rodez.)
Venetiis, Aldus Manutius; 1590, in-8°.
(Bibliothèque d'Avignon [musée Calvet].)

De quæsitis per epistolam libri III.

Venetiis; 1576, in-12.
(Musée pédagogique.)

Pomarium tempestivæ latinitatis, seu phrases synonymæ.

Lyon; 1656, in-12.
(Bibliothèque de Bourg.)

ALEANDER (HIERONYMUS)
[CARDINAL ALÉANDRE],

Hébraïsant et helléniste italien, né à Motta (Frioul) en 1480, mort en 1542. — Voir l'article d'Erhard dans l'*Encyclopédie* d'Ersch et Gruber et K. Jansen : *Alearder am Reichstage zu Worms*, Kiel, 1883, in-4°.

Lexicon græco-latinum.

Parisiis, Gourmontius; 1512, in-folio.
(Bibliothèques : Mazarine; — de l'Arsenal.)

Gnomologia, seu moralium sententiarum collectanea.

S. l. n. d.; in-4°.
(Bibliothèque Mazarine.)

Hieronymi Aleandri Mottensis tabulæ sane quam utiles græcarum musarum adyta compendio ingredi cupientibus.

Rutgeri Rescii Dryopolitani in nominum ac verborum declinationes tabulæ ad normam Theodori grammatices redactæ.

Urbani tabulæ in nominum declinationes.

Oratio dominica cum angelica salutatione et aliis quibusdam piis orationibus :

Symbolum apostolorum; — Symbolum sanctorum patrum; — Symbolum divi Athanasii; — Carmina Sibyllæ Erythrææ de Domino nostro hæc in primis versuum litteris præ se ferentia : Jesus Christus Dei filius salvator crux; — Epigramma in septem sapientes; — Eorumdem præclara dicta; — Sententiæ in invidiam, in amicos et in tempus.

On trouve en tête l'alphabet grec avec la prononciation des lettres. La dernière page porte la marque typographique de l'imprimeur.

Petit in-4° gothique imprimé à Louvain par Theod. Martinus en 1516.

(Bibliothèque Nationale.)

Tabulæ sane quam utiles græcarum musarum adyta compendio ingredi cupientibus. Oratio dominica, cum angelica salutatione et aliis quibusdam piis orationibus. Carmina Sibyllæ Erythrææ de Domino nostro. Epigrammata, etc.

Lovanii, Th. Martinus; 1518, in-4°, 20 feuillets.

(Bibliothèque de Verdun.)

D. Hieronymi Aleandri Mottensis tabulæ sane quam utiles græcarum musarum adyta compendio ingredi cupientibus.

A la suite : *Selecti aliquot Luciani dialogi, cum aliis nonnullis.*

Lovanii, Theod. Martinus; 1523, petit in-4°.

Le titre est entouré d'une gravure représentant des enfants ramenant sur un chariot un ours qu'ils viennent de tuer. La dernière page porte une marque typographique de Theod. Martinus différente de celle que l'on trouve sur d'autres éditions. Celle-ci représente une ancre double entourée de devises latines et grecques.

On lit au-dessous :

Ne tempestatum vis auferat, ancora sacra,
quo mentem figas, est jacienda tibi.

Ἐν οἴνῳ ἀλήθεια
Πολλάκις ἐν οἴνου κύμασίν τις ναυαγεῖ.

(Bibliothèque Nationale.)

ALEXANDRINUS (JULIUS). 25

Tabulæ sane utiles græcarum musarum adyta compendio ingredi cupientibus. (Anteit) Elementale introductorium in nominum et verborum declinationes græcas.

Coloniæ, impensis Quentelianis; 1527, in-8°.

(Bibliothèque Nationale.)

ALEMANUS (ADRIANUS)
[ADR. L'ALEMANT],
Né à Sorcy-sur-Meuse en 1527, mort en 1559.

De optimo (genere) disputandi libri tres.

Parisiis, Gazellus, 1546, in-8°.

(Bibliothèque Mazarine.)

ALEXANDER (GALLUS).
Voir VILLA DEI.

ALEXANDRINUS (JULIUS)
[DE NEUSTEIN],

Médecin des empereurs Ferdinand, Maximilien II et Rodolphe II, d'origine italienne, né en 1506 et mort en 1590 à Trente. — Voir Jöcher : *Allgemeines Gelehrten-Lexicon.* Leipsick, 1750.

De puerorum educatione liber, versibus.

Venetiis, Petr. de Nicolinis; 1547, in-8°.

(Bibliothèque Mazarine.)

Pædotrophia, sive de puerorum educatione liber.

Tiguri, Froschoverus; 1559, in-8°.

(Bibliothèque Mazarine.)

ALFONSUS ZAMORENSIS,

Humaniste espagnol du xv° siècle.
Voir N. Antonio : *Bibliotheca Hispana*. Madrid, 1783, in-8°.

Introductiones artis grammaticæ hebraicæ.

Compluti, Mich. de Eguia; 1526, in-12.
(Bibliothèque de Vendôme.)

ALPHABETS.

Voir ABÉCÉDAIRES ET ALPHABETS.

ALTENSTEIG (JOHANNES),

Professeur à Tubingue, vivait dans la première moitié du xvi° siècle.
Voir l'*Allgemeine deutsche Biographie*. Leipsick, 1875 et suiv.

Vocabularius theologiæ complectens vocabulorum descriptiones et definitiones, etc.

Hagenoæ, H. Grau; 1511, in-4°.
(Bibliothèques : Nationale; — de Besançon.)

Hagenoæ, H. Grau; 1517, in-folio.
(Bibliothèque de Beaune.)

Antuerpiæ, Lindanus; 1576, in-folio.
(Bibliothèque de Nancy.)

Lexicon theologicum.

Lugduni, Symonetus; 1579, in-4°.
(Bibliothèque du Puy.)

Venetiis; 1579, in-4.
(Bibliothèque Nationale.)

ALVARES (EMMANUEL).

Compendium vocabularii theologici scholastici anno 1517 a Ioanne Altestaig collecti, recognitum et auctum per F. Thomam Beaulxamis.

Parisiis, Guil. Chaudière; 1580, in-16.

(Bibliothèque Nationale.)

ALVARES (EMMANUEL),

Grammairien portugais de l'ordre des Jésuites (1526 à 1583). — Voir de Backer : *Bibliothèque des écrivains de la Compagnie de Jésus.* Paris et Liège, 1869 et suiv.

De institutione grammatica libri tres.

Lugduni, Alex. Marsilius; 1580, in-12, 230 pages.

(Bibliothèques : de l'Arsenal; — de l'Université; — d'Albi; — de Carcassonne.)

Venetiis, Muschius; 1590, in-8°.

(Bibliothèque Mazarine.)

Mussiponti, Steph. Mercator; 1592, in-8°.

(Bibliothèque de Verdun.)

Tolosæ; 1593, in-8°.

(Bibliothèque Nationale.)

Brunntruti, Joh. Faber; 1592, in-12.

(Bibliothèque de Montbéliard.)

Lugduni; 1594, in-8°.

(Bibliothèques : de Chartres; — de Rodez.)

Coloniæ, Arnoldus Mylius; 1596, in-8°, 544 pages.

(Bibliothèques : de Béziers; — de Carcassonne; — de Dijon; — de Vesoul.)

Lugduni, Abr. Cloquemin; 1592, in-8°.

(Bibliothèque d'Avignon [musée Calvet].)

Coloniæ Agrip.; Birckmannus; 1596, in-4°.

(Bibliothèque de Tulle.)

Lugduni, Abr. Cloquemin; 1598, in-8°, 441 pages.

(Bibliothèque de Vesoul.)

Romæ, Al. Zannettus; 1598, in-16.

(Bibliothèque de Verdun.)

Lugduni, Joan. Pillehotte; 1598, in-8°, 168, 160, 120 pages.

(Bibliothèques : Nationale; — Mazarine; — de Nancy.)

Eboræ; 1599, in-4°.

(Bibliothèque de l'Université.)

Institutionum grammaticarum liber tertius.

Dillingen, Meyer; 1595, in-8°.
(Bibliothèque Mazarine.)

AMEROTIUS (HADRIANUS),
Helléniste français, natif de Soissons, mort en 1560.

Compendium græcæ grammaticæ perspicua brevitate complectens quidquid est octo partium orationis.

Lovanii, Th. Martinus Alostensis; 1520, in-4°.
(Bibliothèques : Nationale; — de Salins.)

De dialectis diversarum declamationum græcanicarum.

Parisiis, Christ. Wechelus; 1534, petit in-8°, 31 pages.
(Bibliothèques : Nationale; — de Carpentras.)

Parisiis, Joan. Roigny; 1536, in-8°.
(Bibliothèque Nationale.)

Parisiis, Mich. Vascosanus; 1536, in-8°.
(Bibliothèque Nationale.)

Parisiis, Chr. Wechelus; 1544, in-8°.
(Bibliothèque de Reims.)

ANDREAS EBORENSIS,
Humaniste portugais, originaire d'Évora.

Sententiæ et exempla ex probatissimis quibusque scriptoribus collecta (ou *Exemplorum memorabilium, cum ethnicorum, tum christianorum, tomus posterior*).

Lugduni, Th. Paganus; 1557, in-8°.
(Bibliothèques : de Salins; — de Montauban [Faculté de théologie protestante].)

Venetiis; 1572, petit in-8°.
(Bibliothèque de Montauban [Faculté de théologie protestante].)

ANDRELINUS (FAUSTUS PUBLIUS).

Parisiis; 1575, in-12.

(Bibliothèque Mazarine.)

Parisiis, Gul. Julianus; 1575, in-8°.

(Musée pédagogique; — bibliothèque de Montauban [Faculté de théologie protestante].)

Parisiis, S. Cavellat; 1583, in-8°.

(Bibliothèque Nationale.)

Parisiis, Th. Brumennius; 1583, in-8°.

(Bibliothèque de Montauban [Faculté de théologie protestante].)

Venetiis; 1585, in-8°.

(Bibliothèque Nationale.)

Venetiis; 1586, petit in-8°.

(Musée pédagogique.)

Parisiis, Dion Binet; 1590, in-8°.

(Bibliothèque Nationale.)

Parisiis, Math. Prævotius; 1590, in-8°.

(Bibliothèque de Montauban [Faculté de théologie protestante].)

ANDRELINUS (FAUSTUS PUBLIUS),

Poète italien, né à Forli vers le milieu du xv° siècle, professeur à Paris, où il mourut en 1518. — Voir Bulæus : *Historia Universitatis Parisiensis*, Paris, 1670, t. V; l'article du Dr L. Geiger sur *La Renaissance en France* dans le Vierteljahrschrift für Kultur und Literatur der Renaissance. Leipsick, 1885, 1er fascicule; et Tiraboschi.

Elegia et alia opera.

Parisiis, Gourmont, s. d., in-4°.

(Bibliothèque de l'Arsenal.)

Paris; 1494, in-4°.

(Bibliothèque de Chaumont.)

Epistolæ parœmiales ac morales.

Parisiis, J. Badius; s. d., in-4°.

(Bibliothèque de l'Arsenal.

Epistolæ proverbiales et morales, quibus recenter superadditæ sunt septem aliæ, tres videlicet ipsius Fausti ad Erasmum et quatuor Erasmi ad Faustum.

Parisiis, Petrus Gromorsus; 1499, in-8°.

(Bibliothèque Nationale.)

ANDRELINUS (FAUSTUS PUBLIUS).

P. Fausti Andrelini Foroliviensis, poetæ laureati atque oratoris clarissimi, epistolæ proverbiales et morales longe lepidissimæ nec minus sententiosæ ad illustrem Franciæ cancellarium Guidonem Rupefortem.

Argentinæ, Joh. Prys.; 1508, in-12, 50 pages.
(Bibliothèques : Mazarine; — de Neufchâteau.)

Parisiis, Ascensius; 1508, in-4°.
(Bibliothèques : Nationale; — Mazarine; — de Chartres.)

Argentorati, Mat. Schurerius; 1510, in-4°.
(Bibliothèques : Mazarine; — de Troyes.)

Parisiis, Badius; 1517, in-4°, 12 f.
(Bibliothèque de Cambrai.)

Argentorati, Mat. Schurerius; 1519, in-4°.
(Bibliothèque de Besançon.)

Parisiis, 1521, in-4°.
(Bibliothèques : Nationale; — Mazarine.)

Parisiis; 1528, in-8°.
(Bibliothèque Mazarine.)

Parisiis, vidua Mauricii; 1533, in-12.
(Bibliothèque Nationale.)

In Sylva Ducis Brabantiæ, Gerardus Halart; 1531, in-4°.
(Bibliothèque Nationale.)

Antuerpiæ, Jo. Steelsius; 1542, in-8°.
(Bibliothèque Nationale.)

Hecatodistichon.

Parisiis, Jo. Parvus; in-4°.
(Bibliothèque Nationale.)

Parisiis; 1513, in-4°.
(Bibliothèque Mazarine.)

Lovanii, Mart. Alostensis; 1513, in-4°.
(Bibliothèque Nationale.)

Parisiis; 1523, in-4°.
(Bibliothèque Mazarine.)

Parisiis, Grandinus; 1559, in-8°.
(Bibliothèque d'Abbeville.)

ANDRELINUS (FAUSTUS PUBLIUS).

Hecatodistichon, cum explicatione J. Vatelii.

 Parisiis; 1534, in-8°.
           (Bibliothèque Nationale.)

 Parisiis; 1535, in-8°.
           (Bibliothèque Mazarine.)

 Parisiis; 1543, in-8°.
       (Bibliothèques : Nationale; — Mazarine.)

 Parisiis, vidua Mauritii a Porta; 1553, in-8°.
      (Bibliothèques : Nationale; — de Chartres.)

 Parisiis, Mauricius Menier; 1559, in-8°.
          (Bibliothèque de Dijon.)

 Parisiis, Gabr. Buon; 1563, in-8°.
          (Bibliothèque Nationale.)

 Parisiis, G. Buon; 1576, in-8°, 39 pages.
      (Bibliothèques : Mazarine; — du Havre.)

 Parisiis, Regnault Chaudière, s. d.; in-4°.
          (Bibliothèque Nationale.)

Ægloga moralissima.

 Parisiis, Ascensius; 1512, in-8°.
          (Bibliothèque Nationale.)

 S. l. n. d., in-4°.
          (Bibliothèque Nationale.)

Ægloga moralissima, ejusdem hecatodistichon.

 Argentorati, Schurerius; 1512, in-4°.
          (Bibliothèque Nationale.)

Disticha Publii Fausti Andrelini Foroliviensis, poetæ laureati, cum Joannis Mauri Constantiani enarrationibus. Quæ ab Joanne Rænerio optima fide parique diligentia recognita sunt omnia.

 Lugduni, Paganus; 1533, in-8°.
          (Bibliothèque de Troyes.)

 Lugduni, Th. Paganus; 1549, in-8°.
   (Bibliothèques : Nationale; — de Besançon; — de Langres.)

ANGLICUS (MARTINUS).

Carmen de virtutibus.

Argentorati; 1509, in-4°.

(Bibliothèque Nationale.)

Cent quatrains contenans les distiques latins de Fauste, etc.

Paris, Cavellat; 1583, in-12 goth.

(Bibliothèque de l'Arsenal.)

ANGELIUS (NICOLAUS).

Nicolai Angelii Bucinensis de complexu partium orationis.

In-4°, sans lieu ni date. Épître dédicatoire d'Angelius « ad Dominicum contem Bucinensem protonotarium et scriptorem apostolicum. »

On lit à la fin :

Andreæ Dactii tetrastic. bon.

Sparsa per innumeros fuerat quæ plurima libros
Clauditur exiguo codice grammatico
Sic varios relegens per prata virentia flores
Cogit apes modico dulcia mella cado.

La dernière page porte les errata.

(Bibliothèque Nationale.)

ANGLICUS (MARTINUS).

Modi significandi comprehendentes omnia grammaticalia generaliter.

Venetiis, S. de Lucre; 1504, in-4°.

(Bibliothèque Mazarine.)

ANTESIGNANUS (PETRUS).

Praxis, seu usus præceptorum grammatices græcæ.

Lugduni, Ant. Gryphius, 1572; in-8°.

(Bibliothèque Nationale.)

ANTONIUS
[MELISSA],
Moine grec d'une époque incertaine.

Sententiarum, sive capitum theologicorum numero 175, sive loci Melissa inscripti, tomi tres per ipsum collecti, græce editi a Gesnero.

Tiguri; 1546, in-folio.

(Bibliothèque Nationale.)

Sententiæ, sive loci communes ex sacris et profanis autoribus ab Ant. Monacho cognomine Melissa collecti, Conrado Gesnero et Jo. Ribitto interpretibus.

Lugduni, Barth. Frænus; 1555, in-16, 552 pages.

(Bibliothèque de Carcassonne.)

APHERDIANUS (PETRUS).

Epigrammatum moralium libri duo, in usum juventutis conscripti, auctore Petro Apherdiano.

Antuerpiæ, vid. Joan. Latii; 1568, in-8°.

(Musée pédagogique.)

APIANUS (PETRUS)
[BIENEWITZ],

Professeur de mathématiques à Ingolstadt, né en 1495 à Leys-Nick (Misnie), mort en 1551. — Voir Delambre : *Histoire de l'astronomie au moyen âge*. Paris, 1817, 5 vol. in-4°.

Cosmographicus liber.

Landshut; 1524, in-4°.
(Bibliothèque Nationale.)

Antuerpiæ, Bollaert; 1529, in-4°.
(Bibliothèques : de l'Arsenal; — de l'Université.)

Cosmographia.

Antuerpiæ, Birkmannus; 1540, in-4°.
(Bibliothèques : Nationale; — de Montauban [Faculté de théologie protestante].)

Antuerpiæ, Ægid. Diesthemius; 1545, in-4°, 65 f.
(Bibliothèques : de Cambrai; — de Saint-Malo.)

Parisiis; 1551, in-4°.
(Bibliothèque Mazarine.)

Parisiis, Vivantius Gaultherot; 1551 et 1553, in-4°.
(Bibliothèques : Nationale; — Sainte-Geneviève.)

Antuerpiæ; 1564, in-4°.
(Bibliothèque Mazarine.)

Coloniæ Agrip., hered. Arnoldi Birkmanni; 1574, in-4°.
(Bibliothèques : Nationale; — de l'Arsenal.)

Antuerpiæ, Coninx; 1584, in-4°.
(Bibliothèque de l'Arsenal.)

Antuerpiæ, Joan. Verwithagen; 1592, in-4°, 121 f.
(Bibliothèque de Cambrai.)

Antuerpiæ, Joan. Bellerus; 1584, in-4°.
(Bibliothèque d'Abbeville.)

Astronomicum Cæsareum.

Ingolstadii; 1540, in-folio.
(Bibliothèques : Nationale; — Mazarine; — de l'Arsenal.)

APIANUS (PETRUS).

Petri Apiani Cosmographia per Gemmam Phrysium denuo restituta.

Antuerpiæ, Birkmannus; 1539, in-4°.
(Bibliothèques : Nationale; — de Chaumont.)

Antuerpiæ, Arnoldus Birkmannus; 1540, 45 f.
(Bibliothèques : Nationale; — de l'Arsenal; — Sainte-Geneviève; — de Montauban [Faculté de théologie protestante]; — de Salins.)

Cosmographia per Gemmam Frisium emendata, aucta et annotationibus illustrata : additis ejusdem argumenti libellis ipsius Gemmæ.

Antuerpiæ, Gregor. Bonko; 1550, in-8°.
(Bibliothèque de Chartres.)

Antuerpiæ, Chr. Plantinus; 1574, in-4°.
(Bibliothèque Nationale.)

Eadem, adjectis aliis libellis.

Antuerpiæ; 1584, in-4°.
(Bibliothèques : Nationale; — Sainte-Geneviève.)

La cosmographie traictant de toutes les régions et pays du monde, par artifice astronomique.

Antuerpiæ, Birkmannus; 1539, in-4°, 62 f.
(Bibliothèque de Cambrai.)

S. l.; 1544, in-4°, 76 f.
(Bibliothèque de Cambrai.)

Cosmographie, traduction française par Gemma Frisius, docteur en médecine et mathématicien de l'université de Louvain.

Paris, Vivant Gaulterot; 1551, in-8°, 70 pages.
(Tournus, bibliothèque de M. Vieux.)

Paris, Vivant Gaulterot; 1543, in-4°.
(Bibliothèque Nationale.)

3.

ARTOPÆUS (PETRUS).

Anvers, Gilles de Diest; 1544, in-4°.
(Bibliothèques : Nationale; — de Nancy.)

Paris; 1553, in-4°.
(Bibliothèque Nationale.)

Anvers, J. Bellère; 1581, in-4°.
(Bibliothèques : Nationale; — de l'Université.)

Anvers, Arnoult Coninx; 1583, in-4°.
(Bibliothèque Nationale.)

Anvers; 1584, in-4°.
(Bibliothèque de l'Arsenal.)

Introductio geographica.

Ingolstadii; 1533, in-folio.
(Bibliothèque de l'Université.)

ARTISIANUS (JACOBUS),
Pédagogue français du milieu du xvi° siècle.

Latinæ grammatices prima rudimenta.

Parisiis, Rich. Britannus; 1551, in-8°.
(Bibliothèques : Nationale; — Mazarine.)

De latinæ syntaxeos ratione libri undecim.

Cadomi, Philippus; 1557, in-8°.
(Bibliothèque Mazarine.)

ARTOPÆUS (PETRUS)
[P. BECKER],

Pasteur et bibliothécaire allemand, né à Cœsslin, mort à Stettin en 1563. — Voir C.-W. Haken : *Geschichte der Stadt Cœsslin.*

Latinæ phrasis elegantiæ ex potissimis authoribus conscriptæ.

Vitebergæ, G. Rhau; 1534, in-8°.
(Bibliothèques : Mazarine; — de Besançon.)

AUCTORES OCTO. 37

Grammaticæ linguæ latinæ, græcæ et hebraicæ.

Basileæ, Henricpetrus; 1558, in-8°.
(Bibliothèque Mazarine.)

ASULANUS (FRANCISCUS)
[D'ASOLA],

Humaniste et imprimeur italien, fils d'André d'Asola, beau-père et associé d'Alde Manuce. — Voir Aug. Raynouard : *Annales de l'imprimerie des Alde*, Paris, 1834, et Ambr.-Firmin Didot : *Alde Manuce et l'hellénisme à Venise*; Paris, 1875.

Dictionarium græcum cum interpretatione latina.

Venetiis, Alde et André Asulanus; 1524, in-folio.
(Bibliothèque Mazarine.)

AUCTORES OCTO.

N. B. — Le recueil dit *des huit auteurs* contient les ouvrages suivants : *Catonis disticha moralia, Theodoli duellum, Floreti dogmata, Esopi fabellæ, Faceti libellus, De contemptu mundi, Alani parabolæ, Thobiæ gesta.*

Auctores octo opusculorum cum commentariis diligentissime emendati.

Lugduni, s. n.; 1493, in-4° gothique non paginé.
(Musée pédagogique.)
Lugduni, s. n.; 1494, in-4°.
(Bibliothèque Mazarine.)
Lugduni; 1498, in-8°.
(Bibliothèque de Chartres.)
Lugduni, Pyrard; 1519, in-4° goth.
(Bibliothèque de l'Arsenal.)

Auctores octo, opus bonis dogmatibus refultum.

Lugduni, Martinus Boillon; s. d., in-4°.
(Bibliothèque Nationale.)
Lugduni, 1485, in-8°.
(Bibliothèque de Bourg.)

Lugduni; 1492, in-4°.

(Bibliothèque de l'Arsenal.)

Lugduni, Nourry; 1509, in-8°.

(Bibliothèque de Bourg.)

Lugduni; 1528, in-4°.

(Bibliothèque de l'Arsenal.)

Auctores octo morales, cum appendicibus non contemnendis, quorum nomina ex sequenti disces pagella, emaculatiores quam antehac prodierint unquam, Joannis Rœnerii opera.

Lugduni, Theob. Paganus; 1538, petit in-8°, 248 pages.

(Bibliothèque Mazarine; — Musée pédagogique.)

Catonis romani sententiæ morales distichæ cum scholiis Des. Erasmi; Theodoli æcloga. Faceti lusus. Chartula contemptus mundi. Tobiæ liber elegiacus. Alani parabolæ. Æsopi fabellæ aliquot carmine. Floreti ecclesiastica documenta; Sulpitii Verulani mensalis præceptio.

Lugduni, Vincentius Simon; in-folio, 260 pages.

(Bibliothèque de Carcassonne.)

Auctores cum glosa octo libros continentes : videlicet Catonis, Theodoli cartule (sic) *: alias de contemptu mundi, Thobiadis, parabolarum Alani, fabularum Esopi, Floreti, libri Faceti.*

Lugduni, Joan. de Prato; 1489, in-4°.

(Bibliothèque de Troyes.)

Auctores octo continentes libros, videlicet Catonem, Facetum, etc. De modo punctuandi, Regimen mensæ honorabile. Cum additionibus recenter in margine additis valde utilibus et sententia plenis. Juvenes etenim facile percipere poterunt quæcunque in his difficilia sunt per glosellas in marginibus additas.

Gr. in-4° gothique non paginé, sans lieu ni date, avec frontispice encadrant le titre.

(Musée pédagogique.)

AUFRET
[QUOATQUEVERAN],
Chanoine de Tréguier. — Fin du xv° siècle.

Le Catholicon en trois langues, savoir : breton, françois et latin, par maître Auffret.

Cantreguier, Jean Calvez; 1499, in-folio.
(Bibliothèque Nationale.)

Catholicon. Artificialis dictionarius.

Parisiis, J. Quillevère; 1521, in-8°.
(Bibliothèque Nationale.)

AUGER (EDMOND).
Voir Catéchismes.

AUGERIUS.

Grammaticales institutiones.

Parisiis, P. Gromorsus; 1522, in-4°.
(Bibliothèques : Mazarine; — de Besançon.)

AURELIUS (ALBUCIUS) MEDIOLANENSIS.

Christianarum institutionum libri tres.

Venetiis; 1554, in-8°.
(Bibliothèque de l'Université.)

AUROGALLUS (MATTHÆUS)
[GOLDHAHN],

Hébraïsant allemand du xviᵉ siècle. — Voir l'article de Seidemann dans l'*Allgemeine deutsche Biographie*. Leipsick, 1875 et suiv.

Compendium hebrææ chaldææque grammatices.

Wittembergeæ; 1525, in-12.
(Bibliothèques : de l'Université; — de Vendôme.)

Grammatica hebrææ chaldææque linguæ.

Basileæ, Henricpetrus; 1539, in-8°.
(Bibliothèque Nationale.)

Witebergæ; 1531, in-8°.
(Bibliothèques : Nationale; — de Troyes.)

Liber de hebræis urbium, regionum, populorum... nominibus.

Witebergæ, in ædibus J. Clugi; 1526, in-8°.
(Bibliothèque Nationale.)

Basileæ, Henricpetrus; 1539, in-8°.
(Bibliothèque de Troyes.)

Basileæ, Henricpetrus; 1543, in-folio (à la suite du Dictionnaire de Munster).
(Bibliothèque Nationale.)

AVENTINUS (JOHANNES)
[JEAN HÜRMAYER],

Grammairien allemand, vivait en Bavière, 1466-1534.

Rudimenta grammaticæ.

Ingolstadii, Alex. Weissenhorn; 1546, in-4°.
(Bibliothèque Mazarine.)

AUTELS (GUILLAUME DES).

Voir GLAUMALIS.

BADIUS (JODOCUS) ASCENSIUS
[JOSSE BADE],

Savant imprimeur néerlandais, né en 1462 dans le village d'Asche (Belgique), d'où son surnom d'Ascensius; mort en 1535. — Voir Didot (Ambroise-Firmin) : *Essai sur l'histoire de l'imprimerie*. Paris, 1851, in-8°.

Baptistæ Mantuani bucolica sive adolescentia ab Jodoco Badio Ascensio familiariter exposita cum indice.

    Parrhisiis, J. Petit; 1502, in-4°, 80 f.
                                          (Bibliothèque de Cambrai.)

    Lugduni, Cl. Davost, alias de Troyes; 1507, in-4°.
                                (Bibliothèques : Nationale; — de Besançon.)

    Tubingæ, Th. Anshelmus; 1511, in-4°.
                                              (Bibliothèque Nationale.)

    Argentorati, Joh. Price; 1514, in-4°, 79 f.
                                      (Bibliothèque de Montbéliard.)

    Lugduni, Jac. Mareschal; 1514, in-4°.
                                        (Bibliothèque de Verdun.)

Calepinus auctus et recognitus.

    Parisiis; 1519, in-folio.
                                        (Bibliothèque de Beaune.)

Rudimenta Ascensiana cum prima parte doctrinalis diligenter recognita et explanata; cumque syntaxi penitus per eumdem reposita. Venumdantur Badio 1525. — *Doctrinalis Alexandrini cap. III (autore eodem Jod. Badio Ascensio).* — *Ejusdem Badii libellus de Orthographia.* — *In versificatoria recognita versificatoriæ artis vocabula.*

Parisiis, apud Badium; 1525, in-4°.
(Bibliothèque Nationale.)

Epitome in Laurentii Vallæ elegantias.
Epistolarum compositio et ratio scribendi.

Lugduni; 1538, gr. in-8°.
(Bibliothèque de Rodez.)

N. B. — Ces deux ouvrages font partie d'un recueil gothique.

Regulæ constructionis. — *De recta scribendi ratione.* — *De græcis dictionibus.*

Lugduni, hered. Sim. Vincentii; 1539, in-8°.
(Bibliothèque de Reims.)

Catonis sensa et disticha cum scholiis Erasmicis et Badianis.

Parisiis, Ascensius; 1527, in-8°.
(Bibliothèque Nationale.)

Voir CATON.

Jodoci Badii Ascensii in epistolarum compositionem compendium isagogicum brevitate et facilitate præditum.

In-4° gothique comprenant à la suite du Compendium isagogicum de Badius :

1° *De latinarum dictionum recta scriptura. Jodoci Badii Ascensii de recte scribendi ratione compendiosa traditio;*

2° *Apex Ascensianus de grecis dictionibus ex Tortellio depromptis;*

3° *Guarini Veronensis de ratione diphtongandi* (précédé d'une lettre et suivi d'une table);

4° *De componendis ornandisque epistolis Jo. Sulpitii Verulani;*

5° *Augustini Dati Senensis isagogicus libellus in eloquentiæ præcepta ad Andream domini Christophori filium : cum familiari commentatione Jodoci Clichtovei Neoportunensis, cumque Jodoci Badii Ascensii non aspernanda declaratione atque annotatiunculis perquam utilibus.*

On lit à la fin :

Ascensius lectori salutem.

Habes itaque eloquentiæ studiosæ magnum ad venustum sermonem adjumentum. Cui pro orthographia præceptiunculas nostras proposuimus : reliquum est diligentius insudes.

Anno Dⁿⁱ M. DXV.

(Bibliothèque Nationale.)

BADUELLUS
(CLAUDE BADUEL),

Pédagogue français, né à Nîmes, recteur du collège des arts de cette ville, mort à Genève en 1561. — Voir Gaufrès (M. J.) : *Claude Baduel et la réforme des études au XVIe siècle.* Paris, Hachette, 1880, in-8°.

De ratione vitæ studiosæ ac litteratæ in matrimonio collocandæ et degendæ.

Lugduni, Seb. Gryphius; 1544, in-4°.

(Bibliothèques : Nationale; — Mazarine; — Sainte-Geneviève; — de la Société de l'histoire du protestantisme; — Avignon [musée Calvet].)

N. B. — L'exemplaire de la Bibliothèque nationale porte l'ex-libris autographe de Léger Duchêne (Leodegarius a Quercu).

Lexicon græco-latinum seu Thesaurus linguæ græcæ, ex Budæi manuscripto auctus et restitutus studio Cl. Baduelli.

Genevæ, Joan. Crispinus; 1554, in-folio.

(Bibliothèque Nationale.)

BAILLIUS (GUILLELMUS).

De officio et munere eorum qui juventutem erudiendam suscipiunt, epistola Cl. Baduelli ad Jac. Sadoletum card.

Lugduni, Seb. Gryphius; 1544, in-8°.

(Bibliothèques : Nationale; — Mazarine.)

Traité de la dignité du mariage et de l'honneste conversation des gens doctes et lettrés, traduits du latin par Guy Delagarde.

Paris, L'Angelier; 1548, in-12.

(Bibliothèques : Nationale; — Mazarine.)

BAILLIUS (GUILELMUS)
[GUILLAUME BAILE],

Prédicateur jésuite en Béarn et dans la Saintonge, mort à Bordeaux (1620) — Voir de Backer : *Bibliothèque des écrivains de la Compagnie de Jésus.* Paris et Liège, 1869.

Libellus de quantitate syllabarum græcarum; accessit ejusdem de dialectis græcorum libellus.

Burdigalæ, S. Millangius; 1588, in-4°.

(Bibliothèque Nationale.)

Lugduni, Joan. Pillehotte; 1590, in-8°.

(Bibliothèques : de Gray; — de Troyes.)

Lugduni, Joan. Pillehotte; 1600, in-18, 96 pages.

(Bibliothèque de Mende.)

Lugduni, J. Rigaud; 1607, in-8°.

(Bibliothèques : Nationale; — du Puy.)

Lugduni, Pillehotte; 1612, in-8°.

(Bibliothèque de Chartres.)

Parisiis; 1624, in-8°.

(Bibliothèque de l'Arsenal.)

BALBUS (JOANNES).

Voir l'article JANUA.

BALDESANUS (GUILELMUS).

Stimuli virtutum adolescentiæ christianæ dicati, libri tres.

S. l., Arn. Myschrius; 1595, in-32, 642 pages.
(Bibliothèque d'Épinal.)

Lugduni, J. Pillehotte; 1602, in-16.
(Bibliothèques : Nationale; — de Rodez.)

Rhotomagi; 1608, in-12.
(Bibliothèque de l'Université.)

BALTHAZAR (ANDREAS).

Questiones rhetoricæ.

Parisiis, Richardus; 1552, in-4°.
(Bibliothèques : Mazarine; — de Carpentras.)

BARIUS (GABRIEL) FRANCICANUS.

Pro lingua latina libri tres.

Romæ, Hier. de Cartulariis; 1554, in-8°.
(Bibliothèque Nationale.)

Romæ, in æd. pop. Rom.; 1571, in-8°.
(Bibliothèque Nationale.)

BARLAMONT (NOËL DE).

Propos communs ou colloques (traduc. en latin par Corn. Valet).

Anvers; 1576, in-12.   (Bibliothèque de l'Arsenal.)

Le petit vocabulaire de Noel de Barlamont, en flamen et en françois.

Amsterdam, J. Janssen; 1638, in-8°.   (Bibliothèque Nationale.)

BARLANDUS (HADRIANUS)
[VAN BAARLAND],

Humaniste néerlandais, né en 1488, professeur à Louvain, mort en 1542. — Voir l'article de Baur dans l'*Encyclopédie* d'Ersch et Gruber, Leipsick, 1818 et suiv., et L. Massebieau : *Les Colloques scolaires du xvi° siècle et leurs auteurs*. Paris, 1878, in-8°.

Dialogi XLII ad profligandam e scholis barbariem utilissimi.

Antuerpiæ, Hillenius; 1526, in-12.   (Bibliothèque de l'Arsenal.)
Antuerpiæ; 1528, in-8°.   (Bibliothèque de Toulouse.)

Dialogi omnes sane quam elegantes ac lepidi admodum pueris utiles futuri, una cum dialogo Augusti Reymarii Mechliensis de Chartarum ludo.

Parisiis, Ch. Wechelus; 1530, petit in-8°.
    (Bibliothèques : Mazarine; — du Mans.)
Coloniæ, Eucharius Cervicornus; 1530, in-8°.
    (Bibliothèque Nationale.)
Antuerpiæ, Hillenius; 1534, in-8°.
    (Bibliothèque Nationale.)

BAROCIUS (FRANCISCUS).

Parisiis G. Wechelus; 1535, petit in-8°.
(Bibliothèques : Nationale; — de Chaumont.)

Parisiis Mauritius de Porta; 1542, in-8°.
(Bibliothèques : Nationale; — Sainte-Geneviève.)

Parisiis Ch. Wechelus; 1543, in-8°, 95 pages.
(Bibliothèques : de Dijon; — de Troyes.)

Lugduni; 1543, in-12.
(Bibliothèque de l'Arsenal.)

Jocorum veterum ac recentium libri tres.

Coloniæ, Eucharius Cervicornus; 1529, in-8°, 99 pages.
(Bibliothèques : Nationale; — de Vesoul.)

Antuerpiæ, Mich. Hillenius; 1529, in-8°.
(Bibliothèques : Nationale; — de l'Arsenal; — Sainte-Geneviève.)

Institutio christiani hominis per Hadrianum Barlandum aphorismis digesta.

Antuerpæ, Martinus Cæsar; 1532, in-8°, 24 pages.
(Bibliothèque de Montauban [Faculté de théologie protestante].)

BAROCIUS (FRANCISCUS)
[FRANÇOIS BAROZZI].

Géomètre italien, né à Venise en 1538, mort en 1587. — Voir Maximilien Marie : *Histoire des sciences mathématiques et physiques*, Paris, 1883, t. II, et Tiraboschi.

Cosmographia in quatuor libros distributa, summo ordine miraque facilitate ac brevitate ad magnam Ptolemæi mathematicam constructionem, ad universamque astrologiam instituens; Francisco Barocio Jacobi filio, patritio Veneto, autore.

Venetiis, G. Perchacinus; 1585, in-8°, 340 pages et l'index.
(Bibliothèques : Nationale; — Mazarine; — de Cambrai.)

Venetiis, Perchacinus; 1598, in-8°.
(Bibliothèque de Tulle.)

Admirandum geometricum problema, 13 modis demonstratum, quod docet duas lineas in eodem plano designare quæ nunquam invicem coincidunt, etiamsi in infinitum protrahantur, etc. Accessit instrumentum ab eo inventum ad conicarum sectionum in plano descriptionem.

Venetiis, Perchacinus; 1586, in-folio.
(Bibliothèques : Nationale; — de Chaumont.)

Opusculum in quo una oratio et duæ questiones : altera de certitudine et altera de medietate mathematicarum continentur.

Patavii; 1560, in-4°.
(Bibliothèque de l'Université.)

BARTELON (PANTALEON),

Recteur du collège de Ravières en Bourgogne. — Voir Lacroix du Maine : *Bibliothèque française*, t. V.

Epitome in prosodiam. Accessit græcorum carminum ratio.

Trecis, Nicolas Paris; 1543, in-8°.
(Bibliothèque de Troyes.)

Paris, Michel Fézandat et Robert Granlou; 1551, in-18, 282 pages.
(Bibliothèque de Montbéliard.)

Syntaxis latina facili carmine conscripta.

Parisiis, Marnef et Cavellat; 1571, in-16, 159 pages.
(Bibliothèque de Cahors.)

Lugduni, Joan. Lertout; 1578, in-18.
(Bibliothèque de Montbéliard.)

De ratione quantitatis syllabariæ liber.

Parisiis, Hier. de Marnef; 1559, in-16.
(Bibliothèques : de Chaumont; — de Cahors.)

Lugduni; 1585, in-12.
(Bibliothèque Nationale.)

Distiques moraux rendus en françois par quatrains auxquels sont remarquées les mœurs corrompues du tems présent.

Lyon, Ben. Rigaud; 1569, in-8°.
(Bibliothèque Nationale.)

BASSANTIN (JACQUES),

Astronome écossais, né en 1504, mort en 1568.
Voir Montucla : *Histoire des mathématiques.* Paris, 1758, 2 vol. in-8°.

Amplification de l'usage de l'astrolabe.

Paris, Guil. Cavellat; 1558, in-8°.
(Bibliothèques : Nationale; — Mazarine.)

Paraphrase de l'astrolabe, revue par J. Bassantin, avec une amplification de l'usage de l'astrolabe.

Lyon, Jean de Tournes; 1555, in-8°.
(Bibliothèques : Mazarine; — de Gray.)

Astronomique discours, par Jacques Bassantin écossois.

Lyon, Jean de Tournes; 1557, in-folio, 285.
(Bibliothèques : Nationale; — Sainte-Geneviève; — de Carpentras.)

Astronomia Bassantini Scoti.

Lugduni, Jean de Tournes; 1599, in-folio, 262 pages.
(Bibliothèque de Gray.)

Genevæ Jo. Tornæsius; 1599, in-folio.
(Bibliothèque Nationale.)

BAUDOZIANUS (PETRUS), DIT CESTIUS,

Critique et jurisconsulte français de la fin du xvie siècle.

Poesis latinæ thesaurus. Decem libri.

S. l., Eust. Vignon; 1586, in-18, 418 pages.

(Bibliothèque de Montbéliard.)

BAYFIUS (LAZARUS),

Diplomate et érudit français, né vers la fin du xve siècle, mort en 1547, père d'Antoine de Baïf. — Voir Lacroix du Maine et Duverdier : *Bibliothèque française*, et Darmesteter : *Le xvie siècle en France*. Paris, Delagrave, 1878, in-12.

De re vestiaria, vascularia et navali : ex Bayfio, in adolescentulorum bonarum litterarum studiosorum gratiam.

Basileæ, Bebelius; 1526, in-4°.
(Bibliothèque Nationale.)

Lugduni, Simon Vincentius; 1536, in-8°.
(Bibliothèque Mazarine.)

Parisiis, Rob. Stephanus; 1541, in-8°.
(Bibliothèques : Mazarine; — Sainte-Geneviève.)

Parisiis, C. Stephanus; 1553, petit in-8°, 189 pages.
(Bibliothèques : Nationale; — Sainte-Geneviève; — d'Abbeville; — de Carpentras.)

De re vestimentaria, de vasculorum materiis ac varietate.

Basileæ, Froben; 1531, in-8°.
(Bibliothèque Nationale.)

Lugduni, Seb. Gryphius; 1536, in-8°.
(Bibliothèque Nationale.)

Lutetiæ, Rob. Stephanus; 1547, in-8°.
(Bibliothèque Nationale.)

BAYFIUS (LAZARUS).

De re navali libellus, in adolescentulorum bonarum litterarum studiosorum favorem, ex Bayfii vigiliis excerptus, addita ubique, puerorum causa, vulgari vocabulorum significatione.

    Parisiis, Stephanus; 1537, in-18, 91 pages.
        (Bibliothèques : Sainte-Geneviève; — de Béziers; — de Verdun.)

Summa rei vasculariæ.

    Basileæ, Nic. Bryling.; 1536, petit in-8°, 60 pages.
        (Bibliothèque du Havre.)

De vasculis libellus, adolescentulorum causa ex Bayfio decerptus, addita vulgari latinarum vocum interpretatione.

    Parisiis, Rob. Stephanus; 1535, in-8°.
        (Bibliothèques : Nationale; — de Cherbourg; — de Troyes.)
    Lugduni, Seb. Gryphius; 1536, in-12, 55 pages.
        (Bibliothèques : Sainte-Geneviève; — Musée pédagogique; — de Besançon; — de Mende.)
    Parisiis, Rob. Stephanus; 1536, in-8°.
        (Bibliothèques : de l'Université; — de Verdun.)
    Lugduni, Sim. Vincentius; 1536, in-8°.
        (Bibliothèque Mazarine.)
    Parisiis, Rob. Stephanus; 1538, in-12, 56 pages.
        (Bibliothèque de Béziers.)
    Lugduni; 1539, in-12.
        (Bibliothèque de l'Université.)
    Parisiis, Rob. Stephanus; 1547, in-12.
        (Bibliothèques : Nationale; — Mazarine; — de l'Université.)

De re vestiaria libellus, ex Bayfio excerptus, addita vulgaris linguæ interpretatione, in adolescentulorum gratiam atque utilitatem.

    Parisiis, Ambr. Girault; 1535, in-8°.
        (Bibliothèque de Troyes.)
    Parisiis, Rob. Stephanus; 1535, in-8°.
        (Bibliothèques : Nationale; — Sainte-Geneviève; — de l'Université; — de Cherbourg.)

BEBELIUS (HENRICUS).

Parisiis, Rob. Stephanus; 1536, in-8°, 73 pages.
(Bibliothèques : Mazarine; — de Besançon; — de Béziers; — de Meaux; — de Mende; — de Verdun.)

Basileæ, Nic. Brylinger; 1536, in-8°.
(Bibliothèque du Havre.)

Parisiis, Rob. Stephanus; 1541, in-8°.
(Bibliothèques : Mazarine; — de l'Université; — de Chaumont.)

Parisiis, Rob. Stephanus; 1547, in-8°.
(Bibliothèque Nationale.)

Parisiis, Car. Stephanus; 1553, in-8°, 230 pages.
(Bibliothèque de Nancy.)

BEAUSARDUS (PETRUS),

Médecin et professeur royal. — Voir Goujet : *Mémoires historiques et littéraires sur le Collège de France.* Paris, 1758, 3 vol. in-12.

Arithmetices praxis ad quam veterum permulta exempla revocata explicantur.

Lovanii, Barth. Gravius; 1583, in-8°.
(Bibliothèque de Gray.)

BEBELIUS (HENRICUS)
[BEBEL],

Professeur de belles-lettres allemand à Tubingue, né à Justingen en 1472, mort en 1516. — Voir l'article de Geiger, dans l'*Allgemeine deutsche Biographie.*

De institutione puerorum.

Argentorati, Schurer; 1513, in-4°.
(Bibliothèque de Besançon.)

Commentaria epistolarum conficiendarum.

Argentinæ, Jean Gruningerus; 1503, in-4°, 162 f.
(Bibliothèque de Bergues.)

BELLAI (JOACHIM DU).

Forcæ, Th. Anshelmus; 1508, in-8°.
(Bibliothèques : Nationale ; — Mazarine.)

Argentorati, Schurer; 1513, in-8°, 20 f. non paginés et 176 pages.
(Bibliothèques : Nationale ; — de Bergues ; — de Cambrai.)

Ars condendorum carminum.

Phorcæ; 1506, in-4°.
(Bibliothèque Mazarine.)

Phorcæ, Th. Anshelmus; 1508, in-4°.
(Bibliothèque de l'Université.)

Opuscula varia.

Phorcæ, Th. Anshelmus; 1504, in-4°.
(Bibliothèque Mazarine.)

BELLAI (JOACHIM DU),

Poète et humaniste français, né en 1524 à Livé (Anjou), mort en 1560. — Voir Marty-Laveaux : *Œuvres de J. du Bellai, avec biographie.* Paris, Lemerre, 1866-1867, 2 vol. in-8°, et Darmesteter : *Le xvi° siècle en France.* Paris, Delagrave, 1878, in-12.

La défense et illustration de la langue françoise, par J. A. D. B.

Paris, Arm. L'Angelier; 1549, in-8°.
(Bibliothèques : Mazarine ; — de l'Arsenal.)

Rouen, Georg. L'Oyselet; 1592, in-8°.
(Bibliothèque de l'Université.)

Apologie pour la langue françoise, en laquelle est amplement déduite son origine et excellence ; le moyen de l'enrichir et augmenter selon les anciens Grecs et Romains ; l'observation de quelques manières de parler françoises ; une exhortation aux François d'écrire en leur langue ; avec la musagnæomathie et autres œuvres poetiques, le tout par J. A. D. B.

Paris, Lucas Breger; 1580, in-8°.
(Bibliothèques : Nationale ; — de Chartres.)

OEuvres françoises, revues et augmentées de plusieurs pièces de poésie non encores auparavant imprimées.

Paris, F. Morel; 1569, in-8°.

(Bibliothèque de Langres.)

BELLARMIN (ROBERT),

Cardinal-archevêque de Capoue. Né à Montepulciano (Toscane) en 1542, mort en 1621. — Voir de Backer : *Bibliothèque des écrivains de la Compagnie de Jésus*, et Tiraboschi.

Institutiones linguæ hebraicæ [1].

Coloniæ, Birckmann senior; 1580, in-8°.

(Bibliothèque de Cambrai.)

S. l.; 1595, in-8°.

(Bibliothèque de Chaumont.)

Antuerpiæ, Plantinus; 1596, in-12.

(Bibliothèques : de l'Arsenal; — d'Avignon [musée Calvet]; — de Langres; — de Mamers; — de Montbéliard; — de Salins.)

Lugduni, Ant. Vincentius; 1596, in-8°.

(Bibliothèques : de l'Université; — d'Albi; — de Béziers; — de Cambrai; — du Havre; — de Pau.)

Antverpiæ, Chr. Plantinus; 1606, in-8°, 333 pages.

(Bibliothèques : Nationale; — de l'Arsenal; — de Besançon; — de Cambrai.)

Genevæ, Petrus de la Rovière; 1616, in-8°.

(Bibliothèque de Chaumont.)

Genevæ; 1618 et 1619, in-8°.

(Bibliothèques : de l'Arsenal; — de l'Université.)

Genevæ, Fr. Faber; 1619, in-8°, 334 pages.

(Bibliothèque du Puy.)

Institutiones linguæ hebraicæ cum Simeonis Mnisii adnotationibus.

Aureliæ All. (Genève), Franc. Faber; 1609, in-8°.

(Bibliothèques : de Dijon; — de Troyes.)

---

[1] L'hébreu, ayant fait partie, au xviᵉ siècle, de l'enseignement des humanités, on a cru devoir conserver les ouvrages d'hébraïsants qui ont un caractère didactique.

Antuerpiæ, Plantinus; 1616, in-12, 206 pages.
(Bibliothèques : de l'Arsenal ; — de Bayeux.)
Coloniæ Allobr., P. de la Rovière; 1616, in-12, 334 pages.
(Bibliothèque de Salins.)
Coloniæ, J. Pratensis; 1617, in-8°, 334 pages.
(Bibliothèque d'Aurillac.)
Coloniæ Allobr., Petrus de la Rovière; 1618, in-8°.
(Bibliothèques : Nationale ; — de Mende.)
Lutetiæ; 1621, in-8°.
(Bibliothèque Nationale.)
Parisiis, Joan. Libert; 1622, in-8°.
(Bibliothèques : Nationale; — de Chartres.)

Exercitatio grammatica in psalmum 34.

Lutetiæ, G. Lebé; 1621, in-8°.
(Bibliothèque Nationale.)

BELLENGARDUS (STEPHANUS)
[DE LIMOGES].

Sententiarum volumen absolutissimum.

Lugduni, Tornæsius; 1559, in-folio.
(Bibliothèque de Salins.)
Lugduni; 1587, in-folio.
(Bibliothèque Mazarine.)

BELLEFOREST (FRANÇOIS DE),

Littérateur français, né en 1530 à Samaten (comté de Comminges), mort à Paris en 1583. — Voir Niceron : *Mémoires pour servir à l'histoire des hommes illustres*, t. XI et XX.

Les sentences illustres de M. T. Cicéron, et les apophtegmes, aussi les plus remarquables sentences tant de Térence que de plusieurs autres autheurs, et les sentences de Démosthène de n'aguères (sic) *tirées du grec et mises en latin. Le tout traduit nouvellement de latin en françois par Fr. de Belleforest.*

    S. l., J. Lertout; 1582; in-16.   (Bibliothèque Nationale.)

    Rouen, Th. Daré; 1610, in-16.   (Bibliothèque Nationale.)

    Rouen, Th. Daré; 1619, in-16.   (Bibliothèque Nationale.)

BEMBUS (PETRUS)
[LE CARDINAL BEMBO],

Célèbre humaniste italien, né à Venise en 1470, mort à Rome en 1547. — Voir l'article de Wachler dans l'*Encyclopédie* d'Ersch et Gruber. — Burckhardt : *Cultur der Renaissance in Italien*, Leipsick, 1869, et Tiraboschi.

De imitatione liber.

    Basileæ, Froben; 1518, in-4°.   (Bibliothèque Nationale.)

Elegantissima epistola de imitatione.

    Wittembergæ; s. d., petit in-8°.   (Musée pédagogique.)

Rime.

    Venegia; 1507, in-4°.   (Bibliothèque de l'Arsenal.)

    Venetiis; 1530, in-4°.   (Bibliothèque de l'Arsenal.)

    Venegia, Ant. de Nicolini; 1535, in-4°.
        (Bibliothèques : Nationale; — de l'Arsenal; — d'Avignon [musée Calvet].)

    Venegia, Gabr. Giolito, 1548, in-12.   (Bibliothèque Nationale.)

    Venetiis, Gual. Scotus; 1552, in-8°.   (Bibliothèque de Besançon.)

    Venegia; 1586, in-16.   (Bibliothèque de l'Arsenal.)

Prose.

Vinegia, Gio Tacuino; 1525, in-folio.
(Bibliothèque Nationale.)
Fiorenza, Lorrenzo Torrentino; 1548, in-4°.
(Bibliothèque Nationale.)
Vinegia, Jacomo Vidali; 1575, in-12.
(Bibliothèque Nationale.)

Carmina.

Venetiis; 1558, in-12.
Florentiæ; 1552, in-8°.
(Musée pédagogique.)
Lutetiæ, Æg. Gorbinus; 1576, in-12.
(Bibliothèque de l'Arsenal.)
(Bibliothèque de l'Université.)

BENAVIDIUS (MARCUS MANTUA),

Jurisconsulte italien, né à Padoue en 1489, mort en 1582.

M. Mantuæ Benavidii, Patavini jurisconsulti, polymathia, hoc est disciplina multijuga, nunc primum edita.

Venetiis, Jo. Fr. Camocius; 1558 et 1559, in-8°.
(Bibliothèque Nationale.)

BENCIUS
(FRANÇOIS BENCI),

Jésuite italien, né à Aquapendente en 1542, élève de Antonin Muret, mort en 1594.
Voir de Backer : *Bibliothèque des écrivains de la Compagnie de Jésus.*

F. Bencii S. J. orationes et carmina cum disputationibus de stylo et scriptione.

Ingolstadii, Dav. Sartorius; 1595, in-8°.
Ingolstadii; 1599, in-8°.
(Bibliothèque Nationale.)
Lugduni; 1603, in-8°.
(Bibliothèque de Bourg.)
(Bibliothèque Nationale.)

BENTZIUS (JOANNES)
[BENZ],

Helléniste néerlandais, né à Bruxelles en 1547, professeur à Strasbourg, où il mourut en 1599. — Voir l'*Allgemeine deutsche Biographie*. Leipsick, 1875 et suiv.

De figuris libri duo.

    Argentorati, Josias Rihelius; 1594, in-8°.
                                        (Bibliothèque Nationale.)

    Argentorati, Josias Rihelius; 1606, in-8°.
                                        (Bibliothèque Nationale.)

Thesaurus pure loquendi et scribendi græco-latinus novus ex Isocrate, Cicerone aliisque concinnatus.

    Argentinæ, Laz. Letznerus; 1594, in-folio.
        (Bibliothèques : Nationale; — Mazarine; — de l'Arsenal.)

Thesaurus elocutionis oratoriæ græco-latinus novus ex optimorum autorum resolutione... secundum ordinem naturæ in locos LXXVI distinctus.

    Basileæ, Hervagius; 1581, in-folio.
        (Bibliothèques : Nationale; — de Chartres; — de Troyes; — de Verdun.)

BERALDUS (NICOLAUS AURELIUS)
[NICOLAS BERAULD],

Célèbre humaniste français, né à Orléans en 1473, mort en 1550, ami d'Érasme. Voir H. Bordier : 2ᵉ édition de la *France protestante*.

Dialogus quo rationes quædam explicantur, quibus dicendi ex tempore facultas parari potest.

    Lugduni, S. Gryphius, 1584, in-8°.
                                        (Bibliothèque Nationale.)

BERNARDUS (JOANNES BAPTISTA).

Dictionarium græcum.

Lutetiæ, Conr. Reschus; 1521, in-folio.
(Bibliothèque de Troyes.)

BERINGERUS (MICHAEL),

Savant allemand né en 1566 dans le Wurtemberg, mort en 1625.
Voir l'article de Baur dans l'*Encyclopédie* d'Ersch et Gruber.

Epitome rhetoricæ ad eloquentiæ studium scitu maxime necessaria.

Tubingæ, G. Gruppenbach; 1596, in-12, 92 pages.
(Bibliothèque de Montbéliard.)

Grammatica græca et latina; grammaticæ hebraicæ præcepta.

Tubingæ, Erhardus Cellius; 1602, in-8°.
(Bibliothèque Nationale.)

BERNARDUS (JOANNES BAPTISTA),

Philosophe et professeur à Venise. — Fin du xvi° siècle.

Thesaurus rhetoricæ.

Venetiis, M. Sessæ heredes; 1599, in-folio, 175 f.
(Bibliothèques : Nationale; — de Cambrai.)

Seminarium totius philosophiæ.

Venetiis, Melch. Sessa; 1582 à 1585, in-folio, 3 vol.
(Bibliothèque Mazarine.)

Venetiis, Melch. Sessa; 1599, in-folio.
(Bibliothèque Mazarine.)

BEROALDO (PHILIPPE).

Lugduni, J. Stoer et Fr. Faber; 1599, in-folio.
(Bibliothèque de Carpentras.)

Genevæ; 1599, in-folio.
(Bibliothèque Sainte-Geneviève.)

BERNARTIUS (JOHANNES),

Avocat néerlandais, né à Malines vers 1567, mort en 1601. — Voir Van der Aa : *Biographisch Woordenboek der Nederlanden*, Haarlem, 1869, et Paquot : *Mémoires sur l'histoire littéraire des Pays-Bas*, Louvain, 1770, t. XV.

Johannis Bernarti de utilitate legendæ historiæ libri duo.

Antverpiæ, ex officina Plantiniana; 1593, in-8°, 161 pages.
(Bibliothèques : Nationale; — Mazarine; — Sainte-Geneviève; — de Carpentras; — de Montauban [Faculté de théologie protestante].)

BEROALDO (PHILIPPE) [L'AÎNÉ],

Célèbre littérateur italien, né en 1453, fut professeur de belles-lettres à l'université de Bologne, où il mourut en 1505. — Voir Bulæus : *Historia Universitatis Parisiensis*, t. V, 914; Fétis, *Biographie des musiciens*, 1865, et Tiraboschi, t. VI.

Opusculum quo continentur declamatio philosophi, medici, oratoris, etc.

Bononiæ, B. Hector, 1497, in-4°.
(Bibliothèques : Nationale; — Mazarine; — de Verdun.)

Bononiæ, B. Hector; 1499, in-4°.
(Bibliothèque de Cambrai.)

Parisiis, Dion. Roce; 1501, in-4°.
(Bibliothèque de Cherbourg.)

Parisiis, Joh. Barbier; 1507, in-4°.
(Bibliothèque Nationale.)

Varia Philippi Beroaldi opuscula in uno codice contenta, id est orationes, prælectiones, epigrammata.

Parisiis, Thielman Kelver; 1500, in-4°.
(Bibliothèque de Besançon.)

BEROALDO (PHILIPPE).

Parrhisiis, Parvus; 1505, in-4°.
(Bibliothèque d'Avignon [musée Calvet].)

S. l.; 1507, in-4°.
(Bibliothèque de l'Arsenal.)

Parisiis, Jo. Parvus; 1508, in-4°.
(Bibliothèque Nationale.)

Parisiis, J. Badius; 1508, in-4°.
(Bibliothèque de Carpentras.)

Parisiis, J. Badius; 1511, in-4°.
(Bibliothèque Mazarine.)

Parisiis, J. Badius; 1513, in-4°.
(Bibliothèque Nationale.)

Basileæ; 1513, in-4°, 162 f.
(Bibliothèque de Montbéliard.)

Parisiis, Joan. Petit; 1513, in-4°.
(Bibliothèque de Besançon.)

Parisiis, J. Petit; 1515, in-4°, 400 pages.
(Bibliothèque de Nancy.)

Parisiis, Jod. Badius, 1516, in-4°.
(Bibliothèque de Chaumont.)

Basileæ; 1517, in-4°, 162 pages.
(Bibliothèque de Bergues.)

Symbola Pythagoræ moralia explicata.

Parisiis, Jean Gauthier; 1509, in-8°.
(Bibliothèque de Chartres.)

Parisiis, Ant. Bonnemère; 1509, in-4°.
(Bibliothèque Nationale.)

Oratio proverbiorum condita a Ph. Beroaldo qua doctrina remotior continetur.

Parisiis, Jehan Petit; 1500, in-8°.
(Bibliothèque de Carcassonne.)

Septem Sapientium sententiæ (sive heptalogos).

Bononiæ; 1498, in-8°.
(Bibliothèques : Nationale; — de Cambrai; — de Verdun.)

Parisiis, Jo. Barbier; 1509, in-4°. (Bibliothèque Nationale.)

Paris., J. Badius; 1513, in-4°. (Bibliothèque Mazarine.)

Davantiæ, A. Paffræd; 1517, in-4°, 14 f. (Bibliothèque de Cambrai.)

Basileæ, Henricpetrus; 1513, in-8°. (Bibliothèque Mazarine.)

Præcepta septem Græciæ Sapientum, explicata per Phil. Beroaldum, dicta heptalogos.
Symbola Pythagoræ, per eundem interpretata.

Basileæ, Henricp.; 1534, in-8°.
(Bibliothèques : Nationale; — Mazarine; — de l'Arsenal.)

Pythagoræ symbola moraliter explicata.

Parisiis, Ant. Bonnemère; 1509, in-4°. (Bibliothèque Mazarine.)

Orationes et carmina.

Bononiæ, Benedictus Hectoris et Plato de Benedictis; 1491, in-4°.
(Bibliothèque de Carpentras.)

Lugduni; 1492, in-8°. (Bibliothèque de l'Université.)

BERTHOT (CLAUDE).

De numerandi ratione aphorismi, autore Claudio Berthotio, doctore theologo ac divionensi rectore.

Lutetiæ, Gul. Cavellat; 1554, in-8°.
(Bibliothèques : d'Auxerre; — de M. Passier, à Paris.)

BERTRAME (BONAVENTURE-CORNEILLE),

Professeur d'hébreu, né à Thouars (Poitou) en 1531; mort à Lausanne en 1594. — Voir H. Bordier : 2ᵉ édition de la *France protestante* des frères Haag. Paris, Fischbacher, 1880 et suiv.

Comparatio grammaticæ hebraicæ et arabicæ.

Genève, Vignon; 1569, in-4°.
(Bibliothèque de Troyes.)

Genève, Eust. Vignon; 1574, in-4°, 440 pages.
(Bibliothèques : Nationale; — Mazarine; — de l'Arsenal; — d'Avignon [musée Calvet]; — de Bourg; — de Cambrai; — de Carcassonne; — de Dijon; — de Dole; — de Mende; — de Périgueux.)

BERZOSA (JOHANNES),

Helléniste espagnol, né à Saragosse; seconde moitié du xvɪᵉ siècle.
Voir N. Antonio : *Bibliotheca Hispana*. Madrid, 1783.

De prosodiis liber græcæ linguæ.

Lovanii, Rutgerus Rescius; 1544, in-8°.
(Bibliothèques : Nationale; — Mazarine; — de l'Université.)

BESSON (JACQUES),

Mathématicien français, né à Grenoble; vers 1450, professeur à Orléans. — Voir Maximilien Marie : *Histoire des sciences mathématiques et physiques*, Paris, 1884, t. III.

Le Cosmolabe, ou Instrument universel concernant toutes observations qui se peuvent faire pour les sciences mathématiques, tant au ciel, en la terre, comme en la mer.

Paris, G. Roville; 1567, in-4°.
(Bibliothèques : Nationale; — Sainte-Geneviève; — de Bourg; — de Chartres.)

BEURER (JEAN-JACQUES).

Description et usage du compas Euclidien; contenant la plupart des observations qui se font en la géométrie, perspective, astronomie et géographie.

Paris, Gal. du Pré; 1571, in-4°.

(Bibliothèque Nationale.)

Theatrum instrumentorum et machinarum, cum Fr. Beroaldi figurarum declaratione demonstrativa necnon J. Paschalis additionibus.

Lugduni, B. Vincentius; 1582, in-folio.

(Bibliothèques : de Cambrai; — de Carpentras.)

Le même ouvrage, en français.

Genève, Chouet; 1594, in-folio.

(Bibliothèque de Carpentras.)

BEURER (JEAN-JACQUES),

Littérateur allemand, professeur à Fribourg-en-Brisgau, vers la fin du xvie siècle.
Voir Jöcher : *Allgemeines Gelehrten Lexicon.* Leipsick, 1750 et suiv.

Synopsis historiarum et methodus nova.

Hanau, Guil. Antonius; 1594, in-8°.

(Bibliothèque Nationale.)

Hanau, Guil. Antonius; 1599, in-8°.

(Bibliothèque Mazarine.)

De usu organi logici in omni genere rerum et scientiarum.

Hanau, Guil. Antonius; 1597, in-8°.

(Bibliothèque Mazarine.)

BEURHUSIUS (FREDERICUS)
[BEURHAUS],

Philosophe allemand, né à Menerzhagen, fin du xvi° siècle. — Voir l'article de Dœring, dans l'*Allgemeine deutsche Biographie*.

In Petri Rami dialecticæ libros explicationum quæstiones et pædagogiæ logicæ, pars prima.

Londini, H. Bynnemann; 1581, in-8°.
(Bibliothèque Mazarine.)

De Petri Rami dialecticæ præcipuis capitibus disputationes et pedagogiæ logicæ, pars secunda.

Londini, H. Bynnemann; 1582, in-8°.
(Bibliothèque Mazarine.)

Ad Petri Rami dialecticam variorum exemplorum inductio et pedagogiæ logicæ, pars tertia.

Coloniæ, Mat. Cholinus: 1583, in-8°.
(Bibliothèque Mazarine.)

Erotematum musicæ libri duo.

Norimbergæ; 1591; in-8°.
(Bibliothèque Nationale.)

BÈZE (THÉODORE DE),

Célèbre théologien protestant, né en 1519, mort en 1605, fut un des promoteurs de la réforme littéraire du xvi° siècle. — Voir H. Bordier : 2° édition de la *France protestante*, et sa correspondance dans les *Opera Calvini*, édit. Baum, Cunitz et Reuss.

De francicæ linguæ recta pronuntiatione.

Genevæ, Eustath. Vignon; 1584, in-8°, 84 pages.
(Bibliothèques : Nationale; — Mazarine; — Sainte-Geneviève; — de Besançon; — de Carpentras; — de Troyes; — de la Société de l'histoire du protestantisme.)

BIBLIANDER (THÉODORE).

De vera pronuntiatione græcæ latinæque linguæ commentarii doctissimorum virorum, quorum primus Th. Bezam auctorem habet.

S. l., H. Stephanus; 1587, in-8°.
(Bibliothèques : Nationale; — Mazarine; — de Beaune.)

Icones, id est veræ imagines virorum doctrina simul et pietate illustrium... Additis eorumdem vitæ et operæ descriptionibus, quibus adjectæ sunt nonnullæ picturæ quas emblemata vocant.

Genevæ, Joan. Laonius; 1580, in-4°.
(Bibliothèques : Nationale; — Mazarine; — Sainte-Geneviève; — Musée pédagogique; — de Besançon; — de Montauban [Faculté de théologie protestante].)

Les vrays portraits des hommes illustres, plus 44 emblêmes chrestiens, trad. du latin.

Genève, Jean de Laon; 1581, in-4°.
(Bibliothèques : Nationale; — de Montauban [Faculté de théologie protestante].)

Alphabetum græcum. — Addita sunt scholia, in quibus de germana græcæ linguæ pronuntiatione disseritur.

S. l.; 1554, in-12.
(Bibliothèque de l'Université.)

BIBLIANDER (THÉODORE)
[BUCHMANN],

Orientaliste suisse, né en 1504, mort en 1564. — Voir l'article de Schweizer, dans la *Real Encyclopädie* d'Herzog et Plitt. Leipzig, 1877, in-8° (en cours de publication).

Institutionum grammaticarum de lingua hebraica liber unus.

Tiguri, Froschoverus; 1535, in-8°.
(Bibliothèques : Mazarine; — de Besançon.)

BIESIUS (NICOLAUS).

Theod. Bibliandri de optimo genere grammaticorum hebraicorum commentarius.

Basileæ; 1542, in-4°.

(Bibliothèques : de l'Arsenal; — de Bourg.)

De ratione communi omnium linguarum et litterarum commentarius.

Tiguri, Froschoverus; 1548, in-4°.

(Bibliothèques : Nationale; — Mazarine; — de l'Arsenal; — Sainte-Geneviève; — de Chartres.)

BICARDUS (ARIEL).

Quæstiones novæ in libellum de sphæra a J. de Sacro Bosco collectæ.

Parisiis, Cavellat; 1551; in-8°.

Parisiis, Cavellat; 1552, in-12.

Parisiis, Cavellat; 1560, in-8°.

(Bibliothèque Mazarine.)

(Musée pédagogique.)

(Bibliothèque Nationale.)

BIESIUS (NICOLAUS)
[DE GAND].

De universitate libri tres, quibus universa de natura philosophia continetur.

Antuerpiæ, Mart. Nutius; 1556, in-4°.

(Bibliothèques : Nationale; — Mazarine — de Besançon.)

De arte dicendi libri duo.

Antuerpiæ, Mart. Nutius; 1573, in-8°.

(Bibliothèque Mazarine.)

BILLICANUS (THEOBALDUS)
[DIEBOLT GERLACH],

Pasteur et professeur de droit, né à Billigheim (Palatinat), mort en 1554. Voir Herzog et Plitt : *Real Encyclopädie* (2ᵉ éd.). Leipzig, 1877 et suiv.

Epitome dialectices.

Haguenau, Jos. Secerius; 1527, in-8°.
(Bibliothèques : Mazarine; — de l'Arsenal.)

BILLIUS (JACOBUS)
[JACQUES DE BILLY],

Célèbre érudit, né à Guise en 1536, mort en 1581. — Voir Niceron : *Mémoires pour servir à l'histoire des hommes illustres*, t. XXII et XL.

Locutionum græcarum in locos communes volumen.

S. l., Jean Le Blanc junior; 1578, in-8°.
(Bibliothèque de Troyes.)

Parisiis, Benenatus; 1578, in-8°, 814 pages.
(Bibliothèques : Nationale; — Mazarine; — de l'Arsenal; — de l'Université; — d'Aix en Provence; — d'Albi; — de Besançon; — de Bourg; — de Cambrai; — de Dole; — du Havre; — de Nancy.)

Lugduni, J. Le Fèvre; 1588, in-8°.
(Bibliothèques : Nationale; — de l'Arsenal.)

Duaci; 1598, in-12.
(Bibliothèque de l'Arsenal.)

Lugduni, Pillehote; 1603, in-16.
(Bibliothèque de Salins.)

Lugduni, Sam. Crispinus; 1603, in-12.
(Bibliothèque de Montauban [Faculté de théologie protestante].)

Genevæ, Crispinus; 1614, in-12, 733 pages.
(Bibliothèques : Nationale; — de Béziers.)

BILSTENIUS (JOANNES),

Jésuite, né à Nervi (Limbourg) en 1592, mort à Cologne en 1663. — Voir de Backer : *Bibliothèque des écrivains de la Compagnie de Jésus.* Paris et Liège, 1864.

Rhetorica ex Melanchtone, Audomaro Talæo, Claudio Minoe selecta et exemplis illustrata.

    Herbornæ, Christ. Corvinus: 1591, in-8°.
                                   (Bibliothèque Nationale.)

Dialectica in qua Rami et Melanchtonis præcepta logica conjunguntur.

    Hanoviæ; Gul. Antonius; 1594, in-8°.
                            (Bibliothèque Nationale.)
    Hanoviæ, Antonius; 1611, in-8°.
                            (Bibliothèque de Chartres.)

(Méthode Philippo-Raméenne.) Syntagma Philipporamæum artium liberalium in gratiam tyronum, partim difficilibus vocibus germanica adjecta est explicatio.

    Basileæ, Conr. Waldkirch; 1588, in-8°.
                            (Bibliothèque Mazarine.)
    Basileæ; 1596, in-8°.
                            (Bibliothèque Nationale.)

BLASTUS (NICOLAUS),

Helléniste d'origine crétoise, florissait vers la fin du xv° siècle. — Voir E. Legrand : *Bibliographie hellénique.* Paris, 1885, in-8°.

Etymologicon magnum græcum.

    Venetiis, Calliergus; 1499, in-folio.
                            (Bibliothèque Nationale.)
    Venetiis, Federicus Turrisanus; 1549, in-folio.
                            (Bibliothèque Nationale.)

Etymologicon magnum græcum perpetuis notis illustratum a Frederico Sylburgio.

S. l., typis Hieronymi Commelini, 1594, in-folio.
(Bibliothèque Nationale.)

BLEBELIUS (THOMAS),

Professeur allemand, né à Bautzen (Saxe) en 1539, mort en 1596.

Rhetoricæ artis progymnasmata.

Lipsiæ, Joan. Steinman; 1584, in-8°.
(Bibliothèque Nationale.)

BLONDUS
(FLAVIO BIONDO),

Historien et archéologue italien, né à Forli en 1388, mort à Rome en 1463. — Voir l'article HERSCHEL, dans le *Sérapeum*, 1854, et S. Voigt : *Die Wiederbelebung des classichen Alterthums.* Berlin, 1881.

Historiarum ab inclinatione Romani imperii ad annum 1440, decades III, libri XXXI.

Venetiis, Octovianus Scotus; 1483, in-folio.
(Bibliothèques : Nationale; — Mazarine; — de l'Université; — de Besançon.)

Venetiis, Alexandrinus; 1484, in-folio.
(Bibliothèques : de l'Arsenal; — de l'Université; — de Carpentras.)

Basileæ, Froben; 1531, in-folio.
(Bibliothèques : de l'Université; — de Béziers.)

N. B. — Voir PICCOLOMINI.

BOCCACIUS (JOANNES)
[BOCCACE],

Né en 1313 à Paris ou à Florence, mort à Certaldo en 1375. Auteur du *Décaméron*.
— Voir Baldelli : *Vie de B.* Florence, 1806, et Ciampi : *Monumenti d'un manuscritto autografo di G. B.* Florence, 1827.

Genealogiæ deorum cum demonstrationibus in formis arborum designatis. Ejusdem de montibus et sylvis, de fontibus, lacubus et fluminibus, etiam de stagnis et paludibus, necnon et de maribus in diversis maris nominibus.

N. B. — Sorte d'encyclopédie classique.

Venetiis, Bonetus Lautellus; 1473, in-folio.
(Bibliothèque Nationale.)

Venetiis; 1481 et 1493, in-folio.
(Bibliothèque de l'Arsenal.)

Venetiis, Bonetus Locatellus; 1494, in-folio.
(Bibliothèques : de l'Arsenal; — de Beaune; — de Besançon; — de Béziers.)

Venetiis; 1497, in-folio.
(Bibliothèques : de l'Arsenal; — de l'Université.)

Parisiis; 1511, in-folio.
(Bibliothèques : de l'Arsenal; — de l'Université; — de Carpentras.)

Basileæ, Hervagius; 1532, in-folio.
(Bibliothèques : Nationale; — de l'Arsenal; — de l'Université; — de Béziers; — de Carcassonne; — de Chalon-sur-Saône; — de Nancy.)

De la généalogie des dieux, traduit en françois.

Paris, Ant. Vérard; 1498, in-folio.
(Bibliothèques : Nationale; — de l'Arsenal.)

Paris; 1531, in-folio.
(Bibliothèque de l'Arsenal.)

BODIN (JEAN).

Compendium Romanæ historiæ.

Coloniæ, Gymnicus; 1534, in-8°.
(Bibliothèques : Nationale; — Sainte-Geneviève.)

Tremoniæ; 1549, in-8°.
(Bibliothèque Mazarine.)

BODIN (JEAN),

Célèbre magistrat et écrivain politique, né à Angers vers 1530, mort à Laon en 1596. — Voir l'article de Ch. Schmidt dans l'*Encyclopédie des sciences religieuses* de Lichtenberger, Paris (1877-1882), 13 vol. in-8°, et Darmesteter : *Le XVI° siècle en France.* Paris, 1878, 1 vol. in-12.

Oratio de instituenda in republica juventute ad senatum populumque Tolosatum.

Tolosæ, P. Puteus; 1559, petit in-4°.
(Bibliothèques : Nationale; — Mazarine; — de Chartres; — du Mans.)

Methodus ad facilem historiarum cognitionem.

Parisiis, Martinus Juvenis; 1566, in-4°.
(Bibliothèques : Nationale; — Mazarine; — Sainte-Geneviève; de Besançon; — de Chaumont; — de Dijon.)

Parisiis, Martinus Juvenis; 1572, in-8°.
(Bibliothèques : Nationale; — Mazarine; — de l'Arsenal; — d'Auxerre; — de Beaune; — de Vesoul.)

Basileæ, P. Perna; 1576, in-8°, 1140 pages.
(Bibliothèques : Nationale; — de l'Arsenal; — Sainte-Geneviève; — de Beaune; — de Bourg; — de Chaumont; — de Montauban [Faculté de théologie protestante].)

Basileæ, P. Perna; 1579, in-8°.
(Bibliothèques : Mazarine; — de Carpentras.)

Parisiis; 1583, in-8°.
(Bibliothèque Nationale.)

Lugduni, Mareschallus; 1583, in-8°.
(Bibliothèques : Mazarine; — d'Angers; — de Chaumont.)

Lugduni; 1591, in-12, 396 pages.
(Bibliothèques : de l'Arsenal; — de Nîmes.)

Argentorati; 1598, in-12.
(Bibliothèque Mazarine.)

BOETIUS (ANICIUS MANLIUS TORQUATUS SEVERINUS)
[BOÈCE],

Philosophe et auteur romain, mort en 524. — Voir Ch. Jourdain : *De l'origine des traditions sur le christianisme de Boèce*, Paris, 1861, in-4°, et Baur : *De Boetio christianæ doctrinæ assertore*. Leipzig, 1873.

De arithmetica libri duo, emendati.

S. l.; 1484, in-8°.
(Bibliothèque Sainte-Geneviève.)

Augustæ, Erhardus Ratdolt; 1488, in-4°.
(Bibliothèque Nationale.)

Arithmetica, Geometria et Musica.

Venetiis, Gregorius; 1492, in-4°.
(Bibliothèque Nationale.)

Basileæ, Henricpetrus; s. d., in-folio.
(Bibliothèque du Havre.)

Arithmetica, cum comment. Gir. Ruffi [1].

Parisiis, Sim. Colinæus; 1521, in-folio.
(Bibliothèques : Nationale; — Mazarine; — de l'Arsenal; — Sainte-Geneviève; — de Béziers; — de Chartres; — de Nîmes.)

Epitome et introductio in libros arithmeticos Severini Boetii, praxis numerandi, introductio in geometriam, liber de quadratura circuli, liber de cubicatione sphæræ, perspectiva introductio, Astronomicon. Editoribus Jac. Fabro Stapul. et Jod. Clichtoveo.

Parisiis, H. Stephanus; 1510, in-folio.
(Bibliothèque Nationale.)

---

[1] C'est le pseudonyme latin de Gérard Roussel, aumônier de Marguerite de Navarre, évêque d'Oloron.

Arithmetica speculativa per Jacobum Stapulensem in compendium redacta.

Parisiis, Martinus Juv.; 1553, in-12.
(Bibliothèques : Nationale; — Sainte-Geneviève; — de l'Université.)

De disciplina scholarium.

S. l. n. d., in-12 goth.   (Bibliothèque de Saint-Malo.)

Lovanii, Jo. de Westf; 1485, in-4°.   (Bibliothèque Nationale.)

S. l.; 1486, in-folio.   (Bibliothèque Mazarine.)

Lugduni, Jo. de Prato; 1487, in-4°.   (Bibliothèque Nationale.)

Lugduni, Jo. de Prato; 1490, in-4°.   (Bibliothèque de Besançon.)

Daventriæ; 1490, 1492, in-8°.   (Bibliothèque Nationale.)

Coloniæ, H. Quentel; 1490, petit in-4°, 60 f.
                              (Bibliothèque de Neufchâteau.)

Daventriæ; 1496, in-8°.   (Bibliothèques : Nationale; — de l'Arsenal.)

Coloniæ; 1498, in-8°.   (Bibliothèque Nationale.)

Coloniæ, Quentel; 1493, in-4°.   (Bibliothèque Mazarine.)

Lugduni, J. Maillet; 1501, in-4°.   (Bibliothèque de Carcassonne.)

Lugduni; 1509, in-8°.   (Bibliothèques : Nationale; — de l'Arsenal.)

Argentinæ; 1515, in-4°.   (Bibliothèque V. Cousin.)

S. l. (marque de Simon Vincent); 1521, in-8°.
                                      (Bibliothèque Nationale.)

Florentiæ; 1521, in-8°.   (Bibliothèque Nationale.)

Basileæ, Henricpetrus; s. d., in-folio.   (Bibliothèque du Havre.)

BOÈCE.

De disciplina scholarium, de arithmetica, de geometria.

 Basileæ, Henricpetrus; 1570, in-8°.
          (Bibliothèque de Chartres.)

Duplex comment. in Boetii de discipl. schol.

 Lugduni; 1511, in-4°.
          (Bibliothèque Nationale.)

De philosophiæ consolatione; ejusdem de scholastica disciplina.

 Lugduni, Joan. de Prato; 1487 et 1489, in-folio.
          (Bibliothèque de Chaumont.)
 Florentiæ, heredes Ph. Juntæ; 1521, in-8°.
          (Musée pédagogique.)

De consolatione, necnon de disciplina scholarium.

 S. l. n. d., in-4° goth.
          (Bibliothèque de l'Arsenal.)

De divisionibus et deffinitionibus libri II.

 Parisiis, Guil. Lebret; 1534, in-8°.
          (Bibliothèque de Besançon.)
 Parisiis, Prigentius Calvarinus; 1541, in-12, 32 f.
          (Bibliothèque de Mende.)
 Parisiis, Fr. Stephanus; 1542, in-8°.
          (Bibliothèque Nationale.)

Dialectica, emendata a Marth. Rota : et recognita a Borgarutio de Borgarutiis.

 Venetiis, Junta; 1543, in-folio.
          (Bibliothèque Nationale.)
 Venetiis, Gryphius; 1585, in-folio.
          (Bibliothèque Nationale.)

BOISSIÈRE (CLAUDE DE).

Opera.

Venetiis, Joan. de Forlivio; 1491, in-4°.
(Bibliothèque V. Cousin.)

Venetiis; 1499, in-4°.
(Bibliothèque V. Cousin.)

Basileæ, Henr. Petrus; 1546, in-folio avec figures, 1263 pages.
(Bibliothèque de Montauban [Faculté de théologie protestante].)

BOISSIÈRE (CLAUDE DE),

Mathématicien français, originaire du diocèse de Grenoble.
Deuxième moitié du xvi° siècle.

L'art d'arithmétique, contenant toute dimension, par C. de Boissière.

Paris, Annet Brière; 1554, in-8°.
(Bibliothèques : Nationale; — Mazarine.)

Le même, augmenté par Lucas Tremblay.

Paris, Cavellat; 1563, in-8°.
(Bibliothèque Nationale.)

Le très excellent et ancien jeu pythagorique, dict Rythmomachie, pour obtenir habitude en tout nombre et proposition, par Cl. de Boissière.

Paris, Annet Brière; 1554, in-8°.
(Bibliothèques : Nationale; — de l'Arsenal; — Sainte-Geneviève.)

Paris, Guil. Cavellat; 1556, in-8°.
(Bibliothèques : Nationale; — Mazarine; — Sainte-Geneviève; — Cherbourg.)

BOLEZÆUS (JOHANNES)
[BOULAESE].

Compendium, quantacumque oratione fieri potuit amplissimum, totius linguæ sanctæ, Johannis Bolezæi Arrotensis diligentia in juventutis gratiam collectum.

> Parisiis, Martinus Juv.; 1566, in-folio.
> (Bibliothèques : Nationale; — de Montauban [Faculté de théologie protestante].)

Hebraicum alphabetum Jo. Boulaese presbyteri... ejusdem grammaticæ præponendum.

> Parisiis, Martinus Juv.; 1576, in-folio.
> (Bibliothèques : Nationale; — de Montauban [Faculté de théologie protestante].)

BOLZANIUS (URBANUS),

Poète et helléniste italien, né à Bellune en 1475, mort à Padoue en 1558. Voir Tiraboschi, t. VII.

Institutiones græcæ grammatices.

En tête se trouve une préface d'Alde Manuce à Jean François Pic de la Mirandole. La première page porte un alphabet grec, avec les diphtongues, suivi du *Pater noster* et de l'*Ave Maria* en grec.

L'ouvrage commence sous le titre complet : *Fratris Urbani Bellunensis ordinis Minorum institutiones grammaticæ.*

> On lit à la fin :

Venetiis, in ædibus Aldi Manutii Romani; M. III D (1497) mense Januario (in-4°).

Viennent ensuite cinq feuillets d'errata, dont les trois derniers sont très rares, d'après une note manuscrite.

(Bibliothèque Nationale.

BOLZANIUS (URBANUS).

Urbani Bellunensis institutionum in linguam græcam grammaticarum libri duo.

Parisiis, S. Gourmont.; 1508, in-4°.
(Bibliothèque de Besançon.)

Basileæ, Val. Curio; 1523, petit in-4°, 249 pages.
(Bibliothèque de Verdun.)

Basileæ, Val. Curio; 1524, in-4°.
(Bibliothèques : Nationale; — de Verdun; — de Berne.)

Venetiis, Melch. Sessa; 1537, in-8°.
(Bibliothèque Nationale.)

Basileæ, Walder; 1539, petit in-4°, 472 pages.
(Bibliothèques : Mazarine; — Sainte-Geneviève; — de Salins.)

Parisiis, Chr. Wechelus; 1543, in-4°.
(Bibliothèques : Nationale; — Sainte-Geneviève; — de l'Université; — d'Avignon [musée Calvet]; — de Carcassonne.)

Basileæ, Hier. Curio; 1544, in-4°.
(Bibliothèques : Nationale; — Mazarine; — Musée pédagogique; — de Nancy.)

Basileæ, Hier. Curio; 1546, in-8°.
(Bibliothèque Mazarine.)

Basileæ, Hier. Curio; 1548, in-8°, 811 pages.
(Bibliothèque de Cahors.)

Basileæ; 1561, in-12.
(Bibliothèque de l'Université.)

Institutionis grammatices pro lingua græca tractatus, cum scholiis H. Glareani.

Basileæ; 1524, in-4°.
(Bibliothèque Mazarine.)

Institutiones grammaticæ græcæ.

Sans frontispice; in-4°.
(Bibliothèques : de l'Arsenal; — de Chartres.)

Æg. Gormontius; s. d., in-4°, 180 feuillets.
(Bibliothèque d'Angers.)

Basileæ; 1530, in-4°.

(Bibliothèque Mazarine.)

Basileæ, Valder, 1535, in-4°.

(Bibliothèque d'Angers.)

Urbani Bolzanii Bellunensis grammaticæ institutiones ad græcam linguam a mendis vindicatæ.

Venetiis, Aldus; 1560, in-8°.

(Bibliothèque Nationale.)

BONADUS (FRANCISCUS).

Anacephaleoses genesum sapienterque dicta et monodiæ quinquaginta octo illustrium Francorum regum, a Pharamundo ad Rhenum primo sedente usque ad Franciscum Valesium.

Parisiis, Petr. Gromorsus; 1543, in-12.

(Musée pédagogique.)

BONÆ SPEI TRECENSIS (NICOLAUS)
[NICOLAS DUPUIS].

Voir Socart : *Biographie des personnages remarquables de Troyes et du département de l'Aube.*

Elucidarius carminum et historiarum seu vocabularius poeticus novissime emendatus : appendix Nicolai Bonespei Trecensis de cultu eorumdem : Epistolæ graves et divinæ ejusdem recentes adjectæ et auctæ.

Parisiis; 1507, in-4°.

(Bibliothèque de Troyes.)

Annotationes in Philelphum de liberorum educatione.

Paris; 1508, in-8°.

(Bibliothèques : Nationale; — de Troyes.)

BONATUS (GUIDO DE FORLIVIO)
[BONATTI],

Astronome franciscain, né à Cascia (Florence) en 1230, mort en 1296.
Voir Fabricius : *Bibliotheca medii ævi.*

Liber astronomicus.

Augustæ Vindel., Erhardus Ratdolt; 1491, in-4°.
(Bibliothèque de Besançon.)

Tractatus astronomiæ.

Venetiis, I. P. Leuceusez; 1506, in-folio, 189 pages.
(Bibliothèques : de Cambrai; — du Puy.)

BONGUS (PETRUS)
[PIERRE BONGO ou BONGES],

Savant italien, natif de Bergame, mort en 1601.
Voir Mazzuchelli : *Gli scrittori d'Italia.* Brescia, 1753.

Petri Bongi numerorum mysteria ex abditis plurimarum disciplinarum fontibus hausta.

Bergami; 1595, in-folio.
(Bibliothèque Mazarine.)

Bergami; 1599, in-4°.
(Bibliothèque de Bourg.)

Parisiis, Bonnius; 1617, in-8°.
(Bibliothèque de Béziers.)

Lutetiæ; 1618, in-4°.
(Bibliothèques : de l'Arsenal; — de l'Université.)

BONIFACIUS (JOANNES),

Jésuite et pédagogue espagnol, natif de Sant-Martini del Castanna (Salamanque), mort en 1606. — Voir de Backer : *Bibliothèque des écrivains de la Compagnie de Jésus.*

Institutio christiani pueri adolescentiæque perfugium.

Burgis, Ph. Junta; 1588, in-8°.
(Bibliothèque Nationale.)

Ingolstadii, Angermosius; 1607, in-12.
(Bibliothèques : Nationale; — de Troyes.)

BONIS HOMINIBUS (JULIUS VALERIANUS DE)
[BONOMI],

Prêtre italien, professeur de morale, florissait à Bologne au début du xvi° siècle. — Voir Mazzuchelli : *Gli scrittori d'Italia.* Brescia, 1753.

Deltion, seu erudimenta litterarum et puerilium institutionum.

Bononiæ, Benedict Hector; 1514, in-4°.
(Bibliothèque Mazarine.)

Partes orationis grammaticales, seu Donatus Bononiensis.

Bononiæ, Just. Ruberiensis; 1518, in-4°.
(Bibliothèque Mazarine.)

BONVICINUS DE RIPA.

Vita scholastica.

Venetiis, Melch. Sessa; 1507, in-4°.
(Bibliothèque Mazarine.)

Brescia, Poliertus Turlinus; 1587, in-8°.
(Bibliothèque Mazarine.)

BORBONIUS (NICOLAUS) VANDOPERANUS
[NICOLAS BOURBON, DIT L'ANCIEN],

Poète latin et célèbre helléniste, né à Vandeuvre (Champagne), auquel Marguerite, reine de Navarre, confia l'éducation de sa fille, Jeanne d'Albret, mère de Henri IV; mort à Condé après 1550. — Voir Niceron : *Mémoires pour servir à l'histoire des hommes illustres.* Paris, 1727-1745, t. XXVI.

Tabellæ elementariæ pueris ingenuis pernecessariæ.

    Parisiis, Simon Colinæus; 1539, in-8°.
                                (Bibliothèques : Nationale ; — de Reims.)

    Lugduni, Frellæi fratres; 1539, in-8°, 46 feuillets.
                                       (Bibliothèque Nationale [1].)

Opusculum puerile, ad pueros de moribus.

    Lugduni, Gryphius; 1536, in-4°.
                                    (Bibliothèque Nationale.)

Nicolai Borbonii Vandoperani ad pueros carmen de moribus, cui titulus Παιδαγωγεῖον *(dans le recueil de poésies intitulé :* Nugæ*).*

    Lugduni, Gryphius; 1538, in-8°.
                                    (Bibliothèque de Troyes.)

    Basileæ; 1540, in-8°.
                                    (Bibliothèque de Reims.)

    Venetiis; 1554, in-8°.
                           (Bibliothèques : Mazarine; — de l'Université.)

Nicolai Borbonii Vandoperani ad pueros carmen de moribus, cui titulus Παιδαγωγεῖον, *cum enarrationibus Joh. des Caurres.*

    Parisiis; 1571, in-4°.
                           (Bibliothèques : Nationale; — Mazarine.)

    Parisiis; 1572, in-4°.
                                    (Bibliothèque Mazarine.)

---

[1] L'exemplaire de la Bibliothèque nationale porte l'ex-libris autographe de Jean Pellisson.

Nic. Borbonii Vandoperani Lingonensis, poetæ laureati, ad pueros Παιδαγωγεῖον.

S. l. n. d., in-8°.

(Bibliothèque de l'Université.)

BORDINUS (FRANCISCUS)
[DE BOLOGNE],

Médecin italien et professeur de mathématiques. — Deuxième moitié du xvi° siècle.

Quæsitorum et Responsorum mathematicæ disciplinæ ad totius universi cognitionem spectantium chilias; ex quibus quæ ad sphæræ, cosmographiæ, geographiæ, theoricarumque planetarum, aliarumque affinium scientiarum universalem attinent contemplationem, explicantur.

Bononiæ, Al. Benatius; 1573, in-4°.

(Bibliothèques : Nationale; — Sainte-Geneviève.)

BORRHAUS (MARTINUS)
[DIT CELLARIUS],

Anabaptiste unitaire, né à Stuttgard en 1499, professa la théologie à Bâle, où il mourut en 1563. — Voir Wallace : *Antitrinitarian Biography*. Londres, 1850.

Elementale cosmographicum, quo astronomiæ et geographiæ rudimenta docentur.

Parisiis, Gul. Cavellat; 1551, in-8°.

(Bibliothèque Nationale.)

Mart. Borrhai in cosmographiæ elementa commentatio astronomica, geographica.

Basileæ, Oporinus; 1555, in-8°.

(Bibliothèques : Nationale; — de Chartres.)

BOSCHENSTEIN (JOANNES),

Hébraïsant allemand. — Voir L. Geiger : *Das Studium der hebräischen Sprache in Deutschland*, 1870.

Hebraicæ grammaticæ institutiones a J. B. collectæ, opera Phil. Melanchtonis editæ.

Wittemburgii, Joan. Grunembergius; 1518, in-4°.
(Bibliothèque Nationale.)

BOTTA (AUGUSTUS).

Familiarium colloquiorum formulæ et alia quædam ad puerorum utilitatem usumque selecta.

Papiæ, F. Rixius; 1542, in-8°.
(Bibliothèque Nationale.)

BOUCHET (JEAN),

Historien et procureur français, né à Poitiers en 1475, mort après 1550. — Voir M. H. Ouvré : *J. Bouchet, poète et historien poitevin.* Poitiers, 1858, in-8°.

Les anciennes et modernes généalogies des roys de France et mesmement du roy Pharamond, avec leurs épitaphes et effigies.

Poictiers, Jacques Bouchet; 1527, in-4°.
(Bibliothèque Nationale.)

Poictiers, Jacques Bouchet; 1531, in-4°.
(Bibliothèque Nationale.)

Poictiers; 1535, in-4°, et 1537, in-8°.
(Bibliothèque de l'Arsenal.)

Paris, Galiot du Pré; 1536, in-16.
(Bibliothèques : Nationale; — de l'Arsenal.)

Paris; 1537, in-16.
(Bibliothèque Sainte-Geneviève.)

BOVILLUS (CAROLUS).

Poictiers, Marnef; 1545, in-folio.
(Bibliothèques : Nationale; — de l'Arsenal.)

Paris, Nic. L'Angelier; 1589, in-8°.
(Bibliothèque Mazarine.)

BOURGOING (JACQUES),

Philologue français, conseiller royal des finances à la fin du xvi° siècle.

De origine, usu et ratione vulgarium vocum linguæ gallicæ, italicæ et hispanicæ libri primi sive A centuria una.

Parisiis, Steph. Prevosteau; 1583, in-4°.
(Bibliothèques : Nationale; — Mazarine; — de l'Arsenal; — de Chartres; — de Chaumont.)

BOVILLUS (CAROLUS)
[DE BOÜELLES],

Philologue français, né à Sancour en 1470, professa la théologie à Noyon, où il mourut vers 1553. — Voir Niceron: *Mémoires pour servir à l'histoire des hommes illustres*, Paris, 1727-1745, t. XXXIX.

Caroli Bovilli Samarobrivi de differentia vulgarium linguarum et gallici sermonis varietate. Quæ voces apud Gallos sint factitiæ et arbitrariæ vel barbaræ : quæ item ab origine latina manarint. De hallucinatione gallicanorum nominum.

Parisiis, Rob. Stephanus; 1533, in-4°, 107 pages.
(Bibliothèques : Nationale; — Mazarine; — de l'Arsenal; — de l'Université; — de Besançon; — de Montauban [Faculté de théologie protestante]; — de Troyes.)

Physicorum elementorum libri decem.

Parisiis, Joann. Parvus et Jod. Badius; 1512, in-4°.
(Bibliothèques : Nationale; — de l'Université.)

Geometrici introductorii libri sex.

Parisiis, Henric. Stephanus; 1503, in-folio.
(Bibliothèque Mazarine.)

Geometricum opus, seu geometriæ libri duo.

Parisiis, Mich. Vascosanus; 1557, in-8°.
(Bibliothèques : Nationale; — Mazarine; — de l'Université.)

Livre singulier et utile touchant l'art et practique de géométrie, composé nouvellement en françoys par maistre Charles de Boüelles, chanoine de Noyon.

Paris, Simon de Colines; 1542, in-4°.
(Bibliothèques : Nationale; — de Chartres.)

La géométrie pratique.

Paris, Reg. Chaudière; 1547, in-4°.
(Bibliothèques : Nationale; — de l'Arsenal.)

Paris, Cavellat; 1555, in-4°.
(Bibliothèques : Nationale; — de l'Arsenal; — du Puy.)

Paris, G. de Marnef; 1556, in-4°.
(Bibliothèque de Chartres.)

Paris, Hier. de Marnef; 1566, in-4°.
(Bibliothèques : Nationale; — Mazarine.)

Paris, G. Gourbin; 1566, in-4°, 79 feuillets.
(Bibliothèque de Carpentras.)

Proverbiorum vulgarium libri tres.

Remis, Vidovæus; 1531, in-8°.
(Bibliothèque de Cambrai.)

BRACK (WENCESLAS),

Érudit allemand de la fin du xv° siècle.
Voir la *Nouvelle Biographie générale* de Firmin Didot.

Grammatica latina.

Petit in-4° gothique divisé en deux parties :

La première, après la préface adressée par Wenceslas Brack à ses élèves, commence ainsi : *Grammatica litteralis scientia interpretata.*

La deuxième renferme, après une seconde préface, datée de Constance 1486, les différentes manières d'exprimer en latin les actes ordinaires de la vie des écoliers avec des préceptes de morale.

On lit à la dernière page :

Epistola ad superiora, et au-dessous : finis hujus materiæ felix impressus Memminge per Albertum Kunne de Duderstadt. Anno salutis 1486.

(Bibliothèque Nationale.)

Vocabularius rerum.

Petit in-4° goth. de 54 feuillets suivis d'une table. C'est une sorte de petit dictionnaire latin-allemand contenant la traduction des mots usuels et quelques explications à l'usage des enfants.

La première page porte au-dessous du titre une gravure coloriée représentant une femme enseignant à lire à deux enfants. Elle tient un livre de la main gauche et de la droite un paquet de verges.

La première page contient une préface commençant ainsi :

Proemium. Wenczeslaus Brack artis professor et examinator in Constantia suis scolipetis.

Toutes les pages sont foliotées en toutes lettres.

On lit à la fin :

Impressum Augustæ per Joannem Schonsperger, anno M. CCCC XCV (1495).

(Bibliothèque Nationale.)

BRANDOLINI (AURELIO)
[LIPPUS],

Humaniste italien, né à Florence en 1440, mort à Rome en 1497.
Voir l'article de Müller dans l'*Encyclopédie* d'Ersch et Gruber, et Tiraboschi, t. VI.

De ratione scribendi (epistolas) libri tres; adjecti sunt Jo. Lud. Vivis, Erasmi, Conr. Celtis, Chr. Hegendorphini de conscribendis epistolis libelli.

    Basileæ; 1545, in-8°.   (Bibliothèque de l'Arsenal.)

    Basileæ, Jo. Oporinus; 1549, in-8°.
                                (Bibliothèques : Nationale; — Mazarine.)

BRASSICANUS
[JEAN-ALEXANDRE KOHLBURGER],

Poète, orateur et philologue allemand, né à Wittemberg en 1500, mort à Vienne en 1539.

Fabularum libellus.

    Gouda; 1586, in-8°.   (Bibliothèque Mazarine.)

BRITANNUS (ROBERTUS)
[D'ARRAS],

Professeur de rhétorique à Bordeaux, Paris, Toulouse. — Milieu du xvie siècle.

Ratio conscribendarum epistolarum.

    Parisiis, Lud. Grandinus; 1545, in-8°.
                           (Bibliothèques : Mazarine; — de l'Université.)

*Formulæ thematum, sive ratio conscribendarum epistolarum,
additis exemplis.*

Parisiis, Matth. David; 1547, in-8°.
(Bibliothèque Nationale.)

De ratione consequendæ eloquentiæ liber.

Parisiis, Lud. Grandinus; 1544, in-8°.
(Bibliothèques : Nationale; — de l'Université.)

BRONCHORSTIUS
[NOVIOMAGUS],

Mathématicien néerlandais, né à Nimègue en 1494, mort à Cologne en 1570.
Voir Van der Aa : *Biographisch Woordenboek der Nederlanden*, 1869.

Joan. Bronchorstii Noviomagi de numeris libri duo, quorum primus logisticen et veterem numerandi consuetudinem; posterior theoremata numerorum complectitur.

Parisiis, Chr. Wechelus, 1539, in-8°.
(Bibliothèque de Verdun.)

Coloniæ; 1539, in-8°,
(Bibliothèque Nationale.)

Coloniæ, Gymnicus; 1544, in-8°.
(Bibliothèque de Chaumont.)

BRONTIUS (NICOLAUS)
[LE BRON],

Poète et jurisconsulte flamand, né à Douai, mort vers 1530.
Voir Paquot : *Mémoires sur l'histoire littéraire des Pays-Bas*, t. XI.

Libellus compendiariam tum virtutis adipiscendæ tum litterarum parandarum rationem perdocens.

Antuerpiæ, Simon Cocus; 1541, in-8°.
(Bibliothèques : Nationale; — Mazarine; — Sainte-Geneviève.)

Antuerpiæ, Ant. Goin; 1541, petit in-8°, 122 pages.
(Bibliothèques : Mazarine; — de l'Arsenal; — de Besançon; — de la Rochelle.)

Carmen ad juventutem Hannoniensem quo eam cohortatur ut relictis tumultibus literas et virtutes complectantur.

Antuerpiæ, Ant. Goin; 1541, petit in-8°.
(Bibliothèques : Sainte-Geneviève; — de Besançon.)

Libellus de utilitate et harmonia artium tum futuro jurisconsulto tum liberalium disciplinarum politiorisve litteraturæ studiosis utilissimus.

Antuerpiæ, Simon Cocus; 1541, in-8°, 144 pages.
(Bibliothèques : Nationale; — Mazarine; — Sainte-Geneviève; — de l'Université; — de Besançon; — de la Rochelle.)

BRUNFELSIUS (OTHO),

Médecin allemand, né auprès de Mayence vers 1464, mort à Berne en 1534. — Voir l'article de Sprengel, dans l'*Encyclopédie* d'Ersch et Gruber.

De disciplina et institutione puerorum parænesis.

Argentorati; 1525, in-8°.
(Bibliothèque Nationale.)

Parisiis, Rob. Stephanus, 1526, in-8°.
(Bibliothèques : de Reims; — de Toulouse.)

Parisiis, Rob. Stephanus; 1527, in-8°.
(Bibliothèques : Nationale; — Mazarine.)

Parisiis, Rob. Stephanus; 1531, in-8°.
(Bibliothèques : de la Société de l'histoire du protestantisme français; — de Verdun.)

Antuerpiæ, Mich. Hillenius; 1532, in-8°.
(Bibliothèque de Montauban [Faculté de théologie protestante].)

Parisiis, Rob. Stephanus; 1537, in-8°.
(Bibliothèque de Cherbourg.)

Parisiis, Maur. a Porta; 1537, in-8°.
(Bibliothèque Nationale.)

BRUNNERUS (JOANNES).

Lugduni, Seb. Gryphius; 1538, in-8°.
(Bibliothèque Nationale.)

Trecis, Nic. Paris; 1542, petit in-8°, 56 pages.
(Bibliothèques : de Langres; — de Troyes.)

Bernæ, Sam. Apiarius; 1556, petit in-8°, 19 pages.
(Bibliothèque de Carcassonne.)

Basileæ, J. Oporinus; 1556, in-12.
(Bibliothèque de l'Université.)

Lutetiæ; 1556, in-8°.
(Bibliothèque Nationale.)

Lutetiæ, Rob. Stephanus; 1564, in-4°.
(Bibliothèque de Chartres.)

Voir aussi l'article VERGERIUS (Petr. Paulus).

Præceptiuncula de corrigendis studiis severioribus.

Argentorati, J. Scottus; 1519, in-4°.
(Bibliothèques : Nationale; — Mazarine.)

Catechesis puerorum in fide, in litteris, in moribus.

Argentorati, 1529, in-8°.
(Bibliothèque Nationale.)

Coloniæ, J. Gymnicus; 1532, in-8°.
(Bibliothèque Nationale.)

BRUNNERUS (JOANNES),

Hébraïsant de Toggenburg (Suisse). — Milieu du xvi° siècle.
Voir L. Geiger : *Das Studium der hebraïschen Sprache in Deutschland*, 1870.

Rudimenta hebraicæ linguæ et eorum praxis, et de hebraica syntaxi canones generales.

Friburgi Brisg., s. n.; 1585, in-4°.
(Bibliothèques : Nationale; — Mazarine; — d'Auxerre.)

BRUNUS (JORDANUS)
[GIORDANO BRUNO],

Philosophe italien, né à Nôle au milieu du xvi⁰ siècle, brûlé à Rome le 17 février 1600. — Voir Bartholomès : *Jordano Bruno de Nola*, Paris, 1846, et Colocci : *G. Bruno, Cenni biografici con documenti*. Rome, 1876.

De umbris idæarum, implicantibus artem quærendi, inveniendi, judicandi, ordinandi et applicandi.
Ejusdem ars memoriæ.

Parisiis, Ægidius Gorbinus; 1582, in-8°.
(Bibliothèques : Nationale; — de Besançon.)

Ars memoriæ.

S. l. s. d., in-8°.
(Bibliothèque Mazarine.)

Cantus circeus ad eam memoriæ partem quam appellat judiciariam.

Parisiis, Æg. Gillius; 1582, in-8°.
(Bibliothèque Mazarine.)

BRUTO (JEAN-MICHEL),

Historien italien, né à Venise vers 1515, mort en 1594. — Voir Tiraboschi : *Histoire de la littérature italienne*, 1772-1782. 12 vol. in-4°.

Institutione di una fanciulla nata nobilmente.

Anvers, Chr. Plantin; 1555, in-8°.
(Musée pédagogique.)

BUCHANAN (GEORGES),

Poète et historien écossais, né en 1506. Fut précepteur de Jacques VI; mourut en 1582. — Voir l'article de W. Müller dans l'*Encyclopédie* d'Ersch et Gruber, et Dr Irwing : *Memoirs of the life and writings of G. B.* 2e édit. 1817.

Rudimenta grammatices Thomæ Linacri ex anglico sermone in latinum versa.

    Parisiis, Rob. Stephanus; 1533, in-4°.
                                  (Bibliothèque Mazarine.)

    Parisiis; 1536, in-4°.
                                    (Bibliothèque Nationale.)

    Parisiis, Rob. Stephanus; 1540, in-4°.
                                (Bibliothèques : d'Auxerre; — de Reims.)

    Lugduni, hered. Vincentii; 1539, in-8°.
                                  (Bibliothèque de Cherbourg.)

    Parisiis, Jac. Bogardus; 1543, in-8°.
                                  (Bibliothèque de Chaumont.)

    Parisiis; 1546, in-8°.
                                  (Bibliothèque de Besançon.)

    Parisiis, Rob. Stephanus; 1550, in-8°.
                                (Bibliothèque Mazarine.)

Sphæra Georg. Buchanani, V libris, versibus scripta.

    Parisiis, Fed. Morellus; 1585, in-4°.
                                  (Bibliothèque Nationale.)

    Herbornæ, Chr. Corvinus; 1586 et 1587, in-8°.
                                  (Bibliothèque Nationale.)

BUCLÆUS
[WILL. BUCKLEY],

Mathématicien anglais, florissait sous le règne d'Édouard VI.

Arithmetica memorativa.

Londres; 1567, in-8°.   (Bibliothèque Mazarine.)

Londres; 1639, in-8°.   (Bibliothèque Nationale.)

BUDÉ (GUILLAUME),

Né en 1467, mort en 1540 à Paris, un des hommes les plus érudits du xvi° siècle, fondateur du Collège de France et de la Bibliothèque du roi. — Voir Eug. de Budé : *Vie de G. de Budé, fondateur du Collège de France*. Paris, Didier Perrin, 1884, in-12.

Commentarii linguæ græcæ.

Parisiis, Jod. Badius; 1520, in-folio, 964 pages.
(Bibliothèque de Meaux.)

Parisiis, Jod. Badius; 1528, in-folio.
(Bibliothèque Mazarine.)

Parisiis, Rob. Stephanus; 1529, in-folio, 595 pages.
(Bibliothèques : de Nancy; — de Neufchâteau.)

Parisiis, Jod. Badius; 1529, in-folio, 967 pages.
(Bibliothèques : Nationale; — de l'Arsenal; — de l'Université; — Musée pédagogique; — d'Aurillac; — de Besançon; — de Chartres; — de Gray; — de la Faculté de théologie protestante de Montauban; — de Montbéliard; — de Pau; — de Sens; — de Saint-Brieuc; — de Troyes.)

Basileæ, Joh. Bebelius; 1530, in-folio, 1424 colonnes.
(Bibliothèques : Nationale; — de l'Université; — de Béziers; — de Meaux; — de Périgueux.)

Coloniæ, Joan. Soter; 1530, in-4°, 595 pages.
(Bibliothèques : de Pau; — du Puy.)

Parisiis; 1536, in-folio.
(Bibliothèque Mazarine.)

Parisiis, Jod. Badius; 1539, in-folio.
(Bibliothèques : de Béziers; — de Neufchâteau.)

Parisiis, Rob. Stephanus; 1548, in-folio.
(Bibliothèques : Nationale; — Mazarine; — Sainte-Geneviève; — de Chaumont; — de Dijon; — de Pau; — de Reims; — de Rodez; — de Troyes.)

Parisiis; 1549, in-folio.
(Bibliothèque de l'Université.)

Basileæ, Episcopius; 1556, in-folio.
(Bibliothèques : Nationale; — de Laon; — de Rodez.)

Basileæ, H. Bebelius; 1580, in-folio.
(Bibliothèque de Carcassonne.)

De philologia libri III.

S. l. [Paris], Jod. Badius; 1532, in-4°, 75 f.
(Bibliothèques : Nationale; — Mazarine; — de l'Arsenal; — Sainte-Geneviève; — de Cambrai; — de Montauban [Bibliothèque de la Faculté de théologie protestante].)

Basileæ; 1533, in-8°.
(Bibliothèque Mazarine.)

De philologia libri II.

Basileæ; 1523, in-8°.
(Bibliothèque de Chartres.)

Parisiis, Vascosanus; 1536, in-4°.
(Bibliothèques : de l'Université; — de Carpentras; — de Verdun.)

De transitu hellenismi ad christianismum libri III.

Parisiis, Jod. Badius; 1529, in-folio, 970 pages.
(Bibliothèque de Tonnerre.)

Parisiis, Rob. Stephanus; 1535, in-folio.
(Bibliothèques : Nationale; — Mazarine; — Sainte-Geneviève; — de l'Université; — de Chartres; — de Dijon.)

Parisiis, Math. David; 1556, in-folio.
(Bibliothèque de Chalon-sur-Saône.)

Lucubrationes variæ ad philologiam et pietatem spectantes, epistolarum latinarum et græcarum libri VI et epistolæ quas e græ-

cis in latinam linguam convertit : ex editione Cælii Secundi Curionis.

Basileæ, Nic. Episcopius; 1557, in-folio.
(Bibliothèques : Nationale; — Mazarine; — de l'Université; — de Troyes.)

De studio litterarum recte et commode instituendo.

S. l. [Paris], Jod. Badius; 1532, in-4°.
(Bibliothèques : Nationale; — Mazarine; — Sainte-Geneviève; — de Cambrai; — de Montauban [bibliothèque de la Faculté de théologie protestante].)

Basileæ, J. Walder; 1533, in-8°.
(Bibliothèques : Mazarine; — d'Avignon [musée Calvet]; — de Besançon; — de Chartres; — de Dijon.)

Parisiis, M. Vascosanus; 1536, petit in-folio, 40 pages.
(Bibliothèques : de Besançon; — de Carpentras; — de Verdun.)

Basileæ, N. Episcopius; 1557, in-folio.
(Bibliothèque Mazarine.)

Paris, Conrad Bade; 1582, in-folio, 150 pages.
(Bibliothèque de Carcassonne.)

Epistolarum latinarum libri V.

Parisiis, Jod. Badius; 1531, in-folio.
(Bibliothèques : Nationale; — Mazarine; — de Carpentras; — de Verdun.)

Epistolæ latinæ posteriores. — Epistolæ græcæ.

Parisiis, Jod. Ascensius; 1522, in-4°.
(Bibliothèque de l'Arsenal.)

Lexicon sive dictionarium græco-latinum.

Paris, Gerrh. Morrhius; 1530, in-folio.
(Bibliothèques : Mazarine; — de Besançon.)

Lugduni, Frellonius; 1550, in-folio.
(Bibliothèque d'Albi.)

BUDÉ (GUILLAUME).

Genevæ, Joh. Crispinus; 1554, in-folio.
(Bibliothèques : de l'Université; — de Béziers; — de Chaumont; — de Montbéliard; — de Pau; — de Verdun.)

Lutetiæ, C. Stephanus; 1554, in-4°, 1,071 pages.
(Bibliothèques : de l'Arsenal; — de Cambrai.)

Basileæ, Eusebius Episcopius; 1562, in-folio.
(Bibliothèques : d'Albi; — de Bayeux; — de Pau.)

Genevæ, J. Crispinus; 1562, in-folio.
(Bibliothèques : Nationale; — Mazarine; — Sainte-Geneviève; — de Chartres; — de Nancy; — de Reims; — de Saint-Brieuc.)

Basileæ, Henricpetrus; 1563, in-folio, 2 volumes.
(Bibliothèques : Mazarine; — de Besançon.)

Basileæ, Henricpetrus; 1568, in-folio, 2 volumes.
(Bibliothèque de Besançon.)

Basileæ, Henricpetrus; 1572, in-folio.
(Bibliothèque de Montbéliard.)

Basileæ, Henricpetrus; 1584, in-folio.
(Bibliothèques : Nationale; — Mazarine.)

Epistolæ (græce et latine).

Parisiis; 1520 et 1521.
(Bibliothèque Mazarine.)

Parisiis; 1521, in-4°, 1526, in-folio.
(Bibliothèque de l'Arsenal.)

Basileæ; 1523, in-4°.
(Bibliothèque de l'Arsenal.)

Lettres grecques et latines, annotées par Jacques Toussaint.

Paris, Jod. Badius; 1531, in-folio, 150 pages.
(Bibliothèques : Nationale; — de Béziers.)

Epistolæ græcæ, ab ipso tum locupletiores, tum emendatiores redditæ.

Parisiis, Andr. Wechelus; 1556, in-4°.
(Bibliothèque Nationale.)

BUDÉ (GUILLAUME).

Epistolæ græcæ per Ant. Pichonium Chartensem latinæ factæ. (Texte grec en regard du latin.)

Parisiis, Joh. Benenatus; 1574, in-4°, 206 pages.
(Bibliothèques : Nationale; — de l'Arsenal; — de l'Université; — de Cambrai; — de Chartres; — de Chaumont; — de Montauban [bibliothèque de la Faculté de théologie protestante]; — de Troyes.)

De l'institution du prince, par Guil. Budé, avec les scholies de Jean de Luxembourg, abbé d'Ivry.

A l'Arrivour; 1547, in-folio.
(Bibliothèques : Nationale; — Mazarine; — de l'Arsenal; — Sainte-Geneviève; — de l'Université; — de Troyes.)

Le livre de l'institution du prince.

Paris, J. Foucher; 1547, in-8°.
(Bibliothèques : de l'Université; — de Besançon; — de Dijon.)

Paris, J. Foucher; 1548, in-8°.
(Bibliothèque Mazarine.)

Témoignage du temps, ou enseignemens pour l'institution d'un prince.

Lyon; 1547, in-8°.
(Bibliothèques : Nationale; — de l'Arsenal.)

Forensium verborum gallica interpretatio.

Parisiis, Rob. Stephanus; 1545, in-folio.
(Bibliothèque de Neufchâteau.)

Opera omnia, edita a Cælio Secundo Curione.

Basileæ, Episcopius; 1557, in-folio.
(Bibliothèques : Nationale; — de l'Arsenal; — de Chaumont.)

BUKOLDIANUS (GERARDUS),

Médecin du roi de France, originaire de Bocholt (évêché de Liège).
Milieu du xvie siècle.

De inventione et amplificatione oratoria, seu usu locorum, libri tres.

Lugduni, Seb. Gryphius; 1534, in-4°.
(Bibliothèque Mazarine.)

Lugduni, Seb Gryphius; 1542, in-8°.
(Bibliothèque Nationale.)

BULLENGERUS (PETRUS)
[PIERRE BOULANGER DE TROYES].

Voir Socart : *Biographie des personnages remarquables de Troyes et du département de l'Aube.*

Petri Bullengeri Trecensis Institutiones christianæ.

Parisiis, Nivellius; 1561, in-8°.
(Bibliothèque de Troyes.)

BUNELLUS (PETRUS)
[BUNEL],

Littérateur français, né à Toulouse en 1499, mort à Turin en 1546. —
Voir Bayle : *Dictionnaire historique et critique.*

Petri Bunelli Galli præceptoris et P. Manutii Itali discipuli epistolæ Ciceroniano stylo scriptæ.

Parisiis, H. Stephanus; 1581, in-8°, 559 pages.
(Bibliothèques : Nationale; — Mazarine; — de Besançon; — de Cambrai; — de la Société d'histoire du protestantisme.)

BUTEO (JEAN).

Familiares aliquot epistolæ, cura Car. Stephani editæ.

Lutetiæ, Car. Stephanus; 1551, in-8°.
(Bibliothèques : Nationale; — Mazarine; — de l'Université; — de Carcassonne.)

Coloniæ; 1578, in-8°.
(Bibliothèque Mazarine.)

BURERUS (ALBERTUS).

Thesaurus linguæ latinæ sive forum romanum, omnium latini sermonis authorum tum verba, tum loquendi modos pulcherrime explicans.

Basileæ, Froben; 1576, in-folio.
(Bibliothèque Nationale.)

BUSCHIUS (HERMANNUS),

Humaniste allemand, né en 1468 à Sassenberg (près Münster), mort en 1534. Voir l'article Rassmann dans l'*Encyclopédie* d'Ersch et Gruber.

Dicta quædam utilia ex proverbiis sacris et ecclesiasticis ad studiosorum adolescentium utilitatem.

Antuerpiæ; 1533, in-8°.
(Bibliothèque Mazarine.)

BUTEO (JEAN),

Chanoine de l'ordre de Saint-Antoine, un des plus savants mathématiciens du XVI° siècle. Né à Charpei, près Valence (Dauphiné), mort en 1572. — Voir Bayle : *Dictionnaire historique et critique.*

Opera geometrica.

Lugduni, Bertellus; 1554, in-folio.
(Bibliothèques : Nationale; — Mazarine; — de l'Arsenal; — Musée pédagogique; — de Béziers; — de Carpentras.)

Lugduni, Jovius; 1559, in-4°.
(Bibliothèques : Mazarine; — de Chaumont.)

CABASSIUS (AMANDUS).

Logistica quæ et arithmetica vulgo dicitur in libros V digesta.

N. B. — Cet ouvrage renferme un des plus anciens traités d'algèbre qui aient été écrits en France.

Lugduni, Rovillius; 1559, in-8°, 396 pages.
(Bibliothèques : Nationale; — Mazarine; — de Cambrai; — de Nîmes.)

Lugduni; 1560, in-8°.
(Bibliothèque Sainte-Geneviève.)

De quadratura circuli libri duo.

Lugduni, Guil. Rovillius; 1559, in-8°.
(Bibliothèques : Nationale; — Mazarine; — Sainte-Geneviève; — de Nîmes.)

BUTINUS (JOANNES).

Isagoge ad syllabarum quantitatem et insigniores figuras.

Parisiis, Sim. Colinæus; 1532, in-8°.
(Bibliothèque Mazarine.)

BUXERIUS.

Voir l'article Boissière (Claude DE).

CABASSIUS (AMANDUS).

Aphorismi artis rhetoricæ, ab Am. Cabassio Montis Hymarii ex optimis artis dicendi principibus desumpti, quarta editio.

Parisiis, Th. Richardus; 1558, in-4°.
(Bibliothèque Mazarine.)

Parisiis, Gabr. Buon; 1560, in-4°.
(Bibliothèque Nationale.)

CÆSARIUS (JOHANNES)
[KAYSER ou KEYSER],

Philosophe et médecin allemand, né à Juliers en 1460, mort à Cologne en 1551.
Voir *Allgemeine deutsche Biographie*, Leipzig, Dunker, 1875 et suiv.

Dialectica per quæstiones in compendium redacta.

Lugduni, heredes Sim. Vincentii; 1536, in-12, 300 pages.
(Bibliothèques : de l'Arsenal ; — de Mende.)

Lipsiæ, Nic. Faber; 1538, in-8°.
(Bibliothèque Mazarine.)

Dialectica locupletata.

Parisiis, Sim. Colinæus; 1537, in-8°.
(Bibliothèque Nationale.)

Dialectica in decem tractatus digesta.

S. l. s. d., in-4° (vers 1520).
(Bibliothèque Mazarine.)

Dialectica.

Parisiis; 1532, in-8°.
(Bibliothèque de l'Arsenal.)

Coloniæ, Euch. Cervicornus; 1535, in-8°.
(Bibliothèque de Besançon.)

Lugduni, Gryphius; 1551, in-12.
(Bibliothèque de l'Arsenal.)

Lugduni, Th. Paganus; 1552, in-8°.
(Bibliothèque de Carcassonne.)

Dialectices libri X.

Coloniæ, Gymnicus; 1545, in-8°.
(Bibliothèque Nationale.)

Lugduni, Beringi fratres; 1548, in-8°.
(Bibliothèque de Cherbourg.)

CAJETANUS (VICTOR).

Dialectica, cum scholiis Herm. Raiiani.

Parisiis, Sim. Colinæus; 1540, in-8°.
(Bibliothèque de Troyes.)

Lugduni; 1556, in-8°.
(Bibliothèque Nationale.)

Rhetorica in septem libros sive tractatus digesta.

Pariisis, Wechelus; 1536, in-12.
(Bibliothèque Mazarine.)

Parisiis, Sim. Colinæus; 1538, in-12.
(Bibliothèques : Nationale; — Mazarine.)

Lugduni, Seb. Gryphius; 1539, in-12.
(Bibliothèques : Nationale; — Mazarine.)

Friburgi, Jo. Fab. Emmæus; 1541, in-8°.
(Bibliothèque de Besançon.)

Parisiis, Sim. Colinæus; 1542, in-8°.
(Bibliothèques : Nationale; — de Chartres.)

CAJETANUS (VICTOR).

[PALMA CAYET],

Né en 1525 à Montrichard (Touraine), élève et ami de Ramus, professeur d'hébreu au Collège de Navarre. — Voir Bordier : 2ᵉ édition de la *France protestante*.

Paradigmata de quatuor linguis orientalibus præcipuis, arabica, armenica, syra, æthiopica.

Parisiis, Steph. Prevosteau; 1596, in-4°, 196 pages.
(Bibliothèques : Nationale; — Mazarine; — de l'Arsenal; — d'Albi; — de Besançon; — de Montauban [Faculté de théologie protestante]; — de Troyes; — de Verdun.)

CALEPINUS (AMBROSIUS),

Moine augustin et lexicographe, né à Calepio, près Bergame, en 1436, mort en 1510. Voir de Backer : *Bibliothèque des écrivains de la Compagnie de Jésus* (1869).

Dictionarium.

Venetiis; 1506, in-folio. (Bibliothèque de Chartres.)

Venetiis, Lichtenstein; 1509, in-folio. (Avignon [musée Calvet].)

Parisiis, N. de Pratis; 1510, in-folio, 397 f. (Bibliothèque de Cambrai.)

Parisiis, Jod. Badius; 1514, in-folio. (Bibliothèque Nationale.)

Parisiis, N. de Pratis; 1517, in-folio, 828 pages. (Bibliothèque de Nancy.)

Parisiis, N. de Pratis; 1518. (Avignon [musée Calvet].)

Trino (Ital.), Bernard Jolitus; 1521, in-4°. (Bibliothèque de Dijon.)

Haganoæ; 1521, in-folio. (Bibliothèque de l'Arsenal.)

Parisiis, Gandon; 1527, in-folio. (Bibliothèque de Bayeux.)

Parisiis; 1528, in-folio. (Bibliothèque de l'Arsenal.)

Lugduni, Seb. Gryphius; 1533, in-folio. (Avignon [musée Calvet].)

Basileæ, Joan. Valderus; 1535, in-folio. (Bibliothèque du Havre.)

Lutetiæ; 1546, in-folio. (Bibliothèque de l'Arsenal.)

Lugduni, Seb. Gryphius; 1550, in-folio, 2,223 pages. (Bibliothèque d'Avranches.)

Basileæ; 1551, in-folio. (Bibliothèque Sainte-Geneviève.)

CALEPINUS (AMBROSIUS).

Parisiis, Rob. Stephanus; 1553, in-folio.
 (Bibliothèques : Nationale; — de l'Arsenal; — d'Auxerre, — d'Avignon [musée Calvet]; — de Cambrai; — de Neufchâteau; — de Verdun.)

Lugduni, Seb. Gryphius; 1553, in-folio.
 (Bibliothèque de Carcassonne.)

Ludguni, Ant. Vincentius; 1558, in-folio.
 (Bibliothèque de Tulle.)

Venetiis, Paulus Manutius; 1558, in-folio.
 (Bibliothèque Nationale.)

Lugduni, Paganus; 1559, in-folio, 1,126 pages.
 (Bibliothèques : de l'Arsenal; — de Béziers.)

Basileæ, Hier. Curio; 1560, in-folio.
 (Bibliothèque de Bergues.)

Lugduni, Ph. Borde; 1563, in-folio.
 (Avignon [musée Calvet].)

Venetiis, Paul Manutius; 1565, in-folio.
 (Bibliothèque Nationale.)

Lugduni, s. n.; 1565, in-folio.
 (Bibliothèque d'Aix-en-Provence.)

Parisiis, Joan. Macæus; 1568, in-folio.
 (Bibliothèque du Havre.)

Lugduni, G. Rovillius; 1571, in-folio.
 (Avignon [musée Calvet].)

Antuerpiæ; 1572, in-folio.
 (Bibliothèque Sainte-Geneviève.)

Venetiis, Manutius; 1573, in-folio.
 (Avignon [musée Calvet].)

Lutetiæ; 1576, in-folio.
 (Bibliothèque de l'Arsenal.)

Lugduni, Anissonius; 1581, in-folio.
 (Bibliothèque de Dijon.)

Venetiis, Aldus; 1583, in-folio.
 (Bibliothèque Nationale.)

Basileæ, Seb. Henricpetrus; 1584, in-folio, 1,467 pages.
 (Bibliothèque d'Avranches.)

Lugduni; 1585, in-folio.
 (Bibliothèque de Chartres.)

CALEPINUS (AMBROSIUS).

Parisiis, N. Nivellius; 1588, in-folio.
(Bibliothèque d'Angers.)

S. l., heredes E. Vignon; 1594, in-folio, 2 vol.
(Bibliothèques : d'Angers; — de Carpentras; — de la Faculté de théologie protestante de Montauban.)

Ambrosius Calepinus Passeratii sive linguarum novem romanæ, græcæ . . . . . belgicæ, dictionarium.

Lugduni Batavorum (Leyde), Fr. Hackius; s. d., in-4°.
(Bibliothèques : Nationale; — Mazarine; — de Besançon; — de Chaumont; — de Cherbourg; — de Meaux; — de Saint-Malo.)

Lugduni Bat.; 1590, in-4°.
(Bibliothèque de l'Arsenal.)

Dictionarium decem linguarum.

S. l., Vignon, Stoer et Chouet; 1594, in-folio, 2 vol.
(Bibliothèques : de Chalon-sur-Saône; — de Lunéville; — de la Faculté de théologie protestante de Montauban.)

Lugduni (E. Michel); 1586, in-folio.
(Bibliothèque Nationale.)

Genevæ, s. n.; 1594, in-folio.
(Bibliothèques : de Bourg; — de la Faculté de théologie protestante de Montauban; —du Puy.)

Dictionarium latinum . . . . . adjecta sunt latinis dictionibus hebrææ, græcæ, italicæ, hispanicæ et germanicæ.

Parisiis, J. Macæus; 1578, in-folio, 1,374 pages.
(Bibliothèque de Langres.)

Lexicon ex optimis quibusque auctoribus collectum.

Parisiis; 1526, in-folio.
(Bibliothèque de l'Université.)

F. Ambrosii Calepini Lexicon auctum et recognitum.

Parisiis, Girauld; 1526, in-folio, 394 pages.
(Bibliothèques : de Cambrai; — de Carcassonne.)

CALEPINUS (AMBROSIUS). 107

Parisiis, Joan. Petit; 1528, in-folio.
(Bibliothèque de Troyes.)

Parisiis, N. Savetier; 1533, in-folio.
(Bibliothèque d'Épernay.)

Parisiis, Rob. Stephanus; 1533, in-folio.
(Bibliothèque de Troyes.)

Parisiis, Joan. Petit; 1538, in-folio.
(Bibliothèques : Sainte-Geneviève; — de Troyes.)

Parisiis, Girauld; 1539, in-folio, 1,925 pages à 2 colonnes.
(Bibliothèque du Puy.)

Lugduni; 1540, in-folio.
(Bibliothèque Sainte-Geneviève.)

Parisiis, Rob. Stephanus; 1558, in-folio.
(Bibliothèque de Troyes.)

Calepini dictionarium græcæ et latinæ linguæ.

Parisiis, J. B. Ascensius; 1516, in-folio.
(Bibliothèque Mazarine.)

Tridini, s. n.; 1521, in-4°.
(Bibliothèque Mazarine.)

Hagueneau, H. Grau; 1523, in-folio.
(Bibliothèque Mazarine.)

Lugduni, s. n.; 1540, in-folio.
(Bibliothèque Mazarine.)

Basileæ, s. n.; 1540, in-folio.
(Bibliothèque Mazarine.)

Lugduni, Ant. Vincentius; 1550, in-folio.
(Bibliothèque de Tonnerre.)

Basileæ, s. n.; 1550, in-4°.
(Bibliothèque Mazarine.)

Venetiis, s. n.; 1558, in-folio.
(Bibliothèque Mazarine.)

Parisiis, J. Macæus; 1570, in-folio.
(Bibliothèque Mazarine.)

Dictionarium octolingue.

Lugduni, Calepinus; 1570, in-folio.
(Bibliothèque de Beaune.)

CALEPINUS (AMBROSIUS).

Basileæ, H. Petrus; 1584, in-folio.
(Bibliothèque de Montbéliard.)

Parisiis, Guil. Chaudière; 1588, in-folio.
(Bibliothèque Nationale.)

Genevæ; 1609, in-folio.
(Bibliothèque Nationale.)

Dictionarium octolingue, recensuit auxitque Passeratius.

Paris; 1606, in-folio.
(Bibliothèque Sainte-Geneviève.)

S. l., sumptibus Caldorianæ societatis; 1609, in-folio.
(Bibliothèque Nationale.)

Genevæ, Math. Berjon; 1610, in-folio.
(Bibliothèque de Saint-Germain-en-Laye.)

Genevæ, Math. Berjon; 1620, in-folio, 895 pages.
(Bibliothèques : Nationale; — d'Aurillac; — de Carcassonne.)

Vocabularium. Thesaurus refertissimus ex Græcorum pariter ac Latinorum voluminibus accurate decerptus.

Thusculani, Renaud; 1522, in-4°.
(Bibliothèque Mazarine.)

Dictionarium undecim linguarum. Respondent latinis vocabulis : Hebraica, Græca, Gallica, Italica, Germanica, Belgica, Hispanica, Anglica, Polonica, Ungarica.
Onomasticum vero : hoc est propriorum nominum, regionum, gentium, urbium, montium... catalogum...

Basileæ, Seb. Henricpetrus; 1590, in-folio, 1,582 pages.
(Bibliothèques : de l'Arsenal; — de Coutances; — de Cambrai.)

Basileæ; 1598, in-folio.
(Bibliothèque de l'Arsenal.)

Basileæ, Henricpetrus; 1605, in-folio.
(Bibliothèque Nationale.)

Basileæ, Henricpetrus; 1627, in-folio.
(Bibliothèque Nationale.)

Dictionarium latinum, præter adagia selectiora et gallicas, italicas hispanicasque voces, varie auctum, permultisque mendis accurate repurgatum, atque hebraica et germanica explanatione illustratum; jam vero postrema hac editione magna latinarum vocum accessione, linguisque tribus polonica, ungarica et anglica locupletatum.

Lugduni; 1585, in-folio.

(Bibliothèque Nationale.)

CALLIERGUS (ZACHARIAS)
[CALLIERGI ou CALLOERGI],

Savant helléniste, né dans l'île de Crète, vers la fin du xv⁰ siècle.
Voir Émile Legrand : *Bibliographie hellénique*, Paris, 1885, 2 vol. in-8°.

Etymologium magnum græcum.

Venetiis; 1499, in-folio.

(Bibliothèques : d'Aix-en-Provence; — de Besançon.)

CALVIAC.

La civile honesteté.

Paris; 1560, in-8°.

(Bibliothèque Nationale.)

CAMARIOTA (MATTHÆUS).

Synopsis rhetorica Matthæi Camariotæ, a Davide Hœschelio edita.

Augustæ Vindel.; 1595, in-4°.

(Bibliothèque Nationale.)

CAMERARIUS (CORNELIUS) GANDAVENSIS,

Chanoine de Saint-Pierre à Lille, originaire de Gand. — xvi⁰ siècle.

Nova-vetus Rhetorica, ad usum collegii Bisuntini conscripta.

Vesontione, Jo. Exerterius; 1591, in-4°.
(Bibliothèque de Besançon.)

CAMERARIUS (JOACHIMUS)
[J. CAMMERMEISTER ou LIEBHARD],

Célèbre littérateur allemand, né en 1500 à Bamberg (d'où le surnom de *Pabergensis*), mort à Leipzig en 1574. Contribua à la réorganisation des universités de Leipzig et de Tubingue, prit une part active à la réforme de Luther. — Voir l'article d'Erhard, dans l'*Encyclopédie* d'Ersch et Gruber.

Dialogus de vita decente ætatem puerilem, cum respondentibus figuris quibusdam germanici et lat. sermonis expositis aliquando a Joach. Camerario in domestica disciplina.

Lipsiæ; 1563, in-12.
(Bibliothèque de l'Arsenal.)

Præcepta vitæ puerilis, cum parte parænetici Isocratis ad Demonicum in latinum conversa.

Basileæ, Hervagius; 1536, in-12.
(Bibliothèques : Mazarine; — de l'Arsenal.)

Basileæ, Rob. Winter; 1541, in-8°,
(Bibliothèques : Nationale; — de Besançon.)

De gymnasiis dialogus.

Basileæ, Joann. Hervag.; 1536, in-12.
(Bibliothèque de l'Arsenal.)

Basileæ, Rob. Winter; 1541, in-8°.
(Bibliothèque de Besançon.)

CAMERARIUS (JOACHIMUS).

Scribendorum versuum compendiosa ratio.

Norimbergæ, Fred. Peypus; 1526, petit in-8°.
(Bibliothèque de Besançon.)

Annotatiuncula ad præcepta syntaxis Varennianæ.

S. l. s. d.; in-8°.
(Bibliothèque Mazarine.)

Antuerpiæ, J. Stelsius; 1547, in-8°.
(Bibliothèque Mazarine.)

Basileæ, Hervagius; 1576, in-folio.
(Bibliothèque Nationale.)

Vitæ morumque honestatis atque decoris præcepta exposita versibus.

Basileæ, Joan. Hervag.; 1536, in-12.
(Bibliothèque de l'Arsenal.)

Præcepta honestatis atque decoris puerilis.

Basileæ, Rob. Winter; 1541, in-8°.
(Bibliothèque de Besançon.)

Venetiis; 1554, in-8°.
(Bibliothèques : Mazarine ; — de l'Université.)

De orthographia.

Basileæ, Joan. Oporinus; 1556, in-8°.
(Bibliothèque d'Orléans.)

Argentinæ; 1561, in-8°.
(Bibliothèque de l'Arsenal.)

Theonis primæ apud rhetorem exercitationes.

Basileæ, Joann. Oporinus; 1541, in-8°.
(Bibliothèques : Nationale; — d'Orléans; — de Besançon.)

Lipsiæ, Vœgelinus; 1564, in-8°.
(Bibliothèque Nationale.)

CAMERARIUS (JOACHIMUS).

Elementa rhetoricæ, sive capita exercitionum studii puerilis et stili, ad comparandam utriusque linguæ facultatem collecta.

Basileæ, J. Oporinus; 1541, in-8°, 401 pages, plus l'index.
(Bibliothèque de la Société de l'histoire du protestantisme.)

Basileæ, J. Oporinus; 1545, in-8°, 402 pages, plus l'index.
(Bibliothèque nationale.)

Basileæ, Joan. Oporinus; 1551, in-8°.
(Bibliothèques : Nationale; — de Dijon; — de Troyes.)

Lipsiæ, Vogel; 1564, in-folio.
(Bibliothèques : Nationale; — Mazarine; — de Montauban [Faculté de théologie protestante].)

Libellus græcæ grammaticæ Ph. Melanchtonis studio J. Camerarii.

Francofurti; 1550, in-8°.
(Bibliothèque Mazarine.)

Annotationes in grammaticam latinam Melanchtonis et tractatus de orthographia.

Basileæ, Jo. Oporinus; 1557, in-8°.
(Bibliothèque Nationale.)

Utriusque linguæ commentarii.

Basileæ, Hervagius; 1551, in-folio, 497 pages.
(Bibliothèques : Nationale; — Mazarine; — de l'Arsenal; — d'Abbeville; — de Troyes.)

Institutio puerilis litterarum græcarum.

Haganoæ, J. Secerius; 1526, in-8°.
(Bibliothèque de Salins.)

Oratio de studio bonarum litterarum.

Lipsiæ, Jac. Bervaldus; 1542, in-8°.
(Bibliothèque de Besançon.)

Παραινέσεις sive admonitiones ad præcipuæ familiæ adolescentem, familiari genere orationis conscriptæ.

> Francofurti, hered. Andreæ Wecheli; 1583, in-8°, 229 pages.
> (Bibliothèque de Dijon.)

Opuscula aliquot elegantissima.

> Basileæ; 1536, in-12.
> (Bibliothèques : Nationale; — de Troyes.)

Opuscula quædam moralia ad vitam tam publicam quam privatam recte instituendam utilissima.

> Francofurti, hered. Andreæ Wecheli; 1583, petit in-8°.
> (Bibliothèques : Nationale; — Mazarine; — de l'Arsenal; — de Dijon.)

Arithmologia ethica. In hoc libello continentur numeris comprehensæ indicationes variæ de quibus animus instrui poterit multiplici cognitione in primis prudentiæ et honestatis præceptis. Itaque titulum fecit auctor Joachim Camerarius Pabergensis Ἀριθμολογία ἠθίκη.

> Tiguri, apud fratres Gessneros; 1552, in-8°, 80 pages.
> (Bibliothèque Nationale.)
> Lipsiæ; 1571, in-12.
> (Bibliothèque de l'Arsenal.)

Arithmologia ethica et progymnasmata rhetorica.

> Basileæ, Oporinus; 1551, in-8°.
> (Bibliothèque Nationale.)

Arithmologia ethica, sententiæ morales, certis numeris comprehensæ (græce et latine).

> Basileæ, Lud. Lucius; 1551, in-18.
> (Bibliothèque Nationale.)

CAMERARIUS (JOACHIMUS).

De græcis latinisque numerorum notis et præterea sarracenicis seu indicis.
Elementa logistices sive methodi conficiendarum rationum.
Explicatio arithmetica Nicomachi, etc.

Lipsiæ; 1569, in-8°. (Bibliothèque Nationale.)

Decuriæ XXI ΣΥΜΜΙΚΤΩΝ ΠΡΟΒΛΗΜΑΤΩΝ, seu variarum et diversarum quæstionum de natura, moribus, sermone.

S. l. [Nuremberg.], Hieron. Comelinus; 1594, in-16, 312 pages.
(Bibliothèques : de l'Université; — Musée pédagogique; — de Carpentras; — de Béziers; — de la Faculté de théologie protestante de Montauban.)

Libellus gnomolycus, id est bonarum utiliumque sententiarum generalem expositionem græcam latinamque continens, ad puerilem ille quidem institutionem accommodatus, sed qui tamen adultioribus quoque opportunus esse possit, editus a Joachimo Camerario.

Lipsiæ, Vœgelinus; 1564, in-8°. (Bibliothèque Nationale.)

Lipsiæ; 1570 (?), in-8°, 309 pages.
(Bibliothèque de la faculté de théologie protestante de Montauban.)

Appendix problematum, varias et diversas quæstiones morales naturales, etc... complectens.

Parisiis, Hier. Comelinus; 1596, in-8°.
(Bibliothèques : Nationale; — de l'Université; — de Carpentras.)

Catechesis christianismi, græce edita a Joac. Camerario.

Lipsiæ, Vœgelinus; s. d., in-8°. (Bibliothèque Nationale.)

CAMERARIUS (JOACHIMUS),

Médecin et naturaliste, né à Nuremberg en 1534, mort en cette ville en 1598; fils du précédent. — Voir l'article de Bonet-Maury : *Revue pédagogique*, 15 juin 1885.

Epigrammata græca et latina veterum poetarum.

Basileæ, officina Hervagiana; 1538, in-8°.

(Bibliothèque de Chaumont.)

Symbolorum et emblematum ex re herbaria et ex animalibus desumptorum centuriæ tres.

Norimbergæ, Kaufmann; 1590, 1595, 1597, in-4°.

(Bibliothèques : Nationale; — de Carpentras.)

Symbolorum et emblematum ex re herbaria desumptorum centuria una, collecta a Camerario anno 1590; 2° Centuriæ ex animalibus 1595; 3° ex volatilibus 1596; 4° ex aquatilibus 1604.

S. l. s. n.; in-4°.

(Bibliothèque de Chartres.)

Symbolorum et emblematum centuriæ quatuor, quarum prima stirpium, secunda animalium quadrupedium, tertia volatilium et insectium, quarta aquatilium et reptilium, rariores proprietates, historias ac sententias memorabiles non paucas breviter exponit.

Lipsiæ, Vœgelinus; 1605, in-4°.

(Bibliothèque Nationale.)

Francofurti; 1654, in-4°.

(Bibliothèque Mazarine.)

Francofurti; 1661, in-4°.

(Bibliothèque Nationale.)

Moguntiæ; 1668, in-8°, avec figures.

(Bibliothèques : Sainte-Geneviève; — Musée pédagogique.)

CAMERARIUS (PHILIPPE),

Frère du précédent, conseiller à Nuremberg (1537-1624).
Voir l'*Allgemeine deutsche Biographie*, 1875 et suiv.

Meditationes historicæ, centuria prima.

Norimbergæ, Lochnerus; 1599, in-4°.

(Bibliothèque Mazarine.)

Méditations historiques, traduites en français.

Paris, Adr. Beys; 1608, 2 vol. in-12.

(Musée pédagogique.)

Paris, Gesselin; 1608, 2 vol. in-8°.

(Bibliothèque Nationale.)

Les heures dérobées ou Méditations historiques, mises en français par Rosset.

Paris, J. Houzé; 1610, in-12.
  (Bibliothèques : Sainte-Geneviève; — Musée pédagogique; — de Chaumont.)

Paris, Cottereau; 1610, in-8°.

(Bibliothèque de Chaumont.)

Operæ horarum subcisivarum, sive meditationes historicæ, centuria prima et centuria altera.

Francofurti, Jo. Saurius; 1602 et 1606, in-4°.
  (Bibliothèques : Nationale; — de Montauban [Faculté de théologie protestante].)

Francofurti; 1624, in-4°.

(Bibliothèque de l'Arsenal.)

Idem opus. Centuria prima, centuria altera et centuria tertia.

Francofurti, Egen. Emmelinus; 1624, et Wolf. Hoffmannus; 1625 et 1642, in-4°, 3 vol.

(Bibliothèque Nationale.)

Les méditations historiques comprises en trois volumes tournés de latin en françois par S. G. S. (Simon Goulard, Senlisois).

Lyon, veuve A. de Harsy; 1610, in-4°.
(Bibliothèque Mazarine.)

CAMILLUS (JACOBUS).

Dialogus de philosophica doctrina : interlocutores Ramus et Carpentarius.

Pictavii, officina Bochetorum; 1575, in-8°.
(Bibliothèque Nationale.)

CAMILLUS (JOANNES).

De ordine ac methodo in scientia servandis liber unus.

Venetiis, P. Manutius; 1561, in-4°.
(Bibliothèque Mazarine.)

CAMOTIUS (JOH. BAPTISTA)
[CAMOSIO ou CAMOTI],

Helléniste italien, né à Alfolo en 1515, mort en 1591. — Voir Tiraboschi.

Oratio de antiquitate litterarum seu scientiarum.

Romæ, Her. Ant. Bladii; 1575, in-4°.
(Bibliothèques : Nationale; — Mazarine.)

CAMPENSIS (JOANNES),
[VAN DEN CAMPEN],

Hébraïsant néerlandais du milieu du xvi⁰ siècle.
Voir Paquot : *Mémoires sur l'histoire littéraire des Pays-Bas.* 1770, t. XI.

Ex variis libellis Eliææ, grammaticorum omnium doctissimi, huc fere congestum est opera Joannis Campensis quidquid ad absolutam grammaticen hebraicam est necessarium.

Lovanii; 1528, in-8°.
(Bibliothèque de Vendôme.)

Parisiis, Chr. Wechelus; 1539, in-12.
(Bibliothèques : Nationale; — de l'Université; — de Coutances.)

Parisiis, Chr. Wechelus; 1544, in-12.
(Bibliothèque de Besançon.)

Parisiis, Chr. Wechelus; 1553, in-12.
(Bibliothèque Nationale.)

Parisiis, Chr. Wechelus; 1589, in-12.
(Bibliothèque de Dole.)

CAMPESTRIS DIESTENSIS
[VAN DEN VELDE],

Helléniste néerlandais, originaire de Diest, professeur à Louvain.
Voir Van der Aa : *Biographisch Woordenboek der Nederlanden.* Haarlem, 1869.

Dialogi ethici sive morales ex quibus adolescentia non solum literas discat sed et morum vitæque formandæ rationem : authore Laurentio Campestri Diestensi.

Lovanii, Martinus Rotarius; 1552, in-8°.
(Bibliothèque Nationale.)

Antuerpiæ; 1554, in-8°.
(Bibliothèque de Troyes.)

CANINIUS (ANGELUS) ANGLARENSIS.

Lovanii, Rutger. Velpius; 1565, in-12.
(Bibliothèque de Cambrai.)

Lovanii, Rutger. Velpius; 1576, in-8°.
(Bibliothèque Nationale.)

Dialogorum libri tres.

Lovanii, Rutger. Velpius; liber primus, 1564; libri duo posteriores, 1565, in-8°.
(Bibliothèque Mazarine.)

CANINIUS (ANGELUS) ANGLARENSIS,
Grammairien italien né en Toscane en 1521, mort en 1557.
Voir Tiraboschi.

Institutiones linguæ syriacæ, assyriacæ atque thalmudicæ.

Parisiis, Car. Stephanus; 1553, in-4°.
(Bibliothèque de Chartres.)
Parisiis, Car. Stephanus; 1554, in-4°.
(Bibliothèques : Nationale; — Mazarine; — de l'Université; — d'Angers; — de Besançon; — de Cherbourg; — d'Épernay; — de Montauban [Faculté de théologie protestante]; — de Troyes.)
Parisiis. Guil. Morelius; 1555, in-4°, 302 pages.
(Bibliothèques : de Chartres; — de Pau.)

Ἑλληνισμος *in quo quidquid vetustissimi scriptores linguæ ratione præcipiunt atque adeo quæ ad dialectos et poetas pertinent exponuntur.*

Parisiis, G. Morelius, 1555, in-4°.
(Bibliothèques : Nationale; — Mazarine; — de l'Arsenal; — de l'Université.)
Parisiis, Benenatus; 1578, in-12.
(Bibliothèques : Nationale; — Mazarine; — de l'Arsenal; — de l'Université; — de Cahors; — de Chambéry [lycée]; — de Saint-Brieuc : — de Troyes.)

Dialectorum linguæ græcæ canones.

S. l. s. n. s. d., in-8°.
(Bibliothèque Nationale.)

CANNARTUS (JOANNES).

Compendium rhetoricæ.

Parisiis, Dyonisius a Prato; 1585, in-4°.
(Bibliothèque Nationale.)

CAPELLUS (HIERONYMUS).

De disciplinis ingenuis, urbe libera liberoque juvene dignis per compendium in capita resolutis, libri VI a Hier. Capello, patricio Veneto, editi.

Patavii, Laur. Pasquatus; 1570, in-4°.
(Bibliothèque Nationale.)

CAPHARUS (HIERONYMUS) SALERNITANUS.

Grammatice simul et epitome una cum metri periocha, deque conficiendarum epistolarum compendiolo, et de orthographia.

Venetiis, Philippus Pincius; 1567, in-8°. (Bibliothèque Nationale.)

Venetiis; 1591, in-8°.
(Bibliothèque Nationale.)

De multiplici ratione variandæ orationis et conficiendarum epistolarum liber.

Venetiis, hered. Mich. Sessæ; 1574, in-8°.
(Bibliothèque Nationale.)

CAPITO (FABRICIUS),
[WOLFGANG KOEPFEL],

Hébraïsant et réformateur, né à Haguenau en 1478, mort à Strasbourg en 1541. — Voir Baum: *Capito und Bucer, Strassburg's Reformatoren*, Elberfeld, 1860, et l'article de B. Riggenbach dans la *Real Encyclopädie* de Herzog et Plitt.

Hebraicarum institutionum libri duo.

Basileæ, Frobenius; 1518, in-4°.
(Bibliothèque Nationale.)

Argentorati, V. Cephaleus; 1525, in-8°.
(Bibliothèque Mazarine.)

CARBO (LUDOVICUS) DE COSTAGIARO,

Orateur italien et professeur de théologie à Pérouse. — Milieu du xvi° siècle.

Introductionis in universam philosophiam libri quatuor.

Venetiis, M. Ant. Zalterius; 1599, in-8°.
(Bibliothèque Mazarine.)

Compendiolum secundi et tertii libri grammaticæ latinæ Emman. Alvari.

Venetiis, Muschius; 1590, in-8°.
(Bibliothèque Mazarine.)

De oratoria et dialectica inventione, vel de locis communibus libri V.

Venetiis, D. Zenarus; 1589, in-8°.
(Bibliothèque Nationale.)

De elocutione oratoria libri quatuor.

Venetiis, J. B. Ciottus; 1592, in-8°.
(Bibliothèques: — Nationale; — Mazarine.)

De dispositione oratoria disputationes XX.

Venetiis, D. Zenarus; 1590, in-8°.

(Bibliothèque Nationale.)

De officio oratoris libri V.

Venetiis, Guerallius; 1596, in-8°.

(Bibliothèque de Chartres.)

CARDAN (JÉRÔME),

Médecin et géomètre, né à Pavie en 1501, mort à Rome en 1576. — Voir Max. Marie : *Histoire des sciences mathématiques et physiques*, Paris, 1885, et Tiraboschi, t. VII.

Pratica arithmetica et mensurandi singularis.

Mediolani, J. Ant. Castellioneus; 1539, in-8°.

(Bibliothèques : Nationale; — Mazarine; — de l'Arsenal; — de Chartres.)

Artis magnæ sive de regulis algebraicis liber I.

Norimbergæ, Jo. Petreius; 1545, in-folio.

(Bibliothèques : Nationale; — de Cambrai.)

Opus de proportionibus numerorum, motuum, ponderum, sonorum, aliarumque rerum mensurandarum.

Basileæ, Henricpetrus; 1570, in-folio.

(Bibliothèques : Nationale; — de l'Arsenal; — de Cambrai; — de Chartres.)

Basileæ; 1571, in-folio.

(Bibliothèque de Troyes.)

De rerum varietate libri XVII.

Lugduni, Steph. Michael; 1580, in-8°.

(Bibliothèque de Montauban [Faculté de théologie protestante].)

Opera omnia.

Lugduni, Huguetan; 1663, in-folio.

(Bibliothèques : Nationale; — de Cambrai.)

CARMICHAEL (JACOBUS).

Grammaticæ latinæ, de etymologia, liber secundus.

Cantebrigiæ, Th. Thomasius; 1587, in-folio.
(Bibliothèque Mazarine.)

CARPENTARIUS (JACOBUS)
[CHARPENTIER],

Médecin du roi et professeur de philosophie et mathématiques, né en 1524 à Clermont en Beauvaisis, mort en 1574; fut le grand adversaire de Ramus. — Voir Ch. Waddington : *Ramus, sa vie.* Paris, 1855, in-8°.

Animadversiones in Institutiones dialecticas P. Rami.

Parisiis, Th. Richardus; 1554, in-4°.
(Bibliothèque Mazarine.)
Parisiis, Richardus; 1555, in-4°.
(Bibliothèque Nationale.)

Compendium in communem artem disserendi.

Parisiis, Gabr. Buon; 1565, in-4°.
(Bibliothèque de Besançon.)
Parisiis, Th. Richardus; 1554, 1559, 1564, 1565, in-4°.
(Bibliothèque Mazarine.)
Lugduni, Theob. Paganus, 1569, in-8°.
(Bibliothèque Nationale.)

Orationes tres pro jure professionis suæ, in senatu ex tempore habitæ, contra importunas Rami actiones.

Parisiis, Gabr. Buon; 1566, in-8°.
(Bibliothèques : Nationale; — Mazarine; — Sainte-Geneviève; — de Troyes.)

CASA (JOHANNES DELLA).

Disputatio de methodo, quod unica non sit.

Parisiis, Æg. Gorbinus; 1564, in-4°.

(Bibliothèques : de l'Université; — de Cambrai.)

Jac. Carpentarii contra importunas Rami actiones senatus decreto confirmati, oratio habita initio professionis, anno 1566. Cal. Aprilis.

Parisiis, Gabr. Buon; 1566, in-8°.

(Bibliothèques : Nationale; — Sainte-Geneviève.)

Jac. Carpentarii ad Dionysium Lambinum epistola.

Parisiis, Thom. Brumennius; 1569, in-12, 27 pages non numérotées.

(Musée pédagogique.)

Admonitio de aliquot capitibus proœmii mathematici quæ continet ejusdem prælectiones in sphæram.

Parisiis; 1567, in-8°.

(Bibliothèque Mazarine.)

CASA (JOHANNES DELLA),

Prélat et moraliste italien, né à la Casa (Toscane) en 1503, mort à Rome en 1556. — Voir Niceron : *Mémoires pour servir à l'histoire des hommes illustres*, 1745, t. XII et XIX, et Tiraboschi, t. VII.

Galatheo.

Milano; 1559, in-12.

(Bibliothèque de l'Arsenal.)

Galateo..., trad. anglaise de Rob. Peterson.

Londres; 1576, in-8°.

(Bibliothèque Nationale.)

*Jo. Casæ Galateus, seu de morum honestate et elegantia liber;
ex ital. lat. a Nat. Chytræo.*

    Francofurti, Wechelus; 1580, in-8°.
                                       (Bibliothèque Nationale.)

    Hanoviæ, Wechelus; 1603, in-8°.
                                       (Bibliothèque Nationale.)

La Galathée mise en françois.

    Lyon; 1598, in-18.
                                     (Bibliothèque de l'Arsenal.)

CASSANDER (GEORGIUS),

Théologien flamand de la première moitié du XVI° siècle.
Voir l'article de Baur dans l'*Encyclopédie* d'Ersch et Gruber.

Tabulæ breves et expeditæ in præceptiones rhetoricæ.

    Parisiis; 1543, in-8°.
                          (Bibliothèques : Mazarine; — de Chartres.)

    Parisiis; 1546, in-8°.
                                   (Bibliothèque Mazarine.)

    Parisiis, Rob. Stephanus; 1549, in-8°.
                                   (Bibliothèque de Troyes.)

    Parisiis, Rob. Stephanus; 1551, in-8°.
                                   (Bibliothèque Nationale.)

    Parisiis, Th. Richardus; 1564, in-8°.
                                   (Bibliothèque Mazarine.)

    Cadomi, Pet. Philippus; 1569, petit in-8°, 40 pages.
                                   (Bibliothèque de Caen.)

    Parisiis, Martinus Juv.; 1578, in-4°.
                                   (Bibliothèque Nationale.)

Tabulæ præceptionum dialecticarum in puerorum et rudium gratiam.

    Lutetiæ; 1549, in-12.
                                  (Bibliothèque de l'Université.)

    Coloniæ, s. n.; 1561, petit in-8°.
                                   (Bibliothèque de Verdun.)

Tabulæ locorum dialecticorum.

Coloniæ, s. n.; 1561, petit in-8°, 27 f.

(Bibliothèque de Verdun.)

CASTALION (JOSEPH)
[CASTIGLIONE],

Philologue, poète et jurisconsulte italien, originaire d'Ancône. — Fin du xvi° siècle.

Josephi Castellionis, jurisconsulti, pro studiis humanitatis oratio.

Romæ, Aloysius Zannettus; 1594, in-4°, 4 f.

(Bibliothèque Mazarine.)

Variæ lectiones.

Romæ; 1594, in-4°.

(Bibliothèque de Béziers.)

CASTELLIO (SEBASTIANUS)
[SEBASTIEN CHATEILLON],

Humaniste et théologien, né à Saint-Martin-du-Frêne, près Nantua, en 1515, professeur au collège de Genève, puis à l'université de Bâle, auteur d'écrits en faveur de la tolérance, d'une traduction de la Bible en latin et en français, mort à Bâle en 1563. — Voir Jacob Mähly : *Sebastian Castellio*, Bâle, 1862, in-8°; Edmond Chevrier : *Notice historique sur le protestantisme dans le département de l'Ain*, Paris, Fischbacher, 1883, in-8°, et l'article de Chateillon dans la *France protestante* [1].

Dialogi sacri latino-gallici, ad linguas moresque puerorum formandos. Liber primus, authore Sebastiano Castalione.

[Genève, Jean Girard]; 1543, in-8°, non paginé. — (N. B. Le titre porte par erreur M. D. LIII. au lieu de MDXLIII.)

(Bibliothèque de l'université de Breslau; c'est le seul exemplaire que nous connaissions.)

---

[1] On ajoute, pour cet article, aux indications provenant des bibliothèques françaises quelques renseignements sur les bibliothèques étrangères, communiqués par M. F. Buisson.

Dialogorum sacrorum liber secundus et tertius per Sebastianum Castalionem.

[Genève, Jean Girard]; 1543, in-8°, 136 pages chiffrées.
>(Bibliothèque de Genève; un exemplaire incomplet de ce qui suit la page 128; — Bibliothèque impériale de Vienne.)

Dialogi de sacris literis excerpti, ad linguam moresque puerilis ætatis formandos non inutiles, per Sebastianum Castalionem.

Basileæ, per Erasmum xylotectum; 1545, mense martio, petit in-8°, 48 pages non chiffrées (20 dialogues seulement).
>(Bibliothèque de Bâle; — Bibliothèque impériale de Vienne.)

Dialogorum sacrorum ad linguam simul et mores puerorum formandos libri quatuor : Quibus præcipuæ tam Veteris quam Novi Testamenti historiæ ita eleganter tenellæ ætati proponuntur ut nihil ad pietatis ac linguæ eadem opera perdiscendæ rationem parari accommodatius posse videatur. Sebastiano Castalione autore.

Basileæ; 1545. (A la fin du volume : *ex off. Roberti Winter, a. 1545 mense martio*); in-8°, 208 pages numérotées, plus 8 et 5 non numérotées..
>(Bibliothèque de la ville de Breslau.)

Dialogorum sacrorum ad linguam simul et mores puerorum formandos libri quatuor, Sebastiano Castellione autore, nunc postremo ab eodem recogniti et aucti.

Basileæ, ex off. J. Oporini; 1547, mense februario, in-8°.
>(Bibliothèques : de Zurich; — de l'univ. de Munich; — de l'univ. de Prague.)

Basileæ, ex off. J. Oporini; 1548, mense octobri, in-8°, 268 pages et 3 non chiffrées.
>(Bibliothèques : d'Aarau; — Royale de Berlin; — Impériale de Vienne.)

Coloniæ, Joannes Aquensis excudebat; 1551, petit in-8°, 126 pages.
>(Bibliothèque Nationale; un exemplaire ne contenant que les deux premiers livres, terminés par le mot *Finis*.)

Dialogorum sacrorum ad linguam simul et mores puerorum formandos libri quatuor, quibusque propriæ et Veteris et Novi Testamenti historiæ tenellæ ætati ante oculos quam sane belle constituuntur, Sebastiano Castalione auctore.

> Lugduni, Guillaume Roville; 1549, in-8°, 300 pages.
> (Bibliothèque de Lyon.)
>
> Lugduni, apud Theob. Paganum; 1550, in-16, 282 pages.
> (Bibliothèque du Mans.)
>
> Medinæ, Adrien Gemard; 1551, in-8°, 296 pages.
> (Bibliothèques : de Besançon; — de l'université de Munich; — Royale de Berlin.)
>
> Antuerpiæ, Joann. Verwithagen; 1552, in-8°, en caractères italiques, 206 pages.
> (British Museum.)

Dialogorum sacrorum libri quatuor, Sebastiano Castalione autore : nunc postremo ab eodem recogniti et aucti.

> Basileæ, per Joannem Oporinum; 1551, mense septembri, in-8°, 277 pages et 3 non chiffrées.
> (Bibliothèque de Winterthur.)
>
> Coloniæ Agrippinæ, sumt. hæredum Arnoldi Birckmanni; 1552, in-8°, 283 pages chiffrées et 3 non chiffrées.
> (Bibliothèque impériale de Vienne.)
>
> Basileæ, per Joannem Oporinum; 1555, mense martio, in-8°, en caractères italiques, 281 pages (les trois dernières non chiffrées; erreurs de pagination dans le dernier demi-cahier).
> (Bibliothèques : de Genève; — de l'université de Munich; — de Nuremberg.)
>
> Coloniæ, Petrus Horst; 1555, in-8°, 276 pages.
> (Bibliothèque du gymnase de Francfort-sur-Oder.)
>
> Pragæ, in offic. Georgii Melantrychi ab Aventino; 1558, in-8°.
> (Bibliothèque nationale de Buda-Pest.)
>
> Basileæ, per Joannem Oporinum; 1559, mense augusto, in-8°, en italiques, 325 pages chiffrées et 3 non chiffrées.
> (Bibliothèque impériale de Vienne; — de M. Herminjard, à Lausanne.)
>
> Coloniæ Agrippinæ, Gualth. Fabricius; 1562, in-8°.
> (Bibliothèque de l'université de Munich.)

CASTELLIO (SEBASTIANUS).

Dialogorum sacrorum ad linguam simul et mores puerorum formandos libri IIII, quibus præcipuæ tam Veteris quam Novi Testamenti historiæ tenellæ ætati proponuntur ad pietatis ac linguæ latinæ simul perdiscendæ rationem multo quam accommodatissimæ Sebastiano Castalione authore, nunc postremo ab eodem recogniti et aucti.

Basileæ; sans nom d'imprimeur; 1562, in-8°, 274 pages.
(Bibliothèque de l'Arsenal.)

Dialogorum sacrorum libri quatuor, autore Sebastiano Castellione, qui opus recognovit, argumenta singulis dialogis præposuit, et sententias subjecit ex quibus pueri discant officium, hoc est quid imitandum sit aut declinandum. Accesserunt nunc postremo ejusdem S. C. marginales annotationes.

Basileæ, per Joannem Oporinum; 1562, mense augusto, in-8°, 325 pages et un index de 3 pages.
(Bibliothèques : Mazarine; — Royale de Berlin.)

(?) *Dialogues sacrés* . . . . . (édition française).

Bâle, Hervage; 1555, in-8°.
(Cité par Rochas, *Biographie du Dauphiné*; aucun exemplaire n'a été signalé jusqu'ici.)

Dialogorum sacrorum libri quatuor, autore Sebastiano Castellione, qui opus recognovit, argumenta singulis dialogis præposuit, et sententias subjecit ex quibus pueri discant officium, hoc est quid imitandum sit aut declinandum. Accesserunt nunc postremo ejusdem S. C. marginales annotationes.

Basileæ, ex offic. Oporin.; 1565, in-8°, 336 pages.
(Bibliothèques : Nationale; — Musée pédagogique; — de Bâle; — de Lausanne [cantonale].)

Augustæ Vindelicorum, in offic. Mathæi Franci; 1567, in-8°, 368 pages.
(Bibliothèque de l'université de Munich.)

Augustæ Vindelicorum, ex off. Mich. Mangeri; 1570, in-8°.
(Bibliothèque des Ministres, à Schaffhouse.)

CASTELLIO (SEBASTIANUS).

Augustæ Vindelicorum, ex off. Mich. Mangeri; 1576, in-8°.
(Bibliothèque de l'université de Munich.)

Augustæ Vindelicorum; 1588, in-8°, 368 + 6 pages.
(Bibliothèques: de l'univ. de Buda-Pest; — Impériale de Vienne.)

Dialogorum sacrorum libri quatuor, auctore Sebastiano Castellione : qui opus recognovit; argumenta singulis dialogis præposuit et sententias subjecit ex quibus pueri discant officium, hoc est quid imitandum sit aut declinandum. Accesserunt nunc recens ejusdem Sebastiani Castellionis marginales annotationes doctissimæ.

Coloniæ, Petrus Horst; 1591, in-8°, 2 + 272 + 3 pages.
(Bibliothèques : de l'université de Breslau; — de Halle.)

Sebastiani Castellionis Dialogorum sacrorum libri quatuor nunc denuo emendati et marginalibus scholiis una cum singulorum dialogorum argumentis et sententiis : in gratiam scholarum trivialium Germaniæ fideliter aucti.

S. l. [   ], sumtibus ac typis Joannis Spiessii et hæredum Romani Beati; 1602, petit in-8°, 12 + 351 pages.
(Bibliothèques: de Francfort-sur-le-Mein; — de Halle [Francke'sche Stiftungen].)

Sacrorum dialogorum Sebastiani Castalionis libri IIII, qui nunc postremo opus recognovit, argumenta singulis dialogis præposuit et sententias subjecit, ex quibus pueri discant officium, hoc est quid imitandum sit aut declinandum.

Coloniæ, Petrus Horst; 1562, in-8°, 310 pages.
(Bibliothèques : de Nancy; — de la ville de Breslau.)

Coloniæ, Petrus Horst; 1566, in-8°; 310 pages.
(Bibliothèques : de l'université de Munich; — de M. Lutteroth.)

Coloniæ Agrippinæ, ad intersignium Monocerotis; 1567, in-8° non paginé.
(Bibliothèque de l'université de Bonn.)

CASTELLIO (SEBASTIANUS).

Dialogorum sacrorum libri quatuor, autore Sebastiano Castellione, iqui nunc postremo opus recognovit: argumenta singulis dialogis præposuit et sententias subjecit; ex quibus pueri discant officium, hoc est quid imitandum sit aut declinandum.

Coloniæ, apud hæredes Arn. Birckmanni; 1565, in-8°, 309 pages et 3 pages index.
(Bibliothèque de Stuttgart.)

Lipsiæ, Joh. Rhamba; 1566, in-8°.
(Bibliothèque de l'université de Breslau.)

Pragæ, in off. Georgii Melantrychi ab Aventino; 1568, in-8°, 2 + 339 + 3 pages.
(Bibliothèque de la ville de Breslau.)

Lipsiæ, Andr. Schneider; 1571, in-8°; 297 p.
(Bibliothèque de l'université de Munich.)

Budissinæ (Bautzen) excud. Mich. Wolrab; 1573, in-8°.
(Bibliothèque de l'université de Breslau.)

Londini; in-8°..... — 1573.
(D'après la bibliographie de Lowndes.)

Budissinæ, Wolrab; 1575, in-8°.
(Bibliothèques: de l'université de Breslau; — des Ministres, à Schaffhouse.)

Smalchaldiæ, Mich. Schmuck; 1576, in-8°.
(Bibliothèque de l'université de Breslau.)

Pragæ, in off. Georgii Jacobidis Dacziceni; 1579, in-8°.
(Bibliothèque de l'université de Breslau.)

Pragæ, in off. Georgii Melantrichi ab Aventino; 1579, in-8°, 354 pages.
(Bibliothèque royale de Berlin.)

Pragæ, in off. Georgii Nigrini; 1579, in-8°.
(Bibliothèques: de Liegnitz; — nationale de Buda-Pest.)

Pragæ, in off Georg. J. Dacriceni; 1579, in-8°.
(Bibliothèque nationale de Buda-Pest.)

Lipsiæ, impr. Joh. Steinmann; 1579, in-8°.
(Bibliothèques: de l'université de Breslau; — de Halle [Francke'sche Stiftungen].)

Londini; 1580, in-8°.
(D'après la bibliographie de Lowndes.)

Magdeburgi; 1581, in-8°.
(Bibliothèque de Wolfenbüttel.)

CATÉCHISMES.

Lipsiæ, Joh. Steinmann; 1581, in-8°.
(Bibliothèques : de Paris [Musée pédagogique]; — de l'université de Breslau.)

Lugduni, apud Antonium Gryphium; 1581, in-8°, 272 p.; *italiques*.
(British Museum.)

Lipsiæ, Steinmann; 1582, in-8°, 297 pages et 3 index.
(Bibliothèques: de Wolfenbüttel; — de l'université de Berlin; — Royale de Dresde; — de Halle [Francke'sche Stiftungen].)

Lipsiæ; s. n.; 1584, in-8°, 2 + 314 + 3 pages.
(Bibliothèque de la ville de Breslau.)

Lipsiæ [Joan. Steinmann]; 1585, in-8°, 297 p. chiffr., 3 non chiffr.
(Bibliothèque impériale de Vienne.)

Lipsiæ, s. n.; 1589, in-8°.
(Bibliothèques : de l'université de Breslau ; — de Halle [Francke'sche Stiftungen].)

Magdæburgi, impr. Andr. Gena; 1586, in-8°.
(Bibliothèque de Hambourg.)

Lipsiæ, Mich. Louchtenberger; 1594, in-8°, 300 pages.
(Musée pédagogique.)

Lipsiæ; 1595, in-8°.
(Bibliothèque de Halle [Francke'sche Stiftungen].)

Lipsiæ; 1600, in-8°.
(Bibliothèque de Halle [Francke'sche Stiftungen].)

Mosis institutio reipublicæ græco-latina ex Josepho in gratiam puerorum decerpta, ad dicendum non solam græcam, verum etiam latinam linguam una cum pietate ac religione.

Basileæ; 1546, in-12.
(Bibliothèque d'Auxerre.)

Basileæ; s. d., in-8°.
(Bibliothèque Mazarine.)

CATÉCHISMES.

Puerilis institutio christianæ doctrinæ in tres partes divisa.

Parisiis, Lud. Grandinus; 1542, in-8°.
(Bibliothèque Nationale.)

Στοιχείωσις τῆς χριστιανῶν πιστέως. *Rudimenta fidei christianæ. Libellus apprime utilis, nunc primum in luce meditus.*

Parisiis, Rob. Stephanus; 1551, in-12.
(Bibliothèque Nationale.)

Summa doctrinæ christianæ, in usum christianæ pueritiæ per quæstiones recens conscripta.

Lovanii, Barth. Gravius; 1558, in-16.
(Bibliothèque Nationale.)

Summa doctrinæ christianæ per quæstiones tradita et in usum christianæ pueritiæ nunc primum edita; jussu Rom. Hung. Bohem., etc. Regiæ majest. Archiducis Austriæ.

S. l.; 1558, in-8°.
(Bibliothèque Nationale.)

Catechismus brevis et catholicus in gratiam juventutis conscriptus, Schæppero Joanne auctore.

Antuerpiæ, J. Bellerus; 1561, in-24.
(Bibliothèque Nationale.)

Parvus catechismus in gratiam pueritiæ christianæ diœcesis Cameracensis, gratia et privilegio R. D. Max. a Bergis episcopi Cameracensis editus.

Cameraci, Fr. Brassart; 1561; in-8°.
(Bibliothèque de Cambrai.)

Catechismus, id est catholica christianæ juventutis institutio. (Augero Edmundo auctore.)

Lutetiæ, Seb. Nivellius; 1562 et 1569, in-32.
(Bibliothèques : Nationale; — de Besançon.)
Lutetiæ, Seb. Nivellius; 1568, in-16.
(Bibliothèque d'Avignon [musée Calvet].)

Rudimenta fidei christianæ, vel rudis et elementaria quædam institutio : quam catechismum veteres appellarunt græce et latine.

    S. l., ex typis H. Stephani; 1563, in-12.
                                      (Bibliothèque Nationale.)

Catechesis, seu christianæ institutionis compendium (per Alardum Amstelodamum).

    Antuerpiæ; 1538, in-16.
                               (Bibliothèque Mazarine.)

Catechesis seu initia doctrinæ Christi græce, iterum nuper edita et nunc primum in sermonem latinum conversa.

    Lipsiæ, Vœgel.; s. d., in-8°.
                                  (Bibliothèque Nationale.)

    N. B. — La préface est datée du mois d'août 1563.

Catechismus ex decreto concilii Tridentini, ad parochos, Pii V, pont. max., jussu editus.

    Lugduni, J. Rovillius; 1567, in-8°.
                          (Bibliothèque d'Avignon [musée Calvet].)

    Romæ, P. Manutius; 1567, in-8°.
                        (Bibliothèques : Nationale; — Sainte-Geneviève.)

    Parisiis, Jac. Kerver; 1567, in-8°.
                            (Bibliothèque de Cambrai.)

    Parisiis, Jac. Kerver; 1568, in-8°.
              (Bibliothèques : d'Avignon [musée Calvet]; — de Besançon.)

    Romæ, P. Manutius; 1569, in-8°.
                                (Bibliothèque Nationale.)

    Lugduni, J. Rovillius; 1571, in-8°.
                          (Bibliothèque d'Avignon [musée Calvet].)

    Venetiis, Aldus; 1575, in-8°.
                                (Bibliothèque Nationale.)

    Lugduni, G. Rovillius; 1579, in-8°.
                        (Bibliothèques : Nationale; — Sainte-Geneviève.)

Catechismus, sive prima institutio disciplinaque pietatis christianæ latine explicata.

Londini, R. Wolfius; 1570, in-4°.

(Bibliothèque Nationale.)

Catecheses christianæ, Andr. Croquetii studio editæ.

Duaci, Lud. Dewonde; 1574, in-4°.

(Bibliothèque de Besançon.)

Catechismus romanus ex decreto concilii Tridentini et Pii V, pontificis maximi, jussu primum editus : nunc vero luculentis quæstionibus, quæ mox rei propositæ materiam oculis subjiciant, distinctus, brevibusque annotatiunculis elucidatus, studio Andreæ Fabricii Leodii.

Antuerpiæ, Chr. Plantinus; 1587, in-8°.

(Bibliothèque Nationale.)

Catechismus minor puerorum, generoso puero Ottoni Fürster dicatus ab Urbano Rhegio.

Vitebergæ, Klug; s. d., in-12.

(Musée pédagogique.)

Le catéchisme amplement déclaré avec bonne et utile exposition, par Jeh. Brence.

Tubingue, Vᵉ Morhard; 1563, in-12.

(Bibliothèque de Montbéliard.)

Methodus catechismi catholici, G. Ederi cura et labore.

Lugduni, J. Parant; 1579, in-16.

(Bibliothèque d'Avignon [musée Calvet].)

Le même ouvrage, traduit en français, par Gabr. Chapuis.

Lyon, J. Patrasson; 1581, in-8°.

(Bibliothèque d'Avignon [musée Calvet].)

CATHELINEUS (GULIELMUS).

Catéchisme fait du latin en langue françoise, par J. Gillot.

Paris, Kerver; 1573, in-8°.
(Bibliothèque d'Avignon [musée Calvet].)

Catéchisme et sommaire de la religion chrestienne (en français avec le texte latin).

Bourdeaus, S. Millanger; 1578, in-4°.
(Bibliothèque d'Avignon [musée Calvet].)

Rudimenta fidei christianæ (græce et latine).

S. l., Henr. Stephanus; 1563, in-12.
(Bibliothèque d'Avignon [musée Calvet].)

Catechismus pia et utili explicatione illustratus Joh. Brannio autore.

Francofurti, Petr. Brubachius; 1556, in-4°.
(Bibliothèque de Montbéliard.)

CATHELINEUS (GULIELMUS).

Grammaticæ latinæ libri duo.

Parisiis, vidua Maur. a Porta; 1554, in-4°.
(Bibliothèque Mazarine.)

Rhetoricæ latinæ libri duo.

Parisiis, vidua a Porta; 1554, in-4°.
(Bibliothèque Mazarine.)

CATO (DIONYSIUS),

Moraliste latin d'une époque incertaine. — Voir Thurot : *Extraits de manuscrits latins pour l'histoire de la grammaire au moyen âge*, Paris, 1869, in-4° (page 98), et Zarncke : *Der deutsche Cato*. Leipzig, 1852.

Catho cum glosa et moralisatione.

S. l. s. n. s. d.; petit in-4°, 50 f.
(Bibliothèques : Nationale; — de Neufchâteau.)
Coloniæ; 1490, in-4°.
(Bibliothèque de l'Arsenal.)
Coloniæ, Quentel; 1496, in-4°.
(Bibliothèque de Nancy.)

Philippi de Pergamo speculum regiminis, alias Catho moralisatus.

S. d. xv° siècle.
(Bibliothèque de Troyes.)
S. l. s. n.; 1480 (?), in-4°, 375 feuillets.
(Bibliothèques : Mazarine; — de Langres.)
Lugduni, de Vingle; 1497, in-4° goth.
(Bibliothèque de Troyes.)

Liber Cathonis cum glosa.

Sans titre; goth.
(Bibliothèque de Langres.)

Disticha moralia.

S. l.; 1491, in-4°.
(Bibliothèque Nationale.)

Moralissimus Cato, cum commento Roberti de Euremodio.

Basileæ, Nic. Keslerus; 1486, in-4°.
(Bibliothèques : Nationale; — Mazarine.)

CATO (DIONYSIUS).

Liber de doctrina Catonis amplicatus per fratrem Rob. de Euremodio.

Parisiis, Wolfgangus; 1494, in-4°.
(Bibliothèque de Troyes.)

Catho moralizatus, alias speculum regiminis quoad utriusque hominis reformationem.

Lugduni; 1497, in-4°.
(Bibliothèque de l'Université.)

Disticha moralia cum scholiis Erasmi.

Argentorati; 1521, petit in-4°.
(Bibliothèque de Montbéliard.)

Antuerpiæ, Mich. Hillenius; 1531, petit in-8°.
(Bibliothèque de Verdun.)

S. l., Eucharius; 1533, in-8°.
(Bibliothèque de Montauban [Faculté de théologie protestante].)

Lugduni, Étienne Dolet, 1538, in-8°.
(Bibliothèque de l'Arsenal; — de Roanne.)

Lugduni, Ant. Gryphius; 1541, petit in-8°, 64 f.
(Musée pédagogique.)

Eadem, cum aliis opusculis, Erasmo castigatore et interprete.

Parisiis, Ant. Bonnemère; 1516, in-4.
(Bibliothèque Mazarine.)

Eadem, cum commento.

Cadomi, M. Angier; 1520, in-4°.
(Bibliothèque Mazarine.)

Eadem, cum scholiis Erasmicis et Badianis.

Parisiis, Bad. Ascensius; 1527, in-8°.
(Bibliothèque Mazarine.)

Eadem, Erasmi scholiis aucta.

Moguntiæ, Schœffer; 1551, in-8°.
(Bibliothèque Mazarine.)

Eadem, cum gallica interpretatione.

Parisiis, Rob. Stephanus; 1585, in-8°.
(Bibliothèque Mazarine.)

CATO (DIONYSIUS).

Catonis sensa et disticha, cum scholiis Erasmicis et Badianis; mimi Publiani et carmina Erasmica; Isocratis parænesis; Eucharii Lugdunensis epistola de philosophia christiana, per Erasmum illustrata.

Sub prelo Ascensiano; 1533, in-8°.
(Bibliothèque Nationale.)

Disticha de moribus, nomine Catonis inscripta, cum latina et gallica interpretatione; epitome in singula fere disticha; dicta sapientum, cum duplici quoque interpretatiuncula.

Parisiis, Rob. Stephanus; 1533, in-8°.
(Bibliothèque Nationale.)

Lugduni, Mich. Jovius; 1557, in-4°.
(Bibliothèque de Besançon.)

Lugduni, 1576, in-8°.
(Bibliothèque du Havre.)

Distica de moribus nomine Catonis inscripta cum Jodoci Badii Ascensii, Des. Erasmi Roterodami, Nicolai Bonæspei ac denique latina et gallica Maturii Corderii interpretatione.

Quibus accesserunt septem sapientium dicta laconicis interpretatiunculis enucleata.

Adjectis tandem in singula disticha haudquaquam contemnendis annotationibus.

Omnia recognita, nonnulla adjecta, quædam immutata.

S. d. sub correctione Rob. Stephani; 1538, in-4°, 107 f.
(Bibliothèque de Coutances.)

Catonis disticha de moribus adjecta in adolescentulorum gratiam latina et gallica interpretatione : una cum accentibus ad prolationem. Epitome D. Erasmi Rot. in singula disticha.

Parisiis, Simon Colinæus; 1538; in-12, 55 pages.
(Bibliothèque de Verneuil, Eure.)

Disticha Catonis, cum comment. Jo. Ursini medici.

Viennæ; 1542, in-4°.
(Bibliothèques : Nationale; — Mazarine.)

CATO (DIONYSIUS).

Catonis disticha de moribus. Erasmi et Corderii epitome in singula disticha.

Parisiis, R. Calderius; 1547, in-8°.

(Bibliothèque Mazarine.)

Catonis disticha de moribus, cum latina et gallica interpretatione; epitome Erasmi in singula disticha; dicta sapientum Græciæ, explicata et vulgaribus versibus reddita.

Parisiis, Fr. Stephanus; 1547, in-8°.

(Bibliothèque Nationale.)

Catonis disticha moralia, cum scholiis Desid. Erasmi; accesserunt eadem disticha, græce a Maximo Planude e latino versa; apophtegmata Græciæ sapientum, interprete Erasmo, eadem per Ausonium cum scholiis Erasmi; mimi Publiani, cum ejusdem scholiis, recogniti; institutum hominis christiani, per eundem Erasmum; Isocratis parænesis ad Demonicum; aliquot sapientum dicta.

Lugduni, Seb. Gryphius; 1550, in-8°.

(Bibliothèque Nationale.)

Disticha moralia, gr. et lat.

Parisiis; 1544, in-8°.

(Bibliothèque de l'Arsenal.)

Disticha de moribus, nomine Catonis inscripta, cum latina et gallica interpretatione, authore Math. Corderio. Epitome in fere singula disticha. Dicta sapientum cum sua quoque interpretatiuncula.

Lutetiæ, Rob. Stephanus; 1567, in-8°.

(Bibliothèques : de Chartres; — de Dijon.)

Parisiis, V. G. Buon; 1598, in-12 de 111 pages.

(Bibliothèque de Cambrai.)

CATO (DIONYSIUS).

Eadem græce versa a Maximo Planude.

Florentiæ; 1500 et 1516, in-8°.
(Bibliothèque Nationale.)

Catonis disticha versibus græcis reddita a Max. Planude.

Venetiis, Aldus; 1517, in-8°.
(Bibliothèque Mazarine.)

Catonis disticha, sive carmen de moribus : accedunt D. Laberii, P. Syri et aliorum veterum sententiæ, iambicis versibus singulis comprehensæ, et alia nonnulla.

Lutetiæ, Rob. Stephanus; 1577, in-8°.
(Bibliothèques : Nationale; — de Cherbourg.)

Distichorum moralium de præceptis vitæ communis libri IV.

Parisiis; 1571, in-8°.
(Bibliothèque Nationale.)

Disticha de moribus Catonis nomine inscripta, cum gallica et germanica interpretatione.

Montbéliard, Foillet; s. d., in-8°.
(Bibliothèque de Montbéliard.)

Disticha de moribus Catonis nomine inscripta.

Parisiis, Rob. Stephanus; 1577, in-8°.
(Bibliothèques : Mazarine; — de Troyes.)

Parisiis, Rob. Stephanus; 1578, in-8°.
(Bibliothèque d'Abbeville.)

Amstelodami; 1579, in-8°.
(Bibliothèque de l'Université.)

Lugduni. Ant. Gryphius; 1584, petit in-8°, 127 pages.
(Bibliothèque de Carpentras.)

S. l.; 1589, in-8°.
(Bibliothèque de Rodez.)

Lyon, P. de Melchior-Arnoulet; 1591, in-12, 127 pages.
(Bibliothèque de Montbéliard.)

Amstelodami, Joh. Jansonnius; 1646, in-12.
(Bibliothèque de Besançon.)

Disticha de moribus nomine Catonis inscripta, cum latina et gallica interpretatione.

Augustæ Tricassium, P. Chevillot; 1616, in-8°.
(Bibliothèque de Troyes.)

Disticha moralia nomine Catonis inscripta : cum gallica interpretatione et, ubi opus fuit, declaratione latina. Hæc editio præter precedentes non solum authoris Mathurini Corderii recognitionem, sed et græcam Maximi Planudæ interpretationem habet. Dicta septem sapientium Græciæ ad finem adjecta sunt cum sua quoque interpretatiuncula.

Parisiis, Rob. Stephanus; 1585, in-8°, brochure, 128 pages.
(Bibliothèques : Nationale; — du Protestantisme français; — Sainte-Geneviève.)

Langres, Jean Chauvelot; 1621, in-8°, 110 pages.
(Bibliothèque de Langres.)

Disticha de moribus ad filium cum notis integris Scaligeri, Barthii, Daumii, scholiis atque animadversionibus selectis Erasmi, Opitii, Wachii; et metaphrasi græca Planudis et Scaligeri. Quibus accedunt Boxhornii dissertatio, et Henrici Cannegieteri rescripta Boxhornio de Catone; nec non Joan. Hild. Withofii dissertationes binæ de distichorum auctore et vera illorum lectione. Recensuit suasque adnotationes addidit Otto Arntzenius.

Amstelodami, ex officina Schouteniana; 1754, in-8°, 334 pages.
(Bibliothèques : de l'Université; — Musée pédagogique; — de Nancy.)

Les mots dorez de Cathon, en françoys et en latin; avecques bons et très utiles enseignemens, proverbes, adages, auctoritez et dits moraux des saiges, prouffitables à un chascun; ensemble plusieurs questions énigmatiques.

Paris; lettr. goth., in-12.
(Bibliothèque Nationale.)

Paris; 1530, in-8°.
(Bibliothèque de l'Arsenal.)

CATO (DIONYSIUS).

Les mots dorez du grand et sage Cathon, en latin et françois; avec plusieurs bons enseignemens, proverbes et dictz moraux des anciens, profitables à un chacun : plus, aucunes propositions subtiles, problématiques et énigmatiques sentences; ensemble l'interprétation d'icelles.

Paris, la veuve Jean Bonfons; in-16.

(Bibliothèque Nationale.)

Le Cathon en françois.

Lyon; 1492, in-4°.

(Bibliothèque Nationale.)

Les motz dorez du grand et saige Cathon, en latin et en françois (par Pierre Grosnet).

Paris, Denis Janot; 1533, in-8°.

(Bibliothèques : de l'Arsenal; — de l'Université; — de Besançon.)

Le second volume des mots dorés en vers, par P. Grosnet.

Paris; 1551, in-16; 1552, in-12.

(Bibliothèque de l'Arsenal.)

Cathon en françois, où sont contenus les bons enseignemens et exemples qu'il donnoit à son fils; utile et profitable pour endoctriner en bien tous enfans et autres.

Troyes, Jean Lecoq; s. d., in-4°.

(Bibliothèque Nationale.)

Les quatre livres pour la doctrine des mœurs, trad. en vers par Habert.

Titre coupé, in-12.

(Bibliothèque de l'Arsenal.)

CATO (DIONYSIUS).

Les quatre livres de Caton, traduits en vers par F. H. [François Habert].

Paris, V° du Chemin; 1578, in-12. (Bibliothèque de Vendôme.)

Paris, Léon Cavellat; 1583, in-12, 28 pages. (Bibliothèque de Vendôme.)

Le grand Cathon en françois.

Paris, V° Trepperel; s. d., in-4° goth. (Bibliothèque de l'Arsenal.)

Eadem, cum gallica interpretatione.

Parisiis, Rob. Stephanus; 1585, in-8°. (Bibliothèque Mazarine.)

Le Grand Chaton (sic) *contenant une briefve et utile doctrine pour les simples gens, laquelle est prinse et composée sur le Cathon.*

S. d. n. l, in-folio. (Bibliothèque Mazarine.)

Les mots dorez du sage Cathon, en françois et en latin, avec plusieurs autres enseignemens (le tout en vers).

Paris, Alain Lobriau; 1539, in-8°. (Bibliothèque Mazarine.)

Le Caton latin et françois, auquel sont compris 201 commandemens soubz lesquels sont plusieurs exemples moraux.

Lyon, Fr. Arnoullet; 1571, in-8°. (Bibliothèque Mazarine.)

CAUCIUS (ANTONIUS),

Archevêque de Corfou, originaire de Venise, florissait vers 1580.

Grammatica gallica, in tres libros distributa.

Parisiis, impensis Ant. Lithostratei; 1570, in-8°.
(Bibliothèque de Besançon.)
Antuerpiæ, Lucas Bellerus; 1576, in-16.
(Bibliothèques : Nationale; — Mazarine.)

Rudimenta etymologiæ latinæ.

Antuerpiæ, Plantinus; 1581, in-8°.
(Bibliothèque Mazarine.)

Grammatica latina.

Antuerpiæ, Plantinus; 1581, in-8°.
(Bibliothèque Mazarine.)

CAULERIUS (SIMON).

Rhetoricorum libri V.

Duaci, vidua J. Boscardi; 1594, in-4°.
(Bibliothèque Mazarine.)

CEBES.

Voir VOLFIUS (Justin).

CELLARIUS (JOANNES)

[KELLENER ou KELLER],

Pasteur et hébraïsant allemand, né à Kundstadt (Bohême) en 1496, mort à Dresde en 1542. — Voir L. Geiger : *Das Studium der hebräischen Sprache in Deutschland*, 1870.

Isagogicon in hebræas litteras omnibus hebraicarum litterarum candidatis utile.

  Hagenoæ, Th. Anselmus; 1518, in-4°.
              (Bibliothèque de Besançon.)

  S. l. s. n.; 1518, in-8°.
              (Bibliothèque de Salins.)

  Vetus editio.
              (Bibliothèque Nationale.)

CELLARIUS (MARTINUS).

Voir BORRHAUS.

CELTES (PROTUCIUS CONRADUS)

[CONRAD PICKEL],

Poète et littérateur allemand, élève de Rodolphe Agricola, fondateur de la première société littéraire d'Allemagne, mort en 1508. — Voir l'article de Huemer dans l'*Allgemeine deutsche Biographie*, et E. Klupfel : *De vita et scriptis Conradi Celtis*, Fribourg-en-Brisgau, 1827, 2 vol.

Methodus conficiendarum epistolarum.

  Lugduni, Seb. Gryphius; 1542, in-12.
            (Bibliothèque de Béziers.)

  Basileæ; 1549, in-8°.
            (Bibliothèque Nationale.)

CEPORINUS (JACOBUS).

Basileæ; 1552, in-8°.
(Bibliothèque Nationale.)

Basileæ, N. Brylingerus; 1555, in-12, 14 pages.
(Bibliothèques : de Cambrai; — de Montauban [Faculté de théologie protestante].)

Parisiis, Th. Richardus; 1557, in-4°.
(Bibliothèque Nationale.)

Coloniæ, heredes Arnoldi Birckmanni; 1573, in-8°.
(Bibliothèque de Dijon.)

CEPORINUS (JACOBUS),

Professeur de théologie, de grec et d'hébreu à Zurich, né en 1499, mort en 1525.
Voir l'article d'Eckstein dans l'*Allgemeine deutsche Biographie*.

Compendium grammaticæ græcæ.

Tiguri, Chr. Froschoverus; 1526, in-8°, 198 pages.
(Bibliothèques : Mazarine; — d'Aurillac; — de Dole; — de Rodez.)

Parisiis, Sim. Colinæus; 1529, in-8°.
(Bibliothèque Nationale.)

Parisiis, Chr. Wechelus; 1529, in-8°.
(Bibliothèques : Nationale; — de Chaumont.)

Coloniæ, Joh. Gymnicus; 1534, in-8°.
(Bibliothèque Nationale.)

Parisiis, Wechelus; 1537, in-8°.
(Bibliothèques : de Troyes; — de Besançon.)

Antuerpiæ, J. Steelsius; 1540, in-8°.
(Bibliothèque Mazarine.)

Tiguri; 1550, in-12.
(Bibliothèque Mazarine.)

Coloniæ, Birckmannus, 1553, in-8°.
(Bibliothèques : Mazarine; — de Cambrai.)

Tiguri, Chr. Froschoverus; 1558, petit in-8°.
(Bibliothèque de Besançon.)

Tiguri; 1560, in-12.
(Bibliothèque de Saint-Brieuc.)

CERDA (MELCHIOR DE LA).

Compendium grammaticæ J. Ceporini ex recognitione M. Hillenii.

Antuerpiæ; 1540, in-8°.
(Bibliothèque Mazarine.)

Elementale introductorium in nominum et verborum declinationes græcas. Cui adduntur (sic) *compendium grammaticæ.*

Coloniæ, J. Soter; 1525, in-8°, 198 pages.
(Bibliothèque de Cambrai.)

Tiguri, Chr. Froschoverus; 1526, in-8°.
(Bibliothèque de Cambrai.)

Coloniæ Agrip., Birckmannus; 1533, in-8°, 346 pages.
(Bibliothèque de Cambrai.)

CERATINUS (JACOBUS)
[J. TEYNG DE HOORN],

Mort en 1530. — Voir l'article d'Eckstein dans l'*Allgemeine deutsche Biographie*.

De sono litterarum, præsertim græcarum, libellus : accessit Aldi Manutii de vitiata vocalium ac diphtongorum prolatione πάρεργον.

Coloniæ, J. Soter; 1529, in-8°.
(Bibliothèques : Nationale; — de l'Université.)

Parisiis, H. Stephanus; 1587, in-8°.
(Bibliothèque Mazarine.)

CERDA (MELCHIOR DE LA)
[SOCIETATIS JESU],

Jésuite espagnol, né en 1550, mort en 1615. — Voir de Backer : *Bibliothèque des écrivains de la Compagnie de Jésus*. Paris et Liège, 1869.

Usus et exercitatio demonstrationis.

Hispali, Roder. Cabrera; 1598, in-4°.
(Bibliothèque Nationale.)

CERUTUS

[FEDERIGO CERUTO].

Feder. Ceruti, Veronensis, dialogi duo, quorum alter de comœdia, alter de recta adolescentulorum institutione inscribitur.

Veronæ, Hieron. Discipulus; 1592, in-8°.
(Bibliothèques : Nationale; — Mazarine.)

CEVALLERIUS (ANTONIUS RODOLPHUS)
[CHEVALLIER],

Hébraisant français, professait à Lausanne. — 2° moitié du xvi° siècle.
Voir H. Bordier: 2° édition de la *France protestante*.

Rudimenta hebraicæ linguæ.

Atrebatæ, Joan. Crispinus; 1560, in-8°.
(Bibliothèques : Nationale; — Sainte-Geneviève; — de Troyes.)
Atrebatæ, Joan. Crispinus; 1561, petit in-8°, 188 pages.
(Bibliothèque de Périgueux.)
Genevæ, Henr. Stephanus; 1567, in-4°.
(Bibliothèque Nationale.)
Vitebergæ; 1574, in-4°.
(Bibliothèque de l'Arsenal.)

Rudimenta hebraicæ linguæ, accurata methodo et brevitate conscripta.

Eorumdem rudimentorum praxis, quæ vivæ vocis loco esse possit.

Omnia recognita et aucta ab ipso authore Rodolpho Cevallerio ejus linguæ professore.

De hebraica syntaxi canones generales, nunc primum editi.

Præfixa est epistola hebræa doctissimi viri Joan. Emmanuelis Tremelli, qua operis totius utilitas demonstratur.

S. l., Crispinus; 1560, in-8°.
(Bibliothèque Mazarine.)

S. l., H. Stephanus; 1567, in-4°, 255 pages.
(Bibliothèques : de Cambrai; — de Carcassonne; — de Coutances.)

Genevæ, Franciscus Le Preux; 1590 et 1592, in-4°.
(Bibliothèques : Nationale; — de l'Arsenal [1590]; — de Besançon.)

Genevæ; 1591, in-4°.
(Bibliothèque Mazarine.)

Alphabetum hebraicum ex Ant. Cevallerii recognitione.

Genevæ, oliva H. Stephani; 1566, in-8°.
(Bibliothèque Nationale.)

CHAMPAIGNAC (J. DE).

Physique françoise, par M. J. de Champaignac, advocat au parlement de Bourdeaus.

Bourdeaus, S. Millanger, 1595, in-12.
(Bibliothèque de Salins.)

CHAMPIER (SYMPHORIEN),
Médecin français, né en 1472, mort en 1539.

Isagoge in grammaticam et logicam.

S. l. s. d., in-8°.
(Bibliothèque Mazarine.)

CHARTON (NICOLAS).

Oratio de studio dialecticæ instituendo.

Parisiis; 1551, in-8°.

(Bibliothèque Mazarine.)

CHAUVET (JACQUES),

Mathématicien français de la fin du XVI° siècle.

Méthodiques institutions de la vraie et parfaite arithmétique de Jacques Chauvet.

Paris, Ch. Roger; 1585, in-8°.
(Bibliothèques : Nationale; — de l'Arsenal; — Sainte-Geneviève; — de Chartres.)

Paris; 1606, in-8°.
(Bibliothèque de l'Université.)

La pratique universelle de géométrie de Jacques Chauvet, prof. es mathématiques, contenant l'explication de son cosmomètre et de tous instruments géométriques, avec les figures. Item, *la Pratique de l'arpenterie.*

Paris, H. Thierry; 1585, in-4°.
(Bibliothèques : Nationale; — Mazarine ;— de l'Arsenal.)

CHEKUS (JOHANNES)
[SIR JOHN CHEKE],

Helléniste anglais, mort en 1557. — Voir Strype : *The life of sir J. Ch. first instructor afterwards secretary of State to king Edouard VI.* Londres, 1705, in-8°.

Joannis Cheki, Angli, de pronunciatione græcæ potissimum linguæ disputationes cum Steph. Vuintoniensi episcopo, septem contrariis epistolis comprehensa, magna quadam et elegantia et eruditione refertæ.

> Basileæ, Nicol. Episcopius junior; 1555, in-8°.
>> (Bibliothèques : Nationale; — Mazarine; — de l'Université; — de Chartres; — de Salins.)

CHERADAMUS (JOHANNES),

> Professeur de grec au Collège royal vers 1540. — Voir Goujet : *Mémoires historiques et littéraires sur le Collège de France.* Paris, 1758.

Grammatica isagogica Johannis Cheradami Sagiensis ex diversis autoribus ad studiosorum utilitatem multo labore selecta.

> Lutetiæ, Ægidius Gourmontius; 1521, in-4°.
>> (Bibliothèques : Nationale; — de Salins; — de Verdun.)

Alphabetum linguæ sanctæ.

> Parisiis, Ægidius Gourmontius; 1532, in-8°, 86 pages.
>> (Bibliothèques : Nationale; — Mazarine; — Sainte-Geneviève; — de Chartres; — de Coutances; — de Nancy; — de Troyes.)

Introductio alphabetica sane quam utilis græcarum musarum adyta compendio ingredi cupientibus.

> S. l.; 1535, in-8°.
>> (Bibliothèque Mazarine.)

> Lugduni, Theob. Paganus; 1537, in-8°.
>> (Bibliothèque Nationale.)

Lexicopator etymon ex variis doctissimorum hominum lucubrationibus congestum.

> Parisiis, Rolant; 1543, in-folio, 1,910 col.
>> (Bibliothèques : Nationale; — Mazarine; — Sainte-Geneviève; — d'Aix-en-Provence; — d'Aurillac; — de Bayeux; — de Besançon; — de Chartres; — de Dole; — de Mende; — de Nîmes; — de Tonnerre; — de Troyes.)

CHERADAMUS (JOHANNES).

Dictionnaire grec-latin et latin et grec.

In-4° sans titre ni date. En tête de l'ouvrage on trouve trois préfaces dont les dédicaces sont les suivantes :

1° Ornatissimo viro D. Francisco Poncherio episcopo parisiensi Gulielmus Mamus S. P. D.

2° Christianissimo ac divo Gallorum regi vereque totius orbis imperio digno Francisco Valesio J. Chæradamus Hypocrates virtute duce ac comite fortuna pacem optat jucundissimam.

3° Ornatissimo viro D. Gulielmo parvo episcopo trecensi, Ioannes Chæradamus Hypocrates S. P. D.

Viennent ensuite :

1° *Un dictionnaire grec-latin de 183 feuillets à 2 colonnes.*

2° *Collectio dictionum quæ differunt significatu secundum ordinem litterarum (d'après la place de l'accent).*

3° Ἀμμονίου περὶ ὁμοιῶν καὶ διαφόρων λέξεων.

4° *De græcarum proprietate linguarum ex scriptis de arte Jo. Grammatici (en grec et en latin, avec une épître dédicatoire : Chæradamus Humberto Savensio Ambianensi consiliario regio S. P. D.).*

5° *De numeris (manière d'indiquer les nombres en grec), petit traité de 2 pages, avec cette dédicace : Ornatissimo theologorum primæ et sacræ paginæ instauratori Ioanni Odoardo Joan. Chæradamus S. P. D. — On lit au bas de la page la date de* 1525.

6° *De anomalis verbis (en grec et en latin).*

7° *Dictiones latinæ græcis expositæ. — 70 feuillets à 3 colonnes.*

(Bibliothèque Nationale.)

Joannis Cheradami Sagiensis introductio sane quam utilis græcarum musarum adyta compendio ingredi cupientibus.

Au-dessous du titre :

Veneunt in ædibus Ægid. Gormontii ad insigne Trium Coronarum.

On lit au verso de la première page :

Joannes Cheradamus vigilantissimo Pastori Adamo Pluyett salutem.

Plaquette in-4° de 6 feuillets non paginés, suivis de 13 autres feuillets blancs, avec un curieux frontispice.

(Bibliothèque Nationale.)

CHERPONTIUS (JOHANNES)
[PONCHERIUS],

Humaniste d'origine française, né à Neufchâtel, vivait à Genève dans la deuxième moitié du xvi° siècle. — Voir Bordier : *France protestante.*

Libelli aliquot formandis tum juventutis moribus, tum linguæ græcæ, latinæ, gallicæ et germanicæ utilissima.

Genevæ, Eusth. Vignon; 1581, in-16, 335 pages.
(Bibliothèque de Lausanne [Faculté de théologie de l'église libre du canton de Vaud].)

CHEYNEIUS (JACOBUS).

De geographia libri duo.

Duaci; 1576, in-8°.
(Bibliothèque Mazarine.)

CHIAPPISIUS (VITUS), SACCENSIS,

Pédagogue italien, natif de Sacio (Vénitien). — Fin du xvi° siècle.

Grammaticarum institutionum compendium; accessit ejusdem summa doctrinæ christianæ, una cum modo confitendi.

Venetiis, Laurentius Pegolus; 1575, in-8°.
(Bibliothèque Nationale.)

CHYTRÆUS (DAVID)
[KOCHHAFF],

Théologien protestant, né à Injelfingen (Souabe) en 1530, mort en 1600. Disciple de Camerarius et de Mélanchthon. — Voir Krabbe : *David Chytræus*. Rostock, 1864.

De ratione discendi et ordine studiorum in singulis artibus recte instituendo.

Witebergæ, s. n.; 1564, in-8°.
(Bibliothèques : Nationale ; — Musée pédagogique ; — de Nancy ; — de Troyes.)

Regulæ studiorum, seu de ratione et ordine discendi.

Lipsiæ, Henningus Grosius; 1595, in-8°.
(Bibliothèque Nationale.)

De lectione historiarum instituenda, et historicorum fere omnium series et argumenta breviter et perspicue exposita.

Argentorati; 1563, in-8°.
(Bibliothèque Mazarine.)

Argentinæ, Chr. Mylius; 1565, in-8°.
(Bibliothèques : Nationale; — Mazarine; — de Chartres; — de Montauban [Faculté de théologie protestante].)

Rostochii; 1569, in-8°.
(Bibliothèque Mazarine.)

S. l. s. d., in-12.
(Bibliothèque de l'Université.)

De studio logices recte instituendo.

Rostochii; 1563, in-8°.
(Bibliothèque Mazarine.)

CLARENTIUS (LAURENTIUS).

Institutiones grammaticæ, sive potius observationes, quibus omnis vere latine loquendi ratio, classicorum authorum testimoniis et exemplis confirmata, plane demonstratur, omnibus bene dicendi atque linguæ latinæ studiosis apprime utiles ac necessariæ.

Florentiæ, Junta; 1596, in-8°, 232 pages.
(Bibliothèque du Havre.)

CLAVIUS (CHRISTOPHORUS),

Géomètre allemand, né à Bamberg en 1537, mort à Rome en 1612.
Voir Max. Marie : *Histoire des sciences physiques et mathématiques*, 1885.

Clavii Christ. Bambergensis, e Societate Jesu; epitome arithmeticæ praticæ.

Romæ, Dom. Basa; 1583, in-8°.
(Bibliothèque Nationale.)

Romæ, Dom. Basa; 1585, petit in-8°, 323 pages, plus l'index.
(Musée pédagogique; — Bibliothèque de Cambrai.)

Coloniæ Agrip., H. Falkienburg; 1,592, in-8°.
(Bibliothèque de Verdun.)

Commentarius in Spheram de Sacrobosco.

Romæ, Zanettus; 1581, in-8°.
(Bibliothèque de Troyes.)

Lugduni; 1593, in-4°.
(Bibliothèque de Salins.)

S. l. s. n.; 1593, in-4°.
(Bibliothèque d'Albi.)

Lugduni, fratres de Gabiano; 1594, in-4°.
(Bibliothèques : Sainte-Geneviève; — de Tulle.)

Venetiis, Ciottus; 1601, in-4°.
(Bibliothèque Nationale.)

CLENARDUS (NICOLAUS).

Lugduni; 1607, in-8°.

(Bibliothèques : de l'Arsenal; — de Mende.)

Romæ; 1607, in-4°.

(Bibliothèque Nationale.)

Geometriæ practicæ libri VIII.

Romæ, Zannettus; 1604, in-4°.

(Bibliothèques : Nationale; — de l'Arsenal.)

Algebra.

Romæ; 1608, in-4°.

(Bibliothèque Nationale.)

Genevæ, Steph. Gamonetus; 1609, in-4°.

(Bibliothèques : Nationale; — de l'Université.)

Opera mathematica, quinque tomis distributa.

Moguntiæ, Hieratinus; 1612, in-folio.

(Bibliothèque Nationale.)

Astrolabii libri tres.

Romæ; 1593, in-4°.

(Bibliothèques : Mazarine; — de l'Arsenal.)

CLENARDUS (NICOLAUS)[1]
[KLEYNÆRTS],

Philologue belge, né à Diest en 1495, professeur à l'université de Salamanque, mort à Grenade en 1542. — Voir Melchior Adam : *De vita germanorum philosophorum*, Heidelberg et Francfort, 1615-1620 (5 volumes), et Van der Aa : *Biographisch Woordenboek der Nederlanden*.

Institutiones ac meditationes in græcam linguam.

S. l., Chouet; 1521, in-8°.

(Bibliothèque de Dole.)

---

[1] On a complété cet article en indiquant diverses éditions de la grammaire grecque appartenant à des bibliothèques étrangères signalées par M. Victor Chauvin, professeur à l'université de Liège. On doit également à l'obligeance de M. Chauvin la communication d'une bibliographie spéciale inédite de la grammaire hébraïque de Clénard.

CLENARDUS (NICOLAUS).

Hanoviæ, heredes J. Aubrii; 1527, in-4°, 573 pages.
(Bibliothèque de Meaux.)

Lovanii, Rescius; 1530, in-4°.
(Bibliothèque Mazarine; — musée Plantin-Moretus, à Anvers.)

Lutetiæ, Rob. Stephanus; 1549, in-4°.
(Bibliothèque de Gand.)

Lugduni, Math. Bonhomme; 1557, in-4°, 414 pages.
(Bibliothèques : Nationale; — de Mende; — de Tonnerre; — de Verdun; — de Bruxelles; — de Gand; — de l'université de Louvain.)

Antuerpiæ, J. Stelsius; 1557, in-8°.
(Bibliothèque de Lille.)

Coloniæ; 1561, in-12.
(Bibliothèque de l'Université.)

Parisiis, Andr. Wechelus; 1566, in-4°.
(Bibliothèques : Nationale; — de Troyes; — de Bruxelles; — de Gand.)

Antuerpiæ, Grapheus; 1566, in-8°.
(Bibliothèque de Bruxelles.)

Lugduni, Joan. Mareschal. Excud. Andr. Wechelus; 1566, in-4°.
(Bibliothèque de Gand.)

Parisiis, J. Borellus; 1566, in-4°.
(Bibliothèques : Mazarine; — de Bayeux; — de Cambrai; — de Troyes; — de Bruxelles.)

Parisiis, Wechelus; 1572, in-4°, 414 pages.
(Bibliothèques : de l'Arsenal; — de Chaumont; — de Pau.)

S. l. [Genève], Jeremias des Planches; 1580, in-4°, 414 pages.
(Bibliothèques : Nationale; — d'Aurillac; — de Mende.)

Parisiis; 1580, in-4°.
(Bibliothèque de Chartres.)

Francofurti, A. Wechelus; 1580, in-4°.
(Bibliothèques : Nationale; — Mazarine; — de l'Arsenal; — de Gand; — de Leyde; — de l'université de Louvain.)

Parisiis, Th. Brumennius; 1581, in-4°, 414 pages.
(Bibliothèques : de l'Arsenal; — de Laon; — de Nancy.)

Parisiis, P. Huet; 1581, in-4°.
(Bibliothèque d'Anvers.)

S. l., Jac. Chouet; 1581, in-4°.
(Bibliothèques : d'Abbeville; — de Mende.)

Lugduni, A. Gryphius; 1581, in-4°.
(Bibliothèque Nationale.)

CLENARDUS (NICOLAUS).

Parisiis, Henricus Le Bé; 1581, in-4°.
(Bibliothèque Nationale.)

Parisiis, Joan. Houzé; 1581, in-4°.
(Bibliothèque de Vendôme.)

Lugduni; 1583, in-4°.
(Bibliothèque de l'Arsenal.)

Francofurti, A. Wechelus; 1587, in-8°.
(Bibliothèque de Leyde.)

Francofurti, A. Wecheli heredes; 1590, in-4°.
(Bibliothèques : Nationale; — de Verdun; — musée Plantin-Moretus, à Anvers.)

Francofurti, hered. Wecheli; 1591, in-8°.
(Bibliothèque de Gand.)

Meditationes græcanicæ in artem grammaticam.

Parisiis, 1531, in-4°.
(Bibliothèque Mazarine.)

Lovanii, Rutg. Rescius; 1531, in-4°.
(Bibliothèque d'Anvers.)

Parisiis, Mich. Vascosanus; 1534, in-8°.
(Bibliothèque de Besançon.)

Parisiis, Christ. Wechelus; 1536, in-8°, 149 pages.
(Bibliothèque de Carpentras.)

Lugduni; Theob. Paganus; 1538, in-12.
(Bibliothèque de Vesoul.)

Lugduni, Theob. Paganus; 1543, in-8°, 156 pages.
(Bibliothèque de Carcassonne.)

Parisiis, Stephanus; 1543, in-4°.
(Bibliothèque de Troyes.)

Parisiis, J. L. Tiletanus; 1544, in-12.
(Bibliothèque de Bruxelles.)

Parisiis, Fr. Gryphius; 1544, in-8°.
(Bibliothèque d'Utrecht.)

Lugduni, Seb. Gryphius; 1548, in-4°.
(Bibliothèques : Mazarine; — de Carcassonne.)

Antuerpiæ, Joan. Lœus; 1549, in-8°.
(Bibliothèque de l'université de Louvain.)

CLENARDUS (NICOLAUS).

Lutetiæ, Rob. Stephanus; 1550, in-4°.
 (Bibliothèques : de Bruxelles; — de Gand; — de l'université de Louvain.)

Lovanii, B. Gravius; 1552, in-8°.
 (Bibliothèque de Gand.)

S. l., Joan. Crispinus; 1554, in-8°.
 (Bibliothèque de Gand.)

Antuerpiæ, Grapheus; 1562, in-8°.
 (Bibliothèque de Gand.)

Parisiis; 1566, in-4°.
 (Bibliothèque Mazarine.)

Lugduni, P. Antesignanus; 1567, in-4°.
 (Bibliothèque de Cambrai.)

Parisiis, Ant. Wechelus; 1572, in-8°.
 (Bibliothèque Nationale.)

Antuerpiæ, C. Plantinus; 1572, in-8°.
 (Bibliothèque Nationale.)

Lugduni, Ant. Gryphius; 1572, in-8°.
 (Bibliothèque Nationale.)

Antuerpiæ, Plantinus; 1576, in-8°.
 (Bibliothèque de l'université de Louvain.)

Duaci, Bogardus; 1578, in-12.
 (Bibliothèque de Bruxelles.)

Francofurti; 1580, in-4°.
 (Bibliothèque Mazarine.)

Parisiis, Rob. Stephanus; 1580, in-4°.
 (Bibliothèque de Chartres.)

Antuerpiæ, Plantinus; 1581, in-8°.
 (Bibliothèques : d'Amsterdam; — de Gand; — de l'université de Louvain; — musée Plantin-Moretus, à Anvers.)

Francofurti, Andr. Wechelus; 1590, in-4°.
 (Musée Plantin-Moretus, à Anvers.)

Antuerpiæ, Chr. Plantinus; 1594, in-8°.
 (Musée Plantin-Moretus, à Anvers.)

Augustæ Taurin.; 1598, in-8°.
 (Bibliothèque de Bruxelles.)

Antuerpiæ, J. Moretus; 1598, in-8°.
 (Bibliothèques : d'Anvers; — de Bruxelles; — de Gand.)

CLENARDUS (NICOLAUS).

Institutiones (absolutissimæ) in linguam græcam (ou *linguæ græcæ*).

Lovanii, Rutger Rescius; 1530, in-4°.
(Bibliothèque de Bruxelles.)

Parisiis, G. Gandoul; 1534, in-8°.
(Bibliothèque de Besançon.)

Coloniæ, Gymnicus; 1534, in-12.
(Bibliothèques : de Berne; — d'Utrecht.)

Parisiis, Mich. Vascosanus, 1536, in-8°, 133 pages.
(Bibliothèque de Carpentras.)

Parisiis, Chr. Wechelus; 1539, in-8°.
(Bibliothèques : de Cambrai; — de Chalon-sur-Saône.)

Parisiis, Chr. Wechelus; 1540, in-8°.
(Bibliothèque Nationale.)

Parisiis, L. Tiletanus; 1544, in-8°.
(Bibliothèque de Besançon.)

Parisiis, Chr. Wechelus; 1544, in-12.
(Bibliothèques : de l'Arsenal; — de Saint-Brieuc; — de Mende.)

Lugduni; 1546, in-12, 152 pages.
(Bibliothèque de Langres.)

Coloniæ, Mart. Gymnicus; 1546, in-8°.
(Bibliothèque de l'université de Louvain.)

Lutetiæ, Rob. Stephanus; 1546, in-4°.
(Bibliothèques : d'Avignon [musée Calvet]; — de Berne.)

Lugduni, Seb. Gryphius; 1548, in-8°, 156 pages.
(Bibliothèques : de Carcassonne; — de Troyes.)

Lutetiæ, Rob. Stephanus; 1549, in-4°.
(Bibliothèque de Bruxelles.)

Parisiis, Car. Stephanus; 1551, in-8°, 183 pages.
(Bibliothèque de Bruxelles.)

Lovanii, Barth. Gravius; 1551, in-8°.
(Musée pédagogique; — bibliothèque de Gand.)

Parisiis, Th. Richardus; 1552, in-12.
(Bibliothèque de Bruxelles.)

Lugduni, Seb. Gryphius; 1553, in-8°, 135 pages.
(Bibliothèque de Carcassonne.)

Parisiis, Thom. Richard; 1553, in-4°, 60 f.
(Bibliothèque du Havre.)

CLENARDUS (NICOLAUS).

Parisiis; 1553, in-4°.
(Bibliothèque de l'Université.)

Lugduni, Petrus Antesignanus; 1554, in-4°, 227 pages.
(Bibliothèques : d'Angers; — de Nîmes; — de Bruxelles.)

Lugduni, Petrus Antesignanus; 1557, in-4°, 414 pages.
(Bibliothèque du Havre.)

Parisiis, Th. Richardus; 1557, in-4°.
(Bibliothèque de Bruxelles; — de Louvain.)

Parisiis, Rob. Stephanus; 1557, in-4°, 180 pages.
(Bibliothèque de Coutances.)

Parisiis, Guil. Morelius; 1560, in-4°.
(Bibliothèque de Pau.)

Antuerpiæ, Joan. Steelsius; 1561, in-8°.
(Bibliothèque de Gand.)

Parisiis, Th. Brumennius; 1563, in-8°.
(Bibliothèque de Besançon.)

Venetiis, H. Cavalcalupi; 1564, in-12.
(Bibliothèque de Bruxelles.)

Antuerpiæ, hered. Steelsii; 1566, in-8°.
(Bibliothèque de Bruxelles.)

S. l., Crispinus; 1567, in-8°.
(Bibliothèque Nationale.)

Lutetiæ, Rob. Stephanus; 1568, in-8°, 54 pages.
(Bibliothèques : Nationale; — Musée pédagogique; — de Coutances; — de Bruxelles.)

Antuerpiæ, Gul. Silvius; 1569, in-8°.
(Bibliothèque de Gand.)

Lugduni, Ant. Gryphius; 1572, in-8°.
(Bibliothèques : Nationale; — de Chaumont.)

Parisiis, Andr. Wechelus; 1572, in-4°.
(Bibliothèques: Nationale; — Sainte-Geneviève; — d'Avignon [musée Calvet]; — de Saint-Brieuc.)

Antuerpiæ, Plantinus; 1576, in-8°.
(Bibliothèque de l'université de Louvain.)

Lugduni, Ant. Gryphius; 1577, in-12.
(Bibliothèque de Châteauroux.)

Parisiis, Th. Richardus; 1577, in-4°.
(Bibliothèque de l'université de Louvain.)

CLENARDUS (NICOLAUS).

Parisiis, P. Huet; 1580, in-4°.
(Bibliothèques : Nationale; — d'Aix-en-Provence; — d'Albi; — d'Avignon [musée Calvet].)

Parisiis, P. Huet; 1581, in-4°.
(Bibliothèques : d'Angers; — de Besançon.)

Lugduni, Ant. Gryphius; 1581, in-4°.
(Bibliothèques : de Carcassonne; — de Gray.)

Antuerpiæ, Plantinus; 1581, in-8°.
(Bibliothèque de l'université de Louvain; — musée Plantin-Moretus, à Anvers.)

Parisiis, J. Chouet; 1581, in-4°, 445 pages.
(Bibliothèques : d'Abbeville; — de Dole.)

Parisiis, Joh. Houzé; 1581, in-4°, 414 pages.
(Bibliothèques : Sainte-Geneviève; — de Dijon.)

Parisiis, Jac. Nicole; 1582, in-8°.
(Bibliothèque de Bruxelles.)

Parisiis, Gab. Buon; 1582, in-4°.
(Bibliothèque de Montbéliard.)

Parisiis; 1583, in-4°.
(Bibliothèque de l'Université.)

Lugduni, Ant. Gryphius; 1588, in-8°.
(Bibliothèques : de l'Arsenal; — Sainte-Geneviève; — d'Épernay; — de Reims; — de Troyes.)

August. Taurin.; 1589, in-8°.
(Bibliothèque de Bruxelles.)

Francofurti, Wecheli heredes; 1591, in-8°.
(Bibliothèque de Bruxelles.)

Antuerpiæ, Plantinus; 1592, in-8°.
(Musée Plantin-Moretus, à Anvers.)

Lugduni, Hugo a Porta; 1593, in-8°.
(Bibliothèques : de Carcassonne; — de Mende.)

Antuerpiæ, Plantinus; 1594, in-8°.
(Musée Plantin-Moretus, à Anvers.)

Francofurti; 1598, in-8°.
(Bibliothèque de Chartres.)

Antuerpiæ, Plantinus; 1598, in-8°.
(Bibliothèque de Gand.)

Antuerpiæ, Joan. Moretus; 1598, in-8°.
(Bibliothèques : d'Anvers; — de Bruxelles.)

Lugduni, J. Pillehotte; 1599, in-8°, 522 pages.
(Bibliothèques : de Dijon; — de Pau.)

CLENARDUS (NICOLAUS).

Græcæ linguæ institutiones, cum scholiis P. Antesignani.

Francofurti; 1591, in-8°.
(Bibliothèque de l'Arsenal.)

Universa grammatica græca. Institutiones etymologicæ ex N. Clenardo, cum scholiis Petr. Antesignani...., per Alex. Scot. collectæ.

Lugduni, Hugo a Porta; 1594, in-8°.
(Bibliothèques : de Troyes; — de l'université de Leyde; — de l'université de Louvain.)

Breves totius grammaticæ græcæ tabulæ, cum quibusdam accessionibus et anomaliis, præsertim ex N. Clenardo.

Parisiis, typis Guil. Morelii; 1559, in-4°.
(Bibliothèques : Nationale; — de l'université de Louvain.)

Tabula in grammaticam hebræam.

Lovanii, Th. Martinus; 1529, in-4°, 127 pages.
(Bibliothèques : Mazarine; — d'Angers; — de Chaumont; — d'Anvers; — de Genève.)

Parisiis, Gormontius; 1529, in-8°, 155 pages.
(Bibliothèques : de Besançon; — de Cambrai.)

Parisiis, Chr. Wechelus; 1533, in-8°.
(Bibliothèque de l'université de Louvain.)

Parisiis, Chr. Wechelus; 1534, in-8°.
(Bibliothèques : Sainte-Geneviève; — de Bordeaux; — de Mende; Hofbibliothek de Vienne.)

Parisiis, Chr. Wechelus; 1539, in-8°.
(Bibliothèque de Genève.)

Parisiis, Chr. Wechelus; 1540, in-8°.
(Bibliothèques : d'Amiens; — d'Angers; — royale de Bruxelles; — de Bruges; — de Gand; — de Louvain.)

Salingiaci, Joan. Soter; 1540, petit in-8°.
(Bibliothèque d'Upsal.)

Parisiis, Chr. Wechelus; 1544, in-8°.
(Bibliothèques : Nationale; — Mazarine; — d'Abbeville; — de Troyes.)

CLENARDUS (NICOLAUS).

Parisiis, Hier. Gormontius; s. d., in-8°.
    (Bibliothèques : de Besançon; — de Cambrai; — de Louvain; — d'Utrecht.)

Parisiis, Martin. Juvenis; 1544, in-4°.
    (Bibliothèque de l'Arsenal.)

Lugduni, Seb. Gryphius; 1552, in-12.
    (Bibliothèque de Montbéliard.)

Parisiis, Car. Stephanus; 1556, in-4°.
    (Bibliothèques : de l'Arsenal; — de Chartres; — de Vendôme; — de Gand; — de Louvain; — de Vienne.)

Coloniæ, hered. Arn. Birckmanni; 1567, in-8°.
    (Bibliothèque Nationale.)

Lugduni Batav., Plantinus; 1589, in-8°.
    (Bibliothèques : Nationale; — de Berne; — de Louvain.)

Tabula in grammaticen hebræam, authore Nic. Clenardo, a Joh. Quinquarboreo Aurilacensi a mendis quibus scatebat repurgata et annotationibus illustrata.

Parisiis, Martinus Juvenis; 1550, petit in-8°.
    (Bibliothèques : de l'Université; — de Chartres; — de M. V. Chauvin, à Liège.)

Parisiis, Martinus Juvenis; 1552, petit in-8°.
    (Bibliothèques : Nationale; — de Liège; — de Louvain; — de M. V. Chauvin.)

Parisiis, Martinus Juvenis; 1559, in-4°.
    (Bibliothèques : Nationale; — de Louvain; — Hofbibliothek de Vienne.)

Tabula in grammaticen hebræam, authore Nic. Clenardo ..... Accessere Joannis Isaac et G. Genebrardi ad absolutiorem institutionem scholia. Insuper ex prælectionibus Jo. Merceri regii professoris nonnulla præter cæteros accuratius animadversa.

Parisiis, Martinus Juven.; 1564, petit in-8° de 231 pages.
    (Bibliothèques : Nationale; — de l'Université; — de Montauban [Faculté de théologie protestante]; — de Bruxelles; — de Vienne.)

Parisiis, Martinus Juven.; 1564, in-4° de 135 pages.
    (Bibliothèques : Nationale; — Mazarine; — Sainte-Geneviève; — de Besançon; — de Carcassonne; — de Dijon; — de Lyon; — de Périgueux; — de Reims; — de Verdun; — de Louvain.)

Tabulæ in grammaticam hebræam, auctore Nic. Clenardo, a Joanne Isaac Levita, nunc recens correctæ et apriori ordine digestæ, una cum ejusdem et Joan. Quinquarborei adnotationibus cum primis necessariis.

    Coloniæ, hered. Arnoldi Birkmanni; 1555, in-8°.
        (Bibliothèques : d'Amiens; — d'Heidelberg; — Hofbibliothek de Vienne.)

    Coloniæ, Jac. Soter; 1557, in-8°.
        (Bibliothèque de M. Vict. Chauvin, à Liège.)

    Coloniæ, Jac. Soter; 1561, in-8°.
        (Bibliothèques : d'Amiens; — de Bruxelles; — de Gand; — de Louvain; — de Luxembourg; — d'Upsal.)

    Coloniæ, Mathias Jacobus; 1567, in-8°.
        (Bibliothèques : Nationale; — de M. Victor Chauvin.)

    Coloniæ, Theodor. Graminæus; 1570, in-8°.
        (Bibliothèque Sainte-Geneviève.)

    Coloniæ, typis hered. Jac. Soteris; 1581, in-8°.
        (Bibliothèques : de Bordeaux; — de Bruxelles; — d'Upsal.)

Nova methodus docendi pueros analphabeticos brevi omnino temporis spatio loqui, præsertim intra privatos parietes. Item præceptiones aliquot latinæ linguæ exercendæ perutiles, per Nic. Clenardum.

    Francofurti, N. Bassæus; 1576, in-8°.
        (Bibliothèque de l'université de Louvain.)

CLICHTOVEUS (JODOCUS)
[JOSSE CLICHTOW],

Humaniste, né à Nieuport (Flandre), vers 1466, disciple de Lefèvre d'Étaples, mort à Tournai après 1541. — Voir Herminjard : *Correspondance des Réformateurs*, t. I.

Epitome in arithmeticam Boetii.

    Parisiis, Henr. Stephanus; 1510, in-folio.
        (Bibliothèque Nationale.)

COCLEUS (JOANNES).

Adolescentibus bonarum artium studiosis in hoc opusculo contentæ introductiones in terminos, in artium divisionem, in suppositiones, etc.

 Parisiis, Sim. Colinæus; 1526, in-8°, 170 f.
(Bibliothèques : de Carcassonne; — de Verdun.)

 Parisiis, Sim. Colinæus; 1530, in-12, 232 f.
(Bibliothèque de Mende.)

Introductiones artificiales in logicam Fabr. Stapulensis.

 Lugduni; 1538, in-8°.
(Bibliothèque Mazarine.)

Termini Jodoci Clichtovei.

 Parisiis, Jo. Petit; 1504, in-4°.
(Bibliothèque de Besançon.)

COCLEUS (JOANNES).

Quadrivium grammatices Joan. Coclei Norici, artium magistri, Norimbergæ nuper enucleatum : pro juventute scholæ Laurentianæ (præsertim novæ domus, pro mansuetioribus litteris exstructæ) quod Deo auspice nunc prima sui (sic) æditione calcographiæ mandatum. Ad felices primum juventutis Nurembergensis, deinde cæterorum successus scholasticorum, in lucem emittitur.

 Quadrivii hujus quatuor partes :
  Etymologia : cujus sunt quinque tractatus.
  Diasynthetica : quæ similiter quinque complectitur tractatus.
  Prosodia : quatuor absolvitur tractatibus.
  Orthographia : quam duo elucidant tractatus.

On lit à la fin ces vers au lecteur :

 Hanc labor exiguus : studium breve : chara juventus
  Extorsit methodon; lector amice, fave.
 Hinc mihi non petitur popularis gloria magni
  Nominis : at prosit hic meus, opto, labor.

 Impressum Norimbergæ a Joan. Stuchs; 1511, in-4°.
(Musée pédagogique.)

N. B. — Ce cours de grammaire renferme le traité de Donat : *De octo partibus orationis*, avec un commentaire.

COELIUS (LUDOVICUS) RHODIGINUS
[LOUIS RICCHIERI],

Philologue italien, né à Rovigo vers 1450, mort en 1525. — Voir Fabricius : *Bibliotheca latina*.

Lectiones antiquæ.

Venetiis, Aldus; 1516, in-folio.
(Bibliothèques : Sainte-Geneviève; — de Besançon.)

Basileæ, J. Frobenius; 1517, in-folio.
(Bibliothèques : d'Avignon [musée Calvet]; — de Béziers; — de Chartres.)

Parisiis, Jod. Badius; 1527, in-folio, 779 pages.
(Bibliothèque de Carpentras.)

Basileæ, J. Frobenius; 1542, in-folio.
(Bibliothèque de l'Université.)

Basileæ, Frobenius; 1550, in-folio.
(Bibliothèques : de l'Université; — de Besançon; — de Chartres.)

Basileæ, J. Frobenius; 1552, in-folio, 2 volumes.
(Avignon [musée Calvet].)

Lugduni, Seb. Honoratus; 1560, in-12.
(Bibliothèques : Nationale; — d'Abbeville; — de Mende.)

Lugduni, Seb. Honoratus; 1562, in-8°.
(Bibliothèques : Nationale; — d'Avignon [musée Calvet].)

Basileæ, Ambr. et Aurelius Frobenii; 1566, in-folio, 1,182 pages.
(Bibliothèques : Nationale; — Sainte-Geneviève; — d'Albi; — d'Aurillac; — d'Avignon [musée Calvet]; — de Bayeux; — de Châteaudun; — du Puy.)

Parisiis, Wechelus; 1599, in-folio, 1,430 colonnes.
(Bibliothèques : Nationale; — de Bergues.)

Basileæ; 1599, in-folio.
(Bibliothèque de l'Université.)

Thesaurus linguæ latinæ.

Basileæ, Frobenius; 1561, in-folio.
(Bibliothèques : de Bayeux; — de Troyes.)

COGNATUS (GILBERTUS)
[NOZERENUS],

Gilbert Cousin, né à Nozeroy (Jura) le 21 janvier 1506, secrétaire d'Érasme, mort en 1573 à Besançon, dans les prisons de l'officialité de cette ville, inculpé d'hérésie. — Voir *Notice sur la vie de Gilbert Cousin*, par Achille Chéreau, dans les *Mém. de la Soc. d'émulation du Jura*, année 1863.

Basilii Magni de grammatica exercitatione, Gilb. Cognato interprete, græc.-lat.

Παροιμιῶν συλλόγη (Adagiorum collectio) quas Erasmus in suas Chiliadas non retulit : centuriæ VI.

Syntaxeos et prosodiæ latinæ tabulæ.

Oratio adversus Rhetoricen et Eloquentiam.

    Gilberti Cognati Opera, t. I [Basileæ, Henricpetrus; 1562], in-folio.
        (Bibliothèque de Besançon.)

Quædam opuscula perquam erudita et lepida. Accessit quoque lectu dignissima C. Nucillani oratio adversus Rhetoricen atque Eloquentiam.

    Basileæ, Joan. Oporinus; 1547, in-8° de 246 pages.
        (Bibliothèque de Montauban [Faculté de théologie protestante].)

COLACIUS (MATTHÆUS),

Humaniste italien, originaire de Calabre ou de Sicile, florissait à Venise à la fin du xv° siècle.

Matt. Colacii, cognomento Siculi, de verbo Civilitate, et de genere artis rhetoricæ liber.

    Venetiis, Bernardinus de Novaria; 1486, in-4°.
        (Bibliothèque Nationale.)

COLLIBUS (HIPPOLYTUS A)
(COLLI),

Jurisconsulte suisse, né à Zurich en 1561, mort en 1612.
Voir l'article de Steffenhagen dans l'*Allgemeine deutsche Biographie*.

Harpocrates sive de recta silendi ratione.

Lugduni, ex officina Commeliana; 1603, petit in-8°.
(Bibliothèque Nationale; — Musée pédagogique.)

COLUMBE PIERRE.

Interrogationes grammaticæ Petri Columbe genere Rothomagi in lucem modo produntur, ad juvenum eruditionem ipsis operam navantium.

Très petit in-8° non paginé.

On lit à la fin :

Anno Domini millesimo quingentesimo sexto, sexto Kalendas Maii (1506).

La dernière page porte la marque typographique de Robert Mace, avec la devise : «Un Dieu, un roy, une foy, une loy.»
(Bibliothèque Nationale.)

COMITIBUS (NATALIS DE),

Helléniste et traducteur italien, né à Milan, mort à Venise en 1582.
Voir Huet : *De claris interpretibus libri II*.

De terminis rhetoricis libri quinque.

Basileæ, s. n.; 1560, in-8°.
(Bibliothèque Nationale.)

CONRADUS DE ZURICH.

Mythologia sive explicationis fabularum libri decem.

Venetiis; 1580, in-4°.
(Bibliothèques : Nationale; — Mazarine.)

Parisiis, A. Sillart; 1583, in-8°.
(Bibliothèques : Nationale; — de Laon.)

Francofurti, hered. Andr. Wecheli; 1584, in-8°, 1,193 pages.
(Bibliothèque de Vesoul.)

Le même en français.

Lyon, Frellon; 1604, in-4°.
(Bibliothèque Nationale.)

Rouen, J. Osmont; 1611, in-4°.
(Bibliothèque Nationale.)

CONRADUS DE ZURICH.

Magistri Conradi Thuricensis in opus quod vere elucidarius carminum dici potest præfatio.

Suit un poème sous le titre :

Hic incipit genealogia super fabulas auctorum, avec deux pièces de vers, dont l'une est adressée : *Ad lectorem*, et l'autre a pour titre : *Ad Invidum Icossisticon.*

On trouve ensuite l'ouvrage intitulé :

Magni Elucidarii historie et poeseos alphabetico ordine inspersi fœcunda traductio fœlici orditur auspicio.

In-4°, sans lieu ni date.
(Bibliothèque Nationale.)

CONSTANTINUS (MEDICUS),
Mort en 1616.

Opuscula de verbis quæ difficiliora sunt ad investigandum ad sua themata revocandis.

S. l., Crispinus; 1562, 68 pages.
(Bibliothèque de Châteaudun.)

CONSTANTIN (ROBERT),

Humaniste français, né à Caen, mort en 1605, élève de Scaliger.
Voir Niceron : *Mémoires pour servir à l'histoire des hommes illustres*, 1747, t. XXVII.

Lexicon græco-latinum.

Antuerpiæ, J. Steelsius; 1539, in-8°.
(Bibliothèque de Beaune.)

S. l. [Genève], Crispinus; 1554, in-folio.
(Bibliothèque de Beaune.)

Parisiis, Wechelus; 1555, in-8°.
(Bibliothèque Nationale.)

S. l., Joan. Crispinus; 1562, in-folio.
(Bibliothèques : Nationale; — Mazarine; — de Châteaudun; — de Dijon; — de Mende; — de Reims; — de Saint-Brieuc.)

S. l., Crispinus; 1566, petit in-4°.
(Bibliothèques : Mazarine; — de Beaune; — de Mende; — du Puy.)

Lugduni, Rovillius; 1566, in-8°.
(Bibliothèque de Troyes.)

Genevæ, heredes Eust. Vignon; 1592, in-folio, 2 tomes en 1 volume.
(Bibliothèques : Nationale; — de l'Arsenal; — d'Albi; — d'Avignon [musée Calvet]; — d'Avranches; — de Carpentras; — de Chalon-sur-Saône; — de Rodez.)

Supplementum linguæ latinæ seu dictionarium abstrusorum vocabulorum a Rob. Constantino collectum.

S. l. [Genève], Eust. Vignon; 1573, in-4°, 195 f.
(Bibliothèques : Nationale; — Sainte-Geneviève; de Cambrai; — de Chaumont; — de Dijon; — de Troyes.)

Lugduni, Guil. Rovillius; 1573, in-4°.
(Bibliothèques : Nationale; — Mazarine.)

CORDIER (MATHURIN),

Professeur de belles-lettres français, né en 1478, mort en 1564. — Voir l'article de Massebieau : « A propos d'une soutenance en Sorbonne », dans la *Revue chrétienne*, n°ˢ de décembre 1875 et février 1876; Bordier : 2ᵉ édition de la *France protestante* des frères Haag, et Berthault (E.-A.) : *De M. Corderio et creatis apud protestantes litterarum studiis*. Thèse, 1875, in-8°.

De corrupti sermonis emendatione libellus.

Parisiis, Rob. Stephanus; 1530, in-8°.
(Bibliothèques : de l'Arsenal; — de Reims; — de Briançon.)

Parisiis, Rob. Stephanus; 1531, in-8°.
(Musée pédagogique; — bibliothèque du Mans.)

Parisiis, Rob. Stephanus; 1533, in-4°, 338 pages.
(Bibliothèques : de l'Université; — de Carcassonne.)

Parisiis, Rob. Stephanus; 1536, in-8°.
(Bibliothèque de Nancy.)

Parisiis, Rob. Stephanus; 1536, in-8°.
(Bibliothèque de Nancy.)

Lugduni, Seb. Gryphius; 1536, in-12.
(Bibliothèque de Marseille.)

Venetiis, J.-Ant. Sabiensis; 1537, in-8°.
(Rome, bibliothèque Alexandrine.)

Lugduni, Petrus Luceius; 1538, in-8°.
(Bibliothèque de Mende.)

Lugduni, Sim. Vincentius; 1539, in-8°, 624 pages.
(Bibliothèques : Nationale; — de Toulouse; — de Langres.)

Lugduni, Seb. Gryphius; 1540, in-8°.
(Avignon [musée Calvet].)

Parisiis, Rob. Stephanus; 1541, in-8°.
(Bibliothèques : d'Orléans; — de Reims.)

Paris, Ambroise Girault; 1541, in-8°.
(Bibliothèque de Troyes.)

Lugduni, Seb. Gryphius; 1541, in-12, 624 pages.
(Bibliothèque de Montbéliard.)

Venetiis, C. de Tridino; 1541, in-12.
(Bibliothèque de Gênes.)

Lugduni, Guil. Rovilius; 1545, in-8°, 623 pages.

(Bibliothèque d'Angers.)

Lugduni; 1546, in-12.

(Bibliothèque de Neufchâtel [Suisse].)

Venetiis, Fr. Bindonus et Halph. Casinus; 1547, in-8°.

(Bibliothèque Saint-Marc, à Venise.)

Lugduni, Seb. Gryphius; 1547, in-8°.

(Bibliothèque d'Orléans.)

Commentarius puerorum de quotidiano sermone, qui prius liber de corrupti sermonis emendatione dicebatur, Mathurino Corderio authore. Carmen parœneticum, ut ad Christum pueri statim accedant. Indices duo gallicus et latinus.

Parisiis, Rob. Stephanus; 1541, in-8°, 477 pages, plus un index de 75 pages.

(Bibliothèques: de l'Arsenal; — du Mans; — de Reims.)

Parisiis, Rob. Stephanus; 1542, in-8°.

(Bibliothèque de Sedan.)

Parisiis, Rob. Stephanus; 1550, in-8, 477 pages.

(Bibliothèques: Nationale; — de l'Arsenal; — de Mende; — de l'université de Bâle.)

Lutetiæ, Rob. Stephanus; 1580, in-8°.

(Bibliothèques: Nationale; — de l'Arsenal; — Musée pédagogique.)

Parisis, G. Buon; 1585, in-8°.

(Bibliothèque Nationale.)

De quotidiani puerorum sermonis emendatione commentarius Mathurini Corderii, cum explicatione gallica et flandrica.

Antuerpiæ, Joh. Lœus; 1546, in-8°, 242 pages.

(Bibliothèque de Cambrai.)

Antuerpiæ, Joh. Lœus; 1551, in-8°, 242 pages.

(Bibliothèque de Cambrai.)

Commentarius puerorum de latinæ linguæ elegantia et varietate.

Lugduni, Ant. Vincentius; 1551, in-8°.

(Rome, bibliothèque Alexandrine.)

Lugduni, Frellonius; 1551, in-8°, 551 pages.

(Bibliothèque de Chartres.)

CORDIER (MATHURIN).

De latini sermonis varietate et latine loquenti ratione liber unus, addita interpretatione germanica.

Basileæ; 1537, in-4°.
(Bibliothèque Nationale.)

Principia latine loquendi.

Parisiis, Amb. a Porta; 1556, in-8°.
(Avignon [musée Calvet].)

Colloquiorum scholasticorum libri IV, ad pueros in sermone latino paulatim exercendos recogniti.

Lugduni, T. de Straton; 1564, in-8°.
(Bibliothèque Nationale.)

S. l., Joan. Durantius; 1570, in-8°, 179 pages.
(Bibliothèque universitaire de Bâle.)

Parisiis; 1576, in-8°.
(Bibliothèque Mazarine.)

Parisiis, Gab. Buon; 1585, in-8°.
(Bibliothèque Nationale.)

Les Colloques, divisés en quatre livres.

Lyon; 1546, in-12.
(Bibliothèque de Neufchâtel [Suisse].)

Genève; 1564, in-12, 496 pages.
(Bibliothèque de la Chaux-de-Fonds [Suisse].)

Paris, Hierosme de Marnef; 1586, in-12, 595 pages.
(Bibliothèques : Nationale; — de Beaune.)

Paris, Fr. Huby; 1608, préface de 1564, petit in-8°, 638 pages.
(Bibliothèque de Cambrai.)

Paris, Jean Libert; 1636, in-18, 598 pages.
(Bibliothèque d'Albany [État de New-York].)

Genève, Jacques Bardin; 1644, in-8°, 368 pages.
(Bibliothèques : de Nîmes; — de Perpignan.)

Paris, Thiboust; 1672, in-12, 496 pages.
(Bibliothèque de Chartres.)

CORDIER (MATHURIN).

Les Colloques en quatre livres, latin, français, allemand.

Montbéliard, J. Foillet; 1603, in-18, 651 pages.
(Bibliothèque de Montbéliard.)

Les Colloques de Math. Cordier, divisés en quatre livres, traduits du latin en françoys, correspondant l'un à l'autre, par G. Chapuis. Et maintenant reveus, corrigez et augmentez en cette dernière édition de très belles sentences et adages proverbiales de l'authèur mesme.

Paris, J. Libert; 1638, in-16.
(Bibliothèque Nationale.)

Paris, Jean Libert, rue Saint-Jean-de-Latran, devant le Collège royal; 1646, in-16, 598 pages.
(Bibliothèques : Sainte-Geneviève; — de Lausanne [Faculté de théologie de l'église libre du canton de Vaud].)

Colloquiorum Math. Corderii centuria una : cum Erasmi Roterodami colloquiis selectis ac loquendi formulis, copiæque verborum compendio.

Roterodami, Arnoldus Leers; 1661, in-8°.
(Bibliothèque du Musée pédagogique.)

Sylvæ-Ducis, Steph. Dumont; 1664, in-12.
(Bibliothèque Nationale.)

Nouvelle traduction des Colloques de Mathurin Cordier, divisés en quatre livres, corrigée d'un grand nombre de fautes et mise dans la pureté des deux langues, pour la plus grande facilité des enfants.

Paris, veuve Claude Thiboust et Pierre Esclasson; 1672, petit in-8°, 496 pages.
(Bibliothèques : Nationale; — du Musée pédagogique; — de Chartres.)

Cantebrigiæ, J. Hayes; 1698, 154 pages.
(Bibliothèque de Philadelphie.)

Colloquia latino-gallico-italo-germanica.

Argentorati, hered. Lazari Zetzneri; 1622, in-8°, 770 pages.
(Bibliothèque de Neufchâteau.)

Colloquia scholastica commodiori nunc ordine quinque libris composita.

Bernæ; 1644, in-8°.
(Bibliothèque de Berne.)

Francofurti; 1754, in-8°.
(Bibliothèque de Saint-Gall [Suisse].)

Genevæ, Emman. du Villard; 1763, in-12.
(Musée pédagogique.)

Sententiæ proverbiales gallico-latinæ. Formulæ item nonnullæ quæ speciem aliquam proverbii aut metaphoræ insignioris habere videntur, selectæ ad studia studiosæ juventutis juvanda.

Parisiis, ap. viduam Mauritii a Porta; 1549, in-12.
(Bibliothèque Mazarine; — Musée pédagogique.)

Corderii Lepidi emblemata.

Lingonis, Joan. a Pratis; 1598, in-12.
(Bibliothèque de Troyes.)

Sententiæ proverbiales, sive adagiales, gallico-latinæ, ab auctore auctæ et recognitæ; accedunt formulæ nonnullæ quæ speciem aliquam proverbii aut metaphoræ insignioris habere videntur.

Parisiis; 1549, in-8°.
(Bibliothèque Nationale.)

Lutetiæ, Math. David; 1561, in-8°.
(Bibliothèque Nationale.)

Exempla de latino declinatu partium orationis.

Parisiis, Rob. Stephanus; 1540, in-8°.
(Bibliothèque de Chaumont.)

De syllabarum quantitate.

Parisiis, Sim. Colinæus; 1530, in-4°.
(Bibliothèque de Dijon.)

CORRADUS (QUINTUS MARIUS).

Parisiis; 1537, in-8°.
(Bibliothèque de Chartres.)

Parisiis; 1538, in-8°.
(Bibliothèque Mazarine.)

Parisiis, Joan. Faezandat; 1543, in-8°.
(Bibliothèque de Langres.)

Parisiis, Sim. Colinæus; 1543, in-8°.
(Avignon [musée Calvet].)

Parisiis, Rob. Stephanus; 1546, in-8°.
(Bibliothèque du protestantisme français.)

Parisiis, M. David; 1551, in-4°.
(Bibliothèque de Dole.)

Declaratio latina distichorum Catonis.

Parisiis; 1585, in-8°.
(Bibliothèque Nationale.)

Voir CATON.

Lusus pueriles et epistola monitoria de corruptis moribus vitandis inter scholasticos.

Parisiis; 1555, in-8°.
(Bibliothèque Nationale.)

CORRADUS (QUINTUS MARIUS)
[CORRADO],

Humaniste italien, né à Oria près de Naples en 1508, mort en 1575.
Voir l'article de Baur dans l'*Encyclopédie* d'Ersch et Gruber.

De copia latini sermonis libri V.

Venetiis, Zilettus; 1582, in-8°.
(Bibliothèque Mazarine.)

De lingua latina libri XIII.

Bononiæ; 1575, in-4°.
(Bibliothèque Mazarine.)

CORROZET (GILLES),

Savant imprimeur et libraire français, né en 1510, mort en 1568 à Paris. — Voir Bonnardot : *Études sur G. Corrozet*, et deux ouvrages sur l'*Histoire de Paris*. 1848, in-12.

Le cathalogue des villes et cités assises es trois Gaules, avec ung traité des fleuves et fontaines, illustré de nouvelles figures. Le cathalogue faict et composé par Gilles Corrozet, Parisien. Le traicté des fleuves et fontaines par Claude Champier, Lyonnois.

Paris; 1537, in-16.
(Bibliothèque Nationale.)
Paris, Ant. Bonnemère; 1540, in-16 de 71 f.
(Bibliothèque de Coutances.)
Lyon, Fr. Juste; s. d., in-16.
(Bibliothèque Nationale.)
Lyon, Fr. Juste; 1543, in-12.
(Bibliothèque de Besançon.)

Le Thrésor des histoires de France, réduites par titres, partie en forme d'annotations, partie par lieux communs, par feu Gilles Corrozet.

Paris, Galiot Corrozet; 1583, in-8°.
(Bibliothèques : Nationale; — de l'Arsenal; — de Carcassonne.)

Hécatongraphie, contenant cent emblèmes et déclarations de plusieurs apophtegmes, proverbes et sentences.

Paris, Denys Janot; 1540 et 1543, in-8°.
(Bibliothèque Nationale.)

Les divers propos mémorables des nobles et illustres hommes de la chrestienté.

Paris, Gilles Corrozet; 1557 et 1603, in-8°.
(Bibliothèque Nationale.)

CORTÆSIUS (HILARIUS).

Ex selectioribus philosophorum sententiis apud Diogenem Laertium libellus non inelegans, cujus ductu puerilis animus ad veram virtutis frugem vere animari potest, veluti ipsis legentibus facile ob oculos ponetur.

Parisiis, Petr. Gromorsus; 1541, in-8°.
(Bibliothèque Mazarine.)

CORVINUS (LAURENT),

Savant silésien, né à Neumark en 1495, professeur à Breslau, mort en 1527. Voir l'article de Bursian dans l'*Allgemeine deutsche Biographie*.

Geographia ostendens omnes regiones terræ habitabiles, diversa hominum genera.

Basileæ; 1557, in-folio.
(Bibliothèques : Nationale; — Mazarine.)

S. l. s. d., in-folio.
(Bibliothèque Sainte-Geneviève.)

Latinum idioma magistri Laurentii Corvini Novoforensis.

Petit in-4° gothique de 8 feuillets non numérotés, plus 9 feuillets blancs, sans lieu ni date.

On lit à la première page, au-dessous du titre, une pièce de vers commençant ainsi :

Hic puer ignarus linguæ cupidusque latinæ
Perlegat eloquii semina prima sui.
....

L'ouvrage commence par un dialogue entre trois écoliers : Paulinus, Eurialus, Petronius.

On trouve à la fin des formules à l'usage des écoliers pour demander à entrer à l'école :

Scholaris sic petat introitum scholarum,

et pour obtenir l'autorisation de la quitter :

Scholaris recessurus sic petat favorem abeundi.

(Bibliothèque Nationale.)

COURCELLES (PIERRE DE).

Hortulus elegantiarum magistri Laur. Corvini Novoforensis. Partim ex Marci Tul. Ciceronis surculis, partim ex suo germine consitus. In cujus fine describitur Cracovia, Poloniæ metropolis, carmine saphico.

> Petit in-4° gothique de 24 feuillets non numérotés, plus un feuillet blanc.
>
> La première page porte le titre avec un beau frontispice.
>
> *On lit à la fin :*
>
> Impressum Augustæ in ædibus Sylvani Otmar, apud cœnobium Divæ Ursulæ. Anno Salutis nostræ M D XVI (1516).
>
> (Bibliothèque Nationale.)

Compendiosa diversorum carminum structura cum exemplis aptissimis ac ad unguem elaboratis et postremo brevibus cognoscendarum syllabarum præceptis.

> Coloniæ, Martinus de Werdenaer; 1508, in-4°.
>
> (Bibliothèques : Nationale; — Mazarine.)

COURCELLES (PIERRE DE),

Philologue français, de Caudes-en-Touraine; milieu du XVI° siècle.
Voir Lacroix du Maine : *Bibliothèque française*, 2 vol.

La rhétorique de Pierre de Courcelles.

> Paris, Seb. Nyvelle; 1557, in-4°.
>
> (Bibliothèques : Nationale; — Mazarine.)

CRINITUS (PETRUS)
[RICCIO],

Littérateur italien, né à Florence en 1465, élève de Politien, mort en 1504.
Voir Lil. Gyraldi : *De Poetis sui sæculi liber I*, et Tiraboschi, t. VI.

De honesta disciplina, 1504. De poetis latinis, 1505.

Florentiæ, Junta; 1504-1505, in-folio.
(Bibliothèques : Mazarine; — de l'Arsenal.)

De honesta disciplina. De poetis latinis. Poematum libri II.

Parisiis, Jod. Badius; 1508, in-4°.
(Bibliothèques : Mazarine; — de Carcassonne; — de Vesoul.)

S. l. s. n.; 1513, in-folio, 139 pages.
(Bibliothèques : de Neufchâteau; — de Rodez.)

Parisiis, Nic. de Barra; 1518, in-folio.
(Bibliothèques : Mazarine; — de Besançon; — de Troyes.)

Parisiis, Bad. Ascensius; 1520, in-folio.
(Musée pédagogique; — bibliothèque de Neufchâteau.)

Parisiis, Badius; 1525, in-folio.
(Bibliothèques : Nationale; — de l'Arsenal; — Sainte-Geneviève.)

Basileæ, Henricpetrus; 1532, in-4°.
(Bibliothèques : Mazarine; — Sainte-Geneviève; — d'Albi; — de Besançon; — de Chartres; — de Reims.)

Lugduni, Seb. Gryphius; 1543, in-8°.
(Bibliothèques : Nationale; — de l'Université; — d'Abbeville; — de Troyes.)

Lugduni, Seb. Gryphius; 1554, in-8°.
(Bibliothèques : Nationale; — de Bayeux; — de Châteaudun; — de Chaumont; — de Laval; — de Montauban [Faculté de théologie protestante]; — de Verdun.)

Lugduni, Seb. Gryphius; 1561, in-18.
(Bibliothèques : Nationale; — de Besançon; — de Béziers; — de Carpentras; — de Troyes.)

Lugduni, A. Gryphius; 1585, in-12.
(Bibliothèques : Nationale; — Mazarine; — de Carcassonne.)

Genevæ, Jac. Chouet; 1598, in-18.
(Bibliothèques: de Carcassonne; — de Troyes.)

Opera.

Lugduni; 1554, in-4°.
(Bibliothèque Sainte-Geneviève.)

CRISPINUS (JOANNES)
[CRESPIN],

Imprimeur et historien protestant, né à Arras, mort à Genève en 1572. Voir Bordier : 2° édition de la *France protestante*.

Lexicon græco-latinum, ex variis authoribus decerptum, curante Jo. Crispino.

Genevæ, G. Leimnius; 1533, in-4°.
(Bibliothèque Mazarine.)

Genevæ, Jo. Crispinus; 1566, in-4°.
(Bibliothèques : Nationale; — Sainte-Geneviève; — de l'Arsenal.)

Londini, Binneman; 1581, in-4°.
(Bibliothèques : de Cambrai; — de Pau.)

S. l., hered. A. Vignon; 1595, in-4°.
(Bibliothèque de Pau.)

CRISPUS (ANTONIUS) DINAPOLITANUS
[ANT. CRISPO DE TRAPANI].

Regulæ grammatices latinique sermonis institutiones.

Romæ; 1553, in-8°.
(Bibliothèque Mazarine.)

Romæ, Joan. Osmarinus; 1571, in-8°.
(Bibliothèque Nationale.)

CROCUS (CORNELIUS)
[CROKE],

Humaniste hollandais de la première moitié du xvi° siècle. — Voir Van der Aa : *Biographisch Woordenboek der Nederlanden.* Haarlem (1855-1878), 21 vol. in-8°.

Paraphrasis D. Erasmi Roterodami luculenta, justa ac brevis in elegantiarum libros L. Vallæ, cui addita est farrago sordidorum verborum, sive Augiæ stabulum repurgatum per. C. Crocum.

Parisiis, Rob. Stephanus; 1525, in-8°.
(Bibliothèque de Chartres.)

Parisiis, Rob. Stephanus; 1529, in-12, 103 pages.
(Bibliothèques : de Dole; — de Verdun.)

Parisiis, Rob. Stephanus; 1535, in-8°.
(Bibliothèque de Chartres.)

Lugduni; 1535, in-8°.
(Bibliothèque de Rodez.)

Antuerpiæ, Steelsius; 1536, in-8°.
(Bibliothèque Nationale.)

Lugduni; 1541, in-8°.
(Bibliothèque de Rodez.)

Parisiis, Sim. Colinæus; 1545, in-8°.
(Bibliothèque de Dijon.)

Parisiis, Rob. Stephanus; 1548, in-8°.
(Bibliothèques : Mazarine; — de Reims.)

Coloniæ, Mart. Gymnicus; 1550, in-8°.
(Bibliothèque de Reims.)

Lugduni, S. Gryphius; 1556, petit in-8°.
(Bibliothèque de Verdun.)

Colloquiorum puerilium formulæ.

Anvers; 1536. (?)

Cet ouvrage est signalé dans un recueil des œuvres de Crocus : *Cornelii Croci amsterodami Batavi opera philologica*, etc. Anvers, 1613. (A la Münschener Hof- und Staatsbibliothek.) [Note de M. Massebieau.]

De Cornelii Croci sordidorum verborum farragine formulæ latinæ loquendi omnes breviter selectæ et in quæstiones succinctas in gratiam et usum scholarum puerilium redactæ et jam recens editæ, auctore Luca Lossio.

Francofurti, heredes Christ. Hegenolphi; 1566, in-8°.
(Bibliothèque Nationale.)

CROCUS (RICHARDUS)
[CROOK],

Helléniste anglais, professeur à Leipzig et à Cambridge, né à Londres et mort en cette ville en 1558. — Voir Bale : *De Scriptoribus Britanniæ.*

Orationes Richardi Croci duæ, altera a cura, qua utilitatem laudemque græcæ linguæ tractat, altera a tempore, qua hortatus est Cantabrigenses ne desertores essent ejusdem.

Lutetiæ, Sim. Colinæus; 1520, in-4°.
(Bibliothèques : Nationale; — Mazarine.)

CROY (HENRI DE),

Grammairien et poète français de la fin du xv° siècle. — Voir l'avertissement de Francisque Michel, en tête de l'édition de Paris. 1822, grand in-8°.

L'art et science de rhétorique, pour faire rigmes et ballades.

Paris, Ant. Verard; 1493, in-folio.
(Bibliothèques : Nationale; — Mazarine.)

CRUCIUS (LÆVINUS),

Philologue flamand, né à Oudenarde, mort à Gand en 1590. — Voir Van der Aa : *Biographisch Woordenboek der Nederlanden.*

Rudimenta grammatica.

Parisiis, Rob. Stephanus; 1538, in-folio, 692 pages.
(Bibliothèque de Beaune.)

Viridarium florum, seu florigerum procerum linguæ latinæ, nec non divinæ Scripturæ in rem studiosæ juventutis, a Levino Crucio Aldinardino, curione Boscepano, recognitum.

Antuerpiæ, Sim. Cocus; 1548, in-8°.
(Bibliothèque de Chartres.)

CRUSIUS (MARTINUS),

Humaniste allemand, né en 1526 près de Bamberg, mort à Tubingen en 1607. — Voir l'article de Klupfel dans l'*Allgemeine deutsche Biographie* et J. Moser : *Introduction à la Chronique de Souabe.*

Libri duo ad Nicod. Frischlinum; primus animadversionum in grammaticam ejus latinam, secundus ad ejusdem strigilim grammaticam antestrigilis : accessere refutatio demonstrationis ablativi Græcorum et breve responsum ad grammaticam disputationem ejusdem.

Argentorati, Josias Rihelius; 1586, in-8°.
(Bibliothèques : Nationale; — Mazarine.)

Grammaticæ græcæ cum latina congruentis pars prima.

Basileæ, Joan. Oporinus; s. d., in-12.
(Bibliothèque Nationale.)

CURIO (COELIUS SECUNDUS).

Grammaticæ græcæ cum latina congruentis pars prima et secunda.

Basileæ, Jo. Oporinus; 1563, in-8°.
(Bibliothèque Nationale; — Musée pédagogique.)

Quæstiones et scholia in Ph. Melanchtonis elementorum rhetorices libros duos.

Basileæ, Oporinus; 1570, in-8°.
(Bibliothèque Nationale.)

Adversus Nic. Frischlini quinque rei grammaticæ et virulentarum calumniarum dialogos, anno 1587 editos, defensio necessaria.

Basileæ, H. Frölich; 1587, in-8°.
(Bibliothèque Nationale.)

Dictionarium latino-græcum.

Basileæ, 1563, in-folio.
(Bibliothèque Mazarine.)

CURIO (COELIUS SECUNDUS),

Humaniste italien, né à San-Chirico en 1503, professeur de belles-lettres à Bâle, mort en 1569. — Voir l'article de Schmidt dans l'*Encyclopédie Lichtenberger;* Lindner : *Zeitschrift für historische Theologie*, 1872, et Tiraboschi, t. VII.

De liberis pie christianeque educandis epistola.

Parisiis; 1580, in-folio.
(Bibliothèque de Troyes.)

De omni artificio disserendi atque tractandi summa.

Basileæ, J. Oporinus; 1547, in-8°, 147 pages, plus un index.
(Bibliothèques : de la Société de l'histoire du protestantisme; — de Besançon.)

Thesaurus linguæ latinæ.

> Basileæ, J. Frobenius; 1561, in-folio, 3 volumes.
> (Bibliothèques : Nationale ; — de Dijon.)

Christianæ religionis institutio et brevis et dilucida : ita tamen ut nihil quod ad salutem necessarium sit requiri posse videatur. Accessit epistola quædam ejus de pueris sancte christianeque educandis, ut non filii modo sed etiam parentes formam pietatis habeant quam sequantur.

> Basileæ, s. n.; 1549, in-8°, 96 pages.
> (Bibliothèques : Nationale ; — de la Société de l'histoire du protestantisme.)

> Basileæ; s. d., édition italienne, in-8°.
> (Bibliothèque Mazarine.)

Epitome dialecticæ Joachimi Perionii a Cœlio Secundo Curione collecta.

> Basileæ; J. Oporinus; 1551, in-8°.
> (Bibliothèques : Nationale ; — de Carcassonne.)

Schola, sive de perfecto grammatico libri sex. Ejusdem de liberis honeste et pie educandis libellus. Accedit ejusd. Grammatica.

> Basileæ, J. Oporinus; 1555 (?), in-8°.
> (Bibliothèques : Mazarine ; — de Reims.)

De grammatica sive de litteris doctrinaque puerili libri sex.

> Basileæ, J. Oporinus; 1555, in-8°.
> (Bibliothèques : Mazarine ; — de Reims.)

Logices elementorum libri IV.

> Basileæ; 1567, in-8°.
> (Bibliothèque Mazarine.)

CUSA (NICOLAUS DE)
[KREBS],

Célèbre cardinal et philosophe allemand du xv° siècle. — Voir la *Nouvelle Biographie générale* de Didot.

Exercitationes calendarium et opera mathematica.

Parisiis, ex off. Ascensiana; 1514, in-folio.

(Bibliothèque de Chaumont.)

CYLLENIUS (RAPHAEL).

Tabulæ rhetoricæ.

Venetiis; 1571, in-folio.

(Bibliothèque Mazarine.)

DANÆUS (LAMBERTUS)
[LAMBERT DANET ou DANEAU],

Pasteur et professeur en théologie du xvi° siècle, né à Beaugency en 1530, mort à Castres en 1593. — Voir P. de Félice : *Lambert Daneau, pasteur et professeur.* Paris, 1882, in-8°.

Geographiæ poeticæ libri IV.

Lugduni, Lud. Cloquemin; 1580, in-8°.

(Bibliothèques : Nationale; — Mazarine; — d'Abbeville; — de Chartres.)

Lugduni, J. Stoer; 1580, in-8°, 313 pages.

(Bibliothèque de Carpentras.)

DASYPODIUS (PETRUS)
[RAUCHFUSS],

Né à Frauenfeld (Thurgovie) vers 1495, professeur de grec à Strasbourg et à Zurich, mort en 1559. — Voir la monographie de Hirzel dans le *Schweizerisches Museum*.

Dictionarium latino-germanicum.

Argentorati, Casp. Dietzelius; 1537, in-8°.
(Bibliothèque de Besançon.)

Argentorati, Vuendel. Rihelius; 1537, in-8°.
(Bibliothèques : Nationale; — de Nancy; — de Troyes.)

Argentorati, Vuendel. Rihelius; 1540, in-8°.
(Bibliothèque de Chaumont.)

Argentorati, Vuendel. Rihelius; 1541, in-8°.
(Bibliothèque de Besançon.)

Argentorati, Vuendel. Rihelius; 1543, in-8°.
(Bibliothèque de Troyes.)

Argentorati; 1548, in-4°.
(Bibliothèque Sainte-Geneviève.)

Argentorati, Vuendel. Rihelius; 1554, in-8°.
(Bibliothèque de Gray.)

Argentorati, Rihelius; 1562, in-8°.
(Bibliothèques : de Nîmes; — de Verdun.)

Argentorati, Th. Rihelius; 1565, in-8°.
(Bibliothèque de Salins.)

Argentorati, Th. Rihelius; 1569, in-8°, 448 f.
(Bibliothèques : Nationale; — de Cambrai.)

Argentorati, Th. Rihelius; 1592; in-8°.
(Bibliothèque de Vesoul.)

Argentorati; 1596, in-12.
(Bibliothèque Mazarine.)

DASYPODIUS (CONRADUS)
[RAUCHFUSS],

Mathématicien strasbourgeois, fils de Pierre l'helléniste, auteur de la célèbre horloge du dôme, mort en 1600. — Voir l'article d'Esch dans l'*Encyclopédie* d'Ersch et Gruber.

Λεξικόν, seu dictionarium mathematicum, græco-latinum.

Argentorati; 1573 et 1579, in-8°.
(Bibliothèque Nationale.)

Argentorati, N. Wyriot; 1573, in-8°.
(Bibliothèque de Carpentras.)

Oratio de disciplinis mathematicis. Lexicon mathematicum, gr. et lat.

Argentorati; 1579, in-8°.
(Bibliothèque Nationale.)

Propositiones reliquorum librorum geometriæ Euclidis græce et latine.

Argentorati, Mylius; 1564, in-8°.
(Bibliothèques : Nationale; — Mazarine.)

Volumen primum et secundum mathematicum, prima complectens principia Geometriæ, Logisticæ, Astronomiæ, Geographiæ.

Argentorati; 1567, in-8°.
(Bibliothèques : Nationale; — de l'Université.)

Institutionum mathematicarum voluminis primi erotemata, Logisticæ, Geometricæ, Sphæræ, Geographiæ.

Argentorati; 1593, in-8°.
(Bibliothèque Nationale.)

Horum erotematum appendix.

Argentorati; 1596, in-8°.
(Bibliothèque Nationale.)

DATHUS (AUGUSTINUS)
[DATI (AUGUSTIN)],

Philologue italien, né à Sienne en 1420, élève de Philelphe, mort en 1478. Voir N. Bandiera : *De A. Dato libri II.* Romæ, 1733, in-4°, et Tiraboschi, t. VI.

Augustini Datti liber fœliciter incipit (édition princeps).

In-4° de 32 feuillets non numérotés, plus un feuillet blanc, sans lieu ni date.

On lit à la fin :
Quisquis amat dulcem, placidum, clarumque dicendi
Eloquium, Datti scripta notanda legat.
Nam tercenta bonus præclara volumina pressit
Ære prius nullo pressa magister Adam.

(Bibliothèque Nationale.)

Augustini Dati scribæ Senensis elegantiolæ fœliciter incipiunt.

In-4° de 37 feuillets non paginés, plus 4 feuillets blancs, sans date.

On lit à la fin :
Finitus per magistrum Florencium de Argentina.

(Bibliothèque Nationale.)

Augustini Dati Senensis isagogicus libellus in eloquentiæ præcepta ad Andream Christophori filium.

Bel in-4° de 39 feuillets non numérotés, avec majuscules en bleu.

Le verso de la première page porte la préface : Bonus Accursius Pisanus salutem dicit plurimam Magnifico equiti aurato et sapientissimo ac primo ducali secretario Ciccho Simonetæ.

On lit à la fin :
Mediolani. Impressum per magistrum Philippum de Lauagnia 1475 die 18 martii.

(Bibliothèque Nationale.)

Idem opus. (Sous le même titre, avec la même préface.)

On lit à la fin :
Hoc opus impressum opera et impensa Philippi de Lavagna civis mediolanensis anno a natali christiano M. CCCCLXXVI die V martii (1476).

(Bibliothèque Nationale.)

DATHUS (AUGUSTINUS).

Clarissimi viri ac præstantissimi philosophiæ doctoris Augustini Dathi Senensis de variis loquendi figuris sive de modo dictandi ad Andream civem Senensem isagogicus libellus incipit feliciter.

Plaquette in-4° gothique de 24 feuillets non numérotés, plus un feuillet blanc, sans lieu ni date.

On lit à la fin :

Explicit tractatulus clarissimi viri ac præstantissimi philosophiæ doctoris Aug. Dathi.

(Bibliothèque Nationale.)

Elegantiæ minores Augustini Dati.

Petit in-4° goth. de 24 feuillets non numérotés, plus un feuillet blanc, sans lieu ni date.

L'ouvrage commence à la seconde page sous le titre complet :

Augustini Dati Senensis isagogicus libellus in eloquentiæ præcepta ad Andream domini Christofori filium.

On lit à la fin :

Augustini Dati Senensis oratoris primarii isagogicus libellus in elocutionis precepta explicitus est.

(Bibliothèque Nationale.)

Augustini Dati Senensis isagogicus libellus in eloquentiæ præcepta.
Joannis Murmellii adnotamentorum libellus.
Domici Palladii Sorani in locutuleium distichon.

Petit in-4° gothique de 26 feuillets, sans date.

La première page porte au verso une gravure sur bois représentant un personnage tenant d'une main une épée et de l'autre un oiseau.

On lit à la fin :

Hec opuscula feliciter ab industrio viro Gregorio de Breda æneis typis excusa sunt in nobili et opulenta urbe Monasteriensi, Westphaliæ metropoli prestantissima.

(Bibliothèque Nationale.)

Augustini Dati Senensis isagogicus libellus in eloquentiæ præcepta ad Andream domini Cristofori filium feliciter incipit.

> Petit in-4° gothique de 31 feuillets non numérotés, plus un feuillet blanc, sans lieu ni date.
> *On lit à la fin :*
> Augustini Dati Senensis oratoris primarii isagogicus libellus in elocutionis precepta finit feliciter.
> (Bibliothèque Nationale.)

Eloquentissimi viri ac præcipui oratoriæ artis doctoris Augustini Senensis de variis loquendi regulis sive poetarum præceptis tractatulus incipit feliciter.

> Petit in-4° goth. de 47 feuillets non numérotés, plus un feuillet blanc, sans lieu ni date.
> *On lit à la fin :*
> De ordine studendi tractatulus finit feliciter.

Augustini Dati Senensis liber de dictamine et modo orandi feliciter incipit.

> Petit in-4° de 34 feuillets non numérotés, plus 2 feuillets blancs, sans date.
> *On lit à la fin :*
> Finis.
> Eia quibus restat pueri spes unica patrum
> Discite : nam facilis nunc via monstrat iter.
> Hoc nam impressit opus vobis Portilia parmæ
> Andreas : multus cui datur artis honos.
> (Bibliothèque Nationale.)

Augustini Dathi viri disertissimi aliqua documenta diligentissime composita ad Antonium amicum suum carissimum.

> Plaquette in-4° gothique de 19 feuillets non numérotés, plus un feuillet blanc, sans lieu ni date.
> (Bibliothèque Nationale.)

Idem opus. (Sous le même titre.)

> In-4° de 26 feuillets non numérotés, plus un feuillet blanc, sans lieu ni date (circa 1475).
> (Bibliothèque Nationale.)

DATHUS (AUGUSTINUS).

Isagogicus libellus in eloquentiæ præcepta.

Parisiis, Sim. Colinæus; 1489, in-4°.

(Bibliothèque de Chartres.)

Augustini Datti scribæ Senensis elegantiolæ feliciter incipiunt.

In-4° de 40 feuillets numérotés à la main, plus 18 feuillets blancs, sans lieu ni date.

(Bibliothèque Nationale.)

Eloquentissimi viri ac præcipui oratoriæ artis doctoris Augustini Senensis variis loquendi regulis sive poetarum præceptis tractatulus incipit feliciter.

Petit in-4° gothique de 54 feuillets non numérotés, avec majuscules enluminées.

Le traité de Dathus se termine ainsi :

Eloquentissimi ac præcipui oratoriæ artis doctoris Augustini Senensis de variis loquendi regulis orandique modis tractatus finit feliciter.

Vient immédiatement après et dans la même page :

Quædam Guarini præcepta de studendi ordine ad I. M. Ferrariæ Leonellum.

On lit à la fin :

Prestantissimi oratoris et poetæ egregii Guarini Veronensis de studendi ordine orandique modis præcepta feliciter expliciunt anno LXXVII (1477).

(Bibliothèque Nationale.)

Augustini Dathi Senensis libellus de elegantia cum commentariis et additionibus solitis. Et alter de antiphrasi et floribus Ciceronis. Unde Ascensius...

Suit une épître en vers commençant ainsi :

Si ter mille Dathus dictata fuit puerorum :
  Si manibus juvenum volvitur atque senum :
Nil mirum est : si quidem virtus condita lepore
  Allicere humanum sic solet ingenium.
Sed si quando tibi nostri placuere libelli :
  Commentariolos fac, puer, hosce legas.
....
....

Au-dessous, marque typographique de Jehan Petit.

DATHUS (AUGUSTINUS).

On lit à la fin :

Ascensius lectori salutem.

Habes itaque, eloquentiæ studiose, magnum ad venustum sermonem adjumentum. Cui pro orthographia præceptiunculas nostras præposuimus : reliquum est his diligentius insudes. Vale. Ex officina nostra idibus julii M. DVI (1506), in-4° goth.

(Bibliothèque Nationale.)

Parisiis, Joan. Parvus; 1509, in-4°.

(Bibliothèque de Chaumont.)

Acutissimi grammatici Augustini Senensis de novem verbis contra vulgatam multorum opinionem libellus feliciter incipit ad discipulos chariores.

Après la préface, le traité commence sous ce titre :

Novem vocabula falso per antiphrasim dicta : Manes, Lucus, Bellum, Officium, Parca, Ludus, Otium, Cœlum et Eumenides.

On trouve à la suite :

Amœnissimi ingenii et exquisitissimæ doctrinæ viri Aug. Dathi Senensis flosculorum liber fœliciter incipit. Ad Minoem Tricircium juvenem celeberrimum ac concivem charissimum.
S. l.; s. d., in-4° goth.

On lit à la fin :

Habes itaque, lector optime, si hæc opuscula ad superiora apposueris, opus ad latinum ac venustum sermonem accommodatissimum.

(Bibliothèque Nationale.)

Augustini Dathi scribæ Senensis elegantiolæ fœliciter incipiunt.

Bel in-4° à grandes marges de 30 feuillets non numérotés, plus 2 feuillets blancs, sans lieu ni date.

On lit à la fin :
Et sic est finis.
Deo gratias.

(Bibliothèque Nationale.)

Augustini Dati elegantiolæ fœliciter incipiunt.

Petit in-4° de 33 feuillets non numérotés, plus 2 feuillets blancs, sans lieu ni date.

On lit à la fin :

Presserat hoc primo; placuit formare secundo
Ne desit : quamvis sit breve : doctus Adam.

(Bibliothèque Nationale.)

Elegantiolæ.

Venetiis, Tacuinus; 1499, in-4°.
(Bibliothèque Nationale.)

Elegantiæ cum duplici commentario.

Basileæ; 1520, in-4°.
(Bibliothèque Nationale.)

Dathi Augustini, Senensis, elegantissimi, opusculum in elegantiarum præcepta. Huic libello adduntur opuscula J. Badii Ascensii, Sulpicii Verulani, Francisci Nigri, Jodoci Clithovei, Georgii Vallæ, ejusdem Dathi, A. Mancinelli, Guarini Veronensis de ratione scribendi et rhetorica.

Lugduni, Jacob Myt. et Sim. Vincentius; 1507, in-8°, 112 f.
(Bibliothèque de Langres.)
Parisiis, 1511, in-4°.
(Bibliothèque de l'Arsenal.)
Basileæ, Gormontius; 1520, in-4°, 155 f.
(Bibliothèque de Cambrai.)
Basileæ, Adamus Petrus; 1520, in-4°.
(Bibliothèque Nationale.)

Orationum pars prima et secunda : accedunt stromatum libri tres.

Parisiis, Guil. Le Rouge; 1513 et 1514, in-4°.
(Bibliothèques : Nationale; — d'Avignon [musée Calvet]; — de Mende.)

Præcepta eloquentiæ.

Parisiis, Sim. Colinæus; 1521, in-4°.
(Bibliothèque de Troyes.)

Libellus isagogicus in eloquentiæ præcepta.

Mediolani, s. n.; 1499, in-4°.
(Bibliothèque Mazarine.)

DELPHINUS (JOANNES ANTONIUS).

Parisiis, Gering, in-4° (xv° siècle).
(Bibliothèque de Troyes.)

Taurini, F. de Silva; 1503, in-4°.
(Bibliothèque d'Avignon [musée Calvet].)

Libellus isagogicus cum Jod. Clichtovei et Jod. Badii observationibus.

Parisiis, J. Ascensius; s. d., in-4°.
(Bibliothèque Mazarine.)

Lugduni, s. n.; 1539, in-8°.
(Bibliothèques : Mazarine; — de Carpentras.)

Opera, scilicet epistolæ, orationes, historiæ.

Senis, Sim. Nic. Nardus; 1503, in-folio.
(Bibliothèques : Nationale; — Mazarine; — de l'Arsenal; — Sainte-Geneviève; — d'Avignon [musée Calvet]; — de Besançon; — de Chaumont; — de Troyes.)

DAULANTIUS (GERARDUS)
DE HEYDEN (HOLLANDE).

Voir Paquot : *Mémoires pour servir à l'histoire littéraire des Pays-Bas.*
Louvain, 1753-1770, 3 vol. in-folio.

Institutionum grammaticarum libri tres, quibus tota Ælii Donati et Varini Veronensis de primis litteris doctrina explanatur.

Venetiis, Dom. de Farris; 1569, in-8°.
(Bibliothèques : Nationale; — Mazarine.)

DELPHINUS (JOANNES ANTONIUS)
[DELFINO].

Dialectica.

Bononiæ, Ans. Giacarellus; 1555, in-8°.
(Bibliothèques : Nationale; — Mazarine.)

DECIMATOR (HENRICUS),

Humaniste alsacien, pasteur à Mulhouse, fin du xvie siècle.

Sylva vocabulorum et phrasium, cum solutæ, tum ligatæ orationis, ex optimis et probatis latinæ linguæ auctoribus... ab Henrico Decimatore, Giffhornensi, editio nova, vocabulis hebraicis aucta per M. Valent. Schindlerum.

Wittebergæ, Crato; 1595, in-8°.
(Bibliothèque Nationale.)

Sylvæ quinquelinguis... pars prima.

Francofurti, Palthenius; 1596, in-8°
(Bibliothèques : Nationale; — Mazarine.)

Secunda pars sylvæ vocabulorum, etc.

Francofurti, Palthenius; 1595, in-8°.
(Bibliothèque Nationale.)

DEMARETHUS (JOANNES)
[JEAN DESMARETS D'AMIENS].
(xvie siècle.)

Paronomasia et discriminale lexicon.

Parisiis, Sim. Colinæus; 1536, in-8°.
(Bibliothèques : Nationale; — Mazarine.)

Periarchon grammatices.

Parisiis, Sim. Colinæus; 1543, in-8°.
(Bibliothèques : Nationale; — Mazarine.)

DEMERLIERIUS
(JEAN DE MERLIERS),
Mathématicien français, né à Amiens, florissait à Paris en 1568.

L'usage du quarré géométrique, décrit et démontré par Jean de Merliers, professeur ès mathématiques.

Paris; 1573, in-4°. (Bibliothèque Nationale.)

Quadrati geometrici usus, geometricis demonstrationibus illustratus per Joan. Demerlierium, prof. reg.

Parisiis; 1579, in-4°. (Bibliothèques : Nationale; — Sainte-Geneviève.)

La pratique de géométrie décrite et démontrée.

Paris, Gorbin; 1575, in-4°. (Bibliothèque Nationale.)

De linearum rectarum per quadratum geometricum dimensionibus.

Parisiis, Th. Richardus; 1563, in-4°. (Bibliothèque Mazarine.)

DENISETUS (JOANNES)
[JEAN DENISET DE SENS].
(xvie siècle.)

Philosophiæ naturalis epitome.

Parisiis, Fed. Morellus; 1579, in-4°. (Bibliothèque Nationale.)

Totius artis disserendi compendium; libri IV.

Parisiis, Fed. Morellus; 1580, in-4°. (Bibliothèque Mazarine.)

DESLANDES (MAURITIUS).

Tabulæ tres, una verborum græcorum, altera latinorum, tertia sententiarum quæ in Jo. Sursini grammaticæ græcæ opere continentur, collecta studio atque opera Mauritii Deslandes Andini, ejusdem Sursini discipuli.

Andegavi, Ant. Hernault; 1598, in-4°.
(Bibliothèque Nationale.)

Voir Sursinus.

DESPAUTÈRE
(VAN PAUTEREN),

Grammairien flamand, né vers 1460, à Ninove, mort à Comines en 1520.
Voir Paquot : *Mémoires pour servir à l'histoire littéraire des Pays-Bas.* Louvain, 1753-70.

Commentarii grammatici.

N. B. — Cet ouvrage comprend les traités intitulés : Rudimenta, Grammatica, Syntaxis, Prosodia, De figuris et tropis.

Parisiis, Rob. Stephanus; 1537, in-folio, 691 pages.
(Bibliothèques : Nationale; — de l'Arsenal; — Sainte-Geneviève; — de l'Université; — d'Albi; — d'Avignon [musée Calvet]; — de Besançon; — de Béziers; — de Cambrai; — de Carpentras; — de Chartres; — de Châteaudun; — de Dijon; — de Dole; — de Laon; — d'Orléans; — de Reims; — de Saint-Brieuc.)

Parisiis, Rob. Stephanus; 1538, in-4° de 692 pages.
(Bibliothèques : de Beaune; — de Saint-Malo; — de Saint-Mihiel.)

Lugduni, heredes Jac. Huntz; 1563, in-4°, 794 pages.
(Musée pédagogique; — bibliothèques : de l'École normale supérieure; — de Saint-Mihiel.)

Lugduni, Theob. Ancelin; 1582, in-4°, 793 pages.
(Bibliothèques : de l'Université; — de Vesoul.)

Lugduni, J. Béraud; 1582, in-8°.
(Bibliothèque de Sens.)

Lugduni, apud Joannem Jac. Juntæ; 1582, in-4°.
(Bibliothèque de Troyes.)

Rudimenta Joannis Despauterii in tres partes divisa.

Parisiis; 1512, petit in-4°.
(Bibliothèque de Troyes.)

Lugduni, L. Hylaire; 1528, in-4°.
(Bibliothèque de Salins.)

Parisiis, R. Calderius; 1546, in-8°.
(Bibliothèque Mazarine.)

S. l.; 1552, in-4°.
(Bibliothèque de Sedan.)

Venetiis, Fr. de Portonariis; 1565, in-8°.
(Avignon [musée Calvet].)

Paris, Buon; 1566.
(Bibliothèque de Chartres.)

Rudimenta cum accentibus.

Lutetiæ, Guil. Auvray; s. d., in-8°.
(Bibliothèque Nationale.)

Parisiis, Rob. Stephanus; 1585, in-8°.
(Bibliothèque Nationale.)

Parisiis, Buon; 1586, in-8°.
(Bibliothèque de Chartres.)

Grammatica.

Parisiis, J. Badius; 1512, in-4°.
(Bibliothèque de Troyes.)

S. l. s. n.; 1525, in-4°.
(Bibliothèque de l'Université.)

Parisiis, J. Badius; 1526, in-4°.
(Bibliothèque de Troyes.)

Lugduni, Laurent Hylaire; 1526, in-4°.
(Bibliothèque Nationale.)

Parisiis, J. Badius; 1527, in-4°.
(Bibliothèque de Chaumont.)

Parisiis, J. Badius; 1528, in-4°.
(Bibliothèque de Troyes.)

DESPAUTÈRE.

Parisiis, Petit; 1537, in-4°.
(Bibliothèque d'Albi.)

Parisiis, Rob. Stephanus; 1550, in-4°, 283 pages.
(Bibliothèque de Tonnerre.)

Parisiis, G. Buon; 1562, in-8°, 268 pages.
(Bibliothèque de Cambrai.)

Venetiis, G. de Portonariis; 1565, in-8°.
(Avignon [musée Calvet].)

Antuerpiæ, Chr. Plantinus; 1571, in-4°.
(Bibliothèque de Saint-Mihiel.)

Parisiis, G. Buon; 1578, in-12, 438 pages.
(Bibliothèque de Beaune.)

Lugduni, J. Junta; 1582, in-4°.
(Bibliothèque de Troyes.)

Parisiis, G. Buon; 1584, in-8°, 330 pages.
(Bibliothèques : Nationale; — de Cambrai.)

Parisiis, G. Buon; 1585, in-8°, 336 pages.
(Bibliothèque du Havre.)

Antuerpiæ, Fr. Mersanus; 1597, in-8°, 328 pages.
(Bibliothèque de la Faculté de théologie protestante de Montauban.)

Parisiis, Sim. Colinæus; 1604, in-8°, 330 f.
(Bibliothèque d'Abbeville.)

Parisiis, Sim. Colinæus; 1605, in-8°.
(Bibliothèque de Carpentras.)

Rhotomagi, Paniralius; 1608, in-8°, 832 pages.
(Bibliothèque de Chartres.)

Cahors, Dalry; 1614, in-8°.
(Bibliothèque d'Aurillac.)

Rothomagi, Guil. de la Haye; 1620.
(Bibliothèques : de l'Arsenal; — de l'Université.)

Lugduni, Didier; 1626, in-8°.
(Bibliothèque de Pau.)

Rothomagi, P. de la Mothe; 1631, in-8°.
(Bibliothèque de Laon.)

Rothomagi, P. de la Mothe; 1633, in-8°.
(Bibliothèque de Pau.)

Cadomi; 1641, in-8°.
(Bibliothèque Nationale.)

Limoges, Barbou; 1642, in-8°.
(Bibliothèque de Pau.)

Paris, Cramoisy; 1644, in-4°.
(Bibliothèque Nationale.)

Paris, Hénault; 1650, in-8°.
(Bibliothèque de Tonnerre.)

Lugduni, B. Coral; 1651, in-8°, 870 pages.
(Bibliothèque du Puy.)

Parisiis, 1653, in-8°.
(Bibliothèque de l'Arsenal.)

Burdigalæ, Millanger; 1654, in-8°.
(Bibliothèques : Nationale; — de Pau.)

Rouen, Darré; 1655, in-8°.
(Bibliothèque de Pau.)

Paris, D. Langlois; 1666, in-8°.
(Bibliothèque de l'Arsenal.)

Lyon, A. Molin; 1670, in-8°.
(Bibliothèque de Nîmes.)

Lyon; 1675, in-8°.
(Bibliothèque de Besançon.)

Lemovicis; 1677, in-8°.
(Bibliothèque de l'Arsenal.)

Lugduni; 1689, in-4°.
(Bibliothèque de l'École normale supérieure.)

Rouen, Mich. Lallemant; 1700, in-8°, 324 pages.
(Musée pédagogique.)

Syntaxis Johannis Despauterii Ninivitæ.

Bergis, D. Guinnæus; 1513, in-4°, 296 pages.
(Bibliothèque de Tonnerre.)

Parrhisiis, P. Gandoul; 1513, in-4°.
(Bibliothèque de l'Arsenal.)

Parisiis; 1526, in-8°, 144 pages.
(Bibliothèques : de Vesoul; — de Reims.)

Lyon, L. Hylaire; 1528, in-4°.
(Bibliothèque de Salins.)

Lyon, Ant. Blanchard; 1535, petit in-8°.
(Bibliothèque de Carpentras.)

Parisiis, Joh. Parvus; 1537, 300 pages.
(Bibliothèque d'Albi.)

Parisiis, Rob. Stephanus; 1538, in-8°.
(Bibliothèque Saint-Marc, à Venise.)

Parisiis, P. Sergent; 1541, in-8°.
(Bibliothèque Mazarine.)

Parisiis, Rob. Stephanus; in-4°, 324 pages.
(Bibliothèque de Carcassonne.)

Parisiis, S. Colinæus; 1543, in-8°.
(Bibliothèques : Mazarine; — de Troyes.)

Parisiis, Rob. Stephanus; 1550, in-4°, 310 pages.
(Bibliothèques : de l'Université; — d'Avignon [musée Calvet]; — de Blois.)

Coloniæ; 1550, in-8°.
(Bibliothèque de Remiremont.)

Paris, Menier; 1555, in-8°.
(Bibliothèque de Chaumont.)

Paris, C. Stephanus; 1561, in-8°, 310 pages.
(Bibliothèques : Nationale; — Mazarine; — de Châteauroux; — d'Orléans; — de Troyes; — de Verdun.)

Lugduni; 1579, in-8°.
(Bibliothèques : de Bourg; — de Verdun.)

Syntaxis Jo. Despauterii in methodum redacta a Seb. Duisburgense.

Parisiis; 1543, in-8°.
(Bibliothèque Mazarine.)

Grammaticæ Despauterianæ recens in epitomen redactæ libri quatuor.

Antuerpiæ, Plantinus; 1571, in-4°.
(Bibliothèque Nationale.)

Despauterius minor, seu Joan. Despauterii latinæ grammatices epitome redacta per Joan. Behourt.

Rothomagi, J. Behourt; 1627, in-8°.
(Bibliothèque Nationale.)

DESPAUTÈRE.

Despauterius novus, seu Joan. Despauterii latinæ grammatices epitome, auctior studio P. Cardi Pajot.

Flexiæ, G. Griveau; 1650, in-8°.
(Bibliothèque Nationale.)

Grammatica Jo. Despauterii in commodiorem usum redacta, adjecta est gallica versuum Despauterii interpretatio per Gabr. Prateolum, per Joan. Behourt.

Trecis, N. Oudot; 1666, in-8°.
(Bibliothèque Nationale.)

Grammatica (edente Behourt).

Parisiis, Seb. Chappelet; 1625, in-8°, 915 pages.
(Bibliothèque de Montauban [Faculté de théologie protestante].)

Parisiis, Jo. Liber; 1625, in-8°.
(Bibliothèque Mazarine.)

Parisiis, Bacot; 1633, in-8°.
(Bibliothèque Mazarine.)

Cadomi, G. Granderus; 1641, in-8°.
(Bibliothèque Nationale.)

Rothomagi et Parisiis, H. Cramoisy; 1664, in-8°.
(Bibliothèques : Nationale; — Mazarine.)

Lugduni, Metron; 1666, in-8°.
(Bibliothèque Mazarine.)

Renovatæ grammaticæ libri tres.

Paris, Car. Savreux; 1653, in-12, 244 pages.
(Bibliothèques : d'Abbeville; — de Bayeux.)

Grammatica; pars tertia, continens quantitatem.

Parisiis, Seb. Mabre-Cramoisy; 1672, in-8°.
(Bibliothèque Nationale.)

Renovatæ grammaticæ liber secundus.

Parisiis, C. Savreux; 1654, in-8°.
(Bibliothèque Nationale.)

Renovatæ grammaticæ liber tertius, de syllabarum quantitate.

Parisiis, Car. Savreux; 1654, in-12, 166 pages.
(Bibliothèques : Nationale; — Sainte-Geneviève; — d'Abbeville.)

Prima pars grammaticæ.

Parrhisiis; 1512, in-4°.
(Bibliothèque de l'Arsenal.)

Lyon, Martin Boillon; 1517, in-12.
(Bibliothèque d'Auch.)

Parisiis, Roigny; 1537, in-8°, 577 f.
(Bibliothèque d'Auch.)

Lutetiæ, Rob. Stephanus; 1550, in-4°.
(Bibliothèque Nationale.)

Antuerpiæ, V° Joh. Latius; 1568, in-4°.
(Bibliothèque de Marseille.)

Contextus primæ partis Despauterianæ grammatices, multis versiculis, glossematum vice, locupletatus.

Parisiis, Sim. Colinæus; 1536, in-8°.
(Bibliothèque Nationale.)

Contextus grammaticæ artis Joannis Despauterii; epythomata grammaticæ; Augustini Dathi præcepta elegantiæ latinæ ab Robert. Dumo versu expressa; Guil. Queroaldi themata vernacula.

Cadomi, Mich. Angier; 1525, in-8°.
(Bibliothèque Nationale.)

Le Despautère glosé contenant les règles du Despautère glosées, sçavoir : les genres, déclinaisons hétéroclites, comparatifs et prétérits.

Parisiis, François Pélican; 1649, in-8°.
(Bibliothèque Nationale.)

Ars versificatoria.

Parisiis, Joh. Gourmontius; 1512, petit in-4°.
(Bibliothèque de Rodez.)

S. l.; 1516, in-4°, 152 pages.
(Bibliothèque de l'Arsenal.)

Parisiis, Gaudoul; 1517, in-4°.
(Bibliothèque de l'Arsenal.)

Parisiis, Jod. Badius; 1526, in-4°.
(Bibliothèque de Troyes.)

Lugduni, L. Hylaire; 1528.
(Bibliothèque de Salins.)

Parisiis, J. Badius; 1529, in-4°.
(Bibliothèque de Reims.)

Parisiis, Jodocus Badius; 1532, in-8°.
(Bibliothèque de Sens.)

Antuerpiæ, Joan. Latius; 1565, in-4°, 141 f.
(Bibliothèque de Bergues.)

Mussiponti, M. Bernard; 1612, in-12.
(Bibliothèque de Neufchâteau.)

Versificatoria. Cui præmissa est isagoge Ascensiana rursus aucta... tertia pars.

S. l.; 1515, in-4° gothique.
(Bibliothèque Nationale.)

Versificatoria (tertia pars).

(Parisiis) Badius; 1526, in-4°.
(Bibliothèque de Troyes.)

S. l.; 1534, in-4°.
(Bibliothèques : Nationale; — de Chartres.)

Idem opus, edente J. Behourt.

Rothomagi et Parisiis, Seb. Cramoisy; 1644, in-8°.
(Bibliothèque Nationale.)

Compendium de syllabarum quantitate.

Parisiis, Prigentius Calvarinus; 1556, in-4°.
(Bibliothèque de Reims.)

Libellus ex arte versificatoria.

Vitebergæ; 1533, in-12.
(Bibliothèque de l'Université.)

Orthographiæ præcepta.

>Parisiis; 1516, in-4°.
>(Bibliothèque de l'Arsenal.)
>Parisiis, s. n.; 1520, in-4°.
>(Bibliothèque Mazarine.)
>Antuerpiæ, Joan. Læus; 1551, in-8°.
>(Bibliothèque Nationale.)

Opuscula de orthographia, arte epistolica et figuris, cum Sulpitii Verulani grammatica.

>S. l.; 1528, in-4°.
>(Bibliothèque Nationale.)

Compendium Jo. Despauterii de syllabarum quantitate per Jo. Pelissonem excerptum.

>Parisiis, M. David; 1551, in-4°.
>(Bibliothèque de Dole.)
>Paris, s. n.; 1570, in-4°.
>(Bibliothèque Mazarine.)

Ars epistolica.

>Paris, Bad. Ascensius; 1515, in-8°, 35 pages.
>(Bibliothèque de Chartres.)
>Parisiis; 1517, in-4°.
>(Bibliothèque de l'Arsenal.)
>Parisiis, Bern. Aubri; 1521, in-8°.
>(Bibliothèque de Dijon.)
>Paris, Laur. Bullaire; 1526, in-8°, 21 pages.
>(Bibliothèque de Beaune.)

Institutionum libri VII.

>Coloniæ, Petr. Horst.; 1574, in-8°.
>(Bibliothèque de Besançon.)

De figuris liber.

>Parisiis, Jod. Badius; 1519, in-8°, 23 feuillets.
>(Bibliothèque de Montauban [Faculté de théologie protestante].)

DICKIUS (LEOPOLDUS).

Parisiis, Jod. Badius; 1528, in-4°.
(Bibliothèque de Besançon.)

Parisiis, Prigentius Calvarinus; 1547, in-4°.
(Bibliothèque de Reims.)

Index vocularum quarum aut constructio aut significatio insignior est.

Antuerpiæ, Joan. Latius; 1563, in-4°.
(Bibliothèque de Bergues.)

Opera.

Paris; 1537, in-folio.
(Bibliothèque de Toulouse.)

Lyon; 1582, in-4°.
(Bibliothèque de Toulouse.)

Toulouse; s. d., in-4°.
(Bibliothèque de Toulouse.)

DEVARIUS (MATTHÆUS)
[DEVARIS],
Né à Corfou, mort vers 1570.

De græcæ linguæ particulis.

Romæ, Zannettus; 1588, in-4°.
(Bibliothèque Mazarine.)

DICKIUS (LEOPOLDUS).

Methodus de optima studiorum ratione. Christianæ et civilis vitæ compendium.

S. l.; 1564, in-8°.
(Bibliothèque Mazarine.)

DIETHER (ANDREAS) AUGUSTANUS,

Humaniste allemand, né à Augsbourg, auteur de drames latins; xvie siècle.
Voir l'article de Scherer dans l'*Allgemeine deutsche Biographie*.

Thesaurus contexendarum epistolarum ad Ciceronem imitandum, ex operibus omnibus erudite collectus in pueritiæ usum.

    Aug. Vindel., H. Heyner; 1544, in-12.
(Bibliothèque Nationale.)

    Coloniæ; 1551, in-8°.
(Bibliothèque Mazarine.)

    Coloniæ, s. n.; 1562, in-8°.
(Bibliothèque Mazarine.)

    Coloniæ, Petr. Horst.; 1575, in-12, 430 pages.
(Bibliothèque de Neufchâteau.)

    Antuerpiæ, Hens. Henricius; 1575, in-8°.
(Bibliothèque Nationale.)

DIGGESEUS (THOMAS)
[THOMAS DIGGES],

Né dans le Kent, l'un des premiers géomètres de son temps, mort en 1595.
Voir sa monographie dans Chalmers, *General biographical Dictionary*.

Alæ, seu scalæ mathematicæ.

    Londini; 1573, in-4°.
(Bibliothèques : Nationale; — Mazarine; — Sainte-Geneviève.)

Geometria practica, sive pantometria.

    Londini; 1591, in-folio.
(Bibliothèques : Nationale; — Mazarine.)

DINNERUS (CONRADUS),

Philologue et historien allemand, né à Acron en 1540, mort en 1633.

Epithetorum græcorum farrago locupletissima.

Wirceburgi, s. n.; 1589, in-8°, 1,040 pages.
(Bibliothèque de Verdun.)

Francofurti, Andr. Wechelus; 1589, in-8°, 871 pages.
(Bibliothèques : Nationale; — de l'Arsenal; — Sainte-Geneviève; — de l'Université; — de Verdun.)

Hanoviæ, typis Wechelianis; 1605, in-8°.
(Bibliothèque de Chaumont.)

Lugduni, Ant. de Harsy; 1607, in-8°.
(Bibliothèques : Nationale; — de l'Arsenal; — de Béziers; — de Chartres.)

DINOTHUS (RICHARDUS),

Né à Coutances, mort en 1590.

Sententiæ historicorum per R. Dinothum collectæ.

Basileæ; 1580, in-12.
(Bibliothèque Mazarine.)

DODONÆUS
[REMBERT DODOENS],

Médecin et botaniste flamand, né à Malines en 1517.
Voir l'article d'Engler dans l'*Allgemeine deutsche Biographie.*

De sphæra, sive de astronomiæ et geographiæ principiis cosmographica isagoge Remb. Dodonæi med. recognita.

Lugduni Batav., Plantinus; 1584, in-8°.
(Bibliothèque Nationale.)

DOLET (ÉTIENNE),

Imprimeur et humaniste, né à Orléans en 1509, brûlé à Paris en 1546. — Voir Christie: *Dolet, the martyr of the Renaissance*, London, 1880, in-8°. — Voir aussi O. Douen: *Ét. Dolet. Ses opinions religieuses*, Paris, 1881, in-8°.

Commentariorum linguæ latinæ tomus primus (1536), tomus secundus (1538).

>Lugduni, Seb. Gryphius; 1536 et 1538, in-folio.
>>(Bibliothèques : Nationale; — Mazarine; — de l'Arsenal; — d'Aix-en-Provence; — de Besançon; — de Carpentras; — de Toulouse.)
>
>Basileæ; 1537, in-8°. (Abrégé des *Commentaires*.)
>>(Bibliothèques : Nationale; — de Cambrai; — de Chaumont; — de Nancy.)
>
>Basileæ, Westhemerus; 1540, in-8°. (Autre abrégé.)
>>(Bibliothèque de Besançon.)

Formulæ latinarum locutionum illustriorum.

>Lugduni, Seb. Gryphius; 1539, in-folio.
>>(Bibliothèque Nationale.)
>
>Lugduni, Doletus; 1539, in-folio.
>>(Bibliothèques : Nationale; — de l'Université; — d'Aix-en-Provence; — d'Avignon [musée Calvet]; — de Salins.)
>
>Argentorati; 1610, in-12.
>>(Bibliothèque d'Aix-en-Provence.)

Phrases et formulæ linguæ latinæ elegantiores.

>S. l.; 1576, in-12.
>>(Bibliothèque de l'Arsenal.)

La manière de bien traduire d'une langue en aultre... D'advantage de la ponctuation de la langue françoyse, des accents d'ycelle.

>Lyon, Étienne Dolet; 1540, in-4°.
>>(Bibliothèque Nationale.)
>
>Lyon, Dolet; 1542, in-4°, 80 pages.
>>(Bibliothèques: Mazarine; — de l'Arsenal; — de Moissac [M. Dario, professeur au collège].)
>
>Caen; 1550, in-8°.
>>(Bibliothèque Mazarine.)

DONATUS (ÆLIUS).

De la ponctuation de la langue françoise et de ses accents.

Lyon, Th. Payen; 1556, in-16.
(Bibliothèque de Besançon.)

Dialogus de imitatione Ciceroniana, adversus Des. Erasmum pro Chr. Longolio.

Lugduni, Seb. Gryphius; 1535, in-4°, 195 pages.
(Bibliothèques : Nationale; — de Montauban [Faculté de théologie protestante].)

De re navali liber ad Bayfium.

Lugduni, Seb. Gryphius; 1537, in-4°.
(Bibliothèque Nationale.)

Orationes duæ in Tholosam; ejusdem epistolarum libri II; ejusdem carminum libri II. — Ad eumdem epistolarum amicorum liber.

S. l. s. d., in-18, 147 pages. — On lit au dernier feuillet la devise de Dolet : *Durior est spectatæ virtutis quam incognitæ conditio.*
(Bibliothèque de Mende.)

Neapoli, M. de Ragusia; 1535, in-8°.
(Bibliothèque de Cambrai.)

Cato christianus, id est Decalogi expositio, etc.

Lugduni, Dolet; 1538.
(Bibliothèque de M. Christie.)

DONATUS (ÆLIUS),

Grammairien latin du IVe siècle, maître de saint Jérôme.
Voir Thurot : *Extraits des manuscrits latins.* Paris, Imprimerie nationale, 1869, in-4°.

De barbarismo et octo partibus orationis.

Vetus editio, circa 1480, in-folio.
(Bibliothèque Nationale.)

Coloniæ; 1536, in-8°.
(Bibliothèque Mazarine.)

DONATUS (ÆLIUS).

De barbarismo et octo partibus orationis, Servius et Sergius in Donatum.

Venetiis, Th. de Ragazonibus; 1495, in-folio.
(Bibliothèque Mazarine.)

Diomedis et Donati artes grammaticæ diligentissime repositæ cum annotationibus Joan. Cæsarii.

Parisiis, Jod. Badius; 1528, in-folio.
(Bibliothèques : Nationale; — d'Auch.)

De octo partibus orationis in dialogi formam latinam et gallicam redactus.

Parisiis, Rob. Stephanus; 1570, in-8°.
(Bibliothèque Mazarine.)

Ælii Donati editio prior et posterior. De barbarismo, vitiis et tropis. Servii Honorati in secundam editionem Donati interpretatio. Sergii comment. in eamdem.

Parisiis, Ascensius; 1516, in-folio.
(Bibliothèque Mazarine.)

Diomedis grammatici opus ab Joanne Cæsario emendatum. — Item, Donati de octo orationis partibus et barbarismo libellus.

Coloniæ, Soterus; 1536, in-8°.
(Bibliothèque Mazarine.)
Lipsiæ, J. Berwaldus; 1542, in-8°.
(Bibliothèque Nationale.)

De octo partibus orationis libri VIII.

Mediolani; 1520, in-4°.
(Bibliothèque Nationale.)

Iidem a Jo. Cæsario recogniti.

Haganoæ; 1526, in-8°, et Friburgi; 1553, in-8°.
(Bibliothèque Nationale.)

DONATUS (ÆLIUS).

De octo partibus orationis libellus.

Parisiis, Rob. Stephanus; 1536, in-8°.
(Bibliothèque Nationale.)

Parisiis, Rob. Stephanus; 1543, in-8°.
(Bibliothèque Mazarine.)

Parisiis, Rob. Stephanus; 1549, in-8°.
(Bibliothèque Mazarine.)

Parisiis, G. Buon; 1578, in-8°.
(Bibliothèque Nationale.)

Parisiis, Rob. Stephanus; 1585, in-8°.
(Bibliothèque Sainte-Geneviève.)

Parisiis, Rob. Stephanus; 1587, in-8°.
(Bibliothèque d'Abbeville.)

Luteliæ, G. Auvray; s. d., in-8°.
(Bibliothèque Nationale.)

Parisiis, Buon; 1587, in-8°.
(Bibliothèque de Chartres.)

Dionysii Apoll. Donati de octo partibus orationis libri VIII; accessere Senecæ junioris, Catonis Cordubensis ethicorum libri IV, sive disticha; cum commentariis M. Jo. Polycarpi Severitani, sibenicensis dalmatæ, ordinis prædicatorum.

Mediolani, Aug. de Vicomercato; 1520, in-4°.
(Bibliothèque Nationale.)

Æl. Donati methodus, scholiis H. Glareani illustrata et ejusdem octo tractatibus grammaticis aucta.

Tiguri, Christ. Froschoverus; 1534, in-8°.
(Bibliothèque Nationale.)

Lugduni, S. Gryphius; 1538, in-8°.
(Bibliothèque Mazarine.)

Methodus grammatices una cum interpretatione germanica, recognita et ab Henrico Glareano a mendis repurgata.

Argentorati, Chr. Mylius; in-8°.
(Bibliothèque Nationale.)

DONATUS (ÆLIUS).

De octo partibus orationis editio secunda : cum Servii et Sergii doctissima interpretatione suis locis inserta. Ejusdem Donati de barbarismo et solœcismo.

Parisiis, Rob. Stephanus; 1526, in-12.
(Bibliothèque Mazarine.)

Parisiis, Rob. Stephanus; 1531, in-12.
(Bibliothèques : Nationale; — de Chaumont.)

Parisiis, Rob. Stephanus; 1536, in-8°.
(Bibliothèque Nationale.)

Parisiis; 1539, in-8°.
(Bibliothèque de l'Université.)

Parisiis, Rob. Stephanus; 1540, in-8°.
(Bibliothèque Nationale.)

Parisiis, Rob. Stephanus; 1543, in-8°.
(Bibliothèque Nationale.)

Ælii Donati commentarii grammatici tres.

Parisiis, Rob. Stephanus; 1539, in-8°.
(Bibliothèque de Besançon.)

Parisiis, Rob. Stephanus; 1543, in-12, 180 pages, plus l'index.
(Bibliothèques : Nationale; — Musée pédagogique.)

Parisiis, Rob. Stephanus; 1560, in-8°.
(Bibliothèque Nationale.)

Barbarismus Donati, de figuris grammaticalibus libellus perutilis, incipit feliciter.

Petit in-4° goth. de 20 feuillets, sans lieu, ni date.

Le traité de Donat n'a que 8 feuillets, il est suivi de 2 opuscules de Priscien.
(Bibliothèque Nationale.)

De barbarismo, pedibus, tonis.

Basileæ; 1527, in-folio.
(Bibliothèques : Nationale; — Mazarine.)

De litteris et syllabis.

Sub prelo Ascensiano; 1528, in-folio.
(Bibliothèque de Neufchâteau.)

Donatus venerabilis magistri Joh. Gerson, cancellarii Parisiensis.

Norimbergæ, F. Creusnerus; s. d., in-folio.
(Bibliothèque Nationale.)

S. l. s. d., in-8° goth.
(Bibliothèque Mazarine.)

Donatus minor octo partium orationis.

Nurembergæ, Fr. Creuszner; s. d., in-folio goth.
(Bibliothèque Nationale.)

DONZELLINUS (CORNELIUS).

Methodus linguæ græcæ, libris IV comprehensa; una cum totius grammaticæ compendio. Adjecta est Symboli apostolici, christianæ precationis et Decalogi brevis expositio.

Basileæ, Jo. Oporinus; 1551, in-8°.
(Bibliothèque Nationale.)

DRESSERUS (MATTHÆUS)
[DRESCHER],

Philologue allemand, né à Erfurt en 1530, mort en 1607.
Voir l'article de Kæmmel dans l'*Allgemeine deutsche Biographie.*

Rhetoricæ inventionis, dispositionis et elocutionis libri IV, exemplis illustrati et emendati.

Basileæ, Oporinus; 1567, in-8°.
(Bibliothèque de Besançon.)

Lipsiæ, Joh. Steinman; 1585, in-8°.
(Bibliothèque Nationale.)

Orationes duæ : una de libris quos legere decet, altera de modo parandi facultatem sermonis elegantis cum D. Peiferi epistola ejusdem generis.

Lipsiæ, J. Apelius; 1596, in-8°.
(Bibliothèque Nationale.)

De ordine discendi consilium. Hortatio ad studium dicendi et historias cognoscendi. Oratio de studiis elequentiæ.

Tiguri; 1592, in-8°.
(Bibliothèque Mazarine.)

DROSÆUS (JOHANNES)
[JEAN DE DROSEY],

Jurisconsulte et philologue français enseignant à Caen au milieu du xvi° siècle. Voir Lacroix du Maine : *Bibliothèque française.*

Alphabetum hebraicum.

Parisiis, Chr. Wechelus; 1543, in-8°.
(Bibliothèques : Mazarine; — d'Abbeville; — de Reims.)

De litteris libri duo.

Lugduni Bat., Plantinus; 1599, in-8°.
(Bibliothèque de Troyes.)

Grammaticæ quadrilinguis partitiones in gratiam puerorum, autore Joanne Drosæo, in utroque jure doctore illustrissimo.

Parisiis, Ch. Wechelus; 1544, in-4°, 30 pages.
(Bibliothèques : Nationale; — de la Société de l'histoire du protestantisme.)

Parisiis, Car. Perier; 1554, in-4°.
(Bibliothèque Nationale.)

Parisiis, Car. Perier; 1558, in-4°.
(Bibliothèque d'Auxerre.)

DROIT DE GAILLARD.

Méthode qu'on doit suivre en la lecture de l'histoire.

Paris, Cavellat; 1579, in-8°.
(Bibliothèque Mazarine.)

Paris, Cavellat; 1580, in-8°.
(Bibliothèque de Chaumont.)

Paris, Regnault-Chauldière; 1604, in-12.
(Bibliothèque Nationale.)

DRYANDER (JOANNES),

Médecin et mathématicien allemand, mort en 1560.

Novi annuli astronomici, per Joh. Dryandrum excogitati, canones atque explicatio succincta.

Marpurgi, Euch. Cervicornus; 1536, in-4°.
(Bibliothèque Nationale.)

DU FLOS (JOANNES).

Rhetoricarum præceptionum tabulæ per Joannem Du Flos, Atrebatem.

Parisiis, Richard Roux; 1554, in-4°.
(Bibliothèques : Nationale; — Mazarine; — de Troyes.)

DÜRER (ALBERT),

Célèbre peintre allemand, né à Nuremberg en 1471, mort en cette ville en 1528.
Voir l'*Allgemeine deutsche Biographie* et Moriz Thausing : *Albert Dürer*. Paris, 1878.

Elementorum geometricorum libri IV, e germanico in latinum conversi.

 Lutetiæ, Chr. Wechelus; 1532, in-folio.
       (Bibliothèques : Mazarine; — de Cambrai.)
 Lutetiæ, Chr. Wechelus; 1535, in-folio.
   (Bibliothèques : Nationale; — Mazarine; — Sainte-Geneviève; — de Chaumont.)

DUVIVIER (GÉRARD)
[OU DU VIVRE],

Maître d'école français; enseignait à Cologne au xvi° siècle.

Synonimes, c'est-à-dire plusieurs propos tirez quasi tous à un mesme sens pour montrer la richesse de la langue françoise.

 Cologne, Heinrch von Och; 1565, in-12 de 284 pages.
       (Bibliothèque de Montbéliard.)

EBRARDUS BETHUNIENSIS
[ÉBRARD DE BÉTHUNE],

Grammairien du xiii° siècle.
Voir Thurot: *Extraits des manuscrits latins pour l'histoire des doctrines grammaticales.*

Ebrardus Bituniensis cum glosa J. Vincentii Metulini.

 Parisiis, Zent. Petrus; 1487, in-4°, 165 f. (gothique).
     (Bibliothèques : Sainte-Geneviève; — de Cambrai.)
 Parisiis, Petr. Levet; 1487, in-folio.
       (Bibliothèque de Nancy.)
 Parisiis, Petr. Levet; 1487, in-folio.
       (Bibliothèque de Chartres.)

Grecismus, cum interpretatione J. V. Metulini.

Rothomagi, Jac. Le Forestier; 1490, in-4°.
(Bibliothèque de Chaumont.)

Rothomagi, R. Goupil: 1490, in-4°.
(Bibliothèque Mazarine.)

S. l. s. d. [Poitiers, xv° siècle], in-folio goth.
(Bibliothèque Nationale.)

Magistri Ebrardi Bituniensis liber qui græcismus intitulatur, cum glossa Joannis Vincentii Metulini.

S. l. s. d., in-4° gothique.
(Bibliothèque Nationale.)

Ebrardi Bethuniensis liber.

Lugduni, Joh. de Prato; 1492, in-folio.
(Bibliothèque d'Aurillac.)

Rothomagi, Mart. Morin; 1498, in-4°.
(Bibliothèque de Saint-Brieuc.)

Ebrardus qui et grecismus vocitatur seu Ebrardi grammatica.

Rothomagi, R. Macé; 1499, in-4°, 1,866 pages.
(Bibliothèque de Cambrai.)

Grecismus cum commento magistri Focaudi Monieri.

S. l.; 1490, in-4°.
(Bibliothèque de Chaumont.)

Angoulême; 1493, in-4".
(Bibliothèque Mazarine.)

Græcismi liber una cum glosa magistri Joh. Vincentii Metulini in florente pictaviensi universitate regentis.

Rothomagi, Joh. Mauditier; 1500, in-4° gothique.
(Bibliothèque Nationale.)

EBRARDUS (UDALRICHUS).

Modus latinitatis.

Petit in-4° latin-allemand de 60 feuillets, dont les 52 premiers sont seuls numérotés au recto, imprimé en lettres gothiques.

La première page porte au verso :

Grammatice nove sinonima latina vulgari locutioni quam eleganter accommodantis: cum variis verborum et sententiarum flosculis ac differentiis notatu dignis, edite per venerabilem ac acri ingenio virum magistrum Udalrichum Ebrardi ex Neuburga claustrali Histro adjacenti, ac opera et industria providi Alberti Kunne de Duderstatt in insigni opido Memingen impressoris insignite, annexa orthographia vera in usum priscorum; regularum preterea de dicendi arte quam brevium ac accentuandi modo. Finis anno Domini 1489.

Suit la table des matières du premier livre.

(Bibliothèque Nationale.)

ECKIUS (JOANNES)
[JOHANN MAIER],

Théologien catholique allemand, né en 1486 à Ecken en Souabe, mort à Ingolstadt en 1543. — Voir l'article de Th. Wiedemann : *Dr Johann Eck.* Ratisbonne, 1865.

Epistola Joan. Eckii de ratione studiorum suorum; Erasmi Wolphii epistola de obitu ejusdem.

Ingolstadii, Alex. Weissenhorn; 1543, in-4°.

(Bibliothèque Nationale.)

Elementarius dialectices.

Augustæ Vindel., officina Millerana; 1517, in-4°.

(Bibliothèque Mazarine.)

ELIAS (LEVITA),

Critique et grammairien juif, né en 1472, mort à Venise en 1549.
Voir Rossi : *Dizionario storico degli autori ebrei.*

Grammatica hebraica (hebr. et lat.), interprete Seb. Munstero.

    Basileæ, J. Froben; 1525, in-8°.
        (Bibliothèques : Nationale; — Mazarine; — Sainte-Geneviève; — de Besançon.)

    Basileæ, Froben; 1543, in-8°.
        (Bibliothèque Nationale.)

    S. l. s. d., in-4°.
        (Bibliothèque Sainte-Geneviève.)

Composita verborum et nominum hebraicorum, latine per S. Munsterum.

    Basileæ, J. Froben; 1525, in-8°.
        (Bibliothèques : Nationale; — Mazarine.)

Ex variis libellis Eliæ Levitæ . . . . . congestum quidquid ad absolutam grammaticam hebræam est necessarium.

    Parisiis, Wechelus; 1539, in-4°.
        (Bibliothèque de Troyes.)

    Parisiis, Wechelus; 1544, in-8°.
        (Bibliothèque de Chartres.)

Vocabula hebraica irregularia, explicata et per S. Munsterum in lat. linguam versa.

    Basileæ, H. Petrus; 1536, in-8°.
        (Bibliothèque Mazarine.)

Petit dictionnaire d'anomaux hebraïques, traduit en latin par Seb. Munster.

    S. l.; 1536, in-8°.
        (Bibliothèque Nationale.)

ENGELHARTUS (VALENTINUS). 225

Lexicon hebraicum (heb. et lat.), interprete Paulo Fagio.

Isnæ; 1542, in-4°.
(Bibliothèque de Troyes.)
Basileæ; 1557, in-4°.
(Bibliothèques : Nationale; — Mazarine.)
S. l. s. d., in-4°.
(Bibliothèque Sainte-Geneviève.)

Opusculum hebraicum Thisbites inscriptum per P. Fagium latinitate donatum.

Isnæ in Algavia; 1541, in-4°.
(Bibliothèques : Nationale; — de Montauban [Faculté de théologie protestante]; — de Troyes.)

Sepher tob taam; id est liber boni sensus : tractatus de ratione accentuum hebraicorum.

Venetiis, Bombergus; 1538, in-4°.
(Bibliothèque Nationale.)

Accentuum hebraic. liber unus, interprete Seb. Munstero.

Basileæ, Henricpetrus; 1539, in-8°.
(Bibliothèque Nationale.)

ENGELHARTUS (VALENTINUS),

Mathématicien allemand, né à Gotha en 1556, vivait à Halle vers 1562.

Quadrans Planisphærii, nobilissimum instrumentum, cujus usu atque tractatione variæ tam astronomicæ quam geographicæ explicantur observationes per Valent. Engelhartum Gothanum.

Witebergæ; 1559, in-4°.
(Bibliothèques : Nationale; — Sainte-Geneviève.)

15

ENOCUS (LUDOVICUS)
[LOUIS ENOCH],

Grammairien et helléniste français, né à Issoudun, mort vers 1570 ; il fut principal du collège de Genève. — Voir Bordier : 2° édition de la *France protestante*.

Prima infantia utriusque linguæ (græcæ et latinæ) simul et gallicæ.

    Parisiis, Jac. Bogardus ; 1546, in-4°, 104 pages.
                                            (Bibliothèque de Dole.)

    Parisiis, Jac. Bogardus ; 1547, in-4°.
                                            (Bibliothèque Nationale.)

    Parisiis, R. Stephanus ; 1555, in-8°, 208 feuillets.
                                            (Bibliothèque de Cambrai.)

De puerili græcarum litterarum doctrina liber.

    S. l., Rob. Stephanus ; 1555, in-8°.
                                    (Bibliothèques : Nationale ; — Mazarine.)

    Genevæ ; 1555, in-8°, 208 pages.
                                (Bibliothèques : Nationale ; — d'Abbeville.)

    Parisiis, Rob. Stephanus ; 1565, in-8°.
                                  (Bibliothèque d'Aix-en-Provence.)

Partitionum grammaticarum liber primus.

    Genevæ, Conrad Badius ; 1555, in-8°.
                                       (Bibliothèque Mazarine.)

Partitionum grammaticarum libri I et II.

    Parisiis, Conrad Badius ; 1559, in-8°.
                                     (Bibliothèque de Chaumont.)

ERASMUS (DESIDERIUS) ROTERODAMUS
[ÉRASME],

Le prince des humanistes du xvie siècle, né à Rotterdam en 1467, mort à Bâle en 1536. — Voir Drummond : *Erasmus of Rotterdam*, Londres, 1873, 2 vol.; F.-C. Hoffmann : *Essai d'une liste d'ouvrages et dissertations concernant la vie et les écrits d'Érasme*, Bruxelles 1866; Feugère : *Érasme, étude sur sa vie et ses ouvrages*, Paris, Hachette, 1874, in-4°; A. Benoist : *Quid de puerorum institutione senserit Erasmus* (thèse), Paris, 1876, in-8°; Durand de Laur : *Érasme, précurseur de l'esprit moderne*. Paris, Didier, 1872, 2 vol. in-8°.

Cato pro pueris et opuscula aliquot.

Argentorati; 1516, in-4°.
(Bibliothèque Mazarine.)

Parisiis, Ant. Bonnemère; 1516, in-4°.
(Bibliothèque Mazarine.)

Parisiis, Badius; 1527, in-8°.
(Bibliothèque Mazarine.)

Moguntiæ, J. Schœffer; 1551, in-8°.
(Bibliothèque Mazarine.)

Disticha moralia Catonis cum scholiis.

Lugduni, S. Gryphius; 1529, in-8°.
(Bibliothèque Nationale.)

Voir CATON.

Colloquia familiaria.

Parisiis, H. Stephanus; 1518, in-4°, 63 feuillets.
(Bibliothèques : Mazarine; — de Cambrai.)

Basileæ, Froben; 1519, in-12.
(Bibliothèque de Montbéliard.)

Basileæ, Froben; 1524, in-18.
(Bibliothèque de Bayeux.)

Basileæ, Froben; 1526, in-12, 550 pages.
(Bibliothèques : Nationale; — de Béziers.)

Basileæ, N. Brylingerus; 1526, in-8°, 774 pages.
(Bibliothèque de Marseille.)

Lugduni, Seb. Gryphius; 1526, petit in-8°.
(Bibliothèque de Troyes.)

Basileæ, Hero Alopecius; 1526, in-8°.
(Bibliothèque Nationale.)

Lugduni, Hilayre; 1526, in-8°.
(Avignon [musée Calvet].)

Basileæ, Froben; 1527, in-8°.
(Bibliothèque Nationale.)

Basileæ, Froben; 1529, in-16.
(Bibliothèques : de l'Arsenal; — de Saint-Malo.)

Basileæ, Froben; 1531, in-8°.
(Bibliothèques : Nationale; — de Reims.)

Lovanii, Germ. Fiscus; 1532, in-8°.
(Bibliothèque Nationale.)

Lugduni, Seb. Gryphius; 1533, in-8°.
(Bibliothèque Nationale.)

Lugduni, Trechsel; 1533, in-8°, 669 pages.
(Bibliothèque d'Abbeville.)

Coloniæ, Jo. Gymnicus; 1533 et 1534, in-8°.
(Bibliothèque Nationale.)

Basileæ, Froben; 1533, in-8°.
(Avignon [musée Calvet].)

Venetiis, Petr. de Ravariis; 1536, in-8°.
(Bibliothèque Nationale.)

Lugduni, Seb. Gryphius; 1536, petit in-8°, 689 pages.
(Musée pédagogique.)

Coloniæ; 1540, in-8°.
(Bibliothèque de l'Arsenal.)

Antuerpiæ, Ant. Dumæus; 1541, petit in-8°, 711 pages.
(Bibliothèque de Verdun.)

Basileæ, Nic. Brylingerus; 1542, in-8°.
(Bibliothèque de Chaumont.)

Lugduni, Seb. Gryphius; 1542, in-12.
(Bibliothèques : Mazarine; — de Mende; — de Troyes.)

Basileæ, Mich. Ising; 1550, in-8°.
(Bibliothèque Nationale.)

Basileæ, N. Bryling.; 1551, in-8°.
(Bibliothèques : Nationale; — de l'Arsenal.)

ERASMUS (DES.) ROTERODAMUS.

Lugduni, Symph. Barbier; 1562, in-8°, 796 pages.
(Bibliothèque de Carcassonne.)

Antuerpiæ, Plantinus; 1567, in-16.
(Bibliothèque de Reims.)

Coloniæ, Petr. Horst; 1591, in-12, 678 pages.
(Bibliothèque de Montbéliard.)

Amstelodami, G. Janssonius; 1621, in-24.
(Bibliothèque Nationale.)

Hardervici; 1626, in-8°.
(Bibliothèque de l'Arsenal.)

Amstelodami, Janssonius; 1628, in-12.
(Bibliothèque de l'Université.)

Lugduni Batav., Elzevir; 1636, in-12.
(Bibliothèques : Nationale; — de l'Arsenal; — Sainte-Geneviève; — de Besançon.)

Amstelodami, Guil. Blaeuw; 1638, petit in-8°, 443 pages.
(Bibliothèque de l'Arsenal; — Musée pédagogique.)

Amstelodami, Elzevir; 1646, in-8°.
(Bibliothèque de l'Université.)

Amstelodami, Elzevir; 1650, in-8°.
(Bibliothèques : de l'Arsenal; — de Sainte-Geneviève; — de Chartres; — de Saint-Germain-en-Laye.)

Lugduni Batav., Fr. Hackius; 1655, in-8°, 677 pages.
(Bibliothèques : Nationale; — de l'Arsenal; — de Besançon; — du Puy.)

Parisiis; 1656, in-18.
(Bibliothèque de l'Université.)

Lugduni Batav., Fr. Hackius; 1664, in-12, 536 pages.
(Bibliothèques : Sainte-Geneviève; — de l'Arsenal; — de Marseille.)

Parisiis, vidua Cl. Thiboust; 1691, in-12.
(Bibliothèques : Nationale; — de Langres.)

Roterodami; 1693, in-8°.
(Bibliothèques : Nationale; — de l'Arsenal; — Sainte-Geneviève; — de Besançon.)

Lugduni, Molin; 1696, in-8°.
(Bibliothèques : de l'Arsenal; — de Pau.)

Paris, s. n.; 1697, petit in-8°.
(Bibliothèque de Chaumont.)

Colloquia, germanice reddita et figuris ornata per Justum Alberti.

Augustæ Vind., Henr. Steyner; 1545, in-folio.
(Bibliothèque Nationale.)

Repetendæ lectionis ratio, una cum vulgatioribus colloquendi formulis, quæ ad emendate loquendum et mores instituendos conducunt.

Parisiis, Lod. Begatius; 1550, in-4°.
(Bibliothèque Nationale.)

Modus repetendæ lectionis.

Parisiis; 1550, in-4°.
(Bibliothèque Nationale.)

Bernæ, Samuel Apiarius; 1556, in-8°.
(Bibliothèque de Carcassonne.)

Confabulationes tironum litterariorum per colloquia.

Antuerpiæ, Th. Cæsar; 1530, in-8°.
(Bibliothèque Nationale.)

Luciani dialogi aliquot per Des. Erasmum.

Florentiæ, heredes Juntæ; 1519, in-8°.
(Bibliothèque de Chaumont.)

Deventer, A. Palfrad; 1521, in-4° (gothique).
(Bibliothèque de Cambrai.)

Primus liber grammaticæ institutionis Theod. Gazæ, translatus ac titulis et annotatiunculis explanatus.

Lovanii, Th. Martinus; 1516, in-4°.
(Bibliothèque Nationale.)

Grammaticæ institutiones.

Parisiis, Rob. Stephanus; 1533, in-8°.
(Bibliothèque Nationale.)

Lutetiæ, Rob. Stephanus; 1534, in-8°.
(Bibliothèque de Chaumont.)
Parisiis, Rob. Stephanus; 1536, in-8°.
(Bibliothèque de Chaumont.)
Venetiis; 1545, in-8°.
(Bibliothèque Nationale.)
Lutetiæ, Rob. Stephanus; 1548, in-12.
(Bibliothèques : de Bayeux ; — de Chaumont.)

Selecti quidam ex Erasmo dialogi et ex iisdem loquendi formulæ.

Trecis, Claude Fèvre; 1674, in-24.
(Bibliothèque de Troyes.)

Les entretiens familiers d'Érasme, 1er, 2e et 3e décade.

Paris, Louis Billaine; 1662, in-12.
(Bibliothèque Nationale.)

Les Colloques, traduits en français par Guedeville.

Leyde, Van der Aa; 1720, 6 vol. in-12.
(Bibliothèques : de l'Arsenal ; — de Besançon.)

Antibarbarorum liber unus.

Coloniæ, Nic. Cæsar; 1518, in-4°.
(Bibliothèque Mazarine.)
Coloniæ; 1520, in-4°.
(Bibliothèque Nationale.)
Basileæ, Froben; 1520, in-4°.
(Bibliothèques : de Besançon ; — de Carpentras.)
Argentinæ, J. Knoblouchius; 1521, in-8°.
(Bibliothèque de Reims.)
Argentinæ, J. Knoblouchius; 1522, in-8°.
(Bibliothèque de l'Université.)
Argentinæ, Joan. Knoblouchius; 1527, in-12.
(Bibliothèque de Vesoul.)
Basileæ, Froben; 1535, in-12.
(Bibliothèques : Mazarine ; — de Montbéliard ; — de Chaumont.)

Carmina scholaria.

Argentinæ; 1514, in-4°.
(Bibliothèque de Besançon.)

S. l. s. n.; 1526, in-12.
(Bibliothèque de Neufchâteau.)

Concio de puero Jesu pronuntiata a puero in schola coletica nuper instituta Londini.

Argentinæ, Schurerius; 1514, in-4°.
(Bibliothèque de Besançon.)

Londini, Badius; 1519, in-4°.
(Bibliothèque de l'Arsenal.)

Lugduni, Johannes Frellonius; 1551, petit in-8°, 22 pages.
(Musée pédagogique.)

De duplici copia verborum ac rerum commentarii duo.

Antuerpiæ; 1516, in-12.
(Bibliothèque de Beaune.)

Snollæ, Simon Cornerius; 1520, in-4°, 102 feuillets.
(Bibliothèque de Cambrai.)

Schlestadii, L. Schurerius; 1521, in-4°.
(Bibliothèque Mazarine.)

Coloniæ, Euc. Cervicornus; 1527, petit in-8°, 212 pages.
(Bibliothèque de Verdun.)

Basileæ, Froben; 1534, in-4°.
(Bibliothèque Nationale.)

Parisiis, Chr. Wechelus; 1534, in-8°.
(Bibliothèque d'Épernay.)

Parisiis, Chr. Wechelus; 1535, in-8°.
(Bibliothèque de Chaumont.)

Lugduni, Seb. Gryphius; 1535, in-12, 446 pages.
(Bibliothèques : Nationale; — de Rodez; — de Mende.)

Basileæ, Frobenius; 1536, in-12.
(Bibliothèque de Beaune.)

Lugduni, Seb. Gryphius; 1537, in-8°.
(Bibliothèque d'Orléans.)

ERASMUS (DES.) ROTERODAMUS.

Parisiis, Joan. Libert; 1538, in-12, 647 pages.
(Bibliothèque de Marseille.)

Lugduni; 1539, in-12.
(Bibliothèque Mazarine.)

Parisiis, Chr: Wechelus; 1539, in-8°, 308 pages.
(Bibliothèque de Neufchâteau.)

Parisiis, Sim. Colinæus; 1539, in-12.
(Bibliothèques : Nationale; — de Neufchâteau.)

Parisiis, J. Lod. Tiletanus; 1540, in-8°.
(Bibliothèque Nationale.)

Lugduni, Seb. Gryphius; 1540, in-12.
(Bibliothèque de Saint-Brieuc.)

Lugduni, Seb. Gryphius; 1541, in-12.
(Bibliothèque de Beaune.)

Lugduni, Seb. Gryphius; 1543, in-12, 346 pages.
(Bibliothèque de Dôle.)

Antuerpiæ, Joan. Crinitus; 1546, in-8°.
(Bibliothèque Nationale.)

Lutetiæ, Rob. Stephanus; 1546, petit in-8°, 332 pages.
(Bibliothèques: de Verdun; — du Havre.)

Lugduni, Theob. Paganus; 1547, in-8°.
(Bibliothèque de Langres.)

Lugduni, Steph. Doletus; 1549, in-12, 346 pages.
(Bibliothèque de Mende.)

Lugduni, Seb. Gryphius; 1550, in-8°.
(Bibliothèques : Nationale; — de Saint-Malo.)

Lugduni, Ant. Vincentius; 1551, in-8°.
(Bibliothèque d'Angers.)

Londini, S. Badius; 1556, in-8°.
(Bibliothèque Nationale.)

Lugduni, Tornæsius; 1558, in-8°.
(Bibliothèques: Mazarine; — de Troyes.)

Basileæ, H. Bryling; 1567, in-8°.
(Bibliothèque Mazarine.)

Lugduni, Ant. Gryphius; 1570, in-8°, 320 pages.
(Bibliothèques : de Coutances; — de Troyes.)

De duplici copia verborum et rerum commentarii duo, adjectis ad marginem Chr. Hegendorphini scholiis : ejusdem de ratione studii et item de laudibus litterariæ societatis, reipublicæ et magistratuum urbis Argentinæ epistola plane Erasmica, hoc est elegans, docta et mire candida.

Parisiis, Sim. Colinæus; 1530, in-8°. (Bibliothèque Nationale.)

De duplici copia verborum ac rerum commentarii duo, multa accessione novisque formulis locupletati, una cum commentariis M. Veltkirchii.

Lipsiæ, Val. Papa; 1547, in-8°. (Bibliothèque Nationale.)

De verborum copia commentarius primus.

S. l. s. n. s. d., in-32, 362 pages. (Bibliothèque de Meaux.)

Epitome libri de copia verborum.

Antuerpiæ; 1527, in-8°. (Bibliothèque Nationale.)

Parisiis, Chr. Wechelus; 1535, in-8°, 86 pages. (Bibliothèque de Carcassonne.)

S. l. [Parisiis], Wechelus; 1542, in-8°, 86 pages. (Bibliothèque de Neufchâteau.)

De pueris liberaliter instituendis libellus.

Amstelodami; 1523, in-4°. (Bibliothèque Nationale.)

Argentorati, Chr. Egenolphus; 1529, in-8°. (Bibliothèque Nationale.)

De pueris statim ac liberaliter instituendis libellus et novus et elegans.

Lutetiæ, Wechelus; 1529, in-8°. (Bibliothèque de l'Arsenal.)

Basileæ, Froben; 1529, in-4°, 487 pages.
(Bibliothèques : de l'Arsenal ; — de Marseille.)

Lugduni, Seb. Gryphius; 1531, in-8°.
(Bibliothèque de Troyes.)

Parisiis, Christ. Wechelus; 1536, in-8°.
(Bibliothèques : de Cherbourg ; — de Neufchâteau.)

Lugduni; 1536, in-8°.
(Bibliothèque de Laval.)

Lugduni; 1541, in-8°.
(Bibliothèque de Troyes.)

Trecis, Nic. Paris; 1544, in-8°.
(Bibliothèques : Mazarine ; — de Troyes.)

Lugduni, Joh. Frellonius; 1550, in-8°.
(Bibliothèque de Lyon.)

Lugduni, Joh. Frellonius; 1551, in-8°.
(Bibliothèques : Mazarine ; — d'Avignon [musée Calvet].)

Lugduni, Ant. Vincentius; 1551, petit in-8°.
(Musée pédagogique ; — bibliothèque de Lyon.)

Bernæ, Samuel Apiarius; 1556, in-8°.
(Bibliothèques : Mazarine ; — de Carcassonne.)

Déclamation contenant la manière de bien instruire les enfants, avec un traité de la civilité puérile, de tout translaté du latin par P. Saliat.

Paris, Sim. de Colines; 1537, in-8°.
(Bibliothèque Mazarine.)

De ratione conscribendi epistolas (ou *Conscribendarum epistolarum ratio*).

Coloniæ, Hero Alopecius; 1522, in-12, 414 pages.
(Bibliothèque de Montbéliard.)

Basileæ, Froben; 1522, in-4°.
(Bibliothèque d'Orléans.)

Basileæ; 1522, in-12, 332 pages.
(Bibliothèque de Coutances.)

Argentorati, Knoblouchius; 1522, in-8°.
(Bibliothèque de Montbéliard.)

ERASMUS (DES.) ROTERODAMUS.

Parisiis, Simon Colinæus; 1523, in-12, 446 pages.
(Bibliothèque de Vesoul.)

Parisiis, Simon Colinæus; 1527, in-8°.
(Bibliothèques : d'Angers; — de Reims.)

Parisiis, C. Wechelus; 1530, in-8°.
(Bibliothèques : Mazarine; — de Rodez.)

Parisiis, Simon Colinæus; 1533, in-12.
(Bibliothèque de Vendôme.)

Lugduni, Seb. Gryphius; 1534, in-12.
(Bibliothèque d'Albi.)

Antuerpiæ, M. Hillenius; 1535, in-8°, 383 pages.
(Bibliothèque de Saint-Mihiel.)

Lugduni, heredes Vincentii; 1536, in-8°, 322 pages.
(Bibliothèque de Pau.)

Lugduni, Seb. Gryphius; 1536, in-8°.
(Bibliothèque Nationale.)

Parisiis, Sim. Colinæus; 1536, in-8°.
(Bibliothèque Nationale.)

Parisiis, Fr. Regnault; 1537, in-folio.
(Bibliothèques : de Saint-Malo; — de Sens.)

Lugduni, Seb. Gryphius; 1538, in-8°, 360 pages.
(Bibliothèques : de Bourg; — de Verdun.)

Parisiis, Sim. Colinæus; 1539, in-8°.
(Bibliothèque de Besançon.)

Lugduni, Seb. Gryphius; 1542, in-8°.
(Avignon [musée Calvet].)

Coloniæ Agrip., Gualt. Fabricius; 1554, in-12, 415 pages.
(Bibliothèque de Gray.)

Basileæ, N. Brylingerus; 1555, in-8°.
(Bibliothèques : de Cambrai; — de Montauban [Faculté de théologie protestante].)

Lugduni, Seb. Gryphius; 1556, in-8°, 335 pages.
(Bibliothèques : de Beaune; — de Tonnerre.)

Lugduni, Theob. Paganus; 1557, in-8°.
(Bibliothèques : Nationale; — Mazarine; — d'Angers; — de Carcassonne; — de Chaumont.)

Lugduni, Tornæsius; 1558, in-12.
(Bibliothèques : Mazarine; — d'Albi.)

Brevissima maximeque compendiaria conficiendarum epistolarum formula.

    Parisiis, Chr. Wechelus; 1530, in-8°.
                                      (Bibliothèque Mazarine.)
    Parisiis, Sim. Colinæus; 1532, in-8°.
                                      (Bibliothèque Nationale.)
    Basileæ; 1536, in-8°.
                                      (Bibliothèque de Chartres.)

De civilitate morum puerilium libellus.

    Parisiis, Wechelus; 1530, in-8°.
                             (Bibliothèques : Mazarine; — de Troyes.)
    Coloniæ, Jo. Gymnicus; 1531, in-12, 63 pages.
                                (Bibliothèque de Neufchâteau.)
    Lugduni, Seb. Gryphius; 1531, in-8°.
                           (Bibliothèques : de Besançon; — de Troyes.)
    Antuerpiæ, Guil. Vostermannus; 1533, in-8°.
            (Bibliothèque de Montauban [Faculté de théologie protestante].)
    Parisiis, Prigent. Calvarinus; 1534, in-8°.
                                  (Bibliothèque Nationale.)
    Parisiis, Sim. Colinæus; 1537, in-8°.
                        (Bibliothèques : de Besançon; — de Chartres.)
    Parisiis, Chr. Wechelus; 1537, in-8°.
                       (Bibliothèques : Nationale; — Mazarine.)
    Francofurti; 1537, in-8°.
                                  (Bibliothèque Nationale.)
    Coloniæ, Eucharius Cervicornus; 1538, petit in-8°.
                                 (Bibliothèque de Nancy.)
    Basileæ, Th. Platterus; 1538, in-8°.
                 (Bibliothèques : de Chaumont; — de la Rochelle.)
    Lugduni, Frellæus; 1539, in-8°.
                                  (Bibliothèque Nationale.)
    Lugduni; 1541, petit in-8°.
                                  (Bibliothèque de Troyes.)
    Lugduni, Ant. Vincentius; 1543, petit in-8°, 24 pages.
                                    (Musée pédagogique.)

Coloniæ, Martinus; 1545, in-12, 68 pages.
(Bibliothèque de Vesoul.)

Parisiis, Calderius; 1547, in-8°.
(Bibliothèques : Nationale; — de l'Arsenal.)

Parisiis, Rob. Stephanus; 1549, in-8°.
(Bibliothèques : de l'Arsenal; — de Carcassonne.)

Moguntiæ, Schæffer; 1550, in-12.
(Bibliothèque de Chalon-sur-Saône.)

Antuerpiæ, Jo. Læus; 1555, in-8°.
(Bibliothèque Nationale.)

Lugduni, Theob. Paganus; 1556, in-8°.
(Avignon [musée Calvet].)

Parisiis, Chr. Wechelus; 1558, in-8°.
(Bibliothèque Mazarine.)

Lugduni Batav, T. G. Horst; 1563, in-8°.
(Bibliothèque Mazarine.)

Paris, Thiboust; 1657, in-12, 131 pages.
(Bibliothèques : de l'Arsenal; — de Pau.)

Paris, Thiboust; 1664, in-12, 131 pages.
(Bibliothèque de Pau.)

Traicté de la civilité morale des enfants, traduict en françois par Cl. Hardy, parisien, âgé de neuf ans.

S. d., in-8°.
(Bibliothèque Nationale.)

Paris, Jean Sara; 1613, in-8°.
(Bibliothèque Mazarine.)

Lusus pueriles et dialogus de puero instituendo ad honestatem.

Parisiis, 1555; in-8°.
(Bibliothèque Nationale.)

Lusus pueriles ex Erasmo, M. Corderio et L. Vive. Quibus adjecimus ex ipso Corderio : De corruptis moribus vitandis inter scholasticos epistolam monitoriam; denique ex Erasmo : Dialogum de puero instituendo ad honestatem.

Parisiis, G. Buon; 1571, in-8°.
(Bibliothèque Nationale.)

Dialogus de recta latini græcique sermonis pronuntiatione.

Basileæ, Froben; 1528, in-8° (editio prima).
    (Bibliothèques : Nationale; — de l'Université; — de Reims.)

Parisiis, Rob. Stephanus; 1528, in-8°.
    (Bibliothèque de Troyes.)

Parisiis, Sim. Colinæus; 1528, in-8°.
    (Bibliothèques : Nationale; — de Marseille.)

Lugduni, Seb. Gryphius; 1528, in-8°, 321 pages.
    (Bibliothèques : de Besançon; — de Nîmes.)

Basileæ, offic. Frobeniana; 1529, in-8°, 485 pages.
    (Bibliothèque de Verdun.)

Parisiis, Rob. Stephanus; 1530, in-8°, 158 pages.
    (Bibliothèques : de Besançon; — de Langres; — de Verdun.)

Lugduni, Seb. Gryphius; 1531, in-12.
    (Bibliothèques : Nationale; — Mazarine; — d'Aix-en-Provence; — d'Albi; — de Béziers; — de Chaumont; — d'Orléans; — de Rodez.)

Basileæ, Froben; 1545, in-8°.
    (Bibliothèque Nationale.)

Parisiis, Rob. Stephanus; 1547, in-8°.
    (Bibliothèques : Nationale; — de l'Arsenal; — de l'Université; — de Carpentras; — de Reims.)

Basileæ, Froben; 1558, in-12.
    (Bibliothèque de Troyes.)

Lugd. Bat., J. Maire; s. d., in-12.
    (Bibliothèque de l'Arsenal.)

De conscribendis historiis.

Lugduni, Seb. Gryphius; 1542, in-12.
    (Bibliothèque de Béziers.)

De ratione instituendi discipulos.

Lugduni, Seb. Gryphius; 1531, in-8°.
    (Bibliothèque de Troyes.)

Parisiis, Christ. Wechelus; 1536, in-8°.
    (Bibliothèques : de Cherbourg; — de Neufchâteau.)

Lugduni; 1541, in-8°.
    (Bibliothèque de Troyes.)

De pueris liberaliter instituendis libellus et de ratione instituendi discipulos.

Parisiis; 1536, in-8°.
(Bibliothèque Mazarine.)

Ratio seu methodus compendio perveniendi ad veram theologiam.

Moguntiæ, Joan. Scheffer; 1519, petit in-8°, 156 pages.
(Bibliothèque de la Société de l'histoire du protestantisme français.)

Basileæ, Joan. Froben; 1522, petit in-8°.
(Bibliothèque de la Société de l'histoire du protestantisme français.)

Ecclesiastæ sive de ratione concionandi libri IV.

Antuerpiæ, Guil. Montanus; 1529, in-8°, 546 pages, plus l'index.
(Bibliothèque de la Société de l'histoire du protestantisme français.)

Basileæ, Froben; 1535, in-8°.
(Bibliothèques : de Chaumont; — de Montbéliard.)

Antuerpiæ; 1535, in-8°.
(Bibliothèque Nationale.)

Lugduni, Gryphius; 1543, in-8°.
(Bibliothèque de Troyes.)

De ratione studii et instituenda pueritia commentarii duo.

Lovanii, Th. Alostensis; 1512, in-4°.
(Bibliothèque Nationale.)

De ratione studii deque pueris instituendis commentariolus.

Argentorati, s. n.; 1526, in-8°.
(Bibliothèque Nationale.)

De ratione studii ac legendi interpretandique auctores liber.

Argentinæ, Math. Schurerius; 1514, in-4°.
(Bibliothèque de Besançon.)

ERASMUS (DES.) ROTERODAMUS.

Suollæ; 1520.
(Bibliothèque de Cambrai.)

Parisiis, Sim. Colinæus; 1526, in-8°.
(Bibliothèque de Reims.)

Argentinæ, Jos. Knoblouch; 1533, in-8°.
(Bibliothèque de Neufchâteau.)

Basileæ; 1541, in-8°.
(Bibliothèque Nationale.)

Trecis, Nic. Paris; 1542, in-8°.
(Bibliothèques : Mazarine; — d'Orléans.)

Lugduni, Th. Paganus; 1543, in-8°.
(Avignon [musée Calvet].)

Basileæ, Oporinus; 1556, in-8°.
(Bibliothèque de l'Université.)

Bernæ, Samuel Apiarius; 1556, in-8°.
(Bibliothèque de Carcassonne.)

Argentorati; 1576, in-8°.
(Bibliothèque de l'Arsenal.)

Amsterdam, Elzevir; 1645, in-12, 688 pages.
(Bibliothèque de Chartres.)

De ratione studii epistolæ duæ.

Parisiis, Dionysius a Prato; 1572, in-4°.
(Bibliothèque Nationale.)

S. l. s. d., in-4° de 8 pages, avec figures sur bois.
(Bibliothèque d'Angers.)

Ratio colligendi exempla.

Basileæ; 1537, in-8°.
(Bibliothèque Nationale.)

Bernæ, Samuel Apiarius; 1556, in-8°.
(Bibliothèque de Carcassonne.)

Primus liber directionum, discentibus prima elementa astronomiæ necessarius et utilissimus.

Tubingæ, hered. Mohardi; 1554, in-8°, 470 pages.
(Bibliothèque de Béziers.)

Paraphrasis in elegantias Laurentii Vallæ.

Parisiis, Rob. Stephanus; 1529, in-8°, 102 f.
(Bibliothèque de Verdun.)

Lugduni; 1530, in-8°
(Bibliothèque de Bourg.)

Parisiis, Rob. Stephanus; 1533, in-8°.
(Bibliothèque de Chaumont.)

Lugduni, Seb. Gryphius; 1535, in-8°, 215 pages.
(Bibliothèque d'Angers.)

Parisiis, Rob. Stephanus; 1537, in-8°.
(Bibliothèque Nationale.

Lugduni, Seb. Gryphius, 1538, in-8°.
(Bibliothèque Nationale.)

Lugduni, Steph. Doletus; 1541, in-8°.
(Bibliothèque d'Avignon [musée Calvet].)

Lugduni, Seb. Gryphius; 1541, in-8°.
(Bibliothèques : de Besançon; — de Cherbourg.)

Lugduni, Seb. Gryphius; 1543, in-8°, 237 pages.
(Bibliothèques : d'Avignon [musée Calvet]; — de Saint-Brieuc.)

Parisiis, Sim. Colinæus; 1545, in-8°.
(Bibliothèque Nationale.)

Parisiis, Rob. Stephanus; 1545, in-8°.
(Bibliothèque de l'Arsenal.)

Lugduni, God. Beringus; 1545, in-8°.
(Avignon [musée Calvet].)

Parisiis, Audoin; 1545, in-8°, 208 pages.
(Bibliothèque d'Angoulême.)

Parisiis; 1546, in-8°.
(Bibliothèque de l'Arsenal.)

Lugduni; 1547, in-8°.
(Bibliothèque Mazarine.)

Parisiis, Rob. Stephanus; 1548, in-8°.
(Bibliothèque Mazarine.)

Lugduni, Seb. Gryphius; 1550, in-8°, 199 pages.
(Bibliothèques : Nationale; — de Langres.)

Lugduni, Th. Paganus; 1551, in-8°.
(Avignon [musée Calvet].)

Lugduni, Ant. Vincentius; 1551, in-8°, 199 pages.
(Bibliothèque d'Abbeville.)

Lugduni, Seb. Gryphius; 1556, in-8°, 199 pages.
(Bibliothèque de Verdun.)

Francofurti; 1566, in-8°.
(Bibliothèque Nationale.)

Enchiridion militis christiani, saluberrimis refertum præceptis.

Argentorati, Schurerius; 1519, in-4°.
(Bibliothèque de Montbéliard.)

Basileæ, Froben; 1535, in-8°.
(Bibliothèque Nationale.)

Lugduni, Seb. Gryphius; 1538, in-8°, 227 pages.
(Bibliothèque de Neufchâteau.)

Lugduni, Seb. Gryphius; 1541, in-12, 230 pages.
(Bibliothèques : Nationale; — de Verdun.)

Antuerpiæ, Mich. Hillenius; 1542, in-8°, 96 pages.
(Bibliothèque de Bergues.)

Coloniæ, hered. Birckmanni; s. d., in-16.
(Bibliothèque Mazarine.)

Institutio principis Christiani saluberrimis referta præceptis, per Erasmum Roterodamum, præmissis præceptis Isocratis de regno, eodem interprete.

Lovanii, Th. M. Alostensis; 1515, in-4°.
(Bibliothèque de Cambrai.)

In ædibus Ascensianis; 1517, in-8°, 72 feuillets.
(Bibliothèque de Cambrai.)

Coloniæ; 1523, in-12.
(Bibliothèque d'Auxerre.)

Principis Christiani institutio per aphorismos digesta.

Venetiis, Aldus; 1515, in-12.
(Bibliothèque de l'Arsenal.)

Basileæ; 1516, grand in-8°.
(Bibliothèques : de l'Arsenal; — de Rodez.)

Venetiis, Aldus; 1518, in-8°.
(Bibliothèque de Chartres.)

Lugduni Batav., J. Maire; 1641, in-18.
(Bibliothèques : Nationale; — Musée pédagogique.)

Adagiorum collectanea.

Parisiis, J. Philippe; 1500, in-4°.
(Bibliothèques : Mazarine; — de Cherbourg.)

S. l., Ascensius; 1506, in-4°.
(Bibliothèque Mazarine.)

Parisiis, Denis Roce; 1506, in-4°.
(Bibliothèque Mazarine.)

Parisiis, Nic. de Pratis; 1507, in-4°.
(Bibliothèque de Reims.)

Argentorati, Schurerius; 1513, in-4°.
(Bibliothèque Mazarine.)

Parisiis, J. Regnault; 1543, in-8°.
(Bibliothèque Nationale.)

Adagia.

Basileæ; 1513, in-folio.
(Bibliothèque Nationale.)

Erasmi Roterodami veterum maxime insignium parœmiarum id est adagiorum collectanea.

Parisiis, J. Ph. Alemanus; 1505, in-4°.
(Bibliothèque Nationale.)

S. l., ædibus Ascensianis; 1516, in-4°, 65 f.
(Musée pédagogique.)

Adagiorum omnium tam græcorum quam latinorum aureum flumen.

Antuerpiæ, Martinus Cæsar; 1530, in-8°.
(Bibliothèque de Pau.)

ERASMUS (DES.) ROTERODAMUS.

Adagiorum chiliades tres ac centuriæ fere totidem.

Tubingæ, Thom. Anshelmus Badensis; 1514, in-4°.
(Musée pédagogique; — bibliothèque du Havre.)

Adagiorum opus.

Moguntiæ, s. n.; 1521, in-8°.
(Bibliothèque de Chaumont.)

Basileæ, Froben; 1523, in-folio.
(Bibliothèques : de Besançon; — de Cherbourg; — de Sens.)

Parisiis, Rob. Stephanus; 1523, in-folio, 373 feuillets.
(Bibliothèque d'Abbeville.)

Basileæ; 1526, in-folio.
(Bibliothèque de l'Arsenal.)

Basileæ, Froben; 1528, in-folio, 962 pages.
(Bibliothèques : d'Abbeville; — de Rodez.)

Lugduni, Seb. Gryphius; 1529, in-folio.
(Bibliothèques : de Besançon; — de Gray; — de Nîmes.)

Basileæ, Froben; 1533, in-folio.
(Bibliothèques : de l'Arsenal; — de Troyes.)

Basileæ, Froben; 1536, in-folio.
(Bibliothèque de Lunéville.)

Antuerpiæ, J. Dumans; 1540, in-8°.
(Bibliothèque de Sens.)

Basileæ, Froben; 1541, in-folio.
(Bibliothèque de Cherbourg.)

Lugduni, Seb. Gryphius; 1541, in-8°.
(Bibliothèques : d'Avignon [musée Calvet]; — de Sens; — de Tournus [Saône-et-Loire].)

Parisiis, Mauricius a Porta; 1543, in-8°, 110 feuillets.
(Bibliothèque d'Angoulême.)

Lugduni, Seb. Gryphius; 1548, in-folio.
(Bibliothèque de Tonnerre.)

Lugduni, Seb. Gryphius; 1550, in-folio.
(Bibliothèques : de l'Arsenal; — de l'Université; — du Havre; — de Saint-Malo; — de Troyes.)

Parisiis, Rob. Stephanus; 1558, in-folio, 1,126 col.
(Bibliothèques : d'Abbeville; — de Cambrai; — de Troyes.)

Lugduni; 1559, in-folio.
(Bibliothèque de Rodez.)

Basileæ, Froben; 1559, in-folio.
(Bibliothèque de Cambrai.)

Antuerpiæ, Plantinus; 1564, in-8°.
(Bibliothèque de Bourg.)

Parisiis; 1571, in-folio.
(Bibliothèque de Rodez.)

Parisiis, Mich. Sonnius; 1572, in-folio, 1,359 pages.
(Bibliothèque de Verdun.)

Adagiorum chiliades tres.

Venetiis, Aldus; 1518, in-folio.
(Bibliothèque de l'Arsenal.)

Adagiorum chiliades quatuor centuriæque totidem.

Venetiis, Aldus; 1520, in-folio.
(Bibliothèque Nationale.)

Adagiorum Des. Erasmi Rot. chiliades quatuor cum sesquicenturia : magna cum diligentia maturoque judicio emendatæ et expurgatæ. Quibus adjectæ sunt Henrici Stephani animadversiones.

Basileæ, H. Froben; 1536, in-folio.
(Avignon [musée Calvet].)

Basileæ, H. Froben; 1539, in-folio.
(Bibliothèque de Berne.)

Parisiis, Rob. Stephanus; 1558, in-folio.
(Bibliothèques : Nationale; — de l'Université; — d'Abbeville; — de Chartres.)

Lugduni, heredes Seb. Gryphii; 1559, in-folio, 1,315 pages.
(Bibliothèques : Mazarine; — de Carpentras; — de Meaux.)

Parisiis, Chesneau; 1572, in-folio.
(Bibliothèque de Bayeux.)

Parisiis, Mich. Sonnius; 1572, in-folio.
(Bibliothèque de Verdun.)

ERASMUS (DES.) ROTERODAMUS.

Basileæ, Episcopius; 1574, in-folio, 2 tomes en 1 volume.
(Bibliothèque de Pau.)

Parisiis, M. Chesneau; 1579, in-folio, 1,375 pages à 2 colonnes.
(Bibliothèques : Mazarine; — de Pau; — du Puy.)

Parisiis, Mich. Sonnius; 1579, in-folio.
(Bibliothèques : Nationale; — de l'Université; — du Havre; — de Pau.)

Lugduni, Seb. Gryphius; 1593, in-folio.
(Bibliothèque de Nîmes.)

S. l., A. Wechelus; 1599, in-folio.
(Bibliothèque Mazarine.)

Coloniæ, Aubertus; 1612, in-folio, 1,609 col.
(Bibliothèques : de l'Université; — de Meaux; — de Neufchâteau; — de Pau.)

Des. Erasmi Roter. adagiorum chiliades juxta locos communes digestæ. Quibus Hadriani Junii, Joannis Alexandri Brassicani, Joannis Ulpii, Gilberti Cognati, Cælii Rhodigini, Polydori Virgilii, Petri Godofredi, Caroli Bouilli, Adr. Turnebi et aliorum....adagia subjuncta sunt.

Parisiis, Mich. Sonnius; 1579, in-folio.
(Bibliothèque de Vendôme.)

S. l., hered. Andr. Wecheli; 1599, in-folio.
(Bibliothèques : de Montauban [Faculté de théologie protestante]; — de Pau.)

Basileæ, Froben; 1599, in-folio.
(Bibliothèque de Chartres.)

Aureliæ Allobrogum; 1606, in-folio.
(Bibliothèque de Pau.)

Epitome chiliadum adagiorum Erasmi ad commodiorem studiosorum usum per Hadrianum Barlandum conscripta.

Coloniæ, God. Hittorpius; 1527, petit in-8°, 287 pages.
(Bibliothèque de Verdun.)

Adagiorum Des. Erasmi epitome.

Amstelodami, Janssonius; s. d., in-18, 567 pages.
(Bibliothèque de Meaux.)

Lugduni, Seb. Gryphius; 1544, in-8°.
(Bibliothèques : Nationale; — de Cambrai; — de Pau.)

Lugduni, Seb. Gryphius; 1550, in-8°, 536 pages.
(Bibliothèque de Montbéliard.)

Lugduni, Seb. Gryphius; 1553, in-8°.
(Bibliothèques : Nationale; — du Havre; — de Pau; — de Verdun.)

Coloniæ, G. Fabricius; 1564, in-12, 450 pages.
(Bibliothèques : de Montbéliard; — de Reims.)

Antuerpiæ, Plantinus; 1564-1566, in-8°, 2 vol.
(Bibliothèques : Nationale; — de Pau; — de Troyes; — de Verdun.)

Parisiis, Chesneau; 1571, in-folio.
(Bibliothèque de Troyes.)

Epitome adagiorum ex novissima D. Erasmi recognitione per Eberhardum Tappium. . . aucta et emendata.

Coloniæ Agrip., Gualt. Fabricius; 1564, in-12.
(Bibliothèque de Montbéliard.)

Epitome adagiorum Des. Erasmi in locos digesta communes.

Parisiis, Beys; 1583, in-8°.
(Bibliothèques : de Chartres; — de Montauban [Faculté de théologie protestante]; — de Pau; — de Troyes.)

Epitome adagiorum Erasmi, Junii, Cognati et aliorum.

Antuerpiæ, Chr. Plantinus; 1564-1566, in-8°.
(Bibliothèque de Besançon.)

Genevæ, Jac. Chouet; 1593, in-12, 912 pages.
(Bibliothèques : Nationale; — de Béziers; — de Vesoul.)

Ciceronianus sive de optimo genere dicendi, cum aliis nonnullis.

Lugduni; 1528, in-8°.
(Bibliothèque de Nîmes.)

Basileæ, off. Frobeniana; 1529, in-8°.
(Bibliothèque de Verdun.)

Lugduni Batav., Gryphius; 1531, in-8°.
(Bibliothèque de Béziers.)

ERASMUS (DES.) ROTERODAMUS.

Dialogus Ciceronianus.

Lugduni Batav., Gryphius; 1643, in-24.
(Bibliothèque Nationale.)

De octo partium orationis constructione libellus.

Parisiis, Sim. Colinæus; 1511, in-8°.
(Bibliothèque de Chartres.)

Parisiis, Nic. de.Pratis; 1515, in-4°.
(Bibliothèque de Besançon.)

Parisiis, De la Barre; 1516, in-4°.
(Bibliothèque Mazarine.)

Florentiæ, hered. Juntæ; 1519, in-4°.
(Bibliothèque Nationale.)

Venetiis, Aldus; 1523, in-4°.
(Bibliothèques : Nationale; — de Besançon; — de Berne.)

S. l.; 1524, in-8°.
(Bibliothèque Nationale.)

Parisiis, Rob. Stephanus; 1535, in-8°, 208 pages.
(Bibliothèque d'Angers.)

Londini, Bertheletus; 1540, in-4°.
(Bibliothèque Mazarine.)

Parisiis, Car. Stephanus; 1542, in-12.
(Bibliothèque Nationale.)

Mayence, J. Schœffer; 1544, in-8°, 91 f.
(Bibliothèque d'Angers.)

Lugduni, Theob. Paganus; 1551, in-8°.
(Avignon [musée Calvet].)

Venetiis; 1554, in-8°.
(Bibliothèque Mazarine.)

De octo partium orationis constructione libellus, cum commentariis Junii Rabirii.

Parisiis, Rob. Stephanus; 1537, in-8°.
(Bibliothèque Nationale.)

Parisiis, Rob. Stephanus; 1538, in-8°.
(Bibliothèque Nationale.)

Parisiis, Rob. Stephanus; 1541, in-8°, 206 pages.
(Bibliothèques : Nationale; — Musée pédagogique.)

Paris, Simon Colinæus; 1542, in-8°, 103 feuillets.
(Bibliothèques : de Meaux; — de Vesoul.)

Lutetiæ, Rob. Stephanus; 1545, in-8°.
(Bibliothèque de Chaumont.)

Parisiis, Rob. Stephanus; 1550, in-8°, 199 pages.
(Bibliothèques : Nationale; — de Chalon-sur-Saône; — de Périgueux.)

Lugduni, Seb. Gryphius; 1550, in-8°.
(Bibliothèque de Verdun.)

Lutetiæ, J. Roigny; 1551, in-8°.
(Bibliothèque Nationale.)

Lugduni, Th. Paganus; 1554, in-12.
(Bibliothèque de Montbéliard.)

Parisiis, M. Menier; 1556, in-8°.
(Bibliothèque Nationale.)

Lugduni; 1557, in-12.
(Bibliothèque Mazarine.)

Lugduni, Seb. Gryphius; 1558, in-8°.
(Bibliothèque Nationale.)

Apophthegmatum sive scite dictorum libri sex.

Parisiis, Lud. Cyaneus; 1531, in-16, 446 pages.
(Bibliothèque de Saint-Malo.)

Apophthegmatum ex optimis utriusque linguæ scriptoribus per D. Erasmum Roter. collectorum libri octo (ou *Apophthegmatum opus*).

Basileæ, Froben; 1531, in-4°.
(Avignon [musée Calvet].)

Hagæ Comitum; 1531, in-12.
(Bibliothèque Mazarine.)

Parisiis, Lud. Ganæus; 1531, in-8°, 496 feuillets.
(Bibliothèques : de Cambrai; — de Tonnerre.)

Lugduni; 1531, in-8°.
(Bibliothèque de Rodez.)

ERASMUS (DES.) ROTERODAMUS.

Parisiis, Simon Colinæus; 1532, in-folio.
>(Bibliothèques : de Besançon; — de Chartres; — de Verdun.)

Basileæ, offic. Frobeniana; 1532, in-folio.
>(Bibliothèques : de l'Arsenal; — de l'Université; — de Sens.)

Parisiis, Chr. Wechelus; 1533, in-4°, 496 pages.
>(Bibliothèques : Mazarine; — de l'Arsenal; — de l'Université; — de Cambrai; — de Chaumont.)

Basileæ, Froben; 1535, in-12.
>(Bibliothèque de Bayeux.)

Lugduni, Gryphius; 1537, in-8°.
>(Bibliothèque de Pau.)

Coloniæ, Joan. Gymnicus; 1538, in-8°, 712 pages.
>(Bibliothèque du Puy.)

Lugduni; 1539, in-8°.
>(Bibliothèque de l'Arsenal.)

Coloniæ, Joan. Gymnicus; 1541, in-12.
>(Bibliothèque de Meaux.)

Lugduni, Seb. Gryphius; 1541, in-8°.
>(Bibliothèques : Nationale; — de Sens; — de Troyes; — de Vendôme.)

Lugduni, Seb. Gryphius; 1544, in-12, 609 pages.
>(Bibliothèques : Nationale; — de l'Arsenal; — de Mende; — de Salins.)

Coloniæ; 1545, in-8°.
>(Bibliothèque de l'Arsenal.)

Vinegia, Vaugris; 1546, in-8°.

N. B. — Traduction italienne.
>(Bibliothèque de Pau.)

Lugduni, Seb. Gryphius; 1547, in-32, 900 pages.
>(Bibliothèque de Meaux.)

Parisiis, Rob. Stephanus; 1547, in-folio.
>(Bibliothèques : Mazarine; — de l'Université; — d'Albi; — de Besançon; — de Chaumont; — de Sens.)

Coloniæ, Mart. Gymnicus; 1547, in-8°.
>(Bibliothèque de Montbéliard.)

Lugduni, Gryphius; 1548, in-12, 672 pages.
>(Bibliothèques : de l'Arsenal; — de Mende.)

ERASMUS (DES.) ROTERODAMUS.

Lugduni, Seb. Gryphius; 1550, in-16.
(Bibliothèque de Verdun.)

Lugduni; 1551, in-8°.
(Bibliothèque de l'Arsenal.)

Lugduni, s. n.; 1555, in-16.
(Bibliothèques : Sainte-Geneviève; — de Chaumont; — de Saint-Germain-en-Laye; — de Troyes.)

Lugduni, Gryphius; 1556, in-8°.
(Bibliothèque de Bourg.)

Basileæ, Froben; 1558, in-8°.
(Bibliothèques : de l'Arsenal; — de Montauban [Faculté de théologie protestante].)

Lugduni; 1558, in-8°.
(Bibliothèque de Rodez.)

Lugduni, J. Tornesius et Gazeius; 1558, in-8°, 672 pages.
(Bibliothèque d'Abbeville.)

Lugduni, Frellonius; 1562, in-12.
(Bibliothèque Nationale.)

Antuerpiæ, Plantinus; 1564, in-12.
(Bibliothèque de Troyes.)

Lugduni; 1573, in-16.
(Bibliothèques : de l'Université; — de Rodez.)

Les apophthegmes translatés en français par Ant. Macault.

Paris, J. Froben; 1543, in-12.
(Bibliothèque de Besançon.)

Lyon, Guil. Roville; 1549, in-16.
(Bibliothèque Nationale; — de l'Arsenal.)

Les trois derniers livres des apophthegmes.

Paris, J. Longis; 1553, in-8°, 191 feuillets.
(Bibliothèque du Puy.)

Les trois derniers livres des apophthegmes mis en français par V. Sertenas.

Paris, V. Sertenas; 1553, in-8°.
(Bibliothèque Mazarine.)

ERASMUS (DES.) ROTERODAMUS.

Publii Syri mimi auctiores et ordine commodiori quam hactenus descripti ac latina D. Erasmi et gallica explicatione ad puerorum captum accommodati.

Parisiis, Guil. Morelius; 1561, in-16, 79 pages.
(Musée pédagogique.)

Latina explicatio cum gallica P. Syri mimorum auctiorum.

Parisiis, J. Benenatus; 1576, in-8°.
(Bibliothèques : Nationale; — Mazarine.)

Parabolæ sive similia Desid. Erasmi.

Basileæ; 1514, petit in-8°.
(Musée pédagogique.)

Lovanii, Th. Mart. Alostensis; 1515, in-4°.
(Bibliothèques : Nationale; — de Vendôme.)

Parisiis, J. Badius Ascensius; 1516, in-8°.
(Bibliothèque de Chaumont.)

Argentorati, Schurer; 1516, in-4°.
(Bibliothèques: Mazarine; — de Besançon.)

Argentinæ, Knoblouchius; 1522, in-8°.
(Bibliothèque Nationale.)

Parisiis, Sim. Colinæus; 1533, in-8°.
(Bibliothèque de Carcassonne.)

Basileæ; 1529, in-8°.
(Bibliothèque de Troyes.)

Parisiis, Sim. Colinæus; 1540, in-8°.
(Bibliothèques : Nationale; — Mazarine; — de Besançon; — de Montauban [Faculté de théologie protestante].)

Lugduni, Gryphius; 1542, in-12.
(Bibliothèques : de Bayeux; — de Mende.)

Friburgi, Steph. Melch. Grovius; 1544, petit in-8°.
(Bibliothèque de Besançon.)

Antuerpiæ, Mich. Hillenius; 1545, in-8°, 166 pages.
(Bibliothèque de Bergues.)

ERASMUS (DES.) ROTERODAMUS.

Basileæ, Frobenius; 1545, in-8°.
(Bibliothèques : Nationale; — de Besançon.)

Lugduni, Séb. Gryphius; 1550, in-folio.
(Bibliothèque de Carcassonne.)

Aliquot epistolæ.

Lovanii, Martin; 1517, petit in-4°.
(Bibliothèques : de Troyes; — de Rodez.)

Basileæ; 1518, in-4°.
(Bibliothèque de l'Université.)

Argentorati, Schurerius; 1519, in-4°.
(Bibliothèque de Montbéliard.)

Basileæ, J. Hervagius; 1528, in-4°.
(Bibliothèque Nationale.)

Epistolæ.

Coloniæ; 1530, in-8°.
(Bibliothèque Nationale.)

Epistolæ familiares.

Basileæ, Barth. Westhemerus; 1541, in-8°, 688 pages.
(Bibliothèque de la Société de l'histoire du protestantisme français.)

Lugduni, Seb. Gryphius; 1542, in-8°, 206 pages.
(Bibliothèques : Mazarine; — de l'Université; — de Verdun.)

Antuerpiæ, J. Crinitus; 1545, in-8°.
(Bibliothèques : Nationale; — de Besançon.)

Breviores aliquot epistolæ.

Parisiis, Sim. Colinæus; 1524, in-8°.
(Bibliothèque d'Avignon [musée Calvet].)

Elegantiarum ex Plauto et Terentio libri II. — Publii mimorum et sententiarum ex poetis similium liber I cum expositionibus Roterodami et Georgii Fabricii.

Basileæ, per Ludov. Lucium; 1555, in-12.
(Bibliothèque Nationale.)

Epistolæ et colloquia.

    Basileæ; 1558, in-folio.

                              (Bibliothèque de Bourg.)

Modus orandi Deum.

    Parisiis, Chr. Wechelus; 1539, in-8°.
                          (Bibliothèques : Nationale; — de Cherbourg.)
    Parisiis, Vivantius Gautherot; 1542, in-32.
                              (Musée pédagogique.)

Exomologesis, sive modus confitendi.

    Basileæ, Froben; 1524, in-8°.
                              (Bibliothèque Mazarine.)
    Parisiis, Wechelus; 1534, in-8°.
           (Bibliothèques : Nationale; — Mazarine; — de Cherbourg.)

Modus confitendi.

    Parisiis; 1538, in-16.
                        (Bibliothèque de Sainte-Geneviève.)
    Parisiis, Vivantius Gautherot; in-32.
                              (Musée pédagogique.)

Manière de se confesser, par M. Érasme, Roterodame, translatée en françois (par Cl. Chansonnette).

    Bâle; 1524, in-8°.
                              (Bibliothèque Mazarine.)

Opera omnia.

    Basileæ, Frobenius; 1540, 9 vol. grand in-folio.
        (Bibliothèques : Nationale; — Mazarine; — de l'Arsenal; — de Carpentras; — du Havre; — de Neufchâteau; — de Sens; — de Troyes.)

ERYTHRÆUS (VALENTINUS),

Pédagogue allemand, né à Lindau en 1521, professeur de rhétorique à Strasbourg et à Nuremberg; mort en 1570. — Voir l'article de Hahn dans l'*Allgemeine deutsche Biographie*.

Liber de grammaticorum figuris, tam singulorum, quam constructorum verborum, etc.

  Argentorati; 1549, in-12.   (Bibliothèque d'Albi.)

  Argentorati, Chr. Mylius; 1561, in-8°.
         (Bibliothèques : Nationale; — de l'Arsenal.)

Σχηματισμοὶ τῆς διαλεκτικῆς, *hoc est tabulæ Val. Erythræi, Lindaviensis, in quatuor libros dialecticarum partitionum Johannis Sturmii.*

  Parisiis, Th. Richardus; 1548, in-4°. (Bibliothèque Nationale.)

  Argentinæ, Christ. Mylius; 1551, in-folio. (Bibliothèque Nationale.)

  Argentinæ, Chr. Mylius; 1555, in-folio. (Bibliothèque Nationale.)

  Argentinæ, Chr. Mylius; 1561, in-folio. (Bibliothèque Nationale.)

De elocutione libri tres.

  Argentorati, Jos. Ribelius; 1567, in-8°.
         (Bibliothèques : Nationale; — de l'Arsenal.)

De ratione legendi, explicandi et scribendi epistolas libri tres, cum præfatione Joan. Sturmii.

  Argentorati, N. Wyriot; 1573, in-8°. (Bibliothèque Nationale.)

  Argentorati; 1576, in-8°.   (Bibliothèque de l'Arsenal.)

ESTIENNE (ROBERT),

Célèbre imprimeur et philologue, né à Paris en 1503, mort à Genève en 1559.
Voir l'article ESTIENNE dans la *Nouvelle Biographie générale*.

Dictionarium, seu latinæ linguæ thesaurus cum gallica interpretatione (ou *Dictionarium latino-gallicum*).

Parisiis, Rob. Stephanus; 1531, in-folio, 2 vol.
    (Bibliothèques : Nationale; — de l'Université; — de Beaune; — de Besançon; — de Cambrai; — de Sens; — de Troyes.)

Parisiis, Rob. Stephanus; 1536, in-folio.
    (Bibliothèques : Nationale; — d'Angers; — d'Avignon [musée Calvet]; — de Chartres; — de Nîmes; — de Sens; — de Verdun.)

Parisiis, Rob. Stephanus; 1538, in-folio.
    (Bibliothèques : d'Angoulême; — de Saint-Malo; — de Troyes; — de Verdun.)

Parisiis, Rob. Stephanus; 1543, in-folio.
    (Bibliothèques : Nationale; — de l'Université; — d'Avignon [musée Calvet]; — de Chalon-sur-Saône; — de Gray; — de Marseille.)

Lutetiæ, Rob. Stephanus; 1544, in-folio.
    (Bibliothèque Nationale.)

Parisiis, Rob. Stephanus; 1546, in-folio, 757 pages.
    (Bibliothèques : Nationale; — de Cambrai; — de Chaumont; — de Montbéliard; — de Périgueux; — de Verdun.)

Parisiis, Car. Stephanus; 1551, in-folio, 1,430 pages.
    (Bibliothèque de Coutances.)

Lutetiæ, Car. Stephanus; 1552, in-folio, 1,430 pages.
    (Musée pédagogique; — bibliothèques : de Neufchâteau; — de Troyes.)

Lutetiæ, S. Honoratus; 1570, in-folio.
    (Bibliothèques : Nationale; — de Chartres.)

Lutetiæ, Car. Stephanus; 1570, in-folio.
    (Bibliothèque de Montbéliard.)

Lugduni, Gryphius; 1573, in-folio, 2 vol.
    (Bibliothèque d'Albi.)

Lugduni, Phil. Thinghius; 1573, in-folio.
    (Bibliothèques : Nationale; — Mazarine; — de Saint-Brieuc.)

Lutetiæ, Fr. Stephanus; 1591, in-folio.
    (Bibliothèque Nationale.)

ESTIENNE (ROBERT).

Rob. Stephani thesaurus linguæ latinæ cum annotationibus Henrici Stephani et animadv. Ant. Birrii.

 Basileæ; 1740, in-folio, 4 vol.
  (Bibliothèques : Nationale; — Mazarine; — Sainte-Geneviève; — de l'Université; — de Besançon; — de Bourg; — de Chaumont; — de Marseille; — du Puy; — de Verdun.)

Gallicæ grammaticæ libellus, latine conscriptus in gratiam peregrinorum qui eam linguam addiscere cupiunt.

 Parisiis, R. Stephanus; 1569, petit in-8°, 126 pages.
  (Bibliothèques : Nationale; — Musée pédagogique; — de Carpentras.)

 Parisiis; 1582, in-8°.
  (Bibliothèque Mazarine.)

Traité de la grammaire françoise.

 Paris, Rob. Estienne; 1557, in-folio, 110 pages.
  (Bibliothèque de Cambrai.)

 Paris, Jacques du Puys; 1569, in-8°.
  (Bibliothèques : de Besançon; — de Chartres.)

 Paris, R. Estienne; 1569, petit in-8°, 118 pages.
  (Bibliothèques : Nationale; — Musée pédagogique; — de Carpentras; — de Chaumont; — de Nîmes.)

 S. l., R. Estienne; s. d., in-8°.
  (Bibliothèque Mazarine.)

Grammatica gallica.

 S. l.; 1558, in-12.
  (Bibliothèque de l'Université.)

Les déclinaisons des noms et verbes.

 Paris, Rob. Estienne; 1546, in-8°.
  (Bibliothèque de Besançon.)

La manière de tourner en langue françoise les verbes actifs, passifs, gérondifs, supins et participes; item les verbes imperson-

nels aïans termination active ou passive avec le verbe substantif nommé sum.

    Paris, Rob. Estienne; 1535, in-8°.

                                              (Bibliothèque Nationale.)

    Paris, Chaudière; 1546, in-8°.

                                              (Bibliothèque Mazarine.)

Les déclinaisons des noms et verbes que doivent sçavoir entièrement par cueur les enfans, ausquels on veut bailler entrée à la langue latine, ensemble la manière de tourner en langue françoise les verbes actifs, passifs, gérondifs, supins et participes, avec le verbe substantif nommé sum, volo, nolo, *etc.*, *aussi les impersonnels. — Des huict parties d'oraison. — La manière d'exercer les enfans à décliner les noms et les verbes.*

    Paris, Rob. Estienne; 1543, in-8°.

                                  (Bibliothèques : Nationale; — de Chaumont.)

Dictionariolum puerorum.

    Parisiis, R. Stephanus; 1550, in-4°.

                                            (Bibliothèque d'Épernay.)

    Lugduni, Car. Hélie Le Prieur; 1567, in-8°.

                                      (Bibliothèque de Montbéliard.)

    Parisiis; 1574, in-4°.

                                          (Bibliothèque Mazarine.)

    Lugduni; 1578, in-4°.

                                          (Bibliothèque Mazarine.)

Roberti Stephani lexicographorum principis thesaurus linguæ latinæ, divisus in quatuor tomos.

    Basileæ; 1740, 4 vol. in-folio, 700 pages pour chaque volume.

                                (Bibliothèques : de Meaux; — de Verdun.)

Hebræa, Chaldæa, Græca et Latina nomina quæ in Bibliis leguntur.

    Parisiis, Rob. Stephanus; 1537, in-8°.

                                    (Bibliothèque de l'Université.)

ESTIENNE (ROBERT).

Dictionarium propriorum nominum virorum, mulierum, populorum, idolorum, urbium, fluviorum, montium, cæterorumque locorum quæ passim in libris profanis (et Bibliis) leguntur.

Parisiis; 1512, in-4°.
(Bibliothèque d'Albi.)

Parisiis; 1541, in-4°.
(Bibliothèques : Nationale; — Mazarine; — de Chartres.)

Parisiis, Rob. Stephanus; 1549, in-4°.
(Bibliothèques : Nationale; — de Verdun.)

Coloniæ Agr., G. Fabricius; 1554, in-8°.
(Bibliothèque Nationale.)

Antuerpiæ; 1570, in-4°.
(Bibliothèque de Chaumont.)

Petit dictionnaire français-latin et latin-français.

Paris; 1560, in-4°.
(Bibliothèque Mazarine.)

Dictionnaire françois-latin, ou les mots françois avec les manières d'user d'iceulx, tournez en latin.

Paris, Rob. Estienne; 1539, in-folio, 523 pages.
(Bibliothèques : de Troyes; — de Verdun.)

Paris, Rob. Estienne; 1546, in-folio.
(Bibliothèque de Troyes.)

Paris, Rob. Estienne; 1549, in-folio, 674 pages.
(Bibliothèques : Nationale; — de l'Université; — d'Abbeville; — de Beaune; — de Cambrai; — de Troyes.)

Paris, Rob. Estienne; 1562, in-folio.
(Bibliothèque de Laon.)

Le même, *augmenté et revu par maistre Jehan Thierry.*

Paris, J. Macé; 1564, in-folio.
(Bibliothèques : Nationale; — de l'Université.)

Paris, Gorbin; 1572, in-folio.
(Bibliothèque Nationale.)

Recueil de fables contenant : *Æsopi Phrygis vita et fabulæ a viris doctissimis in latinam linguam conversæ; apologi ex chiliadibus adagiorum Erasmi, ex Lamia Politiani, Crinito, Johanne Antonio Campano, Gellio, Gerbellio, Mantuano et Horatio.*

Fabulæ Aniani, Hadriano Barlando et Guilelmo Hermanno interpretibus; fabulæ item Laur. Abstemii.

Parisiis, Rob. Stephanus; 1537, in-8°.

(Musée pédagogique.)

De latinis et græcis nominibus arborum, fruticum, herbarum, piscium et avium liber cum gallica appellatione.

Lutetiæ, Rob. Stephanus; s. d., in-8°.

(Bibliothèque de l'Arsenal.)

ESTIENNE (FRANÇOIS),

Frère aîné de Robert Estienne; mort en 1558. — Voir Renouard : *Annales de l'imprimerie des Estienne.* Paris, 1843, in-8°.

Principia elementaria, juvenibus maxime accommodata : quibus naturæ verborum subnectuntur.

Parisiis; 1538, in-8°.

(Bibliothèque d'Auxerre.)

Parisiis, Sim. Colinæus; 1541, in-8°.

(Bibliothèque de Chaumont.)

Les principes et premiers élémentz de la langue latine, par lesquelz tous jeunes enfans seront facilement introduictz à la congnoissance d'icelle.

Parisiis, Sim. Colinæus; 1543, in-8°.

(Bibliothèque de Chaumont.)

ESTIENNE (CHARLES),

Frère de Robert; né en 1504, mort en 1564.

De recta latini sermonis pronunciatione et scriptura libellus.

    Parisiis, Fr. Stephanus; 1538, in-8°.
                                           (Bibliothèque Nationale.)

    Parisiis, Fr. Stephanus; 1541, in-8°.
        (Bibliothèques : Nationale; — Mazarine; — de l'Université; — de Verdun.)

Latinæ linguæ cum græca collatio ex Prisciano.

    Parisiis, C. Stephanus; 1554, in-8°.
        (Bibliothèques : Mazarine; — de l'Université; — de Besançon; — de Reims.)

De re vestiaria et de vasculis ex Bayfio.

    Parisiis, Rob. Stephanus; 1536, 1541 et 1547, in-8°.
                                           (Bibliothèque Nationale.)

De re hortensi libellus, vulgaria herbarum, florum ac fructuum qui in hortis conseri solent nomina vocibus latinis efferre docens, in puerorum utilitatem.

    Parisiis, Rob. Stephanus; 1536, in-8°.
        (Bibliothèques : Nationale; — Mazarine; — de l'Université; — de Besançon; — du Havre; — de Mende.)

    Lugduni, Gryphius; 1536, in-8°.
                                         (Bibliothèque Sainte-Geneviève.)

    Parisiis, Rob. Stephanus; 1539, in-8°.
                        (Bibliothèques : Sainte-Geneviève; — de Verdun.)

    Trecis, Nic. Paris; 1542, in-8°.
        (Bibliothèques : Mazarine; — Sainte-Geneviève; — de Chaumont; — de Troyes.)

    Parisiis, Rob. Stephanus; 1545, in-8°.
                                           (Bibliothèque Nationale.)

Seminarium sive plantarium earum arborum quæ post hortos conseri solent... in puerorum gratiam atque utilitatem.

    Parisiis, Rob. Stephanus; 1536, in-8°.
                          (Bibliothèques : Nationale; — de Mende.)

    Lugduni, hered. Sim. Vincentii; 1537, in-12.
                      (Bibliothèques : Sainte-Geneviève; — de l'Université.)

    Parisiis, Rob. Stephanus; 1540, in-12.
                      (Bibliothèques : Sainte-Geneviève; — de l'Université.)

    Parisiis, Rob. Stephanus; 1548 et 1554, in-8°.
                                (Bibliothèque Nationale.)

    Parisiis, Rob. Stephanus; 1558, in-8°.
                              (Bibliothèque de Chaumont.)

Prædium rusticum in adolescentulorum bonarum litterarum studiosorum gratiam.

    Parisiis, Car. Stephanus; 1554, in-12.
                            (Bibliothèque de Béziers.)

Dictionarium græco-latinum.

    Parisiis, typis auctoris; 1551, in-folio.
                            (Bibliothèque de Saint-Brieuc.)

Dictionarium latino-græcum magnam partem ex Budæo excerptum : collectore Car. Stephano.

    Parisiis, Car. Stephanus; 1554, in-4°.
            (Bibliothèques : Nationale; — de Montauban [Faculté de théologie protestante].)

Dictionarium historicum ac poeticum.

    Lutetiæ, Joan. Macæus; 1561, in-4°, 366 feuillets.
            (Bibliothèques : Nationale; — Sainte-Geneviève; — de l'Université; — de Corbeil; — de Verdun.)

    Genevæ; 1566, in-4°.
                              (Bibliothèque Nationale.)

    Lutetiæ; 1578, in-4°.
                              (Bibliothèque de l'Université.)

ESTIENNE (CHARLES).

Novum dictionarium historicum ac poeticum.

Lugduni; 1575, in-4°. (Bibliothèque Nationale.)

Lugduni; 1579, in-4°. (Bibliothèque Nationale.)

Lutetiæ, Joan. Macæus; 1579, in-4°. (Bibliothèque du Havre.)

Lugduni; 1581, in-4°. (Bibliothèque Nationale.)

Dictionarium historicum, geographicum et poeticum.

Lutetiæ, Jo. Macæus; 1561, in-4°. (Bibliothèque Nationale.)

Lugduni, Her. Gallus; 1579, in-4°. (Bibliothèque Nationale.)

Lugduni; 1595, in-4°. (Bibliothèque Nationale.)

Parisiis, N. Buon; 1620, in-4°. (Bibliothèque de Saint-Malo.)

Genevæ, Jac. Crispinus; 1621, in-4°, 1,139 pages.
(Bibliothèques : Sainte-Geneviève; — de Marseille; — de Mende.)

Genevæ, Jac. Crispinus; 1627, in-4°, 1,132 pages.
(Bibliothèque de Marseille.)

Genevæ, Jac. Crispinus; 1633, in-4°, 1,132 pages.
(Musée pédagogique.)

Londini, B. Fooke; 1686, in-folio.
(Bibliothèques : de l'Université; — de Marseille.)

Dictionarium latino-gallicum.

Lutetiæ, Car. Stephanus, 1551, in-folio. (Bibliothèque de Coutances.)

Lutetiæ, C. Stephanus; 1552, in-folio.
(Bibliothèques : de l'Université; — Musée pédagogique; — d'Albi; — d'Angers; — d'Avranches; — de Bourg; — de Laon; — de Neufchâteau.)

Parisiis, typis auctoris; 1561, in-folio.
(Bibliothèques : Nationale; — Sainte-Geneviève; — de Troyes; — de Vesoul.)

Lutetiæ; 1562, in-folio. (Bibliothèque Sainte-Geneviève.)

ESTIENNE (HENRI II).

Petit dictionnaire françois-latin.

Paris, chez Ch. Estienne; 1559, in-4°.
(Bibliothèque Nationale.)

Dictionarium latino-gallicum; accesserunt dictiones græcæ suis quæque latinis respondentes.

Parisiis, Jac. Dupuys; 1570, in-folio.
(Bibliothèques : Nationale; — de l'Université.)

Thesaurus Ciceronis a C. Stephano concinnatus.

Parisiis, C. Stephanus; 1556, in-folio.
(Bibliothèques : Nationale; — de Chaumont.)

Dicta sapientum Græciæ, versibus gallicis reddita, cum interpretatione latina.

Parisiis; 1542, in-12.
(Bibliothèque Nationale.)

Dicta septem sapientium, gr. et lat.

Parisiis; 1569, in-8°.
(Bibliothèque de l'Arsenal.)

ESTIENNE (HENRI II),

Fils de Robert; né à Paris en 1528, mort à Lyon en 1598.

Dialogus de bene instituendis græcæ linguæ studiis.

[Parisiis], H. Stephanus; 1587, in-4°.
(Bibliothèques : Nationale; — Mazarine; — de Besançon.)

De abusu linguæ græcæ, in quibusdam vocibus quas latina usurpat admonitio.

Parisiis, H. Stephanus; 1543, in-8°.
(Bibliothèque Nationale.)

ESTIENNE (HENRI II).

Parisiis, H. Stephanus; 1561, in-8°.
(Bibliothèques : Mazarine; — de Chartres.)

Parisiis, H. Stephanus; 1563, petit in-8°, 107 pages.
(Bibliothèques : Nationale; — Mazarine; — de Cambrai; — de Carpentras; — de Chartres.)

Parisiis, H. Stephanus; 1573, in-8°.
(Bibliothèques : Nationale; — Mazarine; — de Besançon.)

De latinitate falso suspecta expostulatio.

Parisiis, H. Stephanus; 1576, in-8°.
(Bibliothèques : Nationale; — Mazarine; — de l'Université; — d'Aix-en-Provence; — de Besançon; — de Montauban [Faculté de théologie protestante].)

Paralipomena grammaticarum græcæ linguæ institutionum, cum animadversionibus in quasdam grammaticorum traditiones.

Lutetiæ, H. Stephanus; 1581, in-8°.
(Bibliothèques : Nationale; — Mazarine.)

Pseudo-Cicero, dialogus H. Stephani.

S. l., H. Stephanus; 1577, in-8°.
(Bibliothèque Nationale.)

Nizoliodidascalus, sive monitor Ciceronianorum Nizolianorum dialogus.

Parisiis, H. Stephanus; 1578, in-8°, 200 pages.
(Bibliothèques : Nationale; — Mazarine; — de Besançon; — de Cambrai; — de Verdun.)

Project du livre intitulé : « *De la précellence du langage françois.* »

Paris, Mamert Patisson; 1579, in-8°.
(Bibliothèques : Nationale; — Mazarine; — d'Aix-en-Provence; — de Besançon; — de Chalon-sur-Saône; — de Chaumont; — de Marseille; — de Montauban [Faculté de théologie protestante]; — de Troyes.)

ESTIENNE (HENRI II).

Traicté de la conformité du langage françois avec le grec.

Paris, H. Stephanus; 1557, in-8°, 159 pages.
(Bibliothèque de Cambrai.)

Paris; s. d., in-8°.
(Musée pédagogique.)

Parisiis, Rob. Stephanus; 1569, in-8°, 191 pages.
(Bibliothèques : Nationale; — Mazarine; — d'Aix-en-Provence; — de Besançon; — de Chartres; — de Chaumont; — de Marseille.)

Paris, Jacques du Puis; 1569, petit in-8°, 171 pages.
(Bibliothèques : de l'Université; — de Carpentras.)

Thesaurus græcæ linguæ.

Parisiis, H. Stephanus; 1572, in-folio, 4 vol.
(Bibliothèques : Nationale ; — Sainte-Geneviève; — Musée pédagogique ; — d'Abbeville; — d'Albi; — d'Angers; — de Besançon; — de Béziers; — de Cambrai; — de Chaumont; — de Coutances; — du Havre; — de Nancy; — de Nîmes; — de Saint-Brieuc; — de Troyes; — de Vendôme; — de Verdun; de Vesoul.)

(2ᵉ édition) s. l., H. Stephanus; in-folio, 4 vol.
(Bibliothèques : de Chalon-sur-Saône; — de Carcassonne; — de Marseille; — de Pau.)

Thesaurus græcæ linguæ ab Henrico Stephano constructus.

Steph. Oliva, sine anno, cum appendice; in-folio.
(Bibliothèques : Nationale; — Sainte-Geneviève; — de l'Université; — d'Avignon [musée Calvet]; — de Dole; — de Verdun.)

Lettre de H. Estienne sur son Thesaurus linguæ græcæ.

Parisiis, H. Stephanus; 1569, in-8°, 63 pages.
(Bibliothèques : Mazarine; — de Besançon; — de Cambrai.)

Ciceronianum Lexicon græco-latinum ab Henrico Stephano.

Parisiis, ex officina ejusdem; 1557, in-8°.
(Bibliothèques : Nationale; — Mazarine; — Sainte-Geneviève; — de l'Université; — d'Avignon [musée Calvet]; — de Chaumont.)

ESTIENNE (HENRI II).

Virtutum encomia, sive gnomæ de virtutibus, ex poetis et philosophis utriusque linguæ excerptæ, græcis versibus adjecta interpretatione Henrici Stephani.

Parisiis, H. Stephanus; 1573, in-16.
(Bibliothèques : Nationale; — d'Avignon [musée Calvet]; — de Besançon; — de Chartres.)

Glossaria duo e situ vetustatis eruta ad utriusque linguæ cognitionem et locupletationem perutilia. Item, de atticæ linguæ seu dialecti idiomatibus commentarius Henrici Stephani.

Parisiis, H. Stephanus; 1572, in-folio.
(Bibliothèques : Sainte-Geneviève; — d'Avignon [musée Calvet]; — de Chalon-sur-Saône.)

Parisiis, H. Stephanus; 1573, in-folio.
(Bibliothèques : Nationale; — Mazarine; — de l'Université; — Musée pédagogique; — de Beaune; — d'Épernay; — de Laon; — de Reims; — de Verdun.)

Lexicon græco-latinum recentiss., ad formam ab Henrico Stephano, et post hunc a Io. Scapula observatum.

S. l., Guil. Læmarius; 1598, in-8° à 2 col.
(Bibliothèque du Puy.)

Lugduni, Ant. Candidus; 1602, in-4°.
(Bibliothèque de Mende.)

Lexicon græco-latinum seu epitome thesauri græcæ linguæ.

Oliva, P. Stephanus; 1607, in-4°.
(Bibliothèque Nationale.)

Coloniæ Allobrogum; 1609, gr. in-8°.
(Bibliothèques : de Béziers; — de Montauban [Faculté de théologie protestante].)

Coloniæ Allobrogum, P. Balduinus; 1611, in-4°.
(Bibliothèques : Nationale; — de Chaumont; — de Troyes.)

Coloniæ Allobrogum, Petrus Aubertus; 1616, in-8° à 2 col. non paginé.
(Bibliothèques : Nationale; — du Puy.)

Genevæ, Petr. Aubertus; 1621, in-4°.
(Bibliothèque de Besançon.)

Ebroduni, societ. Caldoriana; 1623, in-4°.
(Bibliothèque Nationale.)

Deux dialogues du nouveau langage françois italianisé.

Paris, Henry Estienne; 1578, in-12, 323 pages.
(Bibliothèque de Verdun.)

Paris, Mamert Patisson; 1579, in-8°.
(Bibliothèques : Nationale; — de l'Arsenal; — de Besançon.)

Anvers, Guil. Niergue; 1579, in-16.
(Bibliothèque Nationale.)

S. d. [circa 1579], in-8°.
(Bibliothèque de Troyes.)

S. l. s. n. s. d., in-12 et in-16.
(Bibliothèque Mazarine.)

Anvers; 1583, in-12.
(Bibliothèque de l'Arsenal.)

Schediasmatum variorum, id est observationum, emendationum, expositionum, disquisitionum libri tres.

Lutetiæ, typis auctoris; 1578, in-8°.
(Bibliothèques : Nationale; — Mazarine; — de Besançon; — de Carcassonne.)

Hypomneses de gallica lingua peregrinis eam discentibus necessariæ : quædam vero ipsis etiam Gallis multum profuturæ; gallicam patris sui (R. Stephani) grammaticem adjunxit.

Parisiis, H. Stephanus; 1582, in-8°.
(Bibliothèques : Nationale; — Mazarine; — de la Société de l'histoire du protestantisme français; — de Besançon; — de Chartres.)

Tractatus de orthographia quorumdam vocabulorum.

Parisiis; 1568, in-12.
(Bibliothèque de l'Université.)

ESTIENNE (HENRI II).

De criticis veteribus Græcis et Latinis, eorumque variis, apud poetas potissimum, reprehensionibus, dissertatio.

Parisiis, typis auctoris; 1587, in-4°.

(Bibliothèque Nationale.)

Apophthegmata græca regum, ducum, philosophorum aliorumque ex Plutarcho et Diogene Laertio, græce, cum latina interpretatione.

Parisiis; 1568, in-12.

(Bibliothèque Nationale.)

Comicorum græcorum sententiæ, græcis et latinis versibus redditæ et annotatiunculis illustratæ. Item comicorum latinorum sententiæ.

Parisiis; 1569, in-32.

(Bibliothèque Nationale.)

Parodiæ morales in poetarum veterum sententias celebriores, totidem versibus græcis redditas.

Parisiis; 1575, in-8°.

(Bibliothèques : Nationale; — Mazarine; — de l'Université; — de Montauban [Faculté de théologie protestante].)

Expositiones et animadversiones in adagia Erasmi cum ipsius editione.

Parisiis; 1558 et 1579, in-folio.

(Bibliothèque Nationale.)

Anthologia, seu florilegium diversorum epigrammatum veterum, auctum et in septem libros divisum, græce.

Parisiis, typis H. Stephani; 1566, in-4°.

(Bibliothèques : Nationale; — de Montauban [Faculté de théologie protestante].)

Epigrammata græca selecta ex anthologia, interpretata ad verbum et carmine.

Parisiis, typis H. Stephani; 1570, in-8°.
(Bibliothèque Nationale.)

Anthologia gnomica; sive illustres veterum græcæ comœdiæ scriptorum sententiæ, prius editæ ab H. Stephano, qui singulas latine convertit, nunc duplici insuper interpretatione metrica auctæ.

Francofurti, G. Corvinus; 1579, in-8°.
(Bibliothèque Nationale.)

EYB (ALBERT DE),

Polygraphe allemand, né en 1420, mort en 1475, camérier du pape Pie II.
Voir l'*Encyclopédie* d'Ersch et Gruber.

Margarita poetica.

En sous-titre :

Preciosa hæc grammatica in se continet : præcepta, clausulas, auctoritates atque sententias memoratu dignas ex diversorum philosophorum, historicorum, oratorum, poetarum multorumque aliorum clarorum virorum libris in unum collectas : quæque ad artem bene dicendi recteque vivendi formam plurimum conducunt cum exemplari diversorum orationum subjunctione.

In-folio de 161 feuillets.

On lit à la fin :

Margarita poetica..... feliciter finem adepta est MCCCCII (1502) *die* VII *septembris.*

(Bibliothèque de M. d'Ollendon.)

FABER (BASILIUS)
[SORANUS],

Érudit allemand, né à Sora (basse Lusace) en 1520, recteur à Erfurt, mort vers 1576. Voir H. Weissenborn : *Hierana*. Erfurt, 1862.

Disciplina scholastica.

    Lipsiæ, Val. Voegelinus; 1570, in-8°.
                        (Bibliothèque de la Société de l'histoire du protestantisme.)

Disciplina scholastica; accesserunt leges scholasticæ Ad. Siberi, status scholarum saxonicarum Julii ducis Brunfvicensis, Baptistæ Mantuani sententiæ, scholiis illustratæ.

    Lipsiæ, J. Steinmanus; 1579, in-8°.
                        (Bibliothèque Nationale.)

Disciplina scholastica; leges scholasticæ Ad. Siberi; Bapt. Mantuani sententiæ argumentis brevibus illustratæ.

    Quedelburgi; 1565, in-8°.
                        (Bibliothèque Nationale.)

Thesaurus eruditionis scholasticæ.

    Lipsiæ; 1572, in-folio.
                        (Bibliothèques : Mazarine; — Sainte-Geneviève.)

    Lipsiæ, Val. Voegelinus; 1593, in-folio.
                        (Bibliothèque d'Orléans.)

    Lipsiæ; 1672, in-folio.
                        (Bibliothèque de l'Arsenal.)

    Lipsiæ, Gleditsch; 1692, in-folio.
                        (Bibliothèque Nationale.)

Le dictionnaire des six langages.

    Rouen, L. Villain; 1611, in-12.
                        (Bibliothèque de Troyes.)

FABER (HENRICUS),
Pédagogue allemand du milieu du xvi° siècle.

Compendiolum musicæ pro incipientibus.

Norimbergæ; 1561, in-8°.
(Bibliothèque Mazarine.)

Argentinæ, Ant. Bertramus; 1596, in-8°.
(Bibliothèque Nationale.)

Norimbergæ; 1604, in-8°.
(Bibliothèque Nationale.)

Erfurti; 1665, in-8°.
(Bibliothèque Nationale.)

FABER (JACOBUS) STAPULENSIS
[JACQUES LEFÈVRE D'ÉTAPLES],

Savant protestant français, né vers 1455, professa la philosophie au collège du cardinal Lemoine; mort en 1536. — Voir Graf : *Etude sur la vie et les écrits de Lefèvre*, dans le *Zeitschrift für die historische Theologie*, anno 1852, et Herminjard : *Correspondance des Réformateurs*, t. I et III.

Ars moralis, in magni Moralia Aristotelis introductoria.

Parisiis, Guido Mercator; 1499, in-4°.
(Bibliothèque de Besançon.)

Dialogus Jacobi Stapulensis in physicam introductionem. A la suite : *Introductio in physicam Aristotelis.*

Cracoviæ, Joh. Haller; 1510, petit in-4° gothique.
(Musée pédagogique.)

Paraphrasis totius philosophiæ naturalis, cum Clichtovei scholiis.

Parisiis, H. Stephanus; 1510, in-folio.
(Bibliothèque d'Abbeville.)

FABER (JACOBUS) STAPULENSIS.

Paraphrases totius philosophiæ naturalis Aristotelis a Franc. Vatablo recognitæ, itemque introductio metaphysica.

    Parisiis, Sim. Colinæus; 1528, in-8°.
          (Bibliothèque Nationale.)

    Parisiis, Sim. Colinæus; 1532, in-8°.
          (Bibliothèque de Troyes.)

Artificialis introductio in X libros ethicorum Aristotelis.

    Parisiis, H. Stephanus; 1517, in-folio.
          (Bibliothèque Nationale.)

    Parisiis, Richardus; 1560, in-4°.
          (Bibliothèque Nationale.)

    Wittembergæ; 1596, in-8°.
          (Bibliothèque Nationale.)

Introductio Jacobi Fabri Stapulensis in ethicen Aristotelis cum dialogo Leonardi Aretini de moribus, etc.

    Parisiis; 1559, in-4°.
          (Bibliothèque de Chartres.)

Moralis J. Fabri Stapulensis in ethicen introductio Jod. Clichtovei Neoportuensis familiari commentario elucidata.

    Parisiis, Sim. Colinæus; 1537, in-8°.
          (Bibliothèque de Cambrai.)

Epitome in duos libros arithmeticos divi Severi Boetii.

    Parisiis; 1503, in-folio.
          (Bibliothèques : Mazarine; — Sainte-Geneviève.)

    Parisiis, H. Stephanus; 1510, in-folio.
          (Bibliothèques : Nationale; — de Chartres.)

    Parisiis, H. Stephanus; 1514, in-folio.
          (Bibliothèques : Nationale; — Mazarine.)

    Parisiis, Jac. Bogardus; 1543, in-8°, 32 pages.
          (Bibliothèque de Carcassonne.)

FABER (JACOBUS) STAPULENSIS.

Epitome in arithmeticam Boetii : geometria, perspectiva, astronomia.

Parisiis, H. Stephanus; 1503, in-folio.
(Bibliothèque de l'Arsenal.)

Epitome et introductio in libros arithmeticos Boetii.

Parisiis; 1496, in-folio.
(Bibliothèque de l'Université.)

Parisiis; 1503, in-folio.
(Bibliothèques : de l'Université; — de Salins.)

Parisiis, Sim. Colinæus; 1522, in-folio.
(Bibliothèque Nationale.)

Parisiis, Martinus Juv.; 1549, in-8°.
(Bibliothèque Nationale.)

In libros arithmeticos S. Boetii introductio.

Basileæ; 1536, in-8°.
(Bibliothèque Mazarine.)

Elementa arithmetica cum demonstrationibus.

Parisiis; 1496, in-folio.
(Bibliothèque de l'Université.)

Introductiones nonnullæ logicales per J. Clichtoveum collectæ.

Vetus editio in-4°.
(Bibliothèque Nationale.)

Parisiis, Guiot Marchant; 1496, in-folio.
(Bibliothèque de l'Université.)

Elementa musicalia.

Parisiis; 1496, in-folio.
(Bibliothèque de l'Université.)

Parisiis, H. Stephanus; 1514, in-folio.
(Bibliothèques : Nationale; — Mazarine; — de Chartres.)

Parisiis, Cavellat; 1552, in-4°.
(Bibliothèque Nationale.)

Parisiis; 1563, in-folio.
(Bibliothèque Mazarine.)

FABER (JACOBUS) STAPULENSIS.

Musica, libris IV demonstrata.

Parisiis, G. Cavellat; 1551, in-4°.
(Bibliothèque de Besançon.)

Parisiis, G. Cavellat; 1552, in-4°.
(Bibliothèques : Mazarine; — de Carpentras.)

Rithmimachiæ ludus.

Parisiis, H. Stephanus; 1514, in-folio.
(Bibliothèques : Nationale; — da Chartres.)

Astronomicon.

Parisiis; s. d., vetus editio in-folio.
(Bibliothèque Nationale.)

Commentarii in sphæram.

Venetiis; 1499, in-folio, et Parisiis; 1527, in-folio.
(Bibliothèque Nationale.)

In hoc libro continetur introductorium astronomicum theorias corporum cœlestium duobus libris complectens : adjecto commentario (a Jod. Clichtoveo).

Parisiis, H. Stephanus; 1517, in-4°, 66 f.
(Bibliothèques : de l'Université; — du Puy; — de Tulle.)

Georgii Trapezontii de dialectica commentarius et censura.

Lugduni; 1543, in-8°.
(Bibliothèque Mazarine.)

S. l.; 1547, in-8°.
(Bibliothèque Mazarine.)

Arithmetica X libris demonstrata a Jordano Nemorario; musica, epitome in arithmet. Boetii, Rithmimachiæ ludus qui et pugna numerorum appellatur; autore Jac. Fabro Stapul.

Parisiis, Henr. Stephanus; 1514, in-folio.
(Bibliothèque Nationale.)

Elementa arithmetica, cum demonstrationibus J. Fabri Stapulensis.

Parisiis, Henric. Stephanus; 1514, in-folio.

(Bibliothèque Nationale.)

FABRI (PIERRE),

Curé de Méray. Théologien et littérateur français du commencement du XVIe siècle.
Voir Pasquier : *Recherches de France.* 1560.

Le grand et vrai art de pleine rhétorique, par lequel ung chacun pourra facilement composer et faire toute description tant en prose qu'en rithme.

Rouen, Symon Gruel; 1521, in-4°, 152 f.

(Bibliothèques : Nationale; — de l'Université; — de Cambrai.)

Paris, Janot; 1534, in-12.

(Bibliothèque de l'Arsenal.)

Paris, Pier. Sergent; 1534, in-8°.

(Bibliothèque Nationale.

Paris; 1539, in-8°.

(Bibliothèques : Nationale; — de l'Arsenal.)

Lyon, Arnoullet; 1536, in-8°.

(Bibliothèque Nationale.)

Paris; 1544, in-8°.

(Bibliothèques : Mazarine; — de Chartres.)

FABRICIUS BODERIANUS
[GUI LE FÈVRE DE LA BODERIE],

Orientaliste français, né à la Boderie (Normandie) en 1541, mort vers 1598.
Voir Niceron : *Mémoires pour servir à l'histoire des hommes illustres*, t. XXXVIII.

Ad nobiliores linguas communi methodo componendas isagoge; cui accessit de litterarum hebraicarum laudibus oratio.

Parisiis, Steph. Prevosteau; 1588, in-4°.

(Bibliothèques : Nationale; — Mazarine; — d'Aix-en-Provence; — de Chartres.)

FABRICIUS (GEORGIUS)
[GOLDSCHMIDT],

Philologue allemand, né en 1516 à Chemnitz (Saxe), mort en 1571.
Voir Baumgarten Crusius : *De Georgii Fabricii vita et scriptis*. Meissen, 1839.

Georgii Fabricii Chemnicensis partitionum grammaticarum libri III.

Basileæ, J. Oporinus; 1560, in-folio.
(Bibliothèques : Nationale; — de Salins.)

De syntaxi partium orationis apud Græcos, cum regularum examinatione.

Argentorati, Vuend. Rihelius; 1546, in-8°.
(Bibliothèques : de Montauban [Faculté de théologie protestante]; — de Troyes.)

Parisiis, Guil. Morelius; 1549, in-8°.
(Bibliothèque de Montauban [Faculté de théologie protestante].)

Parisiis; 1551, in-8°.
(Bibliothèques : de Montauban [Faculté de théologie protestante]; — de Rodez.)

Parisiis, Guil. Morelius; 1556, in-8°, 64 pages.
(Bibliothèques : Nationale; — du Havre; — de Troyes.)

De verbis anomalis libri II. De syntaxi apud Græcos.

Parisiis, Guil. Morelius; 1556, in-8°.
(Bibliothèques : de Beaune; — de Troyes.)

Elegantiarum puerilium ex Ciceronis epistolis libri III collectarum a Georg. Fabricio.

Lipsiæ; 1548, in-8°.
(Bibliothèque Mazarine.)

Coloniæ; 1562, in-8°.
(Bibliothèque de Besançon.)

FABRICIUS (GEORGIUS).

Elegantiarum ex Plauto et Terentio libri II; Publii mimorum et sententiarum ex poetis antiquis similium liber I, cum expositionibus Erasmi et Georg. Fabricii.

Basileæ, Lucius; 1555, in-8°.
(Bibliothèque Nationale.)

Epitome prosodiæ et elegantiarum poeticarum liber.

Lipsiæ, apud heredes Joann. Steinmanni; 1589, in-8°.
(Bibliothèque de Montbéliard.)

De re poetica libri septem.

Lipsiæ; s. d., in-8°.
(Bibliothèque Mazarine.)
Antuerpiæ; 1565, in-18.
(Bibliothèque de Troyes.)
Parisiis, Marnef; 1575, in-32.
(Bibliothèque de Pau.)
Lugduni; 1583, in-12.
(Bibliothèque de l'Arsenal.)
Parisiis, H. de Marnef; 1584, petit in-8°.
(Bibliothèque d'Abbeville.)
Parisiis, Brumennius; 1584, in-16.
(Bibliothèques : Mazarine; — de l'Université; — de Chaumont; — de Pau.)
Lipsiæ; 1589, in-8°.
(Bibliothèque Nationale.)

De re poetica libri IV.

Antuerpiæ, Chr. Plantinus; 1565, in-12.
(Bibliothèques : Mazarine; — de Troyes.)
Antuerpiæ, Ch. Plantinus; 1580, in-16.
(Bibliothèque Nationale.)
Londini, J. Gason; 1583, in-16.
(Bibliothèques : Nationale; — de l'Université; — de Besançon.)
Parisiis, H. de Marnef; 1584, in-18.
(Bibliothèque de Troyes.)
S. l., Jacobus Stoer; 1592, in-12.
(Bibliothèque de Gray.)

Poesis latinæ thesaurus.

Lugduni, Joan. Pillehotte; 1601, in-16.
(Bibliothèques : de Chaumont; — de Rodez.)

Antiquæ scholæ christianæ puerilis libri duo, in quibus continentur sententiæ illustres poetarum veterum ecclesiasticorum, quasi in locos communes digestæ.

Basileæ, Joan. Oporinus; 1565, in-8°, 257 pages, plus l'index.
(Bibliothèque de Chartres.)

Poematum sacrorum libri XV (inter quæ pietatis puerilis II).

Basileæ, Oporinus; 1560, in-32.
(Musée pédagogique.)

In poetarum veterum ecclesiasticorum christiana opera et operum reliquias atque fragmenta commentarius.

Basileæ, Oporinus; 1564, in-4°.
(Bibliothèque de l'Université.)

FABRICIUS (GULIELMUS)
[SMITH],

Docteur en théologie à Loudun, mort en 1620.

Gulielmi Fabricii Lodunatis canonici Pyctavensis Philobiblius, sive dialogus de studio divinarum et humanarum litterarum, ad eruditissimum virum Gulielmum Budæum libellorum supplicum in regia magistrum.

Pyctavii, Marnessi fratres; 1536, 66 pages.
(Bibliothèques : Mazarine; — de Blois.)

FACETUS,

Pseudonyme attribué à Rainerus Alemanus ou à Johannes de Garlandia. — Voir *Histoire littéraire de la France*, t. VIII, et l'article GARLANDIA (J.) dans l'*Encyclopédie* d'Ersch et Gruber.

Liber Faceti (sive de moribus in mensa requisitis).

Lugduni; 1489, in-4°.
(Bibliothèque de Troyes.)

Marque de Thomas Laisné; s. d., in-8°.
(Bibliothèque Nationale.)

Libellus moralis : inter auctores octo editos a Joan. Rænerio.

Lugduni; 1538, in-8°
(Bibliothèque Nationale.)

Liber Faceti docens mores hominum præcipue juvenum, in supplementum illorum qui a moralissimo Catone erant omissi juvenibus perutiles.

Coloniæ, H. Quentel; s. d., petit in-8°, 40 pages.
(Bibliothèque de Nancy.)

Le livre de Facet.

S. l. s. d., in-8°.
(Bibliothèque de l'Arsenal.)

Voir l'article : AUCTORES OCTO.

FAERNE (GABRIEL).

Centum fabulæ ex antiquis auctoribus delectæ et a Gabriele Faerno Cremonensi carminibus explicatæ.

Antuerpiæ, Chr. Plantinus; 1573, in-8° (une gravure à chaque fable).
(Bibliothèque de Montauban [Faculté de théologie protestante].)

FAGIUS (PAULUS)
[BUCHLEIN],

Hébraïsant, né à Rheinzabern (Palatinat) en 1507, pasteur à Strasbourg, mort à Cambridge en 1549. — Voir l'article de Bernus dans l'*Encyclopédie des sciences religieuses*.

Sententiæ vere elegantes piæ miræque quum ad linguam discendam, tum animum pietate excolendum utiles, veterum sapientum hebræorum, quas capitula, aut si mavis apophtegmata Patrum nominant, in latinum versæ, scholiis illustratæ : per Paulum Fagium in gratiam studiosorum linguæ sanctæ.

Isnæ in Algavia; 1541, in-4° de 135 pages.
(Bibliothèques : Nationale; — Sainte-Geneviève; — de l'Université; — de Coutances; — de Montauban [Faculté de théologie protestante].)

Isnæ in Algavia; 1542, in-4°. (Bibliothèque Nationale.)

Compendium isagoge in linguam hebræam.

Constantiæ; 1543, in-4°. (Bibliothèque Nationale.)

Exegesis, sive exposito dictionum hebraicarum litteralis et simplex.

Isnæ; 1542, in-4°. (Bibliothèques : Nationale; — de Troyes.)

Viennæ Austr.; 1555, in-4°. (Bibliothèque de Troyes.)

FARGÆUS (THOMAS).

Generales artis conficiendorum versuum regulæ elegis inclusæ.

Parisiis, Th. Richardus; 1554, in-4°.
(Bibliothèque Nationale.)

Basileæ; s. d. [vers 1549], in-4°.
(Bibliothèque Nationale.)

FAUCHET (CLAUDE),

Savant magistrat français né en 1530, mort en 1601, président de la Cour des monnaies. Voir l'article de L. Lacour dans la *Nouvelle Biographie générale* de Didot.

Recueil de l'origine de langue et poësie françoyse, ryme et romans, plus les noms et sommaire de cent vingt-sept poëtes françois vivants avant l'an 1300.

Paris, M. Patisson; 1581, in-4°.
(Bibliothèques : Nationale; — Mazarine; — Sainte-Geneviève; — de l'Arsenal; — d'Aix-en-Provence; — d'Avignon [musée Calvet]; — de Besançon; — de Chartres; — d'Orléans.)

Paris, David Le Clerc; 1610, in-4°.
(Bibliothèques : de l'Université; — de Besançon; — de Reims.)

FAVORINUS.

Voir Guarino.

FERRARIUS (OCTAVIUS) MEDIOLANENSIS,

Philosophe italien, né en 1518 et mort en 1586 à Milan. — Voir Niceron : *Mémoires pour servir à l'histoire des hommes illustres*, t. V et X.

De disciplina encyclio liber.

Venetiis, P. Manutius; 1560, in-4°.
(Bibliothèques : Nationale; — Sainte-Geneviève.)

FERRERIUS (STEPHANUS).

De numeris poeticis.

Venetiis; 1565, in-8°.

(Bibliothèque Mazarine.)

FERRETUS (NICOLAUS),

Grammairien italien, né en 1450, mort en 1523.
Voir Tiraboschi.

De elegantia linguæ latinæ servanda in epistolis et orationibus componendis præcepta sumpta ex auctoribus probatissimis : etiam de compositione omnium præpositionum latinarum et earum significatione.

In-4° de 27 feuillets non numérotés, plus 1 feuillet blanc.

Le titre est au verso du dernier feuillet imprimé, au-dessus d'une gravure sur bois représentant un personnage luttant avec un centaure.

On lit au-dessous :

Hoc opus impressum Forilivii per me Hieronymum Medesanum Parmensem : noviterque per ipsum auctorem correptum aditum et emendatum anno Domini MCCCCLXXXXV (1495) *die vero* XXV *mai. Regnante illustrissimo principi nostro domino. Octaviano de Riario : ac inclito domino Jacobo Pheo gubernatori dignissimo.*

La première page porte au recto le nom de l'auteur au-dessus d'une gravure sur bois représentant une classe. Les écoliers sont rangés de chaque côté de la salle au fond de laquelle se trouve le maître assis dans sa chaire surmontée du mot : *Silentium.*

Au bas de la page, on lit une pièce de vers adressée à l'ouvrage même et commençant ainsi :

Parve liber, divinam timide subiturus in arcem
Ne timeas tantos hospes adire lares.

(Bibliothèque Nationale.)

FERRETUS (PETRUS).

Grammaticæ institutiones minores.

Cesenæ; 1590, in-4°.

(Bibliothèque Mazarine.)

FICHETUS (GUILELMUS)
[FICHET],

Recteur de l'Université de Paris, en 1467. — Voir Maittaire : *Annales de la typographie,* t. I; et Léopold Delisle : *Cabinet des manuscrits de la Bibliothèque nationale* (1874).

Guil. Ficheti, Alnetani, art. et theol. paris. D. rhetoricorum libri tres : ad calcem subjicitur ejusdem Ficheti panegyricus a Rob. Gaguino versibus compositus.

Parisiis, in domo Sorbonæ per Ulr. Gering et socios; circa annum 1470, in-4°.

(Bibliothèques : Nationale; — Mazarine.)

FIDELIS (LUD. NERVIUS).

De mundi structura opusculum.

Parisiis; 1556, in-8°.

(Bibliothèque Mazarine.)

FINCKIUS (HERMANNUS),

Compositeur allemand de la seconde moitié du xvi° siècle.
Voir Fétis : *Biographie universelle des musiciens.*

Practica musica.

Wittemberg; 1556, in-4°.

(Bibliothèques : Nationale; — Mazarine.)

FINÆUS (ORONTIUS)
[ORONCE FINE],

Mathématicien et astronome français, né à Briançon en 1494, professeur au Collège royal, mort à Paris en 1555. — Voir Max. Marie : *Histoire des sciences mathématiques et physiques.* Paris, 1883-1885.

Protomathesis, opus varium; seu arithmeticæ, geometriæ, cosmographiæ, horologiorum et quadrantum libri.

    Parisiis; 1530, 1531, 1532, in-folio.
        (Bibliothèque Nationale.)

    Parisiis; 1532, in-folio.
        (Bibliothèques : Mazarine; — de l'Arsenal; — Sainte-Geneviève.)

Arithmetica practica, libris IV absoluta, recens ab auctore castigata et expurgata.

    Parisiis, Sim. Colinæus; 1535, in-folio.
        (Bibliothèques : Nationale; — Mazarine; — de Chartres; — de Troyes.)

    Parisiis, Sim. Colinæus; 1542, in-folio, 68 f.
        (Bibliothèques : Nationale; — Mazarine; — de Carcassonne; — du Havre; — de Troyes.)

Arithmetica practica, in compendium redacta.

    Parisiis, Sim. Colinæus; 1544, in-8°.
        (Bibliothèques : Nationale; — de l'Université; — Musée pédagogique; — de Chaumont; — de Nimes.)

    Lutetiæ, M. Vascosanus; 1555, in-4°.
        (Bibliothèque d'Avignon [musée Calvet].)

Orontii Finæi Delphinatis mathematicarum professoris, de mundi sphæra sive cosmographia.

Ejusdem, rectarum in circuli quadrante subtensarum (quas sinus vocant) demonstratio, supputatioque et organum universale.

    Parisiis, Sim. Colinæus; 1542, in-folio.
        (Bibliothèques : Nationale; — Mazarine; — d'Avignon [musée Calvet]; — du Havre; — de Troyes.)

FINÆUS (ORONTIUS).

Sphæra mundi, sive cosmographia, libris V quibus tum prima astronomiæ pars, tum geographiæ ac hydrographiæ rudimenta pertractantur.

Parisiis, Vascosanus; 1551, in-4°.
(Bibliothèques : Nationale; — Sainte-Geneviève; — d'Albi; — de Béziers.)

Parisiis, Vascosanus; 1552, in-4°.

Lutetiæ; 1553, in-4°.
(Bibliothèque de l'Arsenal.)

Parisiis, Vascosanus; 1555, in-4°.
(Bibliothèque Nationale.)
(Bibliothèques : de l'Arsenal; — de l'Université; — de Chaumont; — de Verdun.)

Orontii Finæi in sex priores libros geometricorum elementorum Euclidis demonstrationes; inserto textu græco, cum interpretatione lat. Barth. Zamberti.

Parisiis, Sim. Colinæus; 1536, in-folio.
(Bibliothèques : Nationale; — de l'Université; — d'Abbeville; — du Havre; — de Rodez.)

Geometria practica.

Argentorati, Knoblouchius; 1544, in-4°.
(Bibliothèque Nationale.)

In sex priores libros geometricorum elementorum Euclidis demonstrationes.

Parisiis, Sim. Colinæus; 1536, in-folio.
(Bibliothèque de Béziers.)

Parisiis, Sim. Colinæus; 1544, in-folio.
(Bibliothèque de Troyes.)

Lutetiæ Parisiorum, Reginaldus Calderius; 1551, in-4°.
(Bibliothèques : Nationale; — Sainte-Geneviève; — d'Avignon [musée Calvet]; — de Gray.)

De re et praxi geometrica libri tres figuris et demonstrationibus illustrati.

Parisiis, Ægidius Gorbinus; 1586, in-4°.
(Bibliothèques : Nationale; — Mazarine; — Sainte-Geneviève; — de Béziers.)

De rebus mathematicis hactenus desideratis libri IV.

Parisiis, M. Vascosanus; 1556, in-4°.
(Bibliothèques : Mazarine; — de l'Université; — de Carpentras; — de Verdun.)

La practique de la géométrie d'Oronce, revue et traduite par Pierre Forcadel, lecteur du roi ès mathématiques.

Paris, Gilles Gourbin; 1570, in-8°, 64 pages.
(Bibliothèques : Nationale; — de l'Arsenal; — Sainte-Geneviève; — Musée pédagogique; — de Chartres.)

Paris, Gilles Gourbin; 1585, in-4°.
(Bibliothèque de Bourg; — Musée pédagogique.)

Paris, Gilles Gourbin; 1586, in-4°.
(Bibliothèque Nationale.)

Inscriptio partium et elucidatio quadrantis.

S. l.; 1527, in-8°.
((Bibliothèque de l'Arsenal.)

De universali quadrante sinuumve organo, quo tum geometrici, tum omnes astronomici canones pertractantur, liber singularis.

Parisiis; 1550, in-4°.
(Bibliothèque Nationale.)

La composition et usage du quarré géométrique, par lequel on peut mesurer fidèlement toutes longueurs, hauteurs et profunditez, etc., le tout réduit nouvellement en françois, escrit et pourtraict par Oronce Finé.

Paris, Gilles Gourbin; 1556, in-4°.
(Bibliothèques : Nationale; — de l'Arsenal; — Sainte-Geneviève; — de Carpentras.)

Quadratura circuli demonstrata.

Parisiis, Sim. Colinæus; 1544, in-folio.
(Bibliothèques : Nationale; — Mazarine; — de l'Université; du Havre.)

FLAMINIUS (JO. ANTONIUS).

De speculo ustorio ignem ad propositam distantiam generante liber unicus.

Parisiis, Vascosanus; 1551, in-folio.
(Bibliothèques : Nationale; — Sainte-Geneviève; — de Carpentras.)

Théorique des Cieulx et sept planètes avec leurs mouvements.

Paris, Cavellat; 1558, in-8°.
(Bibliothèques : Mazarine; — de l'Arsenal; — de l'Université; — d'Avignon [musée Calvet].)

FLACIUS (MATHIAS) ILLYRICUS
[FLACH],

Historien ecclésiastique et théologien, né en 1520 à Albona (Illyrie), mort à Francfort en 1575. — Voir Aug. Jundt : *Les Centuries de Magdebourg.* Paris, 1883, in-8° de 41 pages.

Paralipomena dialectices.

Basileæ; 1558, in-8°.
(Bibliothèque Mazarine.)

Clavis Scripturæ sanctæ, seu de sermone sacrarum litterarum.

Basileæ, Joan. Oporinus et Eus. Episcopius; 1567. in-folio à 2 col.
(Bibliothèque de Montauban [Faculté de théologie protestante].)

FLAMINIUS (JO. ANTONIUS).

Fin du xv° siècle.

Grammaticæ institutiones.

Bononiæ; 1522, in-4°.
(Bibliothèque Mazarine.)

Dialogus de educatione liberorum ac institutione.

Bononiæ; 1524, in-4°.
(Bibliothèque Mazarine.)

FLISCUS (STEPHANUS)
[FIESCHI],

Grammairien italien, né à Sancino vers 1453.
Voir Fabricius : *Bibliotheca medii ævi.*

Sententiarum variationes sive synonima.

In-4° gothique non paginé.

En tête de l'ouvrage se trouve une préface commençant ainsi : Stephanus Fliscus de Sontino juveni peritissimo Johanni Meliorantio (?), ordinatissimo civi Pincentino, cancellario paduano, plurimam salutem dicit.

On lit à la fin :

Sententiarum variaciones sive synonima Stephani Flisci poetæ eloquentissimi per me Petrum de Breda in Wollis incolam impresse expliciunt. Anno Domini M. CCCCLXXX (1480).

(Bibliothèque Nationale.)

FLORUS (GEORGIUS).

Georgii Flori Ubaldini Eporediensis preexercitationum ad artem dicendi perutilis libellus incipit.

In-4° gothique non paginé.

On lit à la fin :

Explicit libellus preexercitationum perutilis ad artem dicendi Georgii Flori Ubaldini Eporediensis quem diligenter impresserunt Papiæ Michael et Bernardinus fratres de Garaldis. Anno a Nativitate Domini nostri Iesu Christi M. CCCCCII (1502) die XV mensis Junii. Regnante christianissimo ac invictissimo Ludovico rege Francorum.

A la suite, avec plusieurs lettres de Florus Georgius :
De bonis temporalibus et an ea bona sint et unde proveniant dialogus.

Opuscule imprimé au même endroit et à la même date.

Le dernier feuillet imprimé porte une gravure sur bois représentant saint Ambroise et saint Augustin conversant entre eux.

(Bibliothèque Nationale.)

FOCARD (JACQUES).

Paraphrase de l'astrolabe.

Lyon, Jean de Tournes; 1546, in-8°.
(Bibliothèques : Nationale; — Sainte-Geneviève; — de Nîmes; — de Troyes.)

Paraphrase de l'astrolabe contenant les principes de géométrie, la sphère, l'astrolabe ou declaracion (sic) des choses célestes, le miroir du monde ou exposicion (sic) des parties de la terre, revue et corrigée par Jacques Bassantin, Écossois, avec une amplification de l'usage de l'astrolabe par lui-mesme ajoutée.

Lyon, Jean de Tournes; 1551, in-8°, 192 pages.
(Bibliothèque de Gray.)
Lyon, Jean de Tournes; 1555, in-8°, 192 pages.
(Bibliothèques : Nationale; — Mazarine; — Sainte-Geneviève; — de Nancy; — de Tulle.)
Paris, Guil. Cavellat; 1598, in-12, 99 pages.
(Bibliothèque d'Angers.)

FOCAUDUS
[FOUCAUD MONIER].

Glosa familiarissima super doctrinale Alexandri de Villa Dei.

Rothomagi, Paulus Gaulthierus; 1507, in-18.
(Bibliothèque de Saint-Brieuc.)

Commentaire de Foucaud Monier sur le doctrinal d'Alexandre de Villedieu.

Rouen, Thomas Lainé; 1515 (?), in-12 gothique.
(Bibliothèque de Lannion.)
Paris, Jean Hérouf; 1514 à 1525, in-4°.
(Bibliothèque de Troyes.)

Voir l'article : Villa Dei (Alexander).

FOLIANUS (LUDOVICUS)
[LUC. FOGLIANI, DE MODÈNE],
Mort vers 1540.

Musica theorica.

Venetiis; 1529, in-folio.

(Bibliothèque Mazarine.)

FOLIETA (HUBERTUS)
[FOGLIETA],
Né à Gênes, 1518 à 1580.

Voir Niceron : *Mémoires pour servir à l'histoire des hommes illustres*, t. XXI.

De linguæ latinæ usu et præstantia libri III.

Romæ; 1574, in-4°.

(Bibliothèque Mazarine.)

Romæ, Fr. Zannettus; 1579, petit in-4° de 360 pages.

(Bibliothèque de Montauban [Faculté de théologie protestante].)

De ratione scribendæ historiæ.

S. l. s. d. [xvie siècle], in-8° de 43 pages.

(Bibliothèque de Montauban [Faculté de théologie protestante].)

FONTAINE (CHARLES),
Poète français du milieu du xvie siècle.

Voir l'article de L. Lacour dans la *Nouvelle Biographie générale* de Didot, et Goujet : *Bibliothèque française*.

Art poétique françois.

Paris, G. Corrozet; 1548, in-8°.

(Bibliothèque Nationale.)

Lyon, Th. Payen; 1556, in-16.

(Bibliothèque de Besançon.)

FONTAINE (JEAN).

Le Quintil Horatian sur la défense et illustration de la langue françoyse.

Paris; 1555, in-12. *par B. Aneau.*

(Bibliothèque Nationale.)

Les dits des sept sages.

Lyon; 1557, in-8°.

(Bibliothèques : Mazarine; — de l'Arsenal.)

FONTAINE (JEAN).

Petit jardin pour les enfants, fort agréable et profitable pour apprendre le latin (en français et en latin).

Lyon, Loys et Ch. Pensot; 1571, in-16, 174 pages.
(Bibliothèque de Châteauroux.)
Lyon, Jean Lertout; 1581, in-8°, 104 pages.
(Bibliothèque de Carcassonne.)
Lyon, Ch. Pesnot; 1581, in-12.
(Bibliothèque de Montbéliard.)
Lyon, Jean Lertout; 1584, in-18, 104 pages.
(Bibliothèque de Béziers.)
Paris, Febvrier; 1605, in-12.
(Bibliothèque Nationale.)
Paris, Hunot; 1606, in-12.
(Bibliothèque Nationale.)
Remis; 1626, in-12.
(Bibliothèques : Nationale; — de Bourg.)

Les proverbes communs, recueillis et traduits en vers latins par Jean Nucerin, avec un petit jardin pour les enfants latin-françois par Jean Fontaine.

Rouen, Jean Petit; 1612, in-8°.

(Bibliothèques : Nationale; — Mazarine.)

FONTENAYO (GUIDO DE)
[GUY DE FONTENAY].

Voir Quicherat : *Histoire de Sainte-Barbe*, t. I, chap. xii.

Magna synonyma; ejusdem grammaticales regulæ; epitheta, instructiones componendorum carminum et epistolarum conficiendarum præcepta; differentiæ vocabulorum : adjectum est opusculum domesticam latinitatem donans.

Parisiis, Jo. Gormontius; 1517, in-4°. (Bibliothèque Nationale.)

Guidonis de Fontenayo Bituricensis tum juvenibus tum artis poeticæ et oratoriæ degustatoribus quibusvis conducibilius apprime synonimorum et ad communem sermonum usum accommodatissimorum liber nuperrime correctus et a suis labeculis defecatus auctusque.

Ejusdem secunda synonimorum recognitio : ubi multa invenies quæ in aliis desiderantur.

Cum epithetis simul et grammaticalibus regulis epistolarum conficiendarum institutionibus : ac utili admodum componendorum carminum eruditione. Adjectum est haud contemnendum opusculum rem domesticam latinitate donans cui olla patella nomen inditum est.

Petit in-4° gothique non paginé; s. d.
La première page porte au-dessous du titre la marque typographique de Denis Roce avec la devise : A l'aventure, tout vient à point qui peut attendre.

On lit à la fin :

Impressum Parisiis pro Dionysio Roce in vico Sancti Jacobi sub divo Martino sedente.

(Bibliothèque Nationale.)

FORCADEL,

Mathématicien, professeur au Collège de France, né à Béziers, mort vers 1573. Voir Max. Marie : *Histoire des sciences mathématiques et physiques*. Paris, 1885.

Arithmétique entière et abrégée.

Paris; 1565, in-4°.
(Bibliothèques : Mazarine; — de Carcassonne.)

Paris, Marnef; 1573, in-8°.
(Bibliothèque Nationale.)

L'arithmétique par les jects.

Paris; 1558, in-8°.
(Bibliothèque Mazarine.)

Le troisième livre de l'arithmétique.

Paris; 1558, in-4°.
(Bibliothèque Sainte-Geneviève.)

L'arithmétique de P. Forcadel de Béziers.

Paris, Guil. Cavellat; 1557, in-4°.
(Bibliothèques : Nationale; — de Chartres.)

L'arithmétique de Gemme Phrison, trad. en françois.

Paris, H. Marnef; 1585, in-8°.
(Bibliothèque Nationale.)

FOREST DE VAISON (HECTOR).

Briefve et utile instruction pour enseigner et apprendre la grammaire en peu de temps.

Lyon, Macé Bonhomme; 1552, in-8°.
(Bibliothèque de Carpentras.)

Dialogi duo pueriles.

Lyon, Macé Bonhomme; 1552, in-8°.
(Bibliothèque de Carpentras.)

FORNERIUS (GUILELMUS),

Docteur régent de l'université d'Orléans, né à Paris, mort en 1584.
Voir la *Nouvelle Biographie générale* et Haag : *France protestante.*

In titulo de verborum significatione commentarii.

Aurelianis, Gibierius; 1584, in-4°, 632 pages.
(Bibliothèques : Nationale; — de l'Université; — de Beaune.)

FORSTERUS (JOANNES),

Hébraïsant allemand né à Augsbourg en 1495, mort à Wittemberg en 1556.
Voir L. Geiger : *Das Studium der hebraischen Sprache in Deutschand*, 1870.

Dictionarium hebraicum novum, ex sacris Bibliis depromptum a J. Forstero Augustano, sacræ theologiæ doctore.

Basileæ; 1527, in-folio. (Bibliothèque de l'Arsenal.)

Basileæ, Froben; 1557, in-folio.
(Bibliothèques : Nationale; — de l'Université; — de Carcassonne; — de Chartres.)

Basileæ, Froben; 1564, in-folio.
(Bibliothèques : Mazarine; — Sainte-Geneviève.)

FOUQUELIN DE CHAUNY,

Jurisconsulte et littérateur français, né à Chauny (Picardie),
florissait à Paris au milieu du XVI° siècle. — Voir Goujet : *Bibliothèque française.*

La rhetorique françoise d'Ant. Fouquelin de Chauny, augmentée.

Paris, André Wechel; 1555 et 1557, in-8°.
(Bibliothèques : Nationale; — de l'Arsenal; — de l'Université; — de Troyes.)

FRACHÆUS (JACOBUS)
[BORBONIUS].

Latinæ grammatices dialogi decem.

Lugduni; 1552, in-8°.

(Bibliothèque Mazarine; — Sainte-Geneviève.)

FREIGIUS (JOANNES THOMAS),

Jurisconsulte et littérateur allemand, né à Fribourg-en-Brisgau, mort en 1583.
Voir l'*Allgemeine deutsche Biographie*.

Pædagogus ostendens qua ratione prima artium initia pueris quam facillime tradi possint.

Basileæ, Seb. Henricpetrus; 1582, in-8°, 366 pages.

(Bibliothèques : Nationale; — Mazarine; — Musée pédagogique; — d'Abbeville; — de Besançon; — de Montauban [Faculté de théologie protestante].)

Quæstiones geometricæ et stereometricæ.

Basileæ; 1583, in-8°.

(Bibliothèque Mazarine.)

Quæstiones physicæ.

Basileæ, Henricpetrus; 1580, in-8°.

(Bibliothèque de Chaumont.)

Basileæ, Henricpetrus; 1585, in-8°.

(Bibliothèques : Nationale; — de Troyes.)

Ciceronianus, in quo ex Cicerone ratio instituendi locos communes demonstrata et eloquentiæ cum philosophia conjunctæ descripta est, libri X.

Basileæ, Hervagius; 1575, in-8°.

(Bibliothèques : Nationale; — Sainte-Geneviève.)

Basileæ; 1579, in-8°.

(Bibliothèques : Mazarine; — de Rodez.)

FRIDERUS (PETRUS).

Grammatica latina pro schola altorfiana Noribergensium.

Norimbergæ; 1580, in-8°.
(Bibliothèque Mazarine.)

Quæstiones... logicæ et ethicæ in archigymnasio Friburgensi ad captum adolescentum prælectæ.

Basileæ, S. Henricpetrus; 1574, in-8°.
(Bibliothèque de Carcassonne.)

Grammatica græca.

Norimbergæ, Cath. Galachinus; 1580, in-8°.
(Bibliothèque de Reims.)

Grammatica latina.

Norimbergæ, Cath. Galachinus; 1580, in-8°.
(Bibliothèque de Reims.)

Historiæ synopsis, seu prælectionum historicarum in altorfiano Noribergensium gymnasio delineatio.

Basileæ, Henricpetrus; 1580, in-8°.
(Bibliothèques : Nationale; — de Carpentras.)

FRIDERUS (PETRUS).

Donatus puerilis, hoc est rudimenta grammatices latinæ.

Metis, A. Faber; 1588, in-8°.
(Bibliothèque Nationale.)

FRISCHLINUS (NICODEMUS),

Poète et historien allemand, né à Balingen en 1557, mort en 1612.
Voir l'article de Scherer dans l'*Allgemeine deutsche Biographie*.

Priscianus vapulans, Nic. Frischlini comœdia lepida, faceta et utilis in qua demonstrantur solœcismi, barbarismi quibus omnia artium studia inundantur, scripta in laudem hujus sæculi.

    Argentorati, B. Jobinus; 1580, in-12, 149 pages.

        (Bibliothèques : Nationale; — de Montbéliard.)

Disputatio grammatica in qua demonstrantur et refutantur solœcismi, barbarismi, falsæ regulæ, definitiones et divisiones grammaticorum.

    Argentorati, Ant. Bertramus; 1586, in-8°.

        (Bibliothèques : Nationale; — Sainte-Geneviève.)

Rhetorica, seu institutionum oratoriarum libri duo.

    Lipsiæ, Lantzenberger; 1604, in-8°.

        (Bibliothèque Nationale.)

Nomenclator trilinguis græco-latino-germanicus.

    Francofurti, Joan. Spies; 1594, in-8°.

        (Bibliothèque Nationale.)

Quæstionum grammaticarum libri VIII.

    Venetiis; 1584, in-8°.

        (Bibliothèque Mazarine.)

Grammatica latina compendiosa scripta et in octo libros distributa.

    Francofurti, Joan. Spies; 1586, in-8°.

        (Bibliothèques : Mazarine; — de Montbéliard.)

Methodus grammatica.

Lipsiæ; 1626, in-8° (Bibliothèque Nationale.)

Strigilis grammatica qua grammatistarum sordes deterguntur.

Venetiis; 1584, in-8°. (Bibliothèque Mazarine.)

Disputatio grammatica, in qua demonstrantur et refutantur solœcismi et falsœ regulœ quas grammatici non sine multis verberibus, ipsis flagris digniores pueris inculquant.

Argentorati, Bertramus; 1586, in-8°. (Bibliothèques : Nationale; — Mazarine.)

Poppysmus grammaticus.

Pragæ; 1587, in-8°. (Bibliothèque Mazarine.)

Strigilis grammatica; trium dialogorum adversus Mart. Crusium poppysmi grammatici.

Argentorati, hered. B. Jobini; 1594, in-8°. (Bibliothèque Nationale.)

Orationes insigniores aliquot in publicis publicarum Germaniæ academiarum consessibus habitæ.

Argentinæ, hered. B. Jobini; 1598, in-8°. (Bibliothèque Nationale.)

De astronomicæ artis cum doctrina cœlesti et naturali philosophia congruentia libri V.

Francofurti; 1586, in-12. (Bibliothèques : de l'Université; — de Montbéliard.)

FRISIUS (JOHANNES)
[JEAN FRIES],

Théologien et littérateur, né à Greifensée (Suisse) en 1505, mort en 1565.
Voir l'article de Bertheau dans l'*Allgemeine deutsche Biographie*.

Dictionarium latino-germanicum.

Tiguri, Froschoverus; 1541, in-folio.
(Bibliothèque Mazarine.)

Tiguri, Froschoverus; 1548, in-8°.
(Bibliothèques : de Montbéliard; — de Sens.)

Tiguri, Froschoverus; 1556, in-8°, 1,088 pages.
(Bibliothèques : Nationale; — Mazarine; — d'Auxerre; — de Besançon; — de Montbéliard.)

Tiguri, Froschoverus; 1568, in-folio.
(Bibliothèque Nationale.)

Tiguri, Froschoverus; 1586, in-8°.
(Bibliothèque de Perpignan.)

Tiguri, Joan. Wolfius; 1596, in-4°.
(Bibliothèque Nationale.)

Francofurti; 1616; in-8°.
(Bibliothèque de Besançon.)

Bibliotheca philosophorum classicorum authorum chronologica, in qua veterum philosophorum origo, successio, ætas et doctrina compendiosa, ab origine mundi, usque ad nostram ætatem, proponitur. Quibus accessit patrum Ecclesiæ Christi doctorum enumeratio.

Tiguri, Joan. Wolphius; 1592, in-4° de 116 feuilles.
(Bibliothèque de Montauban [Faculté de théologie protestante].)

FRISIUS (PAULUS).

Comparationum dialecticarum libri III.

Francofurti; 1596, in-8°.   (Bibliothèque Mazarine.)

Epitome rhetorices Audomari Talæi collecta per Frisium Paulum.

Francofurti; 1600, in-8°.   (Bibliothèque Mazarine.)

FRONDEBEUF (AUG.).

De placitis rhetorum libellus.

Parisiis, G. Buon; 1556, in-4°.   (Bibliothèque Mazarine.)

Parisiis, Gabriel Buon; 1560, in-4°.   (Bibliothèque Nationale.)

FROSCHIUS (JOANNES), DIT RANA,

Théologien allemand, natif de Bamberg, mort à Nuremberg vers 1533.

Rerum musicarum opusculum.

Argentorati, Petr. Schœffer; 1535, in-folio.
                              (Bibliothèques : Nationale; — Mazarine.)

FULGOSIUS (BAPTISTA)
[FRÉGOSE],

Doyen de Gênes. xv° siècle. — Voir la *Nouvelle Biographie générale* de Didot.

Factorum dictorumque memorabilium libri IX a P. Josto Gaillardo Casupano, in parisiensi senatu advocato, aucti et restituti. (Sorte de traité de morale.)

    Parisiis, Petr. Cavellat; 1578, in-8° de 414 feuillets.
        (Bibliothèque de Montauban [Faculté de théologie protestante].)

FUNGERUS (JOANNES)
[JAN FONGERS],

Savant pédagogue néerlandais, né à Leeuwarde (Frise), mort à Franeker en 1612.
Voir Van der Aa : *Biographisch Woordenboek der Nederlanden.*

De puerorum disciplina et recta educatione liber.

    Lugduni Batav.; 1584, in-8°.
        (Bibliothèques : de Besançon; — de Chartres.)
    Antuerpiæ, Christ. Plantinus; 1584, in-12, 136 pages.
        (Bibliothèques : Mazarine; — Musée pédagogique; — de Carpentras; — de Montbéliard.)
    Lugduni Batav., Fr. Raphelingius; 1586, in-12, 136 pages.
        (Bibliothèques : Nationale; — de Verdun.)

Nova proverbiorum farrago, tam ex græcis quam latinis autoribus collecta.

    Lugduni Bat.; Chr. Plantinus; 1585, in-8°.
        (Bibliothèques : Nationale; — de l'Arsenal.)

Liber unus symbolorum variorum.

    Franckeræ, Ægidius Rodæus; 1598, in-8°.
        (Bibliothèque Nationale.)

Etymologium trilingue ex hebræis, græcis, latinis auctoribus variis, labore et alphabetico (ordine) collectum.

Francofurti; 1605, in-8°.
(Bibliothèque de l'Arsenal.)

Lugduni Batav., A. de Harsy; 1607, in-4°, 921 pages.
(Bibliothèques : Nationale; — Mazarine; — Sainte-Geneviève; — de Châteaudun; — de Besançon; — de Mende; — de Montauban [Faculté de théologie protestante]; — de Troyes.)

Lugduni, P. Ravaud; 1628, in-4°.
(Bibliothèque Nationale.)

FURIUS (FREDERICUS), DIT SERIOLANUS,

Né à Valence (Espagne) en 1510, mort en 1592.
Voir N. Antonio : *Bibliotheca hispana.*

Institutionum rhetoricarum libri III.

Lovanii; 1554, in-8°.
(Bibliothèques : Mazarine; — Sainte-Geneviève; — de Troyes.)

Bononia, sive de libris sacris in vernaculam linguam convertendis libri II.

Basileæ; 1556, in-8°.
(Bibliothèques : Nationale; — Mazarine; — Sainte-Geneviève.)

FURNIUS (JOANNES)
[ALTENSIS].

Pedarchidion, duodecim continens regiones, ad Reipublicæ herbescentis utilitatem, sive grammatica latina.

Augustæ Taurinorum, J.-B. Ratterius; 1581, in-8°.
(Bibliothèque Nationale.)

FUSTEL (MARTIN).

L'arithmétique abrégée, conjointe à l'unité des nombres.

Paris, M. Orry; 1588, in-folio.

(Bibliothèques : Nationale; — Mazarine.)

GAFURIUS (FRANCHINUS)
[FRANCHINO GAFORI ou GAFORIO],

Compositeur italien, né à Lodi en 1451, mort à Milan en 1522.
Voir Fétis : *Biographie universelle des musiciens*, et Tiraboschi, t. VI.

Theoricum opus musicæ disciplinæ.

Neapoli; 1480, in-4°.

(Bibliothèque Mazarine.)

Practica musicæ.

Mediolani, Cassanus; 1492, in-folio.

(Bibliothèques : Nationale; — de l'Arsenal; — d'Avignon [musée Calvet].)

Mediolani; 1496, in-folio.

Brixiæ; 1497, in-folio.

(Bibliothèques : Nationale; — Mazarine.)

Venetiis, A. de Zannis; 1512, in-folio.

(Bibliothèque Nationale.)

(Bibliothèques : Mazarine; — de Besançon.)

Franchini Gafurii Laudensis angelicum ac divinum opus musicæ.

Mediolani, G. Signesse; 1496, in-folio.

(Bibliothèque d'Avignon [musée Calvet].)

Mediolani, Gol. de Ponte; 1508, in-folio.

(Bibliothèques : Nationale; — Sainte-Geneviève.)

Venetiis, de Zannis de Portesio; 1512, in-8°.

(Bibliothèque de Troyes.)

GAGUINUS (ROBERTUS),

Savant et diplomate français, né à Calonne sur la Lys en 1425, conservateur de la Bibliothèque royale sous Charles VIII et Louis XII, mort en 1501. — Voir Valent. Roty : *Étude sur R. G.* Arras, 1840, in-4°.

Ars versificatoria.

Parisiis; in-4°, gothique.
(Bibliothèques : Nationale; — Mazarine; — de l'Arsenal; — Sainte-Geneviève; — de Nancy; — de Troyes.)

Parisiis, Félix Baligaut; s. d., in-4°.
(Bibliothèque de Besançon.)

GARENTIUS (JOANNES).

Rudimenta dialectices cum scholiis.

Venetiis; 1570, in-8°.
(Bibliothèque Mazarine.)

GARLANDIA (JOANNES DE),

Grammairien et poète français, florissait vers 1252.
Voir *Histoire littéraire de la France*, tomes XXI et XXII.

Synonyma et equivoca magistri Joannis de Garlandia.

In-4° gothique de 110 feuillets numérotés à la main.

Au-dessous du titre, à la première page, une gravure sur bois représente un maître dans sa chaire, instruisant trois écoliers.

On lit à la fin :

Expliciunt equivocationes cum notabili expositione caracterisatæ per virum Henr. Quentell inclitæ Coloniæ impressorem famatum. Anno Domini M. CCCCC. In sacratissima vigilia ineffabilis incarnationis Reparatoris.
(Bibliothèque Nationale.)

GARNERIUS (JOANNES),

Philologue français, né à Avignon, pasteur à Strasbourg, mort à Kassel en 1574.
Voir Rod. Reuss : *L'Eglise française de Strasbourg* (1882).

Institutio gallicæ linguæ, in usum juventutis germanicæ.

Genevæ, Joan. Crispinus; 1558, in-8°.
(Bibliothèque Nationale.)

Genevæ, hered. Eust. Vignon; 1591, in-8°.
(Bibliothèque Nationale.)

GARSIAS (ALFONSO)
[MATAMOROS],

Philologue espagnol, né à Cordoue en 1490, mort en 1550.
Voir N. Antonio : *Bibliotheca hispana.*

Alf. Garsiæ Matamoros, Hispalensis, de ratione dicendi libri duo.

Compluti, Andreas de Angulo; 1561, in-8°.
(Bibliothèques : Nationale; — Mazarine.)

GASPARINO ou BARZIZZA
[BARZIZZIO],

Latiniste italien, né à Barzizza en 1360, mort en 1431.
Voir l'*Encyclopédie* d'Ersch et Gruber.

Orthographia, ordine alphabetico digesta.

S. l. s. d., in-4°.
(Bibliothèques : Nationale; — Mazarine.)

Vocabularium breve.

Venetiis, Tacuinus de Tridino; 1526, in-8°.
(Bibliothèque Nationale.)

20.

GASPARINUS.

Præclarissimi et eloquentissimi domini Gasparini Pergamensis, artium doctoris, de eloquentia opusculum perutile ad oratores grammaticosque incipit.

Plaquette in-4° gothique non paginée, sans lieu ni date.

L'opuscule de Gasparinus est contenu dans les 3 premiers feuillets et le recto du 4°; en tête du verso de celui-ci on lit : Marci Tullii Ciceronis synonimorum libellus incipit.

(Bibliothèque Nationale.)

Recueil d'expressions latines, publié sans titre.

Plaquette in-4° gothique non paginée.

On lit à la fin :

Explicit opusculum domini Gasparini Pergamensis de eloquentia congrue dictum.
Impressum Parisiis in Campo Gaillardo a magistro Guidone Mercatore. Anno Domini M. CCCCXCVIII (1498) die XI septembris.
La dernière page porte au verso un appendice : Jodocus Clichtoveus Neoportuensis ad lectores.

(Bibliothèque Nationale.)

Exempla exordiorum edita a Gasparino Bergomensi.

Plaquette in-4° goth. 18 feuillets non paginés, plus 9 feuillets blancs.

On lit à la fin :

Hic finis imponitur exordiorum Gasparini tractatulo : qui impressus fuit Paduæ die XII mensis decembris anno M. CCCCLXXXIII (1483).

(Bibliothèque Nationale.)

GAURICUS (LUCAS),

Mathématicien et grammairien, né à Gifoni (Naples) en 1476, mort en 1543.
Voir Niceron : *Mémoires pour servir à l'histoire des hommes illustres*, t. XXX.

Libellus isagogicus sive grammatica latina.

Romæ, Baldas Cartularius; 1540, in-4°.

(Bibliothèques : Nationale; — Mazarine.)

Opera quæ exstant omnia.

Basileæ; 1555, in-folio.

(Bibliothèque de Béziers.)

LE GAYNARD (PIERRE).

Promptuaire d'unisons ordonné et disposé méthodiquement pour ceux qui voudront composer en vers françois.

Poictiers, N. Courtoys; 1585, in-8°.

(Bibliothèques : Nationale; — Mazarine; — de l'Arsenal; — Sainte-Geneviève; — de Cambrai.)

L'aprenmolire françois pour apprendre les jeunes enfants et les étrangers à lire avec la vraye orthographe françoize.

Paris, Berjon; 1609, in-8°.

(Bibliothèques : Nationale; — Mazarine; — de Troyes.)

GAZA (THÉODORE),

Célèbre grammairien grec, né à Thessalonique en 1398, mort à Rome en 1478.
Voir Émile Legrand : *Bibliographie hellénique*, 1885.

Grammatices sive introductionis grammaticæ libri IV.

Venetiis, Aldus; 1495, in-folio.

(Bibliothèques: Nationale; — Mazarine; — de Besançon; — de Reims.)

Parisiis; 1516, in-4°.
(Bibliothèques : Nationale; — Mazarine.)

Basileæ; 1516, in-4°.
(Bibliothèque de l'Arsenal.)

Parisiis, Æg. Gormontius; 1521, in-4°.
(Bibliothèque de Verdun.)

Parisiis, s. n.; 1521, in-4°, non paginé.
(Bibliothèques : Mazarine; — de l'Université; — d'Abbeville.)

Basileæ, Froben; 1521, in-4°.
(Bibliothèque Nationale.)

Basileæ, Valent. Curio; 1523, in-4°, 175 pages.
(Bibliothèques : Mazarine; — d'Aurillac; — de Carcassonne.)

Coloniæ, Joh. Soterus; 1525, in-12, 420 pages.
(Bibliothèques : Nationale; — d'Angers; — de Cambrai; — de Dole.)

Venetiis, Aldus; 1525, in-8°.
(Bibliothèque Nationale.)

Florentiæ; 1526, in-8°.
(Bibliothèque Sainte-Geneviève.)

Parisiis, Chr. Wechelus; 1529, in-4°.
(Bibliothèques : Nationale; — Mazarine; — de Mende; — de Sedan; — de Troyes; — de Vendôme.)

Basileæ, Val. Curio; 1529, in-4°.
(Bibliothèque Mazarine.)

Parisiis, Mich. Vascosanus; 1534, in-8°.
(Bibliothèques : Nationale; — Mazarine; — de l'Arsenal; — de l'Université; — de Beaune; — de Bergues; — de Besançon; — de Béziers; — de Carpentras; — de Châteaudun.)

Parisiis; 1536, in-8°.
(Bibliothèque de l'Université.)

Basileæ; 1538, in-8°.
(Bibliothèque de Chartres.)

Parisiis, Chr. Wechelus; 1539, in-8°.
(Bibliothèques : Nationale; — de Pau; — de Rodez.)

Basileæ, Joan. Walder; 1540, in-4°.
(Bibliothèques : de l'Université; — de Chaumont.)

Parisiis, Chr. Wechelus; 1540, in-8°.
(Bibliothèque de Nancy.)

Basileæ, Vualderius; 1541, in-8°.
(Bibliothèques : Nationale; — Musée pédagogique; — d'Avignon [musée Calvet]; — de Beaune; — de Bergues.)

GAZA (THÉODORE).

Parisiis, Wechelus; 1542, in-8°.
(Bibliothèque Nationale.)

Parisiis, J. Bogardus; 1543, in-8°.
(Avignon [musée Calvet].)

Basileæ, N. Brylingerus; 1545, in-8°, 702 pages.
(Bibliothèques : de Cambrai; — de Reims.)

Venetiis, fratres de Sabio; 1545, in-8°.
(Bibliothèque Nationale.)

Parisiis, Richardus; 1549, in-4°.
(Bibliothèque de Cambrai.)

Basileæ; 1555, in-8°.
(Bibliothèque de Nîmes.)

Grammatices introductionis libri IV (græce).

Florentiæ, Junta; 1515, in-8°.
(Bibliothèque Mazarine.)

Primus liber grammaticæ institutionis Theod. Gazæ, sic translatus per Erasmum ac titulis et annotatiunculis explanatus.

Lovanii, Theod. Martinus; 1516, in-4°.
(Bibliothèques : Nationale; — Mazarine.)

S. l., Eucharius Cervicornus; 1523, in-4°.
(Bibliothèque Nationale.)

Institutionis grammaticæ liber primus, secundus et tertius, addita versione latina.

Parisiis, Vascosanus; 1549, in-8°.
(Bibliothèque Nationale.)

Institutionis grammaticæ liber secundus, beneficio Jac. Tusani, professoris regii (græce et latine).

Parisiis, Chr. Wechelus; 1540, in-8°.
(Bibliothèque de Verdun.)

Institutionis grammaticæ liber tertius, junctis e regione latinis.

Parisiis, Chr. Wechelus, 1536, in-8°.
(Bibliothèque de Verdun.)

Institutionis grammaticæ liber tertius et liber quartus.

Parisiis, Petr. Gandoul; 1534, in-8°.
(Bibliothèque Nationale.)

Liber de constructione, græce.

Florentiæ; 1514, in-8°.
(Bibliothèque Nationale.)

Liber quartus et ultimus de constructione, R. Croco interprete.

Coloniæ, Henr. Novesiensis; 1521, in-4°.
(Bibliothèque Nationale.)

Institutionis grammaticæ liber quartus.

Venetiis, Aldus; 1517, in-8°.
(Bibliothèque Mazarine.)

Parisiis, Chr. Wechelus; 1529, in-12, 67 f.
(Bibliothèque de Mende.)

Parisiis, Chr. Wechelus; 1536, in-8°.
(Bibliothèque de Verdun.)

Grammaticæ institutionis libri duo priores, translati per Erasmum; iidem græce pro iis qui jam aliquantulum profecerunt.

Basileæ, J. Froben; 1521, in-4°.
(Bibliothèque de Besançon.)

Basileæ, Val. Curio; 1523, in-4°.
(Bibliothèque de Besançon.)

Grammatices liber quartus de constructione partium orationis, græce, cum latina conversione et explanatione Heliæ Andreæ.

Parisiis, Vascosanus; 1551, in-4°.
(Bibliothèque Nationale.)

Institutionis grammaticæ liber primus, beneficio Jacobi Tusani liber secundus.

Parisiis, vidua Mauricii; 1551, in-4°.
(Bibliothèque de Mende.)

Enchiridion grammatices, in quo continentur : Erotemata Chrysoloræ; de anomalis verbis; de formatione temporum Chalcondilæ, Theodori Gazæ liber de constructione, Herodiani tractatus de encliticis; sententiæ ex diversis poetis depromptæ; Catonis romani sententiæ græce versæ a maximo monacho Planude : omnia græce edita, curante Euphrosyno Bonino.

Florentiæ, Phil. Junta; 1514, in-8°.
(Bibliothèque Nationale.)

GEMMA (RENERIUS)
[GEMME FRISON],

Médecin et mathématicien néerlandais, né en 1508, mort en 1555 à Louvain. — Voir Maximilien Marie : *Histoire des sciences mathématiques et physiques.* Paris, 1885.

Arithmeticæ praticæ methodus facilis.

Antuerpiæ; 1540, in-4°.
(Bibliothèque Nationale.)

Parisiis, G. Richardus; 1543, petit in-8°.
(Bibliothèques : Nationale; — Musée pédagogique; — de Carcassonne.)

Parisiis, Tiletanus; 1545, in-8°.
(Bibliothèques : Mazarine; — d'Avignon [musée Calvet].)

Antuerpiæ, Greg. Brontius; 1547, in-8°.
(Bibliothèques : de Besançon; — de Verdun.)

Wittembergæ; 1548, in-8°.
(Bibliothèques : Nationale; — Mazarine.)

Parisiis, Thomas Richardus; 1549, in-12, 95 f.
(Bibliothèques : d'Auxerre; — de Vendôme.)

Parisiis, Cavellat; 1553, in-8°.
(Avignon [musée Calvet].)

Lugduni, s. n.; 1556, in-8°.
(Bibliothèque de Bourg.)

Parisiis, Cavellat; 1556, in-8°.
(Bibliothèque de Chaumont.)

GEMMA (RENERIUS).

Parisiis, G. Cavellat; 1560, in-4°.
(Bibliothèques : Sainte-Geneviève; — de Vesoul.)

Parisiis, Cavellat; 1561, in-8°.
(Bibliothèque de Chartres.)

Parisiis, Cavellat; 1563, in-8°.
(Bibliothèques : Nationale; — de Pau.)

In Venetia, Giov. Baviletto; 1567, in-8° (traduction italienne).
(Musée pédagogique.)

Coloniæ; 1571, in-12.
(Bibliothèque de l'Université.)

Parisiis, G. de Marnef et G. Cavellat; 1572, in-8°.
(Bibliothèques : d'Auxerre; — de Tulle.)

Coloniæ, Matern. Cholinus; 1576, in-8°.
(Bibliothèque de Vesoul.)

Parisiis, Guil. de Marnef et V^{re} Cavellat; 1578, in-8°, 95 f.
(Bibliothèques : Nationale; — de l'Université; — du Havre.)

Antuerpiæ, Bellerus; 1581, in-8°.
(Bibliothèque de Cambrai.)

Arithmétique de Gemme Phrison, traduite en françois par Pierre Forcadel de Béziers et par lui illustrée de commentaires.

Paris, Guil. Cavellat; in-4°, 116 f.
(Bibliothèque de Vesoul.)

L'arithmétique de Gemme Phrison, traduite en françois par Pierre Forcadel, augmentée en cette édition de commentaires sur les règles des fractions.

Paris, Hier. de Marnef; 1585, in-8°.
(Bibliothèques : Nationale; — Mazarine; — Sainte-Geneviève.)

De radio astronomico et geometrico liber.

Antuerpiæ, G. Bontius; 1545, in-4°, 59 f.
(Bibliothèques : Nationale; — Mazarine; — de Cambrai; — de Nîmes.)

Lutetiæ, Gul. Cavellat; 1557, in-8°.
(Musée pédagogique.)

GEMMA (RENERIUS).

De locorum describendorum ratione, deque distantiis eorum inveniendis.
De usu annuli astronomici.

    Antuerpiæ; 1539, in-4°.
                                 (Bibliothèque Nationale.)

Cosmographicus liber Petri Appiani.

    Antuerpiæ, Birkmannus; 1539, in-4°.
                               (Bibliothèque de Chaumont.)

Petri Appiani cosmographia, per Gemmam Frisium aucta et annotationibus illustrata.

    Parisiis, Gaulterot; 1551, in-4°.
                                 (Bibliothèque Nationale.)
    Coloniæ Agr.; Arnold. Birkmannus; 1574, in-4°.
                                 (Bibliothèque Nationale.)

Cosmographia.

    Antuerpiæ, G. Bontius; 1545, in-4°, 66 f.
                                 (Bibliothèque de Cambrai.)

De principiis astronomiæ et cosmographiæ.

    Antuerpiæ, J. Graphæus; 1530, in-8°.
                    (Bibliothèques : Sainte-Geneviève; — de Béziers.)
    Antuerpiæ; 1544, in-8°.
                       (Bibliothèques : Mazarine; — de Chartres.)
    Parisiis, Guil. Cavellat; 1557, in-8°.
       (Bibliothèques : de Carcassonne; — de Carpentras; — de Chaumont.)

De principiis astronomiæ, deque usu globi cosmographici ab eodem editi.
De orbis divisione et insulis, rebusque nuper inventis.
De annuli astronomici usu.

    Antuerpiæ; 1548, in-8°.
                             (Bibliothèques : Nationale; — Mazarine.)
    Lutetiæ, G. Cavellat; 1556, in-8°.
                   (Bibliothèques : Nationale; — Sainte-Geneviève.)

GENEBRARDUS (GILBERTUS).

Les principes d'astronomie et cosmographie avec l'usage du globe, traduit du latin de Gemma Frison par Cl. de Boissière.
L'usage de l'anneau astronomique par ledit Gemma.
L'exposition de la mappemonde par ledit Boissière.

Paris, G. Cavellat; 1557, in-8°. (Bibliothèque de Verdun.)

Paris, G. de Marnef; 1582, in-8°.
(Bibliothèques : Nationale; — Mazarine; — Sainte-Geneviève; — de Chartres; — de Meaux.)

La Cosmographie de Pierre Apian, trad. en françois.

Anvers, Gr. Bonte; 1544, in-4°. (Bibliothèque Nationale.)

Anvers, J. Bellère; 1581, in-4°. (Bibliothèque Nationale.)

GENEBRARDUS (GILBERTUS),

Bénédictin né à Riom en 1537, professeur d'hébreu au Collège royal, mort à Semur en 1597. — Voir Niceron : *Mémoires pour servir à l'histoire des hommes illustres*, t. XXII.

Isagoge rabbinica sive alphabetum rabbinicum.

Parisiis, Martinus Juv; 1559, in-4°. (Bibliothèque Nationale.)

Parisiis, Martinus Juv; 1563, petit in-4°.
(Bibliothèques : de Vendôme; — de Verdun.)

Isagoge Gilb. Genebrardi, ad legenda et intelligenda Hebræorum et Orientalium sine punctis scripta.

Parisiis, Martinus Juv.; 1563, in-4°. (Bibliothèque Nationale.)

Parisiis, Ægidius Gorbinus; 1587, in-4°.
(Bibliothèques : Nationale; — Mazarine; — de l'Arsenal; — Sainte-Geneviève; — de Cambrai; — de Nîmes; — de Troyes.)

GENEBRARDUS (GILBERTUS).

Chronographia.

Venetiis, Sincius; 1536, in-folio.

Parisiis; 1567, in-folio. (Bibliothèque de Troyes.)

Lovanii; 1570 et 1572, in-12. (Bibliothèque Mazarine.)

Parisiis, Mart. Juv.; 1580, in-folio. (Bibliothèque Nationale.)

(Bibliothèques : Nationale; — de Carcassonne; — de Neufchâteau.)

Parisiis; 1585, in-folio.

(Bibliothèques : Nationale; — de Carcassonne; — de Carpentras.)

S. l. s. d. [circa 1587], in-24.

Lugduni, Pillehotte; 1599, in-folio. (Bibliothèque de Chaumont.)

(Bibliothèque de Troyes.)

Notæ chronicæ sive ad chronologiam et historiam universam methodus.

Parisiis, Lhuillier; 1543, in-8°.

Parisiis; 1584, in-8°. (Bibliothèque de Chaumont.)

(Bibliothèque Nationale.)

Chronographiæ libri quatuor.

Parisiis, Mich. Sonnius; 1580, in-folio.

(Bibliothèque de Béziers.)

Parisiis, Martinus; 1581, in-folio.

(Bibliothèque de Chartres.)

Parisiis, Mich. Sonnius; 1585, in-folio, 770 f.

(Bibliothèques : Mazarine; — de Gray; — du Puy; — de Vendôme.)

Parisiis, vidua Martini Juv.; 1585, in-folio.

(Bibliothèque de Chaumont.)

Lugduni, Pillehotte; 1599, in-folio.

(Bibliothèque d'Abbeville.)

Chronologia Hebræorum.

Parisiis, Martinus Juvenis; 1578, in-8°.

(Bibliothèque Nationale.)

Parisiis, Mich. Sonnius; 1584, in-folio, 134 pages.

(Bibliothèques : de Gray; — de Vendôme.)

GEOMETRA (JOANNES).

Hebraicum alphabetum, canones pronuntiationis omnes de litteris, punctis, regulis orthographiæ, accentuum tono et numeris brevissime et facillime complectens. Adjectus est decalogus characteribus hebraicis et latinis.

Parisiis, Martinus Juv.; 1564, in-4°.
(Bibliothèques : Nationale; — Mazarine; — de l'Arsenal; — Sainte-Geneviève; — de Vendôme.)

Parisiis, Martinus Juv.; 1567, in-8°.
(Bibliothèques : Nationale; — Mazarine; — Sainte-Geneviève.)

Linguæ hebraicæ institutiones.

Lutetiæ; 1609, in-4°.
(Bibliothèque de l'Arsenal.)

GEOMETRA (JOANNES).

Hortus epigrammatum græcorum moralium (græce tantum).

Lutetiæ, Fed. Morellus; 1595, petit in-8° de 21 pages.
(Bibliothèque de Verdun.)

Le même ouvrage en latin sous ce titre : *Jo. Geometræ, christiani poetæ græci, paradisus, tetrasticha moralia, sanctorum omnium sententiis referta, complectens.*

Lutetiæ, Fed. Morellus; 1593, petit in-8° de 23 pages.
(Bibliothèque de Verdun.)

GEORGIUS TRAPEZUNTIUS
[GEORGES DE TRÉBIZONDE],

Philologue et traducteur byzantin, né en Crète en 1396 d'une famille originaire de Trébizonde, professa à Venise et à Rome, où il mourut en 1485. — Voir E. Legrand : *Bibliographie hellénique*, 1885.

Rhetorica.

Basileæ, Val. Curio; 1522, in-4°.
         (Bibliothèque de Troyes.)

Parisiis; 1524; in-folio.
         (Bibliothèque de Bourg.)

Rhetoricorum libri V.

S. l.; 1493, in-folio.
         (Bibliothèque Sainte-Geneviève.)

Mediolani, L. Pachel; 1495, in-folio.
         (Bibliothèque Mazarine.)

Basileæ; 1522, in-8°.
         (Bibliothèque de l'Arsenal.)

Venetiis, Aldus; 1523, in-folio.
         (Bibliothèques : Nationale; — de Chartres.)

Parisiis, Christ. Wechelus; 1532, in-12, 645 pages.
         (Bibliothèques : de Beaune; — de Besançon; — de Cambrai.)

Parisiis, Christ. Wechelus; 1538, in-12, 645 pages.
         (Bibliothèques : Nationale; — de Carpentras; — de Troyes.)

Parisiis, Roigny; 1538, in-8°.
         (Bibliothèque Nationale.)

Lugduni, Seb. Gryphius; 1547, in-12.
         (Bibliothèques : Nationale; — de Mende.)

De octo partibus orationis, ex Prisciano compendium.

Mediolani; 1474, in-4°.
         (Bibliothèque Nationale.)

Augustæ, Phil. Ulhardus; 1537, in-12.
         (Bibliothèque de Troyes.)

Dialectica.

 Argentorati, Schurerius; 1519, in-4°.
          (Bibliothèque de Besançon.)

 Parisiis, Sim. Colinæus; 1536, in-8°, 32 f.
          (Bibliothèque du Havre.)

 Parisiis; 1544, in-8°.
          (Bibliothèque de l'Arsenal.)

De re dialectica libellus.

 Parisiis, F. Gryphius; 1537, in-8°.
          (Avignon [musée Calvet].)

 Lugduni, Sim. Vincentius; 1539, in-8°.
          (Bibliothèque Nationale.)

 Lugduni, Th. Paganus; 1541, in-8°.
          (Bibliothèque Nationale.)

 Parisiis, Prig. Calvarinus; 1549, in-12.
      (Bibliothèques : de l'Université; — de Nancy.)

 Lugduni, P. Fradinus; 1553, in-8°.
          (Avignon [musée Calvet].)

GERARDUS NOVIOMAGUS
[GELDENHAUER],

Pédagogue néerlandais, né à Nimègue en 1482, professeur à Marburg, où il mourut en 1542. — Voir Van der Aa : *Biographish Woordenboek der Nederlanden.*

Institutio scholæ christianæ autore Gerardo Geldenhaurio Noviomago.

 Francofurti, Christ. Ægenolphus; 1534, in-8°, 34 f.
      (Bibliothèques : Nationale; — de la Rochelle.)

GERMBERGIUS (HERMANNUS).

Carminum proberbialium loci communes, quibus accessere circei dialogi decem hominis præstantiam describentes.

Basileæ, Oporinus; 1582, in-12 de 623 pages.
(Bibliothèque de Montbéliard.)

N. B. — Le nom de l'auteur se trouve en tête de la préface.

GESNERUS (CONRADUS),

Médecin et philologue suisse, né en 1516, mort en 1565 à Zurich.
Voir J. Hanhart : *C. Gesner*, Winterthur, 1824.

Dictionarium græco-latinum.

Basileæ, Henricpetrus; 1545, in-folio.
(Bibliothèque de Besançon.)

Basileæ, Hieron. Curio; 1545, in-folio, non paginé.
(Bibliothèques : de l'Arsenal; — de Chalon-sur-Saône; — du Puy.)

Basileæ; 1548, in-folio.
(Bibliothèque de Troyes.)

Basileæ, Hier. Curio; 1550, in-folio.
(Bibliothèque d'Abbeville.)

Basileæ, Hieron. Curio; 1554, in-folio.
(Bibliothèques : de Béziers; — de Cambrai.)

Basileæ, Hieron. Curio; 1560, in-folio, non paginé.
(Bibliothèque de Dole.)

Basileæ; 1562, in-folio.
(Bibliothèque de Nîmes.)

Basileæ; 1563, in-folio.
(Bibliothèque Mazarine.)

Onomasticon propriorum nominum primum a Conrado Gesnero ex variis dictionariis collectum.

Basileæ, Henricpetrus; 1549, in-folio.
(Bibliothèque Nationale.)

Basileæ; 1550, in-4°.
(Bibliothèque Mazarine.)

Basileæ, Henricpetrus; 1590, in-folio.
(Bibliothèques : de Cambrai; — de Montbéliard.)

Mithridates, de differentiis linguarum tum veterum, tum quæ hodie in usu sunt, observationes.

Tiguri, Froschoverus; 1555, in-12, 78 f.
(Bibliothèques : Nationale; — Sainte-Geneviève; — de Besançon; — de Cambrai; — de Verdun.)

Tiguri, typis Wolphianis; 1610, in-8°.
(Bibliothèques : Nationale; — de l'Arsenal; — de Montauban [Faculté de théologie protestante].)

Ant. monachi cognomento Melissæ sententiæ cum interpretationibus Conradi Gesneri et Jo. Ribitti.

Lugduni; 1556, in-16.
(Bibliothèque de Bourg.)

Joannis Stobæi sententiæ ex thesauris Græcorum collectæ, quarum autores circiter ducentos et quinquaginta citat, et in sermones sive locos digestæ, per Conradum Gesnerum, medicum Tigurinum, latinitati donatæ.

Basileæ, Jo. Oporinus; 1549, in-folio de 630 pages.
(Bibliothèque de Verdun.)

Parisiis. Gul. Cavellat; 1552, in-12, 1,041 pages.
(Bibliothèque de Gray.)

Parisiis, Martinus Juv., 1552, in-18.
(Bibliothèques : de Cherbourg; — de Mende.)

GESSANUS (VALENTINUS),
CASTELLARIENSIS.

Compendium rei metricæ.

Romæ; 1557, in-8°.

(Bibliothèque Mazarine.)

GESVALDO (FILIPPO),
Évêque et franciscain italien, mort en 1619.

Plutosophia (ouvrage de mnémotechnie).

Padoue, P. Megietti; 1592, petit in-8°, 64 pages.
(Bibliothèque Sainte-Geneviève; — Musée pédagogique.)
Vincenza; 1600, in-4°.
(Bibliothèques : Mazarine; — Sainte-Geneviève.)

GILLES DE NOYERS.
Voir NUCERIENSIS (Ægidius).

GILLIUS (PETRUS),
Philologue et naturaliste français, mort en 1555.
Voir la *Nouvelle Biographie générale* de Didot.

Lexicon græco-latinum.

Basileæ, Val. Curio; 1532, in-folio.
(Bibliothèques : Nationale; — d'Albi; — de Coutances; — de Dôle; — de Rodez; — de Salins; — de Troyes.)

GIRALDI (JEAN-BAPTISTE),

Humaniste italien, né en 1504, et mort en 1573, à Ferrare.
Voir Niceron : *Mémoires pour servir à l'histoire des hommes illustres*, t. XXIX.

Dialogues philosophiques et très utiles italien-françois, touchant la vie civile, contenant la nourriture du premier âge, l'instruction de la jeunesse, et de l'homme propre à se gouverner soy-mesme; ornez des très excellens traitez des facultez de nos esprits, du duel, du destin, de la prédestination et de l'immortalité de l'âme. Traduit des trois excellens dialogues italiens de M. Jean-Baptiste Giraldi Cynthien, gentilhomme Ferrarais, par Gabriel Chappuis, Tourangeau.

Paris, Abel L'Angelier; 1584, in-12, 474 feuillets.

(Bibliothèque de M. d'Ollendon.)

GIRARDUS
[BERNARD DE GIRARD, SEIGNEUR DU HAILLAN],

Historiographe français, né à Bordeaux en 1535, mort en 1610.
Voir Niceron : *Mémoires pour servir à l'histoire des hommes illustres*, t. XIV.

Regum Gallorum icones a Pharamundo usque ad Franciscum II, item ducum Lotharingorum a Carolo primo usque ad Carolum III, autore Bernardo Girardo Burdigalensi.

Parisiis, C. Perier; 1559, in-4°.

(Bibliothèques : Nationale; — Mazarine.)

Histoire de France.

Paris; 1576, in-folio.

(Bibliothèque Mazarine.)

GIRARDUS (CAROLUS),

Helléniste français, florissait à Bourges au milieu du xvi° siècle.

Græcarum institutionum libelli XI.

Parisiis, Sim. Colinæus; 1541, in-4°.

(Bibliothèques : Nationale; — Mazarine.)

GIRAULT.

Globe du monde contenant un bref du traité du ciel et de la terre.

Langres, Jean des Preys; 1592, in-4°.

(Bibliothèques : Sainte-Geneviève; — de Chaumont.)

GISELINUS (VICTOR).

Epitomes adagiorum omnium, quæ hodie ab Erasmo, Junio et aliis collecta exstant pars altera, Vict. Giselini opera nunc primum edita et duplici indice illustrata.

Antuerpiæ, Christ. Plantinus; 1566, in-8°, 340 pages.

(Musée pédagogique.)

GLAREANUS (HENRICUS)
[LORITI],

Polygraphe suisse, né à Mollis (canton de Glaris) en 1488, ami d'Érasme, mort en 1563 à Fribourg-en-Brisgau. — Voir Schreiber : *M. Glareanus*, Fribourg-en-Brisgau, 1837, et Lichtenberger : *Encyclopédie des sciences religieuses.*

Henrici Glareani poetæ laureati de geographia liber unus.

Basileæ; 1527, in-4°.

(Bibliothèques : de Chaumont; — de Troyes.)

GLAREANUS (HENRICUS).

Venetiis; 1529, in-12, 39 pages.
(Bibliothèque de Coutances.)

Friburgi Brisg.; 1529, in-4°.
(Bibliothèque de l'Université.)

Friburgi Brisg.; 1530, in-4°.
(Bibliothèque Nationale.)

Parisiis; 1531, in-4°.
(Bibliothèque Sainte-Geneviève.)

Friburgi Brisg., Joan. Faber; 1533, in-4°.
(Bibliothèques : de Chaumont; — de Béziers.)

Parisiis, Galeotus; 1534, in-8°.
(Bibliothèque de Carcassonne.)

Friburgi Brisg., Joan. Faber; 1536, in-4°.
(Bibliothèques : Sainte-Geneviève; — de Besançon.)

Friburgi Brisg., Lud. Rodericus; 1539, in-4°, 25 f.
(Bibliothèques : Nationale; — Mazarine; — de Cambrai; — de Chaumont.)

Parisiis, Joan. Lod. Tiletanus; 1542, in-4°, 35 f.
(Bibliothèques : Nationale; — de Vesoul.)

—Parisiis; 1543, in-4°.
(Bibliothèque Mazarine.)

Friburgi Brisg., Steph. Melechus Gravius; 1543, in-4°, 70 pages.
(Bibliothèque de Carcassonne.)

Parisiis, G. Cavellat; 1551, in-4°.
(Bibliothèque de Carpentras.)

Parisiis, Cavellat; 1560, in-4°.
(Bibliothèque de Mende.)

Parisiis, Marnef; 1570, in-4°.
(Bibliothèque Nationale.)

Parisiis, Hier. de Marnef et G. Cavellat; 1572, in-8°, 67 pages et une carte.
(Bibliothèques : Mazarine; — Sainte-Geneviève; — de Corbeil; — de Tonnerre.)

Parisiis; 1577, in-4°.
(Bibliothèque Nationale.)

Parisiis, Hier. de Marnef; 1578, in-4°.
(Bibliothèque Nationale.)

Coloniæ Agrip.; 1581, in-8°.
(Bibliothèque Nationale.)

GLAREANUS (HENRICUS).

De cosmographiæ et geographiæ principiis.

    S. l.; 1524, in-4°, 110 pages.

                                (Bibliothèque de Chaumont.)

De ratione syllabarum brevis isagoge.

    Basileæ; 1516, in-4°.

                                (Bibliothèque de l'Arsenal.)

    Basileæ, Joan. Faber; 1527, in-8°.

                                (Bibliothèque Mazarine.)

    Parisiis, Chr. Wechelus; 1534, in-8°.

                                (Bibliothèque Nationale.)

    Parisiis, Wechelus; 1543, in-8°.

                     (Bibliothèques : de l'Université; — de Chartres; — de Pau.)

    Parisiis, Prigentius Calvarinus; 1544, in-8°.

                                (Bibliothèque Nationale.)

    Parisiis, J. L. Tiletanus; 1547, in-8°.

                                (Bibliothèque Nationale.)

De sex arithmeticæ practicæ speciebus Henr. Glareani epitome.

    Friburgi Brisg.; 1543, in-12.

                              (Bibliothèque de l'Université.)

    Friburgi Brisg.; 1539, in-8°.

                       (Bibliothèques : Nationale; — Mazarine.)

    Parisiis; 1543, in-8°.

                       (Bibliothèques : Mazarine; — de Verdun.)

    Parisiis, Martinus Juv; 1551 et 1554, in-12, 22 f.

                            (Bibliothèque de Vendôme.)

    Parisiis; 1554, in-8°.

                            (Bibliothèque Mazarine.)

    Parisiis, Cavellat; 1563, in-12.

                     (Bibliothèques : Nationale; — Mazarine.)

Scholia in Æl. Donati methodum et tractatus octo grammatici.

    Tiguri; 1534, in-8°.

                                (Bibliothèque Nationale.)

Donati methodum grammatices cum interpretatione germanica recognovit et a mendis repurgavit.

Argentorati; s. d., Chr. Mylius, in-8°. (Bibliothèque Nationale.)

Musicæ epitome ex dodecachordo Glareani.

Basileæ; 1559, in-8°. (Bibliothèque de l'Arsenal.)

Isagoge in musicen.

Basileæ; 1516, in-4°. (Bibliothèque Mazarine.)

GLAUMALIS DE VEZELET

(Anagramme de GUILLAUME DES AUTELZ),

Poète et grammairien français, né à Montanis (Bourgogne) en 1529, mort après 1560.
Voir Niceron : *Mémoires pour servir à l'histoire des hommes illustres*, t. XXX.

Traité touchant l'ancien orthographe françois (sic) *et écriture de la langue françoise contre l'orthographe des Meigretistes, par Glaumalis de Vezelet.*

Lyon; 1548. (?)

Voir MEIGRET.

Réplique de Guillaume des Autelz aux furieuses défenses de Louis Meigret.

Lyon, Jean de Tournes; 1551, in-8°. (Bibliothèque Mazarine.)

GOCLENIUS (RODOLPHUS)
[GOCKELEN],

Poète et philologue allemand, né à Corbach en 1547, mort à Marbourg en 1628. Voir l'*Allgemeine deutsche Biographie*.

Analecta observationum latinæ linguæ : accesserunt ejusdem Goclenii analecta puri sermonis, sive observationum latinæ linguæ pars secunda, continens scholarum grammaticarum libros tres; et sylvula solæcorum in latinitatem commutatorum.

Lichæ, typis Erbenianis; 1598 et 1599, in-8°.

(Bibliothèque Nationale.)

Problemata rhetorica.

Francofurti; 1596, in-8°.

(Bibliothèque Nationale.)

GODESCALCUS (JOANNES).

Latini sermonis observationes.

Antuerpiæ, J. Steelsius; 1534, in-8°.
(Bibliothèque de Besançon.)

Antuerpiæ, J. Steelsius; 1536, in-8°.
(Bibliothèque Nationale.)

Coloniæ, Joan. Gymnicus; 1540, in-8°.
(Bibliothèques : Mazarine; — de Chaumont.)

Venetiis, Bartholomæus Imperator; 1550, in-8°.
(Bibliothèque Nationale.)

Grammatices ebrææ libri VIII.

Basileæ; 1558, in-12.

(Bibliothèque Mazarine.)

GOLIUS (THEOPHILUS).

De phrasibus ebræis commentariolus.

Vitebergæ, Jo. Crato; 1557, in-8°.
(Bibliothèque de Besançon.)

De syntaxi linguæ græcæ libri II.

Francofurti, Petr. Brubachius; 1554, in-8°.
(Bibliothèque Nationale.)

GOESCHELIUS (JACOBUS).

Tropi, schemata, synonima, simplicium et compositarum obscuriorum dictionum significationes.

Basileæ, Henr. Petrus; 1546, in-12 de 543 pages.
(Bibliothèque de Montauban [Faculté de théologie protestante].)

GOLIUS (THEOPHILUS)
[GOTTLIEB GOLL],

Grammairien et philosophe, né en 1528 à Strasbourg, où il mourut en 1600.
Voir P. Bayle: *Dictionnaire historique et critique.*

Onomasticon latino-germanicum in usum scholæ argentoratensis, collectum a Theophilo Golio cum præfatione Ioan. Sturmii.

Argentorati, Josas Rihelius; 1579, in-12.
(Musée pédagogique.)

Grammatica latina novissime recognita.

Argentorati, Ph. Mulbius; 1652, in-8°.
(Bibliothèque Nationale.

GOTHOFREDUS.

Grammatica græca, sive educatio puerilis linguæ græcæ, pro gymnasio argentinensi primum conscripta.

Argentorati; 1630, in-8°.

(Bibliothèque de l'Arsenal.)

Amstelodami, Jansonius; 1635, in-12.

(Bibliothèque Nationale.)

GOLUZIUS (LUDOVICUS)
[LOUIS GOLLUT],

Littérateur franc-comtois, né à Pesmes (Haute-Saône) en 1535, mort à Dôle (Jura) en 1595. — Voir la *Nouvelle Biographie générale*.

Gymnasii dolani grammatica latina in quatuor libros digesta.

Lugduni, P. Roussin; 1572, in-8°.

(Bibliothèque de Besançon.)

GOTHOFREDUS
[DENIS GODEFROY],

Jurisconsulte et littérateur français, né à Paris en 1549, mort à Strasbourg en 1621. Voir l'*Encyclopédie* d'Ersch et Gruber.

Auctores linguæ latinæ in unum redacti, corpus cum notis D. Gothofredi.

S. l., G. Leimarius; 1505, in-4°.

(Bibliothèque de Nîmes.)

S. l., G. Leimarius; 1585, in-4°, 1,924 pages, plus l'index.
(Bibliothèques : d'Aix-en-Provence; — de Cambrai; — de Langres; — de Montauban [Faculté de théologie protestante].)

S. l., G. Leimarius; 1595, in-4°.
(Bibliothèques : Mazarine; — de Mende.)

S. Gervasii, hered. E. Vignon; 1602, in-4°.
(Bibliothèques : Nationale; — de l'Arsenal; — Sainte-Geneviève; — de Chartres; — de Montauban [Faculté de théologie protestante].)

GOULLET (ROBERT).

Genevæ, Petr. de la Rovière; 1622, in-4°.
(Bibliothèque de Troyes.)

Coloniæ; 1622, in-4°.
(Bibliothèque de l'Arsenal.)

Antiquæ historiæ ex 17 authoribus contextæ libri VI.

Argentorati, Laz. Zetznerus; 1604, in-8° de 677 pages.
(Bibliothèque de Montauban [Faculté de théologie protestante].)

GOUDOUYN (GILBERT DE)

Quatrains spirituels et moraux.

Paris; 1587, in-12.
(Bibliothèque Mazarine.)

GOULART (SIMON),

Théologien et poète protestant, né à Senlis en 1543, mort à Genève en 1628. Voir l'article de Ch. Dardier dans l'*Encyclopédie des sciences religieuses*.

Morum philosophia historica, ex probatis scriptoribus collecta, juxta alphabeti seriem, Simonis Goulartii Silvanectini labore digesta.

S. l., Jac. Stoer; 1594, in-8° de 489 pages.
(Bibliothèques : de Montauban [Faculté de théologie protestante] ; — de Verdun.)

GOULLET (ROBERT).

Compendium de multiplici parisiensis universitatis magnificentia et excellentia, ejus fundatione, mirificoque suorum supposi-

GRANATENSIS (LUDOVICUS). 333

torum ac officiariorum et collegiorum nomine. Supplementum de duabus artibus et heptadogma pro erigendo recenter gymnasio, multis cum aliis utilibus documentis.

N. B. — Le plus ancien ouvrage imprimé traitant de l'Université de Paris.

Parisiis; 1517, in-4°.

(Bibliothèque Mazarine.)

GRACIEN OU GRATIEN DU PONT,

Poète français du milieu du xvi° siècle.

Art et science de rhétorique métrifiée, avec la deffinition de synalephe.

Tholose, Nyc. Vieillard; 1539, in-4°.

(Bibliothèques : Nationale; — Mazarine.)

GRANATENSIS (LUDOVICUS)
[LOUIS DE GRENADE],

Prédicateur et moraliste espagnol, né à Grenade en 1504, mort à Lisbonne en 1588. Voir Antonio : *Bibliotheca hispana.*

Collectanea moralis philosophiæ in tres tomos distributa, collectore F. Ludovico Gratanensi, monacho dominicano.

Olisippone, F. Correa; 1571, in-8°.

(Bibliothèque d'Avignon [musée Calvet].)

Parisiis, G. Chaudière; 1582, in-8°.

(Bibliothèque Nationale.)

Sylva locorum qui frequenter in concionibus occurrere solent.

Salmanticæ, hered. Mat. Gastii; 1586, in-8°, 890 pages.

(Bibliothèque du Puy.)

GRATAROLUS (GULIELMUS)
[GULIELMO GRATAROLI],

Médecin italien, né à Bergame en 1516, mort à Bâle en 1568.
Voir l'*Encyclopédie* d'Ersch et Gruber.

G. Grataroli medici Bergomatis de memoria reparanda, augenda servandaque, tutiora omnimodo remedia præceptionesque optimas breviter continens opusculum. Item de prædictione morum naturæque hominum facili ex inspectione partium corporis selectum opusculum.

Basileæ, Episcopius; 1554, in-18, 258 pages.
(Bibliothèques : Nationale; — de Béziers.)

Lugduni, Barnolitus; 1558, in-8°.
(Musée pédagogique.)

Coloniæ; 1571, in-8°.
(Bibliothèque Mazarine.)

Ursellis, Corn. Sutorius; 1603, in-8°.
(Bibliothèque Nationale.)

Discours pour conserver la mémoire, où il est parlé de la phisionomie.

Paris, Cl. Micard; 1577, in-16.
(Bibliothèque Sainte-Geneviève.)

GREGORIUS (PETRUS),

Jurisconsulte français, né à Toulouse vers 1540, mort en 1597 ou en 1617.
Voir Bayle : *Dictionnaire historique et critique*, et Calmet : *Bibliothèque lorraine*.

Syntaxis artis mirabilis in libros septem digestæ. Commentaria in prolegomena syntaxeon mirabilis artis per quam de omnibus disputatur habeturque cognitio.

Lugduni, Ant. Gryphius; 1575, in-12.
(Bibliothèque de Gray.)

Lugduni; 1578, in-8°.
(Bibliothèque Sainte-Geneviève.)

Lugduni, Gryphius; 1583, in-16.
(Bibliothèque Nationale.)

Lugduni, Pillehotte; 1587, in-16.
(Bibliothèques : Nationale; — Mazarine; — Sainte-Geneviève; — de Béziers.)

Syntaxeon artis mirabilis alter tomus in quo omnium scientiarum et artium tradita est epitome.

Lugduni, Gryphius; 1585, in-18 de 1,055 pages.
(Bibliothèque de Béziers.)

GRETSERUS (JACOBUS),

Savant jésuite allemand, né à Markdorf (Souabe) en 1561, mort à Ingolstadt en 1625. Voir de Backer : *Histoire des écrivains de la Compagnie de Jésus.*

Institutionum linguæ græcæ liber primus de octo partibus orationis.

Ingolstadii, D. Sartorius; 1593, in-8°.
(Bibliothèque de Montbéliard.)

Ingolstadii, D. Sartorius; 1595, in-8°.
(Bibliothèque Nationale.)

Romæ, Aloys. Zannettus; 1597, in-8°.
(Bibliothèque Nationale.)

Ingolstadii, Sartorius; 1599, in-8°.
(Bibliothèque de Troyes.)

Romæ; 1599, in-8°.
(Bibliothèque Mazarine.)

Sancti Gervasii; 1602, in-12.
(Bibliothèque de Mende.)

Ingolstadii, Ad. Sartorius; 1603, in-8°.
(Bibliothèque de Montauban [Faculté de théologie protestante].)

Flexiæ; 1608, et autres postérieures.
(Bibliothèques : Nationale; — de l'Arsenal.)

Nomenclator latino-græco-germanicus, in gratiam tyronum linguæ græcæ collectus.

Ingolstadii; 1517, in-8°.
(Bibliothèque Nationale.)

Romæ; 1600, in-8°.
(Bibliothèque Mazarine.)

GRIBALDUS (MATHÆUS)
[GRIBALDO DIT MOPHA],

Jurisconsulte italien et antitrinitaire, né à Chieri (Piémont) au commencement du xvi° siècle, mort à Genève en 1564. — Voir Wallace : *Antitrinitarian Biography;* London, 1850, in-8°.

Mathæi Gribaldi Mophæ, jurisconsulti Cheriani, in celebri Valentinorum gymnasio jura civilia enodantis, de methodo ac ratione studendi libri tres.

Lugduni, Ant. Vincentius; 1541, in-8°, 364 pages.
(Bibliothèques : Nationale ; — du Puy ; — de Toulouse.)

Lugduni, Seb. Gryphius; 1544, in-8°.
(Bibliothèques : Nationale ; — de Chartres ; — de Chaumont.)

Coloniæ Agrip.; 1553, in-8°.
(Bibliothèque Nationale.)

Lugduni, Jo. et Fr. Frellonii; 1554, in-8°, 302 pages.
(Bibliothèque de Carcassonne.)

Lugduni, Jo. Frellonius; 1556, in-16.
(Bibliothèques : Nationale ; — Mazarine.)

Venetiis; 1558, petit in-8°.
(Musée pédagogique.)

Venetiis; 1559, in-8°.
(Bibliothèque Nationale.)

Lugduni, Guil. Rovillius; 1564, in-12.
(Bibliothèque de Beaune.)

Lugduni, Lud. Cloquemin; 1574, in-12, 518 pages, plus l'index.
(Bibliothèques : Mazarine ; — d'Abbeville.)

GROSNETUS (PETRUS),

Poète et moraliste français, florissait à Auxerre, mort vers 1540.

Enchiridion virtutum sive compendiolum morale.

Parisiis, Dion. Janotius; 1534, petit in-8°, 158 pages.
(Bibliothèques : Mazarine; — du Havre.)

Haud inutile libidinis sive luxuriæ dehortamentum.

Parisiis, Dion. Janotius; 1556, in-16.
(Bibliothèque Nationale.)

GRYNÆUS (SIMON),

Théologien et philologue allemand, né à Veringen (Hohenzollern), mort à Bâle en 1541.
Voir Streuber : *Leben des S. Grynæus;* Bâle, 1847.

Lexicon græcum.

Basileæ, Joannes Valder; 1539, in-8°
(Bibliothèques : Nationale; — de Saint-Brieuc.)

De utilitate legendæ historiæ præfatio.

Lutetiæ, Mich. Vascosanus; 1552, in-folio.
(Bibliothèque de Carcassonne.)

Titulus deest (xvi° siècle); in-8°.
(Bibliothèque de Montauban [Faculté de théologie protestante].)

Julii Pollucis onomasticon... cum præfatione Simonis Grynæi ad ludimagistros.

Basileæ, Balth. Lasius et Th. Platterus; 1536, in-4°.
(Bibliothèques : Nationale; — de Troyes.)

GUALTERUS.

Apologeticum pro vetere et germana linguæ græcæ pronuntiatione, ex hodierna cacophonia in priscam euphoniam facile vindicanda.

Parisiis, Joannes Poupy; 1580, in-8°.   (Bibliothèque Nationale.)

Basileæ, L. Ostenius; 1587, in-8°.   (Bibliothèque Nationale.)

GUALTERUS (RODOLPHUS),

Né à Zurich en 1518, mort en 1586.

De syllabarum et carminum ratione libri duo.

Tiguri, Froschoverus; 1549, in-8°.   (Bibliothèque de Chaumont.)

Tiguri; 1554, in-8°.   (Bibliothèque Mazarine.)

GUARINO (CAMERS),

Philologue et lexicographe, né vers 1450 à Favora, près Camerino (d'où son nom de Camers), mort en 1537. Après avoir été l'élève de J. Lascaris et d'Ange Politien, il devint l'un des précepteurs de Jean de Médicis, depuis Léon X. — Voir Niceron, t. XXIX, et Tiraboschi, t. VII.

Apophtegmata ex variis authoribus collecta per Jo. Stobæum, interprete V. Favorino Camerte.

Romæ; 1517, in-4°.   (Bibliothèque Mazarine.)

Dictionarium Varini Phavorini Camertis, magnum variis ex auctoribus collectum, totius linguæ græcæ commentarius.

    Romæ, Zach. Calliergus; 1523, in-folio.
                     (Bibliothèques : Nationale ; — Mazarine.)
    Basileæ, R. Chimerinus; 1538, in-folio.
        (Bibliothèques : Nationale; — Mazarine; — de Chalon-sur-Saône.)

Thesaurus cornucopiæ et horti Adonidis, seu corpus grammaticorum græcorum in quo continentur varia antiquorum grammaticorum græcorum opuscula; græce : studio Guarini Camertis et Caroli Antenorei, consilio Angeli Politiani, omnia ex recognitione Aldi Manutii, adjuvante Urbano Bolzanio, minorita.

    Venetiis, Aldus; 1496, in-folio.
                                    (Bibliothèque Nationale.)

GUARINUS
[GUARINI DE VÉRONE],

Célèbre humaniste italien, né à Vérone, mort en 1460. — Voir Rosmini : *Vita e disciplina di Guarino Veronese e de' suoi discipoli*; Brescia, 1803; Voigt : *Wiederbelebung*, etc., et Tiraboschi, t. VI.

Regulæ grammaticæ.

    S. l.; circa 1480, in-4°.
                                    (Bibliothèque Nationale.)

N. B. — On trouve à la suite :

1° Sulpitianum opusculum grammatices;

2° Institutiones grammaticæ pro Joanne Aragoneo, Fernandi regis filio, per Bartholomæum Philalitem compositæ.

    Venetiis, Petr. de Quarengiis; 1497, in-4°.
                                    (Bibliothèque Nationale.)

Erotemata Guarini, græce cum Libanii de modo epistolandi libello.

    Lingobardiæ, Ben. Manzius; 1501, in-8°.
                                  (Bibliothèque Nationale.)

GUARINUS.

Erotemata cum multis additamentis.

Ferrariæ, Joh. Mazzoch; 1509, in-8°.
(Bibliothèques : Nationale; — Mazarine; — d'Aix-en-Provence.)

Venetiis, Aldus; 1517, in-8°.
(Bibliothèque Mazarine.)

Venetiis; 1544, in-8°.
(Bibliothèque Nationale.)

Venetiis, Aldus; 1549, in-8°.
(Bibliothèque de Reims.)

De modo docendi et discendi.

Heidelbergæ; s. d., in-8°.
(Bibliothèque Nationale.)

Parisiis; 1514, in-8°.
(Bibliothèque Sainte-Geneviève.)

De modo et ordine docendi ac studendi.

Argentinæ; 1514, in-4°.
(Bibliothèque Mazarine.)

Vocabularius breviloquus.

Basileæ; 1478, in-folio.
(Bibliothèque de Dole.)

Basileæ; 1481, in-folio.
(Bibliothèque de Besançon.)

Basileæ, s. n.; 1482, in-folio.
(Bibliothèques : Nationale; — de Troyes.)

Argentinæ; 1488, in-folio.
(Bibliothèque de l'Arsenal.)

Argentinæ, s. n.; 1489, in-folio.
(Bibliothèque de Neufchâteau.)

Ars diphtongandi.

S. l. s. d., gr. in-8°.
(Bibliothèque de Rodez.)

Basileæ; 1481, in-folio.
(Bibliothèques : Sainte-Geneviève; — de Troyes.)

Basileæ, s. n.; 1499, in-4°.
(Bibliothèque de Troyes.)

GUARNA (ANDRÉ).

Basileæ, Ad. Petrus; 1520, in-4°.
                                                  (Bibliothèque Nationale.)

Lugduni, heredes Sim. Vincentii; 1539, in-8°.
                                                  (Bibliothèque de Reims.)

Ars diphtongandi. Item compendiosus dialogus de arte punctandi (auctore Joh. de Lapide). *Item tractatus utilis de accentu. Item breviloquus vocabularius.*

    Basileæ; 1478, in-folio.
                                                  (Bibliothèque Nationale.)

    Basileæ; 1480, in-folio.
                                                  (Bibliothèque Nationale.)

    Basileæ; 1482, in-folio.
                                (Bibliothèques : Nationale; — de Troyes.)

Lugduni, Petr. Ungarus; 1482, in-folio.
                  (Bibliothèques : Nationale; — de Besançon; — de Chaumont.)

Basileæ, Nic. Kesler; 1486, 1487, in-folio.
                                                (Bibliothèque Mazarine.)

Argentinæ; 1488, in-folio.
                                                (Bibliothèque de l'Arsenal.)

Argentinæ; 1489, in-folio.
                                                (Bibliothèque de Neufchâteau.)

Argentinæ; 1491, 1493, 1495, in-folio.
                                              (Bibliothèque Mazarine.)

GUARNA (ANDRÉ)
[DE SALERNE],

Grammairien italien, florissait à Crémone au début du xvi° siècle.
Voir Tiraboschi, t. VII.

Bellum grammaticale.

    Argentorati; 1512, in-4°.
                                                (Bibliothèque Mazarine.)

Parisiis, Rob. Stephanus; 1526, in-8°.
                                                (Bibliothèque de Reims.)

GUARNA (ANDRÉ).

Lugduni, Gryphius; 1532, in-8°. (Bibliothèque de Besançon.)

Lugduni, Gryphius; 1534, in-8°. (Bibliothèque Nationale.)

Venetiis; 1535, in-8°. (Bibliothèque Mazarine.)

Parisiis, Nic. Buffet; 1538, in-8°. (Bibliothèque de Chaumont.)

Parisiis, Rob. Stephanus; 1539, in-8°. (Bibliothèque Nationale.)

Lugduni; 1539, in-8°. (Bibliothèque Mazarine.)

Basileæ; 1541, in-8°. (Bibliothèque de Reims.)

Basileæ; 1542, in-8°. (Bibliothèque Nationale.)

Parisiis, Rob. Stephanus; 1550, in-8°. (Bibliothèques : Nationale; — Mazarine.)

Lugduni, Frellonius; 1551, in-8°. (Bibliothèques : Nationale; — Mazarine; — de l'Université; — de Besançon.)

Lugduni; 1557, in-8°. (Bibliothèque Mazarine.)

Venetiis, Franc. Zilettus; 1581, petit in-8°, 179 feuillets. (Bibliothèques : Nationale; — Mazarine; — de Carpentras.)

Cremonæ, Chr. Draconius; 1587, in-8°. (Bibliothèque Nationale.)

Witebergæ, Wolf. Meisner; 1594, in-8°. (Bibliothèque de Besançon.)

Guerre grammaticale de deux roys.

Lyon; 1556, in-12. (Bibliothèque de l'Arsenal.)

Paris. J. Libert; 1616, in-8°. (Bibliothèque Nationale.)

GUAZZI (STEFANO),

Écrivain italien, né à Casal, mort à Paris en 1593.
Voir Crescimbeni : *Istoria della volgar poesia*, Rome, 1698, et Tiraboschi, t. VII.

La civile conversation du sieur Estienne Guazzo, gentilhomme Monferradois, divisée en quatre livres.

Paris, Cavellat; 1576, in-8°.
(Bibliothèque de l'Université.)
Paris, Pierre Cavellat; 1579, in-8°, 624 pages.
(Bibliothèques : Sainte-Geneviève; — de Corbeil.)

De mutua et civili conversatione libri IV ex italico latine redditi per H. Coggeman.

Coloniæ; 1585, in-8°.
(Bibliothèque Mazarine.)

GUÉ (CLAUDE DU),

Né à Anvers-le-Hamon (Maine); vivait encore en 1584.

Doctrina, seu institutio scholarum.

Parisiis; 1577, in-8°.
(Bibliothèque Mazarine.

GUERINUS (FRANCISCUS).

Pædagogii defensio adversus injecta in præceptorum ordinem convitia; orationes duo Franc. Guerini, Abrincensis.

Parisiis, Steph. Prevosteau; 1596, in-8°.
(Bibliothèques : Nationale; — Sainte-Geneviève.)

GUIDACERIO (AGATHIO),

Hébraïsant italien, né à Rocca-Coragio (Calabre), professeur au Collège royal, mort après 1539. — Voir Goujet : *Mémoires historiques sur le Collège de France*. Paris, 1758, 3 vol. in-12.

Alphabetum hebraicum; grammaticæ in linguam sanctam institutiones.

Parisiis, in Collegio Italorum; 1539, in-8° non paginé.
(Bibliothèques : Nationale; — de Salins.)

Grammatica hebraicæ linguæ ad Leonem X.

Vetus editio, in-4°.
(Bibliothèque Nationale.)

Grammaticæ in sanctam Christi linguam institutiones : hebraice et latine.

S. l.; 1529, in-4°.
(Bibliothèque Mazarine.)

Parisiis, in Collegio Italorum; 1539, in-8°.
(Bibliothèques : Nationale; — Sainte-Geneviève.)

Peculium Agathii, sive commentaria de litteris hebraicis, de punctis, accentibus, quantitate syllabarum et vera linguam græcam pronunciandi ratione.

Parisiis, Wechelus; 1537, in-8°.
(Bibliothèque Nationale.)

In hoc libello continentur de litteris hebraicis, de accentibus, de quantitate syllabarum, deque vera linguæ hebraicæ pronunciandi ratione, quatenus scriptis ostendi potest.

Parisiis, Chr. Wechelus; 1537, in-8°.
(Bibliothèques : Mazarine; — de Carcassonne.)

De octo partibus orationis.

Parisiis; 1539, in-8°.

(Bibliothèque Mazarine.)

GUILLONIUS (RENATUS) VINDOCINÆUS,

Né à Saint-Osmame (Vendômois) en 1500, mort en 1570. — Voir Hauréau : *Histoire littéraire du Maine.*

Gnomon, opus quidem pernecessarium ac perutile volentibus serio studio rimari arcana poetarum omnium græcorum.

Parisiis, Chr. Wechelus; 1548, in-4°.
(Bibliothèques : Nationale; — de Chartres; — de Nîmes.)
Parisiis, Andr. Wechelus; 1556, in-4°.
(Bibliothèques : Mazarine; — de Chaumont.)
Parisiis; 1557, in-4°.
(Bibliothèque Nationale.)
Parisiis, Prevosteau; 1586, in-4°.
(Bibliothèque Sainte-Geneviève.)

Gnomon, id est norma qua perpenditur cujusque syllabæ quantitas in græcis dictionibus; cui subnectuntur regulæ libertatis ac licentiæ poetarum græcorum.

Parisiis, Joan. Benenatus; 1567, in-4°.
(Bibliothèques : Nationale; — Mazarine.)

Tabulæ perbreves, rationem, motus verborum omnium barytonorum, circumflexorum et verborum in μι nova docendi formula complectentes : cum deductione temporum et modorum aliorum in aliis deducendorum, quibus adjunguntur duæ aliæ verborum eorumdem tabulæ, digestæ in figuram triquetram ac tetragonum : quæ apprime utiles sunt iis qui animum cupiunt appellere ad scribendum, quæque thematum græcorum investigationem facile docent : qui tomus est totius operis primus.

Parisiis, Th. Richardus; 1553, in-4°, 20 pages.
(Bibliothèque du Havre.)

Parisiis, Th. Richardus; 1555, in-4°.
(Bibliothèques : de Chaumont; — de Chartres.)

Συνταγματικόν *Græcorum tam canonicum quam figuratum.*

Lutetiæ, Joh. Benenatus; 1568, in-4°, 312 pages.
(Bibliothèques : Nationale; — Mazarine; — de Verdun; — de Carcassonne.)

Tabulæ monstrantes viam qua itur in Græciam, complectentes summam litteraturæ Græcorum.

Parisiis, J. Benenatus; 1567, in-4°, 279 pages.
(Bibliothèques : Mazarine; — Sainte-Geneviève; — de l'Université; — de Besançon; — de Carcassonne; — de Chartres.)

De dialectis verborum et nominum dialectos communes cum verbis habentium.

Parisiis, A. Wechelus; 1561, in-4°, 19 f.
(Bibliothèques : Nationale; — de Cambrai.)

De generibus carminum græcorum.

Parisiis, A. Wechelus; 1555, in-4°.
(Bibliothèque de Chartres.)

Parisiis, A. Wechelus; 1560, in-4°.
(Bibliothèque Nationale.)

De syllabarum græcarum quantitate.

Paris; 1567, in-4°.
(Bibliothèque de Chartres.)

Annotationes in grammaticam Clenardi.

S. l. s. d., in-8°.
(Bibliothèque Mazarine.)

Parisiis, Tiletanus; 1544, in-8°.

(Bibliothèque de Reims.)

Parisiis; 1570, in-4°.

(Bibliothèque Nationale.)

GUINTERIUS (JOANNES),

Médecin allemand, né à Andernach (Prusse rhénane), mort en 1574.
Voir Niceron : *Mémoires pour servir à l'histoire des hommes illustres*, t. XII et XX.

Syntaxis græca.

Parisiis, Æg. Gourmontius; 1527, in-8°.

(Bibliothèques : Nationale; — Mazarine.)

GYRALDUS (RENATUS).

Selecti ex variis autoribus dialogi, in puerorum commoditatem a Ren. Gyraldo collecti.

Parisiis, Nicol. Chesneau; 1575, in-8°.

(Bibliothèque Nationale.)

HABERT (FRANÇOIS).
Voir CATON.

HADRIANUS (CARDINALIS)
[CASTELLENSIS],

Philologue et prélat italien, né à Corneto au milieu du xv° siècle, cardinal sous Alexandre VI, mort à Constantinople en 1518.

De sermone latino et modis latine loquendi.

Parisiis; s. d., in-4°.

(Bibliothèque Mazarine.)

HADRIANUS (CARDINALIS).

Romæ, Sibberius; 1515, in-folio.
(Bibliothèque de Besançon.)

Parisiis, Petrus Viduus; 1517, in-4°.
(Bibliothèques : Nationale; — de l'Université; — d'Avignon [musée Calvet].)

Basileæ; 1518, in-4°.
(Bibliothèque Sainte-Geneviève.)

Coloniæ, Hero Alopecius; 1522, in-8°.
(Bibliothèques : Nationale; — de l'Université.)

Coloniæ, Hero Alopecius; 1524, in-8°.
(Bibliothèques : Nationale; — de Chaumont; — de Reims.)

Parisiis, Sim. Colinæus; 1528, petit in-8°, 238 f.
(Bibliothèques : Nationale; — de Carpentras.)

Venetiis, Mel. Sessa; 1531, in-8°.
(Bibliothèque Nationale.)

Parisiis, Sim. Colinæus; 1534, in-12, 223 pages.
(Bibliothèques : de l'Arsenal; — de l'Université; — d'Abbeville; — de Dole; — de la Faculté de théologie protestante de Montauban.)

Coloniæ, Joan. Gymnicus; 1540, in-8°, 809 pages.
(Bibliothèque de Chaumont.)

Lugduni, Seb. Gryphius; 1542, in-8°, 402 pages.
(Bibliothèques : Nationale; — d'Angers.)

Lugduni, Seb. Gryphius; 1545, in-8°.
(Bibliothèque de Nîmes.)

Lugduni, Seb. Gryphius; 1548, in-8°.
(Bibliothèque Nationale.)

Venetiis; 1561, in-8°.
(Bibliothèque de l'Arsenal.)

Lugduni, Junta; 1581, in-8°.
(Bibliothèques : Mazarine; — Sainte-Geneviève; — de l'Université; — de Béziers; — de Carcassonne.)

Lugduni, Junta; 1582, in-8°.
(Bibliothèque de Neufchâteau.)

Coloniæ Agr.; 1587, in-8°.
(Bibliothèque de l'Arsenal.)

Lugduni, Bart. Vincentius; 1592, in-8°.
(Bibliothèque de Marseille.)

Venetiis, Marc. Ant. Bonibellus; 1598, in-8°.
(Musée pédagogique.)

De sermone latino epitome.

Virduni, Joan. Wapy; 1594, in-18, 273 pages.
(Bibliothèque de Verdun.)

HAMELLIUS (PASCASIUS)
[HAMEL],
Mathématicien français, florissait à Paris au milieu du xvi° siècle.

Pascasii Hamellii, mathem. regii, perspectivæ communis libri tres, correcti et figuris illustrati.

Parisiis; 1556, in-4°.
(Bibliothèques : Nationale; — Sainte-Geneviève; — de l'Arsenal.)
Lutetiæ, Æg. Gorbinus; 1556, in-4° de 86 pages.
(Bibliothèque de Carcassonne.)

Tabulæ astronomicæ.

Parisiis, Chr. Wechelus; 1545, in-4°.
(Bibliothèque Nationale.)

HANAPUS (NICOLAUS).

Virtutum vitiorumque exempla ex utriusque legis promptuario decerpta per R. D. D. Nic. Hanapum, ordinis prædicatorum.

Lugduni, Rovillius; 1559, in-24.
(Musée pédagogique.)
Parisiis, J. Ruellus; 1560, in-16.
(Bibliothèque de Cambrai.)

HARTUNGUS (JOHANNES),

Helléniste allemand, né à Mildenberg (Franconie) en 1505, mort en 1576.
Voir l'*Allgemeine deutsche Bigraphie*.

Methodus, una cum exemplis, conscribendarum epistolarum; græce et latine.

  Basileæ, s. n.; 1548, in-8°.   (Bibliothèque Nationale.)

  Basileæ; 1552, in-8°.   (Bibliothèque de l'Arsenal.)

HARVEIUS (GABRIEL)
[HARVEY],

Humaniste anglais, né en 1545 dans le comté d'Essex, mort en 1630.
Voir l'*Encyclopedia britannica*. Édimbourg, 1875, 1 vol. in-8° (en cours).

Rhetor, vel duorum dierum oratio, de natura, arte et exercitatione rhetorica.

  Londini, Binnemann; 1577, in-4°. (Bibliothèque Mazarine.)

HASSALUS (HERMANNUS).

De exornatione carminum octo cohortes.

  Coloniæ, Cholinus; 1586, in-8°. (Bibliothèque Mazarine.)

HEGATUS (GUILLELMUS).

Pædagogiæ liber primus. Galliarum delphini genethliacon, versibus.

Parisiis, Prevosteau; 1563, in-4°.

(Bibliothèque Mazarine.)

HEGELUNDUS (PETRUS),

Pédagogue et prélat danois, évêque de Ribe (Jutland), né en 1542, mort en 1614.

Epitomes orthographiæ Aldi Manutii compendiolum.

S. l., Ant. Plantinus; 1579, in-8°.

(Bibliothèques : Nationale; — Mazarine.)

Epigrammata Ph. Melanchtonis selectiora, formulis precum, historiis, etc., collecta ab Hegelundo, insuper et iconibus argumento convenientibus exornata a Sigism. Feyerabendt.

Francofurti; 1583, in-4°.

(Bibliothèque Nationale.)

HEGENDORPHINUS (CHRISTOPHORUS)
[HEGENDORF],

Helléniste allemand, né à Leipzig en 1500, mort à Luxembourg en 1540.
Voir l'*Allgemeine deutsche Biographie*.

Dialogi pueriles.

Lipsiæ, Val. Schumanus; 1511, petit in-8°.

(Bibliothèques : de Troyes; — de la Société de l'histoire du protestantisme français.)

HEGENDORPHINUS (CHRISTOPHORUS).

Parisiis, Rob. Stephanus; 1528, in-8°, 24 pages.
(Bibliothèques : Nationale; — Mazarine; — de Troyes.)

Wittembergæ, J. Lufft; 1529, in-8°.
(Bibliothèque de Besançon.)

Parisiis, Rob. Stephanus; 1531, in-8°, 99 pages.
(Bibliothèque de Marseille.)

Antuerpiæ; 1531, in-8°.
(Bibliothèque Nationale.)

Lipsiæ, Nic. Faber; 1539, in-8°.
(Bibliothèque de Besançon.)

Parisiis, Nic. Buffet; 1539, in-8°, 66 pages.
(Bibliothèque d'Aurillac.)

Francofurti; 1542, in-8°.
(Bibliothèque de Toulouse.)

Lugduni, Theob. Paganus; 1543, in-12, 24 pages.
(Bibliothèques : de l'Arsenal; — de Mende.)

Moguntiæ, Schœffer; 1544, petit in-8°.
(Bibliothèque de Nancy.)

S. l., Joannes Petreius; 1548, in-8°.
(Bibliothèque de Besançon.)

Parisiis; 1548 et 1550, in-8°.
(Bibliothèque Nationale.)

Rothomagi, Guerouldus Sebire; 1561, in-8°.
(Bibliothèque Nationale.)

Parisiis; 1561; in-8°.
(Bibliothèque Nationale.)

Argentorati, apud heredes Christ. Abilii; 1570, petit in-8° en six cahiers.
(Bibliothèque de Nancy.)

De instituenda vita et moribus juventutis corrigendis paræneses.

Parisiis, Rob. Stephanus; 1529, in-8°.
(Bibliothèque d'Orléans.)

Parisiis, Wechelus; 1529, in-8°.
(Bibliothèque Nationale.)

Lugduni, S. Gryphius; 1531, in-12.
(Bibliothèque Mazarine.)

HEGENDORPHINUS (CHRISTOPHORUS).

Parisiis, Rob. Stephanus; 1536, in-8°.
(Bibliothèque Nationale.)

Lugduni, S. Gryphius; 1541, in-8°.
(Bibliothèque de Troyes.)

Parisiis, Rob. Stephanus; 1545, in-12, 61 pages.
(Bibliothèques : de l'Arsenal; — de Chartres.)

Basileæ, J. Oporinus; 1556, in-8°.
(Bibliothèque Mazarine.)

Bernæ, Samuel Apiarius; 1556, in-8°.
(Bibliothèque de Carcassonne.)

Voir aussi l'article VERGERIUS.(Petr. Paulus).

Christiana studiosæ juventutis institutio.

Parisiis, Rob. Stephanus; 1527, in-8°.
(Bibliothèques : Mazarine; — de Reims.)

Parisiis, Rob. Stephanus; 1531, in-8°.
(Bibliothèques : de la Société de l'histoire du protestantisme français; — de Verdun.)

Parisiis, Rob. Stephanus; 1537, in-12, 40 pages.
(Bibliothèques : de Chartres; — de Cherbourg; — de Verneuil.)

Parisiis, Mauricius a Porta; 1537, in-8°.
(Bibliothèque Nationale.)

Trecis, Nic. Paris; 1542, in-8°, 40 pages.
(Bibliothèque de Langres.)

Lutetiæ; 1556, in-8°.
(Bibliothèque Nationale.)

De disciplina et institutione puerorum.

Parisiis, Mauricius de Porta; 1537, in-8°.
(Bibliothèque d'Orléans.)

Methodus conscribendi epistolas; antehac non edita dragmata locorum tam rhetoricorum quam dialecticorum, una cum exemplis ex optimis quibusque autoribus depromptis.

Antuerpiæ; 1527, in-8°.
(Bibliothèque Nationale.)

HEGENDORPHINUS (CHRISTOPHORUS).

Methodus conscribendi epistolas.

Parisiis, Wechelus; 1530, in-8°.
(Bibliothèques : Nationale; — Mazarine.)

Parisiis, Petr. Gromorsus; 1530, in-8°.
(Bibliothèque Nationale.)

Parisiis, Prigentius Calvarinus; 1535, in-8°.
(Bibliothèque Nationale.)

Parisiis, Sim. Colinæus; 1539, in-8°.
(Bibliothèque Mazarine.)

Basileæ, Lasius; 1539, in-8°.
(Bibliothèque Mazarine.)

Parisiis, Wechelus; 1543, in-8°, 47 pages.
(Bibliothèque de Pau.)

Parisiis, Ch. Wechelus; 1545, in-8°.
(Bibliothèque de Sens.)

Parisiis, Rob. Stephanus; 1547, in-8°.
(Bibliothèque Mazarine.)

Basileæ, Oporinus; 1549, in-12.
(Bibliothèques : Nationale; — Mazarine; — de Berne.)

Lugduni, Th. Paganus; 1551, in-8°.
(Avignon [musée Calvet].)

Basileæ, Nic. Brylingerus; 1555, in-8° de 32 pages.
(Bibliothèque de Montauban [Faculté de théologie protestante].)

Coloniæ, Birckmannus; 1573, in-8°.
(Bibliothèque Mazarine.)

Parisiis, D. de Prato; 1580, in-4°.
(Bibliothèque Mazarine.)

Coloniæ, Petr. Horst; 1587, in-8°.
(Bibliothèque d'Orléans.)

Dialecticæ legalis libri V.

Lugduni, M. et G. Trechsel fratres; 1534, in-8°.
(Bibliothèques: de l'Arsenal; — d'Avignon [musée Calvet].)

Antuerpiæ, Jo. Steelmannus; 1534, in-8°.
(Bibliothèque Nationale.)

Parisiis; 1538, in-8°.
(Bibliothèque de Chartres.)

HEMMINGIUS (NICOLAUS).

Lugduni, Seb. Gryphius; 1540, in-8°.

Basileæ; 1543, in-8°.
(Bibliothèque de Saint-Mihiel.)

Parisiis, Audœnus Parvus; 1547, in-8°.
(Bibliothèque de Chartres.)
(Avignon [musée Calvet].)

Epitome.

Basileæ; 1555, in-8°.
(Bibliothèque de Cambrai.)

Dragmata locorum tam rhetoricorum quam dialecticorum.

Antuerpiæ; 1527, in-8°.
(Bibliothèque Nationale.)

Parisiis, Wechelus; 1530, in-8°.
(Bibliothèque Mazarine.)

Parisiis, Wechelus; 1543, in-8°.
(Bibliothèque de Pau.)

Parisiis, Wechelus; 1547, in-8°.
(Bibliothèque Mazarine.)

Parisiis, Wechelus; 1580, in-4°.
(Bibliothèque Mazarine.)

Stichologia, seu ratio scribendorum versuum.

Argentorati, Jo. Albertus; 1535, in-8°.
(Bibliothèque de Besançon.)

HEMMINGIUS (NICOLAUS).

De methodis libri duo; quorum prior quidem omnium methodorum universalium et particularium, quarum usus est in philosophia, brevem ac dilucidam declarationem, posterior vero ecclesiasten sive methodum theologicam interpretandi concionandique continet.

Lipsiæ, Voegelinus; 1570, in-8°.
(Bibliothèque Nationale.)

Lipsiæ, Joan. Steinman; 1578, in-8°.
(Musée pédagogique.)

HENRICHMANNUS (JACOBUS).

De lege naturæ.

Wittebergæ, Joh. Crato; 1566, in-8°.

Traité de morale par articles : Fortitudo, Prudentia, Justitia, Temperantia, etc., avec des gravures allégoriques.

[Bibliothèque de Montauban [Faculté de théologie protestante].)

HENISCHIUS (GEORGIUS),
[G. HENISCH],

Mathématicien, né à Barpha (Hongrie) en 1549, mort à Augsbourg en 1618. Voir l'*Allgemeine deutsche Biographie*.

Tabulæ institutionum astronomicarum, cum sphæra Procli.

Augustæ Vindel.; 1575, in-4°.
(Bibliothèques : Mazarine; — de l'Arsenal.)

Institutionum dialecticarum libri VII et repetitionum libri II.

Augustæ Vindel.; 1590, in-8°.
(Bibliothèque Mazarine.)

Præceptionum rhetoricarum libri quatuor et exercitationum libri duo.

Augustæ, Mich. Manger; 1593, in-8°.
(Bibliothèque Nationale.)

HENRICHMANNUS (JACOBUS), SINDELFINGENSIS,

Jurisconsulte allemand, natif de Sindelfingen (Souabe), florissait à Augsbourg dans la première moitié du xvi° siècle. — Voir l'*Encyclopédie* d'Ersch et Gruber, à l'article HEINRICHMANNUS.

Institutiones grammaticæ cum annotatiunculis; exhortatio ad literarum studiosos ut barbariem eliminent et eloquentiæ studeant.

S. l.; circa 1506, in-4°.
(Bibliothèque Mazarine.)

Phorcæ; 1508, in-4°.
(Bibliothèque de l'Université.)

Phorcæ; 1510, in-4°.
(Bibliothèque Mazarine.)

Haganoæ; 1518, in-4°.
(Bibliothèque Mazarine.)

Argentorati; 1522, in-4°.
(Bibliothèque Mazarine.)

HERBETIUS (JOANNES),

Jésuite, natif de Lorraine, professa la rhétorique à Cologne, Douai, etc., dans la 2° moitié du xvi° siècle. — Voir de Backer : *Histoire des écrivains de la Compagnie de Jésus*. Paris et Liège, in-folio.

De oratore libri V.

Paris, Ruelle; 1574, in-4°.
(Bibliothèques : Mazarine; — de Cambrai.)

Enchiridion doctrinæ christianæ, tribus libris.

Paris, Guyton; 1588, in-8°.
(Bibliothèques : Nationale; — Mazarine.)

Partitiones oratoriæ... in quatuor libros distributæ.

Parisiis, Dionys. a Prato; 1579, in-4°.
(Bibliothèque de Carcassonne.)

HERESBACHIUS (CONRADUS),

Savant écrivain allemand, né à Heresbach (duché de Clèves) en 1491, mort en 1576. — Voir l'*Allgemeine deutsche Biographie*.

De educandis erudiendisque principum liberis libri duo.

Francofurti, G. Corvinus; 1570, in-4°.
(Bibliothèque Nationale.)

Francofurti; 1577, in-8°.
(Bibliothèque de Rodez.)

Francofurti; 1592, in-4°.
(Bibliothèque Mazarine.)

HEYDEN (SEBALDUS).

Oratio de laudibus græcarum litterarum Friburgi habita.

Argentorati; 1551, in-8°.
(Bibliothèque Nationale; — Mazarine.)

HEROLDUS (BASILIUS JOHANNES),

Écrivain allemand, mort en 1570. — Voir Jöcher : *Allgemeines Gelehrten Lexicon.*

Scipio, sive de discipulorum erga præceptores grati animi memoria et remuneratione liberali dialogus; additus est huic alius etiam dialogus qui inscribitur Nero, vel de discipulorum erga præceptores horrendo ingrati animi crimine commentatiunculus.

Basileæ, J. Oporinus; 1558, in-8°.
(Bibliothèques : Nationale; — Mazarine; — Sainte-Geneviève; — de Besançon; — de Carpentras.)

HESSELIUS (JOANNES).

Catechismus fidei christianæ.

Lovanii, Joan. Bogardus; 1571, in-8°.
(Bibliothèque de Troyes.)

HEYDEN (SEBALDUS),

Pédagogue allemand, né à Nuremberg en 1494 ou 1498, mort en 1561. Voir l'*Encyclopédie* d'Ersch et Gruber.

Pædenomia scholastica pietatis, studii litterarii, ac morum honestatis præcepta continens.

Norimbergæ, Joh. Montanus; 1546, in-8°.
(Bibliothèque Nationale.)

Bernæ, Samuel Apiarius; 1556, in-8°.
(Bibliothèque de Carcassonne.)

Basileæ, Oporinus; 1556, in-8°.
(Bibliothèque Mazarine.)

Musicæ, id est artis canendi, libri duo.

Norimbergæ; 1537, in-4°.

(Bibliothèque Nationale.)

HILLENIUS (MICHAEL).

Voir Ceporinus.

HILLESSEMIUS (LUDOVICUS),

Pédagogue allemand, né à Andernach. — Milieu du xvi° siècle.

De vita sancte instituenda liber ad filios.

Coloniæ, Cholinus; 1561, in-8°.

(Bibliothèques : Nationale; — Mazarine.)

HONTERUS (JOANNES)
[JEAN HONTER],

Astronome, né en 1498 à Kronstadt (Transylvanie), mort en 1549.
Voir l'*Allgemeine deutsche Biographie.*

De cosmographiæ rudimentis libri II.

Basileæ, Henricpetrus; 1534, in-4°, 34 pages.
(Bibliothèques : Mazarine; — de Montauban [Faculté de théologie protestante].)

Rudimenta cosmographica.

Tiguri; 1548, in-12.

(Bibliothèque Mazarine.)

Tiguri, Froschoverus; 1564, in-8°.

(Bibliothèque de Besançon.)

HOPPERUS (MARCUS).

De cosmographiæ rudimentis et omnium prope rerum nomenclatura libri IV; cum tabulis geographicis et cum principiis astronomiæ et geographiæ, versibus et prosa.

Tiguri, Froschoverus; 1549, in-8°.
(Bibliothèque de Cambrai.)

Basileæ; 1585, in-8°.
(Bibliothèque Mazarine.)

Rudimentorum cosmographicorum libri III cum tabellis geographicis.

Parisiis, Tiletanus; 1545, in-8°.
(Bibliothèque Nationale.)

Tiguri, Froschoverus; 1552, 1583 et 1597, in-8°.
(Bibliothèque Nationale.)

Basileæ; 1561, in-8°.
(Bibliothèque Nationale.)

Rudimentorum cosmographicorum libri IV carmine heroico conscripti.

Coloniæ Agrip.; 1600, in-12.
(Bibliothèque de Chartres.)

HOPPERUS (MARCUS)
[MARC HOPPER],
Jurisconsulte et professeur suisse, mort en 1565.

Dictionarium latino-græcum.

Basileæ; 1563, in-folio.
(Bibliothèque Mazarine.)

HOSPINIANUS (JOHANNES)
[JEAN WIRTH],

Grammairien suisse, né à Stein, près de Zurich, en 1515, mort en 1575.
Voir l'*Allgemeine deutsche Biographie*.

Urb. Bolzanii libri II institutionum grammaticarum in epitomen redacti per Joannem Hospinianum.

Basileæ; 1546, in-8°.
(Bibliothèque Mazarine.)

Quæstionum dialecticarum libri VI.

Basileæ, Episcopius; 1557, in-8°.
(Bibliothèque Nationale.)

Earumdem quæstionum epitome et de controversiis dialecticis liber.

Basileæ, Henricpetrus; 1576, in-8°.
(Bibliothèque Nationale.)

HOUSTEVILLE (GILLES DE).

Miscellanea exempla prælectionum puerilium ex optimis quibusque authoribus selecta, cum perfacili et expedita expositione vernacula, singularumque dictionum in suas classes digestione, necnon verborum subobscuriorum explicatione perutili, in gratiam tenellæ ac studiosæ juventutis nuper in lucem edita et in quatuor libros distincta.

Cadomi, Petrus Candelarius; 1584, petit in-8°, 183 pages.
(Bibliothèque de Caen.)

HUSWIRT (JOHANNES).

Christiana disticha ex variis autoribus collecta, cum scholiis ad hæc recens adjectis per Ægidium de Housteville, sacræ theologiæ baccalaureum, in gymnasio Montano Cadomi studiosæ juventutis institutorem.

Cadomi, ex typographia Rob. Macæi; 1558, in-12 de 48 pages.
(Bibliothèque de M. de la Sicotière, sénateur.)

HUDALRICHUS.

Utriusque arithmetices epitome ex variis authoribus concinnata per Hudalrichum.

S. l.; 1536, in-8°.
(Bibliothèque Nationale.)

HUSWIRT (JOHANNES)
[SUNENSIS].

Enchiridion artis numerandi, cui additur quadrans Apiani.

Coloniæ, Eucharius; 1529, in-8°, 33 f. imprimés, 61 f. manuscrits.
(Bibliothèque de Cambrai.)

Enchiridion novus Algorismi summopere visus de integris, minutiis vulgaribus, projectilibus et regulis mercatorum sine figurarum (more Ytalorum) deletione percommode tractans.

Coloniæ, ex officina Quenteliana; 1501, in-4°.
(Musée pédagogique.)

HUTTENUS (HULDERICUS)
[ULRICH DE HUTTEN],

Célèbre humaniste et polémiste allemand, né à Steckelberg en 1488, mort à Ufenau (Zurich) en 1523. — Voir D. F. Strauss : *U. von Hutten*, dans le tome VII de ses œuvres, publiées par E. Boecking (1877).

Dialogi.

Parisiis, Rob. Stephanus; 1520, in-4°.
(Bibliothèque de Troyes.)

Moguntiæ, Jo. Scheffer; 1520, in-4°.
(Bibliothèques : Nationale; — de Besançon.)

Ars versificatoria.

Parisiis, Rob. Stephanus; 1526, in-8°.
(Bibliothèque de Reims.)

Parisiis, Rob. Stephanus; 1528, in-12, 14 pages.
(Bibliothèque de Dole.)

Parisiis, Rob. Stephanus; 1532, in-8°.
(Bibliothèque Nationale.)

Parisiis, Rob. Stephanus; 1534, in-8°.
(Bibliothèque de l'Université.)

Parisiis, Rob. Stephanus; 1538, petit in-8°, 15 pages.
(Bibliothèque de Verdun.)

Parisiis, Tiletanus; 1543, in-8°, 26 pages.
(Bibliothèque de Cahors.)

Parisiis, vidua Mauricii a Porta; 1549, in-4°.
(Avignon [musée Calvet].)

Basileæ; 1551, in-12.
(Bibliothèque Nationale.)

Rob. Vallensis comment. in hanc artem versificatoriam.

Parisiis; 1547, in-8°.
(Bibliothèque Nationale.)

HUTTERUS (ELIAS),

Hébraïsant allemand, né en 1553 en Lusace, mort à Nuremberg peu après 1602. Voir L. Geiger : *Das Studium der hebräischen Sprache in Deutschland* (1870).

Cubus alphabeticus sanctæ hebrææ linguæ vel lexici hebraici novum compendium.

  Hamburgi, Jac. Wolfius; 1588, in-folio.

    (Bibliothèques : de l'Université; — de Verdun.)

Dictionarium harmonicum biblicum, hebræum, græcum, latinum, germanicum.

  Norembergæ; 1498, in-4°.

    (Bibliothèques : Mazarine; — de l'Arsenal.)

  Amstelodami, Waelschaert; 1616, in-4°.

    (Bibliothèque Nationale.)

Alphabetum quatuor linguarum hebraicæ, græcæ, latinæ et germanicæ.

  Norimbergæ, Dietrich; 1597, in-4°.

    (Bibliothèque Mazarine.)

HYACINTHUS (PETRUS).

Idea concionatoris, seu methodus practica concionum.

  Rothomagi, A. Grivet; 1558, in-4°. (Bibliothèque de Beaune.)

  Parisiis, A. Grivet; 1559, in-4°. (Bibliothèque de Beaune.)

HYLACOMILUS (MARTINUS)
[MARTIN WALDSEEMULLER],

Géographe allemand, né à Fribourg-en-Brisgau, mort après 1522.
Voir Schmidt : *Histoire littéraire d'Alsace* (1879), t. II.

Cosmographiæ introductio cum quibusdam geometriæ et astronomiæ principiis.

Argentorati; 1509, in-4°.

(Bibliothèque Mazarine.)

HYPERIUS (ANDREAS)
[GERHARD],

Théologien protestant, né en 1511 à Ypres, mort à Marbourg en 1564.

Elementa christianæ religionis.

Catéchisme sous forme de dialogue entre le maître et l'élève.

Basileæ, Th. Guarinus; 1563, in-8° de 101 pages.

(Bibliothèque de Montauban [Faculté de théologie protestante].)

INSULANUS (GULIELMUS).

Miscellanea de lingua latina.

Coloniæ, J. Soterus; 1533, in-8°.

(Bibliothèque Nationale.)

Sylva observationum linguæ latinæ, Gul. Insulano Menapio Grevibrocensi autore... Ejusdem oratio funebris in obitum D. Erasmi.

S. l.; s. d., in-8°.

(Bibliothèque Nationale.)

ISAACUS (JOANNES),

Hébraïsant allemand, florissait à Cologne au milieu du xvi° siècle.
Voir L. Geiger : *Das Studium der hebräischen Sprache in Deutschland.*

Grammatica hebræa, absolutissima, in duos libros distincta, authore Joanne Isaaco.

    Coloniæ, Jac. Soterus; 1557, in-4°.
        (Bibliothèques : de Besançon; — de Salins.)
    Antuerpiæ, Chr. Plantinus; 1564, in-4°.
        (Bibliothèques : Nationale; — de Chartres.)
    Antuerpiæ, Chr. Plantinus; 1570, in-4°, 159 pages.
        (Bibliothèques : Nationale; — Mazarine; — de Cambrai.)

Absolutissimæ in linguam hebraicam institutiones.

    Coloniæ, A. Orpheldius; 1553, in-4°.
        (Bibliothèques : Nationale; — de Besançon.)

JACQUINOT (DOMINIQUE), CHAMPENOIS.

L'usage de l'astrolabe, avec un petit traité de la sphère, par Dom. Jacquinot; plus est adjousté une amplification de l'usage de l'astrolabe par Jacq. Bassantin.

    Paris, J. Barbé; 1545, in-4°.
        (Bibliothèques : Nationale; — Mazarine; — de Chartres; — de Chaumont; — de Gray.)
    Paris, Guil. Cavellat; 1558, in-8°.
        (Bibliothèques : Nationale; — Mazarine; — de Cambrai.)
    Paris, G. Cavellat; 1559, in-8°.
        (Bibliothèques : Nationale; — de Mende; — du Puy.)
    Paris, Hier. de Marnef; 1573, in-8°.
        (Bibliothèques : Nationale; — Sainte-Geneviève; — de Troyes.)
    Paris, veuve Guil. Cavellat; 1598, in-8°.
        (Bibliothèques : Nationale; — de Chaumont.)

JANUA (JOANNES DE).

L'usage de l'un et l'autre astrolabe, particulier et universel; le tout accommodé aux petits traités de la sphère, de l'astrolabe et du quarré géométrique, de Dominique Jacquinot, Champenois.

Paris, Jean Moreau; 1625, in-8°.

(Bibliothèque de Mende.)

JANUA (JOANNES BALBUS ou BALBI DE) [JEAN DE GÊNES dit STELLA],

Savant dominicain, natif de Gênes, où il mourut en 1298.
Voir Chevalier : *Répertoire des sciences historiques du moyen âge*. Paris, 1875, in-4°.

Joannis de Janua, ordinis fratrum Prædicatorum, Summa quæ vocatur Catholicon.

Moguntiæ, s. n.; 1460, in-folio goth.

(Bibliothèques : Nationale; — de l'Arsenal; — d'Aix-en-Provence; — de Besançon.)

Augustæ Vind., Zainer; 1469, in-folio goth.

(Bibliothèque Nationale.)

Norimbergæ; 1486, in-folio.

(Bibliothèque Mazarine.)

Venetiis, Herm. Lichtenstein; 1483, in-folio goth.

(Bibliothèque Nationale.)

Venetiis, Herm. Lichtenstein; 1487, in-folio.

(Bibliothèque Nationale.)

Lugduni, Joh. de Prato; 1489, in-folio.

(Bibliothèques : Nationale; — Mazarine; — de Besançon.)

Venetiis, Petr. de Venetiis; 1491, in-folio.

(Bibliothèques : Nationale; — de Verdun.)

Lugduni, Joan. a Prato; 1492, in-folio.

(Bibliothèque de Troyes.)

Lugduni, Math. Hus; 1493, in-folio.

(Bibliothèques : de Besançon; — de Nancy.)

Lugduni; 1496, in-folio goth.

(Bibliothèque Nationale.)

Parisiis, Félix Baligault; 1499, in-folio.

(Bibliothèques : Nationale; — de Troyes; — de Verdun.)

Lugduni, Wolfius; 1503, in-folio.
(Bibliothèques : Nationale; — de Reims.)

Lugduni, J. de Platea; 1514, in-folio.
(Bibliothèque Mazarine.)

Idem opus auctum a Petro Egidio et Jodoco Badio Ascensio.

Lugduni, Steph. Belaud; 1510, in-folio.
(Bibliothèque Nationale.)

Lugduni, Ant. du Ry; 1520, in-folio.
(Bibliothèques : Nationale; — Mazarine.)

Catholicon magnum, quod etiam Januensis seu vocabularius grammaticæ nuncupatur, cum additionibus et elucidationibus Jodoci Badii. (Venditioni exponitur Cadomi.)

Rhotomagi, Petr. Oliverius; 1511, in-folio.
(Bibliothèques : Nationale; — de l'Arsenal.)

Vocabularius familiaris et compendiosus ex Summa Januensi, vulgariter Catholicon dicta, ex Huguicione ac Papia præsertim excerptus, circa Scripturam sacram quam primum atque grammaticaliter insistens.

[Venetiis; 1490], in-folio goth.
(Bibliothèque Nationale.)

Rothomagi, Morinus; 1500, in-folio goth.
(Bibliothèque Nationale.)

JONAS PHILOLOGUS.

Dialogi aliquot.... in studiosæ juventutis informationem.

Moguntiæ, Joan. Schæffer; 1529, in-8°.
(Bibliothèques : Nationale; — de Besançon.)

Parisiis, Sim. Colinæus; 1538, in-8°.
(Bibliothèque de Chaumont.)

JOSSE (JOHANNES).

Parisiis, Sim. Colinæus; 1540, in-8°.
(Bibliothèques : Nationale; — de Reims.)
Parisiis, Colder; 1548, in-8°, 28 pages.
(Bibliothèque de Chartres.)

JOANNES A S. GEMINIANO.

Summa de exemplis et rerum similitudinibus locupletissima, verbi Dei concionatoribus, cunctisque litterarum studiosis, maximo usui futura. Nunc demum post omnes alias editiones diligenti cura a magistro Ægidio Gravatio Rocchensi, Eremitano, ab innumeris pene erroribus castigata, et aucta.

Antuerpiæ, Petr. Bellerus; 1583, in-8° de 533 feuillets.
(Bibliothèque de Montauban [Faculté de théologie protestante].)

JOSSE (JOHANNES), LOTHARINGUS
[DE MARVILLA],

Professeur de philosophie, à Paris vers 1359.
Voir Bulæus : *Historia Univ. Paris.*, tome IV, page 968.

Expositiones modorum significandi in præclara Rothomagi civitate, impensa Roberti Mace almæ universitatis Cadomi bibliopolæ vigilanter impressæ, incipiunt feliciter.

In-4° gothique non paginé, sans date. Le premier feuillet porte au-dessous du titre la marque typographique de R. Macé.

On lit à la fin :

Expliciunt quæstiones modorum significandi. Impressæ Rothomagi per magistrum Petrum Olivier et Johannem Mauditier.

(Bibliothèque Nationale.)

JOUBERT (LAURENT),

Pédagogue français, ami d'Hon. Rambaud, vivait à Paris dans la deuxième moitié du XVI° siècle. — Voir Niceron : *Mémoires pour servir à l'histoire des hommes illustres*, t. XXXV.

Dialogue sur la cacographie françoyse.

Paris, Nic. Chesneau; 1579, in-8°.
(Bibliothèques : Mazarine; — de Besançon.)

JOVIUS (PAULUS)
[PAUL JOVE],

Historien italien, né à Côme en 1483, mort à Florence en 1552. Voir l'*Encyclopédie* d'Ersch et Gruber et Tiraboschi, t. VII.

Vitarum illustrium aliquot virorum tomi II, cum singulorum veris imaginibus ac indice copiosissimo.

Basileæ, Petr. Perna; 1577, in-4°.
(Musée pédagogique; — bibliothèque de Verdun.)

Basileæ, P. Perna; 1578, in-4°.
(Bibliothèque de Béziers.)

Illustrium virorum vitæ.

Florentiæ; 1549, in-folio.
(Bibliothèque de l'Arsenal.)

Basileæ; 1559, in-8°.
(Musée pédagogique.)

Basileæ; 1561, in-12.
(Bibliothèque de l'Arsenal.)

Basileæ; 1567, in-8°.
(Bibliothèque de l'Arsenal.)

Elogia doctorum virorum.

Antuerpiæ, Bellerus; 1557, in-12.
(Bibliothèque de Chartres.)

JUNCTINUS (FRANCISCUS).

Éloges des hommes illustres (trad. par Blaise d'Éveron).

Paris; 1559, in-4°.

(Bibliothèque de l'Arsenal.)

Elogia virorum literis illustrium quotquot vel nostra vel avorum memoria vixere... ad vivum expressis imaginibus exornata.

Basileæ; 1571, in-8°.

(Bibliothèque Mazarine.)

Basileæ, Petr. Perna; 1577, in-folio.

(Bibliothèque de Carpentras.)

Basileæ; 1578, in-folio.

(Bibliothèque Mazarine.)

JUDÆIS (CORNELIUS DE).

De quadrante geometrico libellus; additæ figuræ XXXVII ad majorem doctrinæ intelligentiam.

Norimbergæ; 1594, in-4°.

(Bibliothèque Mazarine.)

JUNCTINUS (FRANCISCUS).

Speculum astrologiæ universam mathematicam scientiam complectens.

Lugduni; 1583, in-folio.

(Bibliothèque Mazarine.)

JUNIUS (ADRIANUS), dit HORNANUS,
[ADRIEN DE JONGHE].

Savant médecin hollandais, né à Hoorn, mort en 1575 à Arnemuiden. — Voir Scheltema : *Diatribe in B. Junii vitam*, Amsterdam, 1836, et Van der Aa : *Biographish Woordenboek der Nederlanden*.

Lexicon sive dictionarium græco-latinum, Adr. Junii Hornani industria recognitum.

 Basileæ, H. Curio; 1548, in-4°, 541 f.
   (Bibliothèques : Sainte-Geneviève; — de Cambrai.)

 Basileæ, Curio; 1557, in-folio.
   (Bibliothèques : de l'Université; — de Salins.)

 Basileæ; 1563, in-folio.
   (Bibliothèque Mazarine.)

Poematum liber primus continens pia et moralia carmina.

 Lugduni, Lud. Elzevirius; 1588, in-12.
   (Bibliothèque Nationale.)

 Lugduni, Lud. Elzevirius; 1598, in-8°.
   (Bibliothèque Mazarine.)

Animadversorum libri sex, omnigenæ lectionis thesaurus.

 Basileæ, s. n.; 1556, in-8°.
   (Bibliothèque de Montauban [Faculté de théologie protestante].)

Nomenclator omnium rerum propria nomina variis linguis explicata indicans.

 Antuerpiæ, Chr. Plantinus; 1567, in-8°.
   (Bibliothèques : de l'Arsenal; — d'Aix-en-Provence; — d'Avignon [musée Calvet].)

 Antuerpiæ, Chr. Plantinus; 1577, in-12, 432 pages.
   (Bibliothèques : Nationale; — de Cambrai; — de Coutances; — du lycée de Chambéry; — de Saint-Brieuc; — de Troyes; — de Verdun.)

JUNIUS (ADRIANUS).

Antuerpiæ, Chr. Plantinus; 1583, in-8°, 432 pages.
(Bibliothèques : Nationale; — de l'Arsenal; — d'Abbeville; — de Besançon; — de Bourg; — de Nancy.)

Antuerpiæ, Chr. Plantinus; 1585, in-8°.
(Bibliothèque de Chaumont.)

Augustæ, Mich. Mangerus; 1585, in-12.
(Bibliothèque de Bayeux.)

Londini, H. Denham; 1585, in-8°.
(Bibliothèque Nationale.)

Augustæ, Mich. Mangerus; 1588, in-8°.
(Musée pédagogique.)

Francofurti, Wechelus; 1591, in-8°.
(Bibliothèque Nationale.)

Francofurti, Joh. Saurius; 1596, in-8°.
(Bibliothèques : Nationale; — Mazarine; — Sainte-Geneviève; — de l'Arsenal; — de Nîmes; — de Tarbes; — de Troyes.)

Nomenclator octilinguis.

Ursellis, Corn. Sutorius; 1602, in-8° de 653 pages.
(Bibliothèque de Montauban [Faculté de théologie protestante].)

Francofurti, Jac. Stoer; 1602, in-8°, 634 pages.
(Bibliothèques : Sainte-Geneviève; — Musée pédagogique; — de Mende.)

Lugduni, H. Borta; 1602, in-8°.
(Bibliothèque de Bayeux.)

Parisiis, David Douceur; 1606, in-folio, 190 pages.
(Bibliothèques : Nationale; — de Vendôme.)

Genevæ, J. Stoer; 1619, in-8°.
(Bibliothèques : Nationale; — de l'Arsenal; — Musée pédagogique; — de Béziers.)

Nomenclator septem linguis.

Francofurti, Joan. Saurius; 1596, in-8° de 545 pages.
(Bibliothèque de Verdun.)

Nomenclator in compendium quadripartitum redactus pro juventute scholastica gymnasii Scaphusiani.

Basileæ, Joan. Genathus; 1640, in-8°.
(Musée pédagogique.)

JUNIUS (ADRIANUS).

Emblemata; ejusdem œnigmatum libellus.

Antuerpiæ, Chr. Plantinus; 1565, 1566, in-8°; 1569, in-16.
(Bibliothèques : Nationale; — Sainte-Geneviève; — de l'Arsenal [1566].)

Antuerpiæ, Chr. Plantinus; 1569, petit in-8° de 243 pages.
(Bibliothèque de Montauban [Faculté de théologie protestante].)

Antuerpiæ, Chr. Plantinus; 1575, in-16.
(Bibliothèques : de l'Arsenal; — Musée pédagogique; — de Troyes.)

Eadem cum nova appendice.

Lugduni Bat., Raphelengius; 1596, in-16.
(Bibliothèque Nationale.)

Adagiorum centuriæ octo.

Basileæ, Froben; 1558, in-12.
(Bibliothèques: Nationale; — Mazarine; — de Carpentras; — de Mende; — de Montauban [Faculté de théologie protestante]; — de Troyes.)

Les emblèmes, traduits en vers français par Jacques Grévin.

Anvers; 1570, in-16.
(Bibliothèque Nationale.)

Les emblesmes du S. Adrian le jeune, faicts françois et sommairement expliquez.

Anvers, Chr. Plantin; 1570, petit in-8° de 78 pages.
(Bibliothèque de Montauban [Faculté de théologie protestante].)

JUNIUS (FRANCISCUS)
[FRANÇOIS DU JON],

Théologien et philologue français, né à Bourges en 1545, mort à Leyde en 1602.
Voir Kuyper : *Opera Reformatorum*, 1ᵉʳ vol., Amsterdam, 1882, in-8°.

De linguæ hebrææ antiquitate præstantiaque oratio in schola Neapolitana.

    Neapoli, hered. Joan. Meyeri; 1579, in-4°.
                      (Bibliothèques : Nationale; — de l'Arsenal.)

Grammatica hebrææ linguæ.

    Francofurti, Wechelus; 1580, in-4°.
                      (Bibliothèques : Nationale; — de l'Arsenal.)
    Genevæ; 1596, in-8°.
                      (Bibliothèque de l'Arsenal.)

JUNIUS (MELCHIOR).

Animorum conciliandorum et movendorum ratio, non tam dicendi summorum magistrorum præceptis quam exemplis veterum oratorum tradita.

    Montbéliard, Foillet; 1596, in-8°, 322.
                    (Bibliothèques : de Montbéliard; — de Béziers.)

Scholæ rhetoricæ de contexendarum epistolarum ratione.

    Argentinæ, Zetznerus; 1592, in-8°.
                    (Bibliothèque de Pau.)
    Strasbourg, Zetzner; 1610, in-8°.
                  (Bibliothèque de Béziers.)

JUVENALIS (GUIDO).

Methodus eloquentiæ comparandæ scholis rhetoricis tradita a Melchiore Junio.

Argentinæ, Zetznerus; 1592, in-8°.
(Bibliothèque de Pau.)

Argentorati, Zetznerus; 1609, in-8°.
(Bibliothèque Nationale.)

Strasbourg, Zetzner; 1610, in-18, 200 pages.
(Bibliothèque de Béziers.)

JUVENALIS (GUIDO),

Savant bénédictin, originaire du Maine. — Fin du xvi° siècle.
— Voir Hauréau : *Histoire littéraire du Maine*. Paris, 1872-1876.

In latinæ linguæ elegantias interpretatio dilucida.

Parisiis; 1490, in-4°.
(Bibliothèque de l'Université.)

Parisiis, P. Levet; 1491, in-4°.
(Bibliothèque de Nancy.)

Parisiis, s. n.; 1492, petit in-4°.
(Bibliothèque de Chaumont.)

S. l.; 1494, in-4°.
(Bibliothèque de l'Arsenal.)

Parisiis; 1497, in-folio.
(Bibliothèque Sainte-Geneviève.)

Parisiis, s. n.; 1504, in-4°, 130 feuillets.
(Bibliothèque de Cambrai.)

Parisiis, Prévost; 1505, in-4°.
(Bibliothèque de Troyes.)

Parisiis, Jean Héroult; 1512, in-4°.
(Bibliothèque de Chaumont.)

Parisiis; 1528, in-4°.
(Bibliothèques : Mazarine; — Sainte-Geneviève.)

Parisiis, Rob. Stephanus; 1529, in-12.
(Bibliothèque de Dole.)

KEMENERUS (TIMANNUS).

Opusculum pulcherrimum et utilissimum de quattuor indeclinabilibus orationis partibus, quas syncathegorematicas vocant dialectici.

S. d., plaquette, in-4° gothique.
(Bibliothèque Nationale.)

Gandavi, Petr. Cesar; 1520, in-4°.
(Bibliothèque Nationale.)

Grammatica latina, cum Jo. Finetii explanationibus.

Lugduni, J. Remy; 1521, in-8°.
(Bibliothèque Mazarine.)

KIMCHI (DAVID),

Rabbin né à Narbonne vers 1190, mort en 1240.
Voir la *Nouvelle Biographie générale* de Didot.

Pars prima libri qui inscribitur Michlol, id est perfectio; in qua parte continetur grammatica hebraica.

Constantinopoli; 1532, in-folio.
(Bibliothèque Nationale.)

Compendium Michlol, hoc est absolutus, grammatices Davidis Chimhi, nunc primo editum, authore R. Bayno, Cantabrigense et sanctæ linguæ professore regio Lutetiæ Parisiorum.

Parisiis, Car. Stephanus; 1554, in-4°, 190 pages.
(Bibliothèques : Nationale; — Musée pédagogique; — de Chartres; — de la Rochelle; — de Troyes.)

Liber Michlol grammatices linguæ sanctæ.

Parisiis, in Collegio Italorum; 1540, in-12, 196 pages.
(Bibliothèques : de l'Université; — de Salins.)

KIMCHI (MOÏSE).

Venetiis, Bombergus; 1545, in-8°.
(Bibliothèques : Nationale; — Mazarine.)

S. l. s. n.; 1550, in-8°.
(Bibliothèque de Chaumont.)

Radices hebraicæ.

S. d. [XVI° siècle], in-folio.
(Bibliothèque de l'Arsenal.)

Thesaurus linguæ sanctæ.

Parisiis; 1548, in-8°.
(Bibliothèque de l'Arsenal.)

Libri Michlol pars prima et secunda, additis Eliæ observationibus.

Venetiis, Bombergus; 1545, in-folio.
(Bibliothèques : Nationale; — Mazarine.)

KIMCHI (MOÏSE),

Rabbin, frère du précédent, florissait à la fin du XII° siècle.
Voir la *Nouvelle Biographie générale* de Didot.

Grammatica hebraica (hébreu).

Hagonæ; 1519, in-4°.
(Bibliothèques : Mazarine; — de l'Arsenal.)

Liber viarum linguæ sanctæ, cum additionibus Aug. Justiniani episcopi.

Parisiis, Gourmontius; 1520, in-4°.
(Bibliothèque Mazarine.)

Rudimenta hebraica a Jo. Boschenstain revisa.

Augustæ Vindel.; 1520, in-4°.
(Bibliothèque Mazarine.)

KNAUSTINUS (HENRICUS).

Lingua. Ars loquendi et tacendi multa complectens ethica et moralia præcepta omni ætate scitu digna in usum juventutis.

Francofurti, hered. Egenolphi; 1566, in-8° de 112 pages.

(Bibliothèque de Nancy.)

KŒBELIUS (JACOBUS),

Jurisconsulte et mathématicien allemand, natif de Heidelberg, mort à Oppenheim en 1533. — Voir l'*Allgemeine deutsche Biographie*, Leipzig, 1875 et suiv.

Astrolabii declaratio ejusque usus.

Moguntiæ, P. Jordanus; 1532, in-4°.

(Bibliothèques : Nationale; — Mazarine.)

Parisiis, Tiletanus; 1545, in-8°.

(Bibliothèque Nationale.)

Parisiis, Cavellat; 1550, in-8°.

(Bibliothèque de Gray.)

Parisiis, Cavellat; 1552, in-8°.

(Bibliothèque Nationale.)

Parisiis, H. de Marnef et G. Cavellat; 1585, in-8°.

(Bibliothèques : Nationale; — d'Abbeville.)

Coloniæ; 1594, in-8°.

(Bibliothèque Mazarine.)

KULMANN (LEONARDUS).

Bene loquendi scribendique institutio.

Argentorati; 1529, in-8°.

(Bibliothèque de Besançon.)

LAGRENUS (JOANNES).

Joannis Lagreni Labinensis rudimenta grammatices, omnia quæ instituendis pueris usui esse possunt, multo apertius et clarius atque alii libelli vulgo Dominus quæ pars inscripti, complectentia.

Parisiis, Sim. Colinæus; 1526, in-8°.
(Bibliothèques : Nationale; — Mazarine.)

Parisiis, Sim. Colinæus; 1539, in-8°.
(Bibliothèque de Chaumont.)

LAMBINUS (DIONYSIUS)
[DENYS LAMBIN],

Humaniste français, né vers 1516 à Montreuil-sur-Mer, professeur d'éloquence au Collège royal, mort en 1572. — Voir Goujet : *Mémoires historiques et littéraires sur le Collège de France*, 9 vol. in-8°.

Oratio habita Lutetiæ, pridie quam Homeri Iliadis librum primum explicaret.

Parisiis, Andr. Wechelus; 1562, in-4°.
(Bibliothèques : Nationale; — de Carpentras.)

Oratio de laudibus litterarum habita anno 1564 ad kalendas XVII novembres in gymnasio Samarobrivensi, pridie quam nobiles Æschinis in Ctesiphontem et Demosthenis pro Ctesiphonte orationes inter se contrarias explicare inciperet.

Lutetiæ, apud viduam G. Morelii; 1564, in-4°, 32 pages.
(Bibliothèques : Nationale; — d'Angers; — de Besançon; — de Vesoul.)

Oratio de rationis principatu et recta institutione.

Lutetiæ, Joh. Benenatus; 1566, in-4°, 32 pages.
(Bibliothèques : Nationale; — d'Angers; — de Besançon; — de Vesoul.)

LAMBINUS (DIONYSIUS).

Dionysii Lambini litterarum græcarum doctoris et earumdem latini interpretis regii, de utilitate linguæ græcæ et recta græcorum latine interpretandorum ratione oratio.

    Lutetiæ, Joh. Benenatus; 1571, in-4°, 35 pages.
                                (Bibliothèques : Nationale; — de Vesoul.)
    Lutetiæ, Joh. Benenatus; 1572, in-4°, 35 pages.
                                  (Bibliothèques : Nationale; — d'Angers.)

De philosophiæ moralis laudibus oratio, habita XVII kal. novembres anno 1565, pridie quam libros Aristotelis de moribus ad Nicomachum explicare inciperet.

    Lutetiæ, Joh. Benenatus; 1565, in-4°, 24 pages.
                        (Bibliothèques : Nationale; — de Besançon; — de Vesoul.)
    Lutetiæ, Joh. Benenatus; 1570, in-4°, non paginé.
                                         (Bibliothèque d'Angers.)

De philosophia cum arte dicendi conjungenda oratio.

    Lutetiæ, Joh. Benenatus; 1568, in-4°, 26 pages.
                                  (Bibliothèques : Nationale; — de Vesoul.)

De iis qui primi litteras græcas et philosophiam peripateticam jussu Francisci primi Lutetiæ docuerunt et de gymnasio regio, deque recta pronunciatione linguæ græcæ oratio habita anno 1567.

    Parisiis, J. Charronius; 1568, in-8°.
                                                 (Bibliothèque Nationale.)

Orationes.

    Parisiis, Andr. Wechelus; 1562, in-4°.
                                                 (Bibliothèque Nationale.)

                Voir aussi l'article MURET.

LAMPADIUS (JOANNES), DE LUNEBOURG.

Pasteur et compositeur allemand, vécut à Heidelberg, est mort à Brême en 1621.
Voir Jöcher : *Allgemeines Gelehrten Lexicon.*

Compendium musices, tam figurati quam plani cantus ad formam dialogi, cum regulis et exemplis.

Bernæ; 1539, in-8°.

(Bibliothèque Mazarine.)

LANGIUS (JOSEPHUS), CÆSAREMONTANUS,

Mathématicien et helléniste alsacien, né à Keisersberg,
professait à Fribourg-en-Brisgau vers 1610.

Adagia sive sententiæ proverbiales in locos communes redactæ.

Argentorati, Josias Rihelius; 1596, in-8°, 546 pages.

(Montauban, bibliothèque de la Faculté de théologie protestante.)

Loci communes, seu potius florilegium rerum et materiarum selectarum præcipue sententiarum, apophtegmatum, similitudinum..... ex sanctis litteris, patribus et aliis scriptoribus collecti.

Argentorati, Josias Rihelius; 1598, in-12.

(Bibliothèque de Montbéliard.)

Argentorati; 1613, in-8°.

(Bibliothèque de l'Arsenal.)

Argentorati, Rihelius; 1625, in-8°.

(Bibliothèques : Nationale; — de l'Université.)

Epistolarum libri quatuor.

Lugduni, Seb. Gryphius; 1563, in-12.

(Bibliothèque de Montbéliard.)

LAPIDANUS (GULIELMUS).

Artis mathematicæ, nimirum logisticæ, geometriæ, astronomiæ, sphæricæ planetarum et geographiæ elementa.

Friburgi; 1612, in-8°.

(Bibliothèque Nationale.)

LANOUE (ODET DE)
[SEIGNEUR DE TÉLIGNY].

Voir les frères Haag : *France protestante.*

Le dictionnaire des rimes françoises, selon l'ordre des lettres de l'alphabet, plus un traité de conjugaison françoise et un autre de l'orthographe françoise.

S. l. [Genève], Vignon; 1599, in-8°.

(Bibliothèque de Chartres.)

Genève; 1623, in-12.

(Bibliothèque de l'Université.)

LAPIDANUS (GULIELMUS)
[VAN DEN STEENE],

Philosophe et bénédictin néerlandais, né à Verviers, vivait au milieu du xvi° siècle. Voir Paquot : *Mémoires sur l'histoire littéraire des Pays-Bas.* 1770, t. VII.

Methodus dialectices.

Lugduni, Ant. Vincentius; 1543, in-8°.

(Bibliothèque Nationale.)

Caen; 1556, in-4°.

(Bibliothèque Mazarine.)

Parisiis, Parvus; 1546, in-12.

(Bibliothèque de Cherbourg.)

LASCARIS (CONSTANTINUS), BYSANTIUS,

Humaniste et grammairien grec du xv° siècle.
Voir E. Legrand : *Bibliographie hellénique*. Paris, 1885, in-8°.

De octo partibus orationis liber primus, de constructione liber secundus, de nomine et verbo liber tertius, de pronomine opusculum.

In-4°; sans date (marque typographique de Th. Martin) avec préface d'Alde Manuce.
(Bibliothèque Nationale.)

Lovanii, Theod. Martinus; 1470, in-4°, 198 feuillets.
(Bibliothèques : Mazarine; — d'Angers; — de Carcassonne.)

Vicentiæ, Leonardus (de Bâle); 1489, in-4°.
(Bibliothèque Mazarine.)

Venetiis, Aldus; 1501-1503, in-4°.
(Bibliothèque Nationale.)

Venetiis; s. d. [xv° siècle], in-4°.
(Bibliothèque de l'Arsenal.)

Venetiis, Aldus Manutius; 1512, in-4°.
(Bibliothèques : Nationale; — Mazarine; — Musée pédagogique.)

Erotemata cum interpretatione latina.

Venetiis, Aldus; 1494, 1495, in-4°.
(Bibliothèque d'Avignon [musée Calvet].)

De octo partibus orationis . . . . (*grec et latin*).

Venetiis, Melch. Sessa; 1521, in-4°.
(Bibliothèque Nationale.)

Venetiis, J. A. de Nicolinis; 1540, in-8°.
(Bibliothèques : Nationale; — Mazarine.)

Basileæ, Oporinus; 1547, in-8°.
(Bibliothèque de l'Université.)

Compendium octo orationis partium aliorumque a Constantino Lascare Byzantio.

> Lovanii, Th. Martinus; 1470, in-4°.
> (Bibliothèque d'Angers.)
> Venetiis, Aldus; 1512, in-4°.
> (Bibliothèque Sainte-Geneviève.)
> Florentiæ, Ph. Junta; 1515, in-4°, non paginé.
> (Bibliothèque de Neufchâteau.)
> Lovanii; 1534, in-8°.
> (Bibliothèque de Chartres.)
> Venetiis, Paulus Aldus Manutius; 1557, in-8°, 464 f.
> (Bibliothèques : Nationale; — Mazarine; — de l'Arsenal; — d'Abbeville; — de Montauban [Faculté de théologie protestante].)

Compendium octo orationis partium et aliorum quorumdam necessariorum æditum a Constantino Lascare Byzantio.

> In-4° non paginé; chaque feuillet est divisé en deux colonnes et porte le texte grec avec la traduction latine en regard.
> *Préface au verso du premier feuillet :*
> Bonus Accursus Pisanus viro clarissimo Julio Pomponio salutem plurimam dicit.
> *On lit à la fin :*
> Hoc divinum opus impressum est Mediolani in kalendas octobres M.CCCCLXXX (1480) et interpretatum per venerabilem virum utriusque linguæ doctissimum ac optimum Johannem monachum Placentinum.
> (Bibliothèque Nationale.)

Idem opus.

> Petit in-4° non paginé. La préface d'Accurse n'est pas datée. Édition sans lieu ni date [Vicentiæ, 1489].
> (Bibliothèque Nationale.)

De potestate litterarum græcarum et quomodo quis per se discat legere verba græca.

> Florentiæ, Ph. Junta; 1515, in-4°, non paginé.
> (Bibliothèque de Neufchâteau.)
> Basileæ, J. Oporinus; 1547, in-8°.
> (Bibliothèque de l'Université.)

Græcæ institutiones, una cum interpretatione latina eorum usu atque commodo dicatæ qui græcas literas optime scire desiderant...

<blockquote>
Venetiis, J. Farreus et fratres; 1542, in-4°.
(Bibliothèque d'Avignon [musée Calvet].)

Parisiis, Chr. Wechelus; 1543, in-4°.
(Bibliothèques : de Carcassonne; — de Pau.)
</blockquote>

Grammatica græca et alia.

<blockquote>
Venetiis; 1533, in-8°. (Bibliothèque de Rodez.)
</blockquote>

Grammatica græca et latina.

<blockquote>
Basileæ, J. Oporinus; 1547, in-8°.
(Bibliothèques : de l'Université; — de Nîmes.)
</blockquote>

Grammatica linguæ græcæ et latinæ.

<blockquote>
Venetiis, Aldus Manutius; s. d., in-4°. (Bibliothèque de Nîmes.)
</blockquote>

Grammaticæ compendium, græcæ linguæ studiosis aptissimum, adjectis ad calcem quibusdam opusculis... atque hæc omnia cum latina interpretatione; hebraicæ præterea linguæ perutilis institutio.

<blockquote>
Basileæ, Oporinus; 1547, in-8° de 926 pages.
(Bibliothèques : Nationale; — de Montauban [Faculté de théologie protestante].)
</blockquote>

De quorumdam verborum constructione liber.

<blockquote>
Parisiis, Wechelus; 1537, in-12, 58 pages.
(Bibliothèque de Béziers.)
</blockquote>

Carmina aurea Pythagorea.

<blockquote>
Basileæ, J. Oporinus; 1559, in-4°, 25 pages.
(Bibliothèque de Troyes.)
</blockquote>

Parisiis, Nivellius; 1585, in-12.

(Bibliothèque de Troyes.)

Parisiis, Nivellius; 1586, in-12.

(Bibliothèque de Troyes.)

In hoc libro hec continentur :

Constantini Lascaris Erotemata cum interpretatione latina;

De litteris græcis ac diphtongis et quemadmodum ad nos veniant;

Abbreviationes quibus frequentissime Græci utuntur;

Oratio dominica et duplex salutatio beatæ Virginis;

Symbolum apostolorum;

Evangelium divi Joannis evangelistæ;

Carmina aurea Pythagoræ;

Phocilidis viri sapientissimi moralia omnia suprascripta habent e regione interpretationem latinam de verbo ad verbum.

In-4° non paginé; première édition avec texte grec sortie des presses d'Alde Manuce; préface de l'éditeur.

On lit à la fin :

Habetis, ingenui adolescentes et studiosi bonarum litterarum, quæ vobis in fronte libri sum pollicitus... Valete.

Venetiis; MCCCCLXXXXV octavo martii (1495).

(Bibliothèque Nationale.)

LASCARIS (JANUS), dit RHYNDACONUS,

Grammairien grec, né à Rhyndacus (Phrygie) en 1445, mort en 1535.
Voir E. Legrand : *Bibliographie hellénique*, 1885.

De veris græcarum litterarum formis ac causis apud antiquos.

Florentiæ, Laur. Fr. de Alopa; 1494, in-4°.

(Bibliothèque Mazarine.)

LATOMUS (BARTH.).

Anthologia, sive florilegium epigrammatum veterum.

Florentiæ, Fr. de Olopa; 1494, in-4°. (Bibliothèque Nationale.)

Parisiis, J. Bogardus; 1544, in-4°. (Bibliothèque Nationale.)

LATOMUS (BARTHOLOMÆUS)
[BARTHÉLEMY MASSON],

Humaniste belge, né à Arlon en 1485, mort en 1566. — Voir Paquot : *Mémoires pour servir à l'histoire littéraire des Pays-Bas.* Louvain, 1753-1770, 18 vol. in-12.

Oratio de studiis humanitatis.

Parisiis, Gryphius; 1534, in-4°. (Bibliothèque Mazarine.)

Summa totius rationis disserendi.

Coloniæ, P. Quentelius; 1527, in-8°.
(Bibliothèques : Nationale; — de Besançon.)

Oratio de laudibus eloquentiæ et Ciceronis.

Parisiis; 1535, in-4°. (Bibliothèques : Mazarine; — de Carcassonne.)

Epitome commentariorum dialecticæ inventionis R. Agricolæ.

Coloniæ, Gymnicus; 1532, in-8°. (Bibliothèque de Carcassonne.)

S. l., Gryphius; 1534, in-8°. (Bibliothèque Nationale.)

Parisiis, Fr. Gryphius; 1541, in-8°. (Bibliothèque Nationale.)

Parisiis, Sim. Colinæus; 1542, in-8°.
(Bibliothèques : Mazarine; — de l'Université.)

LAUNAY (MATTHIEU DE).

Discours chretien contenant une remonstrance charitable aux parens du soin qu'ils doivent employer à bien instruire ou faire instruire leurs enfans.

Paris, Du Carroy; 1578, in-8°.

(Bibliothèque Mazarine.)

LAX (GASPAR).

Arithmetica speculativa (XII libris).

Parisiis; 1516, in-folio.

(Bibliothèque Mazarine.)

LEBRUN (LE R. P.).

Traité de l'éloquence poétique, par le révérend Père Lebrun.

Paris, Cramoisy; 1555, in-4°.

(Bibliothèques : de Lannion; — de Rodez.)

LEDESMA (JACOBUS),

Jésuite espagnol, mort en 1575.
Voir de Backer : *Histoire des écrivains de la Compagnie de Jésus.*

Grammatica brevi et perspicua methodo comprehensa, ad usum collegii romani societatis Jesu, per Jac. Ledesmam, societatis Jesu.

Venetiis, Mich. Tramezinus; 1569, in-8°.

(Bibliothèque Nationale.)

LE FRÈRE (JEAN).

Syntaxis plenior ad sermonis elegantiam comparata.

Venetiis, Mich. Tramezinus; 1569, in-8°.
(Bibliothèque Nationale.)

LEFÈVRE (JEAN).

Dictionnaire des rymes françoyses de feu M. Jehan Lefèvre, reduict en bon ordre et augmenté d'un grand nombre de vocables et monosyllabes françois.

Paris, Galiot du Pré; 1572, in-8°.
(Bibliothèques : Nationale; — Mazarine.)

Dictionnaire des rimes françoises.

Paris, J. Richer; 1585, in-12, 242 f.
(Bibliothèque de Vendôme.)

Paris, J. Richer; 1587, in-8°, 242 f.
(Bibliothèques : Nationale; — de Cambrai.)

Paris, J. Richer; 1588, in-8°.
(Bibliothèque Nationale.)

LE FRÈRE (JEAN),

Polygraphe français, né à Laval au commencement du xvi° siècle, mort à Bayeux en 1583.

Le Charidème ou du mespris de la mort, avec plusieurs vers chrestiens, contenans les louanges de Dieu et quelques tetrastiques ou quadrains esquelz sont compris divers preceptes de bien vivre.

Paris, Nic. Chesneau; 1579, in-12.
(Bibliothèque Mazarine; — Musée pédagogique.)

LEONICENUS (OMNIBONUS).

Recueil des propres noms modernes de la géographie, confrontez aux anciens par ordre alphabétique, enrichis d'une briève observation par Jean Le Frère, de l'Aval.

Paris, Gorbin; 1572, in-folio.

(Bibliothèque Nationale.)

LENTULUS (SCIPIO),

Littérateur napolitain, pasteur à Chiavenna (Grisons). — 2ᵉ moitié du xvɪᵉ siècle. — Voir Rosio de Porta : *Historia Ecclesiarum reformatarum rheticarum.* Coire, 1770-1774.

Grammatica italica et gallica, in Germanorum, Gallorum et Italorum gratiam latine accuratissime conscripta, a Scipione Lentulo; huic nuper adjecta interpretatio gallica tam nominum quam verborum, cæterarumque particularum orationis, auctore Francisco Madio.

Francofurti, Joan. Wechelus; 1590, in-8°.

(Bibliothèque Nationale.)

Italicæ grammatices institutio cum Ant. Fr. Madii interpretatione gallica nominum, verborum et particularum orationis.

Patavii, Meietus; 1585, in-4°.

(Bibliothèque Mazarine.)

LEONICENUS (OMNIBONUS)
[OGNIBUONO],

Grammairien italien natif de Lunigo, mort en 1524.
Voir Jöcher : *Allgemeines Gelehrten Lexicon.*

De octo partibus orationis liber.

[Venetiis], Jac. Gallicus; 1473, in-4°.

(Bibliothèque Nationale.)

LESCHERIUS (PAULUS).

[Ferrariæ], Aug. Camurius; 1474, in-4°. (Bibliothèque Nationale.)

Patavii; 1474, in-4°. (Bibliothèque Nationale.)

[Venetiis], Albert de Stendal; 1474, in-4°. (Bibliothèque Nationale.)

Oratio de laudibus eloquentiæ.

Vicentiæ; 1476, in-folio.
(Bibliothèques : Nationale; — Mazarine; — de Besançon.)

Grammatices rudimenta, cum libello de arte metrica.

Vicentiæ; 1506, in-4°.
(Bibliothèques : Mazarine; — de l'Arsenal.)

LEPOREUS (GUILLELMUS).

Ars memorativa, IV libris.

Bononiæ; 1520, in-4°. (Bibliothèque de l'Arsenal.)

Parisiis, Joan. Faber; 1523, in-4°.
(Bibliothèques : Mazarine; — de l'Arsenal.)

Parisiis, Joan. Faber; 1527, in-4°. (Bibliothèque Nationale.)

LESCHERIUS (PAULUS).

Rhetorica.

Petit in-4° gothique non paginé; sans titre.

On lit à la fin :

Hæc rhetorica feliciter finitur diligentissime composita et correcta a magistro Paulo Lescher et ideo rhetorica Lescherii nuncupatur in almo gymnasio Ingolstadt anno MDLXXXVII (1587). (Bibliothèque Nationale.)

LIBAVIUS (ANDREAS),

Médecin et philosophe allemand, né à Halle en 1560, mort à Cobourg en 1616.
Voir Jöcher : *Allgemeines Gelehrten Lexicon.*

Dialecticæ emendatæ libri II, cum triplici controversiarum logicarum judicio.

Francofurti; 1595, in-8°.

(Bibliothèque Mazarine.)

Dialogus logicus secundus continens declarationem dialecticæ P. Rami cum regulis Ph. Melanchthonis.

Francofurti: 1595, in-8°.

(Bibliothèque Mazarine.)

LIBURNIUS (NICOLAUS)
[NICOLO LIBURNIO],

Né à Venise en 1474, mort en 1557.

Platonis gemmæ, sive illustriores sententiæ ad excolendos mortalium mores et vitas recte instituendas.

Parisiis, Hier. de Marnef; 1555, in-16.

(Bibliothèque de Verdun.)

Parisiis, G. Cavellat; 1556, in-16.

(Bibliothèque Mazarine.)

Opus de copia et varietate facundiæ latinæ.

Romæ; 1524, in-4°.

(Bibliothèque Mazarine.)

LIDELPHUS (JOHANNES).

Enchiridion artis grammatices, ad publicæ juventutis institutionem utilitatemque collectum.

— Augustæ Vindelic.; 1513, in-4°.

(Bibliothèque Nationale.)

LILIUS (GULIELMUS)
[WILLIAM LILY],

Grammairien anglais, né en 1468 à Odham (Hampshire), mort en 1522, premier maître de l'école Saint-Paul à Londres (1510). — Voir Wood : *Athenæ Oxonienses*. Londres, 1691.

De octo orationis partium constructione libellus emend. ab Erasmo cum scholiis Henr. Pirmæi et Leonardi Coxi.

Londini; 1540, in-4°.

(Bibliothèque Mazarine.)

Parisiis, Sim. Colinæus; 1542, in-12.

(Bibliothèque Nationale.)

De latinorum nominum generibus, de verborum præteritis et supinis regulæ, cum annotationibus Th. Robertsoni et appendice de verbis defectivis.

S. l.; circa 1532, in-4°.

(Bibliothèque Mazarine.)

LILIUS (ZACHARIAS)
[VICENTINUS],

Géographe italien, mort vers 1500.

Orbis breviarium, fide, compendio ordineque captu ac memoratu facillimum, felix et gratus legito.

Venetiis, ad instantiam Petr. Facoli; s. d., in-12.
(Bibliothèque Mazarine; — Musée pédagogique.)
Parisiis, Gourmontius; 1515, in-4°.
(Bibliothèque Mazarine.)

LILLA (PETRUS DE), BORBONIENSIS.

Dialogi grammaticæ.

Lugduni, Ant. du Ry; 1518, in-8°.
(Bibliothèque Nationale.)

LINACRE (THOMAS),

Médecin et helléniste anglais, né à Cantorbéry en 1460, mort en 1524.
Voir J.-N. Johnson : *Life of Linacre.* Londres, 1854.

Rudimenta grammatices Thomæ Linacri ex anglico sermone in latinum versa, interprete Georgio Buchanano Scoto.

Parisiis, Rob. Stephanus; 1533, in-4°.
(Bibliothèques : Mazarine; — de l'Université; — de Salins.)
Parisiis, Rob. Stephanus; 1536, in-4°.
(Bibliothèque Nationale.)
Lugduni, hered. Vincentii; 1539, in-8°.
(Bibliothèques : Nationale; — de Cherbourg; — de Pau.)
Parisiis, Rob. Stephanus; 1540, in-4°, 79 pages.
(Bibliothèques : Sainte-Geneviève; — de Carcassonne.)

Parisiis, M. de Porta; 1543, in-8°.
(Bibliothèque Nationale.)

Parisiis, Jac. Bogardus; 1543, in-8°.
(Bibliothèques : de Chaumont; — de Neufchâteau; — de Rodez.)

Lugduni, Seb. Gryphius; 1544, in-8°.
(Bibliothèques : Sainte-Geneviève; — de Carcassonne.)

Lutetiæ, Rob. Stephanus; 1546, in-8°.
(Bibliothèque de Besançon.)

Lugduni, Seb. Gryphius; 1546, in-8°.
(Bibliothèque d'Aurillac.)

Lutetiæ, Rob. Stephanus; 1547, in-4°.
(Bibliothèque de Chartres.)

Lugduni, Seb. Gryphius; 1548, in-8°, 356 pages.
(Bibliothèques : de Mende; — du Havre; — d'Angers.)

Parisiis, Rob. Stephanus; 1550, in-8°.
(Bibliothèque Mazarine.)

Lugduni, Seb. Gryphius; 1552, in-12, 335 pages.
(Bibliothèque de Coutances.)

Lugduni, heredes Seb. Gryphii; 1559, in-8°, 96 pages.
(Bibliothèque de Cambrai.)

De emendata structura latini sermonis libri sex.

Parisiis, Rob. Stephanus; 1527, in-4°.
(Bibliothèques : de Chartres; — de Laon.)

Basileæ, Andr. Cratander; 1530, in-4°.
(Bibliothèque Nationale.)

Coloniæ; 1532, in-8°.
(Bibliothèque de Bourg.)

Parisiis, Rob. Stephanus; 1532, in-4°.
(Bibliothèques : Nationale; — Mazarine; — d'Albi; — de Salins; — de Verdun.)

Parisiis, Ch. Wechelus; 1533, in-8°.
(Bibliothèques : de l'Arsenal; — de Besançon.)

Parisiis, Rob. Stephanus; 1537, in-4°, 269 pages.
(Bibliothèque d'Abbeville.)

Lugduni, hered. Vincentii; 1539, in-8°, 407 pages.
(Bibliothèques : Nationale; — Mazarine; — d'Angers; — de Pau.)

Parisiis, Rob. Stephanus; 1540, in-4°, 284 pages.
(Bibliothèques : de Troyes ; — de Carcassonne.)

Lugduni, Seb. Gryphius; 1541, in-8°, 348 pages.
(Bibliothèque de Carcassonne.)

Parisiis; 1543, in-8°, 427 pages.
(Bibliothèque de Neufchâteau.)

Lugduni, Seb. Gryphius; 1544, in-8°.
(Bibliothèques : d'Avignon [musée Calvet]; — de Troyes.)

Lutetiæ, Rob. Stephanus; 1550, in-8°.
(Bibliothèques : Nationale; — Mazarine; — de l'Arsenal.)

Lutetiæ, Rob. Stephanus; 1551, in-12, 514 pages.
(Bibliothèque de Meaux.)

Lugduni, Seb. Gryphius; 1555, in-8°, 355 pages plus l'index.
(Bibliothèque de Cambrai.)

De emendata structura latini sermonis libri VI recogniti a Joan. Camerario : accessit ejusdem Camerarii de arte grammatica et figuris dictionum.

Lipsiæ, Mich. Lantzenberger; 1591, in-8°.
(Bibliothèque Nationale.)

De emendata structura liber primus, sive de octo partibus (orationis) [avec un avant-propos de Mélanchthon].

Vitebergæ; 1531, in-12.
(Bibliothèque de Mende.)

De emendata structura latini sermonis libri sex, cum epistola emendata Ph. Melanchthonis.

Basileæ, Bryling.; 1560, in-8°.
(Bibliothèque Mazarine.)

LIPSIUS (JUSTUS),

Célèbre humaniste néerlandais, né à Isque (Brabant) en 1547, mort à Louvain en 1606. — Voir L. Galesloot : *Particularités sur la vie de J. Lipse*, Bruges, 1877, et Van der Haegen : *Bibliographie Lipsienne*. Gand, 1886.

De recta pronuntiatione latinæ linguæ dialogus.

Antuerpiæ, Ch. Plantinus; 1576, in-8°.
(Bibliothèque Mazarine.)

Lugduni Batav., Raphelengius; 1586, in-4°.
(Bibliothèque Mazarine.)

Antuerpiæ, Ch. Plantinus; 1586, in-4°.
(Bibliothèques : Nationale; — de Besançon; — de Bourg.)

Parisiis, H. Stephanus; 1587, in-8°.
(Bibliothèque Mazarine.)

Antuerpiæ, Ch. Plantinus; 1599, in-4°, 66 pages.
(Bibliothèques : du Puy; — de Verdun.)

Antuerpiæ, J. Moretus; 1599, in-4°.
(Bibliothèque de Cambrai.)

Antuerpiæ, Ch. Plantinus; 1628, in-4°, 66 pages.
(Bibliothèques : Sainte-Geneviève; — de Montauban [Faculté de théologie protestante].)

Epistolica institutio.

Francofurti, G. Wechelus; 1591, in-8°.
(Bibliothèque Mazarine.)

Lugduni Batav., Fr. Raphelengius; 1591, in-8°.
(Bibliothèque Nationale.)

Lugduni Bat.; 1595, in-8°.
(Bibliothèque de l'Université.)

Antuerpiæ, Jo. Moretus; 1601, in-8°.
(Bibliothèque Nationale.)

Epistolicarum quæstionum libri V.

Antuerpiæ; 1585, in-4°.
(Bibliothèque de l'Arsenal.)

LISTENIUS (NICOLAUS).

Musica cum regulis et exemplis.

Norimbergæ, Petreius; 1549, in-8°.

(Bibliothèque Mazarine.)

LITHOCOMUS (JOHANNES).

Erotemata grammatices linguæ latinæ, ex optimis quibusque pariter et celeberrimis nostri seculi grammaticis collecta, in usum studiosorum puerorum.

Coloniæ, Melch. Novesianus; 1537, in-12.

(Bibliothèques : Nationale; — Mazarine.)

LOCHNER (ZACHARIE),

Mathématicien allemand, né à Ingolstadt, mort à Nuremberg en 1608.
Voir Adelung et Rotermund : *Supplément de l'Allgemeines Gelehrten Lexicon* de Jöcher.

Manière d'employer la géométrie moyennant les règles de l'algèbre, et même sans icelles.

Nuremberg; 1583, in-4°.

(Bibliothèque Nationale.)

LOINUS (JOANNES).

Gnomologiæ, id est sententiæ collectaneæ et similia ex Demosthenis orationibus et epistolis in certa virtutum ac vitiorum capita collectæ.

Parisiis, vidua M. a Porta; 1551, in-8°.

(Bibliothèque Nationale.)

LOISELLUS (CHRISTOPHORUS).

Pædologia continens gallica domini Pybraci tetrasticha latinis tetrastichis reddita.

Paris, Vallet; 1600, in-8°.

(Bibliothèque Mazarine.)

LONGOLIUS (GILBERTUS)
[GILBERT DE LONGUEIL],

Médecin et pédagogue néerlandais, né à Utrecht en 1507, professeur à l'université de Rostock, où il mourut en 1543. — Voir Van der Aa : *Biographisch Woordenboek der Nederlanden.* Haarlem, 1855-1878.

Scholia in D. Erasmi libellum de civilitate morum puerilium.

Parisiis, Wechelus; 1537 et 1558, in-8°. (Bibliothèque Mazarine.)

Lugduni Batav., Petr. Horst; 1563, in-8°. (Bibliothèque Mazarine.)

LONICERUS (JOANNES),

Pasteur et helléniste allemand, né à Artern en 1499, mort à Marbourg en 1569. Voir l'*Allgemeine deutsche Biographie.*

Græcæ grammaticæ methodus, a Jo. Lonicero scripta.

Basileæ, Westhemerus; 1536, in-8°.
(Bibliothèques : Nationale; — de Besançon.)

Artis dicendi methodus ex optimis utriusque linguæ autoribus deprompta.

Basileæ, Westhemerus; 1536, in-8°.
(Bibliothèque Nationale.)

LONICERUS (PHILIPPUS),

Historien allemand, né à Marbourg, recteur du gymnase de Francfort-sur-le-Mein, mort en 1599. — Voir l'*Allgemeine deutsche Biographie*.

Theatrum historicum, sive promptuarium illustrium exemplorum et historiarum monumentis collectum et secundum Mosaicæ legis præcepta distinctum latine ex germanico Andr. Hondorfii.

Francofurti, Feyerabendt; 1575, in-folio.
(Bibliothèque Nationale.)

Francofurti; 1577, in-folio.
(Bibliothèque de l'Arsenal.)

Francofurti, Spies; 1586, in-folio.
(Bibliothèque Mazarine.)

Francofurti, J. Saurius; 1607, in-8°.
(Bibliothèque Nationale.)

Francofurti, Fr. Wessius; 1633, in-8° de 838 pages.
(Bibliothèque de Montauban [Faculté de théologie protestante].)

LOPADIUS (LUDOVICUS).

Græcæ linguæ rudimenta : græce et latine. Adjecta Cebetis Thebani tabula.

Basileæ; 1536, in-8°.
(Bibliothèque Nationale.)

LORTIE (JEAN DE).

Œuvre très subtille et profitable de l'art et science de arithmétique et géométrie translaté nouvellement d'espaignol en françoys : auquel est démontré par figure évidemment : tant le nombre en-

tier; nombre rompu; règle de compaignies, que toutes autres choses qui par géométrie et arithmétique peuvent être comprises.

Lyon, Baland; 1515, in-8°.

(Bibliothèques : Mazarine; — de Tulle.)

LOSSIUS (LUCAS)
[LOSS],

Pédagogue allemand, né à Vach (Saxe-Weimar) en 1508, mort à Lunebourg en 1582. — Voir Backmeister : *Oratio in Lossium*, Rostock, 1586, et Jöcher : *Allgemeines Gelehrten Lexicon*.

Erotemata grammaticæ Ph. Melanchthonis in breves interrogationes contracta; accedunt præcepta de civilitate morum ex Erasmo deprompta.

Francofurti; 1569, in-8°.

(Bibliothèque Mazarine.)

Exemplorum in grammaticis Ph. Melanchthonis latinis eorum quæ sunt in etymologia, complexio et interpretatio.

Francofurti; 1560, in-8°.

(Bibliothèque Mazarine.)

Arithmetices Erotemata puerilia.

Lipsiæ; 1593, in-8°.

(Bibliothèque Nationale.)

Historia passionis, mortis, sepulturæ et resurrectionis Jesu Christi, interrogationibus et objectionibus explicata et iconibus artificiose expressa, in gratiam et usum scholarum puerilium, Luca Lossio Luneburgensi auctore.

S. l. s. d. [Luneburgæ Saxorum, 1551], petit in-8° de 83 feuillets.

(Bibliothèque de Verdun.)

LUBINUS (EILARDUS),

Théologien et poète allemand, né à Westerstädte (Oldenburg) en 1565, mort à Rostock en 1621. — Voir Jöcher : *Allgemeines Gelehrten Lexicon*.

Antiquarius sive priscorum vocabulorum interpretatio.

Amstelodami, Z. Heyns; 1594, in-8°, 191 pages.

(Bibliothèques : Nationale ; — Mazarine; — de Cambrai; — de Troyes.)

Francofurti, Latomus; 1601, in-8°.

(Bibliothèque Nationale.)

Florilegium, hoc est veterum Græcorum poetarum Epigrammata comprehensa libris septem, interprete Eilhardo Lubino.

S. l. in bibliopolio Commeliniano; 1604, in-4°.

(Bibliothèque de Montauban [Faculté de théologie protestante].)

LULLUS (ANTONIUS)
[ANTOINE LULLE],

Grammairien du XVI° siècle, de la même famille que Raymond Lulle, né à Majorque en 1515, mort en 1582. — Voir N. Antonio : *Bibliotheca hispana*.

Progymnasmata rhetorica.

Lugduni, Guil. Rovillius; 1572, in-8°.

(Bibliothèques : Nationale; — Mazarine.)

De oratione libri VII.

Basileæ, J. Oporinus; 1558, in-folio.

(Bibliothèques : Mazarine; — de l'Université.)

Institutiones absolutissimæ in grammaticam latinam, nimirum : orthographia, etymologia, syntaxis, prosodia.

Basileæ, Oporinus; 1549, in-8°.

(Bibliothèques : de Langres; — de Montauban [Faculté de théologie protestante].)

LULLUS (RAYMUNDUS)
[RAYMOND LULLE],

Philosophe espagnol, né à Palma (Majorque) en 1235, mort en 1305.
Voir Hauréau : *Histoire de la philosophie scolastique.*

In rhetoricen isagoge. Principia philosophiæ.

Parisiis, Jod. Badius; 1515-1516, in-4°.
(Bibliothèques : Nationale; — de l'Arsenal; — de Carpentras; — de Troyes.)

Dialectica, seu logica nova.

Parisiis, Jod. Badius; 1516, in-8°.
(Bibliothèques : de Besançon; — de Carpentras.)

* *Rhetoricorum.... nova evulgatio.*

Parisiis, Billaine; 1638, in-4°.
(Bibliothèques : Nationale; — de l'Arsenal; — de l'Université; — d'Avignon [musée Calvet]; — de Chaumont; — de Mende; — de Troyes.)

Opera quæ ad inventam ab ipso artem universalem scientiarum, artemque omnium brevi compendio firmaque memoria apprehendendorum pertinent.

Argentorati, Mart. Nutius; 1561, in-8°, 635 pages.
(Bibliothèques : d'Abbeville; — de Beaune.)

Argentinæ, Zetznerus; 1598, in-8°.
(Bibliothèques : Nationale; — de Carcassonne.)

Argentorati; 1617, in-8°.
(Bibliothèques : Nationale; — de Rodez; — de Verdun.)

LUPULUS (SIGISMUNDUS)
[WOELFLEIN],

Pédagogue suisse, né à Rottenburg vers 1497, tint école à Berne, où il mourut en 1534. — Voir l'*Allgemeine deutsche Biographie.*

Rudimenta prima latinæ grammatices.

Argentorati; 1560, in-8°.

(Bibliothèque Mazarine.)

Syntaxis.

Argentorati, Jucundus; 1557, in-8°.

(Bibliothèque Mazarine.)

LURBE (GABRIEL DE).

De scholis litterariis omnium gentium commentarius.

Burdigalæ; 1592, in-8°.

(Bibliothèque Mazarine.)

LUSCINIUS (OTTOMARUS)
[NACHTIGALL],

Humaniste alsacien, né à Strasbourg en 1487, mort en 1535.

Musurgia, seu praxis musicæ, II libris absoluta.

Argentorati, Schott.; 1536, in-4°.

(Bibliothèque Mazarine.)

Joci ac sales mire festivi ab Ottomaro Luscinio Argentino partim selecti ex bonorum utriusque linguæ auctorum mundo, partim longis peregrinationibus visi et auditi, ac in centurias duas digesti.

S. l. s. d. [Augustæ Vindel.; 1526], petit in-8°.
(Bibliothèque de Verdun.)

LUTHER (MARTIN),

Célèbre réformateur allemand, né à Eisleben (Saxe) en 1483, mort en 1546. Voir F. Kuhn : *Luther, sa vie et ses œuvres.* Paris, 1883-1884.

De constituendis scholis, editore Th. Melanchtone.

Hagenoæ, J. Secerius; 1525, in-8°.
(Bibliothèque de Besançon.)

Hagenoæ, J. Secerius; s. d., in-8°.
(Bibliothèque Nationale.)

Parvus catechismus pro pueris in schola auctus.

Argentorati, Jucundus; 1542, in-8°.
(Bibliothèque Mazarine.)

Enchiridion seu catechismus parvus ad usum parochorum et patrum familias (germanice).

Wittenbergæ; 1560, in-8°.
(Bibliothèque Mazarine.)

Catechesis parva (græco-latina).

Basileæ, Oporinus; 1558, in-8°.
(Bibliothèque Mazarine; — Musée pédagogique.)

Voir l'article NEANDER.

Catechismus major et minor.

Ienæ, Chr. Rhodius; 1566, in-folio.
(Bibliothèque Nationale.)

Lipsiæ, Steinmann; 1580, in-4°.
(Bibliothèque de Chartres.)

LUTIIS (BERNARDINUS A).

Grammatica linguæ latinæ.

Neapoli, Carlinus; 1595, in-8°.

(Bibliothèque Mazarine.)

LUVISINUS (MARCUS ANTONIUS).

Fabrica intellectualis.

Patavii, Verhacinus; 1560, in-4°.

(Bibliothèque Mazarine.)

LYCIUS (LEONHARTUS).

Septem Græciæ sapientum apophtegmata (græce et latine) cum annotationibus Leonh. Lycii.

Lipsiæ; 1562, in-8°.

(Bibliothèque Mazarine.)

LYCOSTHÈNE (CONRAD)
[WOLFFHARDT],

Pédagogue alsacien, né à Ruffach (Haut-Rhin) en 1518, mort à Bâle en 1561.
Voir Jöcher : *Allgemeines Gelehrten Lexicon.*

Parabolæ sivé similitudines ex Aristotele, Theophrasto, Plutarcho... olim ab Erasmo Rot. nunc vero ad majorem usum studiosorum in locos communes redactæ.

Lugduni, Ant. Vincentius; 1556, in-8°.

(Bibliothèque Nationale.)

LYCOSTHÈNE (CONRAD).

Parisiis, Henr. Lebé; 1564, in-8°. (Bibliothèque Nationale.)

Parisiis, Maur. Menier; 1564, in-8°. (Bibliothèque Nationale.)

Francofurti; 1568, in-8°. (Bibliothèque de Montbéliard.)

Lausanne, Le Preux; 1573, in-8°. (Bibliothèques : Nationale; — de Verdun.)

Lugduni, Ant. de Harsy; 1574, in-8°. (Bibliothèque Nationale.)

Basileæ, Episcopius; 1575, in-8°. (Bibliothèques : de Cambrai; — de Pau; — de Verdun.)

Genevæ, J. Stoer; 1594, in-8°, 136 pages. (Bibliothèque de Mende.)

Genevæ, J. Stoer; 1602, in-8°. (Bibliothèque Nationale.)

Genevæ; 1609, in-8°. (Bibliothèque Nationale.)

Apophtegmata ex optimis utriusque linguæ scriptoribus; parabolarum item, seu similitudinum loci communes per Conr. Lycosthenem Rubeaquensem collecti.

Lugduni, Ant. Vincentius; 1561, in-8°. (Bibliothèque de Cherbourg.)

Parisiis, Jac. Nicole; 1567, in-8°. (Bibliothèque de Verdun.)

Lausanne, Fr. Le Preux; 1573, in-8°. (Bibliothèque de Montauban [Faculté de théologie protestante].)

Parisiis, Henr. Lebé; 1574, in-8°. (Bibliothèque de Montbéliard.)

Parisiis, Ch. Nicart; 1585, in-8°, 1,050 pages. (Bibliothèque de Coutances.)

Gnomologia ex Æneæ Sylvii Piccolominei opere collecta.

Basileæ; 1551, in-folio. (Bibliothèque Mazarine.)

Apophtegmata ex optimis utriusque linguæ scriptoribus cum priscis tum recentioribus collecta... sequuntur Parabolæ.

Basileæ, Oporinus; 1555, in-folio.
(Bibliothèques : Mazarine; — de l'Arsenal; — de l'Université; — de Chartres; — de Vendôme.)

Lugduni, A. Vincentius; 1556, in-8°.
(Bibliothèques : Mazarine; — de l'Arsenal.)

Coloniæ; 1556, in-8°.
(Bibliothèque d'Abbeville.)

Parisiis, J. Puteanus; 1560, in-8°.
(Bibliothèque d'Épernay.)

Parisiis, J. Puteanus; 1567, in-8°.
(Bibliothèque de Besançon.)

Parisiis; 1574, in-8°.
(Bibliothèques : de l'Arsenal; — de Montbéliard.)

Lugduni, Ant. de Harsy; 1574, petit in-8°, 132 pages.
(Bibliothèques : de Neufchâteau; — de Nîmes.)

Parisiis, Æg. Gorbinus; 1574, in-8°.
(Bibliothèque du Havre.)

Parisiis; 1579, in-8°.
(Bibliothèques : de l'Arsenal; — du Havre.)

Lugduni, Ant. de Harsy; 1584, in-8°.
(Bibliothèque de Chaumont.)

Similium loci communes, ex omnium scriptorum genere, omnium ordinum studiosis accommodati, nunc demum inventi ac editi cum Theod. Zuingeri Bas. similitudinum methodo.

Basileæ, ex officina Episcopiorum; 1575, in-8°.
(Bibliothèque de Montauban [Faculté de théologie protestante].)

Epitome Joannis Stobæi sententiarum sive locorum communium.

Basileæ, Nic. Brylingerus; 1557, in-8° de 667 pages.
(Bibliothèque de Montauban [Faculté de théologie protestante].)

Theatrum vitæ humanæ a C. Lycosthene inchoatum et a Zwingero perfectum.

Basileæ; 1545, in-folio.
(Bibliothèque de l'Arsenal.)

Basileæ, Froben; 1571, in-folio.
(Bibliothèques : de Besançon; — du Havre.)

Parisiis, Chesneau; 1571, in-folio.
(Bibliothèque Mazarine.)

Parisiis, M. Sonnius; 1572, in-folio.
(Bibliothèque de Cambrai.)

Parisiis, Nic. Chesneau; 1572, in-folio.
(Bibliothèque de Verdun.)

Julii Obsequentis prodigiorum liber, ab Urbe condita usque ad Augustum Cæsarem, cujus tantum extabat fragmentum, nunc demum historiarum beneficio, per Conradum Lycosthenem Rubeaquensem, integritati suæ restitutus.

Basileæ, J. Oporinus; 1552, in-8° de 358 pages.
(Bibliothèques : Nationale; — de Montauban [Faculté de théologie protestante].)

Lugduni, Joh. Tornæsius; 1553, in-12, 327 pages.
(Musée pédagogique.)

Basileæ; 1557, in-folio.
(Bibliothèque Sainte-Geneviève.)

MACAULT L'ESLEU,

Littérateur français, né à Niort vers la fin du xv° siècle, valet de chambre du roi et ami de Clément Marot. — Voir la *Nouvelle Biographie générale*.

Les apophthegmes, c'est à dire prompts, subtils et sententieux dits de plusieurs roys, chefs d'armée, philosophes, etc., tant grecs que latins, translatés et recorrigés en latin et en françoys.

Paris; 1540, in-8°, 278 feuillets.
(Bibliothèque de Cambrai.)

MACROPOEDIUS (GEORGIUS).

Paris; 1543, in-18.

(Bibliothèques : Nationale; — Musée pédagogique; — de Besançon.)

Paris, veuve Denys Janot; 1545, petit in-8° de 374 feuillets.

(Bibliothèque de Montauban [Faculté de théologie protestante].)

MACHECRIER (VALERANDUS).

Methodus artis poeticæ.

Parisiis, Rob. Stephanus; 1529, in-8°, 68 f.

(Bibliothèques : de Cambrai; — de Dole.)

MACROPOEDIUS (GEORGIUS)
[VAN LANGEVELD],

Philologue néerlandais, né à Langeveld, près Gemert, vers 1475, mort à Bois-le-Duc en 1558. — Voir Paquot : *Mémoires pour servir à l'histoire littéraire des Pays-Bas.* Louvain, 1753-1770, 18 volumes in-12.

Græcarum institutionum rudimenta per tabulas compendiose accurateque perstricta.

Parisiis, Th. Richardus; 1553, in-4°, 60 pages.

(Bibliothèques : Nationale; — du Havre.)

Silvæ Ducis, Schæfferus; 1553, in-8°, 32 feuillets.

(Bibliothèque de Cambrai.)

Parisiis, Th. Richardus; 1554, in-4°.

(Bibliothèques : Nationale; — de l'Université.)

Parisiis, Th. Richardus; 1555, in-8°.

(Bibliothèque Mazarine.)

Parisiis, Richardus; 1560, in-4°, 22 feuillets.

(Bibliothèque de Cambrai.)

Epistolica, sive methodus de conscribendis epistolis.

Antuerpiæ, Mich. Hillenius; 1546, in-8°.

(Bibliothèque Nationale.)

MAFFEIUS (RAPHAEL).

Methodus de conscribendis epistolis. Epitome de copia verborum et rerum.

Dillingen; 1567, in-8°. (Bibliothèque Mazarine.)

Coloniæ; 1573, in-8°. (Bibliothèque Mazarine.)

MAFFEIUS (RAPHAEL), VOLATERRANUS,

Érudit italien, né à Volterra (Toscane) en 1481, mort à Rome en 1522. Voir B. Falconcini : *Vita di R. Volaterrano.* Rome, 1722.

Libellus de grammatica.

Parisiis, Joh. Petit; 1506, in-4°.
(Bibliothèque Nationale.)

Parisiis, Badius; 1515, in-4°,
(Bibliothèques : Nationale; — Mazarine; — de l'Université; — de Langres; — de Troyes.)

De institutione christiana ad Leonem X libri octo; de prima philosophia liber unus, etc.

Romæ, Jac. Mazochius; circa 1515, in-folio.
(Bibliothèque Nationale.)

Philologia (inter commentariorum octo et triginta libros).

Parisiis; 1511, in-folio.
(Bibliothèques : de l'Arsenal; — d'Avignon [musée Calvet].)

Parisiis, Badius; 1515, in-folio.
(Bibliothèque de Cambrai.)

Parisiis, Joan. Petit; 1526, in-folio.
(Bibliothèque de Langres.)

Parisiis, officina Ascensiana; 1526, in-folio.
(Bibliothèque de Verdun.)

Basileæ; 1530, in-folio.
(Bibliothèque de l'Arsenal.)

Basileæ, Froben; 1544, in-folio.
(Bibliothèque de Carcassonne.)
Lugduni, Gryphius, in-folio.
(Bibliothèques : de l'Arsenal; — de l'Université; — d'Avignon [musée Calvet]; — d'Abbeville; — de Besançon.)

Basileæ; 1599, in-folio.
(Bibliothèque de l'Arsenal.)

MAGNUS (JOANNES)
[JEAN LEGRAND],

Né à Chartres, xvie siècle.

Oratio de præstantia Academiæ parisiensis; altera oratio de philosophia eleganter et latine tractanda.

Parisiis; 1584, in-8°.
(Bibliothèques : Nationale; — Mazarine.)

MAIUS (JUNIANUS), PARTHENOPÆUS
[JUNIANO MAGGIO],

Philologue italien, professeur à Naples, mort à la fin du xve siècle.

Liber de verborum priscorum proprietate.

Neapoli, Math. Moravus; 1475, in-folio.
(Bibliothèque Nationale.)

Tarvisii, Bern. de Colonia; 1477, in-folio gothique.
(Bibliothèque Nationale.)

Tarvisii, Barth. Confanolerius Brixienius; 1480, in-folio.
(Bibliothèque Nationale.)

Venetiis, Oct. Scotus; 1482, in-folio.
(Bibliothèque Mazarine.)

Venetiis, Dionys. Bertochus; 1485, in-folio.
(Bibliothèque Nationale.)

S. l. s. n.; 1490, in-folio.
(Bibliothèques : Nationale; — Sainte-Geneviève.)

MAJOR (GEORGIUS)
[MEIER],

Théologien et philologue protestant, né à Nuremberg en 1502, professeur à Wittemberg, où il mourut en 1574. — Voir l'*Encyclopédie des sciences religieuses* de Lichtenberger.

Sententiæ veterum poetarum per locos communes digestæ Georgio Majore collectore; cum A. Mancinelli de poetica virtute.

Antuerpiæ; 1545, in-8°.
(Bibliothèque Sainte-Geneviève.)

Parisiis, Rob. Stephanus; 1551, in-16.
(Bibliothèques : Nationale; — Mazarine; — de Bourg; — de Chartres; — de Coutances; — de Verdun.)

Parisiis, Hier. de Marnef; 1561, in-16.
(Bibliothèques : Sainte-Geneviève; — de Verdun.)

Parisiis; 1564, in-16.
(Bibliothèque Mazarine.)

Lugduni, Tornæsius, 1573, in-24.
(Bibliothèque de Coutances.)

Antuerpiæ, Ch. Plantinus; 1574, in-16.
(Bibliothèque Nationale.)

Questiones rhetoricæ. Aliquot orationes.

Tubingæ, Morhardus; 1545, in-8°.
(Bibliothèque Nationale.)

Tubingæ, Morhardus; 1550, in-8°.
(Bibliothèque Mazarine.)

MAJOR (JOANNES)
[JEAN LE MAIRE],

Pédagogue français, né vers 1400, précepteur de Louis XI, mort en 1465. Voir la *Nouvelle Biographie générale*.

Logica.

Parisiis; 1516, in-folio, et s. d., in-4°.
(Bibliothèque Mazarine.)

Parva logicalia.

Parisiis; s. d., in-4°.

(Bibliothèque Mazarine.)

Abbreviationes parvorum logicalium.

Parisiis; s. d., in-4°.

(Bibliothèque Mazarine.)

Argumenta sophistica.

Parisiis; s. d., in-4°.

(Bibliothèque Mazarine.)

Jac. Almaini Moralia emendata a Jo. Majore.

Parisiis; s. d., in-12.

(Bibliothèque Mazarine.)

Octo libri physicorum cum naturali philosophia atque metaphysica.

Parisiis; 1526, in-folio.

(Bibliothèque de l'Université.)

MAJUS (LUCAS),

Pasteur et pédagogue allemand, né à Römhild, près Henneberg, mort à Cassel en 1598. — Voir Jöcher : *Allgemeines Gelehrten Lexicon.* Leipzig, 1750, in-4°.

Pædagogia christiana, seu instructio capitum totius christianæ doctrinæ secundum ordinem sacri catechismi, latine per Nic. Selneccerum et ex latino germanice per L. Majum.

Francofurti; 1570, in-folio.

(Bibliothèque Mazarine.)

MALFANTIUS (GENESIUS),

Patricien et philosophe italien, vivait à Gênes vers 1536. — Voir Jöcher : *Allgemeines Gelehrten Lexicon.*

De morali, de familiari, de reipublicæ institutione liber.

Gênes; 1586, in-4°. (Bibliothèque Mazarine.)

Civilis philosophiæ compendium.

Patavii, P. Meietus; 1587, in-4°. (Bibliothèque Nationale.)

MANCINELLUS (ANTONIUS),

Humaniste italien, né à Velletri en 1452, mort en 1506 à Rome. — Voir Niceron : *Mémoires pour servir à l'histoire des hommes illustres*, t. XXXVIII, et Tiraboschi, t. VI.

De parentum cura in liberos. De filiorum erga parentes obedientia, honore et pietate.

Parisiis, Ascensius; 1511, in-4°. (Bibliothèque de l'Arsenal.)

Cura parentum in liberos, liberorumque in parentes obedientia, honor, pietas, gratiarum item actio, per Ant. Mancinellum collecta et diligentissime per illustrissimum Badium Ascensium recognita et emendata.

Romæ; 1503, in-4°. (Bibliothèque de l'Université.)

Parisiis, Badius Jodocus; 1515, petit in-4°.
(Bibliothèques : Nationale; — Mazarine; — de la Société de l'histoire du protestantisme français; — de Troyes.)

Grammatica.

Parisiis, Derides; s. d., in-8°. (Bibliothèque de Troyes.)

MANCINELLUS (ANTONIUS).

Opera grammatica.

Parisiis, J. Petit; 1505, in-4°.

Lugduni, J. Huguetan; 1511, in-4°.

(Avignon [musée Calvet].)

(Avignon [musée Calvet].)

Epitome, seu regulæ constructionis, vel grammatica linguæ latinæ.

Parisiis, Gourmontius; s. d., in-4°.

(Bibliothèques : Nationale; — Mazarine.)

Venetiis; s. d. [1492], in-4° gothique.

(Bibliothèque de Troyes.)

Spica, seu grammatica linguæ latinæ cum notis Ascensii.

Parisiis, Denidel; 1499, in-4°.

Venetiis; 1519, in-4°.

(Bibliothèque de Troyes.)

(Bibliothèque Mazarine.)

Scribendi orandique modus.

Venetiis; s. d., in-4°.

(Bibliothèque Mazarine.)

Opera : Donatus melior, Catonis carmen de moribus; virtutis commendatio et poeseos; artis grammaticæ libellus; primo de arte; regulæ constructionis; summa declinationis; thesaurus constructionis; spica declinationum; spica generum; spica præteritorum; spica de quatuor formis verborum; spica supinorum, etc....

Lugduni, Joan. de Vingle; 1500, in-4°.

(Bibliothèque de Chaumont.)

Lugduni, Gilberius de Villiers; 1517, in-4°, 644 pages.

(Bibliothèque de Carcassonne.)

Speculum de moribus et officiis a quibus honeste vivendi præcepta dicuntur.

S. l. s. d., in-8°.

(Bibliothèque de l'Université.)

MANCINELLUS (ANTONIUS).

Coloniæ, Servatius Cruphtanus; 1535, in-8°.
(Bibliothèque Nationale.)
Venetiis; 1554, in-8°.
(Bibliothèque Mazarine.)

Sermonum decus.

Parisiis, J. Parety; 1511, in-4°.
(Bibliothèque de Chartres.)

De poetica virtute libellus.

Parisiis, Joan. Petit; 1506, in-4°.
(Bibliothèque Nationale.)

Argentorati, V. Rihelius; 1544, in-8°.
(Bibliothèque Nationale.)

Lutetiæ; 1551, in-8°.
(Bibliothèques : de l'Université; — de Chartres.)

Parisiis; 1552, in-12.
(Bibliothèque Nationale.)

S. l. s. d., in-4°.
(Bibliothèques : Mazarine; — d'Avignon [musée Calvet].)

Lugduni, Tornæsius; 1573, in-24.
(Bibliothèque de Coutances.)

S. l.; 1574, in-16.
(Bibliothèque Nationale.)

Carmen de figuris.

Parisiis; 1517, in-4°.
(Bibliothèque de l'Université.)

Variæ constructionis thesaurus.

Parisiis; 1514, in-8°.
(Bibliothèque de Chartres.)

Proprietates vocum.

Parisiis, Joan. Petit [xvi° siècle], in-4°.
(Bibliothèques : de l'Arsenal; — de Besançon.)
Parisiis, Gourmontius; s. d., in-4°.
(Bibliothèque Mazarine.)

MANLIUS (JOANNES).

Locorum communium collectanea a Joan. Manlio, tum ex lectionibus Ph. Melanchthonis, tum ex aliorum doctissimorum virorum relationibus excerpta, in quibus varia exempla, sententiæ, allegoriæ, etc.

Basileæ, Jo. Oporinus; s. d. [1562], in-8° de 801 pages.
(Bibliothèque de Verdun.)

Francofurti, Petr. Fabricius; 1566, in-8° de 865 pages.
(Bibliothèque de Montauban [Faculté de théologie protestante].)

MARCILIUS (THEODORUS),

Érudit néerlandais, né à Arnheim en 1548, mort en 1617. — Voir Van der Aa : *Biographisch Woordenboek der Nederlanden.* Haarlem, 1855-1878.

Aurea Pythagoreorum carmina, græce et latine ex versione et cum comment. Th. Marcilii.

Parisiis; 1585, in-12.
(Bibliothèques : Nationale; — Mazarine; — de Troyes.)

Lutetiæ, Nivellius; 1586, in-12.
(Bibliothèque de Troyes.)

Orationes IV de laudibus academiæ parisiensis, de lingua latina, lusus de nemine.

Parisiis, D. a Prato; 1586, in-8°.
(Bibliothèques : Nationale; — Mazarine; — de Chartres.)

Historia strenarum, orationibus adversariis explicata et carmine item prosopopeiæ sive ἔμψυχοι λόγοι Martis, Justitiæ, Pacis, Minervæ et Franciæ.

Parisiis, Steph. Prevosteau; 1599, in-8°.
(Bibliothèque Nationale.)

MARCOLEO (ALEXANDER).

Cato junior, hoc est veterum poetarum sententiæ illustriores, collectæ ad usum pueritiæ, ab Alexandro Marcoleone.

Stutgardiæ, Marcus Fursterus; 1599, in-12 de 27 pages.
(Musée pédagogique.)

MARCOSSIUS (GABRIEL).

Voir Prateolus.

MARCONVILLE (JEAN DE),

Gentilhomme et lettré français, né dans le Perche en 1540, mort après 1574.
Voir Lelong : *Bibliothèque historique de France.* Paris, 1719.

Traité de la bonne et mauvaise langue.

Paris, Jean Dallier; 1571, in-12.
(Bibliothèque Nationale.)

Paris, Jean Dallier; 1573, petit in-8°, 31 feuillets.
(Bibliothèques : de Carpentras; — de Chartres.)

MARESCOTTI (JOANNES, ALOYSIUS ET ANNIBAL),

Littérateurs italiens, florissaient à Bologne vers 1570. — Voir Jöcher : *Allgemeines Gelehrten Lexicon.*

Joan., Aloysii et Annibalis Marescottorum fratrum, commentarius artis rhetoricæ.

Bononiæ, Jo. Rossius; 1570, in-4°.
(Bibliothèques : Nationale; — Mazarine.)

MARINUS (MARCUS)

[MARINO],

Chanoine et hébraïsant italien, vivait à Brescia à la fin du xv° siècle.

Grammatica linguæ sanctæ, auctore Marco Marino Brixiensi, canonico regulari D. Salvatoris.

Basileæ, Froben; 1580, in-4°.

Venetiis, Joan. Degara; 1585, in-8°. (Bibliothèque Nationale.)

(Bibliothèque Nationale.)

Arca Noe, thesaurus linguæ sanctæ novæ novus.

Venetiis, J. de Gara; 1593, in-folio.

(Bibliothèques : Nationale; — Mazarine.)

Prima ac simplicissima institutio grammatica, cum doctrina J. Christi et libro proverbiorum Salomonis.

S. l.; 1523, in-4°.

(Bibliothèque Mazarine.)

MARIUS (JACOBUS).

Institutionum dialecticarum libri III.

Parisiis; 1577, in-4°.

(Bibliothèque Mazarine.)

MARTINIUS (FRANCISCUS) LUSITANUS.

Grammaticæ artis integra institutio : accessit ejusdem de grammatica professione declamatio.

Salmanticæ, Gaspar a Portonariis; 1575, in-8°.

(Bibliothèque Nationale.)

Salmanticæ, J. Ferdinandus; 1589, in-8°.

(Bibliothèque Nationale.)

MARTINIUS (PETRUS)

[P. MARTINEZ],

Hébraïsant, originaire de la Navarre française, professa à la Rochelle, où il mourut vers 1594. — Voir Adelung et Rotermund : *Supplément de Jöcher.*

Grammatica hebræa. Τεχνολογία *grammaticæ hebrææ. Grammatica chaldæa quatenus a latina differt.*

Rupellæ, H. Haultinus; 1590, in-8°, 250 pages.
(Bibliothèques : Nationale; — de Cambrai; — de Vendôme.)

Rupellæ, H. Haultinus; 1591 et 1597, in-8°.
(Bibliothèque Nationale.)

Grammaticæ hebrææ libri II.

Parisiis, Martinus Juv.; 1580, in-12.
(Bibliothèques : Nationale; — Mazarine.)

Lugduni Bat., Raphelengius; 1590, in-8°.
(Bibliothèque Nationale.)

La Rochelle; 1597, in-18.
(Bibliothèque Mazarine.)

MARTINUS (DANIEL).

Grammatica linguæ gallicæ sententiosis exemplis referta.

Argentorati; 1532, in-8°.
(Bibliothèque Mazarine.)

MARTINUS (THEODORICUS),

Célèbre imprimeur belge, né à Alost, mort vers 1534.

Dictionarium hebraicum (hebr. et latine).

S. l. s. d., in-4°.

(Bibliothèque Mazarine.)

MARULUS
[MARCO MARULO],

Érudit dalmate, né en 1450 à Spalato, où il mourut en 1524.
Voir la *Nouvelle Biographie générale.*

Dictorum factorumque memorabilium libri sex, sive de bene beateque vivendi institutione.

Parisiis, Hier. de Marnef et vidua Gul. Cavellat; 1586, in-8° de 685 pages.

(Bibliothèque de Montauban [Faculté de théologie protestante].)

MASSONUS (PAPIRIUS)
[JEAN PAPIRE MASSON],

Célèbre historien français, né à Saint-Germain-Laval (Forez) en 1544, mort à Paris en 1611. — Voir J.-A. de Thou : *Vita Pap. Massoni*, et Darmesteter : *Le xvi° siècle en France.* Paris, 1878, in-12.

Annalium libri quatuor, quibus res gestæ Francorum explicantur ad Henricum tertium, regem Franciæ et Poloniæ.

Lutetiæ, Nic. Chesneau; 1577, in-4°.

(Bibliothèques : Nationale; — de l'Arsenal; — de Chartres.)

Lutetiæ, Nic. Chesneau; 1578, in-4°.

(Bibliothèques : Nationale; — Mazarine; — Sainte-Geneviève; — de l'Arsenal; — de l'Université; — de Nîmes; — du Puy; — de Verdun.)

MATHEOLUS
[MATTIOLUS DE MATTIOLIS],

Médecin italien, exerçait à Pérouse, mourut vers 1480. — Voir Jöcher : *Allgemeines Gelehrten Lexicon.*

De memoria perficienda.

Venetiis; 1526, in-4°.

(Bibliothèque Nationale.)

Tractatus artis memorativæ.

Argentorati; 1598, in-4°.

(Bibliothèque Mazarine.)

MATHIAS (JACOBUS)
[MATTHIÆ],

Grammairien suisse, vivait à Bâle vers 1586. — Voir Jöcher : *Allgemeines Gelehrten Lexicon.*

De litteris libri duo; quorum priore nativa pronuntiatio asseritur, posteriore sophistica confutatur.

Basileæ, Conradus Waldkirch; 1586, in-12, 225 pages.

(Bibliothèques : Nationale; — Mazarine; — de Verdun.)

MATTHIEU (ABEL),
[SIEUR DES MOYSTARDIÈRES],

Jurisconsulte français, né à Chartres au début du xvie siècle, mort après 1572. Voir Goujet : *Bibliothèque française.* Paris, 1740-1756.

Devis de la langue françoyse à Jehanne d'Albret, royne de Navarre, duchesse de Vendosme.

Paris; 1559, in-8°.

(Bibliothèques : Nationale; — Mazarine.)

S. l.; 1572, in-8°.

(Bibliothèque de l'Arsenal.)

Second devis et principal propos.

>   Paris; 1560, in-8°.
>   (Bibliothèques : Nationale; — Mazarine.)
>   Paris, Jean de Bordeaux; 1572, in-8°.
>   (Bibliothèque Nationale.)

MAUROLYCUS (FRANCISCUS),

Géomètre italien, né à Messine en 1494, mort en 1575. — Voir Max. Marie : *Histoire des sciences physiques et mathématiques.* Paris, 1885, in-8°.

D. Francisci Maurolyci, abbatis Messanensis, opuscula mathematica primum edita et arithmeticorum libri duo.

>   Venetiis, Franc. Franciscius; 1575, in-4°.
>   (Bibliothèques : Nationale; — Mazarine; — de l'Université; — Musée pédagogique; — de Béziers.)

Cosmographia in tres dialogos distincta.

>   Parisiis, Cavellat; 1540, in-8°.
>   (Bibliothèque de Chartres.)
>   Venetiis, Junta; 1543, in-folio.
>   (Bibliothèque Nationale.)
>   Parisiis; s. d. [1540 ?], in-8°.
>   (Bibliothèques : Mazarine; — de l'Université.)
>   Parisiis, G. Cavellat; 1556 (date manuscrite), in-8°.
>   (Bibliothèque de Cherbourg.)

De sphæra sermo.

>   Messanæ, Petr. Spiræ; 1558, in-folio.
>   (Bibliothèque Nationale.)

MAVONIUS (RICHARDUS).

Exercitationum linguæ græcæ liber primus.

Parisiis; 1599, in-12.
(Bibliothèque Mazarine.)

MEGANGUS (PETRUS)
[MEGANCH],

Pédagogue néerlandais, né à Comines, professait à Ninoven au XVIe siècle. Voir Van der Aa : *Biographisch Woordenboek der Nederlanden.*

Grammatica in carmen et tabulas graphice concinnata.

Parisiis; 1549, in-8°.
(Bibliothèque Mazarine.)

Syntaxis certo quodam ordine tam in carmen quam in tabulas contracta.

Parisiis; 1549, in-8°.
(Bibliothèque Mazarine.)

MEIGRET (LOUIS),

Grammairien français, né à Lyon en 1510, mort après 1560. — Voir Goujet : *Bibliothèque française*, et Niceron : *Mémoires*, etc., t. XLI.

Traité touchant le commun usage de l'escriture françoise.

Paris, Jean Longis; 1542, in-4°.
(Bibliothèque Nationale.)

Paris, Wechel; 1542, in-4°.
(Bibliothèque Sainte-Geneviève.)

MEIGRET (LOUIS).

Lyon, E. Dolet; 1542, in-8°.
(Moissac, bibliothèque de M. Dario, professeur au collège.)

Paris, J. de Marnef, veuve de Denis Janot; 1545, in-8°.
(Bibliothèques : Nationale; — Mazarine; — Sainte-Geneviève; — de Chartres.)

Défenses de Louis Meigret touchant son orthographie françoize, contre les censures et calomnies de Glaumalis du Vezelet et de ses adhérens.

N. B. — Voir GLAUMALIS DU VEZELET.

Paris, Chr. Wechel; 1550, in-4°.
(Bibliothèques : Nationale; — Mazarine; — de Carpentras.)

La réponse de Louis Meigret à l'apologie de Jacques Pelletier.

N. B. — Voir J. PELLETIER.

Paris, Chr. Wechel; 1550, in-4°.
(Bibliothèques : Nationale; — Mazarine; — de Carpentras.)

Le tretté de la grammère francœze.

Paris, Chr. Wechel; 1550, in-4°, 144 feuillets.
(Bibliothèques : Nationale; — Mazarine; — Sainte-Geneviève; — d'Aix-en-Provence; — de Carpentras; — de Rodez.)

Réponse de Louis Meigret à la dézespérée réplique de Claomalis de Vezelet, transformé en Gyllaome des Aostels.

Paris, Chr. Wechel; 1551, in-4°.
(Bibliothèques : Nationale; — Mazarine.)

MEKERKUS (ADOLPHUS), BRUGENSIS
[METKERK],

Helléniste néerlandais, né à Bruges en 1527, mort à Londres en 1591.
Voir Jöcher : *Allgemeines Gelehrten Lexicon.*

De veteri et recta pronuntiatione linguæ græcæ commentarius.

Brugis Flandrorum, Huch. Goltzius; 1565, in-8°.
(Bibliothèques : Nationale; — Mazarine; — de l'Université; — de Besançon; — de Salins; — de Tulle.)

Antuerpiæ, Ch. Plantinus; 1576, in-8°.
(Bibliothèques : Nationale; — Mazarine.)

MELANCHTHON
[PHILIPPE SCHWARZERDE],

Humaniste et réformateur allemand, né à Bretten (Bade) en 1497, mort à Wittemberg en 1560. — Voir l'*Encyclopédie des sciences religieuses* de Lichtenberger.

Institutiones rhetoricæ.

Parisiis, Simon Colinæus; 1522, in-8°.
(Bibliothèque d'Épernay.)

Apud Sanctam Coloniam; 1523, in-8°.
(Bibliothèque Nationale.)

Parisiis, Simon Colinæus; 1523, in-8°.
(Bibliothèques : de l'Université; — de Pau.)

Parisiis, Simon Colinæus; 1528, in-12.
(Bibliothèque de Troyes.)

Parisiis, Fr. Regnault; 1529, in-8°.
(Bibliothèque Nationale.)

Parisiis, Simon Colinæus; 1531, in-12.
(Bibliothèque de Troyes.)

De rhetorica libri tres.

Coloniæ, Hero Alopecius; 1522, in-16 non paginé.
(Bibliothèque de Montbéliard.)

Coloniæ, Euch. Cervicornus; 1525, in-8°.
(Bibliothèque Nationale.)

Parisiis, Rob. Stephanus; 1527, in-8°, 122 pages.
(Bibliothèques : de la Société de l'histoire du protestantisme français; — de Chartres.)

Rhetorices elementa.

Witebergæ, G. Rhau; 1531, in-8°.
(Avignon [musée Calvet].)

Parisiis; 1532, in-8°.
(Bibliothèque Sainte-Geneviève.)

Lugduni, Seb. Gryphius; 1539, in-8°, 119 pages.
(Bibliothèque de Beaune.)

Lugduni, Seb. Gryphius; 1541, in-8°.
(Bibliothèques : Nationale; — de l'Université; — d'Avignon [musée Calvet].)

Vitebergæ, Joh. Crato; 1561, in-12, 217 pages.
(Bibliothèque de Montbéliard.)

Elementorum rhetorices libri duo.

Haganoæ, J. Secerius; 1532, in-8°.
(Bibliothèque Nationale.)

Parisiis, Rob. Stephanus; 1534, in-8°.
(Bibliothèque de l'Arsenal.)

Witebergæ, C. Schleich; 1573, in-8°.
(Bibliothèque Nationale.)

Elementorum rhetorices libri III.

S. l., Joan. Graphæus; 1532, in-8°.
(Bibliothèque de Besançon.)

Haganoæ; 1532, in-8°.
(Bibliothèque Nationale.)

Iidem Martini Crusii quæstionibus et scholiis explicati.

Basileæ, Joan. Oporinus; 1570, in-8°.
(Bibliothèque Nationale.)

Basileæ, Joan. Oporinus; 1574, in-8°.
(Bibliothèque Nationale.)

MELANCHTHON.

Grammatica græca.

Parisiis, Rob. Stephanus; 1527, in-8°.
(Bibliothèque de Troyes.)

Parisiis, Chr. Wechelus; 1528, in-12, 214 pages.
(Bibliothèques : de l'Arsenal; — de Dole.)

Norimbergæ; 1533, in-8°.
(Bibliothèque Mazarine.)

Francofurti, P. Brubacchius; 1541, in-8°.
(Bibliothèque de Besançon.)

Francofurti, Pet. Brubacchius; 1544, in-8°.
(Bibliothèque de Carcassonne.)

Parisiis, Odoinus Parvus; 1546, in-8°.
(Bibliothèque de Troyes.)

Institutio puerilis litterarum græcarum.

Haganoæ, J. Secerius; 1525, in-8°.
(Bibliothèque de Vendôme.)

Græcæ linguæ erotemata, cum præfat. Ph. Melanchthonis et Mich. Neandri.

Basileæ; 1565, in-8°.
(Bibliothèque Mazarine.)

Elementa latinæ grammatices.

Coloniæ, Euch. Cervicornus; 1526, in-8°.
(Bibliothèque de Besançon.)

Parisiis, Rob. Stephanus; 1529, in-12, 50 pages.
(Bibliothèque de Dole.)

Lipsiæ, Nic. Faber; 1530, in-8°.
(Bibliothèque Nationale.)

Lugduni, Seb. Gryphius; 1534, in-8°.
(Bibliothèque d'Avignon [musée Calvet].)

Lugduni, S. Gryphius; 1540, in-8°.
(Bibliothèque de Cherbourg.)

Parisiis, Rob. Stephanus; 1543, in-12.
(Bibliothèque d'Albi.)

Parisiis, L. Tiletanus; 1546, in-8°, 368 pages.
(Bibliothèques : d'Angers; — de Besançon; — de Coutances.)

Lugduni, Seb. Gryphius; 1549, in-8°.
(Bibliothèques : d'Avignon [musée Calvet]; — de Chaumont.)

Coloniæ, s. n.; 1561, in-8°, 71 feuillets.
(Bibliothèque de Verdun.)

Grammatica latina.

Parisiis, Rob. Stephanus; 1527, in-8°.
(Bibliothèque de Troyes.)

Parisiis; 1528, in-8°.
(Bibliothèque de l'Arsenal.)

Parisiis, Rob. Stephanus; 1543, in-8°.
(Bibliothèque Mazarine; — Musée pédagogique.)

Parisiis, Rob. Stephanus; 1550, in-12.
(Bibliothèque de Dole.)

Basileæ, Oporinus; 1556, in-8°.
(Bibliothèque d'Orléans.)

Lipsiæ, Val. Papa; 1557, in-8°.
(Bibliothèque de Montbéliard.)

Lugduni; 1557, in-8°.
(Bibliothèque de Nîmes.)

Grammatica latina atque de rhetorica.

Parisiis, Rob. Stephanus; 1526, in-8°.
(Bibliothèque de Chaumont.)

Grammatica latina; accesserunt annotationes et tractatus de orthographia auct. J. Camerario.

Basileæ, J. Oporinus; 1557, in-8°.
(Bibliothèque Nationale.)

Witebergæ; 1569, in-8°.
(Bibliothèque Nationale.)

Syntaxis Ph. Melanchthonis, jam recens nata et edita; exempla copiæ latini sermonis adnotata a Nic. Liburnio.

Haganoæ, J. Secerius; 1526, in-8°.
(Bibliothèque Nationale.)

Syntaxis, sive de constructione octo partium orationis.

Coloniæ, Joannes Soterus; 1526, in-8°.
(Bibliothèque d'Avignon [musée Calvet].)

Antuerpiæ, Mich. Hillenius; 1526, in-8°.
(Bibliothèque de Besançon.)

Parisiis, Rob. Stephanus; 1527, in-8°.
(Bibliothèques : de Chartres; — d'Épernay.)

Parisiis, Rob. Stephanus; 1529, in-8°.
(Bibliothèque de Dole.)

Parisiis, Rob. Stephanus; 1531, in-8°.
(Bibliothèque Nationale.)

Argentorati; 1538, in-8°.
(Bibliothèque de l'Arsenal.)

Moralis philosophiæ epitome.

Argentorati, Crato Mylius; s. d., in-12.
(Bibliothèque de Carcassonne.)

Lugduni, Seb. Gryphius; 1524, in-12, 140 pages.
(Bibliothèque de Mende.)

Lugduni, Seb. Gryphius; 1538, in-8°.
(Bibliothèques : Nationale; — Mazarine.)

Lugduni; 1542, in-8°.
(Bibliothèque Nationale.)

De formando studio.

Antuerpiæ; 1530, in-8°.
(Bibliothèque Nationale.)

Catechesis puerilis ex recognitione Phil. Melanchthonis.

Lipsiæ; 1543, in-8°.
(Bibliothèque Mazarine.)

Corpus doctrinæ christianæ.

Lipsiæ; 1561, in-folio.
(Bibliothèque de Chartres.)

Francofurti; 1561, in-folio.
(Bibliothèques : Nationale; — Mazarine.)

Lipsiæ; 1561, in-8° de 865 pages.

(Bibliothèque du Puy.)

Lipsiæ, Vœgelinus; 1564, in-8°.

(Bibliothèque de Chartres.)

De anima commentarius Philip. Melanthonis.

Parisiis, Chr. Wechelus; 1540, in-8°.

(Bibliothèque de Cherbourg.)

Parisiis, J. Kerver; 1540, in-8°.

(Bibliothèque de Verdun.)

Lipsiæ; 1561, in-12.

(Bibliothèque de Montbéliard.)

De corrigendis studiis sermo.

Parisiis, Rob. Stephanus; 1527, in-8°, 20 pages.
(Bibliothèques : Nationale; — de la Société de l'histoire du protestantisme français.)

Parisiis; 1529, in-8°.

(Bibliothèque de Chartres.)

Lugduni; 1531, in-8°.

(Bibliothèque Mazarine.)

Parisiis, Rob. Stephanus; 1534, in-8°.

(Bibliothèque de Cherbourg.)

Parisiis, Rob. Stephanus; 1537, in-8°, 19 pages.
(Bibliothèques : Nationale; — Mazarine; — de Neufchâteau.)

Lugduni, Gryphius; 1541, in-8°.

(Bibliothèque de Troyes.)

Initia doctrinæ physicæ.

Francofurti; 1550, in-8°.

(Bibliothèque de l'Arsenal.)

Witebergæ, Lufft; 1562, in-8°.

(Bibliothèque de l'Université.)

Witebergæ, Lufft; 1572, in-12.

(Bibliothèque d'Auxerre.)

Doctrinæ physicæ elementa.

- Lugduni, Joan. Tornesius; 1552, in-8°.
(Bibliothèque de Chaumont.)

Eloquentiæ encomium.

- Coloniæ, Joh. Soter; 1525, in-8°, 14 feuillets.
(Bibliothèques : Nationale; — d'Angers.)

Orationes aliquot a Philippo Melanchthone atque aliis in publica Wittenbergensium schola pronunciatæ.

Haganoæ, Val. Kobian; 1533, in-8°.
(Bibliothèques : Nationale; — de Troyes.)

Liber selectarum declamationum.

Argentorati, Crato Mylius; 1541, in-4°.
(Bibliothèque Nationale.)

Selectæ declamationes quas conscripsit et partim ipse in schola Wittebergensi recitavit, partim aliis recitandas exhibuit.

Argentorati, Blasius Fabricius; 1552, in-8°.
(Musée pédagogique.)

Argentorati; 1586, in-8°.
(Bibliothèque Sainte-Geneviève.)

Szervestie ou Zerbst; 1587, 7 vol. in-8°.
(Bibliothèque Mazarine.)

De arte dicendi declamatio.

Parisiis, Rob. Stephanus; 1527, in-8°, 24 f.
(Bibliothèques : Nationale; — Mazarine; — d'Auxerre; — de la Société de l'histoire du protestantisme français.)

S. l. n. d., in-12.
(Bibliothèque de l'Arsenal.)

De studio artium dicendi.

De locis communibus ratio.

S. l.; 1537, in-8°.
(Bibliothèque Nationale.)

Bernæ, Samuel Apiarius; 1556, in-8°.
(Bibliothèque de Carcassonne.)

De corrigendis studiis ratio. — De studio artium dicendi declamatio. — De locis communibus instituendis ratio.

Basileæ, Oporinus; 1556, in-12.
(Bibliothèque de l'Université.)

Compendiaria dialectices ratio.

Coloniæ, Hero Fuschs; 1521, in-12 non paginé.
(Bibliothèque de Montbéliard.)

Basileæ, Val. Curio; 1521, in-4°.
(Bibliothèques : Nationale ; — Mazarine.)

Parisiis; 1522, in-8°.
(Bibliothèques : Mazarine; — de l'Université.)

Dialectica.

Haganoæ; 1527, in-8°.
(Bibliothèques : Mazarine; — de l'Arsenal.)

Parisiis; Rob. Stephanus; 1527, in-8°, 94 pages.
(Bibliothèque de la Société de l'histoire du protestantisme français.)

Parisiis, Rob. Stephanus; 1528, in-8°.
(Bibliothèque Nationale.)

Parisiis; 1532, in-8°.
(Bibliothèque de l'Arsenal.)

Argentorati; 1538, in-8°.
(Bibliothèque de l'Arsenal.)

MELANCHTHON.

Dialecticæ libri tres.

Lugduni, Gryphius; 1534, in-8°.
(Bibliothèque de Pau.)

Dialecticæ libri IV.

Lugduni, J. Barbou; 1537, in-8°.
(Bibliothèque d'Avignon [musée Calvet].)

Lugduni, Seb. Gryphius; 1539, in-8°.
(Bibliothèques : Nationale; — de Cherbourg.)

Erotemata dialectices, ita scripta ut juventuti utiliter proponi possint.

Witebergæ, Joh. Crato; 1560, in-12.
(Bibliothèque de Montbéliard.)

Witebergæ, Joh. Lufft; 1561, in-8°, 422 pages.
(Bibliothèque de Verdun.)

Erotemata dialectices.

Witebergæ; 1547, in-8°.
(Bibliothèque Nationale.)

Francofurti; 1550, in-8°.
(Bibliothèque de l'Université.)

Erotemata dialectices tabulis delineata.

S. l. n. d., in-folio.
(Bibliothèque Mazarine.)

Epigrammatum libri tres, collecti ab. Hilb. Grathusio.

Witebergæ, Petr. Seitz; 1560, in-12 non paginé.
(Bibliothèques : Mazarine; — de Montbéliard.)

Mathematicarum disciplinarum, tum etiam astrologiæ encomia. Item phenomena Joach. Camerarii elegantissimo carmine descripta.

Argentorati; C. Mylius; 1537, in-8°.
(Bibliothèque Nationale.)

Lugduni, Seb. Gryphius; 1540, in-4°.
(Bibliothèques : Nationale; — de l'Arsenal; — de Carcassonne; — de Troyes.)

Tractatus de sphæra.

Witebergæ; 1534, in-8°.
(Bibliothèque Nationale.)

Voir l'article SACROBOSCO.

Tabulæ astronomiæ.

Norimbergæ; 1551, in-folio.
(Bibliothèque de l'Université.)

Chronicon absolutissimum ab orbe condito usque ad Christum deductum, in quo non Carionis solum opus continetur, verum etiam alia multa eaque insignia explicantur, adeo ut justæ historiæ loco occupatis esse possit, Philippo Melanchthone autore.

S. l. s. n.; 1560, très petit in-8°.
(Bibliothèque de Tulle.)

Witebergæ; 1563, in-8°.
(Bibliothèque Nationale.)

Lugduni; 1564, in-16.
(Bibliothèque de Cherbourg.)

S. l., Petr. Santandreanus; 1581, in-8°.
(Bibliothèque Nationale.)

Francofurti; 1594, in-8°.
(Bibliothèque Nationale.)

Bernæ, Joan. Le Preux; 15.. (date effacée, préface de Melanchthon datée de 1558), in-8°.
(Musée pédagogique.)

Epistolarum Philip. Melanchthonis farrago in tres partes distributa.

Basileæ, Paulus Queckrus; 1565, in-8°.
(Bibliothèque Nationale.)

MELANCHTHON.

Ph. Melanchthonis epistolæ scriptæ annis 38 ad Joac. Camerarium.

Lipsiæ, s. n.; 1569, in-8°.
(Bibliothèque Nationale.)

Quæstiones grammaticæ ex Philippo Melanchthone et nonnullis aliis, ad usum secundæ, tertiæ et quartæ classis scholarum in ducatu Wurtembergensi collectæ.

Tubingæ, vid. Ulr. Morhardi; 1564, in-12.
(Bibliothèque de Montbéliard.)

Tubingæ, Joh. Henr. Reisius; 1680, in-8°.
(Musée pédagogique.)

Philippi Melanchthonis cum præfationum in quosdam illustres authores, tum orationum de clarissimorum virorum vitis, tomus secundus.

Argentorati; 1558, in-8°.
(Musée pédagogique.)

Argentorati; 1564, in-8°.
(Bibliothèque Nationale.)

Hypomnemata et alia quædam ad grammaticam Phil. Melanchthonis, jussu revisa ac pertinentia, pro usu adultiorum et docentium seorsim edita, recogn. et locupletata ab Erasmo Schmidio.

Lipsiæ; 1709, in-8°.
(Musée pédagogique.)

Opera omnia.

Witebergæ, hered. Joh. Cratonis; 1580, 1583, 1601, in-folio.
(Bibliothèque nationale.)

MELBERIUS (JOANNES).

Vocabularius predicantium.

In-4° gothique non paginé, sans lieu ni date. — La première page porte au-dessous du titre les vers suivants :

>   Commissam celso turbam ex ambone docentes
>   Tradentes populo sacraque scripta rudi,
>   Præ reliquis studeant libris hunc qualibet hora
>   Intento manibus volvere corde suis,
>   Pleraque nam libris incognita verba sacratis
>   Exponit vario theutona lingua modo.

En tête du deuxième feuillet :

Principium.

Vocabularius dictus variloquus qui verbum polisemon ac æquivocum lingua germanica multifariam exponit predicantibus utilissimus, etc.

On lit à la fin :

>   Hunc nuper librum Knoblouchus rite premebat
>   Cujus apud Tribonos calchographia viget.

(Bibliothèque Nationale.)

N. B. — La Bibliothèque nationale possède plusieurs autres exemplaires du même ouvrage, in-4° gothiques, sans lieu ni date, avec ces vers au commencement :

>   Si te maternæ remoratur inertia linguæ
>   Quo minus ad populum fundere verba queas,
>   Si cupis utiliter verbum transferre latinum,
>   Si proprie quodvis exposuisse velis :
>   Fac relegas istum vigilans avidusque libellum
>   Inque tuas facito sæpe venire manus,
>   Nec facile credas populares dicere posse
>   Sermones, isto ni potiare libro.

MELISSANDER (CASPARUS)
[CASPAR BIENEMANN],

Pasteur et hébraïsant allemand, né à Nuremberg en 1540, mort en 1591.
Voir Jöcher : *Allgemeines Gelehrten Lexicon.*

Prima hebraicæ linguæ elementa in usum juventutis a C. M. adornata.

Antuerpiæ, Christ. Plantinus; 1586, in-8°.

(Bibliothèque Nationale.)

MELLEMA (ELCIE-ÉDOUARD-LÉON),

Philologue néerlandais, né à Leuvarde en 1544, mort en 1622.
Voir Van der Aa : *Biographisch Woordenboek der Nederlanden.*

Dictionnaire ou promptuaire françoys-flameng.

Antuerpiæ; 1589, in-4°.

(Bibliothèque Sainte-Geneviève.)

Roterodami; 1591, in-4°.

(Bibliothèque Nationale.)

Roterodami, P. Waesbergue, 1612, in-4°.

(Bibliothèques : Nationale; — de l'Université.)

MENESES (FRANCISCUS).

Difficilium accentuum compendium.

Parisiis, Rob. Stephanus; 1527, in-8°.

(Bibliothèque Mazarine.)

MERCATOR (BARTHOLOMÆUS),

Géographe, né à Louvain en 1540, mort en 1568. — Voir Van der Aa : *Biographisch Woordenboek der Nederlanden.*

Breves in sphæram meditatiunculæ includentes methodum et isagogen in universam cosmographiam.

Coloniæ; 1563, in-8°.

(Bibliothèque Mazarine.)

MERCERIUS (JOANNES),

Né à Bourges vers 1544, mort en 1600.

Oratio de mathematicarum artium necessitate.

Parisiis; Th. Richardus, 1567, in-4°.

(Bibliothèques : Nationale; — Mazarine.)

Emblemata (cum figuris).

Bourges, s. n.; 1592, in-8°.

(Bibliothèque de Chartres.)

MERCERUS (JOANNES)
[MERCIER],

Hébraïsant français, né à Uzès, mort en 1570. — Voir la *Nouvelle Biographie générale.*

Tabulæ in grammaticam linguæ chaldææ quæ et syriaca dicitur.

Parisiis, Martinus Juv., s. d.; in-4° de 18 feuillets.
(Bibliothèque de Montauban [Faculté de théologie protestante].)

Parisiis, Martinus Juv.; 1550, in-4°.
(Bibliothèque Nationale.)

Parisiis, S. Morelius; 1560, in-4°.
(Bibliothèques : Nationale; — Mazarine; — Sainte-Geneviève; — de Besançon; — de Chartres; — de Verdun.)

Liber de accentibus scripturæ : auctore R. Juda, filio Balaam, hebraice; editus opera Joan. Merceri, hebraice.

Parisiis, Rob. Stephanus; 1565, in-4°.

(Bibliothèques : Nationale; — Mazarine.)

MESME (J.-P. DE).

Les institutions astronomiques contenant les principaux fondements et premières causes des cours et mouvements célestes.

Parisiis, Vascosanus; 1557, in-folio, 214 pages et l'index.
(Bibliothèques : Mazarine; — Sainte-Geneviève; — de Cambrai; — de Chartres.)

Parisiis, Fed. Morellus; 1599, in-folio.
(Bibliothèque Mazarine.)

METULINUS (JO. VINCENTIUS).

De verbi natura libri duo.

S. d. n. l., in-4°.
(Bibliothèque Mazarine.)

Græcismus, cum expositione Jo. Vincentii Metulini.

Rothomagi; s. d., in-4°.
(Bibliothèque Mazarine.)

Voir l'article EBRARDUS.

METZLER (JOANNES),

Jurisconsulte et helléniste allemand, né à Breslau vers 1500, mort en 1538.
Voir Jöcher : *Allgemeines Gelehrten Lexicon.*

Primæ partis grammaticæ græcæ rudimenta.

Haganoæ, J. Secerius; 1533, in-12.
(Bibliothèque de Montbéliard.)

Haganoæ; 1534, in-8°.
(Bibliothèque Nationale.)

MEURIER (GABRIEL), L'ANCIEN,

Pédagogue néerlandais, né à Avesne (Hainaut) vers 1520, enseigna le français à Anvers, mort en 1598. — Voir Paquot : *Mémoires pour servir à l'histoire littéraire des Pays-Bas.* Tome VII.

Thrésor de sentences dorées, proverbes et dits communs, selon l'ordre alphabétique; avec le bouquet de philosophie morale, par demandes et réponses.

Lyon; 1577, in-12.
(Bibliothèque de l'Arsenal.)

Rouen, Nic. L'Escuyer; 1578, in-12.
(Bibliothèque Nationale.)

Paris, Nic. Bonfous; 1582, in-16.
(Bibliothèques : Nationale; — de l'Arsenal; — Sainte-Geneviève.)

Vocabulaire françois-flameng très utile pour tous ceux qui veulent avoir la cognoissance du langage françois et flameng; auquel, outre un grand nombre de dictions, y sont aussi adjoutés les genres et actions de chacun mot, par Gabriel Meurier.

Anvers; 1570, in-8°.
(Bibliothèque Sainte-Geneviève.)

Anvers, Jean Waesberghe; 1584, in-8°.
(Bibliothèque Nationale.)

Conjugaisons, règles et instructions, moult propres et nécessairement requises pour ceux qui désirent apprendre françois, italien, espagnol et flamen, dont la plupart est mise par manière d'interrogations et responces, par Gabriel Meurier.

A la suite. — *Brève instruction contenant la manière de bien prononcer le françois, italien, espagnol et flamen.*

Anvers, van Waesberghe; 1558, petit in-4°.
(Bibliothèque Nationale.)

MICYLLUS (JACOBUS)

[MOLTZER],

Pédagogue alsacien, né à Strasbourg en 1503, professa la philosophie à Heidelberg, où il mourut en 1558. — Voir Classen : *J. Mycillus, als Dichter und Schulmann.* Francfort, 1860.

Ratio examinandorum versuum ad usum et exercitationem puerorum jam recens composita.

Francofurti, Chr. Egenolphus; 1539, petit in-8°.
(Bibliothèque de l'Université; — Musée pédagogique.)

De re metrica.

Francofurti; 1539, in-8°.
(Bibliothèque Mazarine.)

Arithmeticæ logisticæ libri duo.

Basileæ; 1555, in-8°.
(Bibliothèque Mazarine.)

MIDDENDORPIUS (JACOBUS),

Savant néerlandais, né à Ootmarsum (Over-Yssel) en 1517, mort à Cologne en 1611. Voir Van der Aa : *Biographisch Woordenboek der Nederlanden.*

De celebrioribus universi terrarum orbis academiis libri duo, quibus earum institutio, incrementa et interitus atque progressiones explicantur.

Coloniæ, Petr. Horst; 1567, petit in-8°.
(Musée pédagogique; — bibliothèque d'Abbeville.)

Coloniæ, Cholinus; 1572, in-8°.
(Bibliothèque Nationale.)

Officina scholastica.

Parisiis, Chr. Wechelus; 1550, in-4°.
(Bibliothèque de Carpentras.)

MINOS (CLAUDIUS).

Officiorum scholasticorum libri duo, quorum prior tam juventutis quam populi christiani magistrorum, qui divinas et humanas litteras publice privatimque docent munus edisserit; posterior vero præcipua auditorum populique officia complectitur.

Coloniæ, Maternus Cholinus; 1570, in-8°.
(Bibliothèques : Nationale; — Mazarine; — d'Avignon [musée Calvet]; — de Chaumont; — du Mans.)

Academiarum orbis christiani libri duo.

Coloniæ, Cholinus; 1572, in-8°.
(Bibliothèque de Chartres.)

MILÆUS.

Voir MYLÆUS.

MINOS (CLAUDIUS)
[CLAUDE MIGNAULT],

Érudit français, né à Talant, près Dijon, en 1536, mort à Paris en 1606.
Voir Goujet : *Bibliothèque française.*

Oratio de re litteraria, in qua de studio recte instituendo agitur, et scholæ Parisiensis vetus celebritas cum hodierna solitudine comparatur. Habita Lutetiæ in schola Marchiana 6 kalendas octobris a Claudio Minoe Divionensi.

Lutetiæ, Joan. Richer.; 1574, in-8°, 39 pages.
(Bibliothèques : Nationale; — de l'Arsenal; — de Verdun.)

Orationes III de re litteraria.

Parisiis, Joan. Richer.; 1576, in-8°.
(Bibliothèques : Nationale; — Mazarine; — de l'Arsenal.)

MIRANDULA (OCTAVIUS).

De liberali adolescentium institutione in Academia Parisiensi declamationes contrariæ : An sit commodius adolescentes extra gymnasia quam in gymnasiis institui. Harum argumentum duobus optimæ spei adolescentibus suis auditoribus proponebat Claudius Minos, scholæ Marchianæ classicus.

Parisiis, Joannes Richer.; 1575, petit in-8°, 36 pages.
(Bibliothèques : Mazarine; — de Verdun.)

Les emblèmes d'Alciat, de nouveau traduits en français (avec le latin).

Paris, J. Richer; 1583, in-12.
(Bibliothèque Nationale.)

Voir l'article ALCIAT.

MINTURNUS (ANTONIUS SEBASTIANUS),

Prélat et poète italien, né à Trajetto, mort à Crotone en 1574.
Voir Crescimbeni : *Istoria della volgare poesia.* Rome, 1698.

Ant. Sebast. Minturni de poeta libri VI.

Venetiis, Franc. Rampazetus; 1559, in-4°.
(Bibliothèques : Nationale; — Mazarine; — Sainte-Geneviève; — de l'Arsenal; — de Cambrai; — de Chartres.)

MIRANDULA (OCTAVIUS),

Humaniste italien, florissait dans la deuxième moitié du xvi° siècle.
Voir Adelung et Rottermund : *Supplément de Jöcher: Allgemeines Gelehrten Lexicon.*

Viridarium illustrium poetarum.

Parisiis, Petit; 1513, in-8° gothique.
(Bibliothèque de Dole.)

MIRANDULA (OCTAVIUS).

Illustrium poetarum flores per Octavium Mirandulam collecti et in locos communes digesti.

Argentorati, V. Rihelius; 1538, in-8°.
(Bibliothèque Nationale.)

Antuerpiæ, vid. Mart. Cæsaris; 1539, in-16 de 301 feuillets.
(Bibliothèque de Saint-Malo.)

Argentorati, V. Rihelius; 1544, in-8°.
(Bibliothèque Nationale.)

Lugduni, Tornæsius; 1553, in-16.
(Bibliothèques : de Nîmes; — de Troyes.)

Lugduni, Tornæsius; 1559, in-16.
(Bibliothèque de Troyes.)

Lugduni, Tornæsius; 1566, in-12.
(Musée pédagogique.)

Lugduni; 1570, in-16.
(Bibliothèque de Chaumont.)

Parisiis, H. de Marnef; 1576, in-18.
(Bibliothèque Nationale.)

Lugduni, Tornæsius; 1579, in-16.
(Bibliothèque du Havre.)

Basileæ, Brylingerus; 1582, in-16.
(Musée pédagogique.)

Lugduni, Joan. Tornæsius; 1582, in-12 de 736 pages.
(Bibliothèques : Nationale; — de Montauban [Faculté de théologie protestante].)

Parisiis; 1585, in-16.
(Bibliothèque de Neufchâteau.)

S. l., Jean de Tournes; 1586, in-16.
(Bibliothèque de Carpentras.)

Lugduni, S. a Porta; 1590, in-16.
(Bibliothèque du Puy.)

Lugduni, S. a Porta; 1594, in-16.
(Bibliothèque de Béziers.)

MITALERIUS (CLAUDIUS),

Philologue français de la fin du xvi° siècle. — Voir Jöcher :
Allgemeines Gelehrten Lexicon.

Epistola de vocabulis quæ Galli a commorantibus in Gallia Judæis didicerunt in usumque receperunt.

Parisiis, H. Stephanus; 1582, in-8°.

(Bibliothèques : Nationale; — Mazarine; — de l'Université; — de la Société de l'histoire du protestantisme français; — de Besançon.)

MIZAULD (ANTOINE),

Médecin et géomètre français, né à Montluçon en 1510, mort à Paris en 1578.
Voir Niceron : *Mémoires pour servir à l'histoire des hommes illustres.*

De mundi sphæra seu cosmographiæ libri III.

Lutetiæ, Cavellat; 1552, in-8°.

(Bibliothèques : Nationale; — de l'Université.)

Parisiis; 1553, in-8°.

(Bibliothèque Mazarine.)

Basileæ; 1558, in-8°.

(Bibliothèque de l'Arsenal.)

Parisiis, Morellus; 1566, in-4°.

(Bibliothèques : Nationale; — de Chartres.)

Parisiis; 1567, in-8°.

(Bibliothèques : Mazarine; — de Cherbourg.)

Harmonia superioris naturæ mundi et inferioris.

Parisiis, Fed. Morellus; 1577, in-8° de 43 feuillets.

(Bibliothèque de Montauban [Faculté de théologie protestante].)

Memorabilium, utilium ac jucundorum centuriæ novem.

Lutetiæ, Fed. Morellus; 1566, in-8° de 152 feuillets.

(Bibliothèque de Montauban [Faculté de théologie protestante].)

MOESTLINUS (MICHAEL),

Mathématicien allemand, né à Gœppingen (Wurtemberg), mort à Tubingen en 1631. — Voir Jöcher : *Allgemeines Gelehrten Lexicon.*

Epitome astronomiæ qua brevi explicatione omnia tam ad sphæricam quam theoricam ejus partem per quæstiones traduntur, a Mich. Mæstlino Gœppengensi.

    Tubingæ, Georg. Gruppenbachius; 1588, in-8°.
                                         (Bibliothèque Nationale.)

MONANTHOLIUS (HENRICUS)
[HENRI DE MONANTHEUIL],

Mathématicien français, né à Reims en 1536, mort à Paris en 1606; il fut professeur au Collège royal. — Voir Goujet : *Bibliothèque française.*

Oratio pro mathematicis artibus Parisiis habita a Monantholio Henrico, doctore medico.

    Parisiis, Dionysius a Prato; 1574, in-4°.
                            (Bibliothèques : Nationale; — Mazarine.)

Oratio qua ostenditur quale esse deberet collegium profes. regiorum ut sit perfectum atque absolutum.

    Lutetiæ, Morellus; 1595, in-12.
              (Bibliothèques : Nationale; — Sainte-Geneviève; — de Chartres.)

Oratio pro suo in cathedram regiam reditu.

    Parisiis; 1585, in-8°.
                                       (Bibliothèque Mazarine.)

MONDANARIUS (LAURENTIUS), PLACENTINUS.

Miscellanea disticha ad vitæ institutionem in centurias IV et decades totidem divisa, cum suis annotationibus, Laurentio Mondanario Placentino auctore.

Antuerpiæ, Chr. Plantinus; 1565, in-8° de 200 pages.

(Bibliothèque de Montauban [Faculté de théologie protestante].)

MONTANUS (JACOBUS),

Humaniste allemand, né à Gersbach, près Spire, frère de la Vie commune à Herford, mort après 1533. — Voir Delprat : *De Broeders des Gemeenen Levens*. Arnheim, 1856.

Collectaneorum latinæ locutionis opus secundum studiosissimo cuique summæ etiam voluptati, nedum utilitati, futurum.

Coloniæ, Euch. Cervicornus; 1517, in-4°.

(Bibliothèque Nationale.)

Collectaneorum latinæ locutionis opus floridum.

Parisiis, Mich. Vascosanus; 1533, in-8°.

(Bibliothèque Nationale.)

MORÆUS (PAULUS)
[PAUL MOREAU].

De eloquentiæ latinæ principatu controversia, a Paulo Moræo Blesæo instituta.

Parisiis, Steph. Prevosteau; 1598, in-8°.

(Bibliothèques : Nationale; — Sainte-Geneviève.)

MORELIUS (FEDERICUS),

Imprimeur et helléniste français, né en Champagne en 1523, mort en 1583.
Voir la *Nouvelle Biographie générale*.

Proverbiales Græcorum versus, ex editione J. Scaligeri, versibus latinis redditi a F. Morello.

Parisiis; 1594, in-8°.
    (Bibliothèques : Nationale; — Mazarine; — de l'Université; — de Montauban [Faculté de théologie protestante].)

Joan. Geometræ christ. poetæ græci Paradisus, tetrasticha moralia, sanctorum hominum sententiis referta, complectens, cum singulorum argumentis. Opus latine nunc primum in lucem editum, interprete Fed. Morello.

Lutetiæ, Fed. Morellus; 1593 et 1597, in-8°.
    (Bibliothèque Nationale.)
Lutetiæ, Fed. Morellus; 1597, in-8° de 45 pages.
    (Bibliothèque de Montauban [Faculté de théologie protestante].)

MORELIUS (GUILELMUS),

Savant imprimeur français, né à Volleul (Normandie), mort en 1564.
Voir A.-Firmin Didot : *Essai sur la typographie*. Paris, 1851.

Alphabetum græcum, litterarum græcarum appellationes et pronunciationes.

Parisiis, G. Morelius; 1550, in-8°.
    (Bibliothèques : Nationale; — de Besançon.)

Verborum latinorum cum græcis gallicisque conjunctorum commentarius.

Parisiis, G. Morelius; 1558, in-4°, 1,436 pages.
    (Bibliothèques : Nationale; — Mazarine; — Musée pédagogique — d'Avignon [musée Calvet]; — de Besançon; — du Havre.

29.

MORELIUS (GUILELMUS).

Lugduni, Ant. Chuppin; 1578, in-4°. (Bibliothèque de Troyes.)

Lugduni, Cl. Ravotus; 1578, in-4°. (Bibliothèque Nationale.)

Amaltheum græcæ locutionis.

Lugduni; 1611, in-4°. (Bibliothèque de Bourg.)

Thesaurus vocum omnium latinarum ordine alphabetico digestarum quibus græcæ et gallicæ respondent; quibus item adjectæ sunt utriusque linguæ phrases selectissimæ, ex optimis quibusque auctoribus, opera Guil. Morelii descriptæ.

Lugduni, Guil. Lœmarius; 1586, in-4°. (Bibliothèque de Cambrai.)

Lugduni, Guil. Lœmarius; 1587, in-8°, 1,334 pages. (Bibliothèque de Châteaudun.)

Lugduni, Guil. Lœmarius; 1594, in-4°, 1,334 pages. (Bibliothèques : de Vendôme; — de Verdun.)

Lugduni; 1599, in-4°. (Bibliothèque de l'Arsenal.)

Aureliæ Allobr., Petr. de la Rovière; 1608, in-4°. (Bibliothèques : Nationale; — de Béziers; — de Chartres.)

Coloniæ Allobr., P. de la Rovière; 1615, in-8°, 1,352 pages. (Bibliothèque de Vendôme.)

Parisiis, C. Morelius; 1622, in-4°. (Bibliothèque Nationale.)

De verborum apud Græcos anomalorum, aut alioqui difficilium investigatione thematis commentarius, ordine alphabetico digestus.

Parisiis, G. Morelius; 1549, in-8° de 200 pages.
(Bibliothèques : Nationale; — de Montauban [Faculté de théologie protestante].)

Parisiis, G. Morelius; 1553, in-8°. (Bibliothèque Nationale.)

MORELLUS (THEODORICUS).

Parisiis, Guil. Morelius; 1558, in-8° de 196 pages.
(Bibliothèque de Montauban [Faculté de théologie protestante].)

Lugduni, Th. Paganus; 1560, in-8°.
(Bibliothèque Nationale.)

Parisiis, G. Morelius; 1566, in-8° de 196 pages.
(Bibliothèque d'Abbeville.)

MORELLUS (JOANNES)
[JEAN MOREL],
Principal du collège de Reims, né à Avègre (1539-1633).

Scholæ rhemensis rhetorica.

Parisiis, Steph. Prevosteau; 1598, in-4°.
(Bibliothèque Mazarine.)

Scholæ rhemensis dialectica naturæ ratiocinantis vera et expressa imago.

S. l.; 1596 (titulus deest), in-4°.
(Bibliothèque Nationale.)

MORELLUS (THEODORICUS)
[MORELLI],
Humaniste italien, originaire de Capoue. — Première moitié du xvi° siècle.

Enchiridion ad verborum copiam comparandam.

Parisiis, Petr. Vidovœus; 1523, in-8°.
(Bibliothèque de Troyes.)

Parisiis; 1524, in-8°.
(Bibliothèque Mazarine.)

Parisiis, Petr. Vidovœus; 1525, in-8°.
(Bibliothèque Nationale.)

Coloniæ, Gymnicus; 1531, in-8°.
(Bibliothèque de Besançon.)

Coloniæ, Gymnicus; 1532, petit in-8°, 175 pages.
(Bibliothèque de Carpentras.)

Lugduni, Scipio de Gobiano; 1536.
(Bibliothèque de Mende.)

Lugduni, Christ. Plantinus; 1538, in-8°, 267 pages.
(Bibliothèque de Beaune.)

Lugduni, Gryphius; 1538, in-8° de 281 pages.
(Bibliothèque de Chaumont.)

Lugduni, S. Gryphius; 1540, in-8°.
(Bibliothèques : Nationale; — Mazarine; — de M. Bernard à Tournus [Saône-et-Loire]; — de Montauban [Faculté de théologie protestante].)

Lugduni, Seb. Gryphius; 1551, in-8°, 228 pages.
(Bibliothèque d'Aurillac.)

Coloniæ, A. G. Fabricius; 1565, in-12, 175 pages.
(Bibliothèque de Montbéliard.)

Parisiis; 1575, in-16.
(Bibliothèque Mazarine.)

MORENTINIUS (PETRUS).

Grammatica hebræa.

Rupellæ, Hier. Haultinus; 1597, in-8°, 210 pages.
(Bibliothèque de Carcassonne.)

Grammaticæ hebrææ libri duo.

Parisiis; 1580, in-8°.
(Bibliothèque Nationale.)

Grammaticæ hebrææ technologia.

Rupellæ, Hier. Haultinus; 1597, in-8°, 111 pages.
(Bibliothèque de Carcassonne.)

MORLEY (THOMAS),

Compositeur anglais, mort à Londres en 1604. — Voir A. Wood : *Athenæ Oxonienses* (1723).

Introductio facilis ad praxim musicæ.

Londini; 1597, in-folio.

(Bibliothèque Nationale.)

MOSCHOPULUS (MANUEL),

Grammairien byzantin du XIII° siècle.
Voir Em. Legrand : *Bibliographie hellénique.*

Τοῦ σοφωτάτου καὶ λογιωτάτου Μανουήλου τοῦ Μοσχοπούλου περὶ σχεδῶν. *Manuelis Moschopuli de ratione examinandæ orationis libellus.*

Parisiis, Rob. Stephanus; 1514, in-4°.

(Bibliothèque de Chartres.)

Lutetiæ, Rob. Stephanus; 1544, in-4°, 216 pages.

(Bibliothèque de Mende.)

Parisiis, Rob. Stephanus; 1545, in-4°, 216 pages et un index de 50 pages.

(Bibliothèques : Nationale; — Mazarine; — de l'Arsenal; — de l'Université; — d'Angoulême; — d'Avignon [musée Calvet]; — de Besançon; — de Cahors; — de Chalon-sur-Saône; — de Carpentras; — de Meaux; — de Rodez; — de Troyes.)

Parisiis, H. Stephanus; s. d., in-4°.

(Bibliothèque Sainte-Geneviève.)

Grammaticæ artis græcæ methodus.

Basileæ, Joan. Walder; 1540, in-4°.

(Bibliothèques : Nationale; — Mazarine; — de l'Université; — de Chaumont.)

MOSELLANUS (PETRUS).

De syntaxi vel constructione nominum et verborum, item de accentibus græcis cum Th. Gazæ grammatica.

Venetiis; 1525, in-8°
(Bibliothèque Nationale.)

Libellus de nominum ac verborum syntaxi.

Basileæ; 1545, in-8°.
(Bibliothèque Mazarine.)

Vocum atticarum collectio.

Lutetiæ, M. Vascosanus; 1532, in-8°.
(Bibliothèque Mazarine.)

Eclogæ atticarum dictionum (græce).

Basileæ; 1540, in-4°.
(Bibliothèque Mazarine.)

MOSELLANUS (PETRUS)
[PIERRE SCHADE],

Humaniste allemand, né à Bruttig-sur-Moselle, près de Trèves, professeur à Leipzig, où il mourut en 1524. — Voir l'article de Massebieau dans l'*Encyclopédie des sciences religieuses* de Lichtenberger.

Pædologia Petri Mosellani in puerorum usum conscripta. Dialogi XXXVII.

Antuerpiæ, Mich. Hillenius; 1519, in-4°.
(Bibliothèque de Besançon.)

Argentinæ, J. Knoblouchus; 1521, petit in-8°, 25 f.
(Bibliothèque universitaire de Bâle.)

Moguntiæ, J. Scheffer; 1521, in-8°.
(Bibliothèque Nationale.)

Basileæ, Adamus Petrus; 1527, in-8°.
(Bibliothèque de Cambrai.)

MOSELLANUS (PETRUS).

Parisiis, Rob. Stephanus; 1528, in-8°, 48 pages.
(Bibliothèques : Nationale; — de la Société de l'histoire du protestantisme français; — de Troyes.)

Wittembergæ, Joh. Lufft; 1529, in-8°.
(Bibliothèque de Besançon.)

Lutetiæ, Wechelus; 1531, in-8°.
(Bibliothèque de Besançon.)

Lutetiæ, Rob. Stephanus; 1531, in-8°, 99 pages.
(Bibliothèque de Marseille.)

Parisiis, Wechelus; 1531 et 1535, in-8°.
(Bibliothèque Nationale.)

Parisiis, Nic. Buffet; 1539, in-8°, 66 pages.
(Bibliothèque d'Aurillac.)

Lugduni, Th. Paganus; 1539, in-8°.
(Bibliothèque Nationale.)

Lugduni; 1542, in-8°.
(Bibliothèque de Besançon.)

Francofurti; 1542, in-8°.
(Bibliothèque de Toulouse.)

Moguntiæ, Schœfer; 1544, petit in-8°.
(Bibliothèque de Nancy.)

Lugduni, Theob. Paganus; 1551, in-8°, 47 pages.
(Bibliothèque du Puy.)

Francofurti; 1563, in-8°.
(Bibliothèques : de l'Arsenal; — de Besançon.)

Argentorati, apud heredes Chr. Abilii; 1570, petit in-8°, 6 cahiers.
(Bibliothèque de Nancy.)

Pædologia P. Mos. dialogis XXXVII constans; accessere Christ. Hegendorphini dialogi pueriles XII.

Antuerpiæ, Martinus Cæsar; 1531, in-8°.
(Bibliothèque Nationale.)

Lugduni; 1543, in-12.
(Bibliothèque de l'Arsenal.)

Parisiis, Rob. Stephanus; 1548, in-8°.
(Bibliothèque Nationale.)

Parisiis, vidua Mauritii a Porta; 1550, in-8°, 79 pages.
(Bibliothèque Nationale.)

MOSELLANUS (PETRUS).

Oratio de variarum linguarum cognitione paranda.

Lipsiæ, Val. Schumann; 1518, in-4°.
(Bibliothèques : Nationale; — de l'Université.)

Basileæ, Froben; 1519, in-4°.
(Bibliothèques : Sainte-Geneviève; — de Besançon.)

Tabulæ de schematibus ac tropis.

Antuerpiæ, Mich. Hillenius; 1526, in-8°.
(Bibliothèque de Besançon.)

S. l., Hero Alopecius; 1527, in-8°.
(Bibliothèque de Verdun.)

Parisiis, Rob. Stephanus; 1529, in-8°, 26 pages.
(Bibliothèques : de Dole; — de Verdun.)

Lugduni, Seb. Gryphius; 1533, in-8°.
(Bibliothèque Nationale.)

Lipsiæ, Nic. Faber; 1536, in-12, non paginé.
(Musée pédagogique.)

Lugduni; 1536, in-8°.
(Bibliothèques : de l'Université; — de Chartres.)

Parisiis, Wechelus; 1537, in-8°.
(Bibliothèques : Nationale; — de Pau.)

Parisiis, Rob. Stephanus; 1539, in-12.
(Bibliothèque de l'Arsenal.)

Francofurti, Egenolphus; 1540, in-8°, 54 pages.
(Bibliothèque de Saint-Mihiel.)

Lugduni, Gryphius; 1540, in-8°.
(Bibliothèques : Nationale; — Mazarine.)

Lutetiæ, Rob. Stephanus; 1546, in-8°.
(Bibliothèques : Nationale; — de Carpentras; — de Troyes.)

Lugduni, Th. Paganus; 1547, in-8°, 64 pages.
(Bibliothèque de Langres.)

Parisiis, Th. Richardus; 1553, in-4°.
(Bibliothèque Nationale.)

De primis apud rhetorem exercitationibus præceptiones.

Coloniæ; 1525, in-8°.
(Bibliothèque Nationale.)

Ingolstadii; 1532, in-12.
(Bibliothèque Mazarine.)

MUNSTER (SEBASTIANUS). 459

De tempore studiis impertiendo.

Lipsiæ; 1524, in-8°.
(Bibliothèque Nationale.)

Figurarum libellus, exemplis illustratus, cum grammatica Petr. Nigidii.

S. l.; 1580, in-8°.
(Bibliothèque Nationale.)

De figuris sententiarum ac verborum.

Lugduni, Gryphius; 1536, in-8°.
(Bibliothèque de Troyes.)

MOTHERUS (MENRADUS).

Caroli imperatoris illius magni et D. Albini de Rhetorica et Virtutibus disputatio, per Menradum Motherum restituta.

Parisiis, Simon Colinæus; 1529, 48 pages.
(Bibliothèque de Châteaudun.)

MUNSTER (SEBASTIANUS),

Hébraïsant et mathématicien allemand, né à Ingelheim en 1489, mort à Bâle en 1552. — Voir L. Geiger : *Das Studium der hebräischen Sprache in Deutschland* (1870).

Dictionarium trilingue, græcum, hebraicum et latinum.

Basileæ, Henricpetrus; 1530, in-4°, 338 pages.
(Bibliothèques : Nationale; — Mazarine; — de l'Arsenal; — d'Albi; — d'Avignon [musée Calvet]; — de Besançon; — de Mende; — de Troyes.)

Basileæ, Henricpetrus; 1543, in-folio de 285 pages.
(Bibliothèques : Nationale; — Mazarine; — de Nîmes; — de Verdun.)

Basileæ, Henricpetrus; 1562, in-folio.
(Bibliothèque Nationale.)

MUNSTER (SEBASTIANUS).

Le dictionnaire à trois langues de Sebastien Munster; où les dictions hebraïques et grecques respondent aux mots latins rangés alphabétiquement.

Basle, Henry Pierre; 1530, in-folio.
(Bibliothèque Nationale.)

Dictionarium hebraicum.

Basileæ, Froben; 1525, in-8°, 484 f.
(Bibliothèques : Mazarine; — de l'Université; — de Besançon; — de Cambrai; — de Vendôme.)

Basileæ, Froben; 1535, in-8°.
(Bibliothèques : Sainte-Geneviève; — d'Épernay.)

Basileæ, Froben; 1539, in-8°.
(Bibliothèques : Nationale; — Sainte-Geneviève; — d'Abbeville; — d'Avignon [musée Calvet]; — de Beaune.)

Basileæ, Froben; 1548, in-8° non paginé.
(Bibliothèques: d'Avignon [musée Calvet]; — de Cambrai; — de Mende; — de Montauban [Faculté de théologie protestante]; — de Salins; — de Tarbes.)

Basileæ, Froben; 1564, in-8°.
(Bibliothèques : Nationale; — de Besançon; — de Mende; — de Vesoul.)

Petit dictionnaire d'anomaux hébraïques, trad. d'Elias Levita en latin.

S. l.; 1536, in-8°.
(Bibliothèque Nationale.)

Grammatica hebraica absolutissima Æliæ Levitæ Germani nuper per Seb. Munsterum juxta hebraismum latinitate donata.

Basileæ, Froben; 1525 et 1527, in-8°.
(Bibliothèques : Nationale; — Sainte-Geneviève; — de Besançon.)

Basileæ; 1543, in-8°.
(Bibliothèque de l'Arsenal.)

Basileæ; 1544, in-4°.
(Bibliothèque de l'Arsenal.)

MUNSTER (SEBASTIANUS). 461

Liber electus complectens in grammatica quatuor orationes.

Basileæ, Jo. Frobenius; 1525, in-8°.
(Bibliothèque Nationale; — de Chartres.)

Tabula omnium hebraicarum conjugationum, capitula cantici in quibus agitur de litteris, punctis, etc., opus Eliæ per S. Munsterum latine versum.

Basileæ; 1527, in-8°.
(Bibliothèques : Nationale; — de Chartres.)

Grammatica hebræa Eliæ Levitæ per Seb. Munsterum versa, item institutio elementaria in eamdem linguam, ex Eliæ variis libellis concinnata.

Basileæ, Froben; 1532, in-8°.
(Bibliothèque de Dole.)
Basileæ, Froben; 1537, in-8°.
(Bibliothèques : Nationale; — Sainte-Geneviève; — de Carcassonne; — de Carpentras; — de Troyes.)
Basileæ, Froben; 1543, in-8°.
(Bibliothèques : de Carcassonne; — de Coutances; — de Montauban [Faculté de théologie protestante].)
Basileæ; 1552, in-8°.
(Bibliothèque de Nîmes.)

Opus grammaticum consummatum ex variis Ælianis libris concinnatum.

Basileæ; 1541, in-4°.
(Bibliothèque Sainte-Geneviève.)
Basileæ, Henricpetrus; 1542, in-4°, 4 f., 291 pages.
(Bibliothèques : de Besançon; — de la Rochelle; — de Tarbes.)
Basileæ, Henricpetrus; 1544, in-4°.
(Bibliothèques : Nationale; — de Nîmes; — de Troyes.)
Basileæ, Henricpetrus; 1549, in-8°, 388 pages.
(Bibliothèques : Nationale; — Mazarine; — de Périgueux.)
Basileæ, Henricpetrus; 1556, in-8°.
(Bibliothèque Nationale.)
Basileæ; 1563, in-8°.
(Bibliothèque Mazarine.)

MUNSTER (SEBASTIANUS).

Grammatica hebraica absolutissima Eliæ Levitæ, hebraice et latine a S. M. edita; accessit ejusdem S. M. institutio elementaria in hebraicam linguam.

Basileæ, J. Froben; 1525, in-8°.
(Bibliothèques : Nationale; — Mazarine.)

Basileæ, Hier. Froben; 1552, in-8°.
(Bibliothèque de Carcassonne.)

Compendium hebraicæ grammaticæ.

Basileæ, Froben; 1527, in-8° non paginé.
(Bibliothèques : d'Angers; — de Besançon.)

Parisiis, Chr. Wechelus; 1537, in-8° non paginé.
(Bibliothèques : Mazarine; — d'Angers; — d'Avignon [musée Calvet].)

Institutiones grammaticæ in hebræam linguam.

Basileæ, Froben; 1504, in-8° non paginé.
(Bibliothèque d'Angers.)

Basileæ, Froben; 1524, in-4° non paginé.
(Bibliothèques : Mazarine; — de l'Arsenal; — d'Avignon [musée Calvet]; — de Besançon; — de Châteaudun; — de Mende; — de Montauban [Faculté de théologie protestante]; — de Tarbes.)

Heidelberg, s. n.; 1525, in-4°.
(Bibliothèque de Châteaudun.)

Grammatica chaldaica.

Basileæ, Froben; 1527, in-4°.
(Bibliothèques : Nationale; — Mazarine; — de l'Arsenal; — de l'Université; — de Bayeux; — de Besançon.)

Isagoge elementalis in hebraicam linguam.

Basileæ; 1535, in-12.
(Bibliothèque Mazarine.)

Dictionarium hebraicum ex rabbinorum commentariis collectum.

Basileæ, Jo. Froben; 1525, in-12.
(Bibliothèque de Montbéliard.)

Dictionarium hebraicum, jam ultimo ab autore Seb. Munstero recognitum et ex rabbinis, præsertim ex radicibus David Kimhi auctum et locupletatum.

Basileæ; 1535, in-8°.
(Bibliothèque de l'Université.)

Basileæ; 1539, in-8°,
(Bibliothèques : Nationale; — de Besançon; — de Chartres.)

Basileæ, Froben; 1564, in-8°.
(Bibliothèques : de Chaumont; — de Montauban [Faculté de théologie protestante].)

Dictionarium chaldaicum.

Basileæ, Froben; 1527, in-4° de 434 pages.
(Bibliothèques : Nationale; — de l'Arsenal; — d'Avignon [musée Calvet]; — de Bourg; — de Chaumont; — de Montauban [Faculté de théologie protestante]; — de Tarbes; — de Troyes.)

Accentuum hebraicorum liber unus ab Elia judæo editus; item liber traditionum ab eodem conscriptus hebraice, cui accessit præfatio latina quæ totam hebraicæ linguæ explicat rationem, traditque ea quæ grammaticæ hactenus deesse videbantur : ex his multa in favorem studiosorum latine sunt reddita per S. M., præsertim ea quæ inexercitatum lectorem juvare poterunt.

Basileæ, Henricus Petrus; 1539, in-8°.
(Bibliothèque Nationale.)

Cosmographiæ universalis libri VI.

Basileæ, Henricpetrus; 1550, in-folio, 2 volumes.
(Bibliothèques : Mazarine; — Sainte-Geneviève; — de l'Université; — de Carpentras; — de Chartres; — d'Épernay.)

Basileæ; 1552, in-folio.
(Bibliothèques : Sainte-Geneviève; — de l'Arsenal; — de Besançon; — de Bourg; — de Cambrai.)

Basileæ, Henricpetrus; 1554, in-folio.
(Bibliothèques : Nationale; — de l'Université; — d'Avranches; — de Béziers.)

MUNSTER (SEBASTIANUS).

Basileæ, Henricpetrus; 1556, in-folio.
(Bibliothèque de l'Université.)

Basileæ, Henricpetrus; 1559, in-folio.
(Bibliothèques : Mazarine; — de l'Université.)

La cosmographie universelle, augmentée par François de Belleforest.

Bâle; 1556, in-folio.
(Bibliothèque de l'Arsenal.)

Bâle; 1559, in-folio.
(Bibliothèque de l'Arsenal.)

Paris, Mich. Sonnius; 1575, in-folio.
(Bibliothèque de Verdun.)

Paris, Nic. Chesneau; 1575, in-folio.
(Bibliothèques : Mazarine; — Sainte-Geneviève; — de l'Arsenal; — de l'Université; — de Besançon; — de Nîmes.)

Rudimenta mathematica, in duos libros digesta.

Basileæ; 1551, in-folio.
(Bibliothèques : Mazarine; — Sainte-Geneviève; — de l'Arsenal.)

Rudimenta mathematica libris duobus : primus geometriæ principia; posterior horologiorum delineationes docet.

Basileæ, Henricpetrus; 1541, in-folio.
(Bibliothèques : Nationale; — Mazarine.)

Organum uranicum, sive theorica planetarum.

Basileæ, Henricpetrus; 1536, in-folio.
(Bibliothèques : Nationale; — de Tulle.)

MURET (MARC-ANTOINE),

Humaniste français, né à Muret (Limousin) en 1526, mort à Rome en 1585.
Voir la *Nouvelle Biographie générale* de Didot.

M. Antonii Mureti I. C. ac civis R. Institutio puerilis ad M. Antonium fratris fil. Ejusdem Monodia in Christophorum Thuanum principem senatus parisiensis; et in utrumque poema.

    Romæ; 1584, in-8°.

(Bibliothèque Mazarine.)

    Parisiis, Joh. Richerus; 1585, petit in-8°, 10 pages.

(Bibliothèques : Nationale; — Musée pédagogique; — de Chaumont; — de Cherbourg; — de Troyes.)

    Rhotomagi, Manas de Préaulx; 1612, in-18, 907 pages.

(Bibliothèque de Gray.)

Orationes tres de studiis litterarum Venetiis habitæ.

    Venetiis, Aldus; 1555, in-4°.

(Bibliothèque Nationale.)

Orationes XXV.

    Parisiis; 1577, in-24.

(Bibliothèque de Bourg.)

    Parisiis; 1578, in-12.

(Bibliothèque de l'Arsenal.)

    Parisiis, Bezé; 1588, in-16.

(Bibliothèque de Troyes.)

Orationes XXIII.

    Venetiis; 1575, in-8°.

(Bibliothèques : Mazarine; — Sainte-Geneviève.)

    Venetiis, Aldus; 1576, in-8°.

(Bibliothèque Nationale.)

    Venetiis, J. Albertus; 1580, in-12, 320 pages.

(Bibliothèque de Montbéliard.)

MURET (MARC-ANTOINE).

Variarum lectionum libri VIII.

Venetiis, Zilettus; 1557, in-8°.

(Bibliothèque de Chartres.)

Venetiis, Zilettus; 1559, in-8°.

(Bibliothèques : Nationale; — Mazarine; — Sainte-Geneviève; — de l'Arsenal; — de l'Université; — de Besançon; — de Chartres; — de Troyes.)

Parisiis, Clopereau; 1573, in-16.

(Bibliothèque de l'Université.)

Parisiis, Locqueneulx; 1578, in-16.

(Bibliothèques : de Carcassonne; — de Chaumont.)

Antuerpiæ; 1586, in-8°.

(Bibliothèques : Mazarine; — de Troyes.)

Venetiis; 1599, in-8°.

(Bibliothèque de Nîmes.)

Variarum lectionum libri XV.

Antuerpiæ, Plantinus; 1580, in-8°.

(Bibliothèques : Nationale; — de l'Université.)

Parisiis, Th. Brumennius; 1586, in-8°.

(Bibliothèques : Sainte-Geneviève; — de l'Arsenal; — de Besançon; — d'Albi; — de Chaumont; — de Carcassonne; — de Montauban [Faculté de théologie protestante]; — de Verdun.)

Lugduni, hered. Guil. Rovillii; 1594, in-32 de 618 pages.

(Bibliothèques : de Mende; — de Salins.)

Trium disertissimorum præfationes ac epistolæ familiares aliquot Mureti, Lambini et Regii.

Parisiis, Jean de Hauqueville; 1579, in-18, 550 pages.

(Bibliothèque de Montbéliard.)

MURMELLIUS (JOHANNES),

Poète et humaniste néerlandais, mort à Deventer en 1517. — Voir Van der Aa : *Biographisch Woordenboeck der Nederlanden.*

Tabulæ in artis componendorum versuum rudimenta.

Parisiis, Simon Colinæus; 1530, in-8° non paginé.
(Bibliothèques : Nationale; — Mazarine; — d'Angers.)

Parisiis, Wechelus; 1535, in-4°.
(Bibliothèque Nationale.)

Coloniæ, Joan. Gymnicus; 1535, in-8°.
(Bibliothèque de Verdun.)

Coloniæ, Joan. Colinæus; 1541, in-4°.
(Bibliothèque de Verdun.)

Parisiis, Sim. Colinæus; 1541, in-8°.
(Bibliothèque de Verdun.)

Lugduni, Seb. Gryphius; 1543, in-12, 46 pages.
(Bibliothèque de Mende.)

Parisiis, Tiletanus; 1545, in-8°.
(Bibliothèques : d'Avignon [musée Calvet]; — de Langres.)

Lutetiæ, M. David; 1551, in-4°.
(Bibliothèque de Dole.)

Parisiis; 1543 et 1551, in-8°.
(Bibliothèques : Mazarine; — de Besançon.)

Lugduni, Gryphius; 1555, in-8°.
(Bibliothèques : Nationale; — de l'Université.)

Parisiis, Richardus; 1560, in-4°.
(Bibliothèque Nationale.)

Tabulæ poeticæ.

Lugduni, Steph. Doletus; 1541, in-8°.
(Bibliothèque Nationale.)

De figuris sententiarum ac verborum.

Lugduni, Seb. Gryphius; 1540, in-12, 119 pages.
(Bibliothèque de Mende.)

MURMELLIUS (JOHANNES).

Joannis Murmellii Ruremondensis liber cui titulus Pappa, in quo hæc insunt :
Variarum rerum dictiones latinæ cum germanica interpretatione.
Oratiunculæ variæ puerorum usui expositæ.
Præcepta moralia adiccta (sic) *interpretatione germanica.*
Protrita item quædam proverbia et latino et vernaculo sermone conscripta.
Huic libro addita est ex opere grammatico Jacobi Montani viri forma declinandi per primam conjugationem cum vernacula interpretatione.

Plaquette in-4° gothique de 29 feuillets non numérotés.

On lit à la fin :

Finem habet hoc pulcherrimum opusculum impressum Daventriæ per me Theodoricum de Borne anno Domini MCCCCXIIII (1514).

(Bibliothèque Nationale.)

Tabularum de nominibus et verbis libri III.

Witebergæ, Georg. Rhaw; 1533, in-8°.

(Bibliothèque Nationale.)

Tabularum opuscula tria.

Parisiis, Wechelus; 1530, in-8°.

(Bibliothèque Mazarine.)

Tabularum opuscula tria per Petr. Godefredum in epitomen redacta.

Lugduni, Gryphius; 1566, in-8°.

(Bibliothèque Nationale.)

Scoparius in barbariei propugnatores et osores humanitatis, ex diversis illustrium virorum scriptis, ad juvanda politioris literaturæ studia comparatus.

S. d., in-4° gothique.

(Bibliothèque Nationale.)

Coloniæ, Quentelius; 1518, in-4°.

(Bibliothèque Nationale.)

MYLÆUS (CHRISTOPHORUS),

[MILIEU],

Critique littéraire, né à Estavayer, canton de Vaud, mort en 1570.
Voir Adelung et Rotermund : *Supplément de Jöcher* : *Allgemeines Gelehrten Lexicon.*

Consilium historiæ universitatis scribendæ.

Florentiæ, Laur. Torrentinus; 1548, in-8°, 190 pages.
(Bibliothèques : Nationale; — Sainte-Geneviève; — de Carcassonne.)

De scribenda universitatis rerum historia libri V.

Basileæ, Joan. Oporinus; 1551, in-folio.
(Bibliothèques : Nationale; — Mazarine; — Sainte-Geneviève; — de l'Arsenal; — de l'Université; — de Chartres.)

Basileæ; 1579, in-folio.
(Bibliothèque Mazarine.)

Titulus deest [xvi° siècle], in-8°.
(Bibliothèque de Montauban [Faculté de théologie protestante].)

Commentarius de scribenda universitatis rerum historia.

Florentiæ; 1557, in-4°.
(Bibliothèque Mazarine.)

NAIBODAS (VALENTINUS)

[NAIBOD],

Géomètre allemand, né à Cologne, florissait à Padoue à la fin du xvi° siècle.
Voir Jöcher : *Allgemeines Gelehrten Lexicon.*

Astronomicarum institutionum libri tres, quibus doctrinæ sphæricæ elementa methodo nova traduntur.

Venetiis; 1580, in-8°.
(Bibliothèques : Nationale; — Mazarine; — Sainte-Geneviève.)

NAULIUS (ADAMUS).

Artis memorandi thesaurus in variis optimisque auctoribus depromptus ab Adamo Naulio.

Parisiis; 1518, in-16.

(Bibliothèque d'Auxerre.)

NAUSEA (FREDERIC)
[FRED. UNRATH OU ECKEL],

Théologien allemand, né à Weissenfeld en 1480. Évêque de Vienne, mort à Trente en 1550. — Voir du Pin : *Bibliothèque des auteurs ecclésiastiques*.

De puero literis instituendo consilia.

Coloniæ, J. Gymnicus; 1536, in-8°.

(Bibliothèques : Mazarine; — de Besançon.)

De principiis dialectices.

Venetiis, L. Lorius; 1523, in-8°.

(Bibliothèque Mazarine.)

Primordia in artem poeticam; item de conficiendis epistolis.

Venetiis, G. de Gregoriis; 1522, in-8°.

(Bibliothèque Mazarine.)

In Erasmum monodia.

Parisiis, Chr. Wechelus; 1536, in-8°.

(Bibliothèque Mazarine.)

Parisiis, Chr. Wechelus; 1537, in-8°.

(Bibliothèque Nationale.)

NEANDER (CONRADUS),

Hébraïsant allemand, né à Bergen, vivait à Nordhausen à la fin du xvie siècle.
Voir L. Geiger : *Das Studium der hebräischen Sprache in Deutschland* (1870).

Elementale ebræum, viam rectam perfecte legendi ebraica brevissime monstrans.

Lipsiæ, Abrah. Lamberg; 1588, in-8°.

(Bibliothèque Nationale.)

NEANDER (MICHAEL),

Philologue allemand, né à Joachimsthal en 1525, mort en 1595.
Voir Chauffepié : *Nouveau Dictionnaire historique et critique.* Amsterdam, 1756, in-fol.

Græcæ linguæ erotemata, congesta a Michaele Neandro, cum præfatione Melanchthonis.

Basileæ, J. Oporinus; 1556, in-8°, 237 pages.
(Bibliothèques : Nationale; — d'Aurillac; — de Carpentras; — de Troyes.)

Basileæ; J. Oporinus; 1561, in-8°.
(Bibliothèques : Nationale; — de l'Arsenal; — de l'Université; — d'Orléans.)

Basileæ; 1565, in-8°.
(Bibliothèques : Mazarine; — de l'Arsenal; — d'Aix en Provence.)

Basileæ, Barth. Franco; 1567, in-8°.
(Bibliothèques : Nationale; — Sainte-Geneviève.)

Græcæ linguæ tabulæ.

Basileæ; 1561, in-8°.
(Bibliothèque Mazarine.)

Sanctæ linguæ hebrææ erotemata.

Basileæ, Oporinus; 1556, in-8°.
(Bibliothèque de Troyes.)

NEANDER (MICHAËL).

Anthologium græco-latinum, hoc est insigniores flores seu sententiæ decerptæ ex poetis.

Basileæ, Joan. Oporinus; 1556, petit in-8°, 465 pages.
(Bibliothèques : de l'Université; — d'Abbeville; — de Besançon; — de Verdun.)

Methodorum in omni genere artium brevis et succincta ὑφήγησις.

Basileæ, J. Oporinus; 1556, in-8°.
(Bibliothèques : Nationale; — Mazarine.)

Catechesis M. Lutheri, græco-latina. Accesserunt alia unde et pietatem et linguam græcam adolescentes discere possunt, omnia a M. Neandro edita.

Basileæ, J. Oporinus; 1556, in-8°.
(Bibliothèque d'Orléans.)

Basileæ, J. Oporinus; 1558, in-8°.
(Bibliothèque Mazarine; — Musée pédagogique.)

Chronicon sive Epitome historiarum ab orbe condito ad auctoris tempora.

Islabii; 1582, in-8°.
(Bibliothèque Nationale.)

S. l.; 1583, in-8°.
(Bibliothèque Mazarine.)

Lipsiæ; 1590, in-8°.
(Bibliothèque Mazarine.)

Orbis terræ partium succincta descriptio.

Lipsiæ; 1586, in-8°.
(Bibliothèques : Nationale; — Sainte-Geneviève.)

Lipsiæ, A. Lamberg; 1597, in-8°.
(Bibliothèques : Mazarine; — de Carpentras.)

NEANDER (WENCESLAS).

Opus aureum et scholasticum, scilicet Pythagoræ carmina aurea, Phocylidæ, Theognidis, Coluthi, Tryphiodori poemata, gr. lat. conversa et exposita.

Basileæ, Oporinus; 1559, in-4°.
(Bibliothèque Nationale.)

Lipsiæ; 1577, in-4°.
(Bibliothèques : Nationale; — de l'Arsenal; — de Carpentras.)

Loci communes philosophi græci, sive sententiæ veterum sapientum de moribus, selectæ a Neandro et edita a Joan. Vollando.

Lipsiæ; 1588, in-8°.
(Bibliothèque Nationale.)

De re poetica Græcorum, sive epithetorum, phraseon et elegantiarum poeticarum libri IV e notationibus Mich. Neandri collecti, dispositi et editi a Joan. Vollando.

Lipsiæ; 1592, in-8°.
(Bibliothèque Nationale.)

Gnomologia græco-latina, hoc est : Insigniores et vetustiores sententiæ philosophorum, poetarum, oratorum et historicorum ex magno anthologio Stobæi excerptæ.

Basileæ; 1557, in-8°.
(Bibliothèques : Mazarine; — de Montauban [Faculté de théologie protestante].)

NEANDER (WENCESLAS).

Artifitiosa memoria per W. N. Sagunensem, philosophiæ magistrum et jurium baccalaureum, laconico more, planiore forma quam antehac exarata.

Lipsiæ, ex ædibus Valentini Schuman; 1518, in-8°.
(Musée pédagogique.)

NEBRISSENSIS (ANTONIUS).

Voir ÆLIUS ANTONIUS.

NEIDECKERUS (ANDREAS).

Exhortatio ad christianam scholarum, quæ passim collapsæ sunt, instaurationem.

Tubingæ; 1544, in-8°.

(Bibliothèque Mazarine.)

NEMIUS (JOANNES)
[JEAN GOVERTZ],

Humaniste néerlandais, né à Bois-le-Duc, florissait vers 1583. — Voir Van der Aa : *Biographisch Woordenboek der Nederlanden.*

Orthographiæ ratio, item pronunciandi ratio.

Antuerpiæ, Chr. Plantinus; 1572, in-8°.

(Bibliothèques : Nationale; — Mazarine.)

NIAVIS (PAULUS)
[SCHNEEVOGEL],

Littérateur allemand, mort à Leipzig en 1494.

Elegantiæ latinitatis magistri Pauli Niavis una cum modo epistolari.

Plaquette in-4° gothique non paginée, sans lieu ni date. La préface est adressée : « Venerando viro Erasmo presbitero artium baccalario in Kemnicz ætatem agenti domino suo et fautori amando. »

(Bibliothèque Nationale.)

Dialogus magistri Pauli Niavis parvulis scholaribus ad latinum ydioma perutilissimus.

Plaquette in-4° gothique de 11 feuillets (texte) non numérotés. Le premier feuillet porte au-dessous du titre une gravure sur bois représentant un maître d'école, un paquet de verges à la main, assis dans sa chaire, avec trois écoliers à ses pieds.

On lit à la fin :

Impressum per C. Hist de S. (Spire) anno Domini M. CCCC. XCVII (1497).

Idem opus.

Édition de 1495 avec une gravure différente.

(Bibliothèque Nationale.)

NICANDER (ANSELMUS).

Enchiridion artis rhetoricæ præcepta breviter complectens.

Venetiis, Com. de Tridino; 1561, in-8°.

(Bibliothèque Nationale.)

NICOT,

Diplomate et érudit français, né à Nîmes en 1530, mort à Paris en 1600.
Voir D. Hœfer : *Dictionnaire de botanique.*

Dictionnaire français-latin recueilli des observations de plusieurs hommes doctes : entre autres de M. Nicot, conseiller du Roy et maistre des requêtes de l'hôtel, et réduit à la forme et perfection des dictionnaires grecs et latins.

Paris, Jacques du Puys; 1573, in-folio, 781 pages.
(Bibliothèques : de l'Arsenal; — de Chartres; — de Coutances; — de Montbéliard; — de Tonnerre; — de Vesoul.)

Paris, Jacques du Puys; 1584, in-folio.

(Bibliothèque Nationale.)

NIGER (FRANCISCUS).

Rouen, Th. Dari; 1609, in-4°, 1,026 pages.
(Bibliothèque d'Abbeville.)

Paris, Nic. Bouton; 1614, in-4°.
(Bibliothèque Nationale.)

Rouen, Nic. Le Prévost; 1618, in-4°.
(Bibliothèques : Nationale; — de Besançon.)

Paris, Cramoisy; 1618, in-4°.
(Bibliothèque Nationale.)

Thrésor de la langue françoyse, par Aimar de Rançonnet, revu par Jean Nicot.

Paris, Dav. Douceur; 1606, in-folio.
(Bibliothèques : Nationale; — Mazarine; — de l'Arsenal; — Sainte-Geneviève; — de l'Université; — de Besançon; — de Chaumont; — de Montbéliard.)

NIGER (DOMINICUS MARIUS),

Géographe vénitien de la fin du xv° siècle. — Voir Jöcher : *Allgemeines Gelehrten Lexicon.*

Geographiæ commentariorum libri XXVI; una cum Laurentii Corvini cosmographia.

Basileæ, Henricpetrus; 1557, in-folio, 787 pages.
(Bibliothèques : Nationale; — Mazarine; — de Gray.)

NIGER (FRANCISCUS)
[NEGRO],

Philologue italien, né à Venise en 1450, mort en 1510.
Voir Adelung et Rotermund : *Supplément de Jöcher*, et Tiraboschi, t. VI.

Grammatica latina.

Venetiis, 1480, in-4°.
(Bibliothèque Nationale.)

Venetiis, 1492, in-4°.
(Bibliothèque Nationale.)
Parrhisiis, Wolf et Kerver; 1498, in-8°.
(Bibliothèque de Troyes.)

De grammatica libri X.

Mediolani, G. de Ponta; 1508, in-4°.
(Bibliothèque Mazarine.)

Regulæ elegantiarum.

S. l.; 1520, in-4°.
(Bibliothèque Nationale.)
Parisiis, Simon Colinæus; 1521, in-4°.
(Bibliothèques : de Chartres; — de Troyes.)

Elegantiæ (latini sermonis) excerptæ ex arte epistolica, cum commento Jod. Clichtovei.

Parisiis, D. Roce; s. d., in-4°.
(Bibliothèques : Mazarine; — Sainte-Geneviève.)

Opusculum epistolarum familiarium et artis earumdem scribendarum.

Modène, D. Richizola; 1490 et 1498, in-4°.
(Bibliothèque Mazarine.)

Ars epistolandi.

S. l.; 1496, in-4°.
(Bibliothèque Nationale.)
Devanteræ; 1501, in-8°.
(Bibliothèques : Sainte-Geneviève; — de l'Université.)

Epistola, sive opusculum de scribendis epistolis.

Parisiis, vet. editio in-4°.
(Bibliothèque Nationale.)

NIGER (STEPHANUS)

[STEFANO NEGRI],

Helléniste italien, élève de Chalcondyle, né à Casal-Maggiore en 1475.
Voir Jöcher : *Allgemeines Gelehrten Lexicon*, et Tiraboschi, t. VII.

Dialogus in quo quidquid in græcarum litterarum penetralibus reconditum, summa cum diligentia congestum, in lucem propagatur.

Mediolani; 1517, in-folio.

(Bibliothèque Mazarine.)

Quæ quidem præstare sui nominis ac studiosis utilia noverimus monimenta atque translationes.

Basileæ, Henricpetrus; 1532, in-8°.

(Bibliothèque de Béziers.)

NIGIDIUS (PETRUS),

Pédagogue allemand, né à Altendorf (Hesse), mort à Marbourg en 1583.
Voir Jöcher : *Allgemeines Gelehrten Lexicon*.

Selectum latinæ grammatices opusculum per Petr. Nigidium; addito in fine Petr. Mosellani figurarum libello.

Francofurti, N. Bassæus; 1580, in-8°.

(Bibliothèque Nationale.)

NIPHUS (AUGUSTINUS)
[NIFO],

Philologue italien, né à Jopoli (Calabre) en 1473, mort à Salerne vers 1550. — Voir la notice de G. Naudé, en tête des *Opuscula moralia et politica;* Paris, 1645, in-4°, et Tiraboschi, t. VII.

Epitomata rhetorica ludicra.

Venetiis, Ph. Pincius; 1521, in-8°.
(Bibliothèques : Nationale ; — Mazarine ; — de Béziers.)

Dialectica ludicra.

Venetiis, hered. Ph. Giuntæ; 1520, in-4°.
(Bibliothèque Mazarine.)
Venetiis; 1521, in-8°.
(Bibliothèques : de l'Arsenal ; — de Béziers.)

NIPHUS (FABIUS),
Neveu du précédent.

Proœmium mathematicum.

Parisiis, Th. Brumennius; 1569, in-4°.
(Bibliothèque Mazarine.)

NIZOLIUS,

Littérateur italien, né à Brescello en 1498, mort en 1566. — Voir Ad. Franck: *Dictionnaire des sciences philosophiques.*

Nizolius sive thesaurus Ciceronianus.

Venetiis, Aldus; 1576, in-folio.
(Bibliothèque Nationale.)
Basileæ, Hervagius; 1576, in-folio, 1,498 colonnes.
(Bibliothèques : d'Angers ; — de Cambrai.)

NUCERIENSIS (ÆGIDIUS JOHANNES).

Lugduni, Ant. de Harsy; 1580, in-folio, 1,498 colonnes.
(Bibliothèques : Sainte-Geneviève; — de Gray.)

Lugduni, Ant. de Harsy; 1581, in-folio.
(Bibliothèque de Bayeux.)

Lugduni, Ant. de Harsy; 1582, in-folio.
(Bibliothèque de Verdun.)

Lugduni; 1584, in-folio.
(Bibliothèques : de l'Arsenal; — de Laon.)

Lugduni; 1587, in-folio.
(Bibliothèques : de l'Arsenal; — de Besançon; — de Bourg; — de Montbéliard.)

Venetiis, Aldus Manutius; 1591, in-folio.
(Bibliothèque de Carpentras.)

Venetiis, Dom. Nicolinus; 1591, in-folio.
(Bibliothèque Nationale.)

Venetiis, Baretius; 1606, in-folio.
(Bibliothèque de Montauban [Faculté de théologie protestante].)

Apparatus latinæ locutionis in usum studiosæ juventutis, olim per M. Nizolium ex M. Tullii Ciceronis libris collectus, nunc auctior factus, auctore Alexandro Scoto.

Lugduni, J. Pillehotte; 1588, in-folio.
(Bibliothèques : Nationale; — de Carpentras; — de Gray.)

NOVIOMAGUS (JOHANNES).
Voir BRONCHORSTIUS.

NUCERIENSIS (ÆGIDIUS JOHANNES)
[GILLES DE NOYERS].

Proverbia gallicana, secundum ordinem alphabeti reposita et ab Æg. Nuceriensi, latinis versiculis traducta.

Trecis, Jean Lecoq; s. d., in-8°.
(Bibliothèque Nationale.)

NUNNESIUS (PETRUS JOHANNES).

S. l.; 1519, in-4°.
(Bibliothèque Nationale.)

Parisiis, Pr. Calvarinus; 1550, in-8°.
(Bibliothèque du Puy.)

Parisiis, hered. Mauricii; 1558, in-8°.
(Bibliothèque Nationale.)

Adagiorum Gallis vulgarium in lepidos et enucleatos latinæ linguæ versiculos traductio.

Paris, David Douceur; 1606, in-folio, 24 pages.
(Bibliothèques : Nationale; — de Vendôme.)

Les proverbes communs; recueillis et traduits en vers latins par Jean Nucerin; avec un petit jardin pour les enfans, latin-françois, par Jean Fontaine.

Rouen, Jean Petit; 1612, in-8°.
(Bibliothèque Nationale.)

NUNNESIUS (PETRUS JOHANNES), VALENTINUS
[NUNNEZ],

Helléniste espagnol, né à Valence vers 1520, professa à Barcelone, où il mourut en 1600. Voir Jöcher : *Allgemeines Gelehrten Lexicon.*

Alphabetum græcum Petro Joanne Nunnesio Valentino collectum.

Barcinonæ, Malus; 1575, in-8°.
(Bibliothèque de Pau.)

Institutionum physicarum libri IV priores.

Valentiæ; 1554, in-8°.
(Bibliothèque Nationale.)

Institutionum rhetoricarum libri quinque.

Barcinonæ, Seb. a Cormellas; 1593, in-8°.
(Bibliothèques : Nationale; — Mazarine.)

OECOLAMPADIUS (JOHANNES).

Typus institutionum grammaticarum etymologiæ et συντάξεως *linguæ græcæ.*

Barcinonæ, Malus; 1577, in-8°.
(Bibliothèque de Pau.)

Grammatiscica (sic) *linguæ græcæ, cui accessit libellus ejusdem de mutatione linguæ græcæ in latinam.*

Barcinonæ, Jacobus Cendrat; 1589, in-8°.
(Bibliothèque Nationale.)

Institutiones grammaticæ linguæ græcæ.

Barcinonæ, Hub. Gotardus; 1590, in-8°.
(Bibliothèque Nationale.)

OECOLAMPADIUS (JOHANNES)
[HAUSSCHEIN],

Réformateur allemand, né à Weinsbergen (Souabe), ami d'Érasme, mort à Bâle en 1531. — Voir J.-J. Herzog : *Das Leben des Œcolampadius* (1843), traduite et abrégée par A. de Mestrel; Neufchâtel, in-8°.

Dragmata græcæ litteraturæ a Jo. Œcolampadio congesta.

Basileæ, Cratander; 1518, in-8°.
(Bibliothèque de Montbéliard.)

Basileæ, Cratander; 1521, in-8°.
(Bibliothèque de Troyes.)

Lutetiæ; 1522, in-8°.
(Bibliothèque de Chartres.)

Parisiis; 1528, in-12.
(Bibliothèque de Dole.)

Lutetiæ; 1532, in-8°.
(Bibliothèque de l'Université.)

Basileæ, Cratander; 1535, in-8°.
(Bibliothèques : Nationale; — Mazarine; — de Besançon.)

Basileæ; 1539, in-8°.
(Bibliothèques : Mazarine; — de l'Université.)

Basileæ, Cratander; 1585, in-8°.
(Bibliothèque d'Avignon [musée Calvet].)

OLIVARIUS

[OLIVARI],

Franciscain de Provence, florissait vers 1540.

F. Petri Olivarii dominicani, d. th., de inventione dialectica libellus.

Parisiis, Petr. Vidovæus; 1540, in-8°.

(Bibliothèque Nationale.)

OMPHALIUS (JACOBUS),

Jurisconsulte et humaniste allemand, né à Andernach, professa à Cologne, où il mourut en 1570. — Voir Jöcher : *Allgemeines Gelehrten Lexicon.*

De elocutionis imitatione ac apparatu liber unus.

Romæ; 1513, in-8°.

(Bibliothèque d'Auxerre.)

Parisiis, Simon Colinæus; 1533, in-8°.

(Bibliothèque de Sens.)

Parisiis, Simon Colinæus; 1537, in-4°, 272 pages.

(Bibliothèques : de l'Arsenal; — d'Angoulême; — de Beaune; — de Bourg; — de Saint-Malo; — de Troyes.)

Parisiis, G. Julianus; 1555, in-8°.

(Bibliothèque Nationale.)

Coloniæ, J. Birckmannus; 1563, in-8°.

(Bibliothèque de Besançon.)

Parisiis, Sim. Colinæus; 1565 et 1579, in-12.

(Bibliothèque Mazarine.)

Coloniæ Ubiorum; 1572, in-16.

(Bibliothèque de Chartres.)

Parisiis, G. Julianus; 1575, in-12.

(Bibliothèques : Nationale; — de Besançon.)

ORIDRYUS (ARNOLDUS).

Parisiis, G. Julianus; 1579, in-8°.
(Bibliothèque Nationale.)

Coloniæ Agrip., Bærnius; 1580, in-8°.
(Bibliothèque de Carcassonne.)

Coloniæ Agrip., Birckmannus; 1591, in-8°.
(Avignon [musée Calvet].)

Lugduni, J. Pillehotte; 1606, in-18.
(Bibliothèque Nationale.)

Lugduni, J. Pillehotte; 1613, in-18.
(Bibliothèque de Beaune.)

Coloniæ, Ruffus; 1613, in-18, 526 pages.
(Bibliothèques : Nationale; — de Béziers.)

Nomologia, qua eloquendi ac disserendi ratio ad usum forensem civiliumque causarum procurationem, pergrata studiorum omnium utilitate accommodatur.

Parisiis, Simon Colinæus; 1536, in-4°.
(Bibliothèques : de Besançon; — de Saint-Malo.)

Coloniæ, Cervicornus; 1538, in-8°.
(Bibliothèque de Troyes.)

Parisiis, Julianus; 1579, in-16.
(Bibliothèques : Nationale; — Mazarine; — Sainte-Geneviève; — de Chaumont.)

ORIDRYUS (ARNOLDUS),

Helléniste néerlandais, né à Bergeik (Brabant) vers 1500, mort en 1533.
Voir Van der Aa : *Biographisch Woordenboek der Nederlanden.*

Summa linguæ græcæ utilissima grammaticam græcam auspicantibus.

Parisiis, Wechelus; 1531, in-8°, 40 pages.
(Bibliothèque de Salins.)

ORONCE.

Voir Finæus.

ORTELIUS (ABRAHAM)
[ORTELS],

Géographe néerlandais, né à Anvers en 1527, mort en 1598. — Voir Van der Aa : *Biographisch Woordenboek der Nederlanden.*

Theatrum orbis terrarum.

Antuerpiæ; 1570, in-folio.
    (Bibliothèques : Mazarine; — de l'Université; — de Bourg.)

Antuerpiæ; 1571, in-folio.
    (Bibliothèques : Nationale; — de l'Arsenal.)

Antuerpiæ; 1573, in-folio.
    (Bibliothèque Sainte-Geneviève.)

Antuerpiæ, Badæus; 1575, in-folio.
    (Bibliothèques : de Corbeil; — de Nîmes; — de Sens; — de Troyes.)

Antuerpiæ, Chr. Plantinus; 1579, in-folio.
    (Bibliothèques : de Gray; — de Carcassonne.)

Antuerpiæ; 1591, in-folio.
    (Bibliothèque de Sens.)

Le même ouvrage en français.

Anvers, Gilles de Diest; 1572, in-folio.
    (Bibliothèque de Carpentras.)

Anvers, Chr. Plantin; 1581, in-folio.
    (Bibliothèques : d'Abbeville; — de Carcassonne; — de Gray.)

Anvers, Chr. Plantin; 1584, in-folio.
    (Bibliothèque Nationale.)

Anvers; 1587, in-folio.
    (Bibliothèques : Nationale; — de Corbeil; — de Vendôme.)

S. l., Crinitus; 1596, in-folio.
(Bibliothèque de Chartres.)

S. l. s. n.; 1598, in-folio.
(Bibliothèque de Chaumont.)

Anvers, Plantin; 1598, in-8°.
(Bibliothèques : de Cambrai; — de Troyes.)

Thesaurus geographicus.

Antuerpiæ, Plantinus; 1578, in-4°.
(Bibliothèque de Chartres.)

Antuerpiæ, Ch. Plantinus; 1587, in-folio, 660 pages.
(Bibliothèques : Mazarine; — de l'Arsenal; — de l'Université; — d'Abbeville; — de Cambrai; — de Carcassonne; — de la Faculté de théologie protestante de Montauban; — de Pau; — de Verdun.)

Antuerpiæ, Plantinus; 1596, in-8°.
(Bibliothèques : Nationale; — Sainte-Geneviève; — de l'Arsenal; — de l'Université; — d'Albi; — de Besançon; — de Béziers; — de Carpentras; — de Nîmes; — de Rodez; — de Troyes.)

Epitome theatri Orteliani.

Antuerpiæ, Chr. Plantin; 1589, in-16, 280 pages.
(Bibliothèque d'Avranches.)

Antuerpiæ, Arn. Conynx; 1595, in-8°.
(Bibliothèques : de l'Arsenal; — de Verdun.)

Synonymia geographica, sive populorum, regionum, insularum... appellationes et nomina.

Antuerpiæ, Chr. Plantinus; 1578, in-4°.
(Bibliothèques : Nationale; — Mazarine; — de Carpentras; — de Chartres.)

Le miroir du monde ou Epitome du théâtre d'Alex. Ortelius, enrichi de cartes.

Anvers; 1583, in-4°.
(Bibliothèque de l'Arsenal.)

Anvers, Plantin; 1590, in-8°.
(Bibliothèque Nationale.)

Amsterdam, Zach. Heyns; 1598, in-4°.
(Bibliothèque Nationale.)

Anvers; 1602, in-8°.
(Bibliothèque de l'Université.)

OSSATUS (ARNOLDUS)
[CARDINAL ARNAUD D'OSSAT],

Savant prélat français, né à la Roque en Magnoac en 1536, mort en 1604.
Voir Niceron, *Mémoires*, etc., t. XXXIV.

Expositio in disputationem Jac. Carpentarii de methodo.

Parisiis, Andr. Wechelus; 1564, in-8°, 27 pages.
(Bibliothèques : Nationale; — Mazarine; — Sainte-Geneviève; — de Besançon; — de Carpentras.)

Additio ad expositionem de methodo.

Parisiis, Andr. Wechelus; 1564, in-8°.
(Bibliothèque Mazarine.)

OSIANDER (LUCAS).

Dictionarium hebraicum e concordantiis hebræis a M. Anth. Reuchlino latinitate donatis excerptum. Habentur præterea in hoc libello : compendium hebraicæ grammaticæ; formulæ omnium conjugationum.

Basileæ, Sam. Regius; 1569, in-8°.
(Bibliothèque Nationale.)

PACEUS (RICHARDUS)
[PACE],

Humaniste anglais, ami d'Érasme, né en 1482 au diocèse de Winchester, mort en 1532, près de Londres. — Voir l'*Encyclopédie* d'Ersch et Grüber.

Richardi Pacei, regis Angliæ primarii secretarii; de fructu qui ex doctrina percipitur, liber.

Basileæ, Frobenius; 1517, in-4° de 114 pages.
(Bibliothèques : Nationale; — de l'Université.)

PADUANIUS (JOANNES),

Savant franciscain, originaire de Vérone, vivait à la fin du xv° siècle.
Voir Jöcher : *Allgemeines Gelehrten Lexicon.*

Jo. *Paduanii Veronensis viridarium mathematicorum; in quo omnia fere quæ in rebus astronomicis desiderari possunt pertractantur : adjectis instrumentis nonnullis ab eo excogitatis.*

Venetiis; 1563; in-4°.
(Bibliothèques : Nationale; — Mazarine.)

Joan. *Paduanii Veron. de arithmetica opus, in quo ars numerandi omnis generis.*

Veronæ; 1587, in-4°.
(Bibliothèque Nationale.)

PAGNINUS (SANCTES), LUCENSIS
[SANTE PAGNINO],

Orientaliste italien, né à Lucques en 1470, mort à Lyon en 1536.
Voir l'*Encyclopédie* d'Ersch et Gruber.

Rudimenta linguæ sanctæ.

Lugduni, Seb. Gryphius; 1528, in-12.
(Bibliothèques : Nationale; — d'Auxerre; — d'Épernay.)

Enchiridion expositionis vocabulorum.

Romæ, Th. Strozius; 1523, in-folio.
(Bibliothèques : Nationale; — d'Avignon [musée Calvet]; — de Troyes.)

Romæ, Thom. Strozius; 1533, in-folio.
(Bibliothèque Nationale.)

Isagoge ad linguam græcam cum dictionario (en deux parties).

Avenioni; s. d., caractères gothiques (1re partie), in-4°.
(Bibliothèques : Nationale; — d'Angers.)

Avenioni, J. de Channey; 1520, in-4°.
(Bibliothèque de Carcassonne.)

Avenioni, J. de Channey; 1525, in-4°.
(Bibliothèques : Nationale; — Mazarine; — d'Avignon [musée Calvet]; — de Carpentras; — de Troyes.)

Lexicon græcum et institutiones linguæ græcæ.

Antuerpiæ, Plantinus; 1572, in-folio 406 pages.
(Bibliothèques : Sainte-Geneviève; — de l'Université; — de Béziers; — de Montauban [Faculté de théologie protestante]; — de Saint-Brieuc.)

Epitome dictionum latinarum quibus hebraice respondet nec non chaldaice.

Basileæ, Plantinus; 1590, in-8°.
(Bibliothèque d'Albi.)

Institutio hebraica.

Lugduni; 1526; in-4°.
(Bibliothèque de l'Arsenal.)

Hebraicarum institutionum libri IV.

Lugduni, A. du Ry; 1526, in-4°, 422 pages.
(Bibliothèques : Mazarine; — d'Angers; — d'Avignon [musée Calvet]; — de Besançon; — de Cambrai.)

Lugduni, Seb. Gryphius; 1528, in-8°, 287 pages.
(Bibliothèque d'Angers.)

Parisiis, Rob. Stephanus; 1549, in-4°, 516 pages.
(Bibliothèques : Nationale; — Mazarine; — Sainte-Geneviève; — de l'Arsenal; — d'Albi; — d'Avignon [musée Calvet]; — de Foix; — de Mende; — de Montauban [Faculté de théologie protestante]; — de Pau; — de Périgueux; — de Tarbes; — de Troyes; — de Verdun.)

PAGNINUS (SANCTES).

Institutionum hebraicarum abreviatio, Sancte Pagnino Lucensi auctore.

Lugduni, S. Gryphius; 1528, in-12.
(Bibliothèques : Mazarine; — de l'Arsenal.)

Parisiis, Car. Stephanus; 1556, in-4°, 126 pages.
(Bibliothèques : Mazarine; — de l'Arsenal; — d'Angers; — de Chalon-sur-Saône; — de Salins; — de Verdun.)

Parisiis; 1559, in-4°.
(Bibliothèque Sainte-Geneviève.)

Observationes in linguam hebraicam, ad simplicem sacrarum litterarum intelligentiam admodum necessariæ.

Lutetiæ, Rob. Stephanus; 1546, in-8°.
(Bibliothèque Nationale.)

Thesaurus linguæ sanctæ.

Lugduni, Seb. Gryphius; 1529, in-folio.
(Bibliothèques : Nationale; — Mazarine; — d'Auxerre; — d'Avignon [musée Calvet]; — de Carpentras; — de Chartres; — de Gray; — de Nîmes; — de Pau; — de Périgueux; — de Verdun.)

Parisiis, Rob. Stephanus; 1546, in-8°.
(Bibliothèque de Rodez.)

Parisiis, Rob. Stephanus; 1548, in-8°, 1,495 pages.
(Bibliothèques : Nationale; — Sainte-Geneviève; — de Carcassonne; — de Chalon-sur-Saône; — d'Épernay; — de Montauban [Faculté de théologie protestante]; — de Vesoul.)

Basileæ, Froben; 1564, in-folio.
(Bibliothèque d'Albi.)

Antuerpiæ, Ch. Plantinus; 1572, in-folio.
(Bibliothèque de Besançon.)

Lugduni, Barth. Vincentius; 1575, in-folio.
(Bibliothèques : Nationale; — de Pau.)

Coloniæ Allobr., Petr. de la Rovière; 1577, in-folio, 3,188 colonnes.
(Bibliothèque de Chaumont.)

Lugduni, Ant. Gryphius; 1577, in-folio.
(Bibliothèques : Nationale; — de Laon; — de Montauban [Faculté de théologie protestante].)

Lugduni, Bart. Vincentius; 1577, in-folio, 1,594 pages à 2 colonnes.
(Bibliothèques : de l'Arsenal; — de Pau; — de Vesoul.)

PAGNINUS (SANCTES).

Coloniæ Allobr., Petr. de la Rovière; 1614, in-folio, 3,188 colonnes.
(Bibliothèques : d'Aurillac; — de Besançon; — de Montauban [Faculté de théologie protestante].)

S. l., Cornelius Bertramus; s. d., in-folio, 3,187 colonnes.
(Bibliothèque de Langres.)

Epitome thesauri linguæ sanctæ, olim a Sante Pagnino conscripti; cui accessit grammatices libellus ex optimis quibusque grammaticis collectus (auctore Fr. Raphelengio).

Antuerpiæ, Christ. Plantinus; 1570, in-8°, 400 pages.
(Bibliothèques : d'Angers; — de Cambrai; — de Pau; — de Langres.)

Antuerpiæ, Chr. Plantinus; 1571, in-folio.
(Bibliothèque de Montauban [Faculté de théologie protestante].)

Antuerpiæ, Christ. Plantinus; 1572, in-8°.
(Bibliothèques : Nationale; — de l'Université; — de Chalon-sur-Saône; — de Pau.)

Antuerpiæ, Christ. Plantinus; 1578, in-8°.
(Bibliothèques : Nationale; — Mazarine; — de l'Arsenal; — de l'Université; — de Pau.)

Antuerpiæ, Christ. Plantinus; 1588, in-8°, 495 pages.
(Bibliothèques : de l'Arsenal; — de Besançon; — de Châteaudun; — de Verdun.)

Antuerpiæ, Christ. Plantinus; 1590, in-8°, 495 pages.
(Bibliothèque de Tarbes.)

S. l., Raphelengius; 1596, in-8°, 495 pages.
(Bibliothèques : de Chalon-sur-Saône; — de Salins.)

Antuerpiæ, officina Plantiniana; 1598, in-8°.
(Bibliothèque de Chaumont.)

S. l.; Raphelengius; 1599, in-8°.
(Bibliothèque Nationale.)

Antuerpiæ, officina Plantiniana; 1609, in-8°.
(Bibliothèques : Nationale; — de l'Arsenal; — de Besançon; — de Béziers; — de Carcassonne.)

Isagoge ad sacras litteras.

Lugduni, Hugo a Porta; 1536, in-folio.
(Bibliothèque Mazarine.)

PAJOT (CAROLUS), TRECENSIS.

Dictionarium novum latino-gallico-græcum, auctore Carolo Pajot.

S. l.; 1571, in-4°.

(Bibliothèque de Troyes.)

PALASINUS (RAYMUNDUS).

Principia grammatices Raymundi Palasini, Albiensis, additis octo principiis grammatices; adjecta sunt perpauca ex illustrissimorum grammaticorum scriptis excerpta sub hoc titulo : novem partium orationis examen.

Lugduni, Petr. Mareschal; 1526, in-8°.

(Bibliothèque Nationale.)

Verborum et interrogationum medulla, cum textu et glossa.

Lugduni, Petr. Mareschal; 1529, in-8°.

(Bibliothèque Nationale.)

PALMA.

Voir CAJETANUS.

PALMYRENUS (JOANNES LAURENTIUS).

Enchiridion græcæ linguæ.

Lugduni, G. Rovillius; 1558, in-16.

(Bibliothèque Nationale.)

PALSGRAVE (JEHAN),

Auteur de la première grammaire française, né à Londres, où il mourut en 1554. — Voir Lowndes : *Biographical Manuel of English litterature* (1863), et Ch. Thurot : *De la prononciation française d'après les grammairiens*. Paris, 1881-1883.

L'esclarcissement de la langue françoyse, composé par Maistre Jehan Palsgrave, angloys natyf de Londres et gradué de Paris.

S. l.; 1530, in-folio gothique.

(Bibliothèque Mazarine.)

PALTHENIUS,

Éditeur du DECIMATOR. — Voir ce nom.

PANNONIUS (EMERICUS),

Philosophe de Kolosvar (Hongrie), xvi° siècle.

Oratio de ratione et via tradendarum tractandarumque disciplinarum atque artium.

Parisiis, Vascosanus; 1552, in-4°.

(Bibliothèque Mazarine.)

PARADIN (JEAN),

Né à Louhans.

Micropædie (traduit de Faustus Andrelinus).

Lyon; 1546, in-8°.

(Bibliothèque Mazarine.)

PARADISUS (PAULUS)
[SAÜL CANOSSE],

Hébraïsant italien, né à Venise vers 1500, professa au Collège royal.
Voir Goujet : *Mémoires sur le Collège de France.*

De modo legendi hebraice dialogus.

Parisiis, Hieronym. Gourmontius; 1534, in-8°.

(Bibliothèques : Nationale; — d'Abbeville; — de Troyes.)

PASCHALIUS (CAROLUS)
[CARLO PASQUALI],

Humaniste français, originaire de Coni (Piémont) en 1547, mort en 1625.
Voir Niceron : *Mémoires pour servir à l'histoire des hommes illustres.*

De optimo genere elocutionis scriptio.

Rothomagi, Raph. Parvi-Vallius; 1596, in-12.

(Bibliothèque Nationale.)

PASIUS (CURIUS LANCILOTUS),

Grammairien italien, né à Ferrare, florissait à Parme au début du xvi° siècle.

De litteratura non vulgari libri VIII.

Argentorati; 1511, in-4°.
(Bibliothèque Mazarine.)

Augustæ Taurinorum, R. et E. Hebertus; 1526, in-4°.
(Bibliothèque Nationale.)

De litteratura non vulgari libri X.

Augustæ Taurin.; 1520, in-4°.
(Bibliothèque Mazarine.)

De arte grammatica libri VIII.

Argentorati, Mat. Schurerius; 1518, in-4°.
(Bibliothèques : Nationale; — Mazarine; — de l'Université, — de Besançon.)

In institutione grammatica observationes non vulgares.

Taurini; 1520, Ant. Ranotus, in-4°.
(Bibliothèques : Nationale; — d'Albi.)

PAULINUS (FABIUS).

De græcis literis cum latinis conjungendis oratio.

Venetiis, Jo. Bap. Somaschus; 1586; in-4°.
(Bibliothèques : Nationale; — Mazarine.)

PELETIER (JACQUES),

Poète et grammairien français, né au Mans en 1517, mort à Paris en 1582. — Voir Hauréau : *Histoire littéraire du Maine* (1841-1842), et Goujet : *Bibliothèque française.*

Dialogue de l'orthographe et prononciation françoise.

Poitiers, de Marnef; 1550, in-8°, 228 pages.
(Bibliothèques : Nationale; — Mazarine; — de Montauban [Faculté de théologie protestante]; — de Troyes.)

Lyon, J. de Tournes; 1555, in-8°.
(Bibliothèques : Nationale; — Mazarine; — Sainte-Geneviève; — de l'Arsenal; — Musée pédagogique.)

L'art poétique de Jacques Pelletier du Mans, départi en deux livres, avec ses opuscules.

Lyon, Jean de Tournes; 1555, petit in-8°.
(Bibliothèques : Nationale; — Mazarine; — Sainte-Geneviève; — de l'Arsenal; — Musée pédagogique.)

PELETIER (JACQUES).

L'algèbre de Jacques Pelletier du Mans départie en deux livres.

Lyon, Jean de Tournes; 1554, in-12, 229 pages.
(Bibliothèques : Nationale; — de l'Arsenal; — de Vendôme.)

L'arithmétique départie en quatre livres.

Lyon, Jean de Tournes; 1554, in-8°.
(Bibliothèques : de l'Université; — de Mende.)

Lyon, Jean de Tournes; 1570, in-12, 297 pages.
(Bibliothèques : Nationale; — Mazarine; — de l'Arsenal; — de Vendôme.)

L'arithmétique de Jacques Peletier du Mans en IV livres, revue et corrigée.

Poitiers, Marnef; 1554, in-8°.
(Bibliothèques : de Chaumont; — de Troyes.)

Poitiers; 1563, in-4°.
(Bibliothèque Mazarine.)

De occulta parte numerorum quam algebram vocant libri duo.

Parisiis, G. Cavellat; 1560, in-4°.
(Bibliothèques : Nationale; — Mazarine; — de l'Université; — de Chartres; — de Troyes.)

Disquisitiones geometricæ.

Lugduni, Jo. Tornesius; 1567, in-8°.
(Bibliothèque Nationale.)

De usu geometriæ liber unus.

Parisiis, Ægid. Gorbinus; 1572, in-4°.
(Bibliothèques : Nationale; — Mazarine.)

De l'usage de géométrie par Jacq. Peletier, med. et mathématicien.

Paris, Gilles Gourbin; 1573, in-4°.
(Bibliothèques : Nationale; — Mazarine.)

PELLISSO (JOANNES).

In Euclidis elementa demonstrationum libri sex.

Lyon, Jean de Tournes; 1557, in-folio.

(Bibliothèque de l'Université.)

Les six premiers livres des éléments de la géométrie d'Euclide, avec les démonstrations de Jacques Peletier du Mans, trad. en françois.

Genève, Jean de Tournes; 1611, in-4°.

(Bibliothèque Nationale.)

Genève, Jean, de Tournes; 1628, in-8°.

(Bibliothèque de Chartres.)

PELLISSO (JOANNES)

[JEAN PELLISSON],

Pédagogue français, originaire de Conchieu, principal du collège de Tournon; 2° moitié du XVI° siècle. — Voir Jöcher : *Allgemeines Gelehrten Lexicon.*

Contextus Despauterianæ grammaticæ.

Parisiis, Nicol. du Chemin; 1549, in-8°.

Bibliothèque Sainte-Geneviève.)

Aureliæ, Eligius Gibierius; 1568, in-8°, 188 pages.

(Bibliothèque de Verdun.)

Parisiis, Buon; 1574, in-8°.

(Bibliothèque de l'Université.)

Lugduni; 1577, in-8°.

(Bibliothèque de Rodez.)

Lugduni, Ant. Gryphius; 1581, in-8°.

(Bibliothèque de Montbéliard.)

Rudimenta prima latinæ grammatices.

Parisiis, Rob. Stephanus; 1536, in-8°.

(Bibliothèques : Nationale; — de Besançon.)

Lugduni, Theob. Paganus; 1549, in-12.

(Bibliothèque de Mende.)

PELLISSO (JOANNES).

Venetiis, Fr. de Portonariis; 1565, in-8°.
(Bibliothèque d'Avignon [musée Calvet].)

Aureliæ, Eligius Gibierius; 1568, in-8°, 111 pages.
(Bibliothèque de Verdun.)

Parisiis, Buon; 1574, in-8°.
(Bibliothèque de l'Université.)

Lutetiæ, Rob. Stephanus; 1586, in-8°.
(Bibliothèque d'Abbeville.)

Epitome grammaticæ Despauterii cum ejusdem Pellissonis latinæ grammaticæ rudimentis.

Lugduni, vidua Francisci; 1597, in-12, 208 pages.
(Bibliothèque de Mende.)

Augustæ Taurinorum; 1609, in-8°.
(Bibliothèque de Bourg.)

Modus examinandi constructionem in oratione.

Trecis, Nic. Paris; 1542, in-12.
(Bibliothèque de Troyes.)

Aureliæ, El. Gibierius; 1568, in-8°.
(Bibliothèque de Verdun.)

Breves annotationes in Jo. Despauterii librum XI de figuris.

Parisiis; 1617, in-4°.
(Bibliothèque Nationale.)

Compendium J. Despauterii de syllabarum quantitate per Jo. Pellissonem excerptum.

Parisiis; 1570, in-8°.
(Bibliothèque Mazarine.)

PERGER (BERNARD),

Grammairien et orateur de la deuxième moitié du xv° siècle.
Voir Chevalier: *Répertoire bio-bibliographique* (1877-1883).

Grammatica nova.

Petit in-4° gothique de 67 feuillets, numérotés en toutes lettres au recto.

On lit à la fin :
Et sic est finis. Deo gratias; anno Domini m. cccc. lxxxvi (1486).
(Bibliothèque Nationale.)

Artis grammaticæ introductorium in octo partes orationis, in constructiones, in epistolas conficiendas, fere ex Nicolai Perotti grammatici eruditissimi traditionibus a magistro Bernardo Perger translatum studiosissime incipit feliciter.

In-4° gothique non paginé. — En tête de l'ouvrage : Johannis Cassis, civis Winensis, cui presens opusculum ad imprimendum traditum est, præfatiuncula.

On lit à la fin :
Grammatices opusculum perutile finit feliciter. Impressum per Fridericum Crewszner. Laus Deo clementissimo.
(Bibliothèque Nationale.)

PERIONIUS (JOACHIMUS),

Savant bénédictin, né à Commercy en 1499, mort à l'abbaye de cette ville en 1559.
Voir Jöcher : *Allgemeines Gelehrten Lexicon.*

Dialogorum de linguæ gallicæ origine, ejusque cum græca cognatione, libri IV.

Parisiis, Nivellius; 1554, in-8°.
(Bibliothèques : Nationale; — d'Albi; — de Chartres.)

PEROTTUS (NICOLAUS).

Parisiis, Seb. Nivellius; 1555, in-8°, 149 pages et un index.

(Bibliothèques : Nationale; — Mazarine; — de l'Arsenal; — de l'Université; — d'Abbeville; — d'Aix-en-Provence; — de Besançon; — de Béziers; — de Cambrai; — de Carpentras; — de Chaumont; — de Montauban [Faculté de théologie protestante]; — de Nîmes; — de Rodez.)

Parisiis, Seb. Nivellius; 1574, in-8°.

(Bibliothèques : Mazarine; — de Chalon-sur-Saône.)

De dialectica libri tres.

Basileæ; 1549, in-8°.

(Bibliothèque Mazarine.)

Lugduni; 1551, in-8°.

(Bibliothèque Mazarine.)

Basileæ, Oporinus; 1554, in-8°.

(Bibliothèque Nationale.)

Epitome dialecticæ a Cœlio Secundo Curione collecta.

Basileæ; 1551, in-8°.

(Bibliothèque Nationale.)

Symphosii poetæ veteris elegantissimi erudita juxta ac arguta et festiva ænigmata, nunc primum inventa et excusa. — Accesserunt septem Græciæ sapientum sententiæ, multo quam antehac emendatiores et versibus etiam aliquot auctiores.

Parisiis, Jac. Kerver; 1537, in-12.

(Musée pédagogique.)

N. B. — Opuscule avec une préface et un appendice de Perionius.

PEROTTUS (NICOLAUS)
[PEROTTI],

Prélat et philologue italien, né à Sassoferrato (États romains) en 1430, mort en 1480. Voir l'*Encyclopédie* d'Ersch et Gruber.

Rudimenta grammatices.

S. l. s. n.; 1471, in-4°.

(Bibliothèque de Troyes.)

PEROTTUS (NICOLAUS).

Romæ, Conr. Sweynheym et Arn. Pannartz; 1473, in-folio.
(Bibliothèque Nationale.)

Romæ, Joh. Philippus da Messanea; 1474, in-folio, 166 pages.
(Bibliothèque de Perpignan.)

Venetiis, Jacobus Britannicus Brixiensis; 1474, grand in-8° non paginé.
(Musée pédagogique.)

Romæ, Arn. Pannartz; 1474, in-folio.
(Bibliothèque Nationale.)

Romæ, Phil. de Lignamine; 1474, in-folio.
(Bibliothèque Nationale.)

Papiæ, Albertus de Stendalia; 1475, in-folio.
(Bibliothèques : Nationale; — de Besançon.)

Romæ, Wend. de Willa; 1475, in-folio.
(Bibliothèque Nationale.)

[Venetiis], Gabr. Petr. de Tarvisio; 1475, in-folio.
(Bibliothèque Nationale.)

Romæ, Arn. Pannartz; 1476, in-folio.
Bibliothèque Nationale.)

Venetiis, Marc. de Venetibus; 1476, in-folio.
(Bibliothèque Nationale.)

Tarvisii, Ger. de Flandria; 1476, in-4°.
(Bibliothèque Nationale.)

Mediolani, Dom. de Vespolate; 1478, in-folio.
(Bibliothèque Nationale.)

S. l., Joh. de Annunciata de Augusta; 1478, in-folio.
(Bibliothèque Nationale.)

Neapoli; 1478, in-folio.
(Bibliothèque Mazarine.)

Parisiis, Ulric Gering; 1479, in-folio.
(Bibliothèque de Troyes.)

Neapoli, s. n.; 1480, in-4°.
(Bibliothèque Nationale.)

Venetiis; 1480, in-4°.
(Bibliothèque de l'Arsenal.)

Neapoli, s. n.; 1483, in-folio.
(Bibliothèque Nationale.)

Parisiis, Laurentius; 1499, in-4°.
(Bibliothèque de Troyes.)

Paris, Joh. Lambert; 1506, in-8°.
(Bibliothèque de Neufchâteau.)

Parisiis, Englebertus et J. de Marnef; 1521, in-18, 179 pages.
(Bibliothèques : d'Auxerre; — de Saint-Malo.)

Parisiis, Sim. Colinæus; 1521, in-8°.
(Bibliothèque d'Auxerre.)

Parisiis, Rob. Stephanus; 1531, in-4°.
(Bibliothèque Mazarine.)

Parisiis, Rob. Stephanus; 1535, in-8°.
(Bibliothèques : de Besançon; — de Sens.)

Lugduni, s. n.; 1538, in-8°.
(Bibliothèque de Bourg.)

Lugduni, Seb. Gryphius; 1541, in-18, 292 pages.
(Bibliothèques : Mazarine; — Sainte-Geneviève; — Musée pédagogique.)

Venetiis, Bart. Simbenius; 1579, in-8°.
(Bibliothèque Nationale.)

Grammaticæ institutiones cum græco quo caruere prius intermicantibus passim spatiis apposito.

Tubingæ, in ædibus Th. Anshelmi Badensis; 1512, petit in-4°.
(Musée pédagogique.)

Grammatica Perotti cum arte metrica ejusdem.

Parisiis; 1499, in-4°.
(Bibliothèque de l'Arsenal.)

Parisiis, P. Mareschal et B. Chaussard; 1504, in-4°, 74 feuillets.
(Bibliothèque de Langres.)

S. l., Martin Alexandre et Jeh. Lambert; 1506, in-8° non paginé.
(Bibliothèque de Neufchâteau.)

Cornucopiæ sive linguæ latinæ commentarii.

Parisiis; 1470, in-folio.
(Bibliothèque d'Avranches.)

Venetiis, Paganinus de Paganinis; 1489, in folio.
(Bibliothèques : Nationale; — de Coutances.)

PEROTTUS (NICOLAUS).

Venetiis, Bern. de Coris de Crema; 1492, in-folio.
(Bibliothèque Nationale.)

Venetiis, Dionysius de Bertochis; 1494, in-folio, 306 feuillets.
(Bibliothèques : Nationale; — du Puy.)

Parisiis; 1496, in-folio.
(Bibliothèques : Nationale; — de l'Arsenal; — Sainte-Geneviève; — de Gray.)

Venetiis, in ædibus Aldi; 1499, in-folio.
(Bibliothèques : Nationale; — Mazarine; — Sainte-Geneviève.)

Parisiis, Udalr. Gering et B. Rembolt; 1500, in-folio.
(Bibliothèques : Mazarine; — de l'Arsenal; — Sainte-Geneviève; — de Troyes.)

Lugduni, J. Maillet; 1501, in-folio.
(Bibliothèques : de l'Arsenal; — d'Avignon [musée Calvet]; — de Carcassonne; — de Chaumont; — de Nîmes.)

Parisiis, Udalr. Gering et B. Rembolt; 1504, in-folio.
(Bibliothèques : Nationale; — de Troyes.)

Parisiis, Rembolt; 1510, in-folio.
(Bibliothèques : Mazarine; — d'Abbeville.)

Mediolani; 1512, in-folio.
(Bibliothèque de l'Arsenal.)

Venetiis, Aldus Manutius; 1513, in-folio.
(Bibliothèques : Nationale; — Mazarine; — de l'Arsenal; — Musée pédagogique; — de Besançon; — de Carpentras; — de Chartres.)

Basileæ, Andr. Cratander; 1521, in-folio.
(Bibliothèque de Chaumont.)

Tusculani, Benacus, in ædibus Alex. Paganini; 1522, in-4°.
(Bibliothèque Nationale; — Musée pédagogique.)

Parisiis, Gromorsus; 1525, in-folio.
(Bibliothèque de Besançon.)

Venetiis, Aldus Manutius; 1526-1527, in-folio.
(Bibliothèques : Nationale; — de l'Arsenal; — de Vesoul.)

Basileæ, Val. Curio; 1526, in-folio, 673 pages.
(Bibliothèques : Nationale; — d'Angers; — de Béziers.)

Parisiis, Joan. Petit; 1529, in-folio, 1054 pages.
(Bibliothèque de Mende.)

Basileæ, Val. Curio; 1532, in-folio.
(Bibliothèques : Nationale; — d'Abbeville; — de Salins; — de Troyes.)

PERRETUS.

Basileæ, Valder; 1536, in-folio, 793 pages à 2 colonnes et un index.
(Bibliothèques : de Cambrai; — de Dole.)
Parisiis; 1539.
(Bibliothèque de Foix.)

Regulæ grammaticales Nic. Perotti tironibus perutiles.

Brixiæ, Lud. Britannus; 1539, in-8°.
(Bibliothèque de Troyes.)

PERPIGNANI (PETRUS JOANNES).

R. P. Petri Joannis Perpiniani Valentini, societatis Jesu presbyteri, orationes duodeviginti. (Editio nova.)

Rothomagi, apud Romanum de Beauvais; 1606, in-12, xii-324 feuillets. — L'épître dédicatoire est datée de 1587.

Parmi les discours, à signaler :
Coïmbre, octobre 1554. — *De societatis Jesu gymnasiis et de ejus docendi ratione.*
Rome, novembre 1561. — *De rhetorica discenda.*
Rome, novembre 1562. — *De perfecta doctoris christiani forma.*
Paris, octobre 1566. — *De divina et humana philosophia discenda.*
(Bibliothèque de M. d'Ollendon.)

PERRETUS.

Exercitatio alphabetica nova, variis expressa linguis et caracteribus, industria Perreti Bruxellani.

S. l.; 1569, in-folio.
(Bibliothèque Nationale.)

PEUCERUS (CASPAR),

Géomètre allemand, né à Bautzen (Saxe) en 1525, mort en 1602.
Voir Koch : *De vita Peuceri.* Marburg, 1856.

Elementa doctrinæ de circulis cœlestibus et primo motu.

Witebergæ, Crato; 1551, in-8°.
(Bibliothèque de Chaumont.)

De dimensione terræ et geometrice numerandis locorum particularium intervallis ex doctrina triangulorum sphæricorum et canone subtensarum, liber denuo editus. — Descriptio locorum terræ sanctæ exactissima, autore quodam Brocardo monacho. — Aliquot insignium locorum terræ sanctæ explicatio et historiæ per Ph. Melanchthonem.

Witebergæ, Crato; 1554, in-8°.
(Musée pédagogique.)

PHILELPHUS (FRANCISCUS),

Célèbre humaniste italien, né à Tolentino (États romains) en 1398, mort à Florence en 1481. — Voir Ersch et Gruber, et G. Voigt: *Wiederbelebung des. classischen Altherthums;* Berlin, 1880.

De morali disciplina, libri V.

Venetiis, Gual. Scottus; 1552, in-4°, 88 pages.
(Bibliothèques : Nationale; — de Montauban [Faculté de théologie protestante].)

Venetiis; 1578, in-4°.
(Bibliothèque Nationale.)

Opuscula, scilicet declamatio an orator sit philosopho et medico anteponendus, etc.

Vetus editio, s. l., s. n.; s. d., in-4°.
(Bibliothèque Nationale.)

PHILELPHUS (FRANCISCUS).

Orationes diversæ et alia opuscula.

Venetiis, Bart. de Zamis; 1491, in-4°.
(Bibliothèques : Nationale; — de Besançon; — de Troyes.)

Venetiis, Ph. de Pinzio; 1492, in-folio.
(Bibliothèques : Nationale; — de l'Université; — de Troyes.)

Orationes.

S. d. [xv° siècle], in-4°.
(Bibliothèque de l'Arsenal.)

Orationes et alia ejusdem opuscula ad oratoriam (artem) summo opere conducentia.

Parisiis; 1503, in-4°.
(Bibliothèque de l'Université.)

Parisiis, Badius Ascensius; 1504, in-4°.
(Bibliothèque Nationale.)

De multarum ortu et incremento disciplinarum.

Spiris, Conradus Hirtius; 1508, in-4°.
(Bibliothèque Nationale.)

Epistolarum Francisci Philephi libri.

Venetiis, Bernardius Corius Cremonensis; 1489, in-folio non paginé.
(Musée pédagogique.)

Venetiis, J. de Montessato; 1492, in-4°.
(Bibliothèques: de l'Arsenal; — de l'Université; — d'Avignon [musée Calvet].)

Venetiis, s. n.; 1493, in-folio.
(Bibliothèque d'Avignon [musée Calvet].)

Venetiis, Gregorius de Gregoriis; 1502, in-folio.
(Bibliothèque Nationale.)

Parisiis, Joh. Petit; 1503, in-4°.
(Bibliothèque de Chaumont.)

Parisiis, Jodocus Ascensius; 1503, in-4°.
(Bibliothèques : Nationale; — Mazarine; — Sainte-Geneviève; — de Troyes.)

Parisiis, Denis Roce; 1505, in-4°.
(Bibliothèques : de l'Université; — de Chaumont; — de Troyes.)

Parisiis, per magistr. Joan. Philippum; 1505, in-4°.
(Bibliothèque de Troyes.)

Parisiis, Pons et Le Preux; 1508, petit in-4°, 228 feuillets.
(Bibliothèques : de l'Université; — de Gray.)

Parisiis, J. Barbier; 1509, in-4°, 228 feuillets.
(Bibliothèques : d'Abbeville; — de Montbéliard; — de Troyes.)

Argentinæ, M. Flach; 1512, in-4°.
(Bibliothèque de Besançon.)

Parisiis, G. de Rouge; 1513, in-8°.
(Bibliothèques : Nationale; — de Cambrai.)

Haguenau, Joh. Ruiman de Oringau; 1514, in-4°.
(Bibliothèques : de l'Arsenal; — de Montbéliard.)

Parisiis, Joh. Barbier; 1514, in-4°.
(Bibliothèque Nationale.)

Parisiis, Joh. Barbier; 1515, in-8°.
(Bibliothèque de Béziers.)

S. l., Jehan Olivier.; 1523, in-4°, 232 pages.
(Bibliothèque de Montauban [Faculté de théologie protestante].)

Francisci Philelphi epistolæ breviores elegantioresque juvenibus magis utiles ex toto epistolarum ejus volumine laboriose collectæ. Et præposita sunt singulis his epistolis argumenta vel tituli breviter declarantes ipsarum materias. Ideo autem egregium opusculum hoc imprimis curavimus ut adolescentes et facilius et sepius lectitent quo quidem nihil ipsis conducibilius fuerit. Addita est tabula ut facile possint invenire quam queruntur (sic) *materiam.*

In-4° gothique.

On lit à la fin :

Finiunt Epistolæ breviores elegantioresque Francisci Philelphi. Impressæ Daventriæ per me Richardum Pafraet anno Domini M. CCCC. XCIX. (1499) decima sexta Junii.
(Bibliothèque Nationale.)

PHILELPHUS (FRANCISCUS).

Epistolæ nuper lima acriore castigatæ cum quibusdam orationibus.

Parisiis; 1517, in-4°.
(Bibliothèque de Chartres.)

Parisiis, Æg. Gourmontius; s. d., in-8°.
(Musée pédagogique.)

Familiares et admodum elegantes epistolæ pueris sane perutiles atque necessariæ senibus et jucundissimæ...; quibus adjecta sunt Fausti poetæ laureati epistolarum conficiendarum viginti præcepta adolescentibus animadvertenda et imprimis adnotanda.

Paris, Hemon Le Ferre (s. d.), in-8°.
(Musée pédagogique.)

De liberorum educatione aurei libri sex.

Argentinæ, M. Brant; 1493, in-4°, 133 pages.
(Bibliothèque de Cambrai.)

Poitiers, circa 1500, in-8°.
(Bibliothèque Nationale.)

Paris, Bouger; 1500, in-8°.
(Bibliothèque d'Épinal.)

Parisiis, s. n.; 1505, in-4°.
(Bibliothèques: Nationale; — de Troyes.)

Parisiis, Gourmontius; 1508, in-4°.
(Bibliothèques : Nationale; — de l'Arsenal; — Sainte-Geneviève; — de l'Université; — de Troyes.)

Paris, Jeh. Petit; 1508, in-4°.
(Avignon [musée Calvet]; — bibliothèque de Besançon.)

Tubingue, s. n.; 1515, in-4°.
(Bibliothèque de Troyes.)

Paris; s. d., in-4°.
(Bibliothèque Mazarine.)

De educatione liberorum clarisque eorum moribus opus saluberrimum.

Argentinæ, M. Brant; 1493, in-4°.
(Bibliothèque de Cambrai.)

Parisiis, Chr. Wechelus; 1547, in-4°.
(Bibliothèque Nationale.)

Fr. Philelphi puerilis institutio hecatosticha.

Basileæ; 1544, in-8°.

(Bibliothèque Mazarine.)

Le guidon des parens en l'instruction et direction de leurs enfans : aultrement appellé François Philelphe, de la manière de nourrir, instruire et conduire jeunes enfans.

Paris, G. Gourmont; 1513, in-8°.

(Bibliothèque Nationale.)

Philelphi fabulæ.

Venise; 1480, in-4° gothique.

(Bibliothèque Mazarine.)

Fables, traduites en français.

Paris; 1659, 1683 et autres éditions postérieures, in-8°.

(Bibliothèque Nationale.)

PHILELPHUS (MARIUS),

Fils aîné du précédent.

Novum epistolarium.

Felsinæ, Bacilerius de Bacileriis; 1489, in-4°.

(Bibliothèque de l'Université.)

Præcepta artis rhetoricæ et epistolæ ex editione Lud. Mondelli.

Parisiis; 1492, in-4°.

(Bibliothèque de Carpentras.)

Parisiis, N. de Pratis; s. d., in-4°.

(Bibliothèque de Dole.)

Marii Philelphi epistolæ octoginta epistolarum genera complectentes, acriori lima nuper recognitæ, quarum singula genera in tria membra partita sunt. Quibus præponuntur ejusdem nonnulla artis rhetorices præcepta epistolari arti non parum accommodata.

In-4° gothique de 81 feuillets numérotés au recto.

La première page porte au-dessous du titre une vignette avec le nom de Jehan Gaultier et l'adresse du libraire : Venundantur Parrhisiis a magistro Johanne Galthero in clauso Brunelli in intersignio divæ Genovephes.

On lit à la fin :

Feliciter explicit anno millesimo quingentesimo undecimo (1511) die vero 18 mensis januarii.

(Bibliothèque Nationale.)

Præcepta quædam artis rhetorices et epistolæ.

Parisiis; 1511, in-4°.

(Bibliothèque Mazarine.)

PIBRAC (GUY DU FAUR, SEIGNEUR DE),

Magistrat et poète français, né à Toulouse en 1529, mort à Paris en 1584.
Voir Cougny : *Pibrac, sa vie et son œuvre;* Paris, 1869.

Les quatrains du seigneur de Pibrac, contenant préceptes et enseignemens utiles et profitables à la vie de l'homme, etc.

Paris; 1574, in-8°.

(Bibliothèque de Troyes.)

Paris, Simon Calvarin; 1587, in-12.

(Bibliothèques : Mazarine; — Sainte-Geneviève; — de Vendôme.)

Parisiis, Math. Guillemot; 1587, in-12 de 13 pages.

(Bibliothèque de Montauban [Faculté de théologie protestante].)

Tours, Seb. Moullin; 1592, in-12.

(Bibliothèque de Besançon.)

Tetrasticha gallica distichis latinis reddita a Joan. Richardo Divionense.

Parisiis, Adr. Perier; 1585, in-8°.

(Bibliothèque Nationale.)

PIBRAC (GUY DU FAUR, SEIGNEUR DE).

Tetrasticha gallica græcis pariter et latinis versibus expressa, authore Florente Christiano. Quibus adjecta sunt D. Gregorii Nazianzeni aliquot ejusdem argumenti tetrasticha totidem linguis et versibus expressa.

Parisiis; 1584, in-8°.

(Bibliothèques : Mazarine; — Sainte-Geneviève; — de l'Université.)

S. l., apud Francisc. Fabrum Lugdunensem; 1598, in-32.

(Musée pédagogique; — bibliothèques : de Besançon; — de Mende.)

Les quatrains du sieur de Pibrac.

Paris, Léon Cavellat; 1583, in-12, 28 pages.

(Bibliothèque de Vendôme.)

Les quatrains français du sieur de Pibrac, traduits en autant de distiques latins (avec le texte en regard) par Nic. Harbet, advocat au Parlement de Bourgogne.

S. l; 1666, in-4°, 53 pages.

(Musée pédagogique.)

Tetrasticha gallica græcis pariter et latinis versibus expressa.

Parisiis, Fed. Morellus; 1574 et 1594, in-8°.

(Bibliothèque Nationale.)

Parisiis, Fed. Morellus; 1584, in-8°.

(Bibliothèques : Nationale; — Mazarine; — de l'Arsenal.)

Pictaviis; 1590, in-4°.

(Bibliothèque de l'Arsenal.)

Lugduni; 1607, in-16.

(Bibliothèque Nationale.)

Cinquante quatrains du sieur de Pibrac et quelques sonnets.

Paris, 1574, in-4°.

(Bibliothèque Mazarine.)

Paris, V.-L. Berger; 1583, in-12.

(Bibliothèque Nationale.)

PICCOLOMINEUS (ÆNEAS SYLVIUS)
[PIE II],

Pape et littérateur italien, né à Corsignano (Toscane) en 1405, mort à Ancône en 1463. — Voir G. Voigt: *Ænea Sylvio*; Berlin, 1856-1863, et Burckhardt: *Cultur der Renaissance in Italien.*

Epistola Æneæ Sylvii de litterarum studiis.

Argentinæ, Schurer; 1513, in-4°.
(Bibliothèque de Cambrai.)

Abbreviatio, sive epitome super Decades Blondi.

S. l., 1481 et 1484, in-folio.
(Bibliothèque Nationale.)

Decadum Blondi Flavii epitome.

S. l., 1481, in-folio.
(Bibliothèque Mazarine.)

Basileæ; 1533, in-folio.
(Bibliothèques: Nationale; — Mazarine; — de Remiremont.)

Tractatus de liberorum educatione.

Basileæ; 1551, in-4°.
(Bibliothèques: de Besançon; — de Sens.)

Cosmographia papæ Pii.
Asia papæ Pii : historiam rerum ubique gestarum cum locorum descriptione complectitur.

Venetiis, Bernardinus de Vitalibus; 1503, in-4°.
(Bibliothèque Nationale.)

Parrhisiis, Henr. Stephanus; 1509, in-4°.
(Bibliothèque de Carcassonne.)

Europa Pii ponti. maximi nostrorum temporum varias continens historias.

Venetiis, Otinus de Luna; 1501, in-4°.
(Bibliothèque Nationale.)

PICCOLOMINI (ALESSANDRO).

Dictionarium germanico-latinum novum.

Tiguri, Froschoverus; 1561, in-4°, 536 f.

(Bibliothèque de Cambrai.)

Opera quæ exstant omnia, edita studio M. Hopperi.

Basileæ, Henricpetrus; 1551, in-folio.

(Bibliothèques : Nationale; — Mazarine; — de l'Arsenal; — de Chaumont; — de Troyes.)

Æneæ Sylvii Piccolominei Senensis, qui post adeptum pontificatum Pius ejus nominis secundus appellatus est, opera quæ exstant omnia, nunc demum post corruptissimas editiones summa diligentia castigata et in unum corpus redacta.

Basileæ, H. Petrinus; 1571, in-folio.

(Bibliothèques : d'Abbeville; — de Besançon; — de Béziers; — de Limoges; — de Pau.)

PICCOLOMINI (ALESSANDRO),

Prélat et littérateur italien, de la famille du pape Pie II, né à Sienne en 1508, mort en 1578. — Voir Jöcher : *Allgemeines Gelehrten Lexicon.*

La sphère du monde composée par Alex. Piccolomini, traduite par J. Goupil.

Paris, G. Cavellat; 1550, in-8°.

(Bibliothèques : Nationale; — Mazarine; — de l'Arsenal; — de Nîmes.)

De sphæra libri quatuor ex italico in latinum sermonem conversi : ejusdem compendium de cognoscendis stellis fixis et de magnitudine terræ et aquæ liber unus, itidem latine factus Joan. Nicol. Stupano interprete.

Basileæ, Petr. Perna; 1568, in-4°.

(Bibliothèque Nationale.)

PICCOLOMINI (ALESSANDRO).

Della Institutione di tutta la vita dell' huomo nato nobile et in città libera.

Venetiis; 1542, in-4°.
(Bibliothèques : de l'Arsenal; — de l'Université.)

Venetiis, Hieron. Scotus; 1543, in-8°, 548 pages.
(Bibliothèques : Mazarine; — de l'Arsenal; — de Carcassonne.)

Venetiis, Hieron. Scotus; 1545, in-8°.
(Bibliothèques : Nationale; — Mazarine; — de Besançon.)

Venise, Bonelli; 1552, petit in-4°, 275 pages.
(Musée pédagogique; — bibliothèque de Carpentras.)

Venetiis; 1559, in-8°.
(Bibliothèques : Mazarine; — de l'Arsenal.)

Venetia, Giard. Gibettus; 1575, in-4°, 558 pages.
(Bibliothèque de Carcassonne.)

Le même ouvrage, sous le titre de : *La philosophie et institution morale du seigneur Alexandre Piccolomini mise en françois par Pierre de Larivey, Champenois.*

Paris, Abel Langelier; 1581, in-4°, 482 feuillets.
(Bibliothèques : Nationale; — Mazarine; — de Carpentras; — de Vesoul.)

Paris, Abel Langelier; 1585, in-12, 900 pages.
(Bibliothèques : Nationale; — de Montauban [Faculté de théologie protestante]; — de Béziers.)

Della institutione morale libri XII.

Venetiis, Zilettus; 1560, in-4°.
(Bibliothèque Nationale.)

Venetiis; 1582, in-4°.
(Bibliothèque de l'Arsenal.)

Venetiis, Zilettus; 1583, in-4°.
(Bibliothèque de l'Université.)

Venetiis, Ugolinus; 1594, in-4°.
(Bibliothèques : Nationale; — de l'Arsenal.)

PICTORIUS (GEORGIUS).

Pantopolion, continens omnium ferme quadrupedum, avium, piscium, serpentum, radicum, herbarum, seminum, fructuum, aromatum, metallorum et gemmarum naturas, carmine elegiaco per D. Georg. Pictorium Villinganum conscriptum. Una cum ejusdem de apibus, cera, melle, etc.

Basileæ; 1563, in-8°.

(Musée pédagogique.)

PICUS (EVENTIUS), DE SPOLÈTE.

Institutiones in grammaticam latinam, cum Donati libello.

Romæ; 1560, in-4°.

(Bibliothèque Mazarine.)

Ars metrica et compendium de ornatu epistolari.

Romæ; 1560, in-4°.

(Bibliothèque Mazarine.)

PILORCIUS (ROCHUS).

Rochi Pilorcii, civis perusini, de scribenda et rescribenda epistola liber emendatus, distinctus et locupletatus a Jac. Pontano.

Dilingæ, Jo. Mayer; 1578, in-8°.

Duaci, Bogardus; 1579, in-8°.

(Bibliothèque Nationale.)

(Bibliothèques : Mazarine; — de Chartres.)

PILOTUS (JOANNES).

Gallicæ linguæ institutio latino sermone conscripta.

Parisiis, Steph. Groulleau; 1550, in-8°.
(Bibliothèques : Nationale; — de l'Arsenal.)

Parisiis, Steph. Groulleau; 1551, in-8°.
(Bibliothèque de Carcassonne.)

Parisiis; 1561, in-8°.
(Bibliothèque de l'Arsenal.)

Antuerpiæ, G. Silvius; 1563, in-8°.
(Bibliothèque de Cambrai.)

Lovanii, Bogardus; 1563, in-8°.
(Bibliothèque de Troyes.)

Duaci, Joan. Bogardus; 1575, in-16.
(Bibliothèque Nationale)

Parisiis, Kerver; 1581, in-8°.
(Bibliothèques : Mazarine; — de Troyes.)

Lugduni. B. Rigaud; 1586, in-8°.
(Bibliothèque de Besançon.)

PISCATOR (JOANNES).

Rudimenta hebraicæ linguæ.

Lugduni Batav.; 1588, in-4°.
(Bibliothèque Mazarine.)

POBLACION (JOANNES MARTINUS).

De usu astrolabii compendium schematibus commodissimis illustratum.

Parisiis, Corbon; 1545, in-8°.
(Bibliothèque Nationale.)

Parisiis, Barbé; 1546, in-12.
(Bibliothèque de Chartres.)
Lutetiæ, Gul. Cavellat; 1554 et 1557, in-8°.
(Bibliothèques : Nationale; — Sainte-Geneviève.)

POLITIANUS (ANGELUS)
[ANGE AMBROGINI],

Célèbre littérateur italien, né à Monte-Pulciano (Toscane) en 1454, mort à Florence en 1494. — Voir Bonafous : *De Politiani vita et operibus;* Paris, 1846, in-8°.

De veris dialecticæ præceptis.

Parisiis; 1543, in-8°.
(Bibliothèque Nationale.)
Parisiis, M. Vascosanus; 1563, in-8°.
(Bibliothèque de Besançon.)

Quod ira in pueris optime sæpe indolis est argumentum, inter ejusdem opera.

Venetiis, Aldus; 1498, in-folio.
(Bibliothèques : Nationale; — de l'Université; — de Besançon; — de Chartres.)

Opera omnia.

Venetiis, S. de Papia; 1497, in-folio.
(Bibliothèque Mazarine.)
Venetiis, Aldus; 1498, in-folio.
(Bibliothèques : Nationale; — de l'Arsenal; — Sainte-Geneviève; — de Besançon; — de Carpentras; — de Chartres.)

Florentiæ, Leonard de Arigio; 1499, in-folio.
(Bibliothèque de Béziers.)
Parisiis; 1512, in-8°.
(Bibliothèque de Bourg.)
Parisiis; 1519, in-folio.
(Bibliothèque Mazarine.)
Lugduni, Gryphius; 1528, in-8°.
(Bibliothèques : de Montauban [Faculté de théologie protestante]; — de Pau.)

PONTANUS (JACOBUS).

Lugduni, Seb. Gryphius; 1533-1539, in-8°, 2 vol.
(Bibliothèques : de l'Université; — d'Avignon [musée Calvet].)

Lugduni, Seb. Gryphius; 1537, in-8°, 3 vol.
(Bibliothèque de Montauban [Faculté de théologie protestante].)

Basileæ, Nic. Episcopius; 1553, in-folio, 665 pages.
(Bibliothèques : Nationale; — Mazarine; — de l'Arsenal; — de l'Université; — de Pau; — de Verdun.)

PONCIUS.

Rhetorica Poncii.
Copia latinitatis.
Epistolæ Bruti et Cratis.
De arte notariatus.

In-4° gothique de 54 feuillets numérotés en toutes lettres au recto, sans lieu ni date.
(Bibliothèque Nationale.)

PONTANUS (JACOBUS)
[SPANMÜLLER],

Jésuite et philologue allemand, né à Brück (Bohême) en 1542, mort à Augsbourg en 1626. — Voir de Backer : *Histoire des écrivains de la Compagnie de Jésus.*

Dialogi ad usum primæ et secundæ scholæ grammatices.

Turnoni; 1590, in-8°.
(Bibliothèque de Bourg.)

Lugduni, Petrus Michael; 1592, in-8°, 159 pages.
(Bibliothèque du Puy.)

Jacobi Pontani de societate Jesu progymnasmata latinitatis.

Ingolstadii, D. Sartorius; 1592, in-12.
(Bibliothèques : d'Avignon [musée Calvet]; — de Beaune; — de Marseille; — du Puy; — de Rodez; — de Troyes.)

Lugduni, Barth. Vincentius; 1592, in-8°, 431 pages.
(Bibliothèque de Nîmes.)
Ingolstadii; 1593, in-8°.
(Bibliothèque de l'Arsenal.)
Ingolstadii, D. Sartorius; 1594, in-12, 2 vol.
(Bibliothèque de Montbéliard.)
Lugduni; 1594, in-8°.
(Bibliothèque de l'Arsenal.)
Ingolstadii, A. Sartorius; 1596, in-12.
(Bibliothèque de Besançon.)
Parisiis, Fr. Jacquin; 1597, petit in-8°.
(Bibliothèque de Carpentras.)
Ingolstadii, Ad. Sartorius; 1599, in-8° (le tome II).
(Bibliothèque de Verdun.)
Lugduni, Vincentius; 1602, in-12.
(Bibliothèque de Béziers.)
Lugduni, Barth. Vincentius; 1607, in-8°, 368 pages.
(Bibliothèques : de Besançon; — de Langres.)
Lugduni, Barth. Vincentius; 1618, in-8°.
(Bibliothèques : de l'Arsenal; — de Nîmes.)
Monachii, Nic. Henricus; 1618, in-8°.
(Bibliothèque Nationale.)

Philocalia, sive excerpta e sacris et externis auctoribus, cum commentariis et notis pœne perpetuis, cum indice rerum verborumque locupletissimo.

Augustæ, Andr. Opercerus; 1626, in-folio, 448 pages.
(Bibliothèque de Montauban [Faculté de théologie protestante].)

Poeticarum institutionum libri III.

Ingolstadii, Sartorius; 1597, in-8°.
(Bibliothèques : Nationale; — Mazarine; — de Douai.)
Avenione, J. Bramereau; 1600, in-8°, 177 pages.
(Bibliothèques : Nationale; — Mazarine; — de l'Arsenal; — Sainte-Geneviève; — de Beaune; — de Carcassonne.)
Lugduni, Rigaud; 1612, in-16.
(Bibliothèques : de l'Arsenal; — de Chaumont.)

PONTANUS (JOANNES JOVIANUS).

Dialogorum volumen I.

Lugduni, B. Vincentius; 1592, in-8°.
(Bibliothèque Nationale.)

Dialogorum volumen II.

Lugduni, B. Vincentius; 1618, in-8°.
(Bibliothèque Nationale.)

Dialogorum volumen II, cum annotationibus.

Lugduni, B. Vincentius, 1603 et 1607, in-8°.
(Bibliothèque Nationale.)

Dialogorum selectorum libri duo.

Lugduni; 1592, in-8°.
(Bibliothèque de l'Arsenal.)

Lugduni, B. Vincentius; 1622, in-8°.
(Bibliothèque Nationale.)

PONTANUS (JOANNES JOVIANUS)
[PONTANO],

Savant italien, né en 1426 dans l'Ombrie, chef de l'Académie établie à Naples par Ant. Panormita; mort à Naples en 1503.

De aspiratione libri II.
De sermone libri VI.

Neapoli; 1509, in-4°.
(Bibliothèque Sainte-Geneviève.)

Venetiis; 1519, petit in-4°.
(Bibliothèque de Troyes.)

Florentiæ, heredes Philippi Juntæ; 1520, in-8°, 285 pages.
(Bibliothèques : de Chartres; — de Montauban [Faculté de théologie protestante].)

(Inter ejusdem opera.)
(Bibliothèque Nationale.)

PONTANUS (JOANNES JOVIANUS).

De rebus cœlestibus. Item de luna fragmentum.

Basileæ; 1530, in-4°.
(Bibliothèques : Mazarine; — de Dole.)

Basileæ, Cratander; 1531, in-4°, 381 pages.
(Bibliothèque de Cambrai.)

Commentariorum in centum Claudii Ptolemæi sententias libri duo.

Basileæ, Cratander; 1531, in-4°, 169 pages.
(Bibliothèque de Cambrai.)

Liber de meteoris.

S. l. s. n.; 1539, in-8°.
(Bibliothèques : de l'Arsenal; — de Chaumont.)

S. l.; 1545, in-12.
(Bibliothèque Sainte-Geneviève.)

Librorum omnium quos soluta oratione composuit tomus secundus.

Basileæ, s. n.; 1538, in-4°, 596 pages.
(Bibliothèque de Bergues.)

Opera omnia quæ soluta oratione composuit in tomis XIII digesta.

Venetiis, Aldus; 1518 et 1519, in-4°.
(Bibliothèque Nationale.)

Opera omnia.

Basileæ; 1538-1540, in-4°.
(Bibliothèque de l'Arsenal.)

Basileæ, Henricpetrus; 1556, in-8°.
(Bibliothèque de l'Arsenal.)

Basileæ, Henricpetrus; 1566, in-8°.
(Bibliothèque de Montauban [Faculté de théologie protestante].)

PONTANUS (PETRUS)
[PIERRE DE PONTE],

Philologue néerlandais, né à Bruges, mort vers 1529. — Voir Paquot, t. VI.

Petri Pontani Ceci Brugensis ars versificatoria simul et accentuaria octo partialibus succincte direpta libris ad studiosam Palemonii laboris juventam editione secunda ab eodem nuper recognita.

> Parisiis, in via Jacobea in ædibus Ambrosii Girault sub insigni pellicani; 1534, in-4°,

A la suite on trouve :

1° *Celeberrimi viri M. de Ponti Ceci Burgensis* (sic) *in invidos triloga invectatio præclaris referta sententiis.*

> Opuscule en vers de 12 feuillets. Le dernier feuillet porte au verso : Feliciter vale, salve, et qui aliorum scripta rodunt valeant ut merentur. Anno millesimo quingentesimo octavo (1508). Finis laus Jesu. Et au-dessous la marque typographique de Robert Gourmont avec son adresse.

2° *De certatione Bacchi et Tethios.*

> Poème. Sans date; marque de Denis Roce.

3° *Invectivum carmen adversus discipulos et magistros qui tanta vecordia concitantur ut propter colorem delectus discidii quidpiam promoveant.*

> Sans date; marque de Denis Roce.
> (Bibliothèque Nationale.)

Ars versificatoria simul et accentuaria octo libris.

> Parisiis; 1529, in-4°.
> (Bibliothèque Mazarine)

> Parisiis, Rob. Stephanus; 1539, in-12, 153 feuillets.
> (Bibliothèques : de Coutances; — de Troyes.)

Grammaticæ artis prima pars.

Parisiis, Dionysius Roce; 1515, in-4°. (Bibliothèque Nationale.)

Parisiis; 1524, in-4°. (Bibliothèque de Rodez.)

Grammaticæ artis secunda pars.

Parisiis; 1526, in-4°. (Bibliothèque de Rodez.)

Petri de Ponte Ceci Brugensis prima grammaticæ artis isagoge.

Parrhisiis, D. Roce; 1514, in-4°. (Bibliothèque Nationale.)

Parisiis, D. Roce; 1515, in-4°. (Bibliothèque Nationale.)

Duplex grammaticæ artis isagoge.

Parisiis; 1516, 1528, 1538, in-4°. (Bibliothèque Mazarine.)

Liber figurarum tam oratoribus quam poetis vel grammaticis necessariarum.

Parisiis; 1527 et 1529, in-4°. (Bibliothèque Mazarine.)

Grammatica latina.

Parisiis; 1534, in-8°. (Bibliothèque Mazarine.)

Paremiarum gellico (sic) *et latino sermone contextarum secunda editio.*

S. l., Jehan Lambert; s. d., in-12, caractères italiques, 16 feuillets.
(Bibliothèque de Saint-Malo.)

PONTANUS (SEBASTIANUS).

De emendata orationis structura compendiosæ præceptiones.

Lugduni, Theob. Paganus; 1551, in-8°.

(Bibliothèque Nationale.)

PORTE (MAURICE DE LA).

Les épithètes de Maurice de la Porte, Parisien, avec annotations sur les noms et dictions difficiles.

Paris, Gabr. Buon; 1571, in-8°.

(Bibliothèques : Nationale; — de l'Arsenal; — Sainte-Geneviève; — de Carpentras; — de Troyes.)

Paris, Gabr. Buon; 1580, in-8°.

(Bibliothèques : Nationale; — de l'Arsenal; — Sainte-Geneviève.)

Paris, Gabr. Buon; 1581, in-8°.

(Bibliothèque Nationale.)

Paris; 1582, in-8°.

(Bibliothèque Mazarine.)

Lyon, Rigaud; 1592, in-8°.

(Bibliothèque de Troyes.)

Paris; 1593, in-12.

(Bibliothèque Sainte-Geneviève.)

PORTUS (ÆMILIUS),

Helléniste, fils de François Portus, réfugié grec, né à Ferrare en 1550, mort vers 1612. — Voir Jöcher : *Allgemeines Gelehrten Lexicon.*

Oratio Æm. Porti de variarum linguarum usu, necessitate præstantiaque, adversus eos qui harum studia cognitionemque contemnunt.

Ex typogr. Hieron. Commelini; 1597, in-4°.

(Bibliothèque Nationale.)

Dictionarium doricum græco-latinum.

Francofurti, heredes Petr. Fischeri; 1603, in-8°.
(Bibliothèque de Montauban [Faculté de théologie protestante].)

POSSELIUS (JOANNES),

Helléniste allemand, né à Parchim (Meklembourg), mort à Rostock. — Voir Jöcher : *Allgemeines Gelehrten Lexicon.*

Calligraphia oratoria linguæ græcæ, ad proprietatem, elegantiam et copiam græci sermonis parandam utilissima.

Coloniæ Allobr., Ph. Albertus; 1513, in-8°, 669 pages.
(Bibliothèque de Carcassonne.)

Francofurti, heredes And. Wecheli; 1585, in-8°.
(Bibliothèque Nationale.)

Francofurti, heredes And. Wecheli; 1590, in-8°.
(Bibliothèque de Nancy.)

Francofurti, heredes And. Wecheli; 1594, in-8°.
(Bibliothèque de Neufchâteau.)

Francofurti, hered. And. Wecheli; 1598, in-8°, 891 pages.
(Bibliothèque de Verdun.)

Francofurti, hered. And. Wecheli; 1600, in-8°.
(Bibliothèques : Nationale; — de Troyes.)

Hanoviæ; 1602, in-8°.
(Bibliothèque Mazarine.)

Hanoviæ, typis Wechelianis; 1605, in-12, 832 pages.
(Bibliothèques : Nationale; — de Tonnerre.)

Lugduni; 1607, in-8°.
(Bibliothèque de l'Arsenal.)

Coloniæ; 1609, in-12.
(Bibliothèque Sainte-Geneviève.)

Coloniæ Allobr., Ph. Albertus; 1613, in-12, 891 pages.
(Bibliothèques : de l'Arsenal; — de l'Université; — de Lunéville; — de Tulle; — de Vendôme.)

Francofurti, typis Beckerianis; 1615, in-8°.
(Bibliothèque Nationale.)

526 POSSEVINUS (ANTONIUS).

Parisiis, Joan. Libert; 1619, in-8°.
(Bibliothèque de Montauban [Faculté de théologie protestante].)

Rothomagi, Th. Daré; 1620, in-8°, 893 pages.
(Bibliothèque d'Abbeville.)

Genevæ, Ph. Albertus; 1620, in-8°, 893 pages.
(Bibliothèques : d'Aurillac; — de Béziers.)

Parisiis, Seb. Cramoisy; 1620, in-8°.
(Bibliothèques : Nationale; — de l'Université; — de Chaumont.)

Francofurti, Wechelus; 1626, in-8°.
(Bibliothèque de Besançon.)

Familiarium colloquiorum libellus græce et latine.

Witebergæ, typis Cratonianis; 1586, 1601, 1630.
(Bibliothèque Nationale.)

Apophtegmata ex Plutarcho et aliis selecta inque locos communes redacta gr. et latine.

Witebergæ, Zacharias Lehman; 1595, in-8°.
(Bibliothèque Nationale.)

POSSEVINUS (ANTONIUS),

Jésuite et pédagogue italien, né à Mantoue en 1534, mort à Bologne en 1611.
Voir de Backer : *Histoire des écrivains de la Compagnie de Jésus.*

Bibliotheca selecta qua agitur de ratione studiorum in historia, in disciplinis, in salute omnium procuranda.

Romæ, ex typographia apostolica Vaticana; 1593, in-folio.
(Bibliothèques : Nationale; — de l'Arsenal; — de l'Université; — d'Abbeville; — de Chartres.)

Venetiis, Salicatius; 1603, 2 tomes, 530 et 593 pages.
(Bibliothèques : Mazarine; — de l'Arsenal; — de l'Université; — de Béziers.)

Coloniæ Agrippinæ, Gymnicus; 1607, in-folio.
(Bibliothèques : de l'Arsenal; — d'Avignon; — de Besançon; — de Cambrai.)

POSSEVINUS (ANTONIUS).

Cultura ingeniorum; examen ingeniorum Jo. Huartis.

Venetiis; 1604, in-8°.
Parisiis; 1605, in-24.

(Bibliothèque Nationale.)
(Bibliothèques : Nationale; — de Bourg.)

Opuscula varia.

Lugduni; 1593, in-8°.

(Bibliothèque de Bourg.)

Tractatio de poesi et pictura ethica, humana et fabulosa, collata cum vera, honesta et sacra.

Lugduni, J. Pillehotte; 1594, in-18, 312 pages.
(Bibliothèques : Nationale; — de Coutances; — de Nîmes.)
Lugduni, J. Pillehotte; 1595, in-12, 326 pages.
(Bibliothèques : Nationale; — de Carpentras; — de Chaumont.)

Apparatus ad omnium gentium historiam.

Venetiis; 1597, in-8°.

(Bibliothèque Nationale.)

Apparatus ad philosophiam.

Vicentiæ; 1599, in-8°.

(Bibliothèque Nationale.)

Cicero collatus cum ethnicis et sacris scriptoribus, quo agitur de ratione conscribendi epistolas, de arte dicendi, etiam ecclesiastica.

Lugduni, J. Pillehotte; 1593, in-16.

(Bibliothèque Nationale.)

POSTELLUS (GUILLELMUS)
[GUILLAUME POSTEL],

Orientaliste et mathématicien français, né à Dolérie (Normandie) en 1510, professeur au Collège royal, mort en 1591. — Voir Goujet: *Mémoires sur le Collège de France*.

Linguarum XII characteribus differentium alphabetum, introductio ac legendi modus.

Parisiis, P. Vidovæus; 1538, in-4°.

(Bibliothèques : Nationale; — Mazarine; — de l'Arsenal; — de l'Université; — de Besançon; — de Chartres; — de Périgueux.)

Parisiis, Dionysius Lescuier; 1538, in-4°.

(Bibliothèques : Nationale; — d'Aix-en-Provence; — d'Avignon [musée Calvet]; — de Besançon; — de Carpentras.)

De Fœnicum (sic) *litteris seu de prisco latinæ et græcæ linguæ charactere ejusque antiquissima origine et usu.*

Parisiis, V. Gautherot; 1552, in-12.

(Bibliothèques : Nationale; — Mazarine; — de Carpentras; — de Chartres.)

De originibus seu de hebraicæ linguæ et gentis antiquitate atque variarum linguarum affinitate.

Parisiis, Lescuier; 1538, in-4°.

(Bibliothèques : Nationale; — de l'Arsenal; — de l'Université; — d'Aix-en-Provence; — de Chartres; — d'Épernay.)

Basileæ; 1553, in-8°.

(Bibliothèque Sainte-Geneviève.)

Compendiaria grammatices hebraicæ introductio.

Parisiis, Martinus Juv.; 1552, in-folio.

(Bibliothèque Nationale.)

Grammatica arabica.

Parisiis, Petr. Gromorsus; 1538, in-4°.

(Bibliothèques : Nationale; — Mazarine; — de l'Arsenal; — de l'Université; — de Carpentras; — de Chartres; — d'Épernay; — de Montauban [Faculté de théologie protestante].)

Parisiis; 1540, in-4°.

(Bibliothèque de l'Arsenal.)

De universitate liber in quo astronomiæ doctrinæ cœlestis compendium terræ aptatum cum regionum temporibus.

Parisiis; 1552, in-4°.

(Bibliothèque de l'Université.)

Parisiis, Martinus Juv.; 1563, in-4°, 45 pages.

(Bibliothèques : Mazarine; — de Carpentras; — de Vesoul.)

Cosmographicæ disciplinæ compendium.

Basileæ, Oporinus; 1561, in-4°.

(Bibliothèques : Nationale; — Mazarine.)

De cosmographica disciplina libri III.

Lugd. Bat.; s. d, in-16.

(Bibliothèque de l'Arsenal.)

POVIUS (ONOFRIUS).

Iesus. Thesaurus puerilis.

Barcinonæ, P. Mareschal; 1580, in-12.

(Bibliothèque Nationale.)

Barcinonæ, Jac. a Cendrat; 1600, in-16 de 225 pages.

(Bibliothèque de Perpignan.)

PRATEOLUS, dit MARCOSSIUS
(GABRIEL DUPRÉAU),

Docteur en théologie, né à Marcoussy, professeur au Collège de Navarre, mort en 1588. — Voir la *Nouvelle Biographie générale.*

Rudimenta prima grammatices ex eruditissimis quibusque grammaticis excerpta.

Parisiis, G. Buon; 1561, in-8°. 40 f.
(Bibliothèque de Cambrai.)

Parisiis, G. Buon; 1575, in-8°, 40 f.
(Bibliothèque de Verdun.)

Parisiis, G. Buon; 1584, in-4°, 40 f.
(Bibliothèques : Nationale; — de Cambrai.)

Parisiis, G. Buon; 1585, in-8°, 40 f.
(Bibliothèque du Havre.)

Joannis Despauterii universa grammatica, cum doctissimis commentariis, ex præstantissimis quibusque grammaticis desumptis et huc fere ad verbum transpositis atque majori ex parte in gallicum sermonem traductis, per Gabr. Prateolum Marcossium.

Parisiis, Gabr. Buon; 1575, in-8°.
(Bibliothèque de Verdun.)

Joannis Despauterii universa grammatica, emaculatior; cum commentariis, scholastica constructione, figurarum et troporum interpretatione, per G. Prateolum.

Parisiis, G. Buon; 1584, in-8°.
(Bibliothèques : Nationale; — de Cambrai.)

Catechismus, sive summa doctrinæ christianæ, in usum christianæ pueritiæ per quæstiones conscriptus.

Parisiis, G. Buon; 1560, in-16.
(Bibliothèques : d'Avignon [musée Calvet]; — de Cambrai.)

PRIMAUDAYE (DE LA), SIEUR DE LA BARRÉE,

Littérateur français, originaire de l'Anjou, né vers 1545.
Voir la *Nouvelle Biographie générale*.

Académie françoise en laquelle est traité de l'institution des mœurs, et de ce qui concerne le bien et heureusement vivre en tous états et conditions.

Paris; 1577, in-folio, et 1579, in-8°.
(Bibliothèque Sainte-Geneviève.)

Paris, Guil. Chaudière; 1578, in-folio, 207 f.
(Bibliothèque de Montauban [Faculté de théologie protestante].)

Basle, Philemon de Hus; 1587, in-8°.
(Bibliothèques : de Gray; — de Montbéliard.)

Paris, J. Chouet; 1598, in-8°.
(Bibliothèques : Nationale; — Mazarine; — de Carcassonne.)

Suite de l'Académie françoise en laquelle il est traité de l'honneur du corps, de son âme, matière, etc., par M. de la Primaudaye.

Paris; 1580, in-8°.

Paris, Chaudière; 1583, in-8°.

(Bibliothèque de Bourg.)
(Bibliothèque de Béziers.)

Troisième tome de l'Académie françoise.

Lyon, Math. Reynaud; 1596, in-8°.
(Bibliothèque Nationale.)

Genève, Pierre et Jacques Chouet; 1608, in-8°.
(Bibliothèque de Carcassonne.)

L'Académie françoise distinguée en quatre volumes, traitant de la philosophie morale, humaine, naturelle et chrétienne.

Genève, Chouet; 1608, in-12.

Lyon, Frellon; 1615, in-8°.

(Bibliothèque de Béziers.)
(Bibliothèque de Béziers.)

PUBLICIUS (JACOBUS).

Oratoriæ artis epitoma, vel quæ brevibus ad consummatum spectant oratorem, ex antiquo rhetorum gymnasio; dicendi scribendique breves rationes; necnon et aptus optimo cuique viro titulus; insuper et perquam facilis memoriæ artis modus Jacobi Publicii, Florentini, lucubratione in lucem editus.

[Venetiis], Erhard. Ratdolt; 1482, in-4°.
(Bibliothèque Nationale.)

[Venetiis], Erh. Ratdolt; 1485, in-4°.
(Bibliothèques : Nationale; — Mazarine; — Sainte-Geneviève; — de l'Arsenal.)

[Venetiis], Erh. Ratdolt; 1490, in-4°.
(Bibliothèque Nationale.)

De arte memoriæ liber.

Vetus editio in-4° gothique (14 feuillets de texte et 8 pages de gravures sur bois).
(Bibliothèques : Nationale; — Mazarine.)

PURBACHIUS (GEORGIUS)

[PEURBACH],

Astronome et géomètre allemand, né à Peurbach, près Linz (Autriche), en 1423, mort à Vienne en 1461. — Voir Gassendi : *Vie de P.*, dans ses OEuvres, Paris, 1658, et Delambre : *Histoire de l'astronomie moderne* (1821).

Quadratum geometricum.

Norimbergæ; 1516, in-folio.
(Bibliothèque Nationale.)

Norimbergæ; 1544, in-4°.
(Bibliothèques : Mazarine; — Sainte-Geneviève.)

PURBACHIUS (GEORGIUS).

Theoricæ novæ planetarum cum expositione Franc. Capuani et comment. Sylvestri de Prierio.

Parisiis; s. d., vetus editio in-folio.
(Bibliothèque Nationale.)

Venetiis, S. Bevilacqua; 1495, in-4°.
(Bibliothèque Nationale.)

Venetiis, Sim. Papiensis; 1499, in-folio.
(Bibliothèque Mazarine.)

Parisiis, Joan. Petit; 1515, in-folio.
(Bibliothèques : Nationale; — Mazarine; — Sainte-Geneviève; — de l'Université.)

Georgii Purbachii theoricæ novæ planetarum cum scholiis Rheinoldi.

S. l. s. n.; 1542, in-8°.
(Bibliothèque de Chaumont.)

Parisiis; 1543, in-8°.
(Bibliothèque de l'Arsenal.)

Parisiis; 1550, in-8°.
(Bibliothèque de l'Arsenal.)

Parisiis; 1553, in-8°.
(Bibliothèques : de l'Université; — de Bourg.)

Parisiis; 1555, in-8°.
(Bibliothèque de l'Arsenal.)

Parisiis, Car. Perier; 1557, in-8°.
(Bibliothèque de Verdun.)

Parisiis, C. Perier; 1558, in-8°.
(Bibliothèque de Troyes.)

Eædem emendatæ ab Or. Finæo.

Parisiis, Reg. Calderius; 1525, in-4°.
(Bibliothèque Nationale.)

Elementa arithmetices. Algorithmus de numeris integris, fractis, etc., autore Georgio Peurbachio.

S. l. s. n.; 1536, in-8°.
(Bibliothèque Nationale.)

Algorithmus in integris, fractis... numeris.

Viennæ; 1515, in-4°.
(Bibliothèques : Nationale; — Mazarine.)

Theoricæ novæ planetarum, cum præfatione Philip. Melanchthonis.

Witebergæ, Joan. Lufft; 1551, in-8°.

(Bibliothèque de Nancy.)

PURLILIARUM (JACOBUS COMES)
[JACOPO, CONTE DI PORCIA],

Né à Porcia en 1485, mort en 1538. —
Voir Cicogne : *Bibliographie venitienne*, et Lirutti : *Letterati del Friuli.*

De liberorum educatione.

Argentorati, Joh. Schottus; 1510, petit in-4°.

(Bibliothèques : Nationale; — Mazarine; — Musée pédagogique; — de Besançon; — de Troyes.)

Basileæ, Rob. Winter; 1541, in-8°.

(Bibliothèque Nationale.)

Opus epistolarum familiarium.

S. l. s. n.; vetus editio in-folio.

(Bibliothèque Nationale.)

PYLADES
[G.-FR. BOCCARDO],

Né à Brescia, mort après 1506.

Grammatica et carmen scholasticum de nominum declinationibus. Vocabularium.

Venetiis; 1508, in-4°.

(Bibliothèque Mazarine.)

QUINQUARBOREUS (JOANNES) AURILACENSIS
[CINQ-ARBRES],

Orientaliste français, né à Aurillac vers 1500, fut professeur de langues orientales au Collège royal, mort en 1587. — Voir Goujet : *Mémoires sur le Collège de France*.

De re grammatica Hebræorum, opus in gratiam studiosorum linguæ sanctæ methodo quam facillima conscriptum.

Parisiis, Jac. Bogardus; 1546, in-4°, 176 pages.
(Bibliothèques : Nationale; — de Carcassonne; — de Coutances.)

Parisiis, Martinus Juv.; 1549, in-4°, 182 pages.
(Bibliothèques : Nationale; — Mazarine; — de l'Arsenal; — de Tonnerre.)

Parisiis, Martinus Juv.; 1556, in-4°, 191 pages.
(Bibliothèques : Nationale; — d'Angers; — de Besançon; — de Cambrai; — de Carcassonne; — de Chalon-sur-Saône; — de Chartres; — de Chaumont; — de Dole; — de Nîmes; — de Pau; — de Rodez; — de Salins; — de Verdun.)

Parisiis, Martinus Juv.; 1559, in-4°.
(Bibliothèques : Nationale; — de l'Arsenal; — de Tonnerre; — de Troyes.)

Parisiis, Martinus Juv.; 1581, in-4°.
(Bibliothèques : de Tarbes; — de Troyes.)

Parisiis, Martinus Juv.; 1582, in-4°, 260 pages.
(Bibliothèques : Nationale; — de Montauban [Faculté de théologie protestante].)

Institutiones in linguam hebraicam, sive epitome operis de re grammatica Hebræorum per Joannem Quinquarboreum.

Parisiis, Martinus Juv.; 1559, in-4°.
(Bibliothèques : Nationale; — Sainte-Geneviève; — d'Angers; — de Chaumont; — d'Épernay; — de Pau; — de Troyes.)

Parisiis, Martinus Juv.; 1582, in-4°, 144 pages.
(Bibliothèques : Nationale; — Mazarine; — Sainte-Geneviève; — de l'Arsenal; — de l'Université; — d'Avignon [musée Calvet]; — de Beaune; — de Cambrai; — de Chartres; — de Meaux; — de Montauban [Faculté de théologie protestante]; — de Pau; — de Troyes; — de Verdun.)

RAMBAUD (HONORAT).

Linguæ hebraicæ institutiones absolutissimæ, Jo. Quinquarboreo auctore, cum annotationibus Petri Vignalii; accessit Gilb. Genebrardi tractatus de syntaxi et poetica Hebræorum, insuper R. Bellarmini S. J. exercitatio grammatica in psalm. *XXXIV*, et alphabetum rabbinicum ad calcem grammatices: omnia per eumdem Vignalium recognita.

Lutetiæ, Gul. Lebé; 1609, in-4°.

(Bibliothèques : Nationale; — de l'Arsenal; — de Chateaudun; — de Nîmes; — de Pau; — de Verdun.)

Lutetiæ, Gul. Lebé; 1621, in-8°.

(Bibliothèques : Nationale; — Sainte-Geneviève; — de l'Arsenal; — de Carcassonne; — de Carpentras; — du lycée de Chambéry; de Salins; — de Troyes.)

De notis Hebræorum liber, hoc est de literis multarum literarum vim habentibus, quæ hactenus a viris doctissimis ex variis Hebræorum authoribus sunt excerptæ.

(Imprimé à la suite de l'ouvrage du même auteur intitulé : *De re grammatica Hebræorum* [édit. de 1582].)

Parisiis, Martinus Juv.; 1582, in-4°.

(Bibliothèques : Nationale; — de l'Université; — de Chartres; — de Montauban [Faculté de théologie protestante].)

RAMBAUD (HONORAT),

Pédagogue français, enseignait à Marseille dans la deuxième moitié du xvie siècle.
Voir Goujet : *Mémoires sur le Collège de France.*

La déclaration des abus que l'on commet en escrivant et le moyen de les éviter et représenter nayvement les paroles, ce que jamais homme n'a fait.

Lyon, Jean de Tournes; 1578, in-8°, 351 pages.

(Bibliothèques : Mazarine; — de Besançon.)

RAMUS (PETRUS)
[PIERRE DE LA RAMÉE],

Humaniste et philosophe français, né en 1515 dans le Vermandois, l'une des victimes de la Saint-Barthélemy. — Voir Ch. Waddington : *Ramus, sa vie et ses œuvres*. Paris, 1855, in-8°.

Rhetoricæ distinctiones in Quintilianum; oratio ejusdem de studiis philosophiæ et eloquentiæ conjungendis.

Parisiis, Grandinus; 1549, in-8°.
(Bibliothèque de Pau.)

Parisiis, Martinus Juv.; 1549, in-4°.
(Bibliothèque Nationale.)

Parisiis, Mat. David; 1550, in-8°.
(Bibliothèque de Tulle.)

Basileæ, Petr. Perna; 1580, in-4°.
(Bibliothèque Nationale.)

Pro philosophica parisiensis Academiæ disciplina oratio.

Parisiis, Math. David; 1551, in-8°, 125 pages.
(Bibliothèques : Nationale; — Mazarine; — de l'Arsenal; — Musée pédagogique; — d'Avignon [musée Calvet]; — de Besançon; — de Béziers; — de Chartres.)

Parisiis, Wechelus; 1557, in-8°, 51 pages.
(Bibliothèque de Chartres.)

[Basileæ, 1569], in-4°.
(Bibliothèque de V. Cousin.)

Oratio initio suæ professionis habita anno 1551 octavo calend. sept.

Parisiis; 1551, in-8°.
(Bibliothèques : Mazarine; — de l'Arsenal.)

Parisiis, A. Wechelus; 1557, in-8°, 16 pages.
(Bibliothèque de Besançon.)

[Basileæ, Episcopius; 1569], in-4°.
(Bibliothèque de V. Cousin.)

Basileæ, Petr. Perna, 1580, in-4°.
(Bibliothèque Nationale.)

Actiones duæ, habitæ in Senatu pro regia mathematicæ professionis cathedra.

>Parisiis, Wechelus; 1566, in-8°.
>>(Bibliothèques : Nationale; — Mazarine; — de l'Arsenal; — de Chartres.)
>
>Basileæ, Episcopius; 1569, in-4°.
>>(Bibliothèque de V. Cousin.)

Advertissement sur la réformation de l'université de Paris, au roy.

>Paris; 1562, in-8°.
>>(Bibliothèques : Nationale; — Mazarine; — de Chartres.)

Remontrance de Pierre de la Ramée faite au conseil privé en la Chambre du roy au Louvre le 18 janvier 1567, touchant la profession royalle en mathématique.

>Paris, Andr. Wechel; 1567, in-8°.
>>(Bibliothèques : Nationale; — de Chartres.)

Arithmetices libri III.

>Parisiis, Andr. Wechelus; 1555, in-4°.
>>(Bibliothèque Nationale.)
>
>Parisiis, Andr. Wechelus; 1557, in-8°.
>>(Bibliothèques : Nationale; — Mazarine; — d'Avignon [musée Calvet]; — de Besançon.)
>
>Basileæ, Episcopius; 1569, in-4°.
>>(Bibliothèques : d'Avignon [musée Calvet]; — de Bourg; — de Nîmes.)

Arithmeticæ libri duo a Joanne Stadio recogniti et illustrati.

>Parisiis, Duval; 1581, in-8°.
>>(Bibliothèques : Nationale; — de Besançon ; — de Chartres.)
>
>Parisiis, J. du Puys; 1581, in-8°.
>>(Bibliothèques : Nationale; — d'Auxerre.)

Prooemium mathematicum.

Parisiis; 1561, in-8°.
(Bibliothèque de Chartres.)

Parisiis, Wechelus; 1567, in-12, 501 pages.
(Bibliothèques : Nationale; — Mazarine; — Sainte-Geneviève; — de Béziers.)

Arithmetices libri duo et algebræ totidem : a Lazaro Schonero emendati et explicati.

Francofurti, apud heredes Andr. Wecheli; 1586, in-12, 406 pages.
(Bibliothèques ; Mazarine; — Musée pédagogique; — de Châteaudun.)

Francofurti; heredes Andr. Wecheli; 1599, in-4°.
(Bibliothèque de Nîmes.)

Arithmeticæ libri duo; geometriæ XXVII, a Lazaro Schonero recogniti et aucti.

Francofurti; 1599, in-4°.
(Bibliothèque Nationale.)

Scholæ mathematicæ.

Basileæ; 1569, in-4°.
(Bibliothèque Mazarine.)

Scholarum mathematicarum libri XXXI, quorum tres primi continent prooemium mathematicum, id est exhortationem ad mathematicas artes : duo proximi disputant præcipua quædam capita arithmetica : reliqui disserunt de XV libris Euclideis Στοιχειώσεως.

Basileæ, Episcopius; 1569, in-folio.
(Bibliothèque Nationale.)

Scholarum mathematicarum libri unus et triginta a Lazaro Schonero recogniti et emendati.

Francofurti, Wechelus; 1599, in-4°.
(Bibliothèque de Chartres.)

RAMUS (PETRUS).

Physicarum scholarum libri VIII in totidem Arist. libros.

Parisiis, Wechelus; 1565, in-8°.
(Bibliothèques : de l'Arsenal; — de Bourg; — de Chartres.)

Parisiis, Wechelus; 1567, in-8°.
(Bibliothèque de Chartres.)

Parisiis; 1606, in-8°.
(Bibliothèque Nationale.)

Scholarum metaphysicarum libri XIV.

S. l.; 1566, in-8°.
(Bibliothèque de l'Arsenal.)

Institutionum dialecticarum tres libri.

Parisiis, Bogardus; 1543, in-8°.
(Bibliothèque Nationale.)

Parisiis, Mat. David; 1543, in-8°.
(Bibliothèques : Nationale; — de l'Arsenal; — de Chaumont.)

Lugduni; 1547, in-8°.
(Bibliothèques : Mazarine; — de Besançon.)

Parisiis; 1547, in-8°, 173 pages.
(Bibliothèques : du Havre; — de Rodez.)

Parisiis, Grandinus; 1549, in-8°
(Bibliothèque de Montbéliard.)

Parisiis, Mat. David; 1549, in-8°.
(Bibliothèque Nationale.)

Parisiis, Math. David; 1550, in-8°, 325 pages.
(Bibliothèques : du Havre; — de Mende.)

Lugduni, Theob. Paganus; 1553, in-12, 382 pages.
(Bibliothèques : de l'Arsenal; — de Meaux.)

Parisiis, Grandinus; 1554, in-4°.
(Bibliothèque Nationale.)

Lugduni, Theob. Paganus; 1557, in-12.
(Musée pédagogique.)

Dialectica, Audomari Talæi prælectionibus illustrata.

Parisiis, A. Wechelus; 1556, in-8°.
(Bibliothèque de Cambrai.)

Parisiis, Wechelus; 1560, in-8°.
(Bibliothèques : Nationale; — de Montbéliard.)

Parisiis, Wechelus; 1566, in-8°.
(Bibliothèques : Mazarine; — de Chartres; — de Chaumont.)

Lutetiæ, Andr. Wechelus; 1571, 95 pages.
(Bibliothèque de Verdun.)

Lutetiæ, Andr. Wechelus; 1572, in-8°.
(Bibliothèque de V. Cousin.)

Coloniæ Agrippinæ, Baumius; 1573, in-8°.
(Bibliothèque de Pau.)

Londini; 1574, in-8°.
(Bibliothèque Mazarine.)

Lugduni; 1577, in-8°.
(Bibliothèque Mazarine.)

Partitiones ad illustriss. Lutetiæ Parisiorum Academiam.

Parisiis, Jac. Bogardus; 1543, in-12.
(Bibliothèques : Nationale; — Mazarine.)

Aristotelicæ animadversiones.

Parisiis, Jac. Bogardus; 1543, in-4° (1re éd.).
(Bibliothèque Nationale.)

P. Rami scholarum dialecticarum, seu animadversionum in Organum Aristotelis libri XX. Recens emendati per Joan. Piscatorem Argentinensem.

Parisiis, Bogardus; 1547, in-4°.
(Bibliothèque de Troyes.)

Lutetiæ, David; 1548, in-8°.
(Bibliothèque de Chaumont.)

Lutetiæ, David; 1550, in-8°.
(Bibliothèque de Carcassonne.)

Parisiis, Mat. David; 1552, in-12.
(Bibliothèque de Troyes.)

Parisiis, Andr. Wechelus; 1556, in-8°.
(Bibliothèque de Carcassonne.)

Francofurti, Andr. Wechelus; 1581, petit in-8°, 597 pages.
(Bibliothèque de Carpentras.)

RAMUS (PETRUS).

Dialectique de P. de la Ramée.

Paris; 1555, in-4°. (Bibliothèque Nationale.)

Avignon; 1556, in-12. (Bibliothèque Mazarine.)

Paris; 1576, in-12. (Bibliothèque Mazarine.)

La dialectique de P. de la Ramée, augmentée d'un petit traité de l'exercice en pratique de la logique.

Paris, Auvray; 1577, in-8°. (Bibliothèque Nationale.)

In Petri Rami dialectices libros duos Joan. Piscatoris Argentinensis scholia.

Hanoviæ, Gul. Antonius; 1596, in-8°. (Musée pédagogique.)

Ciceronianus.

Parisiis, Wechelus; 1557, in-8°, 249 pages.
(Bibliothèques : Sainte-Geneviève; — Musée pédagogique; — d'Avignon [musée Calvet].)

Basileæ, Perna; 1573, in-8°.
(Bibliothèques : Nationale; — Mazarine.)

Basileæ; 1577, in-8°. (Bibliothèque Mazarine.)

Francofurti, Andr. Wechelus; 1580, in-8°.
(Bibliothèques : Nationale; — de Chalon-sur-Saône; — de Chartres.)

Quod sit unica instituendæ doctrinæ methodus.

Parisiis, Andr. Wechelus; 1557, petit in-8°, 72 pages.
(Bibliothèques : Nationale; — de Carpentras; — de Mende.)

Scholæ grammaticæ.

Parisiis, Andr. Wechelus; 1559, in-8°, 342 pages.
(Bibliothèques : Nationale; — de l'Arsenal; — de Besançon; — de la Rochelle; — de Rodez.)

RAMUS (PETRUS).

Rudimenta grammaticæ.

Parisiis, A. Wechelus; 1559, in-8°.
(Bibliothèques : Nationale; — Sainte-Geneviève.)

P. Rami grammaticæ libri quatuor. Edito tertia.

Parisiis, Andr. Wechelus; 1560, in-8°.
(Bibliothèque Nationale.)

Rudimenta grammaticæ latinæ.

Parisiis, A. Wechelus; 1565, in-8°.
(Bibliothèque Nationale.)

Rudimenta grammaticæ græcæ.

Parisiis, A. Wechelus; 1565, in-8°.
(Bibliothèque Nationale.)

Grammatica græca.

Parisiis, A. Wechelus; 1562, in-8°.
(Bibliothèque Nationale.)

Liber de syntaxi græca.

Parisiis, A. Wechelus; 1562, in-8°.
(Bibliothèque Nationale.)

Scholarum grammaticarum libri XX.

Francofurti, Andr. Wechelus; 1581, 258 pages et un index.
(Bibliothèques : Mazarine; — de Carpentras.)

Grammaticæ latinæ libri IV.

Parisiis; 1564, in-8°.
(Bibliothèque Mazarine.)
Francofurti; 1595, in-12.
(Bibliothèque Mazarine.)

RAMUS (PETRUS).

Grammaticæ latinæ libri duo.

Francofurti; 1590, in-12.
(Bibliothèque Mazarine.)

Rudimenta grammaticæ latinæ.

Francofurti; 1590, in-12.
(Bibliothèque Mazarine.)

Francofurti; 1595, in-12.
(Bibliothèque Mazarine.)

Grammatica græca, quatenus a latina differt.

Parisiis, Andreas Wechelus; 1562, in-8°.
(Bibliothèques : Nationale; — Mazarine; — de l'Université; — de Chalon-sur-Saône.)

Parisiis, Andreas Wechelus; 1564, petit in-8°, 63 pages.
(Bibliothèques : Nationale; — de Besançon; — de Carpentras.)

Parisiis, Andr. Wechelus; 1567, in-8°.
(Bibliothèque V. Cousin.)

Francofurti, Andr. Wechelus; 1577, in-8°.
(Bibliothèque Nationale.)

Francofurti, hered. Andr. Wecheli; 1581, in-8°.
(Bibliothèques : de Besançon; — de Cambrai; — de Coutances.)

Francofurti, hered. Andr. Wecheli; 1586, in-8°.
(Bibliothèque V. Cousin.)

Gramère.

Paris, André Wechel; 1562, in-8°.
(Bibliothèques : Nationale; — Mazarine.)

Grammaire françoise.

Paris, André Wechel; 1572, in-8°.
(Bibliothèques : Nationale; — Mazarine; — Sainte-Geneviève; — de l'Arsenal; — Musée pédagogique; — de Besançon; — de Troyes.)

Paris; 1586, in-8°.
(Bibliothèque Mazarine.)

Paris, Denis Duval; 1587, in-8°.
(Bibliothèques : Nationale; — Mazarine; — de Besançon.)

Grammatica latino-francica a P. Ramo francice scripta, lat. facta annotationibusque illustrata per Pant. Theveninum.

Francofurti, Joan. Wechelus; 1583, in-8°, et 1590.

(Bibliothèque Nationale.)

Petri Rami professoris regii et Audomari Talœi collectaneæ præfationes, epistolæ, orationes, cum indice totius operis.

Parisiis, D. Wallensis; 1577, in-12.

(Bibliothèques : Nationale; — Mazarine; — Sainte-Geneviève; — de l'Arsenal; — Musée pédagogique; — de Cambrai; — de Chartres.)

Marpurgi; 1599, in-8°.

(Bibliothèque Mazarine.)

Tres orationes a tribus liberalium disciplinarum professoribus Petro Ramo, Audomaro Talœo, Bartholomæo Alexandro, Lutetiæ in gymnasio Mariano habitæ anno 1544.

Parisiis, Jacobus Bogardus; in-4°.

(Bibliothèque Nationale.)

Oratio de professione liberalium artium habita Lutetiæ in schola Præbea 8 cal. septembres 1563.

Parisiis, Wechelus; 1563, in-8°, 20 pages.

(Bibliothèques : de l'Arsenal; — de Chartres.)

P. Rami professio regia; hoc est septem artes liberales in regia cathedra per ipsum Parisiis apodictico docendi genere præpositæ et per Joannem Thomam Freigium in tabulas perpetuas, seu σΊρώματα quædam, relatæ, ac ad publicum omnium Rameæ philosophiæ studiosorum usum editæ.

Basileæ, Seb. Henricpetrus, in-folio, 236 pages.

(Bibliothèques : Mazarine; — de Carpentras.)

Basileæ; 1576, in-folio.

(Bibliothèque de l'Arsenal.)

RAMUS (PETRUS).

Libri duo de veris sonis literarum ac syllabarum, e scholis grammaticis, primi ab authore recogniti et locupletati.

Parisiis, Andr. Wechelus; 1564, in-8°.
(Bibliothèque Mazarine.)

Parisiis, Andr. Wechelus; 1566, petit in-8°, 53 pages.
(Bibliothèque de Carpentras.)

Scholæ in liberales artes.

Basileæ, Eus. Episcopius; 1569, in-4°, 1,165 pages.
(Bibliothèques : Mazarine; — de Béziers.)

Basileæ, Euseb. Episcopius; 1578, in-folio, 1,182 colonnes chiffrées.
(Bibliothèques : Sainte-Geneviève; — d'Albi; — de Carpentras; — de Chartres; — de Toulouse; — de Troyes.)

Scholæ in liberales artes; videlicet in grammaticam, rhetoricam, dialecticam, physicam, metaphysicam, mathematicam.

Item. Pro philosophica parisiensis academiæ disciplina oratio. Prooemium reformandæ paris. academiæ.

De sua professione oratio.

Actiones duæ in Senatu habitæ pro regia mathematicæ professionis cathedra.

Basileæ, Episcopius; 1578, in-folio.
(Bibliothèque Nationale.)

Scholæ in tres primas liberas artes, videlicet : 1° Grammaticæ; 2° Rhetoricæ, quæ olim animadversiones in Organum Aristotelis, recens emendatæ per Joannem Piscatorem, Argentinensem, etc.

Francofurti, Andr. Wechelus; 1581, petit in-8°, 462 pages.
(Bibliothèques : de Cambrai; — de Carpentras; — de Chalon-sur-Saône; — de Chartres.)

Francofurti; 1595, in-8°.
(Bibliothèque Nationale.)

Opera.

Basileæ, Henricpetrus; 1576, in-folio.

(Bibliothèque de Pau.)

RAPHELENGIUS (FRANCISCUS).

Voir PAGNINUS (*Epitome thesauri linguæ sanctæ*).

RAPICIUS (JOVITA),

Humaniste italien, originaire du Brescian, mort en 1560.

De liberis publice ad humanitatem reformandis liber.

S. l.; 1551, in-4°.

(Bibliothèque Mazarine.)

Bernæ, Samuel Apiarius; 1556, in-8°.

(Bibliothèque de Carcassonne.)

De numero oratorio libri V.

Venetiis, P. Manutius; 1554, in-folio.

(Bibliothèque Nationale.)

RATERIUS (HENRICUS).

H. Raterii Carmagnoliensis publici grammatici Montiscalerii in Orthographiam magistri Stephani interpretationes dignæ annotatu.

Petit in-4° non paginé. — La première page porte au-dessus du titre une gravure sur bois, avec frontispice.

On lit à la fin :

Impressum Taurini per magistrum Franciscum et fratres de Silva, anno Domini millesimo quingentesimo decimo tertio die xxviii mensis novembris.

(Musée pédagogique.)

RAVISIUS (JOHANNES TEXTOR)
[JEAN TIXIER DE RAVISI],

Humaniste français, né à Saint-Saulse (Nivernais), recteur de l'Université, mort en 1524. — Voir L. Massebieau : *De Ravisii Text. comœdiis*, etc. Paris, 1878.

Dialogi aliquot studiosæ juventuti utiles et jucundi. Adjecta sunt animi gratia ejusdem epigrammata aliquot non inutilia.

Parisiis, Reginaldus Calderius; 1529, in-8°.
(Bibliothèque de Besançon.)

Parisiis, Reginaldus Calderius; 1534, in-12, 195 pages.
(Bibliothèques : Nationale; — de Vesoul.)

Parisiis, Joannes Parvus; 1536, in-8°, 240 pages.
(Bibliothèques : Nationale; — de Cherbourg.)

Parisiis, Ambr. Girault; 1536, in-8°.
(Bibliothèque Nationale.)

Parisiis; 1542, in-12.
(Bibliothèques : de l'Arsenal; — de Carcassonne.)

Roterodami, Arnold. Leers; 1551, in-12.
(Bibliothèque de Chartres.)

Parisiis, de Marnef; 1558, in-12.
(Bibliothèques : Nationale; — de Troyes.)

Parisiis, de Marnef et Cavellat; 1566, in-8°.
(Bibliothèque de Bayeux.)

Parisiis; 1580, in-16.
(Bibliothèque Mazarine.)

Parisiis, Mauricius de Porta; 1582, in-8°.
(Bibliothèque Nationale.)

S. l., Jac. Stoer; 1600, in-18, 223 pages.
(Bibliothèque de Montbéliard.)

Roterodami, Ant. Leers; 1651, 2 tomes in-12.
(Bibliothèques de l'Arsenal; — de Besançon; — de Chartres.)

S. l. s. n. s. d., in-8°.
(Bibliothèque de Chaumont.)

Specimen epithetorum.

Parrhisiis; 1518, in-folio.
(Bibliothèque Mazarine.)

Epitheta (ou Epithetorum opus).

Parisiis, H. Stephanus; 1518, petit in-folio.
(Bibliothèques : Mazarine ; — de Besançon.)

Parrhisiis, Reg. Chauldière; 1524, in-folio.
(Bibliothèques : Nationale; — de Beaune; — de Carpentras; — de Dole.)

Basileæ, Nic. Brylingerus; 1549, in-8°, 957 pages.
(Musée pédagogique.)

Basileæ, Nic. Brylingerus; 1558, in-4°, 937 pages.
(Bibliothèques : Nationale ; — d'Avignon [musée Calvet]; — du Puy.)

Basileæ, Nic. Brylingerus; 1565, in-4°.
(Bibliothèque de Besançon.)

Parisiis, Mich. Sonnius; 1580, in-8°.
(Bibliothèques : Nationale; — d'Abbeville; — de Besançon.)

Genevæ, Stoer; 1587, in-12, 960 pages.
(Bibliothèque de Béziers.)

Lugduni, P. Rigaud; 1605, in-8°.
(Bibliothèque Nationale.)

S. l. s. d., in-folio; 438 feuillets.
(Bibliothèque de Mende.)

Epithetorum epitome.

Lugduni, Seb. Gryphius; 1541, in-12, 511 pages.
(Bibliothèque de Mende.)

S. l. s. d., in-8°.
(Bibliothèque de Chaumont.)

Epithetorum epitome ex Adriani Junii recognitione et Ravisii synonyma poetica.

Antuerpiæ, Plantinus; 1574, in-16.
(Bibliothèque de Chartres.)

Genevæ, Ant. et Samuel de Tournes; 1664, in-8°.
(Bibliothèque Nationale.)

RAVISIUS (JOHANNES TEXTOR).

Epitheta Joannis Ravisii Textoris, quibus accesserunt de prosodia libri IV, quos epithetorum præposuimus operi.

Item de carminibus ad veterum imitationem artificiose componendis præcepta, collecta a Georgio Sabino.

Parisiis, Regin. Calderius; 1524, in-folio.
(Bibliothèque de Troyes.)

Parisiis, M. Sonnius; 1580, in-8°.
(Bibliothèque Nationale.)

Parisiis, Richerius; 1587, in-8°.
(Bibliothèque de Troyes.)

Parisiis; 1595, in-8°.
(Bibliothèque Sainte-Geneviève.)

Rothomagi, Joh. Osmontius; 1607, in-12, 507 f.
(Bibliothèque de Meaux.)

Rothomagi, Joh. Osmontius; 1608, in-8°.
(Bibliothèques : Sainte-Geneviève; — de Chaumont; — de la Faculté de théologie protestante, à Montauban.)

Lugduni; 1611, in-8°.
(Bibliothèque de l'Université.)

Ebroduni; 1624, in-8°.
(Bibliothèque de l'Arsenal.)

Cornucopia.

S. l., Jean Petit; 1519, in-4°.
(Avignon [musée Calvet].)

Basileæ, Bart. West. et Nic. Bryl.; 1536, in-8°, 208 pages.
(Bibliothèque du Havre.)

Cornucopiæ epitome.

Lugduni, hered. Gryphii; 1560, in-8°, 87 pages.
(Musée pédagogique; — bibliothèque de Mende.)

Lugduni, Gryphius; 1585, in-8°.
(Bibliothèque de Nancy.)

Lugduni, Ant. Gryphius; 1586, in-8°, 79 pages.
(Bibliothèques : du Havre; — du Puy.)

Officina, partim historicis, partim poeticis referta disciplinis.

Parisiis, R. Chauldière; 1520, in-folio, 305 f.
(Bibliothèque de Cambrai.)

RAVISIUS (JOHANNES TEXTOR). 551

Parisiis, Petr. Vidovæus; 1532, in-folio, 344 pages.
(Bibliothèques : Nationale; — de Chaumont; — de Coutances; — de Carpentras; — de Chartres.)

Parisiis, Chauldière; 1532, in-folio, 684 pages.
(Bibliothèques : Mazarine ; — de l'Université; — d'Avignon [musée Calvet]; — de Bayeux; — de Troyes.)

Basileæ; 1538, in-12.
(Bibliothèque de Berne.)

Basileæ, Brylingerus; 1551, in-4°.
(Bibliothèque de Saint-Brieuc.)

Basileæ, Nic. Brylingerus; 1552, in-4°.
(Bibliothèques : Nationale; — de Chartres.)

Lugduni, Seb. Gryphius; 1560, in-8°.
(Bibliothèque de Chaumont.)

Basileæ, Nic. Brylingerus; 1562, in-4°.
(Bibliothèque Nationale.)

Basileæ, heredes Brylingeri; 1566, 1,576 pages.
(Bibliothèques : de l'Université; — de Vesoul.)

Basileæ, heredes Brylingeri; 1571, in-4°.
(Bibliothèque Nationale.)

Lugduni, Seb. Honoratus; 1572, in-12, 2 vol. 412 et 426 pages.
(Bibliothèque de Tonnerre.)

Parisiis, Charron; 1575, in-8°.
(Bibliothèque de Pau.)

Parisiis, Udalr. Gering; 1595, in-4°.
(Bibliothèque de Cambrai.)

Officinæ epitome.

Parisiis, Calderius; 1532, in-folio.
(Bibliothèque Sainte-Geneviève.)

Lugduni, Gryphius; 1541, in-8°, 2 vol.
(Bibliothèques : de Laon; — de Pau.)

Lugduni, Gryphius; 1551, in-8°.
(Bibliothèques : Nationale; — de Meaux; — de Troyes.)

Basileæ, Nic. Bryling.; 1552, in-4°, 788 pages.
(Bibliothèque de Cambrai.)

Lugduni, hered. Gryphii; 1560, in-8°, 470 pages plus l'index.
(Bibliothèques : Nationale; — Mazarine; — Musée pédagogique; — de Mende.)

RAVISIUS (JOHANNES TEXTOR).

Coloniæ, Petr. Horst; 1560, in-8°.
(Bibliothèque de Besançon.)

Lugduni, Seb. Honoratus; 1572, in-8°, 2 vol.
(Bibliothèques : Nationale; — d'Abbeville.)

Lugduni, Ant. Gryphius; 1585, in-8°, 2 vol.
(Bibliothèques : de Chartres; — du Havre; — de Nancy; — du Puy.)

Lugduni, Ant. Gryphius; 1592, in-8°, 2 tomes.
(Bibliothèque de Carpentras.)

Lugduni, Petr. Rigaud; 1608, in-12.
(Bibliothèques : de l'Arsenal; — de l'Université; — du Puy.)

Aureliæ Allobr., Alex. Pernet; 1626, petit in-8°, 426 pages et l'index.
(Musée pédagogique.)

Epistolæ in gratiam studiosæ juventutis.

Parisiis; 1534, in-8°.
(Bibliothèque Mazarine.)

Parisiis, Prigentius Calvarinus; 1535, in-8°.
(Bibliothèque Nationale.)

Lugduni, Th. Paganus; 1542, in-8°.
(Bibliothèque de Besançon.)

Lugduni; 1544, in-12.
(Bibliothèques : Mazarine; — de l'Arsenal.)

Parisiis, Math. David; 1549, in-8°.
(Bibliothèques : Nationale; — Mazarine.)

Parisiis; 1552, in-16.
(Bibliothèque Sainte-Geneviève.)

Basileæ; 1552, in-4°.
(Bibliothèque de Chartres.)

Coloniæ, Petr. Horst; 1560, in-8°.
(Bibliothèque de Besançon.)

Basileæ, Leonh. Ostenius; 1590, in-8°.
(Bibliothèque Nationale.)

S. l., Jac. Stoer; 1613, in-18.
(Bibliothèque de Montbéliard.)

Dictionarium poeticum quod vulgo inscribitur Elucidarius carminum. Accesserunt synonima poetica per J. Ravisium Nivernensem collecta.

Antuerpiæ, Mich. Hillenius; 1536, petit in-8°.
(Bibliothèque de Verdun.)

Theatrum poeticum atque historicum, sive Officina Io. Ravisii Textoris, post Conr. Lycosthenis vigilias ad meliorem ordinem redacta, disposita et innumeris in locis correcta, cum cornucopiæ libello, aucta ex Natalis Comitis mythologiæ libris aliquot et Geofredi Linocerii Vivariens. mythologiæ Musarum libello cum syntagmate de Musis Lilii Gregorii Gyraldi Ferrariensis.

Basileæ, Andr. Cellarius; 1600, in-8°.
(Bibliothèque de Verdun.)

Basileæ, typis Conradi Waldkirschi cɪɔ ɪɔcx (1610), in-8°.
(Bibliothèque de M. d'Ollendon.)

REBUFFUS (PETRUS),

Jurisconsulte français, né en 1487, près Montpellier, mort à Paris en 1557.
Voir Jöcher : *Allgemeines Gelehrten Lexicon.*

De scholasticorum bibliopolarum atque ceterorum universitatum omnium ministrorum juratorumque privilegiis liber I. De his quæ literarum studiosis necessaria sunt liber II; tertius autem, habita, C. ne filius pro patre, interpretationem tradit, authore D. Petro Rebuffo, de Montepessulano.

Parisiis, Petr. Vidovæus; 1540, in-8°, 567 pages.
(Bibliothèques : Nationale; — de Carcassonne; — de Carpentras; — de Chartres; — de Lyon.)

Parisiis, S. Guist; 1549, in-8°.
(Bibliothèques : de l'Université; — de Sens.)

Antuerpiæ; 1583, in-4°.
(Bibliothèque Nationale.)

Francofurti, Nic. Bassæus; 1585, in-8°, 736 pages.
(Bibliothèques : de l'Université; — de Vesoul.)

REGIOMONTE (JOANNES DE)
[JEAN MULLER].

Astronome allemand, né à Kœnigshoven (Franconie) en 1436, mort à Rome en 1476. Voir Maximilien Marie : *Histoire des sciences physiques et mathématiques.*

De triangulis omnimodis libri V. Accesserunt pleraque Nicolai de Cusa de quadratura circuli, deque recti ac curvi commensuratione et Jo. de Monteregio eadem de re eclectica.

Norimbergæ; 1533, in-folio.
(Bibliothèque Nationale.)

De triangulis planis et sphæricis libri V.

Basileæ, Henricpetrus; 1561, in-folio.
(Bibliothèques : Sainte-Geneviève ; — de l'Université ; — de Béziers.)

REGIUS (HIERONYMUS).

Linguæ latinæ commentarii tres, de emendata elocutione, de figurato sermone, de amplificanda oratione.

Venetiis; 1568, in-8°.
(Bibliothèque Mazarine.)

REGIUS (HUDALRICHUS).

Utriusque arithmetices epitome, ex variis authoribus concinnata.

Friburgi Brisg.; 1550, in-12.
(Bibliothèque Mazarine.)

REGIUS (LUDOVICUS)
[LOUIS LE ROY],

Né à Coutances, mort en 1577.

Deux oraisons françoises : l'une des langues doctes et vulgaires et de l'usage de l'éloquence; l'autre de l'état de l'ancienne Grèce.

Paris; 1576, in-4°.
(Bibliothèque Mazarine.)

REGIUS (RAPHAEL ET JOANNES).

Plutarchi Chæronensis apophtegmata regum et imperatorum. Ejusdem apophtegmata laconica, Raphaele interprete.
Ejusdem Plutarchi dialogus quo disceptatur an brutis quoque animalibus ratio insit, Joanne Regio interprete.

Parisiis, Sim. Colinæus; 1530, in-8°, 102 feuillets.
(Bibliothèque de Montauban [Faculté de théologie protestante].)

REINECCIUS.

Methodus legendi cognoscendique historiam, cum oratione de dignitate historiæ.

Helmæstadii, Lucius Transilvanus; 1583, in-folio.
(Bibliothèque de Troyes.)

REISCH (GREGORIUS),

Savant chartreux, confesseur de l'empereur Maximilien, au début du xvi° siècle.
Voir Jöcher : *Allgemeines Gelehrten Lexicon*.

Margarita philosophica, totius philosophiæ naturalis et moralis principia dialogis duodecim complectens, quorum primus grammaticæ rudimenta per omnes ejus partes et prosa et carmine continet.

Friburgi; 1503, in-4°.
(Bibliothèque Mazarine.)

Argentinæ, Joan. Schottus; 1504, in-4°.
(Bibliothèques : de l'Université ; — Musée pédagogique [1] ; — d'Avignon [musée Calvet] ; — de Besançon ; — de Coutances.)

Argentinæ, Joh. Gruningerus; 1504, in-4°.
(Bibliothèque de Carpentras.)

Argentorati, Joh. Gruningerus; 1508, in-4°.
(Bibliothèques : Sainte-Geneviève; — de Verdun.)

Basileæ; 1508, in-4°.
(Bibliothèques : Mazarine; — de l'Arsenal; — d'Auxerre.)

Argentinæ, Joh. Gruningerus; 1512, in-4°.
(Bibliothèques : Nationale; — de l'Arsenal; — de Besançon; — du Puy.)

Argentorati, Joh. Gruningerus; 1515, in-4°.
(Bibliothèque de Chaumont.)

Basileæ, Mich. Furterius; 1517, in-4°.
(Bibliothèques : de Nancy; — du Puy.)

---

[1] L'exemplaire du Musée pédagogique est un in-4° relié en bois; il porte à la dernière page la marque typographique de Schottus (Joannes), imprimeur à Strasbourg. En tête se trouve une épître en vers adressée par Adam Vuernherus Temerensis à Reisch, dans laquelle il l'exhorte à publier promptement son ouvrage. Cette épître est datée : Ex Heidelberga III kal. januarias M.CCCCLXXXVI. On lit après l'index : Rursus exaratum per vigilias novas itemque secundaria hac opera Joannis Schotti argentinensis calchographi civis : ad 17 kal. apriles anno gratiæ 1504.

Ad Lectorem :
Hoc nisi spectetur signatum nomine Schotti
Nunquam opus exactum, candide Lector, emes.

Outre le frontispice représentant les diverses branches de la philosophie personnifiée, l'ouvrage renferme de nombreuses et très curieuses gravures sur bois.

Basileæ, Henricpetrus; 1535, in-4°.
(Bibliothèques : de l'Arsenal; — d'Avignon [musée Calvet].)
Basileæ; 1582, in-4°.
(Bibliothèque Nationale.)

Artis metiendi seu geometriæ liber ex Greg. Reischii Margarita philosophica.

Parisiis, G. Morelius; 1549, in-4°.
(Bibliothèque Nationale.)

RENEALMUS (PAULUS)
[PAUL DE RENEAULME],
Médecin, né à Blois, vivait dans la première moitié du xvi° siècle.

Grammatica græca, paucissimis versibus conscripta.

Parisiis, Steph. Prevosteau; 1595, in-8°.
(Bibliothèque Nationale.)

REOLLINUS (DOMINICUS).

Methodicæ totius grammatices græcæ descriptionis libri tres, autore Dominico Reollino.

Parisiis, Math. David; 1558, in-4°.
(Bibliothèque Nationale.)

RESTALDUS (ALANUS)
[ALAIN RESTAUD].

Institutiones hebraicæ, autore Alano Restaldo Calignio, hebraicarum literarum professore regio.

Parisiis, Chr. Wechelus; 1541, in-8°.
(Bibliothèque Nationale.)

REUCHLINUS (ANTONIUS).

Tabulæ viginti, institutiones in linguam sanctam absolutas complectentes.

Basileæ; 1554, in-folio.
(Bibliothèques : Mazarine; — de Salins.)

REUCHLINUS (JOHANNES)
[CAPNION],

Le premier des humanistes allemands, né à Pforzheim en 1455, mort en 1521. Voir L. Geiger : *Joh. Reuchlin, sein Leben und seine Werke.* Leipzig, 1871.

Lexicon hebraicum et in Hebræorum grammaticen commentarii.

Basileæ; 1530, in-folio.
(Bibliothèque Mazarine.)

Basileæ, H. Petrus; 1537, in-folio, 418 pages.
(Bibliothèques : Nationale; — de l'Arsenal; — d'Angers; — de Beaune; — de Besançon; — de Chartres; — de Gray; — de Meaux; — de Nîmes; — de Troyes.)

Basileæ, H. Petrus; 1556, in-folio.
(Bibliothèque de Salins.)

Basileæ; 1569, in-8°.
(Bibliothèque de l'Arsenal.)

Dictionarium hebraicum.

S. l. n. d., in-4°.
(Bibliothèque Mazarine.)

Concordantiæ hebraicæ.

Basileæ, Henricpetrus; 1556, in-folio.
(Bibliothèque de Troyes.)

REUCHLINUS (JOHANNES).

Vocabularius breviloquus triplici alphabetico diversis ex oratoribus collectus ad latinum sermonem capessendum.

Basileæ, s. n.; 1481, in-folio, 330 pages.
(Bibliothèque de Nancy.)
Basileæ, Nic. Kesler; 1486, in-folio.
(Bibliothèque de Beaune.)

De accentibus et orthographia linguæ hebraicæ libri III.

Haganoæ, Anselmus Badensis; 1518, in-4°.
(Bibliothèques : Nationale; — Mazarine; — Sainte-Geneviève; — de l'Université; — de Carpentras; — de Troyes.)

Rudimenta hebraica.

S. l.; 1479, in-folio.
(Bibliothèque de l'Arsenal.)

De rudimentis hebraicis libri tres.

Phorcæ, Thomas Anshelmus; 1506, in-folio non paginé.
(Bibliothèques : Nationale; — Mazarine; — Sainte-Geneviève; — de l'Arsenal; — d'Angers.)

Rudimentorum hebraicorum libri duo.

Basileæ; 1537, in-folio.
(Bibliothèque Mazarine.)

Scenica progymnasmata, hoc est ludicra præexercitamenta.

Coloniæ, Euch. Cervicornus; 1519, in-4°.
(Bibliothèque Nationale.)

Eadem, cum explanatione Jac. Spiegel.

Haganoæ; 1519, in-4°.
(Bibliothèque Nationale.)

REUSNERUS (NICOLAUS),

Polygraphe allemand, né à Lemberg (Silésie) en 1545, mort à Iéna en 1602.
Voir Jöcher : *Allgemeines Gelehrten Lexicon.*

Icones, sive imagines virorum litteris illustrium quorum fide et doctrina, religionis et bonarum literarum studia, nostra patrumque memoria, in Germania præsertim, in integrum sunt restituta: additis eorumdem elogiis diversorum auctorum, recensente Nicolao Reusnero.

Argentorati; 1581, in-8°.
(Bibliothèque Nationale.)

Argentorati, Bern. Iobinus; 1587, petit in-8° non paginé.
(Bibliothèque Sainte-Geneviève; — Musée pédagogique.)

Basileæ, C. Valdkirch; 1589, in-8°.
(Bibliothèque de Cambrai.)

Ienæ; 1597, in-folio.
(Bibliothèque Mazarine.)

Emblematum libri IV, item emblemata sacra et stemmatum libri III.

Viennæ Austriæ; 1579, petit in-8°.
(Musée pédagogique.)

Polyanthea, sive Paradisus poeticus, arborum, plantarum, animantium proprietates versibus declarans.

Basileæ, Henricpetrus; 1578, in-8°.
(Bibliothèque Nationale.)

Emblemata Nic. Reusneri, partim ethica et physica, partim vero historica et hieroglyphica, cum symbolis et inscriptionibus clarorum virorum, quibus emblematum sacrorum liber unus super additus.

Francofurti, Feyerabendius; 1581, in-8°, 371 pages.
(Bibliothèques : Nationale; — de Montauban [Faculté de théologie protestante]; — de Troyes.)

RHETICUS (GEORGIUS JOACHIMUS). 564

Aureolorum emblematum liber singularis Tobiæ, Stimmeri iconibus effictis exornatus.

Argentorati, Bern. Jobinus; 1591, in-8°.
(Bibliothèque Nationale.)

Symbolorum imperatoriorum tres classes. Opus philologicum et politicum.

Francofurti, Joan. Spiessius; s. d., in-8°.
(Bibliothèque de Montauban [Faculté de théologie protestante].)

REVERGATUS (FRANCISCUS).

De comparanda eloquentia opusculum.

Lugduni, Steph. Doletus; 1542, in-8°.
(Bibliothèque Nationale.)

RHAU (GEORGIUS).

Enchiridion utriusque musicæ practicæ ex variis musicorum libris congestum.

Witebergæ; 1538, in-8°.
(Bibliothèque de Chaumont.)

RHETICUS (GEORGIUS JOACHIMUS),

Géomètre suisse, surnommé Rheticus, né à Feldkirchen (Grisons) en 1514, mort en 1576. — Voir Maximilien Marie : *Histoire des sciences mathématiques et physiques.*

Opus palatinum de triangulis, a Georg. Joac. Rhetico cœptum, a L. Valentino Othone consummatum.

Heidelbergæ; 1596, in-folio.
(Bibliothèques : Nationale ; — de Béziers.)

36
IMPRIMERIE NATIONALE.

RICCIUS (BARTHOLOMÆUS).

Thesaurus mathematicus a Barth. Pitisco editus.

Francofurti; 1513, in-folio.
(Bibliothèque Mazarine.)

Francofurti; 1563, in-folio.
(Bibliothèque Mazarine.)

RHODOMANUS (LAURENTIUS),

Humaniste allemand, né à Sassowerf (Saxe) en 1546, recteur de l'université de Wittemberg, où il mourut en 1606. — Voir Niceron : *Mémoires*, tome XLII.

Poesis christiana Palæstinæ, seu historiæ sacræ libri novem ad usum scholasticæ juventutis græco-latina poesi ita concinnati ut ab omnibus ubique christianis, bonarum artium studiosis, cum fructu et voluptate legi possint.

Francofurti, hered. Andr. Wecheli; 1589, in-8°.
(Musée pédagogique.)

RICCIUS (BARTHOLOMÆUS),

Philologue italien, né à Lugi en 1480, précepteur des fils du duc de Ferrare, Hercule II; mort à Ferrare en 1569. — Voir Jöcher : *Allgemeines Gelehrten Lexicon.*

Bart. Riccii apparatus latinæ locutionis.

Venetiis, Ant. de Sabio; 1533, in-folio.
(Bibliothèque Nationale.)

Lugduni, Seb. Gryphius; 1534, in-8°.
(Bibliothèques : Mazarine; — de Troyes.)

Argentorati, Math. Apiarius; 1535, in-4°.
(Bibliothèque de Besançon.)

De imitatione libri III.

Venetiis, Aldus; 1545, in-8°.
(Bibliothèques : Nationale; — de Troyes.)

Parisiis, Bern. Turrisanus; 1557, in-16.
(Bibliothèques : Nationale; — Mazarine.)

Lugduni, Seb. Gryphius; 1563, in-12.
(Bibliothèques : de Besançon; — de Montbéliard.)

RICHARDUS (STEPHANUS).

Steph. Richardi Nivernensis de certo studiorum humaniorum fine orationes duæ.

Parisiis, Th. Richardus; 1564, in-4°.
(Bibliothèques : Nationale; — Mazarine.)

De optima docendi discendique ratione oratio habita Lutetiæ in gymnasio Barbarano.

Parisiis, Gabr. Buon; 1563, in-4°.
(Bibliothèque Nationale.)

RICHERIUS (EDMUNDUS).

De arte figurarum et causis eloquentiæ. Opus non pueris modo compendiosius et facilius crudiendis, sed poetis atque oratoribus imitandis, et sacris scripturis interpretandis necessarium.

Parisiis, Petr. Pautonnier; 1555, in-12.
(Musée pédagogique.)

RINGELBERGIUS (JOACHIMUS FORTIUS)
[STERCK VAN RINGELBERG],

Humaniste et géomètre néerlandais, mort à Anvers en 1536.
Voir Paquot : *Mémoires pour l'histoire littéraire des Pays-Bas*, tome IV.

Dialectica et rhetorica.

Antuerpiæ, Gr. Bontius; 1529, in-8°.
(Bibliothèque de Besançon.)

RINGELBERGIUS (JOACHIMUS).

Basileæ; 1535, in-8°.
(Bibliothèque de Rodez.)

Parisiis, J. Macæus; 1536, in-8°.
(Bibliothèque de Sens.)

Lugduni, Seb. Gryphius; 1540, in-8°.
(Bibliothèque de Sens.)

Parisiis, Wechelus; 1542, in-8°.
(Bibliothèque de Pau.)

Parisiis, Sim. Colinæus; 1545, in-12, 20 pages.
(Bibliothèque de Dôle.)

De ratione studii liber vere aureus.

Basileæ, Barth. Westhemerus; 1541, in-8°.
(Bibliothèque de Besançon.)

Lugduni Batav., J. Maire; 1622, petit in-8°.
(Musée pédagogique; — bibliothèque de Chartres.)

Rhetorica.

Parisiis, Sim. Colinæus; 1539, in-8°.
(Bibliothèque Nationale.)

Lugduni, Paganus; 1540, in-8°.
(Bibliothèque Nationale.)

Lugduni, Gryphius; 1542, in-8°.
(Bibliothèque Nationale.)

Parisiis, Sim. Colinæus; 1543, in-8°.
(Bibliothèque Nationale.)

Lugduni, Seb. Gryphius; 1547, 38 pages.
(Bibliothèque de Châteaudun.)

Parisiis, Wechelus; 1547, in-8°.
(Bibliothèque Nationale.)

Parisiis, Th. Richardus; 1560, in-4°.
(Bibliothèque Mazarine.)

Dialectica.

Antuerpiæ; 1530, in-8°.
(Bibliothèque de l'Arsenal.)

Parisiis, J. Macæus; 1538, in-8°.
(Bibliothèque de Sens.)

Parisiis; 1540, in-12.
(Bibliothèque de l'Université.)

Lugduni; 1541, in-8°.
(Bibliothèque Mazarine.)

RINGELBERGIUS (JOACHIMUS). 565

Lucubrationes vel potius cyclopædia de ratione studii.

Basileæ, s. n.; 1541, in-12.

(Bibliothèques : de Carcassonne; — de Rodez.)

Lucubrationes : nempe liber de ratione studii, utriusque linguæ grammaticæ, dialecticæ, rhetoricæ, mathematicæ et sublimioris philosophiæ.

Basileæ, Barth. Westhemerus; 1541, in-8°.

(Bibliothèque Nationale.)

Opus de educatione.

Lugduni, Vincentius; 1556, in-8°.

(Bibliothèque de Sens.)

Institutiones astronomicæ.

Coloniæ, Quintellius; 1528, in-8°.

(Bibliothèques : de Carpentras; — de Chaumont.)

Compendium de conscribendis versibus.

Lugduni, Seb. Gryphius; 1531, in-12, 29 pages.

(Bibliothèques : de Mende; — de Nancy.)

Opera.

Lugduni, Seb. Gryphius; 1531, in-12, 685 pages.

(Bibliothèques : de Mende; — de Nancy.)

Lugduni, Vincentius; 1556, in-8°.

(Bibliothèques : Mazarine; — de Beaune; — de Troyes; — de Vendôme.)

RITHAYMERUS (GEORGIUS).

Compendium Geor. Rithaymeri in octo partes orationis et temporum formationes, græce : accessere Gregorii Theologi sententiæ ordine alphabetico; verba anomala barytona; verba anomala in μι, etc.

Coloniæ, Eucharius; 1536, in-8°.
(Bibliothèque Nationale.)

RIVIUS (JOANNES).

Grammatica.

Lugduni, Gulielmus Gazeius; 1550, in-8°, 312 pages.
(Bibliothèque d'Angers.)

Lugduni, Tornesius; 1552, in-8°.
(Bibliothèque de Besançon.)

Lugduni; 1555, in-8°.
(Bibliothèque de Toulouse.)

Lugduni, Ant. Vincentius; 1567.
(Bibliothèque de Besançon.)

Grammaticæ libri VIII.

Lipsiæ; 1543, in-12.
(Bibliothèque Mazarine.)

Lugduni, A. Vincentius; 1556, in-8°.
(Bibliothèque Nationale.)

De rhetorica libri tres.

Lugduni, Vincentius; 1550, in-8°, 88 pages.
(Bibliothèque de Pau.)

Lugduni, G. Gazeius; 1550, in-8°.
(Bibliothèque d'Angers.)

Lugduni, Th. Paganus; 1557, in-8°.
(Bibliothèque Nationale.)
Parisiis, Th. Richardus; s. d., in-12, 47 f.
(Bibliothèque de Mende.)

De dialectica libri sex.

Lugduni, Vincentius; 1550, in-8°.
(Bibliothèque de Pau.)
Lutetiæ; 1554, in-4°.
(Bibliothèques : Nationale; — de Chartres.)
Lugduni; 1557, in-8°.
(Bibliothèque Mazarine.

Grammatica, dialectica et rhetorica.

Lipsiæ, Wolrab; 1541, in-8°, 373 feuillets.
(Bibliothèque de Cambrai.)
Lovanii, B. Gravius; 1546, in-8°, 103 f.
(Bibliothèque de Cambrai.)

De puerorum institutione liber I.

Lovanii, ex offic. Bartholomæi; 1546, petit in-8°, 34 feuillets.
(Bibliothèques : de Cambrai; — de Troyes.)
Lugduni, Ant. Vincentius; 1550, in-8°.
(Bibliothèques : Mazarine; — d'Angers; — de Besançon.)

Libellus de ratione docendi sive institutio puerorum; in tomo secundo institutionis literatæ.

(Ed. 1587), in-4°.
(Bibliothèque Nationale.)

De syntaxi partium orationis.

Lovanii, B. Gravius; 1546, in-8°, 37 pages.
(Bibliothèque de Cambrai.)

In copiam verborum ac rerum epitome.

Lovanii, B. Gravius; 1546, in-8°, 26 pages.
(Bibliothèque de Cambrai.)

ROENNUS (JOANNES).

De dialectica libri sex; de rhetorica libri II; de periodis libellus.

Lipsiæ; 1544, in-12. (Bibliothèque Mazarine.)

Parisiis; 1548, in-12. (Bibliothèque Mazarine.)

De rhetorica libri II; his accessit de periodis liber unus.

Parisiis, Th. Richardus; 1550, in-8°. (Bibliothèque Nationale.)

ROCHE (ÉTIENNE DE LA),

Mathématicien français, originaire de Lyon.
Voir Jöcher : *Allgemeines Gelehrten Lexicon.*

Arithmétique nouvellement composée par maître Étienne de la Roche, dit Villefranche, natif de Lyon sus le Rhone, divisée en deux parties, etc.

Lyon, Guil. Huyon; 1520, in-4° gothique, 460 pages.
(Bibliothèques : Nationale; — Mazarine; — Sainte-Geneviève; — d'Avranches; — de Carcassonne.)

Arithmétique et géométrie.

Lyon; 1538, in-folio. (Bibliothèque Mazarine.)

ROENNUS (JOANNES).

Poetica, seu doctrina faciendi versus.

Parisiis; 1584, in-8°. (Bibliothèque Mazarine.)

ROJAS (JOANNES DE),

Mathématicien espagnol, florissait à Louvain au milieu du xvi° siècle.
Voir Jöcher : *Allgemeines Gelehrten Lexicon.*

Commentarii in astrolabium quod planispherium vocant.

Lutetiæ, Vascosanus; 1550, in-4°, 127 pages.
(Bibliothèques : de l'Arsenal; — de Carpentras; — de Mende; — de Verdun.)

Parisiis; 1551, in-4°.
(Bibliothèques : Mazarine; — de l'Arsenal.)

ROMBERSCH (JOHANNES).

Congestorium artificiosæ memoriæ omnium de memoria præceptiones complectens.

Venetiis, s. n.; 1520, petit in-8°.
(Bibliothèques : Nationale; — Mazarine; — Musée pédagogique.)

Venetiis; 1533, in-8°.
(Bibliothèque Mazarine.)

RONSARD (PIERRE DE),

Célèbre poète français, né en 1524 à la Poissonnière (Vendômois), mort en 1585, près Tours. — Voir Sainte-Beuve : *Tableau de la littérature française au xvi° siècle* (1843).

Abrégé de l'art poétique françois, par P. de Ronsard.

Paris, Gabr. Buon; 1565, in-4°.
(Bibliothèques : Nationale; — de l'Arsenal; — de Carcassonne.)

ROSCIUS (VITRUVIUS LUCIUS).

Art poétique françois de Pierre Ronsard.

Paris, Guil. Linocier; 1585, in-16.

(Bibliothèques : Nationale; — de l'Arsenal.)

ROSCIUS (VITRUVIUS LUCIUS),

Né à Parme, chanoine régulier de Saint-Augustin.

De docendi studendique modo ac de claris puerorum moribus libellus, L. Vitruvio Roscio Parmensi auctore.

Bononiæ; 1536, in-4°.

(Bibliothèque Mazarine.)

Basileæ, Robert Winter; 1541, in-8°, 598 pages.

(Bibliothèques : Nationale; — Musée pédagogique; — de Besançon; — de Cambrai; — de Chaumont; — de Mirecourt.)

Grammaticarum quæstionum et elegantiarum libri tres.

Venetiis, Gabr. Jolitus; 1542, in-8°.

(Bibliothèques : Nationale; — Mazarine.)

Genuæ; 1547, in-8°.

(Bibliothèque Mazarine.)

Institutionum latinæ grammaticæ libri III.

Genuæ; 1553, in-4°.

(Bibliothèque Mazarine.)

De commoda ac perfecta elocutione.

Basileæ; 1541, in-12.

(Bibliothèque de Mende.)

ROSSELIUS,

Savant dominicain, mort à Florence vers 1575.
Voir Jöcher : *Allgemeines Gelehrten Lexicon.*

Thesaurus artificiosæ memoriæ: concionatoribus, philosophis ... tenacem ac firmam rerum memoriam cupientibus perutilis.

Venetiis, Ant. Paduanus; 1579, in-4°, 177 pages.

(Bibliothèques : Nationale; — Mazarine; — Sainte-Geneviève; — Musée pédagogique; — de Besançon; — de Carcassonne; — de la Rochelle.)

RUFUS (CLAUDIUS)
[CLAUDE ROUX],

Institutionum grammaticarum linguæ latinæ libellus.

Lugduni; 1538, in-8°.

(Bibliothèque Mazarine.)

RULANDUS (MARTINUS),

Médecin et philologue allemand, né à Freisingen en 1532, mort en 1602.
Voir Jöcher : *Allgemeines Gelehrten Lexicon.*

De lingua græca ejusque dialectis omnibus libri V, authore Martino Rulando.

Tiguri, Andr. Gesnerus; 1556, in-4°.

(Bibliothèques : Nationale; — de Chartres.)

De emendata linguæ græcæ structura libri duo; unus de constructione, alter de omnibus phrasibus ac græce loquendi modis, etc.

Argentorati, J. Rihelius; 1559, in-8°.

Argentorati, Josias Rihelius; 1563, in-8°.

(Bibliothèque Nationale.)

(Musée pédagogique.)

RULANDUS (MARTINUS).

Synonimorum græcorum sylva, alphabetico ordine consita.

Basileæ; 1563, in-8°.
(Bibliothèques : Nationale; — Mazarine.)

Augustæ Vindel.; 1567, in-8°.
(Bibliothèque Mazarine.)

Synonima seu copia verborum græcorum.

Augustæ Vindel.; 1571, in-8°.
(Bibliothèque de l'Arsenal.)

S. l., Joannes Lertout; 1585, in-8° non paginé.
(Bibliothèques: Nationale; — Mazarine; — d'Abbeville; — d'Avignon [musée Calvet]; — de Chartres; — de Dole; — de Montauban [Faculté de théologie protestante]; — de Nîmes; — du Puy.)

Coloniæ Allobr., Jac. Stoer; 1592, in-12, 1,229 pages.
(Bibliothèque de Vendôme.)

Synonima latino-græca in duas partes conjunctas distincta.

Genevæ, J. Stoer; 1612, in-12.
(Bibliothèques : Nationale; — de l'Université; — de Béziers.)

Dictionarium latino-græcum sive synonimorum copia a Martino Rulando et Hæschelio.

Augustæ Vindel., Mich. Manger; 1589, 2 vol. in-12.
(Bibliothèque de Saint-Brieuc.)

Augustæ Vindel., Mich. Manger; 1590, in-12, 2 vol.
(Bibliothèques : Nationale; — de Besançon; — de Vesoul.)

RUNHALDUS (ERASMUS), SALVEDENSIS.

Theoricæ novæ planetarum Georgii Purbachii Germani, pluribus figuris auctæ et recens editæ et auctæ novis scholiis in theoria solis ab ipso auctore.

Parisiis; 1558, petit in-8°, 176 pages.

(Bibliothèque de Gray.)

Voir PURBACHIUS.

RUTYETUS (CILIUS).

De ratione syllabarum demonstratio. Accentuum methodus. Aliquot usitatiorum carminum componendorum brevis demonstratio.

Parisiis; 1548, in-4°.

(Bibliothèque Mazarine.)

SACROBOSCO (JOHANNES DE)
[JOHN OF HOLYWOOD],

Savant géomètre et astronome anglais, né à Holywood (Yorkshire), mort en 1256. Voir Delambre : *Histoire de l'astronomie au moyen âge* (1819).

Sphericum opusculum; accedunt Joh. de Monteregio disputationes necnon G. Purbachii theoriæ planetarum.

Augustæ Vindel.; Erh. Ratdolt; 1482, in-4°.

(Bibliothèque de Carpentras.)

Sphæra.

Venetiis, Erhardus Ratdolt; 1485, in-4°.

(Bibliothèques : Sainte-Geneviève; — d'Avignon [musée Calvet]; — de Troyes.)

SACROBOSCO (JOHANNES DE).

Venetiis, G. de Tridino; 1491, in-4°.
(Bibliothèques : d'Avignon [musée Calvet]; — de Besançon.)

Parisiis; 1494, in-folio.
(Bibliothèque Mazarine.)

Parisiis, G. Mercator; 1498, in-folio.
(Bibliothèques : Sainte-Geneviève; — de l'Université; — d'Avignon [musée Calvet]; — de Mende.)

Venetiis, Sessa; 1501, in-4°.
(Bibliothèque Nationale.)

Parisiis, H. Stephanus; 1507, in-folio.
(Bibliothèque d'Abbeville.)

Venetiis, J. Rubæus; 1508, in-folio.
(Bibliothèques : Mazarine; — d'Avignon [musée Calvet].)

Parisiis, Petit; 1508, in-4°.
(Bibliothèques : Nationale; — d'Albi.)

Lipsiæ; 1509, in-folio.
(Bibliothèque Mazarine.)

Parisiis, H. Stephanus; 1511, in-folio.
(Bibliothèque Sainte-Geneviève.)

Parrhisiis, J. Petit; 1515, in-folio.
(Bibliothèques : d'Avignon [musée Calvet]; — de Troyes.)

Venetiis, Ant. de Giunta; 1518, in-folio.
(Bibliothèque Nationale.)

Parisiis, S. Colinæus; 1531, in-folio.
(Avignon [musée Calvet].)

Parisiis, S. Colinæus; 1534, in-folio.
(Bibliothèques : Mazarine; — Sainte-Geneviève; — de l'Arsenal; — de Chartres.)

Parisiis, R. Calderius; 1534, in-folio.
(Bibliothèques : Sainte-Geneviève; — d'Avignon [musée Calvet])

Parisiis, S. Colinæus; 1538, in-folio.
(Avignon [musée Calvet].)

Parisiis, Lod. Tiletanus; 1543, in-8°, 103 pages.
(Bibliothèque de Pau.)

Parisiis, J. Richardus; 1545, in-8°.
(Avignon [musée Calvet].)

SACROBOSCO (JOHANNES DE).

Antuerpiæ, Richardus; 1547, in-12.
 (Bibliothèques : de l'Université; — de Cambrai; — de Châteaudun; — de Cherbourg.)

Parisiis, G. Cavellat; 1550, in-8°.
 (Bibliothèques : de Chaumont; — de Carcassonne.)

Parisiis, G. Cavellat; 1552, in-8°.
 (Bibliothèques : Mazarine; — de Cambrai.)

Lutetiæ, Cavellat; 1562, in-8°.
 (Bibliothèque de Troyes.)

Parisiis, Hiérosme de Marnef et G. Cavellat; 1569, in-8°.
 (Bibliothèques : de l'Arsenal; — de Tulle.)

Parisiis, Hiérosme de Marnef et G. Cavellat; 1572, in-8°.
 (Bibliothèque de Carcassonne.)

Parisiis, Hiérosme de Marnef et vidua G. Cavellat; 1577, petit in-8°.
 (Bibliothèques : Mazarine; — Sainte-Geneviève; — de Gray; — du
 Havre; — du Puy; — de Vendôme.)

Antuerpiæ, Bellerus; 1582, in-8°.
 (Bibliothèque Nationale.)

Parisiis, Hier. de Marnef; 1584, in-8°.
 (Bibliothèque Nationale.)

Venetiis; 1586, in-12.
 (Bibliothèque Mazarine.)

Sphæra emendata, cum scholiis El. Vineti.

Parisiis, G. Cavellat; 1556, in-8°.
 (Bibliothèque Nationale.)

Parisiis; 1572, in-8°.
 (Bibliothèque de l'Université.)

Sphæra, emendata a F. Junctino : adjectis El. Vineti scholiis.

Lugduni, Ph. Tinghius; 1578, in-8°.
 (Bibliothèques : Nationale; — de l'Arsenal.)

Mundialis sphæræ opusculum Joan. de Sacrobusto (sic).

Parisiis, Reg. Calderius; 1516, in-8° de 16 feuillets.
 (Bibliothèque de Saint-Malo.)

SACROBOSCO (JOHANNES DE).

Sphera Joannis de Sacro Bosco emendata.
Eliæ Vineti Santonis egregia scholia in spheram. Adjunximus huic libro compendium in spheram per Pierium Valerianum Bellunensem.

Lugduni, apud heredes Jacobi Junctæ; 1567, in-8°.
(Bibliothèque de Tulle.)
Parisiis, Hier. de Marnef; 1608, in-8°.
(Bibliothèque de Montauban [Faculté de théologie protestante].)

Uberrimum spheræ mundi commentum, scilicet sphera Joan. de Sacrobusto, cum commentario Petri Cirvelli, et questionibus Petri de Aliaco.

Parisiis, Jo. Petit; 1508, in-folio.
(Bibliothèques : Nationale; — Mazarine.)
Parisiis; 1515, in-folio.
(Bibliothèque Mazarine.)

Sphæræ mundi compendium, per Joan. de Sacrobusto, cum additionibus, contra Jo. de Monteregio. — Item Geor. Purbachii theoricæ planetarum.

Venetiis; 1513, in-4°
(Bibliothèque Nationale.)

Tractatus de sphæra Joan. de Sacrobosco; comment. illustratus a Jac. Fabro Stapul. cum compositione annuli astronomici Boneti Latensis et geometria Euclidis.

Parisiis, Henr. Stephanus; 1516, in-folio.
(Bibliothèque du Puy.)
Parisiis, Sim. Colinæus; 1527, in-folio.
(Bibliothèques : Nationale; — Sainte-Geneviève.)

Textus de sphæra Joan. de Sacrobosco, introductoria additione commentarioque illustratus, cum compositione annuli astronomici Boneti et geometria Euclidis Megarensis.

Parisiis, Sim. Colinæus; 1521 et 1534, in-folio.
(Bibliothèques : Nationale; — de l'Université; — de Nancy.)

SACROBOSCO (JOHANNES DE).

Parisiis, Sim. Colinæus; 1538, in-folio.
(Bibliothèques : Mazarine; — du Havre.)

Sphæra.... præmissa Philippi Melanchthonis doctiss. præfatione qua utilitatem astrologicæ scientiæ et christiano homini non negligendam scite probat.

Witebergæ, Petr. Peitz; 1543, in-18.
(Bibliothèque de Mende.)
Parisiis, Th. Richardus; 1550, in-8°.
(Bibliothèque Nationale.)
S. l.; 1558, in-8°.
(Bibliothèque de l'Université.)

Sphæra Johannis de Sacrobosco emendata Eliæ Vineti Santonis scholiis in eamdem sphæram, ab ipso auctore restituta.

Lutetiæ, G. Cavellat; 1558, in-8°.
(Musée pédagogique.)
(S. l.); 1577, in-12, 267 pages.
(Bibliothèque de Tulle.)
Lugduni; 1606, in-8°.
(Bibliothèque de l'Arsenal.)
Parisiis; 1608, in-8°.
(Bibliothèque de l'Arsenal.)

Sphæra Joan. de Sacrobosco, emendata; Æliæ Vineti in eamdem scholia, cum compendio in sphæram per Pierium Valerianum et Petri Nonii demonstratione eorum quæ de climatibus Sacroboscius scribit, Vineto interprete.

Parisiis, Hier. de Marnef; 1584, in-8°.
(Bibliothèques : Nationale; — Mazarine; — de l'Université.)

Pr. Junctini commentaria in tertium et quartum capitulum spheræ.

Lugduni, Phil. Zinghius; 1577, in-8°.
(Bibliothèques : de l'Arsenal; — de Chaumont.)

SACROBOSCO (JOHANNES DE).

Libellus de anni ratione, seu ut vocatur vulgo computus ecclesiasticus.

Parisiis; 1538, in-12.
(Bibliothèque Mazarine.)

Parisiis, Tiletanus; 1543, in-8°, 97 pages.
(Bibliothèque de Pau.)

Parisiis, Cavellat; 1550, in-8°, 55 pages.
(Bibliothèque de Pau.)

Parisiis, Marnef; s. d., in-12.
(Bibliothèque de l'Arsenal.)

Libellus de anni ratione, seu ut vocatur vulgo computus ecclesiasticus, cum præfatione Philippi Melanchthonis.

S. l.; 1538, in-18.
(Bibliothèque de Mende.)

Parisiis; 1550, in-12.
(Bibliothèque Mazarine.)

Parisiis, G. Cavellat; 1551, in-12.
(Bibliothèque Nationale; — Musée pédagogique.)

Quæstiones novæ in libellum de sphæra a Joanne de Sacrobosco in gratiam studiosæ juventutis collectæ ab Ariele Bicardo.

Parisiis, J. Cavellat; 1552, in-12.
(Musée pédagogique.)

La sphère, traduction française.

Paris, J. Loys; 1546, in-8°.
(Bibliothèques : Sainte-Geneviève; — d'Avignon [musée Calvet].)

Paris, Hiérosme de Marnef et G. Cavellat; 1570, in-8°, 60 feuillets.
(Bibliothèques : Sainte-Geneviève; — de l'Arsenal; — du Puy.)

Paris, G. Loys; 1584, in-8°.
(Avignon [musée Calvet].)

Paris, Hiérosme de Marnef; 1616, in-8°.
(Bibliothèque de Chaumont.)

La sphère de Jean Sacrobosco, augmentée de nouveaux commentaires et figures servant grandement pour l'intelligence d'icelle,

SADOLET (JACQUES).

le tout mis en latin et françois par Guillaume des Bordes, lequel a adjouté plusieurs bonnes sentences et arguments pour prouver que l'astrologie est très utile.

Paris, Hiérosme Marnef et Guil. Cavellat; 1576, in-8°.
(Bibliothèques : Nationale; — Sainte-Geneviève.)

Paris; 1584, in-8°.
(Bibliothèques : Nationale; — Mazarine; — de l'Arsenal; — de Chartres; — de Mende.)

Paris; 1607, in-8°.
(Bibliothèque de l'Université.)

Algorismus, sive de ratione numerorum.

Venetiis; 1523, in-4°.
(Bibliothèque Nationale.)

Tractatus arithmeticæ practicæ qui dicitur Algorismus.

Parrhisiis, Ant. Aussourt; 1513, in-8° de 12 feuillets.
(Bibliothèque de Saint-Malo.)

SADELERUS (MELCHIOR).

Infantia grammatices.

Lovanii; 1536, in-4°.
(Bibliothèque Mazarine.)

SADOLET (JACQUES),

Cardinal et humaniste italien, né à Modène en 1477, fut évêque de Carpentras, mort à Rome en 1547. — Voir A. Joly : *Étude sur Sadolet.* Caen, 1857, in-8°.

De liberis recte instituendis dialogus.

Lugduni, Seb. Gryphius; 1533, in-8°, 119 pages.
(Bibliothèques : de Carpentras; — de Chartres; — de Dole; — de Montbéliard; — de Rodez.)

Venetiis; 1533, in-12.
(Bibliothèque Mazarine.)

37.

SAINCT-FLEUR (PIERRE).

Parisiis, Simon Colinæus; 1534, in-8°.
(Bibliothèques: Mazarine; — de Bayeux; — de Besançon; — de Carpentras.)

Lugduni, Seb. Gryphius; 1535, in-8°.
(Bibliothèques : d'Avignon [musée Calvet]; — de Besançon; — de Troyes.)

Basileæ, Th. Platterus; 1538, in-8°.
(Bibliothèques : de Chaumont; — de la Rochelle.)

Bernæ, Samuel Apiarius; 1556, in-8°.
(Bibliothèque de Carcassonne.)

Basileæ, J. Oporinus; 1556, in-8°.
(Bibliothèque de l'Université.)

Moguntiæ; 1607, in-8° (inter alia opera).
(Bibliothèque Nationale.)

Voir aussi l'article VERGERIUS (Petr. Paulus).

Jacobi Sadoleti card. et episcopi Carpentoratensis viri illustrissimi opera quæ exstant omnia.

Moguntiæ, Balth. Lippius; 1607, in-8°.
(Bibliothèques : Nationale; — Mazarine; — d'Avignon [musée Calvet]; — de Montauban [Faculté de théologie protestante]; — de Nancy.)

SAINCT-FLEUR (PIERRE).

Institutionum rhetoricarum libellus.

Parisiis; 1561, in-4°.
(Bibliothèque Mazarine.)

Parisiis; 1565, in-4°.
(Bibliothèque de Chartres.)

Parisiis, Th. Brumennius; 1569, in-4°.
(Bibliothèques : Mazarine; — de Nancy.)

Parisiis; Brumennius; 1577, in-4°.
(Bibliothèque Mazarine.)

Institutionum grammaticarum libellus.

Parisiis; 1561, in-4°.
(Bibliothèque Mazarine.)

SAINT-LIEN (CLAUDE DE),

Grammairien, né à Moulins, professeur de langues latine et française à Londres vers la fin du xvi° siècle. — Voir Ch. Livet : *La Grammaire française et les Grammairiens du XVI° siècle.*

De pronuntiatione linguæ gallicæ libri duo.

Londini; 1580, in-12.
(Bibliothèque Mazarine.)

SALIAT (PIERRE).

La civilité puérile, déclaration contenant la manière de bien instruire les enfants, trad. par Pierre Saliat.

Paris; 1537, in-8°.
(Bibliothèque Nationale.)

SALIGNACUS (BERNARDUS).

Tractatus arithmetici partium et alligationis, Bern. Salignaco authore.

Francofurti, Wechelus; 1575, in-4°.
(Bibliothèque Nationale.)

SAMBUCUS (JOANNES),

Savant hongrois, né à Tyrnau en 1531, mort à Vienne en 1584.

Emblemata cum aliquot nummis antiqui operis.

Antuerpiæ, Ch. Plantinus; 1564, in-8°, 240 pages.
(Bibliothèques : Nationale; — Mazarine; — de l'Arsenal; — de Montauban [Faculté de théologie protestante]; — de Nîmes; — de Vendôme.)

SANCTIUS (FRANCISCUS).

Antuerpiæ, Plantinus; 1566, in-8°.
(Bibliothèques : de Besançon ; — de Cambrai.)

Iisdem typis; 1566, in-8°, 1569, 1576 et 1584, in-16.
(Bibliothèque Nationale.)

Les mêmes en français.

Anvers; 1567, in-12.
(Bibliothèque de l'Arsenal.)

SANCHEZ (PETRUS), dit CIRVELO.

Géomètre espagnol, mort en 1550. — Voir Jöcher : *Allgemeines Gelehrten Lexicon.*

Tractatus arithmeticæ practicæ, qui dicitur algorismus, a Petr. Sanchez Cirvelo compilatus.

Parisiis; 1495, in-4°.
(Bibliothèques : Mazarine; — Sainte-Geneviève.)

Parisiis, Dionys. Roce; 1514, in-4°.
(Bibliothèque Nationale.)

SANCTIUS (FRANCISCUS)
[SANCHEZ],

Grammairien espagnol, né à Las Brogas (Estramadure) en 1523, professeur à Salamanque, où il mourut en 1601. — Voir la notice en tête de ses Œuvres éditées par Magant. Genève, 1766, in-8°.

Libellus de auctoribus interpretandis, sive de exercitatione.

Antuerpiæ, Christ. Plantinus; 1581, in-8°.
(Bibliothèques : Nationale; — Sainte-Geneviève.)

Paradoxa grammatica.

Antuerpiæ, Christ. Plantinus; 1582, in-8°.
(Bibliothèques : Nationale; — Sainte-Geneviève; — de Carpentras.)

SANCTIUS (FRANCISCUS).

De arte dicendi liber unus.

Salmanticæ, Math. Gastius; 1558, in-8°.
(Bibliothèque Nationale.)

Commentarii in Andr. Alciati emblemata nunc denuo multis in locis accurate recognita et quamplurimis figuris illustrata.

Lugduni, Gul. Rovillius; 1573, in-8°.
(Bibliothèque de Carcassonne.)

Organum dialecticum et rhetoricum.

Salmanticæ, Mich. Servanus de Vargas; 1588, in-8°.
(Bibliothèque Nationale.)

Grammatica græca.

Antuerpiæ, Chr. Plantinus; 1581, in-8°.
(Bibliothèques : Nationale; — Sainte-Geneviève; — de l'Université.)

Veræ brevesque grammaticæ latinæ institutiones.

Salmanticæ, Mathias Gastius; 1576, in-8°.
(Bibliothèque Nationale.)

Minerva seu de causis linguæ latinæ commentarius.

Salmanticæ, J. et A. Renault; 1587, in-8°.
(Bibliothèque Nationale.)
Patavii; 1663, in-12 (et autre édit. post.).
(Bibliothèques : Nationale; — de l'Arsenal.)
Amstelodami; 1664, in-12.
(Bibliothèque de l'Université.)

SARCERIUS (M. ERASMUS),

Pasteur et humaniste allemand, né à Annaberg (Saxe) en 1501, mort à Magdebourg en 1559. — Voir Jöcher : *Allgemeines Gelehrten Lexicon*.

Rhetorica plena ac referta exemplis quæ succinctarum declamationum loco esse possunt.

Marpurgi; 1537, in-12.
(Bibliothèque Mazarine.)

Marpurgi, Egenolphus; 1539, 115 pages.
(Bibliothèque de Châteaudun.)

Locorum communium ex consensu divinæ scripturæ et sanctorum patrum ad certam methodum clarissima simul et copiosissima confirmatio.

Basileæ; 1547, in-8°, 446 pages.
(Bibliothèques : de l'Université; — de Montauban [Faculté de théologie protestante].)

Dictionarium scholasticæ doctrinæ.

Basileæ, Willenbergue; 1546, in-8°, 256 pages.
(Bibliothèque de Vesoul.)

Basileæ, Ising; 1546, in-8°.
(Bibliothèque Nationale.)

Dialectica.

Francofurti; 1536, in-12.
(Bibliothèque de l'Arsenal.)

Francofurti; 1551, in-12.
(Bibliothèque Mazarine.)

SATURNIUS (AUGUSTINUS).

Augustini Saturnii, Lazaronei Buennatis, Mercurii majoris sive grammaticarum institutionum libri X.

Basileæ, Oporinus; 1546, in-8°.
(Bibliothèque Nationale.)

Venetiis, Cominus de Tridino; 1556, in-8°.
(Bibliothèque Nationale.)

Lugduni, Ant. Vincentius; 1556, in-8°.
(Bibliothèque Nationale.)

SAVONAROLA (HIERONYMUS),

Célèbre dominicain et réformateur italien, né à Ferrare en 1452, martyr en 1498.
Voir Perrens : *J. Savonarole, sa vie, ses prédications, ses écrits*, Paris, 1853, in-8°, et P. Villari : *G. Savonarola è i suoi tempi*, traduct. Gruyer. Paris, 1874.

Hieron. Savonarolæ Ferrar. ord. Præd. compendium totius philosophiæ tam naturalis quam moralis.

Ejusdem opus de divisione, ordine ac utilitate omnium scientiarum.

Venetiis, Aur. Pincius; 1534, in-8°.

Venetiis, Junta; 1542, in-8°.
(Bibliothèque Nationale.)
(Bibliothèque de Besançon.)

Opuscula, quibus accessit ipsius compendium logices.

Venetiis, Junta; 1542, in-8°.
(Bibliothèques : Nationale; — de l'Arsenal.)

Universæ philosophiæ epitome. Ejusdem de divisione, ordine atque usu omnium scientiarum, nec non de poetices ratione opusculum.

Witebergæ; 1596, in-8°.
(Bibliothèques : de l'Université; — de Montauban [Faculté de théologie protestante].)

SAVONNE (PIERRE DE).

L'arithmétique de Pierre de Savonne d'Avignon.

Lyon, Roussin; 1571, in-8°.
(Bibliothèque de Carpentras.)

Lyon, Rigaud; 1571, in-8°.
(Bibliothèque de l'Arsenal.)

Lyon, B. Rigaud; 1588, in-8°.
(Bibliothèques : de l'Université; — d'Avignon [musée Calvet].)

Lyon; 1597, in-8°.
(Bibliothèque Nationale.)

Lyon; 1612, in-12.
(Bibliothèque Sainte-Geneviève.)

Paris, Lescuyer; 1618, in-8°.
(Bibliothèques : de l'Université; — de Langres.)

SCAKARIUS.

Exemplaris interpolla ad Weertenæ juventutis institutionem, sive grammatica latina compendiosa a Scakario concinnata.

Antuerpiæ, Guil. Vorsterman; 1518, in-4°.
(Bibliothèque Nationale.)

SCALICHIUS (PAULUS) DE LIKA,

Savant slave, né à Agram (Croatie) en 1534, mort à Dantzig en 1575.
Voir Jöcher : *Allgemeines Gelehrten Lexicon.*

Encyclopædiæ, seu orbis disciplinarum tam sacrarum quam prophanarum (sic) epistemon.

Basileæ, Jo. Oporinus; 1559, in-4°.
(Bibliothèque Nationale.)

SCALIGER (JOSEPH),

Célèbre critique littéraire, né à Agen en 1540, mort à Leide en 1609.
Voir Bernays : *J.-J. Scaliger*. Berlin, 1855, in-folio.

Cyclometrica elementa duo, cum appendice. — Ejusdem mesolabium.

    Lugduni Batav., Raphelengius; 1594, in-folio.
        (Bibliothèques : Nationale; — Mazarine; — de l'Arsenal.)

Proverbiales Græcorum versus J. Scaliger collegit, composuit, digessit.

    Parisiis, Fed. Morellus; 1594, in-12.
        (Bibliothèque Nationale.)

SCALIGER (JULIUS CÆSAR)
[DELLA SCALA],

Médecin et humaniste italien, né à Padoue en 1484, mort à Agen en 1558.
Voir Ch. Nisard : *Le triumvirat littéraire*.

De causis linguæ latinæ libri XIII.

    Lugduni, Gryphius; 1540, in-4°, 353 pages.
        (Bibliothèques : Nationale; — Mazarine; — Sainte-Geneviève; — d'Avignon [musée Calvet]; — d'Aurillac; — de Besançon; — de Béziers; — de Bourg; — de Chalon-sur-Saône; — de Chartres.)

    Lugduni, Gryphius; 1580, in-8°, 451 pages.
        (Musée pédagogique; — bibliothèques : de Carpentras; — de Troyes.)

    S. l., Petr. Santandreanus; 1580, in-8°, 945 pages.
        (Bibliothèques : Nationale; — de l'Arsenal; — de l'Université; — d'Abbeville; — d'Aurillac; — de Troyes.)

    S. l., Petr. Santandreanus; 1584, in-8°.
        (Bibliothèque Nationale.)

SCALIGER (JULIUS CÆSAR).

S. l., Petr. Santandreanus; 1587, in-8°.
(Bibliothèque Nationale.)

S. l., Petr. Santandreanus; 1597, in-8°, 473 pages.
(Bibliothèque de Montauban [Faculté de théologie protestante].)

Opuscula varia de lingua latina.

Parisiis, Rob. Stephanus; 1565, in-8°.
(Bibliothèque de Chaumont.)

Paris, Drouart; 1610, in-4°.
(Bibliothèques : Sainte-Geneviève; — de Chaumont; — de Montauban [Faculté de théologie protestante].)

Exotericarum exercitationum libri XV. De subtilitate ad Cardanum.

Lutetiæ, Vascosanus; 1557, in-4°.
(Bibliothèques : Mazarine; — Sainte-Geneviève; — de Chaumont; — de Verdun.)

Francofurti, Wechelus; 1576, in-8°.
(Bibliothèques : Mazarine; — de Bourg; — de Salins.)

Francofurti, Andr. Wechelus; 1582, in-8°.
(Bibliothèques : Sainte-Geneviève; — de Langres.)

J. C. Scaligeri epistolæ et orationes.

Antuerpiæ, ex officina Plantiniana; 1600, in-8°.
(Bibliothèques : Mazarine; — Sainte-Geneviève; — de l'Université, — Musée pédagogique; — d'Avignon [musée Calvet]; — de Chaumont; — de Montauban [Faculté de théologie protestante].)

Poetices libri septem.

Parisiis, Ant. Vincentius; 1561, in-folio.
(Bibliothèques : Mazarine; — Sainte-Geneviève; — de l'Arsenal; — de l'Université; — de Besançon; — de Troyes.)

S. l., Joan. Crispinus; 1561, in-folio.
(Bibliothèques : Nationale; — Mazarine.)

S. l., Petrus Santandreanus; 1581, petit in-8°, 945 pages.
(Bibliothèques : Nationale; — de l'Arsenal; — d'Abbeville; — d'Avignon [musée Calvet]; — de Carpentras; — de Montauban [Faculté de théologie protestante]; — de Nancy; — de Nîmes.)

SCAPULA (JOANNES).

Heidelbergæ, Petrus Santandreanus; 1586, in-8°.
(Bibliothèque de Besançon.)

S. l., Petrus Santandreanus; 1594, in-8°, 945 pages.
(Bibliothèques : d'Aurillac; — d'Avignon [musée Calvet]; — de Béziers; — de Montbéliard; — de Troyes.)

Adversus Des. Erasmi dialogum Ciceronianum oratio secunda.

Lutetiæ, P. Vidovæus; 1537, in-8°.
(Bibliothèque Nationale.)

Oratio pro M. Tullio Cicerone contra Ciceronianum Erasmi.

Coloniæ, B. Gualterius; 1600, in-12.
(Bibliothèque Nationale.)

SCAPULA (JOANNES),

Philologue allemand, collaborateur et plagiaire d'Henri Estienne, né vers le milieu du xvi° siècle. — Voir Jöcher : *Allgemeines Gelehrten Lexicon.*

Lexicon græco-latinum novum, in quo ex primitivorum et simplicium fontibus derivata atque composita ordine non minus naturali quam alphabetico breviter et dilucide deducuntur.

Parisiis; 1516, in-4°.
(Bibliothèque de l'Université.)

Parisiis; 1579, in-folio.
(Bibliothèque de l'Université.)

Basileæ, Hervagius; 1580, in-folio, 190 pages.
(Bibliothèques : Nationale; — de Vesoul.)

Basileæ, Euseb. Episcopius; 1580, in-folio.
(Bibliothèques : d'Aurillac; — de Bayeux; — de Châteaudun; — de Sens.)

S. l., Guil. Læmarius; 1583, in-4°, 824 pages.
(Bibliothèque de Neufchâteau.)

Basileæ, Euseb. Episcopius; 1589, in-folio.
(Bibliothèques : Nationale; — de Verdun.)

S. l., Guil. Læmarius; 1593, in-4°, 661 pages.
(Bibliothèques : de Cambrai; — de Dole; — de Troyes; — de Verdun.)

SCHENCKELIUS (LAMBERTUS).

Basileæ, Henricpetrus; 1594, in-folio.

(Bibliothèques : de Chaumont; — de Pau.)

S. l.; Guil. Læmarius, 1598, in-4°.

(Avignon [musée Calvet].)

SCHADÆUS (ELIAS),

Hébraïsant allemand, né à Liebenwerda, professa à Strasbourg, mort en 1593.
Voir L. Geiger : *Das Studium der hebräischen Sprache in Deutschland* (1870).

Grammatica linguæ sanctæ, ex optimis authoribus hebræis et latinis collecta et concinnata ab E. Schadæo; accessit ejusdem oratio de linguæ sanctæ origine, progressu et varia fortuna.

Argentorati, Jodocus Martinus; 1591, in-8°.

(Bibliothèque Nationale.)

Alphabetum hebraicum, cum succincta et perspicua ratione cognoscendi, pingendi et discernendi litteras, jungendi syllabas et legendi exercitione.

Argentorati, typis Schadæanis; 1591, in-4°.

(Bibliothèque Nationale.)

SCHENCKELIUS (LAMBERTUS), DUSILVIUS,

Grammairien néerlandais, né en 1547 à Bois-le-Duc, mort vers 1630.
Voir Van der Aa : *Biographisch Woordenboek der Nederlanden.*

Gazophylacium artis memoriæ, in quo duobus libris, omnia et singula ea quæ ad absolutam hujus cognitionem inserviunt, recondita habentur. His accesserunt de eadem arte memoriæ adhuc 3 opuscula : quorum 1um Johannis Austriaci, 2um Hieronymi Marafioti, 3um Joh. Sp. Herd. Omnia lectu et cognitu dignissima.

Argentorati, Antonius Bertramus; 1590, petit in-8°, 978 pages et un index.

(Musée pédagogique.)

SCHENCKELIUS (LAMBERTUS).

Argentorati, Bertramus; 1610, in-12, 378 pages.
(Bibliothèques : Nationale; — de Bayeux.)

Lugduni, Barth. Vincentius; 1619, in-12.
(Bibliothèque de Besançon.)

Traité de la mémoire divisé en deux livres.

Arras, G. de la Rivière; 1593, in-12.
(Bibliothèque de Cambrai.)

Le magasin des sciences ou vrai art de mémoire, trad. par A. Le Curiot.

Paris; 1623, in-12.
(Bibliothèque de l'Arsenal.)

Tabula publicæ scholæ Mechlinensis, summam rei scholasticæ complectens, auctore L. Schenckelio Dusilvio, ejusdem scholæ rectore.

Antuerpiæ, Christ. Plantinus; 1576, in-8°.
(Bibliothèques : Nationale; — de l'Arsenal.)

Rhetorica Corn. Valerii, Ultrajectini, per interrogationes et responsiones digesta per Lamb. Schenckelium.

Antuerpiæ, Joan. Plantinus; 1593, in-8°.
(Bibliothèques : Nationale; — de l'Arsenal.)

Methodus sive declaratio quomodo latina lingua sex mensium spatio doceri possit. — Item tractatus de arte memoriæ.

Argentorati, Zetznerus; 1619, in-8°.
(Bibliothèques : Nationale; — Mazarine.)

SCHEUBELIUS

Géomètre allemand, florissait à Tubingen (Wurtemberg) au milieu du xv° siècle.
Voir Jöcher : *Allgemeines Gelehrten Lexicon*.

Brevis regularum algebræ descriptio una cum demonstrationibus geometricis.

Parisiis, Prevotius; 1551, in-4°.
(Bibliothèque de Carpentras.)

Algebræ compendiosa facilisque descriptio, qua depromuntur magna arithmetices miracula, a Joan. Scheubelio math. prof. in acad. Tubing.

Parisiis; 1551, in-4°.
(Bibliothèque de l'Université.)

Parisiis, Gul. Cavellat; 1552, in-4°.
(Bibliothèques : Nationale ; — Sainte-Geneviève.)

Opusculum de numeris et diversis rationibus seu regulis computationum.

Lipsiæ; 1545, in-12.
(Bibliothèque Mazarine.)

Compendium arithmeticæ artis.

Basileæ; 1549, 1560, in-12.
(Bibliothèque Mazarine.)

SCHONER (JOANNES),

Géomètre et astronome allemand, né à Carlstadt (Franconie) en 1477, mort à Nuremberg en 1547. — Voir Jöcher : *Allgemeines Gelehrten Lexicon.*

Appendices Joannis Schoner Charolipolitani in opusculum globi astriferi nuper ab eodem editum.

Antuerpiæ, Martinus Cæsar; 1527, in-8°, 64 pages.
(Bibliothèque de Carcassonne.)

De usu globi astriferi opusculum.

Lutetiæ, Cavellat; 1556, in-8°.
(Bibliothèque Nationale.)

Tabulæ astronomicæ, quas vulgo, quia omni difficultate et obscuritate carent, resolutas vocant, etc.

Norimbergæ, Joan. Petreius; 1536, in-4°.
(Bibliothèque de Carcassonne.)

Opusculum astrologicum.

Norimbergæ, Joan. Petreius; 1539, in-4°.
(Bibliothèques : Nationale; — Sainte-Geneviève; — de Chaumont.)

Joan. Schoneri Carolostadii opera mathematica in unum volumen congesta.

Norimbergæ, Jo. Montanus; 1551, in-folio.
(Bibliothèques : Nationale; — Mazarine; — Sainte-Geneviève; — de l'Arsenal; — de Chaumont.)

Descriptio totius terræ.

Norimbergæ; 1515, in-4°.
(Bibliothèque Mazarine.)

SCHONER (LAZARE).

De numeris figuratis et de logistica sexagenaria.

Francofurti, heredes Andr. Wecheli; 1586, in-8°, 406 pages.

(Bibliothèques : Mazarine; — Musée pédagogique; — de Châteaudun.)

SCHOPPUS (GASPAR).

Gasparis Schoppi Franci de arte critica, et præcipue de altera ejus parte emendatrice, quæ ratio in latinis scriptoribus ingenio emendandis observari debeat, commentariolus.

Norimbergæ, Val. Fuhrmannus; 1597, in-8°.

(Bibliothèque de Montauban [Faculté de théologie protestante].)

SCHORUS (ANTONIUS),

Humaniste néerlandais, né à Hoogstraaten (Brabant), professa à Strasbourg, mort à Lausanne en 1552. — Voir Van der Aa : *Biographisch Woordenboek der Nederlanden.*

De ratione dicendæ docendæque linguæ latinæ et græcæ libri II.

Argentorati, Rihelius; 1549, in-8°.

(Bibliothèques : Mazarine; — de Cambrai.)

Argentorati, Rihelius; 1563, in-8° de 360 pages.

(Bibliothèque de Nancy.)

Lausanne; 1572, in-12.

(Bibliothèque Mazarine.)

De phrasibus linguæ latinæ.

Basileæ, J. Hervagius; 1557, in-8°.

(Bibliothèque d'Abbeville.)

SCHOTTENNIUS (HERMANNUS).

Phrases linguæ latinæ ratioque observandorum eorum in auctoribus legendis quæ præcipuam ac singularem vim aut usum habent.

Coloniæ, Petrus Hortz; 1573, in-18, non paginé.
(Bibliothèques : de Montbéliard; — de Neufchâteau.)

Lugduni, Joannes Quadratus; 1574, in-16.
(Bibliothèque de Saint-Malo.)

Lugduni, Ant. de Harsy; 1574, in-8°.
(Bibliothèque Nationale.)

Turnoni; 1605, in-12.
(Bibliothèque de Bourg.)

Turnoni, sumptibus G. Linocerii; 1607, in-12.
(Bibliothèque d'Avignon [musée Calvet].)

SCHOTTENNIUS (HERMANNUS).

Colloquia moralia pro juventute.

Coloniæ Agrip.; 1535, in-8°.
(Bibliothèques : Nationale; — Mazarine; — Sainte-Geneviève; — Musée pédagogique.)

Colloquia, sive confabulationes tyronum litteratorum, Hermanno Schottennio autore; ad hæc quotidiani sermonis formulæ communiores adjectæ.

Coloniæ, P. Quentelius; 1526, in-8°.
(Bibliothèque de Besançon.)

Antuerpiæ, Mart. Cæsar; 1533, in-8°.
(Bibliothèque de Chartres.)

Lugduni, Frellonius; 1545, in-8°.
(Bibliothèque Nationale.)

Lugduni, Th. Paganus; 1547, in-8°.
(Bibliothèque Nationale.)

Lugduni, Th. Paganus; 1554, in-8°.
(Bibliothèque d'Avignon [musée Calvet].)

Lugduni, Th. Paganus; 1557, in-18.
(Bibliothèque de Mende.)

SCOPPA (LUCIUS JOHANNES).

Lugduni, Th. Paganus; 1566, in-8°.

(Bibliothèques : de l'Arsenal; — de Carcassonne.)

Lugduni, A. Vincentius; 1567, in-8°.

(Bibliothèque d'Avignon [musée Calvet].)

Vita honesta, sive virtutis : quomodo quisque vivere debeat, omni ætate, omni tempore et quolibet loco, erga Deum et homines.

Antuerpiæ, Mart. Cæsar; 1532, in-8°, 70 pages.

(Bibliothèques : de Besançon; — de Montauban [Faculté de théologie protestante].)

Lugduni, Frellæi fr.; 1545, in-8°.

(Bibliothèques : Nationale; — de Carcassonne.)

Augustæ Vind., Math. Francus; 1568, in-8°.

(Musée pédagogique.)

SCHOTTUS.

Enchiridion poeticum. Hæc habet: Epitheta, seu apposita substantivorum, cum eorumdem hemistichis, carminum clausulis, periphrasibusque Vergilii ac aliorum : politioris studii cultoribus ad manum juxta seriem elementarem extracta. Rarum et fructuosum.

S. l.; 1513, in-8°.

(Musée pédagogique.)

SCOPPA (LUCIUS JOHANNES),

Grammairien italien, vivait à Naples au début du xvi° siècle.
Voir Jöcher : *Allgemeines Gelehrten Lexicon.*

Grammaticæ, sive institutionum grammaticarum libri VI in quibus de epistolis componendis, ornandis orationibus et de arte metrica disseritur; accessit epitome ejusdem.

Venetiis, Petr. Bosellus; 1558, in-8°.

(Bibliothèque Nationale.)

Venetiis, D. Nicolinus; 1563, in-8°.

(Bibliothèque Nationale.)

SCOT (ALEXANDRE).

Collectanea in diversos auctores; cum nonnullis aliis, tam ab antiquis quam recentioribus nondum intellectis.

Parisiis, Sim. Colinæus; 1521, in-4°.
(Bibliothèques : Nationale; — Sainte-Geneviève ; — de l'Université.)

L. J. Scoppæ Parthenopei grammatici celeberrimi Spicilegium in duas partes distinctum.

Venetiis; 1543, in-8°.
Venetiis, Jo. Variscus; 1561, in-4°.
(Bibliothèque Mazarine.)
(Bibliothèque Nationale.)

SCOT (ALEXANDRE).

Universa grammatica græca. — Institutiones etymologicæ ex N. Clenardo, cum scholiis P. Antesignani, multis his quidem in locis recognitis, auctis et emendatis, per Alexandrum Scot collectæ.

Lugduni, Hugo a Porta; 1593, in-8°, 1,002 pages.
(Bibliothèques : d'Abbeville; — de Montauban; — de Rodez; — de Verdun; — de Vesoul.)

Lugduni, Hugo a Porta; 1594, in-8°, 1,002 pages.
(Bibliothèques : Nationale; — d'Avignon [musée Calvet]; — de Carpentras; — de Pau; — du Puy.)

Universa grammatica græca ex diversis auctoribus per Alex. Scot, Scotum, prius constructa. Nunc ejusdem auctoris secunda cura facta politior et locis necessariis non paucis auctior; cui annectitur P. Antesignani libellus de praxi præceptorum grammaticæ.

Lugduni, Hugo a Porta; 1605, in-8°.
(Bibliothèques : Nationale; — de Chartres; — de Langres.)

Coloniæ Allobr., Gabr. Carterius; 1613, in-8°.
(Bibliothèques : Nationale; — Sainte-Geneviève.)

SEBILET (THOMAS).

Genevæ; 1613, in-8°,
(Bibliothèques : Nationale; — Sainte-Geneviève.)

Lyon, Pillehotte; 1613, in-folio, 1,008 pages.
(Bibliothèques : Nationale; — de Meaux.)

Lyon, Pillehotte; 1614, in-folio, 1,008 pages.
(Bibliothèques : Nationale; — Sainte-Geneviève; — de l'Université; — de Chaumont; — de Montauban.)

Progymnasmata in artem oratoriam.

Voir SYLVIUS (Franciscus).

Apparatus latinæ locutionis, in usum studiosæ juventutis olim per M. Nizolium ex M. T. Ciceronis libris collectus; nunc denuo auctior factus et ad sectiones in quas Ciceroniana opera sunt distincta, diligenter accommodatus. Nominibus quoque sua epitheta, verbis vero adverbia subjuncta sunt, auctore Alexandro Scot, Scoto, Abirdonensis Academiæ artium liberalium magistro, atque in universitate Turnonensi theologiæ candidato. Accessit ad calcem operis Fr. Sylvii progymnasmatum in artem oratoriam libellus.

Lugduni, J. Pillehotte; 1588, in-folio, 916 pages.
(Bibliothèque de Gray.)

Lugduni, J. Pillehotte; 1596, in-folio, 916 pages.
(Bibliothèques : de Béziers; — de Montauban.)

Lugduni, J. Pillehotte; 1602, in-folio de 1,104 pages.
(Bibliothèques : de Montauban [Faculté de théologie protestante]; — de Rodez.)

SEBILET (THOMAS) OU SIBILET,

Poète français, né vers 1512, mort en 1589 à Paris.
Voir G. Pellissier : *L'art poétique de Vauquelin de la Fresnaye.* Paris, 1885, in-12.

Art poétique françois pour l'instruction des jeunes studieux encore peu avancez en la poésie françoise.

Paris, Corrozet; 1548, in-8°.
(Bibliothèques : Nationale; — Mazarine; — de Besançon.)

SELNECCERUS (NICOLAUS).

Lyon; Temporal; 1551, in-16.
(Bibliothèque de Troyes.)
Lyon; 1555, in-16.
(Bibliothèque de l'Arsenal.)
Paris; 1556, in-12.
(Bibliothèque Nationale.)
Lyon. Th. Payen; 1556, in-16.
(Bibliothèques : de l'Arsenal; — de Besançon.)
Lyon; 1570, in-16.
(Bibliothèque de l'Arsenal.)
Paris, Ruelle; 1573, in-24.
(Bibliothèque de Troyes.)

Art poëtique françois : par Th. Sebilet, avec le Quintil Horatian sur la défense et illustration de la langue françoise contre Joach. du Bellai : par Ch. Fontaine, avec un recueil de poésie pour faire plus facilement entendre ledit art.

Paris, veuve Fr. Regnault; 1555, in-12.
(Bibliothèque Nationale.)
Lyon, Ben. Rigaud; 1576, in-16.
(Bibliothèque Nationale.)

SELNECCERUS (NICOLAUS).

Brevis et utilis libellus prosodiæ olim scriptus in usum discentium rationem scribendi græcos et latinos versus.
Dicta Pindarica græca, auctore Nic. Selneccero.

Lipsiæ, J. Rhamba; 1568, in-8°.
(Bibliothèque Nationale.)

Capita doctrinæ christianæ, seu catechismus a N. Selneccero.

Norimbergæ; 1562, in-12.
(Bibliothèque Mazarine.)

Pædagogia christiana, continens capita et locos doctrinæ christianæ forma catechetica.

Francofurti; 1566, in-12.
(Bibliothèque Mazarine.)

SERAPHINIS (DOMINICUS DE).

Floridum compendium sinonimorum venerabilis presbyteri Dominici de Seraphinis, viri doctissimi.

Taurini, Fr. de Sylva; 1485, in-4°.
(Bibliothèque d'Avignon [musée Calvet].)

Taurini, Joan. Angelus et Bernardinus fratres de Sylva; 1519, in-4°.
(Bibliothèque Nationale.)

SÉROUVILLE (VOLCYRE DE).

Collectaneorum polygraphi libellus, ou *le petit polygraphe instructif et moral, fait en latin et en françoys par Nicolas Volcyre de Sérouville.*

S. l.; 1523, petit in-4°, 49 pages.
(Bibliothèque de Nancy.)

SHORUS (HENRICUS).

Specimen et forma tradendi sermonis et rationis disciplinas, ex Petri Rami scriptis collecta et Tabernensi scholæ accommodata per H. Shorum; accessit ejusdem epistola de linguarum usu et utilitate, cum præfatione Jo. Sturmii.

Argentorati, Jos. Rihelius; 1572, in-8°.
(Bibliothèque Nationale.)

SIBERUS (ADAMUS),

Poète et pédagogue allemand, né à Schönau, près Zwickrau, mort à Grimma en 1583.
Voir Jöcher : *Allgemeines Gelehrten Lexicon.*

Margarita scholastica.

Lipsiæ; 1581, in-12.

(Bibliothèque Mazarine.)

De educatione disciplinæ puerilis scholasticæ symmicta, aphorismi, leges.

Lipsiæ, Georgius Defuerus; 1581, in-8°.

(Bibliothèque Nationale.)

Ludus literarum apud Chemnicium Misniæ, qua ratione administretur.

Argentorati, P. Machæropæus; 1559, in-8°.

(Bibliothèque Nationale.)

SIFANUS (LAURENTIUS),

Jurisconsulte de Prunfeld; — milieu du xvi° siècle.
Voir Jöcher : *Allgemeines Gelehrten Lexicon.*

Orationes duæ : altera de laudibus linguæ græcæ et Isocratis; habita Coloniæ Agrippinæ anno 1558 pridie nonas julii.
Altera in commendationem historiæ, ibidem habita anno 1564 13 kal. maii.

Coloniæ, hered. Arn. Birckmanni; 1564, in-8°.

(Musée pédagogique.)

SILICEUS (JOANNES MARTINUS), dit GUISO,

Prélat et philosophe espagnol, né à Villagarcia (Castille), archevêque de Tolède, où il mourut en 1557. — Voir Antonio : *Bibliotheca hispana*.

Arithmetica; a Th. Rheto emendata.

Parisiis, Sim. Colinæus; 1526, in-folio.
(Bibliothèques : Nationale; — Mazarine.)

Parisiis, Joan. Roigny; 1540, in-8°.
(Bibliothèque Nationale.)

Parisiis, J. Lodoicus; 1540, in-8°.
(Bibliothèque d'Avignon [musée Calvet].)

Ars arithmetica, in theoricen et praxim scissa.

Parisiis; 1514, in-4°.
(Bibliothèque Mazarine.)

SIMLER (JOSIAS),

Historien suisse de la deuxième moitié du xvi° siècle.

Epitome bibliothecæ Conradi Gesneri, conscripta primum a Conrado Lycostheno.

Tiguri; 1555, in-folio.
(Bibliothèque Nationale.)

De principiis astronomiæ libri duo.

Tiguri, Froschoverus; 1559, in-8°.
(Bibliothèques : Nationale; — de l'Arsenal.)

Observationes de arte grammatica. — De litteris græcis.

Tubingæ; 1512, in-4°.
(Bibliothèque de l'Arsenal.)

SINAPIUS (JOANNES),

Savant médecin allemand, né à Schweinfurt, mort à Wurtzbourg en 1561.
Voir Jöcher : *Allgemeines Gelehrten Lexicon.*

Declamatio adversus ignaviam et sordes eorum qui literas humaniores negligunt aut contemnunt.

Parisiis, Ægidius Gourmontius; 1531, in-8°.
(Bibliothèques : Nationale; — Mazarine; — de Troyes.)

SMETIUS (HENRICUS),

Médecin et poète néerlandais, né à Alost (Flandre) en 1537, mort à Heidelberg en 1614. — Voir Van der Aa : *Biographisch Woordenboek der Nederlanden.*

Prosodia Henrici Smetii Alostani med. D. promptissima, quæ syllabarum positione et diphtongis carentium quantitates sola veterum poetarum auctoritate, adductis exemplis, demonstrat.

Rothomagi, Rich. Allemanus; 1518, in-16.
(Bibliothèques : de Châteaudun; — de Montbéliard; — de Saint-Malo.)

Francofurti, P. Fischer; 1599, in-8°.
(Bibliothèques : de Châteaudun; — de Montbéliard; — de Saint-Malo.)

Lugduni, Ant. de Harsy; 1603, in-8° (et autres postérieures).
(Bibliothèque Nationale.)

Systema prosodiæ Henrici Smetii in gratiam studiosæ juventutis.

Coloniæ All.; Jac. Stoer; 1614, in-8°.
(Bibliothèque de Chaumont.)

Moguntiæ, P. Hennengius; 1619, in-12, 390 pages.
(Bibliothèque de Meaux.)

Rothomagi; 1626, in-8°.
(Bibliothèque de l'Arsenal.)

SMITHUS (THOMAS)
[TH. SMITH],

Helléniste anglais, né en 1514 à Saffron-Walden (Essex), mort en 1577.
Voir Strype : *Life of sir Th. Smith.* London, 1618.

De recta et emendata linguæ græcæ pronuntiatione epistola.

Parisiis, Rob. Stephanus; 1568, in-4°.
(Bibliothèque Nationale.)

SOARIUS (PETRUS CYPRIANUS)
[CYPRIEN SUAREZ],

Savant jésuite espagnol, professeur à Evora et à Alcala, mort à Plaisance en 1593.
Voir Jöcher : *Allgemeines Gelehrten Lexicon.*

De arte rhetorica libri tres.

Parisiis, Th. Brumennius; 1565, in-4°.
(Bibliothèque Mazarine.)

Coloniæ, Cholinus; 1570, in-12.
(Bibliothèque de Troyes.)

Parisiis, Th. Brumennius; 1580, in-4°.
(Bibliothèque d'Avignon [musée Calvet].)

Brixiæ, J. M. Marchettus; 1592, in-16.
(Bibliothèque Nationale.)

Parisiis, Th. Brumennius; 1584, in-4°.
(Bibliothèque de Béziers.)

Lugduni, Marsilius; 1595, in-18.
(Bibliothèque d'Avignon [musée Calvet].)

Coloniæ, A. H. Falkenberg; 1598, in-16, 171 pages.
(Bibliothèque de Montbéliard.)

Vesontione, Nic. de Moingesse; 1598, in-8°.
(Bibliothèque de Besançon.)

SOPHONENSIS (GUILELMUS).

Lugduni, Abr. Cloquemin; 1599, in-12.
(Bibliothèque Nationale.)

Lugduni, Abr. Cloquemin; 1604, in-32, 218 pages.
(Bibliothèque de Mende.)

Mussiponti, Melch. Bernardus; 1605, in-8°.
(Bibliothèque du Puy.)

Flexiæ; 1607, in-12.
(Bibliothèque Sainte-Geneviève.)

Brixiæ, Jo. Bapt. et Ant. Bozzolæ; 1615, in-12.
(Bibliothèque Nationale.)

SOCINUS
[FAUSTO SOZZINI],

Réformateur italien, né à Sienne en 1539, mort à Luclavice (Pologne) en 1604.
Voir Wallace : *Antitrinitarian Biography* (1850).

Christianæ religionis brevissima institutio, per interrogationes et responsiones, quam catechismum vulgo vocant, scripta a Fausto Socino Senensi. Opus imperfectum.

Racoviæ, Seb. Sternacius; 1618, in-16, 180 pages.
(Bibliothèques : Nationale; — de l'Arsenal; — Sainte-Geneviève; — Musée pédagogique.)

SOPHONENSIS (GUILELMUS).

Modus conficiendi epistolas.

Parisiis; 1498, in-4°.
(Bibliothèque Mazarine.)

SOTER (JOHANNES).

Epigrammata græca veterum elegantissima eademque latina ab utriusque linguæ viris doctissimis versa atque in rem studiosorum diversis his auctoribus per J. S. collecta.

Coloniæ, s. n.; 1528, petit in-8°, 320 pages.
(Bibliothèques : Nationale; — Mazarine; — de Verdun.)

Friburgi Brisg., Steph. Mel. Grævius; 1544, in-8°.
(Bibliothèques : Nationale; — de Nîmes.)

SPAGUNDUS (BAPTISTA), MANTUANUS
[SPAGNUOLI],

Carmélite italien et poète latin, né à Mantoue en 1448, mort en 1516.
Voir Moréri : *Dictionnaire historique*.

Sylvarum fr. Baptistæ Spagundi Mantuani sex opuscula. Dialogus de vita beata.

Parisiis, Denis Roce; 1503, in-8°.
(Bibliothèque de Bayeux.)

De vita beata opusculum.

Petit in-8° gothique de 16 feuillets non paginé, s. l. n. d.
(Musée pédagogique.)

Opuscula diversa moralia Aristotelis, J. Gersonis, Guillelmi episcopi Parisiensis, domini Canuti episcopi, et S. B. Mantuani.

Alosti, M. Theodoricus; 1474, in-4°, 303 f.
(Bibliothèque de Cambrai.)

SPANGENBERG (JEAN).

F. Baptistæ Mantuani bucolica seu adolescentia in decem æglogas divisa. Ab Jodoco Badio Ascensio familiariter exposita, cum indice dictionum.
Carmen ejusdem de sancto Johanne Baptista. Carmen saphicum Hermanni Buschii de contemnendo mundo. Et alia quædam non flocci pendenda.

Argentinæ, Joan. Prusz; 1503, in-8°, 84 feuillets.

(Musée pédagogique.)

Voir BADIUS (Jodocus).

SPANGENBERG (JEAN),

Pasteur et grammairien allemand, né à Hardegsen, mort à Eisleben en 1550.
Voir Jöcher : *Allgemeines Gelehrten Lexicon.*

Trivii erotematum Joannis Spangenbergii pars prima, hoc est de grammatica, syntaxi et prosodia.

Coloniæ, J. Gymnicus; 1543, in-8° en 3 parties.

(Musée pédagogique; — bibliothèque de Saint-Mihiel.)

Trivii erotemata, hoc est grammaticæ, dialecticæ, rhetoricæ quæstiones, ex doctissimorum nostri seculi virorum libris, in puerorum usum congestæ.

S. l.; 1544, in-8°.

(Bibliothèque Nationale.)

Quæstiones musicæ in usum scholæ Northusianæ collectæ.

Norimbergæ, Joan. Petreius; 1536, in-8°.

(Bibliothèque Nationale.)

Prosodia in usum juventutis Northusianæ.

Witebergæ, G. Rhau, 1535, in-8°.

(Bibliothèque Nationale.)

SPELTA (ANTONIUS MARIA),

Né à Pavie en 1559, mort en 1632. — Voir Moréri : *Dictionnaire historique*.

Enchiridion seu commentarium ad contexendas epistolas; alii tractatus... de memoria tam naturali quam locali, de pronuntiatione, etc.

Papiæ; 1591, in-12.

(Bibliothèque Mazarine.)

STANCARUS (FR.),

Pasteur et hébraïsant italien, né à Mantoue en 1501, mort en 1574 à Stobnitça (Pologne). — Voir Trechsel *Die Protestantischen Antitrinitarier vor F. Socin.* Heidelberg, 1844, in-8°.

Ebreæ grammaticæ institutio et rerum omnium capita exercitatiuncula catholica et suæ grammaticæ compendium.

Basileæ, J. Parcus; 1547, in-8°.

(Bibliothèque de Beaune.)

Basileæ; 1555, in-12.

(Bibliothèque Sainte-Geneviève.)

STEINMETZ,

Mathématicien allemand, né à Gersbach, mort à Leipzig en 1584.
Voir Jöcher : *Allgemeines Gelehrten Lexicon*.

Arithmeticæ præcepta in questiones redacta; accessit introductio logistices scrupulorum astronomicorum a M. Mauricio Steinmetz Gerbacchio.

S. l., Joan. Rhamba; 1568, in-8°.

(Bibliothèque Nationale.)

STIFELIUS (MICHAEL).

Logisticæ elementa compendiaria.

Lipsiæ; 1558, in-8°.

(Bibliothèque Nationale.)

STEPHANUS.

Voir Estienne.

STEVIN (SIMON),

Mathématicien, né à Bruges, mort en 1633. — Voir Moréri : *Dictionnaire historique.*

L'Arithmétique de S. Stévin. Ensemble les 4 livres d'Algèbre de Diophante d'Alexandrie traduits par le même, et encore un livre particulier de la pratique d'arithmétique de S. Stévin.

Leyde; 1585, in-8°.

(Bibliothèque Mazarine.)

STIFELIUS (MICHAEL)
[STIEFEL],

Mathématicien allemand, né en 1486 à Esslingen (Saxe), mort à Iéna en 1567. Voir Montucla : *Histoire des mathématiques.*

Arithmetica integra, cum præfatione Phil. Melanchthonis.

Norimbergæ, Jo. Petreius; 1544, in-4°.

(Bibliothèques : Nationale; — Mazarine; — Sainte-Geneviève; — de l'Université.)

STOFERINUS (JOANNES)
[STŒFFLER],

Astronome allemand, né à Justingen (Souabe), en 1452, mort à Blaubeyern en 1531.
Voir Bayle : *Dictionnaire historique et critique.*

Traité de la composition de l'astrolabe et de son usage.

Paris, G. Cavellat; 1560, in-8°, 223 feuillets.
(Bibliothèques : d'Avignon [musée Calvet]; — de Cambrai; — de Chaumont.)

Elucidatio fabricæ ususque astrolabii.

Oppenheim; 1512, in-folio.
(Bibliothèque de l'Arsenal.)

Oppenheim, Jac. Cobelius; 1524, in-folio.
(Bibliothèques : Mazarine; — de l'Arsenal; — de l'Université.)

Lutetiæ, Cavellat; 1553, in-8°.
(Bibliothèques : Nationale; — d'Avignon [musée Calvet]; — de Nîmes.)

Parisiis, Hier. de Marnef; 1570, in-8°.
(Bibliothèque d'Avignon [musée Calvet].)

Lutetiæ; 1585, in-8°.
(Bibliothèques : de l'Arsenal; — Sainte-Geneviève; — de Carcassonne; — de Chaumont.)

Coloniæ, H. Falkenburg; 1594, in-8°, 172 feuillets.
(Bibliothèques : Mazarine; — de Cambrai.)

STREBOEUS (JACOBUS LUDOVICUS),

Humaniste français, né au diocèse de Reims, mort à Paris en 1550.
Voir Moréri : *Dictionnaire historique.*

De electione et oratoria collatione verborum libri II.

Parisiis, Mich. Vascosanus; 1538, 134 pages, in-4°.
(Bibliothèques : Nationale; — d'Angers; — de Beaune.)

STURMIUS (JOANNES).

Basileæ, Rob. Winter; 1539, in-8°.
(Bibliothèque de Besançon.)

Parisiis, Mich. Vascosanus; 1540, in-4°.
(Bibliothèques : Sainte-Geneviève; — de Verdun.)

Lugduni, Seb. Gryphius; 1541, in-8°.
(Bibliothèque Nationale.)

Coloniæ, Birckmannus; 1582, in-8°.
(Bibliothèques : Nationale; — Mazarine; — de l'Université.)

STRIGELIUS (VICTORINUS),

Humaniste allemand, né en Souabe en 1524, élève de Luther et de Melanchthon, mort à Heidelberg en 1569. — Voir Moréri : *Dictionnaire historique.*

Oratio de studiis doctrinæ christianæ recitata a Vict. Strigelio in celebri academia Lipsica anno 1563.

Lipsiæ, Vœgelinus; s. d., petit in-8°, 26 pages.
(Musée pédagogique.)

Libellus arithmeticus.

Lipsiæ; s. d., in-12.
(Bibliothèque Mazarine.)

STURMIUS (JOANNES)
[JEAN STURM],

Célèbre humaniste et pédagogue alsacien, né à Schleiden (Cologne), élève des Frères de la vie commune; mort en 1589 à Norheim, près Strasbourg. — Voir Ch. Schmidt : *La vie et les travaux de J. Sturm, fondateur du gymnase de Strasbourg.* Strasbourg, 1855.

De amissa dicendi ratione et quomodo ea recuperanda sit.

Argentorati, V. Rihelius; 1538, in-4°, 110 pages.
(Bibliothèques : Mazarine; — Sainte-Geneviève; — de Carpentras.)

Lugduni, Seb. Gryphius; 1542, in-8°.
(Bibliothèques : Mazarine; — de Besançon.)

Argentorati, Vuendel. Rihelius; 1543, in-8°.
(Bibliothèque de Besançon.)

STURMIUS (JOANNES).

Partitionum dialecticarum libri II.

Parisiis, Wechelus; 1539, in-12, 136 pages.
(Bibliothèques : Nationale; — de Dole; — de Mende.)

Parisiis; 1546, in-8°.
(Bibliothèque Sainte-Geneviève.)

Argentorati, Josias Rihelius; 1570, in-8°.
(Bibliothèque de Troyes.)

Argentorati; 1571, in-8°.
(Bibliothèque Nationale.)

Partitionum dialecticarum libri IV.

Lugduni; 1554, in-2.
(Bibliothèque Mazarine.)

Argentorati; 1591, in-12.
(Bibliothèque Mazarine.)

De periodis liber non tam scholiis quam scholis explicatus ab Valentino Erythræo, Lindaniensi.

Argentorati, Jos. Rihelius; 1567, in-8°.
(Bibliothèque Nationale.)

De imitatione oratoria libri tres.

Argentorati, Bernhardus Jobinus; 1574, in-8°.
(Bibliothèque Nationale.)

Joan. Sturmii ad Werteros fratres, nobilitas literata sive via et ratio studiorum.

Argentorati, Vuend. Rihelius; 1549, in-8°.
(Bibliothèques : Nationale; — Mazarine.)

Argentorati; 1556, in-8°.
(Bibliothèque Mazarine.)

Διαγράμματα, *hoc est tabulæ tertii et quarti libri partitionum dialecticarum Johannis Sturmii, autore Val. Erythræo.*

Argentinæ; 1555, in-folio.
(Bibliothèque de Salins.)

STURMIUS (JOANNES).

De litterarum ludis recte aperiendis liber.

S. l.; 1537, in-8°.
(Bibliothèque de l'Arsenal.)

Argentorati, Vuendelinus Rihelius; 1539, in-8°; 45 feuillets.
(Bibliothèques : Mazarine; — de Neufchâteau.)

Lugduni, Gryphius; 1542, in-12.
(Bibliothèques : Mazarine; — de Besançon.)

De educatione principum : ap. specul. aulicar. observation. libell. VI.

Argentinæ, Laz. Zetznerus; 1600, petit in-12.
(Bibliothèque de Besançon.)

Poeticum volumen, cum lemmatibus Joannis Sturmii sextæ curiæ scolarum Argentiniensium.

Argentorati, Rihelius; 1565, in-12.
(Bibliothèques : de Chartres; — de Montbéliard.)

Artis rhetoricæ libri III, gr. lat. cum scholiis.

Argentorati; 1570, in-8°.
(Bibliothèque Nationale.)

De exercitationibus rhetoricis liber academicus.

Argentorati, N. Wyriot; 1575, in-8°.
(Bibliothèque Nationale.)

Institutionis literatæ, sive de discendi atque docendi ratione libri tres, quibus varii variorum de studiis tractatus, præsertim Joan. Sturmii, continentur.

Thorunii Borussorum; And. Cotenius 1586, 1587, 1588, in-4°, 3 vol.
(Bibliothèque Nationale.)

SULPITIUS (JOHANNES), VERULANUS
[SULPIZIO],

Pédagogue et grammairien italien, natif de Veroli, professeur de belles-lettres au collège de Rome sous le pontificat d'Innocent VIII, vers 1475. — Voir l'abbé Chevalier : *Répertoire des sources historiques du moyen âge* (1883).

Sulpicianum opusculum grammatices.

Neapoli, s. n., circa 1485, in-4°.
(Bibliothèque Nationale.)

Parisiis, s. n.; 1489, in-4°.
(Bibliothèque de Troyes.)

Parisiis, Joan. Lambert; 1493 à 1514, petit in-8°.
(Bibliothèque de Troyes.)

Secunda editio Sulpitii Verulani, in qua quæ in priore habebantur argutius et completius præcipiuntur : additaque præterea sunt :

Vocabulorum omnium quæ in toto fere opere continentur familiares interpretationes.

De figuris grammaticalibus Donati grammatici opusculum apprime bonum.

De epistolis componendis atque exornandis ejusdem Sulpitii commentarioli optimi.

De scansione et syllabarum quantitate epithome tyronibus per eumdem Sulpitium.

Carmen juvenile de moribus puerorum ejusdem per Ascensium familiariter expositum.

In-4° gothique non paginé; sans lieu ni date.
(Bibliothèque Nationale.)

De octo partibus orationis.

Venetiis, Christ. de Pensis de Mondello; 1489, in-4°.
(Bibliothèques : Mazarine; — de Troyes.)

SULPITIUS (JOHANNES), VERULANUS.

Grammatica.

S. l. n. d.; in-4° (xv° siècle).
(Bibliothèque de l'Arsenal.)

Parisiis, officina Ascensiana; 1506, in-4°, 179 feuillets.
(Bibliothèque de Cambrai.)

Mediolani, Johannes Maria de Ferrariis; 1507, petit in-8°, non paginé.
(Musée pédagogique.)

Londini, Joh. Barbier; 1511, in-4°, 198 feuillets.
(Bibliothèque de Cambrai.)

Parisiis, Joan. Petit; 1511, in-4°.
(Bibliothèque de Chaumont.)

Parisiis, sub prelo Ascensiano; 1527, in-4°.
(Bibliothèque Nationale.)

Grammatica per Badium Ascensium recognita.

Parisiis, Jod. Badius; 1528, in-4°.
(Bibliothèque Nationale.)

Carmen juvenile de moribus in mensa servandis.

Parisiis, Joan. Petit; 1508, in-4°.
(Bibliothèque de Troyes.)

De moribus puerorum in mensa præcipue servandis : carmen elegiacum.

Paris, F. Baligault, s. d., in-4° gothique.
(Bibliothèque de Besançon.)

Lugduni, Jacobus Myt; 1510, in-4°.
(Bibliothèque de l'Université.)

Lugduni; 1511, in-4°.
(Bibliothèque Nationale.)

Coloniæ, Quentel; 1519, petit in-8°, 8 pages.
(Musée pédagogique.)

S. l., marque de Simon Vincent; 1521, in-8°.
(Bibliothèque Nationale.)

Lugduni; 1538, in-12.
(Bibliothèque Mazarine.)

Parisiis, Mat. David; 1549, in-8°, 31 pages.
(Bibliothèque d'Abbeville.)

616   SULPITIUS (JOHANNES), VERULANUS.

Basileæ; 1555; in-12.
(Bibliothèque Mazarine.)

Basileæ; 1556; in-12.
(Bibliothèque Mazarine.)

Parisiis; 1582, in-8°.
(Bibliothèque de Chartres.)

S. l., marque de Félix Baligaud, s. d., in-8°.
(Bibliothèque Nationale.)

S. l., édition gothique, in-8°.
(Bibliothèque Nationale.)

Cadomi, Mich. Angier; s. d., in-8°.
(Bibliothèque Nationale.)

Libellus de moribus in mensa servandis, Joanne Sulpitio Verulano autore, cum familiarissima et rudi juventuti aptissima elucidatione gallico-latina Gulielmi Durandi.

Parisiis, Lud. Grandinus; 1552, in-8°.
(Bibliothèque de l'Université.)

Lugduni, Joh. Pullon., alias de Trin; 1554, in-8°, 54 pages.
(Bibliothèque du Puy.)

Parisiis, Buon; 1570, in-8°.
(Bibliothèque Nationale.)

Parisiis, Rob. Stephanus; 1574, in-12, 128 pages.
(Bibliothèque de Coutances.)

Parisiis, G. Buon; 1576, in-8°.
(Bibliothèque de Besançon.)

Parisiis, G. Buon; 1577, in-8°.
(Bibliothèque du Havre.)

Parisiis, 1563 et 1577, in-12.
(Bibliothèque Mazarine.)

Parisiis, Buon; 1579, in-8°.
(Bibliothèque Nationale.)

De componendis epistolis opusculum.

S. l., s. n., s. d., gr. in-8°.
(Bibliothèque de Rodez.)

Basileæ, Ant. Blanchard; 1525, in-8°.
(Bibliothèque de Troyes.)

SUSENBROTUS (JOANNES).

De componendis et ornandis epistolis opusculum.

Vetus editio, in-4°.
(Bibliothèque Nationale.)

Idem opus cum Aug. Dathi elegantiis.

S. l.; 1520, in-4°.
(Bibliothèque Nationale.)

S. l. 1525, in-8°.
(Bibliothèque de Troyes.)

SURGANT (JEAN-ULRIC).

Regimen studiosorum.

Basileæ, s. n.; 1504, in-4°.
(Bibliothèques : Sainte-Geneviève; — de Troyes.)

SURSINUS (JOANNES),

Humaniste français et docteur en médecine, né à Nogent-le-Rotrou, principal du collège d'Angers et recteur de l'Université en 1611. — Voir Moréri ; *Dictionnaire historique.*

Joannis Sursini Carnutis Nogentini grammaticæ græcæ libri sex. — Accessit breve lexicon primitivarum omnium totius græcæ linguæ dictionum.

Andegavi, Ant. Hernault; 1595, in-4°, 338 pages.
(Bibliothèques : Nationale; — Mazarine; — Sainte-Geneviève; — d'Avranches; — de Chartres; — de Dole; — de Saint-Brieuc.)

SUSENBROTUS (JOANNES).

Grammaticæ artis institutio.

Lugduni, Ant. Vincentius; 1556, in-8°.
(Bibliothèques : Nationale; — Mazarine.)

SUSSANÆUS (HUBERTUS).

Scholæ christianæ epigrammatum libri duo ex variis christianorum poetis excerpti.

Basileæ; 1539, in-8°, 400 pages; 1541, in-12.

(Bibliothèque Mazarine.)

SUSSANÆUS (HUBERTUS)
[SUSANNEAU],

Philologue français, né à Soissons en 1512, mort à Paris après 1550.
Voir Moréri : *Dictionnaire historique.*

Annotationes in contextum duorum librorum artis versificatoriæ Jo. Despauterii.

Parisiis, Sim. Colinæus; 1542, in-12.
(Bibliothèques : Nationale; — de l'Université; — Musée pédagogique; — de Mende.)

Parisiis, Sim. Colinæus; 1543, in-8°.
(Bibliothèque Nationale.)

Parisiis, Reginaldus Calderius; 1547, in-8°.
(Bibliothèques : Nationale; — Mazarine.)

Connubium adverbiorum; id est elegans adverbiorum applicatio et mirificus usus ex Ciceronis operibus demonstratus.

Parisiis; 1548, in-8°.
(Bibliothèques : Nationale; — Mazarine.)

Lugduni; 1583, in-12.
(Bibliothèque Mazarine.)

Accentuum ratio brevissima ex Huberti Sussanæi collectaneis adauctis et locupletatis, cum distinguendi ratione.

Parisiis, Reg. Calderius; 1548, in-12, 24 pages.
(Musée pédagogique.)

Enodatio aliquot verborum quæ in aliis dictionariis non reperiuntur.

Parisiis, Sim. Colinæus; 1538, in-12.
(Bibliothèques : Nationale; — Mazarine; — de l'Université.)

SULBURGIUS (FRIDERICUS),

Philologue allemand, né à Wetterau (Hesse) en 1536, mort à Heidelberg en 1596.
Voir Melchior Adam : *Vitæ germanorum philosophorum.*

Rudimenta græcæ linguæ ad postremam Rameæ grammatices editionem conformata.

Francofurti, hered. Andr. Wecheli; 1582, in-8°, 395 pages.
(Bibliothèques : Nationale; — Mazarine; — de l'Arsenal; — de l'Université; — de Coutances.)

Francofurti; 1600, in-8°.
(Bibliothèque Sainte-Geneviève.)

Etymologicon magnum græcum.

S. l.; 1594, in-folio.
(Bibliothèques : Nationale; — Mazarine; — de Troyes.)

S. l. Hieronym. Commelinus; 1604, in-folio, 99 pages.
(Bibliothèque de Montauban [Faculté de théologie protestante].)

Alphabetum græcum; in quo de græcarum litterarum formis, nominibus, potestate ac pronuntiatione germana; tum et de numeralibus Græcorum notis ex veterum monumentis disseritur. Addita in fine lectionis scriptionisque exercitia.

Francofurti, hered. Andr. Wecheli; 1591, in-8°.
(Bibliothèque Nationale.)

Catechesis religionis christianæ quæ in ecclesiis et scholis electoralis Palatinatus traditur (latine et græce a Frid. Sylburgio conversa).

Heidelbergæ; 1597, in-8°.
(Bibliothèque Mazarine.)

Syntaxis græcæ compendium.

Francofurti, heredes Wecheli; 1598, in-8°.
(Bibliothèque de Chartres.)

SYLVIUS (FRANCISCUS)
[DUBOIS],

Humaniste français, né à Levilly près Amiens, professait au Collège de Montaigu (Paris) dans la première moitié du xvi° siècle. — Voir Jöcher : *Allgemeines Gelehrten Lexicon.*

In artem oratoriam progymnasmata ab eodem castigata et aucta.

Parisiis; 1516.
(Bibliothèque de Chartres.)

Parisiis; 1527, in-4°.
(Bibliothèque de Mende.)

Institutionum in artem oratoriam centuriæ III.

Coloniæ, J. B. Ciottus; 1589, in-12.
(Bibliothèques : Nationale; — d'Avignon [musée Calvet]; — de Bourg.)

Elegantia latina, sive progymnasmatum in artem oratoriam centuriæ conscriptæ tres.

Parisiis, Jod. Badius; 1520, in-8°.
(Bibliothèque Mazarine.)

Lugduni, Joh. Pillehotte; 1589, in-folio.
(Bibliothèques : Nationale; — de Gray.)

Progymnasmatum in artem oratoriam Francisci Sylvii Ambianatis centuriæ tres diligentius repositæ.

In-4° de 215 feuillets numérotés au recto.

La première page porte au-dessous du titre une gravure sur bois représentant un atelier d'imprimeur.

On lit à la fin :

Finis rursum sub prelo Ascensiano anno M. DXXII (1522) ad calendas octobr.

(Bibliothèque Nationale.)

SYNTHEMIUS (JOANNES).

Francisci Sylvii Ambianatis poetica.

In-4° de 14 feuillets non numérotés.

A la première page, une vignette représente l'atelier de Josse Bade.

On lit à la fin :

Parisiis apud Badium xv calend. januarii anno m. d. xx (1520).

(Bibliothèque Nationale.)

SYLVIUS (JACOBUS)

[DUBOIS],

Professeur de médecine au Collège royal et grammairien français, vers le milieu du xvi° siècle. — Voir Ch. Livet : *La grammaire et les grammairiens au xvi° siècle.*

In linguam gallicam isagoge, una cum ejusdem grammatica latino-gallica ex hebræis, græcis et latinis authoribus.

Parisiis, Rob. Stephanus; 1531, in-4°, 159 pages.

(Bibliothèques : Nationale; — Mazarine; — de l'Arsenal; — Sainte-Geneviève; — de l'Université; — d'Abbeville; — de Besançon; — de Carpentras; — de Montauban [Faculté de théologie protestante].)

SYNTHEMIUS (JOANNES)

[SYNTHEIM],

Pédagogue néerlandais, recteur de l'École des Frères de la vie commune à Deventer, l'un des maîtres d'Érasme; mort vers 1533. — Voir Delprat : *De Brœderschap van G. Groote en de invloed der Fraterhuyzen.* Arnhem, 1856 (2° édition).

Johannis Synthemii libellus quem de verborum compositione appellant.

Coloniæ, H. Quentel; 1501, in-4°, 116 pages.

(Bibliothèque de Saint-Brieuc.)

TABOETIUS

[TABOUET],

Jurisconsulte et historien français, né à Chantenay (Maine) vers 1500, mort en 1562 à Toulouse. — Voir Hauréau : *Histoire littéraire du Maine* (1843-1852).

Historica Franciæ regum genesis, duplici dialecto in epitomen contracta, Juliano Taboetio, jureconsulto, autore.

Lugduni, N. Edoardus; 1560, in-4°.

(Bibliothèques : Nationale; — Mazarine.)

Franciæ tomus geneseos octavus, per theses historicas aperiens ea summatim quæ contigerunt Francisci II regis diebus in Gallia.

Burdigalæ, vidua F. Morpanii; 1564, in-4°.

(Bibliothèque Nationale.)

De republica et lingua francica ac gothica, adjecta franciscarum antiquitatum et urbium serie.

Lugduni; 1559, in-4°.

(Bibliothèque Mazarine.)

Parisiis; 1562, in-4°.

(Bibliothèque Mazarine.)

TAILLE (JACQUES DE LA),

Poète dramatique français. — Milieu du xvi° siècle. — Voir Lacroix du Maine : *Bibliothèque française.*

La manière de faire des vers en françois, en grec et en latin.

Paris; 1573, in-12.

(Bibliothèques : Mazarine; — de l'Arsenal.)

TALÆUS (AUDOMARUS)
[OMER TALON],

Humaniste français, né à Amiens en 1510, professeur de rhétorique au Collège du cardinal Lemoine, mort à Paris en 1562. — Voir Moréri : *Dictionnaire historique* (1759), et *Plaidoyers et Discours* de Talon. Paris, 1821, in-8°.

Audomari Talæi rhetorica.

Lutetiæ, Mat. David; 1547, in-8°.
(Bibliothèque de Chaumont.)

Parisiis; 1548, in-8°.
(Bibliothèque Nationale.)

Parisiis, Mat. David; 1549, in-4°.
(Bibliothèque de Besançon.)

Parisiis, Lud. Grandinus; 1549, in-4°.
(Bibliothèques : d'Avignon [musée Calvet]; — de Montbéliard.)

Lutetiæ, Mat. David; 1552, in-8°, 96 pages.
(Bibliothèque de Pau.)

Lutetiæ, Lud. Grandinus; 1552, in-8°.
(Bibliothèque de Tulle.)

Parisiis; 1554, in-4°.
(Bibliothèque de l'Université.)

Parisiis; 1560, in-8°.
(Bibliothèque de Chartres.)

Parisiis, Andr. Wechelus; 1562, in-8°.
(Bibliothèques : Nationale; — Mazarine.)

Parisiis, Wechelus; 1567, in-8°.
(Bibliothèque de Troyes.)

Parisiis, A. Wechelus; 1572, in-8°.
(Bibliothèque Nationale.)

Parisiis; 1574, in-8°.
(Bibliothèque Mazarine.)

Lugduni, Cloqueminius Ludovicus et Stephanus Michael; 1576, in-12, 78 pages.
(Bibliothèque de Montbéliard.)

Parisiis, Ægidius Beys; 1577, in-4°.
(Bibliothèques : Nationale; — Mazarine.)

TARDIVUS (GUILLELMUS).

Francofurti, heredes Wecheli; 1584, in-8°.
(Avignon [musée Calvet].)

Genève; 1602, in-24.
(Bibliothèque de Bourg.)

Institutiones oratoriæ.

Parisiis, Jac. Bogardus; 1545, in-8°.
(Bibliothèque Nationale.)

N. B. — Voir aussi l'article RAMUS.

Admonitio ad Adr. Turnebum.

Parisiis, Andr. Wechelus; 1556, in-8°.
(Bibliothèques : Nationale; — Mazarine.)

Academia.

Lutetiæ; 1547, in-12.
(Bibliothèque Mazarine.)

Audomari Talæi quem Petri Rami Theseum dicere jure possis opera elegantioris methodicæ philosophiæ studiosis pernecessaria.

Basileæ, Petr. Perna; 1575, in-4°.
(Bibliothèque Nationale.)

Basileæ, Petr. Perna; 1584, in-4°.
(Bibliothèque Nationale.)

TARDIVUS (GUILLELMUS)
[GUILLAUME TARDIF],

Lecteur du roi Charles VIII. — Voir Lacroix du Maine : *Bibliothèque française.*

Guillelmi Tardivi Aniciensis eloquentiæ bene dicendique sciencæ (sic) *compendium.*

Ouvrage divisé en trois parties : *Grammatica, Elegantiæ, Rhetorica.*

In-4° gothique non paginé, sans lieu ni date.
(Bibliothèque Nationale.)

TARELEGUS (DAVID).

Progymnasmata græcæ grammaticæ.

Antuerpiæ; 1547, in-8°.
(Bibliothèque Mazarine.)

TARTAGLIA (NICOLAS),

Mathématicien italien, né à Brescia vers 1500; mort à Venise en 1560.
Voir Libri-Carucci : *Histoire des sciences mathématiques en Italie* (1838-1841), in-8°.

L'arithmétique de Nic. Tartaglia, traduite d'ital. par Guil. Gosselin; avec plusieurs inventions dudit Gosselin.

Paris; 1578, in-8°.
(Bibliothèques : Nationale; — Sainte-Geneviève.)

TASSETUS (STEPHANUS).

Latino-græco-gallicum dictionarium.

Parisiis, apud Steph. Tassetum; 1551, in-4°. (Imprimé par Étienne Mesvière.)
(Bibliothèque Nationale.)

TERMINIUS (FIRMANUS).

Institutiones grammaticæ, quibus continentur grammatica institutio secundum dicendi formulam qua Cicero utitur, Laurentii Vallæ differentiæ in alphabeti ordinem redactæ, etc.

Romæ, Antonius Bædius; 1555, in-4°.
(Bibliothèque Nationale.)

TEXTOR.

Voir RAVISIUS.

THEMISTOR (JOANNES).

Jo. Themistoris Scoti oratio de logicæ artis singulari excellentique præstantia, acta in gymnasio Barbarano.

Parisiis, Dionys. a Prato; 1569, in-4°.
(Bibliothèque Nationale.)

THEODIDACTUS (CHRISTIANUS).

Quo pacto ingenui adolescentes formandi sint præceptiones pauculæ.

Parisiis, Rob. Stephanus; 1526, in-8°.
(Bibliothèques : Mazarine; — d'Auxerre; — du Mans.)

Lugduni, Seb. Gryphius; 1531, in-18.
(Bibliothèque Mazarine.)

Voir aussi l'article VERGERIUS (Petr. Paulus).

Aphorismi de formandis ingenuis adolescentibus.

Bernæ, Samuel Apiarius; 1556, in-8°.
(Bibliothèque de Carcassonne.)

THEVET (ANDRÉ),

Voyageur et géographe français, né en 1502 à Angoulême, mort à Paris en 1590. Voir la *Nouvelle Biographie générale*.

La cosmographie universelle de Thevet.

Paris, Guil. Chaudière; 1575, in-folio, 2 vol.
(Bibliothèques : Nationale; — Mazarine; — de l'Arsenal; — de l'Université; — Sainte-Geneviève; — de Besançon; — de Bourg; — de Carpentras; — de Langres; — de Vendôme.)

La cosmographie universelle illustrée de diverses figures des choses les plus remarquables veues par l'auteur et ignorées des anciens et modernes.

Paris, Lhuillier; 1575, in-folio.
(Bibliothèques : d'Avranches; — de Carcassonne; — de Chartres; — de Chaumont; — de Gray; — de Verdun.)

Portraits des hommes illustres grecs, latins et païens.

Paris, Chaudière; 1584, in-folio.
(Bibliothèques : Nationale; — de l'Arsenal.)

THIERRY (JEAN),

Commentateur français du XVI° siècle. — Voir Lacroix du Maine : *Bibliothèque française*.

Dictionnaire françois-latin corrigé et augmenté par maistre Jehan Thierry, plus un recueil des propres noms modernes de la géographie par M. Jehan Lefrère de l'Aval.

Paris, chez Gilles Gourbin; 1572, in-folio.
(Bibliothèque Nationale.)

THOMAS,

Jurisconsulte et grammairien italien, vivait à Naples dans la 2ᵉ moitié du XVIᵉ siècle. Voir Jöcher : *Allgemeines Gelehrten Lexicon.*

Index rerum, verborum et sententiarum Thomæ grammatici ac jurisconsulti clarissimi.

Lugduni; 1550. (Bibliothèque de Bergues.)

THOMASSIN (P.-L.).

La méthode d'étudier et d'enseigner chrétiennement et solidement les lettres humaines, par rapport aux lettres divines et aux écritures.

Paris; 1581, in-8°. (Bibliothèque Mazarine.)

THOREIUS (HYBERNUS).

Flores omnium pene doctorum cum in theologia, tum in philosophia, per Thoreium Hybernum alphabetico ordine digesti.

Parisiis, Jac. Kerver; 1555, in-16, 1,437 pages.
(Bibliothèque de Neufchâteau.)

TISSARDUS (FRANCISCUS).

Alphabetum græcum. Regulæ pronunciandi græcum. Sententiæ septem sapientium. Liber gnomogyricus.

(Paris), Gilles de Gourmont; 1507, in-4°. (Bibliothèque de Nancy.)

Opuscula.

In-4° non paginé, sans titre. La 1re page porte une vignette avec le nom et l'adresse de Gilles de Gourmont. On trouve à la dernière page le détail de l'ouvrage :

Dialogus. Prothumatopatris et Phronimus, qui videlicet pro patria promptus est et prudens.

De Iudeorum ritibus compendium; Tabula elementorum hebraicorum; Documenta ut debeant illa elementa proferri ac legi; Ut Hebræi numeros signant; Oratio dominica hebraicis characteribus impressa; Genealogia beatæ Mariæ una cum aliis plusculis eisdem characteribus impressioni mandatis; Iesus Nazarenus rex Iudeorum : latine, græce et hebraice; Grammatica hebraica succincte tradita; Tabula elementorum Græcorum cum diphtongis et pronunciandi regulis et pluribus græcis orationibus, et Hippocratis jusjurando.; Abbreviationes græcæ ; Ut Græci numeros signant amplissima descriptio.

On lit au-dessous :

Operoso huic opusculo extremam imposuit manum Egidius Gourmontius integerrimus ac fidelissimus primus duce Francisco Tissardo Ambacæo græcarum et hebræarum litterarum Parrhisiis impressor. Anno a nativitate domini M. CCCCVIII (1508) quarto calen. februa.

(Bibliothèques : Nationale; — Mazarine.)

TITELMANNUS,

Savant franciscain néerlandais, né à Hasselt (diocèse de Liège) en 1537, mort à Rome.
Voir Moréri : *Dictionnaire historique.*

Compendium physicæ.

Parisiis, Prig. Calvarinus; 1541, in-8°.

(Bibliothèque d'Avignon [musée Calvet].)

Compendium naturalis philosophiæ; libri XII.

Parisiis; 1542, in-8°.

(Bibliothèque Mazarine.)

Lugduni, Beringerus; 1545, in-8°.

(Bibliothèques : Nationale; — d'Avignon [musée Calvet].)

Parisiis, J. Tiletanus; 1545, in-8°.

(Bibliothèques : d'Abbeville; — de Chaumont.)

Parisiis, Fr. Stephanus; 1547, in-8°.
(Bibliothèque du Havre.)

Lugduni; 1558, in-8°.
(Bibliothèque Mazarine.)

Parisiis, Joan. de Roigny; 1562, in-8°.
(Bibliothèque Nationale.)

Lugduni; 1564, in-8°.
(Bibliothèque de Nîmes.)

Lovanii, Hier. Wellæus; 1566, in-8°.
(Bibliothèque Nationale.)

Parisiis, vidua Cavellat; 1582, in-12.
(Bibliothèques : Sainte-Geneviève; — de l'Université.)

Parisiis, Mich. de Roigny; 1582, in-8°.
(Bibliothèque du Havre.)

De consideratione dialectica libri VI.

Parisiis, Tiletanus; 1544, in-8°.
(Bibliothèques : Nationale; — d'Avignon [musée Calvet]; — du Havre.)

Lugduni, Joh. Frellonius; 1549, in-12.
(Bibliothèque de Montbéliard.)

Lovanii, J. Waen; 1556, in-8°.
(Bibliothèque de Cambrai.)

Antuerpiæ, Nutius; 1570, in-8°.
(Bibliothèque Nationale.)

Compendium dialecticæ.

Parisiis, Chr. Wechelus; 1539, in-8°.
(Bibliothèque d'Avignon [musée Calvet].)

Parisiis, Sim. Colinæus; 1540, in-8°.
(Bibliothèque d'Avignon [musée Calvet].)

Lugduni; 1548, in-8°.
(Bibliothèque Mazarine.)

Parisiis, Calvarinus; 1548, in-8°.
(Bibliothèque Nationale.)

Parisiis, Th. Richardus; 1563, in-4°.
(Bibliothèque Nationale.)

Dialectica.

Parisiis; 1565, in-4°.

(Bibliothèque de l'Université.)

TONSTALUS (CUTHEBERTUS),

Mathématicien anglais de la première moitié du xvi° siècle.
Voir Moréri : *Dictionnaire historique.*

De arte supputandi libri quatuor.

Parisiis; 1529, 1538, in-4°.

(Bibliothèque Mazarine.)

Argentorati, ex off. Knoblouchii; 1551, in-8°, 444 pages.

(Bibliothèque de Montauban [Faculté de théologie protestante].)

TORRENTINUS

(VAN DER BEK),

Grammairien néerlandais, né à Zwolle au milieu du xv° siècle, Frère de la vie commune, professait à l'école de Groningue, où il mourut vers 1520. — Voir Delprat : *De Brœderschap van G. Groote en de invloed der Fraterhuyzen,* et Altmeyer : *Les Précurseurs de la Réforme aux Pays-Bas.* Paris, 1886, 2 volumes in-8°.

Elucidarius carminum et historiarum vel vocabularius poeticus continens fabulas, historias, provincias, orbes, insulas, fluvios et montes illustres.

Daventriæ; 1500, in-4°.

(Bibliothèque Sainte-Geneviève.)

Parisiis; 1507, in-4°.

(Bibliothèque de Troyes.)

Argentinæ; 1505, 1510, in-4°.

(Bibliothèque Mazarine.)

Parisiis, Rob. Gourmont; s. d., in-12 gothique.

(Bibliothèque Nationale.)

Haguenau, 1512, in-8°.

(Musée pédagogique.)

Basileæ; 1522, in-24.

(Bibliothèque Nationale.)

TORRENTINUS.

Parisiis, Rob. Stephanus; 1542, in-8°.
(Bibliothèque d'Abbeville.)

Basileæ, Nicolaus Brylingerus; 1544, in-8.
(Bibliothèque de Montbéliard.)

Venetiis, hered. Nicolini de Sabio; 1547, in-8°.
(Bibliothèque de Carpentras.)

Parisiis, Rob. Stephanus; 1550, in-12.
(Bibliothèques : Mazarine; — de l'Arsenal; — de Chaumont.)

Parisiis, Car. Stephanus; 1559, in-8°,
(Bibliothèque Nationale.)

Commentaria in primam partem doctrinalis Alexandri, cum vocabulorum interpretatione.

Tubingæ, Th. Anshelmus; 1514, in-4°.
(Bibliothèque Nationale.)

Doctrinale totius grammatices artis in unum compendiose digestum, opus juxta ipsius specierum positivæ dyasintheticæ prosodiæque calculationem ab eruditissimis hujus scientiæ professoribus diligenter gnareque excusum : cum familiari vocabulorum interpretatione gallica adjuncta teutonicæ, quibusdam mendosis, supervacaneis et obscuris versibus vel rejectis vel in veriores planioresque mutatis. Additæ sunt in margine terminationes : cum dictionum indice atque cum quadam nova ipsius textus illucubratione interlineari plurimum neogrammaticis accommodata.

Epitheta auctorum :

Hermannus Torrentinus in primam partem Alexandri.
Rempo Tessaliensis in secundam partem Alexandri.
Andreas Hutterius Cerasianus in tertiam partem Alexandri.
In Donatum familiaris commentarius; Grammatici constructiones singulares.
Remigius. Elegantiæ perquam utiles; Species figurarum; Modus punctandi.

S. d.; in-4° gothique de 127 feuillets numérotés au recto.

La première page porte au-dessous du titre la marque typographique de Pierre Aubri avec l'adresse du libraire :

Veneunt in bibliopolio Bernardi Aubri sub divi Martini stemmate : in vico Jacobeo.

TORTELLIUS (JOHANNES), ARETINUS.

On lit à la fin :

Totius doctrinalis grammaticæ scientiæ finit compendiosa exaratio : impensis providi viri Bernardi Obri (*sic*).

(Bibliothèque Nationale.)

TORTELLIUS (JOHANNES), ARETINUS
[TORTELLI],

Grammairien italien, né à Arezzo vers 1400, mort en 1466.
Voir Bayle et Tiraboschi, t. VI.

Johannis Tortellii Aretini grammatici commentarius de orthographia dictionum e Græcis tractarum.

Venetiis, Nic. Jensonius; 1471, in-folio.

(Bibliothèques : Nationale; — Sainte-Geneviève; — de Troyes.)

Romæ, sub jussu Ulr. Galli et Sim. Nicolai; 1471, in-folio.

(Bibliothèque Nationale.)

Tarvisii, Mich. Manzolinus; 1477, in-folio.

(Bibliothèques : Nationale; — de Troyes.)

Vicentiæ, Steph. Koblinger; 1479, in-folio.

(Bibliothèque Nationale.)

Vicentiæ, Herm. Lichtenstein; 1480, in-folio.

(Bibliothèque Nationale.)

Venetiis, Herm. Lichtenstein; 1484, in-8°, 645 pages.

(Bibliothèques : Nationale; — de Besançon; — de Carpentras.)

Venetiis, Andreas de Palthasichis Catharensis; 1488, in-folio non paginé.

(Bibliothèques : Nationale; — Mazarine; — Musée pédagogique; — de Toulouse.)

Venetiis, Joan. de Tridino; 1495, in-folio.

(Bibliothèques : Nationale; — Mazarine; — de l'Arsenal.)

Venetiis; 1501, in-folio non paginé.

(Bibliothèques : Mazarine; — de l'Université; — d'Albi.)

Venetiis, Barth. de Zanis; 1504, in-folio.

(Bibliothèques : Nationale; — Mazarine.)

TORY (GEOFFROY),

Savant imprimeur français, né à Bourges en 1480, professa la philosophie à Paris, où il mourut en 1533. — Voir A. Bernard : *G. Tory*. Paris, 1865, in-8°.

Champfleury, auquel est contenu l'art et science de la due et vraie proportion des lettres attiques proportionnées selon le corps et visage humain.

Paris, Tory de Bourges; 1526, in-4°, 79 f.
(Bibliothèque de Cambrai.)

Paris, Gourmont; 1529, in-4°.
(Bibliothèques : Nationale; — Mazarine; — de l'Arsenal; — de l'Université; — de Besançon; — de Langres.)

Paris, V. Gaultherot; 1549; in-8°.
(Bibliothèques : Nationale; — Sainte-Geneviève; — de Carpentras.)

TOUSSAIN (P.),

Pasteur français, né en 1496 à Saint-Laurent près Jometz (Lorraine), réformateur de la ville de Montbéliard, où il mourut en 1574. — Voir Lichtenberger : *Encyclopédie des sciences religieuses.*

L'ordre qu'on tient en l'église de Montbéliard en intruisant les enfants.

S. l. s. n.; 1559, in-18.
(Bibliothèque de Montbéliard.)

TREBELLIUS (THEODOSIUS).

Latinæ linguæ universæ promptuarium.

Basileæ, Jo. Oporinus; 1545, in-folio, 2 vol.
(Bibliothèques : Nationale; — Mazarine; — Sainte-Geneviève; — d'Avignon [musée Calvet].)

TREMELLIUS (EMMANUEL),

Hébraïsant italien, né à Ferrare vers 1510, mort à Sedan en 1580.
Voir Lichtenberger : *Encyclopédie des sciences religieuses.*

Grammatica chaldœa et syra Emmanuelis Tremellii, theologiæ doctoris et professoris in schola Heidelbergensi.

Parisiis, H. Stephanus; 1569, in-4°, 155 pages.
(Bibliothèques : Nationale; — de l'Arsenal; — de l'Université; — d'Avignon [musée Calvet]; — de Bourg; — de Carcassonne; — de Carpentras; — de Chartres; — de Mende; — de Salins; — de Troyes.)

TRENCHANT (JEAN) OU TRANCHANT,

Mathématicien français, vivait dans la 2° moitié du xvi° siècle.
Voir Lacroix du Maine : *Bibliothèque française.*

L'arithmétique de Jean Tranchant, départie en 3 livres.

Lyon, Jean Tranchant; 1558, in-12, 319 pages.
(Bibliothèque de Mende.)

Lyon, Michel Jove; 1561, in-8°.
(Bibliothèque Nationale.)

Lyon; 1571, in-8°.
(Bibliothèque de l'Arsenal.)

Lyon, Mich. Jove; 1578, in-12.
(Bibliothèque de Tournus [Saône-et-Loire].)

Lyon; 1588, in-8°.
(Bibliothèques : Nationale; — Mazarine.)

Lyon, Pillehotte; 1602, in-8°.
(Bibliothèque Nationale.)

L'arithmétique en 3 livres; ensemble un discours des chances, avec l'art de calculer aux jetons.

Lyon; 1588, in-8°.
(Bibliothèque Mazarine.)

TRETERUS (THOMAS).

Romanorum imperatorum effigies elogiis ex diversis scriptoribus per Th. Treterum collectis illustratæ, opera et studio J. Baptistæ de Cavalleriis æneis tabulis incisæ.

    Romæ, Fr. Coattinus; 1590, in-14°, 163 pages, 163 portraits.

    (Bibliothèque de Montauban [Faculté de théologie protestante].)

TRIPPAULT (LÉON),

    Magistrat et philologue français, siégeait à Orléans, fin du XVI° siècle.
    Voir Goujet : *Bibliothèque française.*

Dictionnaire français-grec (ou des mots qui dérivent du grec) de Léon Trippault, conseiller au présidial d'Orléans.

    Orléans, Eloy Gibier; 1577, in-18.

    (Bibliothèques : Nationale; — Mazarine; — de Chaumont; — de Troyes.)

    Orléans, Eloy Gibier; 1579, in-8°.

    (Bibliothèque de Besançon.)

Celt-hellénisme ou étymologie des mots tirés du grec, par Léon Trippault, sieur de Bardis, conseiller du roi au présidial d'Orléans.

    Orléans, Eloy Gibier; 1580, in-8°.

    (Bibliothèques : Nationale; — Musée pédagogique; — de Carpentras; — de Cherbourg; — de Montbéliard.)

    Orléans, Eloy Gibier; 1581, in-8°.

    (Bibliothèques : Nationale; — Mazarine.)

    Orléans, Eloy Gibier; 1583, in-12.

    (Bibliothèques : de l'Arsenal; — Musée pédagogique; — de Besançon.)

    Orléans, Eloy Gibier; 1585, in-12.

    (Bibliothèque de Meaux.)

    Orléans, Eloy Gibier; 1586, in-8°.

    (Bibliothèque Mazarine.)

TRONCHET (ESTIENNE DE),

Lettré français, né à Montbrison, trésorier du Forez, 2° moitié du xvi° siècle.
Voir Goujet : *Bibliothèque française*.

Discours académiques florentins appropriez à la langue françoise, par Est. du Tronchet, secrétaire de la royne mère.

Paris, Luc. Breger; 1576, in-8°.

(Bibliothèque Nationale.)

TUILLERIUS (JOANNES).

Catonis disticha in formam elegiacam redacta.

Parisiis; 1541, in-8°.

(Bibliothèque Mazarine.)

TURNEBUS (ADR.)
[TURNÈBE],

Philosophe français, né en 1512 aux Andelys (Normandie), mort à Paris en 1565.
Voir la *France protestante* des frères Haag.

Adversariorum tomus primus et secundus (XXIV libros continentes).

Parisiis, Gabr. Buon; 1564, in-4°.
 (Bibliothèques : Nationale; — Mazarine; — de Langres; — de Troyes.)

Parisiis, Gabr. Buon; 1565, in-4°.
 (Bibliothèques : Nationale; — de Langres.)

Basileæ, Guarinus; 1581, in-folio.
 (Bibliothèque de Chaumont.)

ULRICUS (JOHANNES).

Adversariorum libri XXX.

Parisiis, Martinus Juv.; 1580, in-folio.
(Bibliothèques : Mazarine; — Sainte-Geneviève; — d'Avignon [musée Calvet]; — du Puy; — de Verdun.)

Argentinæ; 1599, in-folio.
(Bibliothèque Mazarine.)

TUSANUS (JACOBUS)
[TOUSSAINT],

Helléniste français, né à Troyes à la fin du xve siècle, fut professeur au Collège royal, mort à Paris en 1541. — Voir Goujet : *Mémoires sur le Collège de France.*

Lexicon græco-latinum.

Parisiis, Carola Guillard, vidua Claudii Chevallonii; 1552, in-folio, 2 vol.
(Bibliothèques : Nationale; — de l'Arsenal; — Sainte-Geneviève; — d'Avranches; — de Besançon; — de Bourg; — de Chartres; — de Chaumont; — du Dole; — de Laon; — de Lunéville; — de Montauban [Faculté de théologie protestante]; — de Vendôme.)

Lexicon græco-latinum G. Budæi, Tusani et aliorum.

Genevæ; 1562, in-folio.
(Bibliothèques : Nationale; — Mazarine.)

Basileæ; 1563, in-8°.
(Bibliothèque Mazarine.)

ULRICUS (JOHANNES).

Regimen studiosorum.

Basileæ; 1502, petit in-4°.
(Bibliothèque de Troyes.)

Orationes, dialogus, apologia.

Mediolani, Calvus; 1540, in-4°.
(Bibliothèque de Cambrai.)

UNICORNUS (JOSEPHUS),

Philosophe et mathématicien italien, originaire de Bergame, mort en 1610.
Voir Jöcher: *Allgemeines Gelehrten Lexicon.*

De mathematicarum artium utilitate, Jos. Unicorno Bergomāte auctore.

Bergomi, Com. Venture; 1584, petit in-8°, 79 pages.

(Bibliothèque Nationale; — Musée pédagogique.)

URBANUS, BELLUNENSIS.

Voir BOLZANIUS.

URSTISIUS (CHRISTIANUS)
[WURSTEISEN-ALTASIDERUM],

Géomètre suisse, né à Bâle en 1544, mort en 1588.
Voir Moréri : *Dictionnaire historique.*

Elementa arithmetices, logicis legibus deducta a Christ. Urstisio math. prof.

Basileæ, Henricpetrus; 1579, in-8°.

(Bibliothèque Nationale.)

VADIANUS (JOACH.)
[J. DE WATT],

Humaniste suisse, né à Saint-Gall en 1484, mort en 1551. — Voir Herminjard : *Correspondance des Réformateurs.*

Epitome trium terræ partium, Asiæ, Africæ et Europæ compendiariam locorum descriptionem continens.

Tiguri, Chr. Froschoverus; 1533, in-8°.

(Bibliothèque de Nîmes.)

VALERIANUS (JOANNES PETRUS).

Tiguri, Chr. Froschoverus; 1534, in-8°.
    (Bibliothèques : Nationale; — Sainte-Geneviève; — d'Avignon [musée Calvet]; — de Carcassonne.)

Antuerpiæ, Joan. Grapheus; 1535, in-8°.
    (Bibliothèque Nationale.)

Tiguri, Chr. Froschoverus; 1548, in-8°.
    (Bibliothèques : Nationale; — Mazarine; — de Cambrai.)

Tiguri, Froschoverus; 1569, in-8°.
    (Bibliothèque d'Avignon [musée Calvet].)

De poetica et carminis ratione liber.

Wienæ; 1518, in-4°.
    (Bibliothèque Mazarine.)

VALERIANUS (JOANNES PETRUS)
[GIAN PIETRO VALERIANO],

Savant italien, né à Bellune en 1477, mort à Padoue en 1558. — Voir Chaufepié : *Supplément au Dictionnaire historique et critique de Bayle.*

Compendium in sphæram.

Parisiis, Gul. Cavellat; 1550, in-8°, 60 pages.
    (Bibliothèque de Carcassonne.)

Lutetiæ; 1556, in-4°.
    (Bibliothèque de Neufchâteau.)

Parisiis, Marnef et Cavellat; 1572, in-8°.
    (Bibliothèque Nationale.)

Venetiis; 1586, in-8°.
    (Bibliothèque Mazarine.)

Coloniæ, Cholinus; 1594, in-8°.
    (Bibliothèque Nationale.)

Parisiis; 1552, 1559, 1577, in-8°.
    (Bibliothèque Mazarine.)

VALERIUS (AUGUSTUS),

Prélat et littérateur italien, né à Venise en 1531, mort à Rome en 1616.
Voir Ginguené : *Histoire littéraire d'Italie.*

Libri tres de rhetorica ecclesiastica.

Veronæ; 1574, in-8°.
(Bibliothèques : Nationale; — de Carpentras.)
Parisiis, Th. Brumennius; 1575, in-8°, 126 pages.
(Bibliothèques : Nationale; — de l'Arsenal; — d'Abbeville; — de Cambrai; — de Troyes.)

VALERIUS (CORNELIUS)
[KORNELIS WOUTERS],

Professeur au collège de Louvain, mort en 1572.
Voir Paquot : *Mémoires pour servir à l'histoire littéraire des Pays-Bas*, t. XII.

Cornelii Valerii physicæ institutiones.

Lugduni; 1566, in-8°.
(Bibliothèque de Bourg.)
Antuerpiæ; 1567, in-8°.
(Bibliothèque Mazarine.)
Lugduni, Th. Paganus; 1568, in-8°.
(Bibliothèques : Nationale; — Mazarine.)
Antuerpiæ, C. Plantinus; 1575, in-8°.
(Bibliothèque Nationale.)

Grammaticæ institutiones.

Lutetiæ, M. Vascosanus; 1557, in-4°.
(Bibliothèque Nationale.)
Antuerpiæ, Guil. Hilvius; 1567, in-12, 580 pages.
(Bibliothèque de Beaune.)
Lugduni, Joan. de Tournes; 1569, in-4°.
(Bibliothèque Nationale.)
Antuerpiæ, Chr. Plantinus; 1573, in-8°.
(Bibliothèque de Besançon.)

VALERIUS (CORNELIUS).

Antuerpiæ, C. Plantinus; 1575, in-8°. (Bibliothèque Nationale.)

Antuerpiæ; 1578, in-8°. (Bibliothèque de l'Arsenal.)

Ingolstadii, Dav. Sartorius; 1582, in-8°. (Bibliothèque Nationale.)

Grammaticarum institutionum libri IV.

Ingolstadii; 1592, in-8°. (Bibliothèque Mazarine.)

Lugduni; 1596, in-8°. (Bibliothèque Mazarine.)

Tabulæ totius dialectices.

Parisis, M. Vascosanus; 1548, in-18. (Bibliothèque de Monde.)

Lugduni, J. Tornæsius; 1556, in-8°. (Bibliothèque d'Avignon [musée Calvet].)

Lugduni, Tornæsius; 1569, in-8°. (Bibliothèque Nationale.)

Antuerpiæ, Plantinus; 1575, in-8°. (Bibliothèque Nationale.)

Parisiis; 1576, in-8°. (Bibliothèque Mazarine.)

In universam bene dicendi rationem tabula summam artis rhetoricæ complectens.

Lugduni; 1556, 1558, in-8°. (Bibliothèque de Troyes.)

Lovanii; 1559, in-8°. (Bibliothèque Mazarine.)

Antuerpiæ, C. Plantinus; 1575, in-8°. (Bibliothèque Nationale.)

Lugduni, Lud. Cloquemin; 1577, in-8°. (Bibliothèque Nationale.)

Antuerpiæ, C. Plantinus; 1580, in-folio plano. (Bibliothèque Nationale.)

Voir aussi SCHENCKELIUS.

Ethicæ seu de moribus philosophiæ brevis et perspicua descriptio.

    Antuerpiæ; 1567, in-12.
                                        (Bibliothèque de l'Arsenal.)
    Lugduni, Paganus; 1568, in-8°.
                                        (Bibliothèque Nationale.)
    Antuerpiæ, C. Plantinus; 1574, in-8°.
                                        (Bibliothèque Nationale.)

De sphæra et primis astronomiæ rudimentis libellus utilissimus. Cui adjecta sunt brevia quædam de geographia præcepta maxime necessaria.

    Antuerpiæ, Chr. Plantinus; 1568, in-8°.
                                        (Bibliothèque Nationale.)
    Antuerpiæ, Chr. Plantinus; 1575, in-8°.
                                        (Bibliothèque Nationale.)

VALLA (GEORGIUS), PLACENTINUS,

Savant médecin italien, né à Plaisance vers 1430, mort à Venise en 1499.
Voir Bayle : *Dictionnaire historique et critique.*

Rhetorica.

    Argentorati, H. Sybold; s. d., in-8°.
                                        (Bibliothèque de Besançon.)

Grammatica latina (IV libris).

    Venetiis; 1514, in-4°.
                                        (Bibliothèque Mazarine.)

De orthographia opusculum.

    Venetiis; 1495, in-folio.
                                        (Bibliothèque Mazarine.)
    Venetiis; 1501, in-folio.
                                        (Bibliothèque Mazarine.)
    Mediolani; 1508, in-4°.
                                        (Bibliothèque Mazarine.)

VALLA (LAURENTIUS).

De expetendis et fugiendis rebus opus in duos tomos distributum.

Venetiis, Aldus; 1501, in-folio.
(Bibliothèques : Nationale; — Mazarine; — de l'Arsenal.)

N. B. — Ce recueil contient, entre autres traités, les suivants, qui ont un caractère pédagogique : *De arithmetica*, libri III; *De musica*, libri V; *De geometria*, libri VI; *De grammatica*, libri IV; *De dialectica*, libri III; *De poetica*, liber unus; *De rhetorica*, libri II; *De morali philosophia*, liber unus.

VALLA (LAURENTIUS),

Célèbre humaniste et critique italien, né à Rome en 1406, mort à Naples en 1457.
— Voir J. Wildschut : *De vita et scriptis L. Vallæ*, Leide, 1830, et le *Dictionnaire des sciences philosophiques*.

Elegantiarum linguæ latinæ libri sex. Ejusdem tractatus de reciprocatione sui et suus. Ejusdem liber in errores Ant. Raudensis.

Parisiis, ædibus Sorbone (per Ulr. Gering et socios); 1471, in-folio.
(Bibliothèque Nationale.)

Venetiis, Nic. Jenson; 1471, in-folio.
(Bibliothèque Nationale.)

Elegantiæ Laurentii Vallensis.

In-4° non paginé, sans lieu ni date, marque typographique de Jehan Petit. A la première page au-dessous du titre, préface en vers : Magister Petrus de Ponte Cecus Brugensis ad lectorem.
(Bibliothèque Nationale.)

Elegantiæ terminorum Laurentii Vallæ.

Plaquette in-4° gothique imprimée en petits caractères, non paginée, sans lieu ni date. Le premier feuillet porte au recto la marque typographique de Denis Roce et au verso une gravure sur bois représentant un personnage dans son cabinet de travail.
(Bibliothèque Nationale.)

Laurentii Vallensis viri clarissimi elegantiæ ad breve quoddam ac perutile redactæ compendium.

In-4° de 76 feuillets numérotés à la main, avec enluminure et majuscules en bleu; en tête une table manuscrite.

On lit à la fin :

Mediolani, impressum per magistrum Philippum de Lavagnia Mediolanensem 1475 die 27 junii.

(Bibliothèque Nationale.)

N. B. — La Bibliothèque nationale possède un autre exemplaire de cette édition, avec une table et des notes manuscrites attribuées à Ange Politien.

Elegantiæ terminorum.

Plaquette in-4° gothique non paginée. A la première page, au-dessous du titre une gravure sur bois représente un maître dans sa chaire instruisant cinq écoliers.

On lit à la fin :

Elegantiarum præcepta orationum de latinis orationibus ornate componendis. Nec non præcepta elegantiarum terminorum breviter ex Laurentio de Valla et aliorum dictis collecta feliciter finiunt.

Impressum est hoc opusculum Daventriæ in Platea episcopi anno Domini M CCCC XCI (1491) septima junii.

(Bibliothèque Nationale.)

Laurentii Vallæ viri disertissimi de romani sermonis elegantia libri sex.

In-4° gothique de 215 feuillets numérotés à la main, plus une table en tête de l'ouvrage.

On lit à la fin :

Laurentii Vallæ viri eruditissimi et oratoris clarissimi de elegantia linguæ latinæ liber sextus et ultimus diligenti emendatione finitus :[ab incarnatione Domini anno M CCCC LXXX (1480) die vero XVIII mensis septembris.

Le dernier feuillet porte l'épitaphe manuscrite suivante :

Epitaphium Laurentii Vallæ. 1520.

Postea quam Manes defunctus Valla petivit,
Non audet Pluto verba latina loqui,
Jupiter hunc cœli dignatus parte fuisset;
Censorem linguæ sed timet ille quoque.

(Bibliothèque Nationale.)

VALLA (LAURENTIUS).

Laurentius Valla in elegantiis nuper emendatus et revisus cum tabula perquam diligenter atque bene ordinata.

In-4° gothique non paginé.

On lit à la fin :
Parrhisiis in Sole deaurato vici Sorbonici per Udalrichum Gering et M. Bertholdum Renbolt sociorum (*sic*) impressus xix decembris anno a natali Christi millesimo quadringentesimo nonagesimo quinto (1495).

(Bibliothèques : Nationale ; — de Cambrai ; — de Troyes.)

Laurentii Vallensis viri clarissimi elegantiæ ad breve quoddam ac perutile redactæ compendium.

In-4° gothique non paginé.

On lit à la fin :
Finis Elegantiarum disertissimi viri Laurentii Vallensis, Romæ in domo quondam magistri Udalrici Galli barbati impressarum Sixto III pont. max. sedente, anno ejus nono;

Et ces vers au-dessous :
Abstulerat Latio multos Germania libros;
Nunc multo plures reddidit ingenio;
Et quæ vix toto quisquam perscriberet anno,
Munere germano conficit una dies.

(Bibliothèque Nationale.)

Elegantie (sic) *de lingua latina; de pronomine sui ad Joan. Tortelium. Laurent. Vallensis lima quedam* (sic) *per Ant. Mancinellum.*

Venetiis, Joan. Bapt. Sessa; 1499, in-folio.

(Bibliothèque Nationale.)

De latinæ linguæ elegantia libri VI [1].

Romæ, s. n.; 1471, in-folio.

(Bibliothèque Nationale.)

Venetiis, Jacobus Rubæus; 1476, in-4°.

(Bibliothèques : de Besançon ; — de Troyes.)

---

[1] La plupart des éditions dont le détail suit sont accompagnées du petit traité grammatical : *De reciprocatione sui et suus.*

VALLA (LAURENTIUS). 647

Mediolani, imp. Phil. Lavagniæ; 1477, in-folio.
(Bibliothèque Nationale.)

Venetiis, Jacobus Rubæus; 1478, in-4°.
(Musée pédagogique.)

Venetiis, Bernardus de Novaria; 1491, in-folio.
(Bibliothèque Nationale.)

Venetiis, Joan. de Tridino; 1495, in-folio.
(Bibliothèque Nationale.)

Venetiis; 1496, in-folio.
(Bibliothèque de l'Arsenal.)

S. l.; 1501, in-4°.
(Bibliothèque de l'Arsenal.)

Parisiis; 1505, in-4°.
(Bibliothèques : de l'Arsenal; — de Troyes.)

Parisiis, Jod. Badius; 1509, in-4°.
(Bibliothèque de Chaumont.)

Parisiis, Jod. Badius; 1516, in-4°.
(Bibliothèques : de Chartres; — de l'Arsenal.)

Argentorati, M. Schurerius; 1517, in-4°.
(Bibliothèque Nationale.)

Parisiis, F. Regnault; 1519, in-folio.
(Avignon [musée Calvet].)

Parisiis, V. de Portonariis; 1521, in-4°.
(Avignon [musée Calvet].)

Argentorati; 1521, in-folio.
(Bibliothèque Mazarine.)

Schlestadii, Schurerius; 1522, in-folio.
(Bibliothèque de Troyes.)

Parisiis; 1527, in-4°.
(Bibliothèques : de l'Arsenal; — de Bourg.)

Parisiis, Petr. Vidovæus; 1528, in-folio.
(Bibliothèque de Carcassonne.)

Parisiis, Jod. Badius; 1528, in-folio, 438 pages.
(Bibliothèques : Nationale; — Mazarine; — de Saint-Brieuc.)

Parisiis, Simon Colinæus; 1529, in-4°, 215 pages.
(Bibliothèques : de Saint-Brieuc; — de Verdun.)

Parisiis, Simon Colinæus; 1532, in-4°, 249 pages.
(Bibliothèques : de Béziers; — de Meaux; — de Troyes; — de Nancy; — de Saint-Malo.)

VALLA (LAURENTIUS).

Parisiis, Gryphius; 1533, in-4°.
(Bibliothèques : d'Albi; — de Pau.)

Parisiis, Rob. Stephanus; 1533, in-4°.
(Bibliothèques : de l'Arsenal; — d'Avignon [musée Calvet]; — de Chaumont.)

Parisiis, Gryphius; 1534, in-4°.
(Bibliothèque Mazarine.)

Venetiis, Aldus; 1536, in-4°.
(Bibliothèques : Nationale; — de Besançon.)

Parisiis; 1537, in-4°.
(Bibliothèque Sainte-Geneviève.)

Parisiis, Simon Colinæus; 1538, in-4°, 249 feuillets.
(Bibliothèques: de l'Arsenal; — de Beaune; — de Coutances; — d'Épernay; — de Neufchâteau.)

Lugduni, Seb. Gryphius; 1538, in-8°, 493 pages.
(Bibliothèque du Havre.)

Parisiis, F. Regnault; 1539, in-8°, 468 pages.
(Bibliothèques : Nationale; — d'Avranches.)

Parisiis, Guill. Le Bret; 1539, in-4°, 234 feuillets.
(Bibliothèque de Mende.)

Parisiis, Fr. Gryphius; 1539, in-8°.
(Bibliothèque Nationale.)

Lugduni; 1539, in-8°.
(Bibliothèque Mazarine.)

Parisiis, Simon Colinæus; 1540, in-4°.
(Bibliothèques : Nationale; — d'Angoulême; — de Besançon; — de Carcassonne; — de Chalon-sur-Saône; — du Havre.)

Lugduni, Seb. Gryphius; 1540, in-8°.
(Bibliothèque de Chaumont.)

Parisiis, Rob. Stephanus; 1541, in-4°.
(Bibliothèques : Nationale; — Mazarine; — de Sainte-Geneviève; — de l'Université; — d'Abbeville.)

Lugduni, Steph. Doletus; 1541, in-16.
(Bibliothèques : de Carpentras; — de Saint-Malo.)

Parisiis, Fr. Gryphius; 1542, in-4°.
(Bibliothèques : de Carcassonne; — de Tarbes.)

Parisiis, Simon Colinæus; 1543, in-12, 218 pages.
(Bibliothèque de Vendôme.)

VALLA (LAURENTIUS). 649

Basileæ, Henricpetrus; 1543, in-8°.
(Bibliothèque de Béziers.)

Coloniæ, J. Gymnicus; 1543, in-8°.
(Bibliothèque de Cambrai.)

Lugduni, Seb. Gryphius; 1544, in-8°.
(Bibliothèque Nationale.)

Parisiis, Simon Colinæus; 1544, in-4°, 331 feuillets.
(Bibliothèques: Mazarine; — de l'Arsenal; — de l'Université; — d'Angoulême; — d'Avranches; — de Chartres; — de Chaumont.)

Lugduni; 1545, in-8°.
(Bibliothèque de Nîmes.)

Lugduni, Godef. et Mar. Bering; 1545, in-8°, 402 pages.
(Bibliothèques: Mazarine; — de Nîmes.)

Lugduni; 1546, in-4°.
(Bibliothèque de l'Arsenal.)

Lugduni, Seb. Gryphius; 1548, in-8°.
(Avignon [musée Calvet].)

Lutetiæ; 1551, in-folio.
(Bibliothèque Sainte-Geneviève.)

Lugduni, Seb. Gryphius; 1551, in-8°, 492 pages.
(Musée pédagogique; — bibliothèque de Carcassonne.)

Lutetiæ; 1552, in-12.
(Bibliothèque de l'Arsenal.)

Lugduni, Ant. Gryphius; 1566, in-8°, 734 pages.
(Bibliothèques: de Montbéliard; — de Vesoul.)

Parisiis, Brumennius; 1575, in-folio.
(Bibliothèque de Troyes.)

Coloniæ Agrip.; Gymnicus; 1577, in-8°.
(Bibliothèque Nationale.)

Laurent. Vallæ elegantiarum libri carmine redditi, cum brevissimis scholiis Jo. Roboami (Raverini.)

Lugduni, Gryphius; 1544, in-8°.
(Bibliothèque de Bourg.)

Parisiis, Th. Richardus; 1548, in-8°.
(Bibliothèque de Tulle.)

Lutetiæ, Car. Stephanus; 1557, in-8°.
(Bibliothèques: Nationale; — Mazarine.)

VALLA (LAURENTIUS).

Paraphrasis elegantiarum.

Voir ERASMUS.

Elegantiarum adeps per Bonum Accursium collectus.

Haganoæ, Henricus Grau; 1523, in-8°.
(Bibliothèque Nationale.)

Parisiis, 1542, in-8°.
(Bibliothèque de l'Arsenal.)

Parisiis; 1543, in-8°.
(Bibliothèque Mazarine.)

De elegantiis terminorum et quorumdam aliorum secundum ordinem alphabeticum.

Parisiis; 1499, in-4°.
(Bibliothèque de l'Arsenal.)

Parisiis; 1504, in-4°.
(Bibliothèque Mazarine.)

Lucubrationes ad linguæ latinæ restaurationem spectantes.

Lugduni, Gryphius; 1532, in-8°.
(Bibliothèques: Nationale;—Mazarine;—de Montauban [Faculté de théologie protestante].)

Lugduni, Seb. Gryphius; 1538, in-12, 809 pages
(Bibliothèques: de Carpentras; — de Mende.)

Annotationes in L. Vallæ de latinitatis elegantia libros sex, ex doctissimorum virorum in eosdem observationibus atque censuris collectæ. (Édition de Jehan Thierry.)

Basileæ, Balth. Lasius; 1541, in-8°.
(Bibliothèque Nationale.)

De dialectica libri tres.

Parisiis, Sim. Colinæus; 1530, in-4°.
(Bibliothèques: Nationale; — Mazarine; — de l'Arsenal; — Sainte-Geneviève.)

VALLENSIS (JOANNES).

Les menus propos fabuleux de Laurent Valle.

Paris; s. d., in-12 (rare).
(Bibliothèque Mazarine.)

Les apologues et fables, translatées de latin en françois.

(1540 à 1550) in-folio.
(Bibliothèque de l'Arsenal.)

Laurentii Vallæ opera nunc primo non mediocribus vigiliis et judicio quorumdam eruditissimorum virorum in unum volumen collecta et exemplaribus variis collatis emendata. Ludimagistris aut aliis bonas literas profitentibus incredibiliter utilia adeoque necessaria.

Basileæ, Henricpetrus; 1540, in-folio de 1,008 pages.
(Bibliothèque de Béziers.)

Basileæ, Henricpetrus; 1543, in-folio.
(Bibliothèque Nationale.)

Basileæ, Henricpetrus; 1540 et 1543, in-folio (2 volumes).
(Bibliothèque de l'Université.)

Basileæ, Henricpetrus; 1548, in-4°, 1,010 pages.
(Montauban, bibliothèque de la Faculté de théologie protestante.)

VALLENSIS (JOANNES).

Opus grammatices Hebræorum in tres libros divisum.

Parisiis, Wechelus; 1540, in-4°.
(Bibliothèque Nationale.)

Opus de prosodia Hebræorum in quatuor libros divisum : autore Joanne Vallensi Hieronymiano.

Parisiis, Jacobus Bogardus; 1545, in-4°, 64 feuillets.
(Bibliothèques : Nationale; — Mazarine; — de Montauban [Faculté de théologie protestante]; — de Troyes; — de Verdun.)

VALLENSIS (ROBERTUS).

Commentarius in artem versificatoriam Huldrici Huttini, cum brevi accessione primarum et mediarum syllabarum, atque specierum carminis.

Trecis, Nic. Paris; 1544, in-8°.
(Bibliothèque d'Avignon [musée Calvet].)
Parisiis, J. Lod. Tiletanus; 1547, in-8°.
(Bibliothèque Nationale.)

VARENNIUS (JOHANNES),

Helléniste néerlandais, né à Malines en 1462, mort en 1536.
Altmeyer : *Les Précurseurs de la Réforme aux Pays-Bas*. Paris, Alcan, 1886.

Syntaxis linguæ græcæ a Varennio cum annotationibus Joach. Camerarii.

Basileæ, s. n.; 1536, in-12, 190 pages.
(Bibliothèques : de Chaumont; — de Tonnerre.)
Basileæ, Balth. Lasius; 1539, in-8°, 366 pages.
(Bibliothèque d'Aurillac.)
Parisiis, Chr. Wechelus; 1541, in-8°, 420 pages.
(Bibliothèques : d'Avranches; — de Chaumont.)
Parisiis, Chr. Wechelus; 1546, in-8°.
(Bibliothèques : Nationale; — de l'Université.)
Antuerpiæ; 1547, in-8°.
(Bibliothèque Mazarine.)
Parisiis, Chr. Wechelus; 1548, in-8°.
(Bibliothèques : de Cambrai; — de Montbéliard; — de Troyes.)
Parisiis, Chr. Wechelus; 1552, in-8°.
(Bibliothèques : Sainte-Geneviève; — d'Avignon [musée Calvet]; — de Nîmes; — de Sens.)
Lugduni, Theob. Paganus; 1558, in-8°, 150 pages.
(Bibliothèques : de l'Arsenal; — de Salins.)

VARENNIUS (JOHANNES).

Parisiis; 1581, in-8°.
(Bibliothèque de l'Arsenal.)

Parisiis, Steph. Prevosteau; 1582, in-8°, 104 pages.
(Bibliothèques : Mazarine; — d'Abbeville.)

Lugduni, Joh. Pillehotte; 1589, in-8°.
(Bibliothèques : de Béziers; — de Vesoul.)

Lugduni, Joh. Pillehotte; 1598, in-12.
(Bibliothèques : de Carcassonne; — de Carpentras; — de Dole.)

Syntaxis linguæ græcæ a Varennio cum annotationibus Joach. Camerarii; annotavit Guillonius.

Antuerpiæ; 1547, in-8°.
(Bibliothèque Mazarine.)

Parisiis, Andr. Wechelus; 1557, in-8°.
(Bibliothèques : d'Avignon [musée Calvet]; — de Montauban [Faculté de théologie protestante].)

Parisiis, A. Wechelus; 1564, in-8°.
(Bibliothèques : de l'Arsenal; — de l'Université; — de Nancy.)

Parisiis, Dionysius Vallensis; 1576, in-8°.
(Bibliothèques : Nationale; — de Verdun.)

Syntaxis linguæ græcæ Varennio Mechliniensi autore, una cum annotatiunculis paucis ad præcepta syntaxis Varennianæ, per Joach. Camerarium. Accessit præterea opusculum perutile de passionibus dictionum ex Tryphone grammatico.

Parisiis, Dion. Vallensis; 1576, in-8°.
(Bibliothèque Nationale.)

De Græcorum accentibus libellus.

Parisiis; 1542, in-8°.
(Bibliothèque de l'Arsenal.)

Parisiis, J. L. Tiletanus; 1544, in-8°, 63 pages.
(Bibliothèques : d'Avignon [musée Calvet]; — de Cambrai.)

Parisiis, J. Benenatus; 1566, in-8°.
(Bibliothèque de Besançon.)

VATABLUS (FR.).

Parisiis, J. Benenatus; 1578, in-8°.
(Bibliothèques : Nationale; — de l'Arsenal; — de Coutances.)

Duaci, Joan. Bocardus; 1579, in-8°.
(Bibliothèque de Verdun.)

Joannis Varennii Mechliniensis περὶ προσωδιῶν libellus antehac nunquam excussus, planeque necessarius.

Parisiis, Wechelus; 1542, in-8°.
(Bibliothèques : de Beaune; — de Verdun.)

Parisiis, Ch. Wechelus; 1544, in-12, 49 pages.
(Bibliothèques : de l'Université; — de Carpentras.)

Parisiis, Andr. Wechelus; 1555, in-8°.
(Bibliothèques : d'Abbeville; — de Montauban [Faculté de théologie protestante].)

Parisiis, Wechelus; 1556, in-8°.
(Bibliothèque de l'Université.)

Parisiis, A. Wechelus; 1559, in-8°.
(Bibliothèque de Nancy.)

De verbis anomalis.

Lugduni; 1560, in-8°.
(Bibliothèque de l'Arsenal.)

VATABLUS (FR.)
[VATABLE ou WASTEBLED],

Hébraïsant français, né à Gamache (Picardie), mort en 1547.
Voir la *Nouvelle Biographie générale*.

Jonas cum commentariis R. David Kimhi, a Francisco Vatablo hebraicarum literarum professore regio summa cura et diligentia recognitis.

Parisiis, Rob. Stephanus; 1540, in-4°, 16 pages.
(Bibliothèque de Coutances.)

VAULX (NICOLAS DE).

J. Fabri Stapulensis paraphrases philosophiæ naturalis Aristotelis a Vatablo recognitæ.

Parisiis; 1528, in-8°.
(Bibliothèque Nationale.)

Totius philosophiæ naturalis paraphrasis a Francisco Vatablo, insigni philosopho ac linguæ hebraicæ apud Parisios professore regio, recognitæ, adjectis ad literam scholiis.

Parisiis, Sim. Colinæus; 1528, in-8°.
(Bibliothèque de Cambrai.)

Parisiis, Joan. Parvus; 1539, in-folio, 300 feuillets.
(Bibliothèques : Mazarine; — d'Auxerre; — de Coutances.)

Parisiis; 1531, 1533, in-folio.
(Bibliothèque de Sainte-Geneviève.)

Lugduni, Sim. Vincentius; 1538, in-8°.
(Bibliothèque de Carcassonne.)

Parisiis, Petr. Vidovæus; 1539, in-folio.
(Bibliothèque de Béziers.)

VATELLUS (JOANNES).

Exercitationes grammaticæ.

Parisiis, N. de la Barre; 1515, in-8°.
(Bibliothèque Nationale.)

VAULX (NICOLAS DE).

De facultatis oratoriæ præceptis compendiosa σχήματα ex variis authoribus colligebat Nic. de Vaulx Druida.

Parisiis, Dionys. a Prato; 1576, in-4°.
(Bibliothèque Nationale.)

VAUQUELIN DE LA FRESNAYE.
1535-1560.

Art poétique.

N. B. — On mentionne ici sans donner le détail des éditions l'*Art poétique* qui parut en 1605 dans le recueil des *Diverses poésies* de Vauquelin de la Fresnaye.

VEGIUS (MAPHÆUS),

Poète et moraliste italien, né à Lodi en 1406, mort à Rome en 1458.
Voir U. Chevalier : *Répertoire du moyen âge.*

Maphei Vegii, patria Laudensis, divinarum scripturarum peritissimi et poetæ celeberrimi, Martini papæ quinti datarii, de educatione puerorum et eorum claris moribus libri sex.

Mediolani; 1491, in-4°.
(Bibliothèque Nationale.)

Parisiis, Berth. Rembolt; 1511, in-8°, 88 pages.
(Bibliothèques : Nationale; — de Chartres; — d'Épernay; — de Lyon; — de Troyes; — de Verdun.)

Basileæ; 1541, in-8°.
(Bibliothèques : Nationale; — de Besançon.)

VELSIUS (JUSTUS),

Médecin néerlandais, né à la Haye, vécut à Londres et à Louvain, vers 1550.
Voir Van der Aa, et Bonet-Maury : *Origines du christianisme unitaire* (1881).

De mathematicarum disciplinarum vario usu dignitateque; quique ad harum comparandam cognitionem adhibendi sint, oratio.

Argentorati, Crato Mylius; 1544, in-4°.
(Bibliothèque Nationale.)

VERGARA (FRANCISCUS).

Cebetis Thebani tabula totius philosophiæ moralis thesaurum complectens, Justo Velsio interprete.

Parisiis, A. Wechelus; 1557, in-4°.

(Bibliothèque Nationale.)

VERGARA (FRANCISCUS),

Helléniste espagnol, né à Tolède, professeur à Alcala, mort en 1545.
Voir Antonio : *Bibliotheca hispana.*

De omnibus græcæ linguæ partibus libri quinque.

Parisiis, J. L. Tiletanus; 1545, in-8°.
(Bibliothèques : d'Avignon [musée Calvet]; — de Cambrai; — d'Épernay.)

Parisiis, Morelius; 1550, in-8°, 463 pages.
(Bibliothèques : de l'Université; — Musée pédagogique; — d'Abbeville; — de Chaumont.)

Parisiis, C. Perrier; 1550, in-12.
(Bibliothèques : Mazarine; — de Nîmes; — de Saint-Brieuc.)

Parisiis, G. Morelius; 1557, in-8°.
(Bibliothèques : Nationale; — Mazarine; — Sainte-Geneviève; — d'Avignon [musée Calvet]; — de Besançon; — de Rodez.)

Parisiis, Morelius; 1559, in-8°.
(Bibliothèque de Pau.)

Coloniæ Agrip., Birckmannus; 1587, in-8°.
(Bibliothèque de Nîmes.)

Coloniæ Agrip., Birckmannus; 1588, in-8°.
(Bibliothèques : d'Avignon [musée Calvet]; — de Nancy.)

De syllabarum græcarum quantitate; de dialectis liber.

Parisiis, J. L. Tiletanus; 1545, in-8°, 66 et 58 pages.
(Bibliothèques : d'Auxerre; — de Cambrai.)

VERGERIUS (ELIGIUS).

Libellus de syllabarum quantitate apud Græcos.

Lemovicis, vid. J. Barbou; 1608, in-8°.
(Bibliothèque Nationale.)

De græcæ linguæ grammatica libri V.

Parisiis; 1550, in-8°.
(Bibliothèque Mazarine.)

Parisiis; 1557, in-8°.
(Bibliothèques : Mazarine; — de l'Université.)

Colon. Agrip., Birckmannus; 1588, in-12, 472 pages.
(Bibliothèque de Vesoul.)

VERGERIUS (ELIGIUS).

Eligii Vergerii calendarium.

Lugduni; 1541, in-4°.
(Bibliothèque de Bourg.)

Grammatica latina pro pueris methodica ratione digesta.

Lugduni; 1537, in-8°.
(Bibliothèque Mazarine.)

Lugduni, Seb. Gryphius; 1547, in-8°.
(Bibliothèques : Nationale; — Mazarine; — de Rodez.)

Dialectica isagoge cum scholiis.

Lugduni; 1539, in-8°.
(Bibliothèque Mazarine.)

Lugduni; 1548, in-8°.
(Bibliothèque Mazarine.)

VERGERIUS (PETRUS PAULUS),

Littérateur italien, né à Capo d'Istria en 1349, mort en 1428. — Voir Bayle : *Dictionnaire historique et critique.*

De ingenuis moribus ac liberalibus studiis libellus.

S. l.; 1475, in-4°.
(Bibliothèque de l'Arsenal.)

Parisiis; 1494, in-4°.
(Bibliothèque Nationale.)

Venetiis; 1497, in-4°.
(Bibliothèques : Mazarine; — Sainte-Geneviève.)

Venetiis; 1499, in-4°.
(Bibliothèque Nationale.)

Florentiæ; 1507, in-8°.
(Bibliothèque Nationale.)

Parisiis; 1510, in-8°.
(Bibliothèque Nationale.)

Basileæ, Winter; 1541, in-8°.
(Bibliothèques : Nationale; — Mazarine; — de Besançon.)

Parisiis, Ascensius; 1550, in-4°.
(Bibliothèque de l'Arsenal.)

Basileæ, Oporinus; 1556, in-12.
(Bibliothèque de l'Université.)

De ratione studii deque vita juventutis instituenda, opuscula diversorum auctorum perquam erudita. Huc recens accesserunt cum alii autores non pœnitendi, tum Petri Pauli Vergerii libellus elegantissimus necne primum in lucem productus, quorum omnium catalogum versa pagina reperies cum indice copioso.

Lugduni, Seb. Gryphius; 1531, petit in-8°.
(Bibliothèques Mazarine; — de Troyes.)

Basileæ, Balth. Lasius; 1539, in-8°, 466 pages.
(Bibliothèque de la Rochelle.)

Basileæ, Balth. Lasius; 1541, in-8°, 676 pages plus l'index.
(Bibliothèques : Nationale; — d'Avignon [musée Calvet].)

42.

N. B. — Recueil contenant :

1° *Joannis Ludovici Vivis Valentini epistolæ duæ de initiis studiorum et ratione docendi; — Ejusdem ad veram sapientiam introductio, satellitium animi sive symbola.*

2° *D. Erasmi Roterodami de ratione studii ac legendi interpretandique autores libellus; — De ratione instituendi discipulos; — Ratio colligendi exempla; — Concio de puero Jesu; — De civilitate morum puerilium.*

3° *Jacobi Sadoleti de liberis recte instituendis dialogus.*

4° *Philippi Melanchtonis sermo de corrigendis studiis; — De studio artium dicendi; — De locis communibus ratio.*

5° *Agricolæ Rodolphi de formandis studiis epistola.*

6° *Christophori Hegendorphini de instituenda vita et corrigendis moribus juventutis parœneses.*

7° *Othonis Brunfelsii de disciplina et puerorum institutione parœnesis.*

8° *Præcepta generalia ex Socrate, Stobœo, septem sapientibus et cæteris.*

9° *Nili episcopi et martyris gnomæ quædam selectiores.*

10° *Quo pacto ingenui adolescentes formandi sint præceptiones pauculæ, Christiano Theodidacto autore.*

11° *Divi Basilii Magni concio ad adolescentes quomodo ex autoribus ethnicis utilitas capienda sit, Jano Cornario interprete.*

12° *Petri Pauli Vergerii ad Ubertinum Cantuariensem de ingenuis moribus et liberalibus studiis libellus doctissimus.*

VERGILIUS (POLYDORUS),

Polygraphe italien, né à Urbin, prélat en Angleterre sous Henri VIII, mort à Urbin en 1555. — Voir Bayle : *Dictionnaire historique et critique.*

Proverbiorum et adagiorum veterum libellus.

Venetiis, Jo. Tacuinus; 1503, in-4°. (Bibliothèque Nationale.)

Parrhisiis, D. Roce; 1510, in-12. (Bibliothèque de Saint-Malo.)

Parisiis; 1510, 1511, in-4°. (Bibliothèque Mazarine.)

Parisiis; 1517, in-4°. (Bibliothèque Mazarine.)

Paris, Lefèvre; s. d., in-4° goth. (Bibliothèque de Vendôme.)

Adagiorum opus.

Basileæ, Froben; 1521, in-folio.
Basileæ, Joh. Bebelius; 1532, in-8°.
Basileæ; 1541, in-8°.

(Bibliothèque de l'Université.)
(Bibliothèque Nationale.)
(Bibliothèque Mazarine.)

VERINUS (MICHAEL)
[VERINO],

Humaniste italien, né à Florence, mort à la fin du xv° siècle. — Voir Goujet : *Bibliothèque française*, t. VII.

Disticha de moribus.

Lugduni, Th. Paganus; 1540, in-8°.
Coloniæ, Mart. Gymnicus; 1547, in-8°.
Parisiis, G. Buon; 1571, in-8°.
Parisiis; 1575, in-8°.
Lugduni; 1599, in-12.

(Bibliothèque de Besançon.)
(Bibliothèque Nationale.)
(Bibliothèque Nationale.)
(Bibliothèque Mazarine.)
(Bibliothèque de l'Université.)

De puerorum moribus disticha; cum Martini Ivarræ, Cantabrici, expositione.

Lugduni; 1539, in-12.
(Bibliothèque Nationale.)
Lugduni, Frellonius; 1557, in-8°.
(Bibliothèques : Nationale; — Mazarine; — de l'Université.)
Lugduni, Theob. Paganus; 1560 et 1570, in-8°.
(Bibliothèque Nationale.)

Disticha de moribus multis versibus in verum sensum et numerum reducta per M. Pigner, Parisiensem.

Paris, Gabr. Buon; 1577, in-8°, 20 feuillets.
(Bibliothèques : Mazarine; — du Havre.)

VERREPÆUS (SIMON).

Parisiis; 1585, in-8°.
(Bibliothèque Mazarine.)

Parisiis, G. Buon; 1594, in-12.
(Bibliothèque de l'Université.)

Les distiches moraux de Verin, traduits par Claude Odde.

Lyon; 1577, in-8°.
(Bibliothèque de l'Arsenal.)

VERNERUS (JOAN.).

Libellus super 22 elementis conicis.
Commentarius in XI modos conficiendæ cubi duplicationis.
Problemata duo. — De motu octavæ sphæræ tractatus duo.

Norimbergæ; 1522, in-4°.
(Bibliothèque Mazarine.)

Norimbergæ; 1558, in-4°.
(Bibliothèque Nationale.)

VERREPÆUS (SIMON),

Pédagogue néerlandais, né à Dommel (Brabant) vers 1522, mort à Bois-le-Duc en 1598. — Voir Van der Aa : *Biographisch Woordenboek der Nederlanden.*

Simonis Verrepæi progymnasmata latina anglica et Augustini Wilsii novum dictionarium omnium partium orationis.

Antuerpiæ; 1572, in-8°.
(Bibliothèque de Bourg.)

De epistolis latinis scribendis et rescribendis libri V.

Lugduni; 1580, in-12.
(Bibliothèque d'Albi.)

Coloniæ, Math. Cholinus; 1586, in-16, 206 pages.
(Bibliothèque de Montbéliard.)

VERSOR (JOANNES).

Latinæ grammaticæ rudimenta cum teutonica simul et gallica conjugationum interpretatione.

Antuerpiæ, Plantinus; 1597, in-8°, 662 pages.
(Bibliothèque de Cambrai.)

De epistolis latine conscribendis libri IV.

Antuerpiæ, Tilenius Brechtanus; 1571, in-12.
(Bibliothèque Nationale.)

Selectiores epistolæ aliquot doctissimorum virorum in usum scholarum in libros IV congestæ.

Dilingæ, Seb. Mayer; 1573, in-8°.
(Bibliothèque Nationale.)

Coloniæ, Petrus Horst; 1587, in-12, 143 pages.
(Bibliothèque de Montbéliard.)

Institutionum scholasticarum libri III omnibus litterarum et christianæ pietatis studiosis utiles.

Antuerpiæ, J. Bellerus; 1573, in-8°, 349 pages.
(Bibliothèques : Nationale; — Mazarine; — Musée pédagogique; — de Cambrai.)

De ingenuis scolasticorum moribus libellus.

Antuerpiæ, Jo. Bellerus; 1582, in-8°.
(Bibliothèque Nationale.)

VERSOR (JOANNES).

Philologue et grammairien allemand, vivait à Cologne à la fin du xvi° siècle.
Voir Jöcher : *Allgemeines Gelehrten Lexicon.*

Commentum J. Versoris super Donatum minorem, cum notationibus et argumentis.

Coloniæ, Henr. Quentel; 1490, in-4°.
(Bibliothèque Nationale.)

VESSODUS, RHUTENUS.

A B C Christianismi ex solo Dei verbo, item grammaticæ (regulæ) ex loquendi, et rhetoricæ ex dicendi, atque dialecticæ ex disserendi usu.

Lausannæ; 1571, in-8°.
(Bibliothèque Mazarine.)

Rhetorica et dialectica linguam cum mente in brevem ac facilem bene et dicendi et disserendi viam certe dirigens, cum primis scholæ primæ placitis.

Lausannæ, 1571, in-8°.
(Bibliothèque Mazarine.)

Grammaticarum institutionum libri IV, græce et latine.

Lugduni, Th. Paganus; 1552, in-8°.
(Bibliothèque Nationale.)

VICTOR (THEOD.) OU VIETOR.

Examen rhetoricorum, in quo præcepta rhetoricæ explicantur.

Hanoveræ, Guil. Antonius; 1597, in-8°.
(Bibliothèque Nationale.)

VIDA (M. HIERONYMUS),

Poète latin, né à Crémone en 1470, devint évêque d'Albe sous Clément VII, mort en 1566. — Voir Tiraboschi, t. VII, et Niceron, t. XXIX.

De arte poetica libri III.

Romæ, Lud. Vincentinus; 1527, in-4°.
(Bibliothèques : Nationale; — Mazarine; — Sainte-Geneviève.)

VIETA (FRANCISCUS).

Parisiis, Rob. Stephanus; 1529, in-12.
(Bibliothèque de Dole.)

Parisiis, Chr. Wechelus; 1534, in-8°.
(Bibliothèque Nationale.)

Lugduni, Gryphius; 1536, in-8°.
(Bibliothèques : de l'Université; — de Besançon; — de Cherbourg.)

VIETA (FRANCISCUS),
[FRANÇOIS VIÈTE],

Né à Fontenay en 1540, mort en 1603.
Voir Max. Marie : *Histoire des sciences mathématiques et physiques*, t. III.

Variorum de rebus mathematicis responsorum libri VIII.

Turonis, Mettayer; 1593, in-folio.
(Bibliothèques : Nationale; — Mazarine.)

Canon mathematicus.

Parisiis; 1579, in-folio.
(Bibliothèque Mazarine.)

Supplementum geometriæ.

Turonis; 1593, in-folio.
(Bibliothèque Mazarine.)

In artem analyticam isagoge. Seorsim excussa ab opere restitutæ mathematicæ analyseos, seu Algebra nova.

Turonis, Mettayer; 1591, in-folio.
(Bibliothèque Nationale.)

VILLA DEI (ALEXANDER GALLUS, vulgo DE)
[ALEXANDRE DE VILLEDIEU],

Écrivain du commencement du xiii° siècle, né à Villedieu. On a mentionné ici son *Doctrinal*, à cause de la vogue qu'il eut dans les écoles jusque vers le milieu du xvi° siècle. — Voir Ch. Thurot : *Extraits des divers manuscrits latins pour servir à l'histoire des doctrines grammaticales au moyen âge*. Paris, 1869, in-4°.

Doctrinale puerorum Alexandri Galli, vulgo de Villa Dei, cum glossa Badaviani (?) Venetii.

Venise (?), s. n.; 1473, in-4°, non paginé, environ 700 pages.
(Bibliothèque d'Avranches.)

Alexandri grammatici doctissimi opus (doctrinale).

Venetiis; 1474, in-folio.
(Bibliothèque Nationale.)

Facini Tibergæ in Alexandrum interpretatio.

Venetiis, Joh. Fabri; 1479, in-4°, 79 pages.
(Bibliothèque de Saint-Malo.)

Parisiis, Ulric Gering; 1483, in-4°.
(Bibliothèque de Troyes.)

Parisiis, Bert. Rembolt; 1500, in-4°.
(Bibliothèque Nationale.)

Doctrinale, opus pro eruditione puerorum.

S. l. n. d., in-folio.
(Bibliothèque de l'Université.)

Parisiis, Joan. Gaulthier; s. d., commencement du xvi° siècle, petit in-8°.
(Bibliothèque de Chaumont.)

Tusculani, Alex. de Pagáninis; s. d., in-4° gothique.
(Bibliothèque Nationale.)

Mediolani, Léon Pachel; 1484, in-folio gothique.
(Bibliothèque Nationale.)

VILLA DEI (ALEXANDER DE).

Venise, G. de Montferrat; 1488, in-4°.

Venetiis; 1491, in-4°.

(Bibliothèque Mazarine.)

(Bibliothèque Nationale.)

Incipit Alexander grammaticus cum brevi et utili expositione.

In-4° gothique.

On lit à la fin :

Impressus Nuremberge per Federicum Creüsner anno Domini millesimo quadringentesimo octagesisimo septo (1487).

(Bibliothèque Nationale.)

Opus Alexandri grammatici pro eruditione puerorum incipit.

In-4° gothique. — On trouve en tête une analyse de l'ouvrage. Le texte est accompagné d'un commentaire.

On lit à la fin :

Doctrinale Alexandri grammatici pro eruditione puerorum feliciter explicit. Impressum Venetiis per Symonem Papiensem, alias Bevilaqua, anno Domini 1492 die 9 maii.

(Bibliothèque Nationale.)

Tertia pars Alexandri simul cum parte quarta ejusdem cum explanatione Ascensiana in multis castigata. Cui præterea recens addita sunt hæc rudimenta de grecarum dictionum ad nos traductarum orthographia, de latinarum dictionum recta scriptura, de accentuum discretione ex Prisciano, de eorumdem cognitione et eodem præcepta viginti. De figuris tabula seu index alphabeticus.

In-4° gothique.

On lit à la fin :

Finis doctrinalis Alexandri diligentissime explanati et aucti : ut in frontibus promissum est. Impressa autem est hæc pars opera et accuratione..... anno Domini m. c. cccc. (1500) in profesto presentationis Mariæ.

(Bibliothèque Nationale.)

VILLA DEI (ALEXANDER DE).

Doctrinale tribus partibus cum Jodoci Badii Ascensii et Joh. Sinthen explanationibus et additionibus.

Parisiis, Andr. Bocardus; 1500, in-4°.

(Bibliothèque Mazarine.)

Opus minus primæ partis Alexandri ex potissimis grammaticorum flosculis decerptum, cum questiunculis de optimis moribus et virtutibus interpositis cum questionibus sententias textus declarantibus scitu dignis, cum argumentis et eorumdem solutionibus in scholis disputandis, pro pueris faciliter instituendis diligenter collectis.

Opus minus secundæ partis Alexandri introductorium ad opus majus perutile.

Coloniæ, Quentel; 1506, in-8°.

(Musée pédagogique.)

Doctrinale cum glosa Focaudi Monieri et additionibus Joann. Bernier.

Paris, Jean Hérouf; 1514 à 1525, in-4°.

(Bibliothèque de Troyes.)

Alexandri grammatici opus interpretatum a viro eruditissimo grammatico domino Ludovico de Guaschis.

Venetiis; 1482, in-4°, 70 pages.

(Bibliothèque de Saint-Malo.)

Venetiis, Bern. Benalius; 1487, in-folio.

(Bibliothèque Nationale.)

Doctrinale grammaticæ, metrice (sic) *cum explanatione Ludovici de Guaschis.*

Monteregali; 1483, in-4°, non paginé.

(Bibliothèque de Carpentras.)

Glossa notabilis in quatuor partes divisa.

Parisiis, Johannes Petit; 1495, in-folio.

(Bibliothèque de Troyes.)

VILLA DEI (ALEXANDER DE). 669

Monachi glosa una cum textu Alexandri.

Lugduni, Joan. de Prato; 1488; in-4°.
(Bibliothèque de Troyes.)

Lugduni, Joan. de Prato; 1489, in-4°.
(Bibliothèque de Besançon.)

Glossa monachi super doctrinale Alexandri.

Parisiis, Petrus Livet; 1490, in-folio.
(Bibliothèque de Troyes.)

Tertia pars doctrinalis, versibus, cum explanatione Ascentii.

S. l. n. d.; in-4°.
(Bibliothèque Mazarine.)

Quantitates emendatæ a Sussaneo.

Parisiis; 1539, in-8°.
(Bibliothèque Mazarine.)

Quantitates, cum annotationibus Huberti Sussanæi; accesserunt ejusdem Sussanæi regulæ accentuum collectæ ex variis autoribus et elegiarum liber.

Parisiis, Sim. Colinæus; 1542, in-8°.
(Bibliothèques : Nationale; — de Langres; — de Mende.)

Accentuum regulæ.

Parisiis, Colinæus; 1542, in-8°.
(Bibliothèque Mazarine.)

Annotationes Huberti Sussanæi, in contextum duorum librorum artis versificatoriæ.

Parisiis, Simon Colinæus; 1542, in-12, 44 f.
(Bibliothèque de Mende.)

VINET (ÉLIE),

Érudit français, né en 1509 au hameau des Vinets, près Barbezieux, professeur au Collège de Guyenne, mort à Bordeaux en 1587. — Voir Masselieau : *Schola Aquitanica* (fascicule n° 7 des Mémoires et documents scolaires publiés par le Musée pédagogique).

De logistica libri III.

Burdigalæ, S. Millangius; 1573, in-8°.
(Bibliothèque Mazarine.)

VIRULUS (CAROLUS)
[MANNEKEN],

Pédagogue néerlandais, enseignait à Louvain, où il mourut en 1493. Voir Jöcher : *Allgemeines Gelehrten Lexicon*.

Epistolarum imitationes componendarum.

Lugduni; 1488, in-4°.
(Bibliothèque Mazarine.)

Epistolæ ad utilitatem juvenum studiosorum compositæ.

Lugduni (?), s. n.; 1499, petit in-4° gothique.
(Bibliothèque du Mans.)
Parisiis, Denis Roce; 1504, petit in-4°, 44 f.
(Bibliothèque de Neufchâteau.)

Epistolæ ad utilitatem juvenum studiosorum compositæ a magistro Car. Virulo.

Lugduni, Guil. Regis; 1488, in-4°.
(Bibliothèque Nationale.)

Car. Viruli epistolare, per Joan. Finetium recognitum.

Parisiis, Jac. Le Brun; 1520, in-8°.
(Bibliothèque Nationale.)

VISORIUS (JOANNES).

Ingeniosa ad dialectices candidatos methodus.

Parisiis; 1534, in-8°.
      (Bibliothèques : Mazarine; — de l'Arsenal.)
  Voir AGRICOLA (Rod.).

VIVES (JOHANNES LUDOVICUS), VALENTINUS,

Célèbre humaniste espagnol, né à Valence en 1492, mort à Bruges en 1540. — Voir : J. Lud. *Vivis vita, scriptore Gregorio Majansio*, dans le 1er volume des œuvres de Vives; Lud. *Vivis opera omnia*, in-4°, 1782; et Altmeyer : *Les Précurseurs de la Réforme aux Pays-Bas.* Paris, Alcan, 1886, in-8°.

Colloquia, sive linguæ latinæ exercitatio.

Basileæ, Rob. Winter; 1538, petit in-8°, 229 pages.
      (Bibliothèque de Gray.)
Basileæ, R. Winter; 1539, in-8°.
      (Bibliothèque Nationale.)
Lugduni, Frellæi fratres; 1539, in-12, 142 pages.
      (Bibliothèque de Dole.)
Lugduni, Theob. Paganus; 1542, in-8°.
      (Bibliothèque de Besançon.)
Basileæ, Rob. Winter; 1543, in-8°.
      (Bibliothèque de Besançon.)
Lugduni, Seb. Gryphius; 1543, in-8°, 255 pages.
      (Bibliothèque de Vesoul.)
Parisiis, J. Lod. Tiletanus; 1544, in-12.
      (Bibliothèque de l'Université.)
Coloniæ, J. Gymnicus; 1544, in-8°.
      (Bibliothèque de Nancy.)
Lugduni, Th. Paganus; 1545, in-8°.
      (Bibliothèques : de Besançon; — de Chaumont.)
Lugduni, Seb. Gryphius; 1545, in-8°, 126 pages.
      (Bibliothèque de Vesoul.)

VIVES (JOHANNES LUDOVICUS).

Parisiis, J. Roigny; 1547, in-8°.
(Bibliothèque de Bayeux.)

Parisiis; 1547, in-8°.
(Bibliothèque Mazarine.)

Parisiis, Mat. David; 1547, in-8°.
(Bibliothèque de Saint-Mihiel.)

Tholosæ, Joan. de Fleurs; 1549, in-8°.
(Avignon [musée Calvet].)

Parisiis, Mat. David; 1550, in-8°.
(Bibliothèque de Chartres.)

Lugduni, Theob. Paganus; 1553, in-8°.
(Bibliothèque de Rodez.)

Lugduni, Seb. Gryphius; 1553, in-8°.
(Bibliothèque Nationale.)

Parisiis; 1555, in-16.
(Bibliothèque Mazarine.)

Lugduni, Theob. Paganus; 1557, in-8°.
(Bibliothèque de Mende.)

Parisiis, Menier; 1559, in-12.
(Bibliothèque de Troyes.)

Lugduni; 1564, in-8°.
(Bibliothèque de Toulouse.)

Lugduni, A. Gryphius; 1568, in-8°.
(Bibliothèque de Carpentras.)

Norimbergæ, s. n.; 1582, in-8°.
(Bibliothèques : Nationale; — Sainte-Geneviève.)

Norimbergæ, s. n.; 1585, in-8°.
(Bibliothèque d'Auxerre.)

Lugduni, Ant. Gryphius; 1587, petit in-8°.
(Bibliothèque de Perpignan.)

Venetiis, Pistorius; 1647, in-8°.
(Bibliothèque de Carpentras.)

Tarvisii, Simon a Ponte; 1653.
(Bibliothèque de Carpentras.)

Dialogues pour l'exercitation de la langue latine.

Lyon, Cotier; 1560, in-8°.
(Bibliothèque Mazarine.)

Lyon; 1564, in-8°
(Bibliothèque de l'Arsenal.)

VIVES (JOHANNES LUDOVICUS).

Les dialogues de Jean Loys Vivès, traduits de latin en françois pour l'exercice des deux langues.

Auxquels est adiouxtée l'explication françoise des mots latins plus rares et moins usagez, par Gilles de Housteuille. Avec ample déclaration et traduction des passages grecs en latin par P. de la Motte.

Lyon, Vve de G. Cottus; 1568, in-8°.
(Avignon [musée Calvet].)

Anvers, Guil. Guzman; 1571, in-16.
(Bibliothèque Nationale.)

Nancy, J. Janson; 1573, in-12.
(Bibliothèque Nationale.)

Anvers, Guil. Guzman; 1575, in-18, 385 pages.
(Bibliothèque de Vesoul.)

Châlons-sur-Marne, Guyot; 1607, in-32, 216 pages.
(Bibliothèques : de Meaux; — de Troyes.)

Lyon, P. Rigaud; 1612, in-12, 129 pages et un index.
(Musée pédagogique; — bibliothèque de Mende.)

Dialogues traduits du latin en françois par Benjamin Jamin.

Paris, Gab. Buon; 1573, in-16.
(Bibliothèque Nationale.)

Paris, G. Buon; 1576, in-32, 152 f.
(Bibliothèque de Vendôme.)

Paris; 1579, in-12.
(Bibliothèque d'Abbeville.)

De disciplinis libri XX.

Antuerpiæ, Hillenius; 1531, in-folio, 320 pages.
(Bibliothèques : Mazarine; — de l'Université; — de Besançon; — de Béziers; — de Chaumont.)

Coloniæ, Joan. Gymnicus; 1532, in-8°, 654 pages.
(Bibliothèque de Nancy.)

Coloniæ, Gymnicus; 1536, in-8°, 654 pages.
(Bibliothèque de Chartres.)

674   VIVES (JOHANNES LUDOVICUS).

Lugduni, J. Frellonius; 1551, in-8°, 613 pages.

(Bibliothèques : Nationale; — Mazarine; — de l'Université; — d'Abbeville; — d'Auch; — de Bayeux; — de Chaumont; — du Mans; — de Montauban [Faculté de théologie protestante]; — de Gray; — de Vendôme; — de Vesoul.)

De officio mariti liber unus. De institutione fœminæ christianæ libri tres. De ingenuorum adolescentium ac puellarum institutione libri duo.

Basileæ, Rob. Winter; 1540, in-8°.
(Bibliothèque de Besançon.)

Basileæ, J. Oporinus; s. d., in-8°.
(Bibliothèques : Nationale; — de l'Arsenal; — de Besançon.)

Basileæ, Rob. Winter; s. d., in-8°, 181 pages.
(Bibliothèque de Gray.)

Hanau, Wechel; 1614, in-8°, 550 pages.
(Bibliothèques : de Cambrai; — de Chartres.)

De recta ingenuorum adolescentium ac puellarum institutione libri II.

Basileæ, Robertus; 1539, in-12.
(Bibliothèques : Mazarine; — de Béziers.)

Basileæ, J. Oporinus, s. d.; in-8°.
(Bibliothèque de Besançon.)

De institutione puellæ.

Bernæ, Samuel Apiarius; 1556, in-8°.
(Bibliothèque de Carcassonne.)

Institution de la femme chrestienne tant en son enfance que mariage et viduité; aussi, de l'office du mary. Le tout composé en latin par Loys Vives et nouvellement traduict en langue françoise.

Anvers; 1579, in-12.
(Bibliothèques : Mazarine; — de l'Arsenal.)

Paris; 1587, in-12.
(Bibliothèque Nationale.)

Lyon, Chr. S. Sabon; s. d., in-8°.
(Bibliothèque Nationale.)

VIVES (JOHANNES LUDOVICUS).

De ratione studii puerilis epistolæ duæ, quibus absolutissimam ingenuorum adolescentium ac puellarum institutionem doctissima brevitate complectitur.

Ejusdem ad veram sapientiam introductio. Item satellitium animi, sive symbola, ad omnem totius vitæ, maxime principum, institutionem, mire conducentia.

Parisiis, Simon Colinæus; 1527, in-12.
(Bibliothèques : Nationale; — Musée pédagogique; — de Troyes.)

Lugduni, Melch. et Gasp. Trechsel; 1532, in-8°.
(Bibliothèque Nationale.)

Lipsiæ, Mich. Blum; 1538, in-12, 145 pages et un index.
(Musée pédagogique.)

Basileæ, Balth. Lasius; 1539, in-8°.
(Bibliothèque Mazarine; — Musée pédagogique.)

Basileæ; 1541, in-8°.
(Bibliothèques : Nationale; — Mazarine.)

Parisiis; 1543, in-8°, 128 pages.
(Bibliothèque de Rodez.)

Lugduni, Gryphius; 1546, in-8°.
(Bibliothèque d'Aurillac.)

Parisiis, Rob. Stephanus; 1547, in-4°.
(Bibliothèque de Chartres.)

Basileæ; 1555, in-4°.
(Bibliothèque de Dijon.)

Lugduni; 1556, in-8°.
(Bibliothèques : Mazarine; — de Chartres.)

Bernæ, Samuel Apiarius; 1556, in-8°.
(Bibliothèque de Carcassonne.)

Basileæ, Oporinus; 1556, in-8°.
(Bibliothèque de l'Université.)

Coloniæ, Petrus Horst; 1562, in-16.
(Musée pédagogique.)

De conscribendis epistolis.

Antuerpiæ, Mich. Hillenius; 1534, in-8° non folioté.
(Bibliothèque de Saint-Mihiel.)

VIVES (JOHANNES LUDOVICUS).

Basileæ; 1536, in-8°.
(Bibliothèque de Chartres.)

Basileæ; 1539, in-8°.
(Bibliothèque Mazarine.)

Lugduni, Gryphius; 1542, in-12, 129 pages.
(Bibliothèque de Béziers.)

Basileæ; 1549, in-12.
(Bibliothèques : Nationale; — Mazarine.)

Basileæ, Nic. Brylingerus; 1555, in-8°.
(Bibliothèque de Montauban [Faculté de théologie protestante].)

Coloniæ, Petr. Horst; 1580, in-8°.
(Bibliothèque d'Orléans.)

Epistolarum farrago.

Antuerpiæ, Guil. Simon; 1556, in-8°.
(Bibliothèques : Nationale; — Mazarine; — d'Avignon [musée Calvet].)

Rhetorica, sive de recte dicendi ratione libri III.

Lovanii, Rutzer Rescius; 1533, in-8°.
(Bibliothèques : Mazarine; — de Besançon.)

Basileæ, Th. Platterus; 1536, in-12.
(Bibliothèques : Nationale; — de Chartres; — de Carpentras.)

Parisiis; 1536, in-8°.
(Bibliothèque de Chartres.)

Basileæ, Barth. Lasius; 1537, in-8°.
(Avignon [musée Calvet].)

Coloniæ, Gymnicus; 1537, in-12.
(Bibliothèque de Troyes.)

De consultatione.

Lovanii; 1533, in-8°.
(Bibliothèque Mazarine.)

Dialectices libri IV.

Parisiis, Calvarinus; 1550, in-4°.
(Bibliothèque Nationale.)

VIVES (JOHANNES LUDOVICUS).

Divine philosophie, traduicte en vulgaire françois par maistre Guil. Paradin.

Lyon, Maur. Roy; 1550, in-8°.
(Bibliothèque Nationale.)

Antuerpiæ; 1553, in-16.
(Bibliothèque Mazarine.)

De animo et vita libri tres.

Basileæ; circa 1538, in-4°.
(Bibliothèque Mazarine.)

Lugduni, Sylvius; 1555, in-8°.
(Bibliothèques : d'Abbeville; — de Pau.)

Lugduni, Frellonius; 1555, in-8°.
(Bibliothèque Nationale.)

Tiguri, Gesnerus; 1563, in-8°.
(Bibliothèque Nationale.)

De tradendis disciplinis (Opera, t. I et VI).
(Bibliothèque de Besançon.)

Epistolæ de ratione studii puerilis (Opera).
(Bibliothèque de Besançon.)

Lusus pueriles.

Parisiis; 1555, in-8°.
(Bibliothèque Nationale.)

Opera.

Antuerpiæ; 1531, in-folio.
(Bibliothèque de Nîmes.)

Opera in duos distincta tomos.

Basileæ, Episcopius; 1555, in-folio.
(Bibliothèques : Nationale; — de Besançon; — de Béziers; — de Carpentras; — de Chaumont; — d'Orléans; — du Puy; — de Toulouse.)

VIVIENNUS (GEORGIUS),

Jurisconsulte néerlandais, né à Anvers, professa à Paris et à Cologne dans la 2° moitié du xvi° siècle. — Voir Du Verdier : *Bibliothèque française.*

De officio probæ matris familias libri quatuor.

Antuerpiæ, vidua Martini Nutz (*sic*); 1563, petit in-4°, 83 feuillets et un index.

(Bibliothèques : Nationale; — de l'Université; — Musée pédagogique.)

Lovanii, Wellæius; 1563, in-8°.

(Bibliothèque Nationale.)

VOEGELINUS (JOANNES).

Elementale geometricum.

Parisiis; 1550, in-8°.

(Bibliothèques : Mazarine; — de l'Arsenal.)

VOLATERRANUS.

Voir Maffeius.

VOLLANDUS (JOANNES),

Helléniste allemand, disciple de Mich. Neander, fin du xvi° siècle.
Voir Jöcher : *Allgemeines Gelehrten Lexicon.*

Elegantiæ græcæ linguæ, seu locutionum græcarum formulæ, e notationibus Mich. Neandri collectæ a Joanne Vollando.

Lipsiæ, Joannes Steinman; 1583, in-8°.

(Bibliothèque Nationale.)

Voir l'article Neander (Michael).

VUELPIUS (HENRICUS), LINGENSIS.

Libellus de communibus et usitatis arithmeticæ practicæ regulis.

Coloniæ; 1544, in-4°.
(Bibliothèque Mazarine.)

Libellus de minutiis physicis et practicis astronomiæ, arithmeticæ regulis.

Coloniæ; 1544, in-4°.
(Bibliothèque Mazarine.)

WESTHEMERUS (BARTHOLOMÆUS),

Savant imprimeur allemand, vivait à Pforzeim au milieu du xvi° siècle.
Voir Jöcher : *Allgemeines Gelehrten Lexicon*.

Phrases seu modi loquendi divinæ scripturæ, ex sanctis scriptoribus, in studiosorum usum diligenter congestæ.

Parisiis, Joannes Roigny; 1544, in-8°, 520 pages.
(Bibliothèques : Mazarine; — de Carcassonne.)

WICELIUS (GEORGIUS),

Pasteur allemand, né à Fulda en 1501, mort à Mayence en 1573.
Voir Du Verdier : *Bibliothèque française*.

Fragmentum pædagogiæ christianæ (à la suite des *Histoires tirées de l'Ancien et du Nouveau Testament*).

Moguntiæ, F. Behemus; 1541, in-8°.
(Bibliothèque Nationale.)

Basileæ; 1557, in-8°.
(Musée pédagogique.)

WILLICHIUS (JOD.).

Idiomata quædam linguæ sanctæ in scripturis Vet. Testamenti observata.

Moguntiæ, Fr. Behemus; 1542, in-8.
(Bibliothèques : Nationale; — Mazarine; — de Besançon.)

Catechismus major recens innovatus...

Coloniæ, hered. Quentel. 1554, in-8°.
(Bibliothèque d'Avignon [musée Calvet].)

Epistolarum libri IV.

Lipsiæ, N. Vuobras; 1537, in-4°.
(Bibliothèque d'Avignon [musée Calvet].)

Inspectio ecclesiarum..... una cum nonnullis aliis ad epanorthosim ecclesiasticam pertinentibus.

Coloniæ, Arn. Birckmannus; 1564, petit in-8°.
(Musée pédagogique.)

WILLICHIUS (JOD.)
[WILCKE],

Médecin et helléniste allemand, né à Resel (Prusse), mort à Lebusen en 1552.
Voir Jöcher : *Allgemeines Gelehrten Lexicon*, et Moréri : *Dictionnaire historique.*

Orthographiæ institutiones.

Argentinæ, Jac. Jucundus; 1537, in-8°.
(Bibliothèque de Besançon.)

Orthographiæ institutiones : accedunt ejusdem de prosodia latina libellus et nonnulla de modulatione oratoria; Ulrici Hutteni ars versificatoria, versibus expressa.

Basileæ, Jo. Oporinus; 1551, in-8°.
(Bibliothèque Nationale.)

Erotemata dialectices.

Coloniæ; 1544, in-8°. (Bibliothèque Nationale.)
Argentorati; 1549, in-8°. (Bibliothèque Mazarine.)
Basileæ, Guarinus; 1568, in-8°. (Bibliothèque Nationale.)

De methodo omnium artium et disciplinarum informanda opusculum.

Francofurti, Joh. Eichornus; 1550, in-8°.
(Bibliothèque Nationale.)

De reformando studio in quolibet artium et sacrarum et profanarum genere consilium.

Francofurti, J. Eichornus; 1551, in-8°.
(Bibliothèque Nationale.)

De optimo genere disputandi colloquendique ad Janum Gontaldum Bironem.

Parisiis, Guil. Morelius; 1551, in-8°.
(Bibliothèque Nationale.)

Arithmeticæ libri tres.

Argentorati; 1540, in-8°.
(Bibliothèque Mazarine.)

Libellus de pronunciatione rhetorica.

Basileæ; 1540, in-8°.
(Bibliothèque Mazarine.)
Francofurti, V. Eichornus; 1550, in-8°.
(Bibliothèques : Nationale; — Mazarine.)

Erotematum rhetoricorum liber.

Basileæ; 1544, in-8°.
(Bibliothèque Mazarine.)

WIMPHELINGIUS (JACOBUS).

Erotemata in rhetoricen ad Alexandrum. Ejusdem J. Willichii erotematum rhetoricorum liber unus. Item libellus et quæstiones de pronunciatione rhetorica.

Basileæ, Oporinus; 1555, in-8°.
(Bibliothèque Nationale.)

WIMPHELINGIUS (JACOBUS),

Théologien et philologue alsacien, né à Schlestadt en 1450, mort en 1528.
Voir Ch. Schmidt : *Histoire littéraire de l'Alsace*. Paris, in-8°.

Elegantiarum medulla oratoriaque præcepta in ordinem redacta.

Plaquette in-4° goth. sans lieu ni date.
(Bibliothèque Nationale.)

Argentinæ, M. Brant; 1493, in-4°, 25 feuillets.
(Bibliothèques : Sainte-Geneviève; — de Cambrai.)

Parhisiis, Joh. Barbier; 1506, in-4°.
(Bibliothèque Nationale.)

Argentinæ; 1506, in-4°.
(Bibliothèque Mazarine.)

Spiræ; 1508, in-4°.
(Bibliothèque Nationale.)

Parisiis; 1508, in-4°.
(Bibliothèque Mazarine.)

Argentorati; 1514, in-4°.
(Bibliothèque de Cambrai.)

Elegantiæ majores.

In-4° gothique imprimé à Haguenau, sans date.
(Bibliothèque Nationale.)

Tubingæ, s. n.; 1513, in-4°, 27 feuillets.
(Bibliothèques : de Besançon; — de Cambrai.)

Elegantiæ majores. Rhetorica ejusdem pueris utilissima.

Apud Tribotes, Joan. Knoblouchius; 1513, in-4°.
(Bibliothèque Nationale.)

Argentinæ, Joan. Knoblouchius; 1516, in-4°.
(Bibliothèque Mazarine.)

De proba institutione puerorum in trivialibus et adolescentium in universitatibus et gymnasiis.

Tubingæ, s. n.; 1513, in-4°, 16 feuillets.
(Bibliothèque de Cambrai.)

Sermo ad juvenes qui sacris ordinibus mutari et examini se submittere putant.

Argentorati, Schurerius; in-4°, 16 feuillets.
(Bibliothèque de Cambrai.)

Adolescentia.

Argentorati; 1500, in-4°.
(Bibliothèque Nationale.)

Argentinæ, Joan. Knoblouchius; 1505, in-4°.

Argentinæ; 1508, in-4°. (Bibliothèques: Mazarine; — de Cambrai.)

Argentorati; 1515, in-4°. (Bibliothèque Sainte-Geneviève.)
(Bibliothèque Nationale.)

Isidoneus Germanicus ad R. P. D. Georgium de Gemmyngen Spirensem, præpositum Jacobi Wimphelingii Slestatini.

Plaquette in-4° gothique de 21 feuillets numérotés au recto, sans date.

Grammaire en 32 chapitres, dont deux ont pour titres : *De modo et ordine docendi* et *De conditionibus boni præceptoris.*
(Bibliothèque Nationale.)

Idem opus.

In-4° gothique de 29 feuillets numérotés au recto, sans titre ni date.
(Bibliothèque Nationale.)

XYLANDER (GUILLELMUS).

WOLDERUS (DAVID),

Pédagogue allemand, vivait à Hambourg, où il mourut en 1604.
Voir Jöcher : *Allgemeines Gelehrten Lexicon.*

Dav. Wolderi Donatus hebraicus, continens rudimenta linguæ hebrææ.

Hamburgi, Jacobus Wolff; 1591, in-8°.
(Bibliothèques : Nationale; — Sainte-Geneviève.)

Cubus alphabeticus sanctæ linguæ ebrææ.

Hamburgi; 1588, in-folio.
(Bibliothèque de l'Université.)

WYNUNTIUS (CHRIST.).

Compendium rhetorices.

Londini, Henr. Midletonus; 1573, in-8°.
(Bibliothèque Nationale.)

XYLANDER (GUILLELMUS)
[HOLTZMANN],

Mathématicien et helléniste allemand, né à Augsbourg en 1532, mort en 1576.
Voir l'*Allgemeine deutsche Biographie*, et Niceron, t. XIX.

*Opuscula mathematica Guil. Xylandri Augustani, videlicet :
Aphorismi cosmographici, liber I.
De minutiis liber I.
De surdorum numerorum natura et tractatione liber.
De usu globi et planisphærii tractatus.*

Heidelbergæ, Jac. Mylius; 1557, in-4°.
(Bibliothèque de Béziers.)

Heydelbergæ, Jac. Mylius; 1577, in-4°.
(Bibliothèques : Nationale; — Mazarine.)

YVELIN (N.).

Oratio de necessaria pietatis et artium humaniorum in docendo conjunctione.

Parisiis; 1588, in-12.

(Bibliothèque Mazarine.)

ZANCHIUS (HIERONYMUS),

Théologien protestant, né à Alzane (Ét. de Venise) en 1516, mort à Heidelberg en 1590. — Voir Moréri : *Dictionnaire historique.*

Oratio de aperiendis in ecclesia scholis, deque opera sacrarum litterarum studiis danda.

Neapoli; 1579, in-4°.

(Bibliothèque Mazarine.)

ZANCHUS (BASILIUS),

Poète latin, né à Bergame vers 1501, bibliothécaire du Vatican, mort à Rome en 1560. — Voir Niceron, t. XLI.

Verborum latinorum epitome, ejusdem verborum quæ in Nizolii observationibus in Ciceronem desiderantur appendix.

Romæ, Ant. Bladus Asulanus; 1541, in-4°.

(Bibliothèque Nationale.)

Basileæ (excusum Bernæ Helv. par M. Apiarium, sumptu Oporini, 1543), in-8°.

(Bibliothèque Nationale.)

Epithetorum commentarii (sive potius onomasticon propriorum nominum).

Romæ, Antonius Bladus; 1542, in-4°.

(Bibliothèque Nationale.)

ZWINGLIUS (HULDRICHUS)
[ULRIC ZWINGLI],

Célèbre réformateur suisse, né à Wildhauss (Saint-Gall) en 1484, mort à Cappel en 1531. — Voir Mœritrofer : *Leben Zwingli;* Leipzig, 1867-1869, in-8°, et Lichtenberger : *Encyclopédie des sciences religieuses.*

Huld. Zwinglii quo pacto ingenui adolescentes formandi sint præceptiones pauculæ.

Basileæ, J. Bebelius; 1523, in-8°.

(Bibliothèques : Mazarine ; — de Besançon.)

Opera.

Tiguri; 1581, 4 vol. in-folio.

(Bibliothèque de l'Arsenal.)

ANONYMES.

Accord (L') de la langue françoise avec la latine, par lequel se cognoistra le moyen de bien ordonner et composer tous mots desquels est faicte mention au vocabulaire des deux langues.

<blockquote>Paris, Simon de Colines; 1540, in-8°.

(Bibliothèques : Nationale; — de Chaumont.)</blockquote>

Adagia quæcumque ad hanc diem exierunt, Pauli Manutii studio atque industria, doctissimorum theologorum consilio atque ope [ex præscripto sacrosancti concilii Tridentini, Gregorio XIII, pont. max. auspice] ab omnibus mendis vindicata, quæ pium et veritatis catholicæ studiosum lectorem poterant offendere, sublatis falsis interpretationibus et nonnullis, quæ nihil ad rem pertinebant, longis inanibusque digressionibus.

<blockquote>Venetiis; 1591, in-8°.

(Bibliothèque de M. d'Ollendon.)</blockquote>

Apophtegmata quædam pia, omnia ex fere ducentis auctoribus tum græcis quam latinis, ad bene beateque vivendum diligentissime collecta.

Auctorum nomina sequentes pagellæ indicant.

<blockquote>Antuerpiæ, vidua et hered. Joan. Stelsii; 1572, in-16.

(Bibliothèque de Coutances.)</blockquote>

Breves totius grammaticæ græcæ tabulæ. His adjunctæ sunt quædam nominum, pronominum et verborum accessiones cum verbis anomalis ex N. Clenardo et aliis grammaticis optimis quibusque.

<blockquote>Parisiis, G. Morelius; 1559, in-4°.

(Bibliothèque Nationale.)</blockquote>

Carminum proverbialium totius humanæ vitæ statum breviter delineantium, necnon utilem de moribus doctrinam jucunde proponentium, loci communes, nunc denuo in gratiam juventutis aucti et recogniti. — Accessere Circei dialogi decem hominis præ ceteris animalibus præstantiam tam docte quam jucunde scribentes. —

> Si Christum discis, satis est si cætera nescis;
> Si Christum nescis, nihil est si cætera discis.

Basileæ, ex officina Oporiniana; 1582, in-8°.

(Bibliothèques : de Montbéliard ; — de Nancy.)

Catholicon abbreviatum.

In-4° gothique à 2 colonnes non paginé.

On lit à la fin :
Vocabularius familiaris brevidicus ex summa januensi ac Papia Hug. nec non quam plurimis aliis autoribus excerptus et diligenter emendatus, exaratusque Rothomagi per magistrum Morin ante proratum sancti Laudi commorantem, finit feliciter. Anno Domini millesimo quadringentesimo nonagesimo secundo (1492) ultima die mensis junii.

Le dernier feuillet porte la marque typographique de l'imprimeur; on lit dans le cadre : « imprimé à Rouen devant Saint-Lô. »

(Bibliothèque Nationale.)

Civile honnesteté pour les enfants, avec la manière d'apprendre à bien lire, prononcer et escrire.

Paris, Rich. Breton; 1559, in-8°.

(Bibliothèque d'Orléans.)

N. B. — Attribué à Math. Cordier, par Lacroix du Maine.

Civilité (La) puérile et honneste enseignant la manière d'apprendre facilement à bien lire, prononcer et escrire.

S. l. n. d. ; in-8°.

(Bibliothèque Nationale.)

Civilité (La) puérile.

Paris, Léon Cavellat; 1583, in-12, 79 feuillets.

(Bibliothèque de Vendôme.)

ANONYMES.

Civilité (La) honneste.

Paris, Léon Cavellat; 1583, in-12, 56 pages.
(Bibliothèque de Vendôme.)

Colloquiorum familiarium incerto autore libellus, græce et latine, non pueris modo sed quibusvis, in cotidiano (sic) colloquio, græcum affectantibus sermonem, impendio futurus utilis.

Lovanii, Theod. Martinus; 1517, in-4°.
(Bibliothèque Nationale.)

N. B. — Cet opuscule de 8 feuillets non numérotés se trouve dans un recueil factice intitulé : *Opuscula de studiis et litteris.* (Z. 2.)

Composita verborum.

Petit in-4° gothique de 56 feuillets.

La première page est manuscrite. Elle porte au recto :

Contenta in hoc fasciculo :
Composita verborum, Aurlingen, 1488;
Ebrardi de Neuburga Claustrali modus latinitatis, Memingen, 1489;
Laur. Corvini latinum idioma;
Ejusdem hortulus elegantiarum, Aug. Vind., 1516;
Wimphelingii elegantiæ maiores, Haguenau;
Grammatella cum glosa almanica;
Vocabula pro invenibus;
Vocabularium italico-latinum per M. N. Vallam, proprium auctorem, correctum. Venetiis.

A la seconde page, autour du titre : *Composita verborum*, on trouve une table alphabétique manuscrite qui se continue au verso.

On lit à la dernière page de l'ouvrage :
Terminantur composita verborum in Rutlingen impressa anno M. CCCCLXXXVIII (1488).
(Bibliothèque Nationale.)

Compendium octo partium orationis.

In-4° gothique sans lieu ni date.

On lit en tête de la première page :
Opusculum quintupartitum grammaticale pro pueris in lingua la-

tina breviter erudiendis, continens : Primo Dominus que pars[1], aptatum ad regulas que sequntur. Secundo continet regulas congruitatum minores. Tertio regulas congruitatum majores perutiles. Quarto regulas de modo construendi et traducendi cum vulgari omnium casuum, temporum et modorum. Quinto continet duplicia elegantiarum precepta, orationum et dictionum. Que si quis frequenti usu pertractet, non parum fructus in arte bene dictandi loquendique percipiet.

L'ouvrage se termine par une pièce de vers commençant ainsi :
> Scintilla in flammas : in flumina crescere rivus
> Sæpe solet : plantam virgula parva parit.
> Sic liber hic ; quamvis pueris documenta minora
> Principio promit, grandius inde sonat.

....

(Bibliothèque Nationale.)

Compendium octo partium orationis : opusculum pro pueris in lingua latina breviter erudiendis.

Basileæ, J. Amerbachius; 1486, in-4°.

(Bibliothèque d'Avignon [musée Calvet].)

Compendiosa materia pro iuvenum reformatione satis magistraliter compilata, cuius titulus : Es tu scolaris.

Plaquette in-4° gothique de 13 feuillets non numérotés suivis de 16 feuillets blancs, sans lieu ni date.

La première page porte au-dessous du titre une gravure sur bois représentant un maître enseignant la lecture à deux enfants. Au-dessus de sa tête se déroule la devise :
> Accipies tanti doctoris dogmata tanta.

(Bibliothèque Nationale.)

Constructio verborum excerpta ex opere quod σχέδην βασιλικήν, id est schedam regiam, vocant.

Lutetiæ, veneunt in ædibus Æg. Gourmontii; 1520 et 1528, in-8°.

(Bibliothèque Nationale.)

---

[1] C'est une interrogation du maître à l'élève : *Dominus, quæ pars?* sous-entendu : *orationis*, et l'élève répond : *Est nomen.* — A. W.

Contenta. De litteris græcis ac diphtongis et quemadmodum ad nos veniant. Abbreviationes quibus frequentissime Græci utuntur. Oratio dominica et duplex salutatio ad beatissimam Virginem. Symbolum apostolorum. Evangelium divi Joannis Evangelistæ. Carmina aurea Pythagoræ. Phocylidis poema ad bene beateque vivendum. Omnia hæc cum translatione latina. Introductio perbrevis ad hebraicam linguam.

Haguenau, Th. Anselmus; s. d., in-4°.

(Bibliothèque Nationale.)

Curia Palatium.

Plaquette in-4° gothique de 6 feuillets non numérotés, plus 11 feuillets blancs, sans lieu ni date.

La première page porte, au-dessous du titre : *Curia Palatium*, une gravure sur bois coloriée représentant un maître enseignant à lire à deux enfants, avec la devise : *Accipies tanti doctoris dogmata tanta*.

C'est un petit vocabulaire latin-allemand des mots usuels. La disposition typographique n'est pas celle des dictionnaires ordinaires. Les mots latins sont mis les uns à la suite des autres et forment un contexte suivi. Au-dessus de chaque mot latin, le mot allemand qui le traduit est imprimé en plus petits caractères, de sorte que les lignes sont doubles. Le titre : *Curia Palatium* n'est pas autre chose que la reproduction des deux premiers mots dont la traduction est donnée dans le vocabulaire.

(Bibliothèque Nationale.)

N. B. — La Bibliothèque nationale possède un autre exemplaire du même ouvrage, publié également sans lieu ni date. Il diffère du précédent en ce qu'il n'a ni titre ni gravure. De plus, il porte en marge l'indication générique des mots traduits dans la page.

De disciplina puerorum recteque formandis eorum studiis et moribus ac simul tam præceptorum quam parentum in eosdem officio doctorum virorum libelli aliquot vere aurei, ad ingenuorum adolescentum commoditatem atque usum collecti.

Basileæ, Joan. Oporinus.

A la fin du volume : Bernæ Helvetiorum per Sam. Apiarium; 1556, petit in-8°.

(Bibliothèque universitaire de Bâle.)

De formulis colloquiorum quotidianorum libellus quo ferme omnium quæ in manibus puerorum quotidie versantur nomenclaturæ comprehenduntur.

Parisiis; 1554, in-8°.

(Bibliothèque de Besançon.)

De gallica verborum declinatione.

Opuscule attribué à Robert Estienne.

Parisiis, Rob. Stephanus; 1540, in-8°.

(Bibliothèque Nationale.)

De mihi *et* nihil *tum scribendis tum proferendis assertio. In gratiam puerorum (non scribendum nec proferendum :* mici*, nec* michi*, nec* miki*; non etiam :* nicil*, aut* nichil*, aut* nikil*).*

Parisiis, Rob. Stephanus; 1540, in-8°, 37 pages.

(Bibliothèques : Nationale; — de Coutances; — de Verdun.)

De partium orationis syntaxi, seu constructione, breves admodum præceptiones ex optimis quibusque grammaticis excerptæ.

Parisiis, J. Gueullartius; 1551, in-4°.

(Bibliothèque Nationale.)

Des mots françois selon l'ordre des lettres qu'il les faut escrire, tournez en latin pour les enfans.

Lyon, Ch. Hélie Le Prieur; 1567, in-8°.

(Bibliothèque de Montbéliard.)

Dictionnaire (Le) des rimes françoises, auquel deux traités sont ajoutez, l'un des conjugaisons françoises, l'autre de l'orthographe françoise; plus un amas d'épithètes recueilli des œuvres de Guil. Saluste du Bartas.

S. l., les héritiers d'Eustache Vignon; 1596, in-8°.

(Bibliothèque Nationale.)

ANONYMES.

Dictionariolum latino-gallicum jam recens post omnium editiones excussum... avec les mots françois selon l'ordre des lettres ainsi qu'il les faut escrire tournez en latin...

Parisiis, Joan. Richerius; 1587, in-8°.

(Bibliothèque de M. Carré, professeur à Lakanal.)

Dictionarium historicum, geographicum, poeticum, gentium, hominum, deorum gentilium, regionum, locorum, civitatum, equorum, fluviorum, sinuum, portuum, promontoriorum ac montium, antiqua recentioraque ad sacras et prophanas historias, poetarumque fabulas intelligendas, necessaria nomina, quo decet ordine complectens.....

Lugduni, sumptibus Thomæ Soubron et Mosis a Pratis (cum præfatione ad studiosos adolescentes); 1595, in-4° à 2 col. de 452 feuillets.

(Bibliothèque du Puy.)

Disciplina et institutio puerorum.

Opuscule in-8° de 24 pages, contenant les chapitres suivants :

Quomodo mane surgendum. — De diligentia adhibenda in ludo. — De reditu ex ludo. — De apparatu mensæ. — Consecratio mensæ, ex Chrysostomo. — Alia consecratio brevis. — De remotione mensæ. — Hymnus et gratiarum actio, post sumptum cibum. — Alia gratiarum actio. — De gestibus in ministerio mensæ. — De moribus observandis in convivio. — De his quæ post prandium. — De refectione privata. — De præceptore eligendo, et obedientia illi exhibenda. — De ratione studii, ex Rodulpho Agricola. — Quæ signa optimæ indolis. — De gestibus in ludis et recreatione animi. — Monitoria in communibus congressibus. — De vitando pravorum consortio. — De bonorum societate ambienda. — De verecundia adhibenda in incessu. — De pudicitia et castitate. — De vestitu. — De nutritione comæ. — Monitoria ad civilitatem et convictum humanum. — De discretione in studiis. — De reditu, post horas pomeridianas, ad domum. — De his quæ post cœnam. — De meditatione in lecto, sub requiem nocturnam.

(Bibliothèque du Puy.)

Dits et sentences notables de divers auteurs, traduictes en françois pour servir à donner en exemples aux jeunes enfants appre-

nans à escrire : en la fin sont ajoustées lesdites sentences latines avec le nom et le livre de l'auteur dont on les a recüeillies.

<blockquote>Paris, Vincent Sertenas; 1560, in-8°.
(Bibliothèque Nationale.)</blockquote>

Dominus que (sic) *pars et regule* (sic) *grammaticales.*

<blockquote>Plaquette in-4° gothique de 15 feuillets non numérotés, plus un feuillet blanc; sans lieu ni date.

On lit à la fin :
Et sic est finis. Deo gratias et gloria trinis.

N. B. — Traité élémentaire dont le titre n'est que le commencement de la première règle :

Dominus, quæ pars? — Nomen. — Quare? — Quia significat substantiam cum qualitate, etc.....
(Bibliothèque Nationale.) </blockquote>

Dyalogus creaturarum, moralyzatus omni materie morali, jocundo (sic) *et edificativo modo applicabilis, fabulis plenus.*

<blockquote>Goudæ, Ger. Leeu; 1481, in-4° cum figuris.
(Bibliothèque Nationale.)</blockquote>

Educationis puerilis linguæ græcæ pars prima pro schola Argentinensi. Fabellæ quædam Æsopi græcæ ad puerilem educationem in gymnasio Argentoratensi selectæ.

<blockquote>Argentorati, Jos. Rihelius; 1567 et 1568, in-8°.
(Bibliothèque de Verdun.)

Argentorati, Jos. Rihelius; 1576, 1577, in-8°.
(Bibliothèque de Nancy.)</blockquote>

Ἐκλόγη τῶν ἠθικωτέρων... *Selecta quædam de moribus epigrammata ex lib. I florilegii epigrammatum græcorum.*

<blockquote>Parisiis, Joan. Benenatus; 1577, in-4°.
(Bibliothèque Nationale.)</blockquote>

Elegantiarum viginti precepta incipiunt.

<blockquote>Plaquette in-4° gothique de 16 feuillets non numérotés, plus 9 feuillets blancs.</blockquote>

ANONYMES.

On lit à la fin :
Elegantiarum precepta viginti finiunt.
Impressum in Buscodunis anno 87 (1487).

(Bibliothèque Nationale.)

Elegantiarum viginti precepta ad pulchras conficiendas epistolas.

Plaquette in-4° gothique de 8 feuillets non numérotés, plus 5 feuillets blancs; sans lieu ni date.

La première page porte au-dessous du titre une gravure représentant un maître dans sa chaire et quatre écoliers. — Cette gravure est reproduite au verso du huitième feuillet.

(Bibliothèque Nationale.)

Elegantiarum viginti precepta ad perpulchras conficiendas epistolas.

Plaquette in-4° gothique de 10 feuillets non numérotés, plus 1 feuillet blanc.

A la première page, au-dessous du titre, une gravure sur bois représente un maître tenant en main un paquet de verges et instruisant trois écoliers assis au pied de sa chaire.

On lit à la fin :
Elegantiarum viginti precepta finiunt.
Anno Domini M. CCCCXCVII (1497).

(Bibliothèque Nationale.)

Εἰσαγωγὴ πρὸς τῶν γραμμάτων ἑλλήνων. *Elementale introductorium in idioma græcanicum.*

    Alphabetum græcum et ejus lectura;
    De divisione litterarum græcarum;
    De diphtongis græcis propriis et impropriis;
    Abbreviationes et colligaturæ;
    De accentibus grecis;
    Oratio dominica græce et juxta latine;
    Salutatio angelica græce et juxta latine;
    Symbolum apostolorum græce et juxta latine;
    Evangelium Joannis græce et juxta latine;
    Salutatio angelica alia græce et juxta latine;
    Benedictio mensæ græce et juxta latine;
    Gratiæ post mensam græce et juxta latine;
    Dicteria id est proverbia septem sapientum metrice.

Plaquette in-4° de 4 feuillets non numérotés, plus 12 feuillets blancs; sans lieu ni date.

Au-dessous de chaque ligne du texte latin imprimé en lettres rouges, se trouve la traduction littérale grecque, en lettres noires.

Le dernier feuillet imprimé est orné au verso d'une gravure sur bois.

(Bibliothèque Nationale.)

Elementale introductorium in nominum ac verborum declinationes græcas.

Argentorati, Schurerius; 1515, in-4°.

(Bibliothèque de Troyes.)

Coloniæ, Hero Alopecius; 1526, in-8°.

(Bibliothèque de Besançon.)

Elementa latinæ linguæ quibus utuntur pueri in academia Dolana.

Basileæ; 1549, in-8°.

(Bibliothèque Mazarine.)

Elementa etymologiæ latinæ hoc est partium orationis, exemplo Hermanni Bonni ad Donati methodum comparata, pro schola Cassellana.

Francofurti, N. Bassæus; 1585, in-8°.

(Bibliothèque Nationale.)

Epistolæ quædam græcæ, incerti quidem autoris, sed elegantes, ad usum scholarum καὶ τῶν φιλελλήνων tyronum editæ.

Coloniæ Agrip., J. Gymnicus; 1577, in-8°.

(Bibliothèque Nationale.)

Exercitium puerorum grammaticale per dictas distributum.

In-4° gothique non paginé.

La première page porte au recto au-dessous du titre une gravure sur bois coloriée et au verso une préface : Prologus in quo grammaticæ necessitas demonstratur.

On lit à la fin :

Finit tractatus secundus exercicii puerorum grammaticalis in quo de regimine et constructione omnium dictionum secundum ordinem octo partium orationis processum est per regulas et questiunculas adeo lucidas, faciles atque breves doctissimorum virorum exemplis creberrimis roboratus, ut quisque sine preceptore eas discere, scire et intelligere possit. In quo si qui grammatice studiosi cujuscumque status fuerint, pueri, fratres, sorores, mercatores, ceterique seculares aut religiosi, legerint, studuerint atque se oblectaverint, finem grammatice ausim dicere brevissime sine magno labore consequentur.

Impressus et finitus in mercuriali oppido Antwerpiensi per me Gherardum Leeu xii kalendas junias anni octogesimi quinti (1485).

(Bibliothèque Nationale.)

Idem opus.

S. l.; 1504, petit in-4° gothique.

(Musée pédagogique.)

S. l.; 1506, petit in-4° gothique.

(Musée pédagogique.)

Ex græcis nominum et verborum declinationibus, quantum initio pueris qui litteras græcas discere volent satis fore visum est.

Burdigalæ, S. Millangius; 1580, in-4°.

(Bibliothèque Nationale.)

Fundamentum scholarium.

Plaquette in-4° gothique non paginée.

Le premier feuillet porte au recto et au verso une gravure sur bois représentant un personnage dans son cabinet de travail.

On lit en tête de la deuxième page :

Regulæ Remigii emendatæ correctæque in primum scholarium fundamentum feliciter incipiunt.

Et à la fin de l'ouvrage :

Regulæ partium grammaticæ artis fundamentales totius latinitatis fundamentum continentes feliciter finiunt. Impressæ Parisiis pro Rodulpho Laliseau, anno currente septimo, trahens morem in vico sancti Hyllarii ad intersignium sancti Claudii.

(Bibliothèque Nationale.)

Grammatellus pro juvenum eruditione cum glosa almanica.

Plaquette in-4° gothique sans lieu ni date.

ANONYMES.

On lit au deuxième feuillet :

Libellus quem grammatellum appellant, sermones facetos complectens ob scolariculorum hebetatem, glosa almanica subductus, feliciter incipit.

Texte latin imprimé en gros caractères gothiques, avec la traduction allemande interlinéaire.

(Bibliothèque Nationale.)

Gemma. — *Vocabularius optimus Gemma vocabulorum merito dictus, quia duobus millibus optimorum vocabulorum major est priori gemmula et multo correctior.*

Daventriæ, Rich. Pafraet; 1502, in-4°.

(Bibliothèque Nationale.)

Gemma gemmarum. — *Dictionarium quod gemma gemmarum vocatur nuper castigatum. Cui præterea addita sunt hæc quæ subjiciuntur :*

Vocabula de propriis hominum, deorum, montium, provinciarum, urbium, insularum, fluviorum, quæ ad interpretandos poetas pernecessaria sunt.

Cicero (ut aiunt) de propriis terminorum secundum seriem alphabeti, etc.;

Vocabularius cujusdam Rabbi Joannis;

Compendium pro oratoribus et versificatoribus;

Item interpretationes quædam verborum grecorum et hebraicorum. Philosophis, jureconsultis et generaliter pro omnibus professoribus vocabula poetis, pro medicis, apothecariis;

De accentuum discretione;

Colores rhetorices admodum doctis scriptoribus utiles. Factus est insuper appendix ad calcem cujusque literæ qui antea nuper fuit impressus.

Ad lectorem litteratum.

Non est e conchis hæc gemma petita marinis,
Verum barbarico vandalicoque lacu.

In-4° gothique non paginé.

On lit à la fin au-dessous de la marque typographique :

Impressum Coloniæ per Martinum de Werdena propre (*sic*) domum consulatus in vico burgensi (vel die Burgerstraes) commorantem. Anni Domini M CCCCC XII (1512).

(Bibliothèque Nationale.)

Vocabularius Gemma gemmarum noviter impressus multarum dictionum additione exornatus M D XIIII (1514).

In-4° gothique non paginé; titre encadré dans un frontispice.

On lit à la fin :

Vocabularius Gemma gemmarum diligenter revisus et castigatus per Wilhelmum Schaffner. Impressus in hoc anno M D XIIII Omnium Sanctorum, finit feliciter.

(Bibliothèque Nationale.)

Gemmula vocabulorum cum additis diligenter revisa et emendata.

In-4° gothique non paginé. Gravure sur bois au-dessous du titre; lettres enluminées.

On lit à la fin :

Finem accepit vocabulorum Gemmula cum addito diligenter emendata atque de verbo ad verbum per totum attente revisa, in mercuriali oppido Delfensi loco famatissimo impressa anno incarnationis Domini M CCCC LXXXI XIIII (1495), decima sexta die mensis aprilis. Ad laudem Dei omnipotentis qui sit per infinita secula seculorum benedictus.

L'avant-dernier feuillet porte au verso : Deelf in Hollandia, et au-dessous une gravure sur bois représentant une licorne avec un écusson.

(Bibliothèque Nationale.)

Grammatographia ad prompte citoque discendam grammaticen, tabulas tum generales, tum speciales continens in gratiam Magdalenes, Francisci I filiæ, elaborata.

Parisiis, Sim. Colinæus; 1529, in-4°.

(Bibliothèque Nationale.)

Parisiis, Sim. Colinæus; 1533, in-4°.

(Bibliothèques : Nationale; — d'Auxerre; — de Besançon; — de Chartres.)

ANONYMES.

Imperatorum Romanorum libellus unà cum imaginibus ad vivam effigiem expressis.

Argentorati, Wolfg. Cæphalius; 1525, in-8° de 91 feuillets.
(Bibliothèque de Montauban [Faculté de théologie protestante].)

Insignium aliquot virorum icones.

Lugduni, Tornæsius; 1559, in-8°, 236 pages.
(Bibliothèque de Montauban [Faculté de théologie protestante].)

N. B. — Avec préface : « *Studiosæ juventuti.* »

Institutio puerilis litterarum græcarum.

Haganoæ, J. Secerius; 1525, in-4°.
(Bibliothèque de Salins.)

Institutiones in grammaticam latinam in quibus orthographia, etymologia, syntaxis, prosodia tractantur.

Basileæ; 1549, in-8°.
(Bibliothèque Mazarine.)

Institutionum scholasticarum libri tres.

Antuerpiæ, Joan. Bellère; 1573, in-8°.
(Bibliothèque de Cambrai.)

Institutiones absolutissimæ in grammaticam latinam.

Basileæ; 1549, in-8°.
(Bibliothèque de Besançon.)

Isagoge in grammaticam græcam quod ad ea attinet quæ declinantur.

Coloniæ, Henr. Noveniensis; 1521, in-4°.
(Bibliothèque de Salins.)

Janua sum. — (*Traité élémentaire de grammaire latine.*)

In-4° gothique non paginé, sans lieu ni date.

Le verso du premier feuillet est pris tout entier par une gravure sur bois représentant un maître, la férule à la main, au milieu de ses écoliers.

Le recto du deuxième feuillet porte un encadrement de couleur rouge au milieu duquel on lit cette courte introduction, imprimée également en lettres rouges :

> Janua sum rudibus primam cupientibus artem;
> Nec sine me quisquam rite peritus erit.
> Nam genus, casus, speciem numerumque figuramque
> His quæ flectuntur partibus insinuo.
> Pono modum reliquis quibus petat optime pandens
> Et quam non doceant dictio nulla manet.
> Ergo legas studiumque tibi rudis adjice, lector,
> Nam celeri studio discere multa potes.

(Bibliothèque Nationale.)

Καθημερινῆς ὁμιλίας βιβλίον. *De formulis colloquiorum quotidianorum libellus.*

Parisiis, G. Morelius; 1550, in-8°.

(Bibliothèque Nationale.)

Parisiis, G. Morelins; 1561, in-8°.

(Bibliothèque Nationale.)

Lexicon græco-latinum jam recens in lucem editum.

Parisiis, F. Gryphius; 1540, in-4°.

(Bibliothèque Nationale.)

Lexicon græco-latinum. (Avec une préface de Conrad Gesner. Voir ce nom.)

Basileæ, H. Curio; 1543, in-4°.

(Bibliothèque Nationale.)

Lexicon græco-latinum per viros judicio et linguarum doctrina excellentes nunc postremo emendatum et auctum.

Basileæ, H. Curio; 1556, in-4°.

(Bibliothèque Nationale.)

Lexicon græco-latinum, recens constructum.

Genevæ, Guil. Læmarius; 1583, in-4°.

(Bibliothèque Nationale.)

Lexicon græcum et institutiones linguæ græcæ ad sacri apparatus instructionem.

Antuerpiæ, Chr. Plantinus; 1572, in-folio.

(Bibliothèque Nationale.)

Liber qui compotus inscribitur, una cum figuris et manibus necessariis tam in suis locis quam in fine libri positis; — à la suite : *Principia grammaticalia.*

Lugduni, Mich. Niger; 1494, in-4°.

(Bibliothèque Nationale.)

Manière (La) de tourner toutes espèces de noms latins en notre langue françoise, avec les accents.

Parisiis; 1546, in-8°.

(Bibliothèque Mazarine.)

Memoriale. — (*Sorte de petit mémento des règles de la grammaire latine.*)

Il commence ainsi : Nota quæ sunt quatuor nomina terminata in *or* et in *os* pro nominativo singulari; versus :

Bis duo sunt *or* et *os* casus facientia rectos :
Arbor, odorque, labor, his sociatur honor.

Plaquette in-4° gothique de 8 feuillets non numérotés, sans lieu ni date.

(Bibliothèque Nationale.)

Miroir (Le) des escoliers.

Paris, Léon Cavellat; 1581, in-12 de 44 pages.

(Bibliothèque de Vendôme.)

Obstetrix animorum; hoc est brevis et expedita ratio docendi, studendi, conversandi, imitandi, judicandi, componendi. — *Naturam si sequamur ducem nunquam aberrabimus.*

Ad juventutem Galliæ, optimarum artium studiis deditam.

Parisiis, Ambr. Drouart; 1600, in-12.

(Musée pédagogique.)

ANONYMES.

Τὰ Θεολογούμενα τῆς ἀριθμητικῆς: *opusculum in quo ita numerorum ratio explicatur, ut ex hac arithmetica interiore veterum theologia illustrari possit; græce.*

Parisiis, Wechelus; 1543, in-4°.

(Bibliothèque Nationale.)

Precationes aliquot celebriores e sacris bibliis desumptæ ac in studiosorum gratiam lingua hebraica, græca et latina in Enchiridii formulam redactæ.

Parisiis, Martinus Juv.; 1554, in-16.

(Bibliothèques : de Nancy; — de Verdun.)

Principes en françoys.

> Plaquette in-4° gothique de 2 feuillets imprimés, commençant ainsi : « Par quantes manieres doibt-on commencer son latin à faire?... » Sans date.
> La première page porte au-dessous du titre la marque typographique de Nic. de la Barre, avec la mention : « Imprimé à Paris par maistre Nicolle de la Barre demourant en la rue Sainct-Jaques à l'enseigne de la fleur de lys couronnée, auprès de Sainct-Yves. »

(Bibliothèque Nationale.)

Principes (Les) et premiers éléments de la langue latine avec les accents.

Paris, Chaudière; 1546, in-8°.

(Bibliothèque Mazarine.)

Principia elementaria juventibus (sic) *maxime accommodata, quibus naturæ verborum subnectuntur.*

Parisiis, Prigentius Calvarinus; 1538, in-12.

(Bibliothèque d'Auxerre.)

Principia grammaticalia pueris utilia per rectorem gymnasiorum Sancti Symphoriani Castri contexta.

[Lugduni] circa 1510, in-12.

(Bibliothèque de Besançon.)

Quæstiones regiminis et constructionis una cum argumentationibus et solutionibus earumdem.

Lugduni; 1588, in-4°.

(Bibliothèque d'Avignon [musée Calvet].)

Questiones super Donatum minorem.

Plaquette in-4° gothique non paginée.

La première page porte au-dessous du titre la marque typographique avec le nom de M. Lenoir, encadrée dans la devise : « C'est mon desir de Dieu servir pour acquerir son doux plaisir. »

On lit à la fin :

Expliciunt questiunculæ grammaticales super Donatum minorem. Impressæ Parisiis per Michaelem Lenoir commorantem supra pontem sancti Michaelis ad intersignium sancti Joannis Evangelistæ.

(Bibliothèque Nationale.)

N. B. — La Bibliothèque nationale possède plusieurs autres éditions du même ouvrage :

Une portant à la première page la marque typographique de Pierre Levet, à la fin la date d'impression : Paris, 1489; in-4° gothique ;

Une autre provenant de la reliure de plusieurs livres de la bibliothèque d'Anne de Polignac, imprimée à Ingolstadt en 1492, in-4° gothique;

Une troisième, également in-4° gothique, sans marque et sans lieu ni date.

Regulæ grammaticales antiquorum cum earumdem declarationibus et multis argumentis positis circa unamquamque regulam in speciali.

Plaquette in-4° gothique de 20 feuillets non numérotés; sans date.

A la première page au-dessous du titre une vignette représente la Vierge tenant l'enfant Jésus dans ses bras.

On lit à la fin :

Expliciunt regulæ grammaticales antiquorum cum earumdem declarationibus ac argumentis impressæ Reutlingen per Michaelem Greyffen.

(Bibliothèque Nationale.)

Regulæ congruitatum. Constructiones et regimina.

Plaquette in-4° gothique de 12 feuillets de texte non numérotés; sans lieu ni date.

La première page porte au-dessous du titre une gravure sur bois représentant un lion portant un écusson avec les lettres M. F. autour duquel s'enroule une banderole portant le nom Michael Furter de Augusta.

(Bibliothèque Nationale.)

Remigius super Donatum.
Regulæ grammaticales.

Plaquette in-4° gothique de 12 feuillets non numérotés; sans lieu ni date.

On lit au bas du feuillet 9 recto.

Finit Remigius super Donatum. Laus Deo clementissimo. Incipiunt viginti quatuor regulæ grammaticales congruitatum.

(Bibliothèque Nationale.)

Rudimenta grammaticæ ad pueros.

S. l.; 1499, in-4°.

(Bibliothèque de Remiremont.)

Sententiæ singulis versibus contentæ juxta ordinem litterarum ex diversis poetis. Adjecta est ad finem latina interpretatio.

Parisiis, Rob. Stephanus; 1540, in-18, 24 f.

(Musée pédagogique.)

Sex linguarum latinæ, gallicæ, hispanicæ, italicæ, anglicæ et teutonicæ dilucidissimus dictionarius.

Venetiæ, M. Sessa; 1541, in-8°.

(Bibliothèque Nationale.)

Tiguri, Froschoverus; 1553, in-8°.

(Bibliothèque Nationale.)

Sentences (Les) illustres des poètes lyriques, comiques et autres poètes grecs et latins : ensemble les vies d'iceux, mises de nouveau en latin et françoys, par G. L. D. T.

Paris, M. Jullian; 1579, in-16.

(Bibliothèque Nationale.)

ANONYMES.

Sententiæ ex divinis litteris selectæ in gratiam puerorum.

Parisiis, Lud. Grandinus; 1550, in-8°, 458 pages.
(Bibliothèque de Montauban [Faculté de théologie protestante].)

Lugduni, Th. Paganus; 1551, in-8°.
(Bibliothèque de Besançon.)

Sententiosa poetarum vetustissimorum (græcorum) versibus latinis reddita.

Parisiis, Guil. Morelius; 1555, in-4°.
(Bibliothèque de Dole.)

Statuta vel præcepta scolarium.

Plaquette in-4° gothique de 8 feuillets non numérotés; sans lieu ni date.

Gravure sur bois au-dessous du titre, représentant un maître instruisant deux écoliers, avec la devise : *Accipies tanti doctoris dogmata tanta.* Préceptes latins à l'usage des écoliers, avec une explication en vers allemands.
(Bibliothèque Nationale.)

Thesaurus vocum omnium latinarum ordine alphabetico digestarum quibus græcæ et gallicæ respondent.

Lugduni, Joan. Pillehotte; 1599, in-4°.
(Bibliothèque Nationale.)

Thrésor (Le) des mots françois selon l'ordre des lettres ainsi qu'il les faut escrire, tournez en latin, augmentés de plusieurs dictions françoises et latines.

Paris, Jean Richer; 1587, in-8° (incomplet).
(Bibliothèque de M. Carré, professeur à Lakanal.)

Tractatus de arte oratoria.

Petit in-4° gothique de 8 feuillets, sans lieu ni date. La première page porte au-dessous du titre la marque typographique de Jacob. de Breda (?) : Deux anges supportant un écusson à trois fleurs de lis au-dessous d'un arbre auquel pend un autre écusson : vaisseau surmonté de deux fleurs de lis.

L'ouvrage commence ainsi :
   Compositio elegantissima de omni dicendi genere et prima quidem in genere deliberativo.
On lit à la fin :
   Orator quicumque voles disertus haberi,
   Dogmata nostra legas, utere et ingenio.
Au-dessous :
   Per me Jacobum de Breda.

(Bibliothèque Nationale.)

Union des sentences de philosophie.

Paris, Léon Cavellat; 1583, in-12, 86 pages.

(Bibliothèque de Vendôme.)

Viridarium moralis philosophiæ per fabulas animalibus brutis attributas traditæ, iconibus artificiosissime in æs insculptis exornatum.

Coloniæ, Georg. Mutingus; 1594, in-4°.

(Bibliothèque Nationale.)

Vocabula pro juvenibus.

Plaquette in-4° gothique de 12 feuillets de texte non numérotés.

À la première page, au-dessous du titre, une gravure sur bois représente un maître instruisant deux écoliers, avec la devise : *Accipies tanti doctoris dogmata tanta.*

Petit lexique latin-allemand des mots usuels.

(Bibliothèque Nationale.)

Idem opus.

Petit in-4° gothique de 10 feuillets non numérotés, avec une gravure sur bois; s. l. n. d. (vers 1500).

(Musée pédagogique.)

Vocabularius.

In-4° gothique sans titre ni date, non paginé.

On lit à la fin :
   Vocabularius brevidicus gallice exponens dictiones rerum multarum finit feliciter, exaratus in alma universitate parisiensi per Antonium Caillaut.

(Bibliothèque Nationale.)

ANONYMES.

Vocabularius ex quo.

In-4° gothique non paginé, sans lieu ni date.
Ex quo sont les deux premiers mots de la préface.
Ouvrage analogue au *Catholicon.*
(Bibliothèque Nationale.)

Vocabularius ex quo. — Incipit vocabularius ex quo.

Exemplaire sans titre; in-4° gothique.

On lit à la fin :

Presens hoc opusculum non styli aut pennæ suffragio sed nova artificiosaque inventione quadam ad Eusebiam Dei industriæ et Wollis est consummatum, sub anno Nativitatis M CCCC LXXIX (1479), feria quinta ante festum nativitatis Domini.
(Bibliothèque Nationale.)

Idem opus.

Sans titre; in-4° gothique.

On lit à la fin :

Finitum est hoc opusculum per Cunradum Zeninger, civem Nurembergensem, anno Domini millesimo quadragentesimo octuagesimo secundo (1492), die sedecima februarii.
(Bibliothèque Nationale.)

Vocabularius de partibus indeclinabilibus.

In-4° gothique non paginé, sans lieu ni date.
(Bibliothèque Nationale.)

Idem opus.

In-4° gothique.

On lit à la fin :

Impressum per C. Hist. anno M CCCC XCIX (1499) [deux exemplaires.]
(Bibliothèque Nationale.)

Vocabularius quatuor linguarum. — Introductio quædam utilissima sive vocabularius quatuor linguarum, latinæ, italicæ, gallicæ et alamanicæ, per mundum versari cupientibus summe utilis.

Augsbourg, Erhart Oeglin; 1516, in-4°.
(Bibliothèque Nationale.)

Vocabularius. — *Quinque linguarum utilissimus vocabulista, latinæ, tuschæ, gallicæ, hyspanæ et alemanicæ, valde necessarius per mundum versari cupientibus.*

Norimbergæ, Frider. Peypus; 1531, in-4°.
(Bibliothèque Nationale.)

Venetiis, Melchior Sessa; 1537, in-4°.
(Bibliothèque Nationale.)

Vocabularius latino-græcus.

In-4° sans lieu ni date et sans nom d'auteur. Les feuillets, non numérotés, sont divisés en deux colonnes.

L'ouvrage est précédé d'une préface d'Accurse : Bonus Accursius Pisanus clarissimo viro Antonio Braccello jurisconsulto primario ac ducali senatori salutem plurimam dicit.

La dernière page, manuscrite, porte les temps primitifs des verbes grecs irréguliers.

(Bibliothèque Nationale.)

N. B. — La Bibliothèque nationale possède trois autres exemplaires de cet ouvrage, publiés également sans lieu ni date, dont l'un est orné à la première page de curieuses enluminures et se termine par une prière en langue italienne : *Oracion al glorioso evangelista san Marco.*

SUPPLÉMENT.

OUVRAGES ACQUIS PAR LE MUSÉE PÉDAGOGIQUE
PENDANT L'IMPRESSION DU RÉPERTOIRE.

AGRAETIUS.

De orthographia, proprietate et differentia sermonis.

Venetiis, per Th. de Ragazonibus de Asula; 1495, in-4°.

(Musée pédagogique.)

AGRICOLA (GEORGES).

Agricolæ Georgii medici libri quinque de mensuris et ponderibus, in quibus pleraque a Budæo et Portio parum animadversa diligenter excutiuntur. Opus nunc primum in lucem editum.

Parisiis, Chr. Wechelus; 1533, in-8°.

(Musée pédagogique.)

AGRIPPA (HENRI CORNEILLE).

De incertudine et vanitate scientiarum declamatio invectiva, denuo ab auctore recognita et marginalibus annotationibus aucta.

S. l.; 1537, in-8°.

(Musée pédagogique.)

Hagæ Comitum, Adr. Ulacq; 1653, in-12.

(Musée pédagogique.)

Declamation sur l'incertitude, vanité et abus des sciences, traduite en françois du latin de Henry Corneille Agrippa.

S. l., Jean Durand; 1582, in-12.

(Musée pédagogique.)

N. B. — Le Musée pédagogique possède une autre traduction du même ouvrage; s. l.; 1603, in-12.

AGRICOLA (RODOLPHE).

Aphtonii sophistæ progymnasmata rhetorica, Rodolpho Agricola Phrysio interprete.

Parisiis, Vascosanus; 1548, in-8°.

(Musée pédagogique.)

ANDRELINUS (FAUSTUS PUBLIUS).

Hecatodistichon, Joanne Vatello castigatore et paraphraste.

Parisiis, Maur. a Porta; 1543, in-12.

(Musée pédagogique.)

AURELIUS ALBUCIUS, MEDIOLANENSIS.

Heroidum epistolarum libri quatuor christianis dogmatibus refertissimi. Moralium christianorum liber unus.

Venetiis, Junta; 1601, in-8°.

(Musée pédagogique.)

Auctores octo, continentes libros, videlicet : Catonem, Facetum; Theodolum, de contemptu mundi; Floretum; Alanum, de parabolis; Fabulas Esopi; Thobiam, de modo punctuandi; Regi-

men mensæ honorabile. Cum additionibus recenter in margine additis valde utilibus et sententia plenis. Juvenes etenim facile percipere poterunt quæcumque in his difficilia sunt per glosellas in marginibus additas.

> Petit in-8° gothique non paginé, avec frontispice encadrant le titre. Au verso du premier feuillet se trouve une pièce de vers : *Focaudi Monieri in Catonis libellum epigramma.*
>
> *On lit à la fin :*
> Feliciter explicit de novo per Anthonium du Ry. Impressum Lugduni et emendatum cum pluribus additionibus..... anno a nativitate Domini M.CCCCCXXIX (1529), die vero IIII mensis februarii.
>
> (Musée pédagogique.)

N. B. — Cet exemplaire a été porté par erreur au Répertoire comme grand in-4° gothique, sans lieu ni date.

BAYF (LAZARE DE).

Bayfii (Lazari) annotationes in libr. II de captivis et postliminio reversis : in quibus tractatur de re navali. Ejusdem annotationes in tractatum de auro et argento leg. quibus vestimentorum et vasculorum genera explicantur.

> Lutetiæ, Rob. Stephanus; 1549, in-8°.
>
> (Musée pédagogique.)

BESSON (JACQUES).

Theatrum instrumentorum et machinarum Jacobi Bessoni, Delphinatis, mathematici ingeniosissimi; cum Fr. Beroaldi figurarum declaratione demonstrativa.

> Lugduni, Barth. Vincentius; 1578, in-4°.
>
> (Musée pédagogique.)

BRUCHERIUS (JOANNES).

Brucherii Joannis, Trecensis, in septem sapientum Græciæ apophtegmata commentarii.

Parisiis, Sim. Colinæus; 1534, in-8°.

(Musée pédagogique.)

CAPER.

De latinitate.

Venetiis, Th. de Ragazonibus de Asula; 1495, in-4°.

(Musée pédagogique.)

Carmina quinque illustrium poetarum (Bembi, Naugerii, Castilioni, Cottæ, Flaminii).

Venetiis, Vinc. Valgrisius; 1548, in-8°.

(Musée pédagogique.)

CATON.

Catho cum commento.

S. l., Bernard Aubri; s. d., in-8°.

(Musée pédagogique.)

Catho moralizatus, alias speculum regiminis quoad utriusque hominis reformationem.

Lugduni, Joh. de Vingle; 1497, in-4°.

(Musée pédagogique.)

Les mots dorez du grand et sage Cathon en latin et françois. Avec plusieurs bons enseignements, proverbes et dicts moraux des anciens, profitables à un chacun. Plus aucunes propositions subtiles, problegmatiques et enigmatiques sentences, ensemble l'interpretation d'icelles.

Rouen, Daniel Cousturier; s. d., in-12.
(Musée pédagogique.)

Le Caton françois au Roy.

S. l.; 1614, plaquette in-12 de 64 pages.
(Musée pédagogique.)

COELIUS RHODIGINUS.

Lectionum antiquarum libri XXX recogniti ab auctore atque ita locupletati ut tertia plus parte auctiores sint redditi.

Basileæ, Froben; 1550, in-folio.
(Musée pédagogique.)

CONSTANTINUS (ROBERTUS).

Lexicon græco-latinum ex Rob. Constantini aliorumque scriptis qui in hoc commentandi genere excelluerunt utili compendio collectum : ac eorum omnium quæ operi maxime necessaria sunt accessione auctum atque illustratum.

S. l., apud Crispinum; 1568, petit in-4°.
(Musée pédagogique.)

Cosmographiæ introductio cum quibusdam geometriæ ac astronomiæ principiis ad eam rem necessariis.

Venetiis, Sessa; 1551, in-12.
(Musée pédagogique.)

CRASTONUS (JOHANNES).

Lexicon græco-latinum.

Vincentiæ, D. Bertochus de Bononia; 1484, in-folio.

(Musée pédagogique.)

Dictionarium græcum, ultra ferrariensem editionem locupletatum locis infinitis, idque ex optimis autoribus, quod jam nunc sufficere potest legendæ linguæ communi, atque atticæ præponendum, etc.

Basileæ; 1519, in-4°.

(Musée pédagogique.)

DIETHER (ANDREAS).

Historia sacra Joseph, quæ nobis præclarum divinæ providentiæ et passionis Christi redemptoris, castitatisque Joseph pudicissimi adolescentis exemplar demonstrat, jam denuo in formam comœdiæ redacta et edita per Andr. Diether Augustanum.

Augustæ Vindel., Phil. Ulhardus; s. d., in-12.

(Musée pédagogique.)

DONAT.

De barbarismo et octo partibus orationis. Sergii in secundam Donati editionem commentarius.

Servii in secundam Donati editionem interpretatio.

Diomedis, doctissimi ac diligentissimi linguæ latinæ perscrutatoris, de arte grammatica opus utilissimum.

Venetiis, Th. de Ragazonibus de Asula; 1495, in-4°.

(Musée pédagogique.)

DROSÆUS (JOANNES).

Grammaticæ quadrilinguis partitiones, in gratiam puerorum, autore Joanne Drosæo, in utroque jure doctore illustrissimo.

Parisiis, Chr. Wechelus; 1544, in-4° de 163 pages.
(Musée pédagogique.)

DU TILLET (JEAN).

La Chronique des Roys de France et des cas memorables advenus depuis Pharamond jusques au Roy Henry, second du nom, selon l'ordre du temps et supputation des antiquitez jusques en l'an mil cinq cent cinquante et un.
Catalogue des Papes depuis saint Pierre jusques à Julles, tiers du nom.
Catalogue des Empereurs depuis Octavian César jusques à Charles d'Autriche, V du nom.

Rouen, Martin le Megissier; 1551, in-12.
(Musée pédagogique.)

Epistolarum laconicarum farragines duæ, quarum una quæ e græco versæ sunt, altera latinæ tantum continentur.

Basileæ, Rob. Winter; 1545, in-24.
(Musée pédagogique.)

ÉRASME.

Adagiorum chiliades tres ac centuriæ fere totidem.

Tubingæ, in ædibus Th. Anshelmi Badensis; 1524, in-4°.
(Musée pédagogique.)

Apophtegmatum opus cum primis frugiferum.

Lugduni, Seb. Gryphius; 1541, in-12.
(Musée pédagogique.)

Erasmi Roterodami epistola apologetica ad Martinum Dorpium theologum.

Lutetiæ, Badius; 1519, in-8°.
(Musée pédagogique.)

Les troys derniers livres des apophtegmes, c'est à dire brieves et subtiles rencontres recueillies par Erasme, mises de nouveau en francoys et non encor par cy devant imprimées.

A Paris, par Jean Longis, libraire tenant sa boutique au Palais, en la galerie par où l'on va à la Chancellerie; 1553, in-12.
(Musée pédagogique.)

ESTIENNE (HENRI).

Apophtegmata græca regum et ducum, philosophorum aliorumque quorumdam ex Plutarcho et Diogene Laertio, cum latina interpretatione.

[Parisiis], H. Stephanus; 1568, in-12.
(Musée pédagogique.)

Ciceronianum lexicon græco-latinum, id est lexicon ex variis græcorum scriptorum locis a Cicerone interpretatis collectum ab Henrico Stephano. Loci græcorum authorum cum Ciceronis interpretationibus.

Ex officina H. Stephani; 1557, in-12.
(Musée pédagogique.)

Florilegium diversorum epigrammatum in septem libros.
(Texte grec.)

    Parisiis, sub prelo Ascensiano; 1531, in-12.
                                           (Musée pédagogique.)

GEMMA.

Arithmeticæ practicæ methodus facilis per Gemmam Frisium medicum ac mathematicum, jam recens ab ipso authore emendata et multis in locis insigniter aucta.

    Parisiis, Hier. de Marnef; 1578, in-12.
                                           (Musée pédagogique.)

GOTHOFREDIUS (DIONYSIUS).

Auctores latinæ linguæ in unum redacti corpus, adjectis notis Dionysii Gothofredi, una cum indice generali in omnes auctores.

    S. Gervasii, Petr. de la Rovière: 1602, in-4°.
                                           (Musée pédagogique.)

(*Grammatica latina.*)

    Manuscrit du xv° siècle, de 37 feuillets in-4°, sans titre.
                                           (Musée pédagogique.)

HANAPUS (NICOLAUS).

Virtutum vitiorumque exempla, ex universæ divinæ scripturæ promptuario desumpta, per R. Patrem D. Nic. Hanapum, patriarcham olim hierosolymitanum, jam primum typis excusa. His accessit tam illustrium quam obscuriorum virorum mulierumque utriusque Testamenti catalogus.

Parisiis, Joan. Roigny; 1538, in-12.
(Musée pédagogique.)

JUNIUS (ADRIANUS).

Nomenclator omnium rerum propria nomina variis linguis explicata indicans. Tertia editio.

Antuerpiæ, Chr. Plantinus; 1583, in-12.
(Musée pédagogique.)

MURET (MARC-ANTOINE).

M. Ant. Mureti variarum lectionum libri XV ad Hyppolytum Estensem, cardinalem ac principem illustrissimum.

Antuerpiæ, Chr. Plantinus; 1586, in-12.
(Musée pédagogique.)

Phrases, elegantiæ poeticæ, epitheta, latine, teutonice, gallice ex classicis auctoribus diligenti studio selecta.

Antuerpiæ, Joach. Trognæsius; 1597, in-8°.
(Musée pédagogique.)

PERÈS (ANTOINE).

Aphorismes ou sentences dorées extraictes des lettres tant espagnoles que latines d'Anthoine Perès. . . . . faites françoises par Jacques Gaultier.

A Paris, Pierre Chevalier; 1602, in-12 de 23 pages.

(Musée pédagogique.)

PICARDUS (JOANNES).

De prisca celtopædia libri quinque, quibus admiranda priscorum Gallorum doctrina et eruditio ostenditur, necnon litteras prius in Gallia fuisse quam vel in Græcia vel in Italia : simulque Græcos nedum Latinos scientiam a priscis Gallis (quos vel ab ipso Noachi tempore græce philosophatos constat) habuisse, ad Humbertum a Platiera, Campaniæ proregem et Alexiæ præfectum.

Parisiis, Marth. David; 1556, in-8°.

(Musée pédagogique.)

Probatissimorum Ecclesiæ doctorum sententiæ, qui non detrahunt quidem ethnicorum philosophiam, sed eam prorsus vituperant, abjiciunt, despiciunt ut christiani hominis studio indignissimam, impiamque et pestilentem.

S. l.; 1520, plaquette in-8°, 14 feuillets.

(Musée pédagogique.)

Septem sapientium et eorum qui cum iis adnumerantur, scite dicta, consilia et præcepta.

Parisiis, Joan. Benenatus; 1570, in-12.

(Musée pédagogique.)

Le même ouvrage (texte grec).

Parisiis, Joan. Benenatus; 1569, in-12.
(Musée pédagogique.)

VALLA (LAURENT).

Elegantiarum linguæ latinæ opus. De reciprocatione sui et suus.

En tête de l'ouvrage figurent un index alphabétique des mots latins et une épître dédicatoire « Ad Joannem Tortellium Aretinum. »

On lit à la fin :

Finitum hoc opus die secundo mensis augusti 1487. (S. l.), in-4°.
(Musée pédagogique.)

VIDA (JÉRÔME).

Marci Hieronymi, Vidæ Cremonensis, Albæ episcopi, poeticorum libri III.

Parisiis, Gasp. Meturas; 1646, in-12.
(Musée pédagogique.)

N. B. — Cet art poétique fait partie d'un recueil à l'usage des collèges de jésuites intitulé : *Heroicæ poeseos deliciæ, ad unius Virgilii imitationem, ex summis poetis Sannazario, Buchanano, Vida, Bembo, Naugerio, Castiliono, Flaminio, Fracastorio, Sadoleto, Sammarthano, Barberino, Heinsio, aliisque. Selegit, recensuit, emendavit Philippus Labbe, Bituricus, Societatis Jesu.*

INDEX RERUM.

PREMIÈRE SECTION.

GRAMMAIRE.

1° ABÉCÉDAIRES ET ALPHABETS...................... Pages. 1 à 5

2° GRAMMAIRES HÉBRAÏQUES ET SÉMITIQUES.

	Pages.		Pages.		Pages.
Alfonsus (Zam.)....	26	Clenardus..........	157	Munster..........	459
Aurogallus........	40	Drosæus..........	219	Neander..........	471
Bellarmin.........	54	Elias............	224	Pagninus..........	488
Beringerus........	59	Fabricius (Bod.)....	277	Paradisus.........	494
Bertrame.........	63	Flacius...........	289	Piscator,.........	516
Bibliander........	66	Genebrardus.......	316	Postel............	528
Bochenstein.......	84	Guidacerio........	344	Quinquarboreus....	535
Bolezæus.........	77	Hutterus..........	364	Restaldus.........	557
Brunnerus........	91	Isaacus...........	366	Reuchlinus........	558
Cajetanus.........	103	Junius (Fr.).......	375	Stancarus.........	608
Campensis........	118	Kimchi...........	377	Tremellius........	635
Caninius..........	119	Marinus..........	421	Vatablus..........	654
Capito............	121	Martinius (Petr.)...	422	Westhemerus.....	679
Cellarius (Joan.)....	146	Melissander.......	439	Wolderus.........	684
Cevallerius........	149	Mercerus.........	441		
Cheradamus.......	152	Morentinius.......	454		

3° GRAMMAIRE GRECQUE.

Aldus............	20	Bolzanius.........	77	Chekus...........	151
Amerotius........	28	Budé............	94	Clenardus.........	157
Antesignanus.....	33	Camerarius (Joach.).	112	Devarius..........	210
Beringerus.......	59	Caninius..........	119	Dinnerus.........	212
Bèze (Théod. de)...	66	Ceporinus.........	147	Donzellinus.......	218
Billius...........	68	Ceratinus.........	148	Enocus...........	226

INDEX RERUM.

	Pages.		Pages.		Pages.
Érasme	239	Lossius	402	Reollinus	557
Estienne (Henri II)	265	Macropœdius	411	Rithaymerus	566
Fabricius (Georg.)	278	Mavonius	426	Rulandus	571
Freigius	298	Mekerkus	428	Sanctius	583
Gaza	309	Melanchthon	428	Schorus	594
Girardus	325	Metzler	442	Scot	597
Godescalcus	330	Morelius (Gul.)	451	Smithus	604
Gretserus	335	Moschopulus	455	Sursinus	617
Gualterus	338	Neander	471	Sylburgius	619
Guarinus	339	Nunnesius	481	Tarelegus	625
Guinterius	347	Oridryus	484	Tortellius	633
Hillenius	359	Pagninus	488	Varenius	652
Lascaris (Const.)	384	Palmyrenus	492	Vergara	657
Lascaris (Jan.)	387	Posselius	525	Vollandus	678
Lonicerus	400	Ramus	544		
Lopadius	401	Renealmus	557		

4° GRAMMAIRE LATINE.

	Pages.		Pages.		Pages.
Abstemius	7	Cordier	173	Fornerius	296
Ælius (Antonius)	7	Corradus	178	Frachœus	296
Aldus	19	Crispus	183	Freigius	298
Alvares	27	Crucius	186	Friderus	298
Angelius	32	Crusius	186	Frischlinus	299
Anglicus	32	Curio	188	Furnius	304
Artisianus	36	Daulantius	198	Garlandia	306
Augerius	39	Despautère	202	Gauricus	309
Aventinus	40	Dolet	213	Gaza	311
Badius	41	Donat	214	Georgius (Trap.)	319
Barius	45	Ebrardus (Beth.)	221	Goclenius	329
Beringerus	59	Ebrardus (Ud.)	223	Godescalcus	329
Bèze (Th. de)	65	Érasme	249	Goeschelius	330
Bonis Hominibus (V. de)	81	Erythræus	256	Golius	330
		Estienne (Ch.)	262	Goluzius	331
Brack	87	Estienne (Henri)	265	Guarinus	339
Buchanan	93	Ferretus (A.)	284	Guarna	341
Camerarius	112	Ferretus (P.)	285	Hadrianus	347
Carbo	121	Fliscus	290	Henrichmannus	356
Chiappisius	154	Focaudus	291	Hospinianus	361
Clarentius	156	Folieta	292	Insulanus	365
Cocleus	167	Fontaine (J.)	293	Juvenalis	376
Columbe	170	Fontenayo (Guid. de)	294	Kemonerus	377

INDEX RERUM. 725

	Pages.		Pages.		Pages.
Lagrenus	380	Niavis	474	Saturnius	585
Ledesma	389	Niger (Fr.)	476	Scakarius	586
Leonicenus	391	Nigidius	478	Scaliger (J.-C.)	591
Lidelphus	394	Palasinus	492	Schoppus	594
Lilius	394	Pellisso	497	Schorus	599
Linacre	395	Perottus	500	Spangenberg	607
Lipsius	398	Philesius	509	Sulpitius	614
Lithocomus	399	Picus	515	Susenbrottus	617
Lossius	402	Pontanus	518	Synthen	621
Lupulus	405	Ponte (P. de)	523	Terminius	625
Lutiis (Bern. a)	407	Prateolus	530	Trebellius	634
Mancinellus	416	Pylades	534	Valla (G.)	643
Martinius (Fr.)	422	Raterius	547	Valla (Laur.)	644
Megangus	426	Riccius	562	Vatellus	655
Melanchthon	428	Rivius	566	Vergerius (Elig.)	658
Montanus	438	Roscius	570	Verrepœus	662
Meneses	440	Rufus	571	Versor	663
Murmellius	467	Sadelerius	579	Villedieu (Al. de)	666

5° GRAMMAIRE FRANÇAISE.

Bèze (Th. de)	65	Garnerius	307	Mitalerius	448
Bourgoing	85	Gaynard (Pierre Le)	309	Palsgrave	493
Bovillus	85	Glaumalis de Vezelet	328	Peletier	495
Caucius	145	Joubert	370	Pilotus	516
Dolet	213	Lentulus	391	Rambaud	536
Duvivier	221	Marconville (De)	420	Ramus	544
Estienne (Rob.)	258	Martinus	421	Saint-Lien	581
Estienne (Henri)	267	Matthieu	424	Sylvius (Jac.)	621
Fauchet	283	Meigret	426		
Forest de Vaison	295	Meurier	443		

6° OUVRAGES DE MNÉMOTECHNIE.

Brunus	92	Matheolus	424	Rosellus	571
Gesvaldo	323	Naulius	470	Schenckelius	590
Gratarolus	334	Neander	478		
Leporeus	392	Rombersch	569		

7° DICTIONNAIRES ET VOCABULAIRES.

Ælius (Antonius)	10	Aleander	23	Asulanus	37
Aldus	19	Altensteig	26	Aufret	39

	Pages.		Pages.		Pages.
Baduellus	43	Estienne (Ch.)	263	Montanus	450
Barlamont	46	Estienne (Henri)	267	Morelius (Guil.)	451
Bentzius	58	Faber	272	Munster	484
Beraldus	58	Forsterus	296	Nicot	475
Blastus	69	Frisius	301	Nizolius	479
Bonæ Spei (Nicolaus)	79	Fungerus	304	Osiander	487
Brack	87	Gasparinus	307	Pagninus	488
Budé	96	Gesnerus	321	Pajot	492
Burerus	100	Gillius	323	Palthenius	493
Calepinus	104	Golius	330	Piccolomineus	512
Calliergus	109	Grynæus	337	Porte (Maurice de la)	524
Cœlius	168	Guarinus	339	Ravisius	548
Conradus	171	Hopperus	350	Reuchlinus	558
Constantinus (Med.)	172	Housteville (G. de)	361	Rulandus	571
Constantin (Rob.)	172	Janua	367	Scapula	589
Crispinus	183	Junius	372	Séraphinis (De)	600
Curio	188	Lefèvre	390	Tassetus	625
Dasypodius	191	Lubinus	403	Thomas	628
Decimator	199	Maius	413	Thierry	627
Demarethus	199	Martinus	423	Torrentinus	631
Deslandes	201	Melberius	438	Trippault	636
Dinnerus	212	Mellema	489	Tusanus	638
Estienne (Robert)	257	Meurier	443	Zanchius	685

RHÉTORIQUE.

1° ART ÉPISTOLAIRE.

Badius	42	Diether	211	Pilorcius	515
Bebelius	52	Érasme	235	Ravisius	552
Bonæ Spei (Nicolaus)	79	Ferretus	284	Scoppa	596
Brandolini	88	Guarinus	326	Sophonensis	605
Britannus	88	Hartungus	350	Spelta	608
Budé	96	Hegendorphinus	353	Sulpitius	616
Bunellus	99	Lipsius	398	Verrepœus	662
Capharus	120	Macropœdius	411	Virulus	670
Celtes	148	Nausea	470	Vives	675
Despautère	209	Niger (Fr.)	471		

2° ART POÉTIQUE ET PROSODIE.

	Pages.		Pages.		Pages.
Baillius	44	Gualterus	338	Ronsard	569
Bartelon	48	Guillonius	345	Rutyetus	573
Baudozianus	50	Hassalus	350	Scaliger (J.-C.)	587
Berzosa	63	Hegendorphinus	353	Schottus	596
Butinus	101	Huttenus	363	Scoppa	596
Camerarius (J.)	111	Lanoue (Odet de)	383	Sebilet	598
Cognatus	169	Lebrun (Le R. P.)	389	Selneccerus	599
Cordier	177	Machecrier	411	Smetius	603
Croy (H. de)	185	Mancinellus	416	Spangenberg	607
Despautère	208	Melanchthon	428	Sussanæus	618
Fabricius (Georg.)	211	Micyllus	444	Taille (J. de la)	622
Fargæus	283	Minturnus	446	Vallensis (Joan.)	651
Ferrerius	284	Murmellius	467	Vallensis (Robert)	652
Fontaine (Ch.)	292	Nausea	470	Vergara	657
Goguinus	306	Ponte (P. de)	522	Vida	664
Gaynard (P. Le)	309	Ravisius	549	Villedieu (Al. de)	669
Gessanus	323	Ringelbergius	565	Willichius	680
Glareanus	327	Roennus	568		

3° ART ORATOIRE. — DISCOURS.

Ælius (Antonius)	11	Bukoldianus	99	Denisetus	200
Agricola	12	Cæsarius	103	Dresserus	218
Aldus	21	Camerarius (Corn.)	110	Du Flos	220
Alemanus	25	Camerarius (Joach.)	111	Érasme	242
Antonius	33	Cannartus	120	Fabri	277
Artopæus	36	Carbo	121	Fichetus	285
Badius	42	Carpentarius	123	Florus	290
Bellai (J. du)	53	Cassander	125	Fouquelin	296
Bembus	56	Castalion (Jos.)	125	Frondebeuf	302
Bencius	57	Caulerius	145	Furius	304
Bentzius	58	Cerda (De la)	148	Garsias	307
Beringerus	59	Cœlius	168	Gasparinus	308
Bernardus	59	Comitibus (N. de)	170	Georgius (Trap.)	319
Beroalde	60	Courcelles (P. de)	181	Goeschelius	330
Biesius	67	Crocus (Corn.)	184	Gratien du Pont	333
Bilstenius	69	Crocus (Rich.)	185	Guerinus	343
Blebelius	70	Cyllenius	189	Harveius	350
Britannus	89	Dathus	192	Henischius	356

INDEX RERUM.

	Pages.		Pages.		Pages.
Herbetius	357	Muret	465	Soarius	604
Hyacinthus	364	Nicander	475	Spangenberg	607
Joannes a S. Geminiano	369	Niphus	479	Strebæus	610
		Omphalius	483	Sturmius	611
Junius	375	Paschalius	494	Sylvius (Fr.)	620
Kulmann	379	Paulinus	495	Talæus	623
Lambinus	380	Philelphus (Fr.)	505	Tardivus	624
Langius	382	Philelphus (Mar.)	509	Tronchet	637
Leonicenus	391	Poncius	518	Turnebus	637
Lullus (Ant.)	403	Pontanus (Seb.)	523	Valerius	641
Lullus (Raym.)	404	Portus (Æm.)	524	Valla (Georg.)	643
Magnus	413	Publicius	532	Valla (Laur.)	644
Major (Georg.)	414	Ramus	537	Velsius	656
Marescotti	420	Revergatus	561	Vessodus	664
Melanchthon	434	Ringelbergius	566	Victor (Th.)	664
Mercerius	441	Rivius	566	Vives	671
Minos	445	Sainct-Fleur	580	Willichius	680
Monantholius	449	Sanctius	583	Wimphelingius	682
Moræus	450	Sarcerius	584	Wynuntius	684
Morelius (Joan.)	453	Schenckelius	591	Yvelin	685
Morellus	453	Scot	597	Zanchius	685
Mosellanus	456	Sifanus	601		
Motherus	459	Sinapius	603		

HISTOIRE.

	Pages.		Pages.		Pages.
Bernartius	60	Corrozet	179	Massonus	423
Beurer	64	Droit de Gaillard	220	Melanchthon	437
Blondus	70	Érasme	239	Middendorpius	444
Boccacius	72	Folieta	292	Mylæus	469
Bodin	72	Girardus	324	Piccolomineus	512
Bonadus	79	Grynæus	337	Possevinus	526
Bouchet	84	Jovius	370	Taboetius	622
Camerarius (Ph.)	116	Lonicerus	400		

MORALE.

1° CATÉCHISMES.

	Pages.		Pages.		Pages.
Aurelius	39	Hesselius	358	Melanchthon	427
Bullengerus	99	Luther	406	Socinus	605
Camerarius	114	Majus	415		

INDEX RERUM.

2° CIVILITÉS.

	Pages.		Pages.		Pages.
Albertanus	14	Collibus (Hipp. a)	170	Gnazzy	343
Calviac	109	Cordier	148	Longolius	400
Colacius	169	Érasme	237	Sulpitius	615

3° COLLOQUES ET DIALOGUES.

Barlamont	46	Flaminius	289	Niger	478
Barlandus	46	Forest de Vaison	295	Paradisus	494
Beraldus	58	Giraldi	324	Pontanus (Jac.)	519
Camerarius (Joch.)	110	Gyraldus	347	Posselius	526
Campestris	118	Hegendorphinus	351	Ravisius	548
Castellio (Seb.)	126	Heroldus (Bas.)	358	Sadolet	579
Cerutus	149	Huttenus	363	Schottennius	595
Cordier	175	Jonas	368	Vives	671
Érasme	227	Lilla (Petr. de)	395		
Fabricius (Gul.)	280	Mosellanus	456		

4° EMBLÈMES ET FABLES.

Abstemius	5	Camerarius (Jo.)	115	Philelphus	509
Alciat	16	Faerne	281	Reusnerus	560
Bèze (Th. de)	66	Hegelundus	351	Sambucus	581
Brassicanus	88	Junius	372		

5° POÉSIE MORALE. — APOPHTEGMES ET PROVERBES.

Aleander	23	Cato	137	Germbergius	321
Andreas	28	Cognatus	169	Gesnerus	322
Andrelinus	29	Cordier	177	Goudouin	332
Apherdianus	33	Cortæsius	180	Goulart	332
Auctores octo	37	Dinothus	212	Gronetus	337
Badius	41	Érasme	244, 250	Guarino	338
Belleforest	55	Estienne (Henri)	265	Hanapus	349
Bellengardus	55	Eyb (A. de)	271	Hegelundus	351
Beroalde	60	Fabricius (Georg.)	279	Junius	372
Borbonius	82	Facetus	281	Langius	382
Bovillus	86	Fagius	282	Lascaris (Const.)	384
Buschius	100	Fulgosius	303	Le Frère	390
Camerarius (Joach.)	113	Geometra	318	Liburnius	393

INDEX RERUM.

	Pages.		Pages.		Pages.
Lilius	394	Marcoleo	420	Rhodomanus	562
Loisellus	400	Meurier	443	Soter	606
Lycius	407	Mirandula	446	Spagundus	616
Lycosthène	407	Mondanarius	451	Thoreius	628
Macault	410	Morelius	453	Tuilerius	637
Major (Georges)	414	Nuceriensis	480	Vergilius	660
Marcilius	419	Pibrac (Seigneur de)	510	Verinus	661

6° ÉDUCATION GÉNÉRALE.

	Pages.		Pages.		Pages.
Alexandrinus	25	Giraldi	336	Piccolomineus	512
Baduellus	43	Gribaldus	336	Piccolomini (Ales.)	513
Baldesanus	45	Grosnetus	337	Politianus	517
Bebelius	52	Guarinus (Bapt.)	339	Possevinus	526
Bodin	72	Guazzi	343	Primaudaye (De la)	531
Boèce	73	Gué (Cl. du)	343	Puvliliarum (Jac.)	534
Bonæ Spei (Nicolaus)	79	Guerinus	343	Rapicius	547
Bonifacius	81	Hanapus	349	Richardus	563
Bonis Hominibus (De)	81	Hegatus	351	Ringelbergius	563
Brontius	89	Hegendorphinus	351	Rivius	567
Brunfelsius	90	Heresbachius	357	Roscius	570
Bruto	92	Heyden	358	Sadolet	579
Budé	96	Hillessemius	359	Siberus	601
Camerarius (J.)	110	Knaustinus	373	Sturmius	612
Capellus	120	Launay (Math. de)	389	Surgant	617
Casa (Della)	124	Lurbe (G. de)	405	Theodidactus	626
Cherpontius	154	Luther	406	Toussain	634
Chytræus	155	Malfantius	416	Ulricus	638
Crinitus	182	Mancinellus	416	Vegius	656
Curio	187	Marulus	423	Vergerius	659
Dickius	210	Melanchthon	428	Verrepœus	662
Eckius	223	Middendorpius	444	Vives	675
Érasme	239	Muret	465	Viviennus	678
Faber	272	Nausea	470	Wicelius	679
Flaminius	281	Neideckerus	474	Willichius	681
Freigius	297	Paceus	487	Wimphelingius	683
Fungerus	303	Pannonius	493	Zwinglius	686
Gerardus	320	Philelphus	505		

INDEX RERUM.

DIALECTIQUE ET PHILOSOPHIE.

	Pages.		Pages.		Pages.
Agricola	10	Delphinus	198	Olivarius	483
Bernardus	59	Eckius	223	Ossatus	487
Beurer	64	Erythræus	256	Politianus	517
Beurhusius	65	Faber (Stap.)	275	Possevinus	526
Biesius	67	Flacius	289	Ramus	537
Billicanus	68	Frisius (Paul.)	302	Reisch	556
Bilstenius	69	Garentius	306	Ringelbergius	563
Boèce	73	Georgius (Trap.)	320	Rivius	567
Brunus	92	Granatensis	333	Sanctius	583
Cæsarius	102	Hegendorphinus	354	Savonarola	585
Camerarius (Joch.)	113	Hemmingius	355	Spangenberg	607
Camillus	117	Henischius	356	Sturmius	612
Carpentarius	123	Lapidanus	383	Themistor	626
Cassander	125	Latomus	388	Titelmannus	629
Cerda (De la)	148	Libavius	393	Valla (Laur.)	650
Champier	150	Lullus (Raym.)	404	Vatablus	654
Charton	151	Major (Joan.)	414	Visorius	671
Clichtovæus	167	Melanchthon	428	Vives	676
Curio	188	Nausea	470	Willichius	681

SECONDE SECTION.

ARITHMÉTIQUE.

	Pages.		Pages.		Pages.
Albertus	15	Forcadel	295	Savonne (P. de)	586
Beausardus	52	Fustel	305	Scheubelius	592
Berthot	62	Gemma	313	Siliceus	602
Boèce	73	Glareanus	327	Steinmetz	608
Boissière (Cl. de)	76	Huswirt	362	Stevin	609
Bongus	80	Lortie (Jean de)	401	Stifelius	609
Bronchorstius	89	Lossius	402	Strigelius	611
Buclœus	94	Maurolycus	425	Tartaglia	625
Buteo	100	Niphus	479	Tonstallus	631
Cardan	122	Noviomagus	480	Trenchant	635
Chauvet	151	Purbachius	532	Urstisius	639
Clavius	156	Ramus	538	Vinet	670
Cusa	189	Roche (E. de la)	568	Vuelpius	679
Faber (Stap.)	275	Salignacus	581		
Finæus	286	Sanchez	582		

INDEX RERUM.

MUSIQUE.

	Pages.		Pages.		Pages.
Beurhusius	65	Froschius	302	Listenius	386
Faber (Henr.)	273	Gafurius	305	Luscinius	405
Finckius	285	Heyden	359	Morley	455
Folianus	292	Lampadius	382	Rhau	561

GÉOMÉTRIE.

Barocius	47	Durer	221	Purbachius	532
Bovillus	86	Finæus	287	Regiomonte (J. de)	554
Buteo	100	Hamellius	349	Rheticus	561
Dasypodius	191	Judæis (C. de)	371	Vernerus	662
Demerlierus	200	Lochner	399	Vieta	665
Diggeseus	211	Peletier	495	Vœgelinus	678

ASTRONOMIE ET COSMOGRAPHIE.

Ælius (Antonius)	10	Gemma	313	Piccolomini (Ales.)	513
Apianus	34	Girault	325	Poblacion	516
Barocius	47	Henischius	356	Pontanus (Joan.)	521
Bassantin	49	Honterus	359	Postel	528
Besson	63	Hylacomilus	365	Purbachius	532
Bicardus	67	Jacquinot	366	Ringelbergius	565
Bonatus	80	Junctinus	371	Rojas	569
Bordinus	83	Kœbelius	379	Runhaldus	573
Borrhaus	83	Maurolycus	425	Sacrobosco	573
Buchanan	93	Melanchthon	428	Scaliger (Jos.)	587
Clavius	156	Mercator	440	Schoner (Joan.)	593
Dodonæus	212	Mesme (J. P. de)	442	Simler	602
Dryander	220	Mizauld	448	Stoffler	610
Engelhartus	225	Mœstlinus	449	Thevet	627
Érasme	241	Munster	459	Valerianus	640
Faber (Stap.)	276	Naibodas	469	Xylander	684
Finæus	287	Paduanius	488		
Focard	291	Piccolomineus	512		

GÉOGRAPHIE.

Cheyneius	154	Glareanus	325	Ortelius	485
Corvinus	180	Lilius	395	Piccolomineus	512
Danæus	189	Niger	478	Vadianus	639

INDEX RERUM.   733

HISTOIRE NATURELLE ET PHYSIQUE.

	Pages.		Pages.		Pages.
Bovillus	85	Faber (Stap.)	274	Nunnesius	481
Champaignac	150	Freigius	297	Pictorius	515
Estienne (Ch.)	263	Melanchthon	433	Valerius	641

ENCYCLOPÉDIE ET DIVERS.

Bayfius	50	Gothofredus	331	Rebuffus	553
Benavidius	57	Goulard	332	Scalichius	587
Boccacius	71	Gregorius	334	Serouville (De)	600
Ferrarius	283	Mathias	424	Tory	634
Fidelis	285	OEcolampadius	482	Unicornus	639

ANONYMES... 687 à 709
SUPPLÉMENT... 711 à 722

Fascicule n° 6.

Règlements et programmes d'études des écoles normales d'instituteurs et d'institutrices. Un volume in-8°, imprimé à l'Imprimerie nationale. Prix... 1ᶠ 25ᶜ

Fascicule n° 7.

Schola aquitanica : *Programme d'études du collège de Guyenne au xvɪᵉ siècle*, réimprimé avec une préface, une traduction française et des notes, par L. Massebieau. Un volume in-8°. Prix............. 1ᶠ 80ᶜ

Fascicule n° 8.

Instruction spéciale sur l'enseignement du travail manuel dans les écoles normales d'instituteurs et les écoles primaires élémentaires et supérieures. Un volume in-8°, imprimé à l'Imprimerie nationale. Prix... 70 cent.

Fascicule n° 9.

Projet d'instruction pour l'installation d'écoles enfantines modèles. Un volume in-8°, imprimé à l'Imprimerie nationale. Prix... 1 fr.

Fascicule n° 10.

Le projet de loi sur l'organisation de l'enseignement primaire (1886), recueil de documents parlementaires relatifs à la discussion de cette loi au Sénat (1ʳᵉ *délibération*). Un fort volume in-8° de 586 pages. Prix... 3 fr.

Fascicule n° 11.

Le projet de loi sur l'organisation de l'enseignement primaire (1886), recueil de documents parlementaires relatifs à la discussion de cette loi au Sénat (2ᵉ *délibération*). Un volume in-8° de 391 pages. Prix... 2 fr.

MÉMOIRES
ET
DOCUMENTS SCOLAIRES

PUBLIÉS PAR LE MUSÉE PÉDAGOGIQUE.

Sous le titre de **Mémoires et Documents scolaires**, le Musée pédagogique publie, à intervalles irréguliers, des travaux ou documents intéressant l'instruction publique à ses divers degrés. Les fascicules indiqués aux pages 2 et 3 de la couverture ont déjà paru et sont en vente aux bureaux de la *Revue pédagogique*, librairie Ch. Delagrave, rue Soufflot, 15, et à la librairie Hachette, boulevard Saint-Germain, 79, à Paris.